JN301681

簡裁民事書式体系

梶村太市
石田賢一

[編]

青林書院

はしがき

　簡易裁判所は，少額で軽微な事件を，国民に親しみやすい簡易な手続によって迅速に解決するために設けられた第一審裁判所である。地方裁判所も民事事件の第一審裁判所だが，その事物管轄が簡易裁判所は訴訟の目的の価額が140万円を超えない場合であるのに対し，地方裁判所は140万円を超える民事訴訟を扱うという違いがある。その国民のための身近な親しみやすい裁判所として，簡易裁判所は全国各地438ヵ所に設けられている。簡易裁判所の手続は地方裁判所の第一審手続に対する特則として，①民間人の司法委員の審理参加と和解関与，②60万円以下の少額裁判制度（1日裁判），③口頭起訴と準備書面の省略，④書面審理の併用，⑤供述書や鑑定書の活用，⑥調書・判決の簡略化のほか，平成14年改正法で，認定司法書士に訴訟代理権等が付与されることになった。

　そこで，本書『簡裁民事書式体系』は，簡易裁判所が時代の要請に応えるべくいわば新時代を迎えたこの機会に，簡易裁判所における民事事件の仕組み等を概説するとともに，当該民事手続全般に関する書式を対象とし，実際の記載例や注意点等を具体的にわかりやすく示すことによって，読者の便宜に供しようとするものである。

　本書の構成は，第1編「総論」において簡易裁判所制度と司法書士の代理権等について概説し，第2編「書式実例（通常民事）」と第3編「簡易裁判所特有の書式実例」において，それぞれの書式実例を網羅的に紹介している。

　本書の読者対象としては，簡易裁判所を利用する一般市民を念頭においているが，弁護士や司法書士など法律・法務の専門家をも射程に入れ，初心者向き基礎知識の紹介にとどまらず，理論的・実務的な問題点についても必要な限り踏み込んだつもりである。

　本書が広く簡易裁判所の利用者に活用され簡易裁判所の機能の向上に寄与できればそれに優る喜びはない。多忙な実務の余暇を利用して本書の執筆に関与していただいた方々や，編集担当者として惜しみない労をとられた宮根茂樹氏に謝意を表する次第である。

2010年5月

梶　村　太　市
石　田　賢　一

凡　例

I　法令の引用表記

(1) カッコ内を除く地の文における法令名の表記は，原則として，正式名称によった。

(2) カッコ内における法令条項の引用は，原則として次のように行った。

(a) 同一法令の場合は「・」で，異なる法令の場合は「，」で併記した。それぞれ条・項・号を付し，「第」の文字は省略した。

(b) 主要な法令名については，次の略語を用いた。

■**法令名略語例**

一般法人	一般社団法人及び一般財団法人に関する法律	賃確	賃金の支払の確保等に関する法律
会	会社法	賃確令	賃金の支払の確保等に関する法律施行令
貸金	貸金業法	手	手形法
家審	家事審判法	特調	特定債務等の調整の促進のための特定調停に関する法律
割賦	割賦販売法		
割賦令	割賦販売法施行令		
区所	建物の区分所有等に関する法律	破	破産法
憲	日本国憲法	非訟	非訟事件手続法
小	小切手法	不登	不動産登記法
後見登記	後見登記等に関する法律	弁護	弁護士法
国徴	国税徴収法	法務大臣権限	国の利害に関係のある訴訟についての法務大臣の権限等に関する法律
裁	裁判所法		
司書	司法書士法		
自賠	自動車損害賠償保障法	民	民法
出資	出資の受入れ，預り金及び金利等の取締りに関する法律	民再	民事再生法
		民執	民事執行法
		民執規	民事執行規則
商	商法	民訴	民事訴訟法
消契	消費者契約法	民訴規	民事訴訟規則
商登	商業登記法	民訴費	民事訴訟費用等に関する法律
地税	地方税法		

民訴費規	民事訴訟費用等に関する規則	労契	労働契約法
民調	民事調停法	労派遣	労働者派遣事業の適正な運営の確保及び派遣労働者の就業条件の整備等に関する法律
民調規	民事調停規則		
利息	利息制限法		
労基	労働基準法		

II 判例の引用表記

判例の引用表記は,「判例等略語例」の略語を用い,次の〔例〕のように行った。

〔例〕昭和31年7月4日,最高裁判所判決,最高裁判所民事判例集10巻7号785頁 ─────→ 最判昭31・7・4民集10巻7号785頁

■判例等略語例

大	大審院	裁判集民事	最高裁判所裁判集民事
控	控訴院	高民集	高等裁判所民事判例集
最	最高裁判所	高刑集	高等裁判所刑事判例集
〔大〕	大法廷	下民集	下級裁判所民事裁判例集
高	高等裁判所	交民集	交通事故民事裁判例集
地	地方裁判所	労民集	労働関係民事裁判例集
簡	簡易裁判所	金法	金融法務事情
支	支部	金判	金融・商事判例
判	判決	新聞	法律新聞
決	決定	判時	判例時報
民録	大審院民事判決録	判タ	判例タイムズ
刑録	大審院刑事判決録	判評	判例評論
民集	最高裁判所(大審院)民事判例集	法学	法学(東北大学法学会誌)
		法協	法学協会雑誌

編集者・執筆者一覧

■編集者 ── 梶村　太市（桐蔭横浜大学法科大学院客員教授・弁護士）
　　　　　　石田　賢一（元小樽簡易裁判所判事・法律事務所特別顧問）

■執筆者 ── 石田　賢一（上　掲）
　　　　　　梶村　太市（上　掲）
　　　　　　小林　　司（札幌地方裁判所事務局資料課長）
　　　　　　笠井　勝一（さいたま地方裁判所主任書記官）
　　　　　　西村　博一（札幌簡易裁判所判事）
　　　　　　眞下　裕香（東京地方裁判所書記官）
　　　　　　藤原　克彦（札幌簡易裁判所訟廷管理官）
　　　　　　石田　武史（元札幌地方裁判所書記官）
　　　　　　廣瀬　信義（名古屋簡易裁判所判事）
　　　　　　増田　輝夫（札幌簡易裁判所判事）
　　　　　　山下　知樹（大阪地方裁判所主任書記官）
　　　　　　牛坂　　潤（札幌地方裁判所主任書記官）
　　　　　　山納　雅美（横浜地方裁判所書記官）
　　　　　　鈴木　正義（千葉地方裁判所木更津支部主任書記官）
　　　　　　五十部鋭利（相模原簡易裁判所書記官）

〔執筆順〕

目　次

はしがき
凡　例
編集者・執筆者一覧

第1編　総　論

第1章　簡易裁判所の民事訴訟 〔石田　賢一〕 3
- 第1節　簡易裁判所の制度 3
- 第2節　簡易裁判所における民事訴訟の特色 4
  - 〔1〕　訴訟手続の特則(4)
  - 〔2〕　少額訴訟手続(11)
  - 〔3〕　督促手続(15)

第2章　簡易裁判所の民事訴訟と司法書士 〔梶村　太市〕 21
- 第1節　簡易裁判所の民事事件と訴訟代理 21
  - 〔1〕　民事事件における訴訟代理(21)
  - 〔2〕　簡易裁判所の訴訟代理の特則(23)
- 第2節　司法書士の簡裁訴訟代理権等 23
  - 〔1〕　司法書士への簡裁代理権制度の趣旨(23)
  - 〔2〕　司法書士が代理できる事項(24)
  - 〔3〕　認定司法書士が代理可能な附随手続(24)
  - 〔4〕　認定司法書士でも代理できない事項(25)

第2編　書式実例（通常民事）

第1章　民事（含調停）事件の受理 〔小林　司〕 29
- 第1節　概　説 29
- 第2節　口頭受理 31
  - 【書式1】　口頭起訴調書(32)
- 第3節　少額訴訟事件受理の特色 34
  - 【書式2】　少額訴訟の定型訴状（一般事件）(35)
- 第4節　訴え提起前の和解申立手続 37
  - 【書式3】　訴え提起前の和解の一般的申立書（貸金請求事件）(38)

第5節　督促手続 …………………………………………………………… 40
　【書式4】　支払督促の定型申立書（一般事件）(42)
　【書式5】　当事者目録（支払督促申立書用）(44)
　【書式6】　請求の趣旨及び原因（支払督促申立書用）(45)
第6節　調停手続 …………………………………………………………… 46
　【書式7】　民事一般調停の定型申立書（売掛代金請求事件）(47)
　【書式8】　特定調停の定型申立書(49)
第7節　補正手続 …………………………………………………………… 51
　【書式9】　補正命令(52)
　【書式10】　訴状却下命令(52)

第2章　民事事件の当事者及び訴訟代理人 〔笠井　勝一〕…… 53
第1節　概　　　説 ………………………………………………………… 53
第2節　当事者の変更（訴訟手続の受継）と訴訟代理 ………………… 57
　【書式11】　特別代理人選任申立書(60)
　【書式12】　補佐人許可申請書(62)
　【書式13】　訴訟手続受継の申立書(1)── 承継人申立て(63)
　【書式14】　訴訟手続受継の申立書(2)── 相手方申立て(64)
　【書式15】　受継の裁判(1)── 承継人申立てに対する認容決定(65)
　【書式16】　受継の裁判(2)── 相手方申立てに対する認容決定(66)
　【書式17】　独立当事者参加申出書(67)
　【書式18】　訴訟脱退届（承諾書一体型）(69)
　【書式19】　権利承継人の承継参加申立書(70)
　【書式20】　義務承継人の引受承継申立書(72)
　【書式21】　補助参加申出書(74)
　【書式22】　補助参加に対する異議申立書(75)
　【書式23】　訴訟告知書(76)
　【書式24】　訴訟委任状(1)── 弁護士法人に所属しない弁護士が受任する場合(77)
　【書式25】　訴訟委任状(2)── 弁護士法人が受任する場合(78)
　【書式26】　訴訟委任状(3)── 弁護士法人所属の弁護士が個人で受任する場合(79)
　【書式27】　訴訟委任状(4)── 司法書士法人に所属しない司法書士が受任する場合(80)
　【書式28】　訴訟委任状(5)── 司法書士法人が受任する場合(82)
　【書式29】　訴訟委任状(6)── 司法書士法人所属の司法書士が個人で受任する場合(83)

【書式30】 簡易裁判所における訴訟代理人許可申請書，委任状及び従業員証明書(84)

第3章　管轄と移送 〔西村　博一〕……86
第1節　概　　説……86
第2節　管轄の合意……90
【書式31】 管轄合意書(93)
第3節　移送の手続……94
【書式32】 管轄違いによる移送申立書(96)
【書式33】 遅滞を避ける等のための移送申立書(97)
【書式34】 簡易裁判所の裁量移送申立書(99)
【書式35】 移送決定（裁量移送の場合）(100)
【書式36】 移送決定に対する即時抗告申立書(101)

第4章　裁判所職員の除斥・忌避 〔西村　博一〕……102
第1節　概　　説……102
第2節　裁判官の除斥……104
【書式37】 裁判官の除斥申立書(106)
第3節　裁判官の忌避・回避……107
【書式38】 裁判官の忌避申立書(110)
【書式39】 裁判官の忌避決定(111)
【書式40】 即時抗告申立書(112)

第5章　訴訟手続……113
第1節　概　　説 〔笠井　勝一〕……113
第2節　送達関係など 〔笠井　勝一〕……115
【書式41】 送達場所届出書(117)
【書式42】 書留郵便等に付する上申書(118)
【書式43】 所在調査報告書(119)
【書式44】 再送達上申書(121)
【書式45】 執行官送達の申請書(122)
【書式46】 公示送達の申立書(124)
【書式47】 送達証明の申請書(125)
【書式48】 確定証明の申請書(126)
【書式49】 債務名義の送達申請書(127)
【書式50】 訴えの取下書(128)
第3節　口頭弁論関係 〔眞下　裕香〕……129
〔1〕概　　説……129
〔2〕期日の指定……129

【書式51】　口頭弁論期日指定申立書(*131*)
　　　【書式52】　口頭弁論期日変更申立書(*132*)
　　　【書式53】　口頭弁論再開の申立書(*133*)
　　　【書式54】　訴訟手続中止の申立書(*134*)
　〔3〕　口頭弁論調書………………………………………………………… *135*
　　　【書式55】　調書の記載に対する異議申立書(*137*)
　　　【書式56】　口頭弁論調書（記録）閲覧・謄写申請書(*138*)
　　　【書式57】　簡易裁判所の証拠調べ等における録音テープ等の複製の申出書(*140*)
第4節　訴訟費用関係……………………………………〔眞下　裕香〕…… *142*
　〔1〕　概　　説……………………………………………………………… *142*
　〔2〕　訴訟上の救助………………………………………………………… *142*
　　　【書式58】　訴訟救助付与申立書(*144*)
　　　【書式59】　訴訟上の救助決定(*145*)
　　　【書式60】　訴訟救助取消申立書(*146*)
　〔3〕　訴訟費用の担保……………………………………………………… *147*
　　　【書式61】　訴訟費用担保提供申立書(*149*)
　　　【書式62】　訴訟費用担保取消申立書(*150*)
　　　【書式63】　訴訟費用担保物変換申立書(*152*)
　　　【書式64】　訴訟費用担保物変換決定(*153*)
　〔4〕　訴訟費用額確定手続………………………………………………… *154*
　　　【書式65】　訴訟費用額確定処分の申立書(*156*)
　　　【書式66】　訴訟費用額確定処分(*157*)
　　　【書式67】　訴訟費用額確定処分の更正処分(*159*)
第6章　訴状の記載……………………………………〔藤原　克彦〕…… *160*
第1節　概　　説…………………………………………………………… *160*
第2節　民事通常事件の各種訴状関係…………………………………… *162*
　　　【書式68】　訴状(1)──基本型(*165*)
　　　【書式69】　訴状(2)──貸金(*167*)
　　　【書式70】　訴状(3)──信販事件＝個別割賦販売(*169*)
　　　【書式71】　訴状(4)──信販事件＝包括割賦販売(*171*)
　　　【書式72】　訴状(5)──信販事件＝総合ローン提携の事前求償(*173*)
　　　【書式73】　訴状(6)──信販事件＝包括信用購入あっせん(*175*)
　　　【書式74】　訴状(7)──信販事件＝個別信用購入あっせん(*178*)
　　　【書式75】　訴状(8)──信販事件＝貸金クレジット(*180*)
　　　【書式76】　訴状(9)──信販事件＝保証委託クレジット(*182*)
　　　【書式77】　訴状(10)──信販事件＝リボルビング取引（残高スライド定額

                           方式による信用購入あっせんの場合)(*184*)
    【書式78】 訴状(11)——売掛代金(*187*)
    【書式79】 訴状(12)——請負代金(*189*)
    【書式80】 訴状(13)——賃金(*191*)
    【書式81】 訴状(14)——退職手当金(*194*)
    【書式82】 訴状(15)——取立権に基づく取立金(*196*)
    【書式83】 訴状(16)——不当利得金(*198*)
    【書式84】 訴状(17)——交通事故に基づく損害賠償金(*200*)
    【書式85】 訴状(18)——約束手形金（一般の場合）(*202*)
    【書式86】 訴状(19)——土地所有権移転登記手続(*204*)
    【書式87】 訴状(20)——建物明渡し(*206*)
    【書式88】 訴状(21)——動産引渡し(*208*)
  第3節 そ の 他………………………………………………………*210*
    【書式89】 訴えの変更申立書(*212*)
    【書式90】 反訴状(*214*)
第7章 答弁書・準備書面の記載……………………………〔石田 武史〕……*216*
  第1節 概　　説……………………………………………………*216*
  第2節 民事通常事件の答弁書……………………………………*219*
    【書式91】 答弁書（共通）(*220*)
    【書式92】 準備書面(1)——被告分（抗弁型）(*222*)
    【書式93】 準備書面(2)——原告分（再抗弁型）(*223*)
第8章 証拠の申出手続………………………………………〔石田 武史〕……*224*
  第1節 概　　説……………………………………………………*224*
  第2節 証拠の申出等………………………………………………*226*
    【書式94】 証拠の申出書（証人申請）(*226*)
    【書式95】 調査嘱託申出書(*228*)
    【書式96】 鑑定申出書(*229*)
    【書式97】 検証申出書(*230*)
    【書式98】 文書提出命令申立書(*231*)
    【書式99】 証拠説明書(*232*)
    【書式100】 証拠保全申立書(*233*)
第9章 判決の態様……………………………………………〔廣瀬 信義〕……*235*
  第1節 概　　説……………………………………………………*235*
  第2節 各種給付判決………………………………………………*241*
    【書式101】 金銭の支払を命ずる判決(1)——契約の成否(*243*)
    【書式102】 金銭の支払を命ずる判決(2)——不当利得返還(*245*)

【書式103】　動産引渡しを命ずる判決(248)
　　　【書式104】　建物収去土地明渡しを命ずる判決(250)
　　　【書式105】　引替給付判決(252)
　　　【書式106】　将来給付判決(254)
　　　【書式107】　所有権移転登記手続を命ずる判決(257)
　　　【書式108】　所有権移転登記抹消登記手続を命ずる判決(260)
　　　【書式109】　抵当権設定登記抹消登記手続を命ずる判決(262)
　　　【書式110】　根抵当権設定登記手続を命ずる判決(265)
　　　【書式111】　所有権移転仮登記設定登記手続を命ずる判決(268)
　　第3節　各種確認判決……………………………………………………270
　　　【書式112】　土地所有権確認判決(272)
　　　【書式113】　債務不存在確認判決(274)
　　第4節　各種形成判決……………………………………………………278
　　　【書式114】　形式的形成訴訟判決（土地境界確定）(279)
　　　【書式115】　請求異議訴訟判決(282)
　　　【書式116】　詐害行為取消判決(284)
第10章　控訴手続……………………………………………〔小林　司〕……286
　　第1節　概　　説…………………………………………………………286
　　第2節　各種控訴状………………………………………………………288
　　　【書式117】　被告からの控訴状(1)——被告一部敗訴(289)
　　　【書式118】　被告からの控訴状(2)——被告全部敗訴(290)
　　　【書式119】　原告からの控訴状(1)——原告一部敗訴(291)
　　　【書式120】　原告からの控訴状(2)——原告全部敗訴(293)
　　　【書式121】　附帯控訴状(294)
　　第3節　控訴に関連する手続……………………………………………296
　　　【書式122】　強制執行停止申立書(298)
　　　【書式123】　強制執行停止決定(1)——原裁判所の決定(299)
　　　【書式124】　強制執行停止決定(2)——控訴裁判所の決定(300)
　　　【書式125】　控訴却下決定（原裁判所の却下決定）(301)
　　　【書式126】　即時抗告状（原裁判所の却下決定に対するもの）(302)
　　　【書式127】　控訴権放棄申述書(303)
　　　【書式128】　不控訴の合意書(304)
第11章　上告手続……………………………………………〔小林　司〕……305
　　第1節　概　　説…………………………………………………………305
　　第2節　各種上告状………………………………………………………306
　　　【書式129】　上告状（民訴法311条2項の場合）(307)

【書式130】 上告理由書(*308*)
【書式131】 上告却下決定——原裁判所の決定(*309*)
【書式132】 即時抗告申立書（原裁判所の却下決定に対するもの）(*310*)

第12章　再審手続 〔西村　博一〕…… *311*
第1節　概　　説 …… *311*
第2節　再審訴状等 …… *313*
【書式133】 再審訴状(*316*)
【書式134】 再審の訴え不適法却下決定(*318*)
【書式135】 再審事由欠缺による棄却決定(*319*)
【書式136】 再審開始決定(*320*)
【書式137】 即時抗告申立て（再審開始決定に対するもの）(*322*)

第13章　手形・小切手訴訟手続関係 〔石田　賢一〕…… *323*
第1節　手形・小切手訴訟の訴状 …… *323*
〔1〕 概　　説 …… *323*
〔2〕 各種訴状の記載事項 …… *323*
【書式138】 訴状(1)——約束手形の振出人に対するもの(*329*)
【書式139】 訴状(2)——約束手形の裏書人に対するもの(*332*)
【書式140】 訴状(3)——為替手形の引受人に対するもの(*334*)
【書式141】 訴状(4)——為替手形の振出人及び裏書人に対するもの(*336*)
【書式142】 訴状(5)——小切手の振出人及び裏書人に対するもの(*338*)
【書式143】 訴状(6)——手形上の保証人に対するもの(*341*)
【書式144】 訴状(7)——満期未到来の約束手形の振出人に対するもの＝将来給付の訴え(*343*)
【書式145】 訴状(8)——満期未到来の約束手形の振出人に対するもの＝満期前の現在給付の訴え（満期前遡求）(*345*)

第2節　手形・小切手訴訟の答弁書 …… *347*
〔1〕 概　　説 …… *347*
〔2〕 各種答弁書の記載事項 …… *348*
【書式146】 形式不備の抗弁例(1)——確定日払手形の振出日の記載を欠く場合(*364*)
【書式147】 形式不備の抗弁例(2)——振出人の記名はあるが押印を欠く場合(*364*)
【書式148】 偽造の抗弁例（約束手形の振出に偽造がある場合）(*365*)
【書式149】 偽造の抗弁に対する原告の追認の再抗弁例（【書式148】に対する場合）(*365*)
【書式150】 狭義の無権代理を理由とする抗弁例(*366*)

【書式151】 越権代理を理由とする抗弁例(367)
【書式152】 被保佐人の手形裏書の取消しを理由とする抗弁例(367)
【書式153】 期間内呈示(権利保全手続)欠缺を理由とする抗弁例(367)
【書式154】 満期未到来を理由とする抗弁例(368)
【書式155】 無担保裏書を理由とする抗弁例(368)
【書式156】 支払場所での呈示を欠いたことを理由とする抗弁例(368)
【書式157】 手形上の一部支払の記載を理由とした全部請求に対する抗弁例(368)
【書式158】 手形の遡求権が消滅時効の完成により消滅したことを理由とする抗弁例(369)
【書式159】 手形金の供託により手形債務が消滅したことを理由とする抗弁例(369)
【書式160】 手形の除権決定を理由とする抗弁例(369)
【書式161】 手形が賭博の賭金支払手段として振り出されたことを理由とする抗弁例(370)
【書式162】 原因関係消滅を理由とする抗弁例(370)
【書式163】 手形割引金未交付を理由とする抗弁例(370)
【書式164】 隠れたる取立委任裏書を理由とする抗弁例(371)
【書式165】 満期後譲渡の融通手形を理由とする抗弁例(371)
【書式166】 目的達成後の融通手形再譲渡を理由とする抗弁例(372)
【書式167】 見返り手形を理由とする抗弁例(372)
【書式168】 見せ手形を理由とする抗弁例(372)
【書式169】 証券上に記載を欠く支払・相殺・免除等を理由とする抗弁例(373)
【書式170】 詐欺による取消しを理由とする抗弁例(373)
【書式171】 無権利を理由とする抗弁例(373)
【書式172】 支払猶予を理由とする抗弁例(374)
【書式173】 手形の盗難を理由とする抗弁例(374)
【書式174】 期限後裏書を理由とする抗弁例(374)
【書式175】 白地補充権濫用を理由とする抗弁例(375)
【書式176】 手形の悪意取得を理由とする抗弁例(375)

第3節　手形・小切手訴訟の準備書面(再抗弁) ……………………………… 377
〔1〕 概　説 ………………………………………………………………………… 377
〔2〕 準備書面の各種記載事項 …………………………………………………… 377
　　【書式177】 再抗弁例(1)——制限能力者による詐術の場合(381)
　　【書式178】 再抗弁例(2)——未成年者の営業許可の場合(381)
　　【書式179】 再抗弁例(3)——消滅時効中断の場合(381)

【書式180】　再抗弁例(4)――消滅時効の利益放棄を理由とする場合(*382*)
　　　【書式181】　再抗弁例(5)――無権利者に対する支払の場合(*382*)
　第4節　手形・小切手訴訟の証拠調べ･･･*384*
　　〔1〕　概　　説･･*384*
　　〔2〕　各種証拠申出書の記載事項･･*385*
　　　【書式182】　書証申出書(*388*)
　　　【書式183】　原告本人尋問申出書(*389*)
　第5節　手形・小切手訴訟と通常訴訟手続への移行････････････････････････････････････*391*
　　〔1〕　概　　説･･*391*
　　〔2〕　通常訴訟手続への移行申述書の記載事項･･････････････････････････････････････*392*
　　　【書式184】　通常訴訟手続への移行申述書(1)――基本型(*395*)
　　　【書式185】　通常訴訟手続への移行申述書(2)――主観的併合事件型(*396*)
　　　【書式186】　通常訴訟手続への移行申述書(3)――客観的併合事件型(*397*)
　第6節　手形・小切手判決･･*398*
　　〔1〕　概　　説･･*398*
　　〔2〕　手形・小切手判決の記載事項･･*399*
　　　【書式187】　請求認容判決(*401*)
　　　【書式188】　請求棄却判決(*403*)
　　　【書式189】　仮執行免脱宣言判決(*404*)
　第7節　手形・小切手判決に対する不服申立て等･･････････････････････････････････････*405*
　　〔1〕　概　　説･･*405*
　　〔2〕　異議申立書などの記載事項･･*408*
　　　【書式190】　手形判決に対する異議申立書(*410*)
　　　【書式191】　手形判決異議に伴う強制執行停止決定申立書(*411*)
　　　【書式192】　手形判決異議に伴う強制執行停止決定(*413*)
　　　【書式193】　手形判決異議訴訟における証拠申出書(*414*)

第3編　簡易裁判所特有の書式実例

第1章　少額訴訟手続･･*417*
　第1節　序　　説･･〔増田　輝夫〕･･････*417*
　　〔1〕　少額訴訟の制度趣旨･･*417*
　　〔2〕　少額訴訟の概要･･*417*
　第2節　少額訴訟における手続教示･････････････････････････････〔増田　輝夫〕･･････*426*
　　〔1〕　概　　説･･*426*
　　〔2〕　少額訴訟の手続教示と書式･･*430*

【書式194】 少額訴訟手続説明書（原告用）(431)
【書式195】 少額訴訟手続説明書（被告用）(433)
第3節　訴えの提起と少額訴訟における事前準備……………〔増田　輝夫〕…… 435
〔1〕　概　　説………………………………………………………………………… 435
〔2〕　少額訴訟事件の各種定型訴状等の書式 ………………………………………… 445
【書式196】 定型訴状における「当事者の表示等」欄(447)
【書式197】 定型訴状における「当事者の表示等」欄の記載例(449)
【書式198】 定型訴状(1)──金銭支払（一般）請求事件の「請求の趣旨等」欄の記載例(450)
【書式199】 定型訴状(2)──貸金請求事件の「請求の趣旨等」欄の記載例(452)
【書式200】 定型訴状(3)──売買代金請求事件の「請求の趣旨等」欄の記載例(454)
【書式201】 定型訴状(4)──給料支払請求事件の「請求の趣旨等」欄の記載例(456)
【書式202】 定型訴状(5)──損害賠償（交通・物損）請求事件の「請求の趣旨等」欄の記載例(458)
【書式203】 定型訴状(6)──敷金返還請求事件の「請求の趣旨等」欄の記載例(460)
【書式204】 定型訴状（大阪簡易裁判所用）における「当事者の表示等」欄(462)
【書式205】 定型訴状（大阪簡易裁判所用）(1)──貸金請求事件の「請求の趣旨及び原因」の記載例(463)
【書式206】 定型訴状（大阪簡易裁判所用）(2)──売買代金請求事件の「請求の趣旨及び原因」の記載例(464)
【書式207】 定型訴状（大阪簡易裁判所用）(3)──給料（賃金）支払請求事件の「請求の趣旨及び原因」の記載例(465)
【書式208】 定型訴状（大阪簡易裁判所用）(4)──損害賠償（交通・物損）請求事件の「請求の趣旨及び原因」の記載例(467)
【書式209】 定型訴状（大阪簡易裁判所用）(5)──敷金（保証金）返還請求事件の「請求の趣旨及び原因」の記載例(470)
【書式210】 定型訴状（大阪簡易裁判所用）(6)──請負代金請求事件の「請求の趣旨及び原因」の記載例(472)
【書式211】 定型訴状（大阪簡易裁判所用）(7)──解雇予告手当請求事件の「請求の趣旨及び原因」の記載例(474)
【書式212】 定型訴状（大阪簡易裁判所用）(8)──賃料請求事件の「請求の趣旨及び原因」の記載例(478)

【書式213】　少額訴訟手続説明書（原告用）(480)
　　　【書式214】　原告事情聴取カード(482)
　　　【書式215】　事情説明書（甲）（原告用）(484)
　　　【書式216】　期日呼出状及び答弁書催告状（被告用）(486)
　　　【書式217】　少額訴訟手続説明書（被告用）(488)
　　　【書式218】　定型答弁書(491)
　　　【書式219】　答弁書の記載例(1)──最高裁判所用(494)
　　　【書式220】　答弁書の記載例(2)──大阪簡易裁判所用(496)
　　　【書式221】　答弁書の書き方について(498)
　　　【書式222】　事情説明書（乙）（被告用）(500)
　　　【書式223】　陳述書，準備書面(502)
第4節　少額訴訟の審理手続……………………………………〔増田　輝夫〕……503
　〔1〕　概　　説…………………………………………………………………………503
　〔2〕　少額訴訟事件の審理と書式…………………………………………………514
　　　【書式224】　通常手続移行申述書(515)
　　　【書式225】　通常手続移行決定(516)
　　　【書式226】　通知書(517)
第5節　少額訴訟における判決…………………………………〔増田　輝夫〕……518
　〔1〕　序　　説…………………………………………………………………………518
　〔2〕　少額訴訟判決等の書式………………………………………………………525
　　　【書式227】　第1回口頭弁論調書兼少額訴訟判決（調書判決）(526)
　　　【書式228】　少額訴訟判決(1)──支払期限及び遅延損害金の免除の定め(529)
　　　【書式229】　少額訴訟判決(2)──分割払い，期限の利益喪失及び遅延損害金の
　　　　　　　　　免除の定め(531)
　　　【書式230】　異議申立書(533)
　　　【書式231】　異議申立てに伴う強制執行停止申立書(535)
　　　【書式232】　異議申立てに伴う強制執行停止決定(536)
第6節　異議手続と少額異議判決………………………………〔増田　輝夫〕……538
　〔1〕　序　　説…………………………………………………………………………538
　〔2〕　各種少額異議判決の書式……………………………………………………545
　　　【書式233】　少額異議判決(1)──認可判決（請求認容の少額訴訟判決を
　　　　　　　　　認可する場合）(547)
　　　【書式234】　少額異議判決(2)──認可判決（請求棄却の少額訴訟判決を
　　　　　　　　　認可する場合）(548)
　　　【書式235】　少額異議判決(3)──認可判決（異議審で一部取下げがあった
　　　　　　　　　場合）(549)

【書式236】 少額異議判決(4)——取消判決（請求認容の少額訴訟判決を取り消して，原告の請求を棄却する場合）(550)
【書式237】 少額異議判決(5)——取消判決（請求棄却の少額訴訟判決を取り消して，原告の請求を認容する場合）(551)
【書式238】 少額異議判決(6)——変更判決（少額訴訟判決の一部が正当で，一部が失当な場合の少額訴訟判決）(553)
【書式239】 少額異議判決(7)——変更判決（分割払い等の少額訴訟判決について，即時の支払の少額異議判決をする場合）(555)
【書式240】 少額異議判決(8)——変更判決（請求認容の少額訴訟判決について，分割払い等の定めをする場合）(557)
【書式241】 少額異議判決(9)——変更判決（分割払い等の少額訴訟判決について，分割払い等の定めの内容のみを変更する場合）(559)

第7節 少額訴訟と関連手続——少額訴訟債権執行手続……〔山下 知樹〕……561
〔1〕 概　説……………………………………………………………………561
〔2〕 少額訴訟債権執行手続の申立手続……………………………………566
〔3〕 少額訴訟債権執行処分…………………………………………………567
【書式242】 少額訴訟債権執行申立書(569)
【書式243】 差押処分(577)
【書式244】 陳述書(578)
【書式245】 取立届(580)
【書式246】 請求異議の訴状(581)
【書式247】 差押禁止債権の範囲変更申立書(582)

第2章　訴え提起前の和解（即決和解）手続………………〔西村 博一〕……584
第1節　序　説………………………………………………………………584
第2節　訴え提起前の和解の要件と民事上の争い……………………………585
第3節　訴え提起前の和解の申立てと処理……………………………………587
〔1〕 概　説……………………………………………………………………587
〔2〕 訴え提起前の和解の「請求の原因及び争いの実情」と記載事項………589
【書式248】 訴え提起前の和解の「請求の原因及び争いの実情」の記載例(1)——動産の引渡しが内容となっている場合(593)
【書式249】 訴え提起前の和解の「請求の原因及び争いの実情」の記載例(2)——建物収去土地明渡しが内容となっている場合(593)
【書式250】 訴え提起前の和解の「請求の原因及び争いの実情」の記載例(3)——建物所有権移転登記手続が内容となっている場合(594)
【書式251】 訴え提起前の和解の「請求の原因及び争いの実情」の記載例(4)——貸金請求が内容となっている場合(595)

【書式252】 訴え提起前の和解の「請求の原因及び争いの実情」の記載例(5)
　　　　　　── 不当利得金返還請求が内容となっている場合(595)
【書式253】 訴え提起前の和解の「請求の原因及び争いの実情」の記載例(6)
　　　　　　── 保証人の求償権が内容となっている場合(596)
【書式254】 訴え提起前の和解の「請求の原因及び争いの実情」の記載例(7)
　　　　　　── 立替金請求（信販事件）が内容となっている場合(597)
【書式255】 訴え提起前の和解の「請求の原因及び争いの実情」の記載例(8)
　　　　　　── 交通事故に基づく損害賠償請求が内容となっている場合(598)
【書式256】 訴え提起前の和解の「請求の原因及び争いの実情」の記載例(9)
　　　　　　── 売買代金請求が内容となっている場合(599)
【書式257】 訴え提起前の和解の「請求の原因及び争いの実情」の記載例(10)
　　　　　　── 宿泊料請求が内容となっている場合(600)
【書式258】 訴え提起前の和解の「請求の原因及び争いの実情」の記載例(11)
　　　　　　── 売掛代金請求が内容となっている場合(600)
【書式259】 訴え提起前の和解の「請求の原因及び争いの実情」の記載例(12)
　　　　　　── 通話料請求が内容となっている場合(601)
　〔3〕 訴え提起前の和解と調書 …………………………………………… 603
【書式260】 和解成立調書（金銭分割払いの基本型）(607)
【書式261】 和解不成立調書の記載事項（手形訴訟の場合）(608)

第3章　和解に代わる決定手続 ………………………………〔牛坂　潤〕…… 609
第1節　序　説 ……………………………………………………………… 609
第2節　和解に代わる決定の概要 ………………………………………… 610
　〔1〕 要件，相当性の判断と効果 …………………………………………… 610
　〔2〕 和解に代わる決定と当事者の異議 …………………………………… 612
【書式262】 和解に代わる決定(613)

第4章　督促手続と関連手続 ……………………………………………… 615
第1節　序　説 …………………………………………〔山納　雅美〕…… 615
第2節　支払督促の申立先 ……………………………〔鈴木　正義〕…… 621
　〔1〕 概　説 ……………………………………………………………………… 621
　〔2〕 支払督促の申立先 ……………………………………………………… 621
　〔3〕 申立先の専属性 ………………………………………………………… 625
　〔4〕 主観的併合と申立先 …………………………………………………… 625
　〔5〕 申立先違背の支払督促 ………………………………………………… 626
　〔6〕 電子情報処理組織による支払督促の申立先 ………………………… 626
第3節　支払督促の要件 ………………………………〔鈴木　正義〕…… 628
　〔1〕 概　説 ……………………………………………………………………… 628

〔2〕 支払督促の一般的要件　628
〔3〕 支払督促の特別要件　629
第4節　支払督促申立書の記載事項　〔五十部　鋭利〕　636
〔1〕 支払督促申立書の定型様式　636
　【書式263】 支払督促申立書 —— 基本型(641)
〔2〕 当事者・代理人の記載　644
　【書式264】 当事者目録(1) —— 通常の場合(652)
　【書式265】 当事者目録(2) —— 住民票上の住所と現住所が異なる場合(652)
　【書式266】 当事者目録(3) —— 住所が不明の場合(653)
　【書式267】 当事者目録(4) —— 債務者の事務所・営業所の所在地を申立先とする場合(653)
　【書式268】 当事者目録(5) —— 会社の場合(654)
　【書式269】 当事者目録(6) —— 会社の本店所在地と商業登記記録上の記載が異なる場合(655)
　【書式270】 当事者目録(7) —— 商号が変更されている場合，法人の名称が変更されたのに，登記記録上変更されていない場合(655)
　【書式271】 当事者目録(8) —— 未成年者の場合(656)
　【書式272】 当事者目録(9) —— 成年被後見人の場合（保佐人又は補助人について代理権付与があった場合も同様）(657)
　【書式273】 当事者目録(10) —— 選定当事者型(658)
　【書式274】 当事者目録(11) —— サービサーによる申立て（委託型）の場合(660)
　【書式275】 当事者目録(12) —— 代理人弁護士による申立ての場合(661)
〔3〕 請求の趣旨と記載事項　662
　【書式276】 「請求の趣旨」の記載例(1) —— 単純請求（基本型）(675)
　【書式277】 「請求の趣旨」の記載例(2) —— 代償請求型(675)
　【書式278】 「請求の趣旨」の記載例(3) —— 引換給付請求型(676)
　【書式279】 「請求の趣旨」の記載例(4) —— 分割債務等の請求型(677)
　【書式280】 「請求の趣旨」の記載例(5) —— 連帯債務等の請求型(677)
　【書式281】 「請求の趣旨」の記載例(6) —— 合同債務の請求型(679)
　【書式282】 「請求の趣旨」の記載例(7) —— 連帯債権等の請求型(680)
〔4〕 請求の原因と記載事項　681
　Ⅰ　概　　説(681)
　Ⅱ　各種請求の原因(683)
　　(1)　貸金請求型(683)
　【書式283】 「請求の原因」の記載例(1) —— 貸金請求型(692)
　　(2)　売買代金請求型(698)

【書式284】 「請求の原因」の記載例(2)──売買代金請求型(*703*)
(3) 売掛代金請求型(*705*)
【書式285】 「請求の原因」の記載例(3)──売掛代金請求型(*708*)
(4) 請負代金請求型(*709*)
【書式286】 「請求の原因」の記載例(4)──請負代金請求型(*713*)
(5) 賃料請求型(*715*)
【書式287】 「請求の原因」の記載例(5)──賃料請求型(*717*)
(6) 敷金返還請求型(*719*)
【書式288】 「請求の原因」の記載例(6)──敷金返還請求型(*721*)
(7) マンション管理費等請求型(*723*)
【書式289】 「請求の原因」の記載例(7)──マンション管理費等請求型(*726*)
(8) 労務賃金請求型(*729*)
【書式290】 「請求の原因」の記載例(8)──労務賃金請求型(*732*)
(9) リース料請求型(*735*)
【書式291】 「請求の原因」の記載例(9)──リース料請求型(*737*)
(10) 譲受債権請求型(*739*)
【書式292】 「請求の原因」の記載例(10)──譲受債権請求型(*742*)
(11) 解雇予告手当請求型(*743*)
【書式293】 「請求の原因」の記載例(11)──解雇予告手当請求型(*748*)
(12) 飲食代金請求型(*750*)
【書式294】 「請求の原因」の記載例(12)──飲食代金請求型(*751*)
(13) 宿泊代金請求型(*752*)
【書式295】 「請求の原因」の記載例(13)──宿泊代金請求型(*755*)
(14) 約束手形金請求型(*756*)
【書式296】 「請求の原因」の記載例(14)──約束手形金請求型①（振出人に対する請求）(*760*)
【書式297】 「請求の原因」の記載例(15)──約束手形金請求型②（裏書人に対する請求）(*762*)
(15) 満期前約束手形金請求型(*764*)
【書式298】 「請求の原因」の記載例(16)──満期前約束手形金請求型（振出人・裏書人に対する請求）(*767*)
(16) 為替手形金請求型(*769*)
【書式299】 「請求の原因」の記載例(17)──為替手形金請求型（支払人兼引受人，振出人及び裏書人に対する請求）(*772*)
(17) 小切手金請求型(*774*)
【書式300】 「請求の原因」の記載例(18)──小切手金請求型（振出人・

　　　　　　　　　　裏書人に対する請求）（776）
　⒅　交通事故に基づく損害賠償金請求型（物損型）（778）
【書式301】「請求の原因」の記載例⒆——交通事故に基づく損害賠償
　　　　　請求型（物損型）（785）
　⒆　債権者代位権に基づく貸金請求型（786）
【書式302】「請求の原因」の記載例⒇——債権者代位権に基づく貸金
　　　　　請求型（788）
　⒇　取立金請求型①——一般債権の場合（790）
【書式303】「請求の原因」の記載例㉑——取立金請求型①（一般債権の
　　　　　場合）（792）
　㉑　取立金請求型②——給料債権等の場合（794）
【書式304】「請求の原因」の記載例㉒——取立金請求型②（給料債権等の
　　　　　場合）（796）
　㉒　転付命令に基づく転付金請求型（799）
【書式305】「請求の原因」の記載例㉓——転付命令に基づく転付金請求型（800）
　㉓　個別割賦販売代金請求型（802）
【書式306】「請求の原因」の記載例㉔——個別割賦販売代金請求型（805）
　㉔　包括割賦販売代金請求型（807）
【書式307】「請求の原因」の記載例㉕——包括割賦販売代金請求型（809）
　㉕　立替金請求型①——個別信用購入あっせんの場合（811）
【書式308】「請求の原因」の記載例㉖——立替金請求型①（個別信用購入
　　　　　あっせんの場合）（815）
　㉖　立替金請求型②——包括信用購入あっせんの場合（816）
【書式309】「請求の原因」の記載例㉗——立替金請求型②（包括信用購入
　　　　　あっせん型１〔期限の利益喪失型〕）（819）
【書式310】「請求の原因」の記載例㉘——立替金請求型②（購入あっせん型
　　　　　２〔商品の代金を１回で支払うものと分割して支払うものがある
　　　　　場合〕）（820）
　㉗　立替金請求型③——リボルビング式包括信用購入あっせんの場合（822）
【書式311】「請求の原因」の記載例㉙——立替金請求型③（残高スライド
　　　　　リボルビング方式の場合）（826）
　㉘　求償金請求型①——個別ローン提携販売の場合（828）
【書式312】「請求の原因」の記載例㉚——求償金請求型①（個別ローン
　　　　　提携販売の場合）（831）
　㉙　求償金請求型②——総合ローン提携販売の場合（833）
【書式313】「請求の原因」の記載例㉛——求償金請求型②（総合ローン

　　　　　提携販売の場合)(*838*)
　　(30)　求償金請求型③──委託保証ローン提携販売の場合（*840*）
　　【書式314】「請求の原因」の記載例㉜──求償金請求型③（委託保証ローン
　　　　　提携販売の場合)(*843*)
　　(31)　求償金・委託保証料請求型──保証委託クレジットの場合（*845*）
　　【書式315】「請求の原因」の記載例㉝──求償金・委託保証料請求型①
　　　　　（保証委託手数料込みの場合)(*850*)
　　【書式316】「請求の原因」の記載例㉞──求償金・委託保証料請求型②
　　　　　（保証委託手数料別の場合)(*852*)
　　(32)　貸金請求型──貸金型クレジットの場合（*853*）
　　【書式317】「請求の原因」の記載例㉟──貸金請求型（貸金型クレジットの
　　　　　場合)(*856*)
　　(33)　譲受債権請求型──カード会員契約の場合（*857*）
　　【書式318】「請求の原因」の記載例㊱──譲受債権請求型（カード会員
　　　　　契約の場合)(*860*)
　　(34)　求償金請求型──連帯保証人から主たる債務者に対する請求の場合（*863*）
　　【書式319】「請求の原因」の記載例㊲──求償金請求型（連帯保証人から
　　　　　主たる債務者に対する請求の場合)(*865*)
第5節　支払督促申立てに対する措置……………………………〔牛坂　潤〕……*867*
　〔1〕　補正手続………………………………………………………………………*867*
　〔2〕　補正事項………………………………………………………………………*867*
　　【書式320】補正処分（基本型）(*869*)
　　【書式321】補正書(*869*)
　〔3〕　支払督促申立却下処分……………………………………………………… *870*
　　【書式322】支払督促申立却下処分（基本型)(*873*)
　　【書式323】支払督促申立却下処分に対する異議申立書(*873*)
　　【書式324】支払督促申立却下処分に対する異議申立却下決定(*874*)
　　【書式325】支払督促申立却下処分に対する異議申立認容決定(*875*)
第6節　支払督促の発付……………………………………………〔牛坂　潤〕……*876*
　〔1〕　支払督促の定型書式…………………………………………………………*876*
　　【書式326】支払督促(1)──表題部(*879*)
　　【書式327】支払督促(2)──手形等訴訟型(*879*)
　　【書式328】支払督促に関する「注意書」(*880*)
　〔2〕　支払督促の更正処分(*881*)
　　【書式329】支払督促更正処分(1)──明白な誤記等の場合(*882*)
　　【書式330】支払督促更正処分(2)──当事者の死亡による場合(*882*)

【書式331】　支払督促更正処分に対する異議申立書(883)
　〔3〕　支払督促の告知(884)
　　　【書式332】　支払督促発付の通知書(886)
　　　【書式333】　債務者に対する送達場所の届出書(886)
　　　【書式334】　債務者の就業場所への送達申請(887)
　　　【書式335】　所在場所等調査報告書(888)
　　　【書式336】　債務者に対する執行官送達申請書(889)
　　　【書式337】　債務者に対する付郵便送達申請書(890)
　　　【書式338】　書留郵便に付する送達通知書(891)
　　　【書式339】　支払督促不送達通知書(892)
第7節　督促異議申立手続（仮執行宣言前）……………………〔山下　知樹〕……893
　〔1〕　支払督促に対する督促異議の概説………………………………………………893
　〔2〕　支払督促に対する督促異議の申立てと関連手続………………………………898
　　　【書式340】　督促異議申立書(1)──定型(900)
　　　【書式341】　督促異議申立書(2)──電子情報処理組織（通称督促オンライン
　　　　　　　　　システム）を用いて取り扱う督促手続における督促異議申立書
　　　　　　　　　(902)
　　　【書式342】　債務者用注意書（仮執行宣言前）(903)
　　　【書式343】　督促異議申立却下決定(904)
　　　【書式344】　督促異議申立権放棄書(905)
　　　【書式345】　督促異議申立取下書(905)
　〔3〕　支払督促に対する督促異議申立後の事務……………………………………906
　　　(1)　概　　説(906)
　　　(2)　手数料の追納と関連手続(908)
　　　【書式346】　補正命令(909)
　　　【書式347】　訴状（支払督促申立書）却下命令(910)
　　　【書式348】　訴え却下判決(911)
　　　【書式349】　印紙納付書(912)
　　　(3)　口頭弁論の準備(913)
　　　【書式350】　口頭弁論期日呼出状(1)──原告用(914)
　　　【書式351】　口頭弁論期日呼出状(2)──被告用(915)
　　　【書式352】　期日請書(916)
　　　【書式353】　注意書（答弁書の書き方）(917)
　　　【書式354】　答弁書(919)
　〔4〕　口頭弁論手続……………………………………………………………………921
　　　【書式355】　請求認容判決──一般の金銭請求型(923)

　　　　【書式356】　請求棄却判決──抗弁認容型(924)
第8節　仮執行宣言手続と関連処分……………………………〔山下　知樹〕……926
　〔1〕　概　　　説……………………………………………………………………926
　〔2〕　支払督促に対する仮執行宣言申立手続………………………………………929
　　　　【書式357】　支払督促に対する仮執行宣言申立書(1)──定型(931)
　　　　【書式358】　支払督促に対する仮執行宣言申立書(2)──一部入金型(932)
　　　　【書式359】　仮執行宣言付支払督促の公示送達申立書(933)
　〔3〕　仮執行宣言手続中における手続の受継…………………………………………934
　　　　【書式360】　債権者死亡による手続受継申立書(935)
　　　　【書式361】　債務者死亡による手続受継申立書(936)
　　　　【書式362】　受継処分(937)
　　　　【書式363】　受継申立却下処分(938)
　〔4〕　仮執行宣言文言…………………………………………………………………939
　　　　【書式364】　仮執行宣言文言(1)──定型(939)
　　　　【書式365】　仮執行宣言文言(2)──一部入金型(939)
　　　　【書式366】　仮執行宣言文言(3)──連帯債務の一部型(940)
　　　　【書式367】　仮執行宣言文言(4)──各別債務の一部型(940)
　　　　【書式368】　仮執行宣言文言(5)──附帯請求起算日の確定型(941)
　　　　【書式369】　仮執行宣言文言(6)──債権者一般承継型(941)
　　　　【書式370】　仮執行宣言文言(7)──債務者一般承継型(942)
　〔5〕　仮執行宣言付支払督促と執行準備手続…………………………………………943
　　　　【書式371】　仮執行宣言付支払督促正本の再度・数通付与申立書(944)
　　　　【書式372】　承継執行文式(1)──単純承継型(945)
　　　　【書式373】　承継執行文式(2)──共同相続型(946)
　　　　【書式374】　承継執行文式(3)──限定承認型(947)
　　　　【書式375】　承継執行文式(4)──訴訟担当型(948)
　〔6〕　仮執行宣言付支払督促に対する督促異議の概要………………………………949
　　　　【書式376】　督促異議申立書（定型）(952)
　　　　【書式377】　債務者用注意書（仮執行宣言後）(953)
　　　　【書式378】　強制執行停止申立書(954)
　　　　【書式379】　強制執行停止決定(955)
第9節　仮執行宣言付支払督促に対する督促異議後の判決…〔廣瀬　信義〕……956
　〔1〕　概　　　説……………………………………………………………………956
　〔2〕　各種判決…………………………………………………………………………957
　　　　【書式380】　認可判決(1)──定型(959)
　　　　【書式381】　認可判決(2)──請求拡張型(961)

【書式382】 認可判決(3)——請求減縮型(*963*)
【書式383】 請求棄却判決——仮執行宣言取消型(*965*)

書式索引

第1編

総　　　論

第1章　簡易裁判所の民事訴訟
第2章　簡易裁判所の民事訴訟と司法書士

第1章

簡易裁判所の民事訴訟

第1節　簡易裁判所の制度

　わが国の簡易裁判所は，民事訴訟では140万円を超えない請求について，刑事訴訟では罰金以下の刑にあたる罪や選択刑として罰金が定められている罪などについて，第一審の裁判権を有している（裁33条以下）。

　現行の簡易裁判所は，昭和22（1947）年，新憲法施行（昭和22年5月3日）と同時に施行された裁判所法（昭和22年法律第59号）2条に基づいて設置されたものである。第2次世界大戦後の占領政策を受けて，国民に親しみやすい裁判所として，司法の民主化を実現するために創設されたものであり，民事紛争についていえば，比較的低額の事件を簡易・迅速に，しかも費用の面でも低廉に処理できるという構想に基づいて制度化された（司法研究報告書42輯1号「少額事件の簡易迅速な処理に関する研究」2頁以下参照）。

　民事訴訟における簡易裁判所の事物管轄は，発足当初5000円であったが，諸物価の上昇や国内経済の推移などに伴って，3万円（昭和26年），10万円（昭和29年），30万円（昭和45年），90万円（昭和57年）とその上限が改められ，平成16年には現在の140万円に改正された。その結果，簡易裁判所の民事事件の中に不動産訴訟などの複雑な争点を含む事件が係属したり，合意管轄による紛争の高額化が見られるようになり，実情は必ずしも理想どおりの運用が図られていなかった。関係者からは簡易裁判所の「ミニ地裁化現象」という指摘もなされていた。

　簡易裁判所における民事事件の大多数は，貸金請求，信販関係を中心とす

る立替金請求，賃料請求などを代表とする金銭給付を求める訴訟である。それらを効率的に処理するためには定型化した審理基準を設けて簡易・迅速に処理するための施策が図られるべきことが要請されるが，これについては訴状の定型化や効果的な事前準備，口頭弁論調書の省略化，さらには定型判決の実現などの努力が重ねられてきている。

簡易裁判所が国民にとって親しみやすく利用しやすいものとするために，これまでさまざまな制度改革が行われた。その主なものとしては，①司法委員（昭和23年民事訴訟法改正〔同年法律第149号〕），②少額訴訟制度（平成8年民事訴訟法改正〔同年法律第109号〕），③司法書士の簡裁訴訟等代理権（平成14年司法書士法改正〔同年法律第33号〕）などの導入があるが，①，②については本章第2節で，③については本編第2章で解説していくこととする。

第2節　簡易裁判所における民事訴訟の特色

〔1〕　訴訟手続の特則

(1)　概　　要

もともと簡易裁判所は，国民に最も身近な裁判所と位置づけられていたのであるから，そこでの民事紛争の解決にあたっては，法律的専門知識のない当事者でも気軽に訴訟手続を利用して自己の権利を行使できるとするのが理想である（素人訴訟）。そのため，民事訴訟法（平成8年法律第109号）は第2編第8章に「簡易裁判所の訴訟手続に関する特則」を設けて，簡易な訴訟手続の実現を目指している。

簡易裁判所におけるこの民事訴訟の特則規定には，口頭による訴えの提起に関する規定（民訴271条），請求原因の簡略化（民訴272条），任意出頭と弁論等（民訴273条），反訴と移送（民訴274条），訴え提起前の和解手続（民訴275条），準備書面の省略（民訴276条），欠席当事者等の擬制陳述の拡張（民訴277条），尋問等に代わる書面提出（民訴278条）などがあり，関連する民事訴訟規則の定めとして調書の簡略化（民訴規170条），判決の記載事項の簡略化（民訴280条）

などがある。また，簡易裁判所に特有な訴訟法上の手続としては，少額訴訟に関する特則（民訴第6編368条以下）及び督促手続（民訴第7編382条以下）が設けられている。

以上のほか，司法の民主化規定として，司法委員に関する規定（民訴279条）や，司法書士や非弁護士の訴訟代理に関する規定がおかれており，これらによっても訴訟手続の運用が容易にされている（司書3条1項6号）。

以下では，簡易裁判所における訴訟手続上の重要な特則として，即決和解，和解に代わる決定，司法委員制度についてその概説を述べる。

(2) 訴え提起前の和解（いわゆる「即決和解」）の概要

(a) 即決和解の意義　当事者間に民事上の争いがある場合，その当事者は，訴訟を提起する前でも，請求の趣旨及び原因（これらは即決和解の対象を明確にする意味で重要である）並びにその争いの実情を示して，相手方の普通裁判籍の所在地を管轄する簡易裁判所に和解の申立てをすることができる（民訴275条）。これを「訴え提起前の和解」という。この申立てにより期日が開かれて合意が調うときには（通常は1回の期日で合意が調う），裁判所書記官はその合意内容を調書に記載し，それによって和解成立と扱われるところから，実務上はこれを「即決和解」とよんでいる（以下「即決和解」という）。

即決和解は，前述したように簡易裁判所の特則として規定されており，裁判所の手続を経るところから，訴訟上の和解（民訴89条）と同じく「裁判上の和解」と分類されているが，紛争当事者間に争いの実情があり，それについて解決のための合意が可能であれば，訴え提起のような訴訟費用をかける必要もなく，厳格な口頭弁論手続も経ないで紛争を解決できる点で，簡易な手続となっている。

(b) 即決和解申立ての要件と審査　即決和解の制度を利用する場合にも，申立ての要件を満たすことは重要である。例えば公法上の紛争や家事紛争など民事上の争いでない争いを持ち込まれたり，利息制限法違反のような強行規定に反し，又は賭博により生じた債務の履行を求めるなど公序良俗に反する場合も考えられ，多くの問題点がある。申立てを審査した結果要件を欠く場合は，不適法な申立てとして却下される（詳細は石田賢一編著『簡裁民事の実務』〔補訂版〕217頁以下〔垣内邦俊〕参照。なお具体的には第2編第1章第4節を参照）。

(c) 即決和解期日の実施　　簡易裁判所は，即決和解の申立てを受理すると，和解期日を定めて相手方当事者を呼び出し，職権で当事者の確定をし，当事者の希望する和解条項について吟味し，場合によっては司法委員の立会いを求めて（民訴279条1項），和解期日を実施する（和解のための第1回期日において和解が調わない場合は続行期日を指定することもある）。期日においては，当事者以外の第三者を利害関係人として和解に参加させることもあり，その場合は和解の効力がその者にも及ぶ。

(d) 和解調書と効力　　裁判所書記官は，和解期日において合意が調えばその内容を和解条項として調書を作成する（民訴規169条）。このときの調書を「和解調書」という。

その合意内容は和解事項として，①給付条項（債務名義としての効力がある），②確認条項（特定の権利又は法律関係の存在や不存在を確認する），③形成条項（当事者において任意に処分できる権利又は法律関係について新たに権利を発生させたり，変更したり，消滅させたりする）などのほか，④付款条項（基本となる合意について制限を附加する停止条件，解除条件，過怠約款，失権約款等），⑤特約条項（特定の権利又は法律関係について実体法の適用を排除したり補充する特約），⑥精神条項又は道義条項（法律上の直接の効果を伴わないが，遺憾意思の表明や謝罪意思の表明など。なお，憲法上の思想及び良心の自由との関係につき最判昭31・7・4民集10巻7号785頁参照），⑦清算条項（当該和解の対象となった権利又は法律関係について新たな紛争提起をしないとするもの），⑧費用負担条項（民事訴訟法68条によれば和解の費用は原則として各自負担となるが，合意によって負担者・負担割合を定める場合もある）などが考えられる。

和解調書の記載は，確定判決と同一の効力がある（民訴267条）。

(e) 和解不成立の場合と通常訴訟への移行　　即決和解手続において，当事者間に合意が調う見込みがない場合は，裁判官により和解不成立の宣言がなされ，これを調書に記載して手続が終了する。

当事者の一方又は双方の出頭が期待できない場合も和解不成立の扱いをすることができるが（民訴275条3項），期日の延期（次回期日の指定）をすることもでき，双方欠席の場合はいわゆる休止の扱いをし，1ヵ月以内に期日指定の申立てをしない場合は即決和解の申立てを取り下げたものと扱う（民訴263

条の準用。加藤新太郎『簡裁民事事件の考え方と実務』403頁〔松田雅人〕参照)。

即決和解の期日に出頭した当事者間に合意が調わない場合でも,その当事者の双方から和解申立ての対象(将来は訴訟物となる)について訴訟移行の申立てがあるときは,裁判所は当事者双方に対して直ちに訴訟の弁論を命ずることになり,申立人は即決和解の申立時に訴えを提起したものとみなされる(民訴275条2項)。その場合,裁判所書記官は和解期日調書の「手続の要領等」欄に次のような記載をすることとなる(石田編著・前掲265頁〔垣内邦俊〕参照)。

①通常の場合

```
裁判官
    和解不成立の旨宣言
当事者双方
    訴訟移行の申立て
```

②手形・小切手訴訟の申述をする場合

```
裁判官
    和解不成立の旨宣言
当事者双方
    訴訟移行の申立て
申立人(申立人が原告になる場合)
    本件につき手形訴訟(又は小切手訴訟)による審理及び判決を求める。
```

この場合の訴訟費用の関係は,即決和解申立てに要した費用が訴訟費用の一部とされるから(民訴275条2項,民訴費3条2項),敗訴当事者はその負担をしなければならない(民訴61条)。

(3) 和解に代わる決定

(a) 和解に代わる決定の意義　平成15年法律第108号の「民事訴訟法の一部を改正する法律」により,民事訴訟法の中に「和解に代わる決定」の制度が新設された(民訴275条の2第1項)。

この制度は,民事訴訟法第2編第8章の「簡易裁判所の訴訟手続に関する特則」の一端として位置づけられており,金銭の支払を目的とする訴訟であること,一定の要件のもとに支払時期の定めをし,又は分割払いを命ずる決定をすることができる点で,同法第6編の「少額訴訟に関する特則」と類似

している。それは，簡易裁判所における金銭に関する紛争は，かなりの率で被告が事実関係を争わず，分割払いや期限の猶予を希望するという実務的感覚から考えられたものであろう（和解に代わる決定の要件・効果につき詳細は石田編著・前掲書273頁以下〔石田賢一〕参照）。

  (b) 調停に代わる決定（17条決定）との運用上の差異　かつて簡易裁判所における主として金銭の支払を内容とする紛争においては，当事者間に争いがなく，かつ，分割払いを内容とする合意が形成されつつある場合，受訴裁判所は職権で事件を民事一般調停に付し（民調20条），その合意内容に沿った調停に代わる決定（民調17条）をしていた。そのメリットは，裁判所への出頭が困難な遠隔地にある当事者であっても紛争の解決が容易に図られるし，その出頭費用をもって支払の一部に充当できるなど訴訟経済上の利益も得られるという点にあった。しかし，民事調停法17条は本来，当事者間に調停の成立が見込めない場合に適用されるべきものであり，当事者間に隠れた事情（例えば，原告が分割払いを餌に被告の抗弁を押さえ込むなど）が存する場合にはそれを考慮できないなどのデメリットがあるとして，このような実務の扱いに対しては批判的な見解もあった（詳細は石田編著・前掲書271頁以下〔石田賢一〕参照）。

  一方，和解に代わる決定は，あくまでも民事訴訟法上の紛争解決手段としての制度であり，金銭支払請求に関する紛争の解決について当事者が争わない場合（自白事件ないしは擬制自白事件，民訴159条）に一定の要件のもとに分割払いの合意が成立したものとする制度である（民訴275条の2第5項）。つまり，民事訴訟法上の原理である直接主義・口頭主義・処分権主義などを十分に尊重されて運用されるべきであろう。問題になるのは，被告が防御方法を提出しないまま口頭弁論期日にも出頭しない場合（民訴159条1項・3項）に，和解に代わる決定の適用を認めるべきかである。この制度が調停に代わる決定の弊害等を回避するための実務的感覚から考案されたものと解すれば，極めて厳格な要件のもとに積極に解すべき余地があろう。なぜならば，民事訴訟法159条は，自白を擬制すべき場合として，口頭弁論への出頭を要件にしている場合（同条1項）と，不出頭の場合（同条3項）の両者を含めて規定している。これに対して，和解に代わる決定の場合は単に「口頭弁論において」と

定められているだけであり（民訴275条の2第1項），それは「口頭弁論において原告の主張した事実を争わないし防御方法も提出しない」場合であろうから，具体的には，出頭しながら事実を争わない場合と，予定された口頭弁論に出頭しないで事実を争わないと認められるなどの状態の，両者を包含するものと解すべきである。そうだとすれば，受訴裁判所から遠隔地にある被告が裁判所へ出頭をしない場合でも，その資力や経済環境などの信ずべき情報が得られている限りは，訴訟経済上の利益を考慮して例外的運用をするのが妥当と思われる（小野瀬厚ほか「民事訴訟法等の一部を改正する法律の概要」NBL771号65頁以下参照）。

(4) 司法委員制度

(a) 司法委員制度の意義　司法委員とは，簡易裁判所の民事訴訟手続において，訴訟上の和解を勧告するに際して裁判官の補助をし，又は必要に応じて事件の審理に立ち会い裁判官の許可を受けて意見を述べたり証人等に直接発問することを職務とする者である（民訴279条，民訴規172条）。

司法委員制度は，国民の健全な感情や一般市民の良識を裁判に反映させ，もって国民に身近な親しみやすい紛争解決を実現するために設けられた制度である。司法の場に民意を反映させる制度としては，司法委員制度のほかに家庭裁判所の家事審判に関与する参与員制度（家審3条1項），民事調停委員制度（民調8条ほか），家事調停委員制度（家審3条2項ほか）などがあるが，司法委員制度が他の制度と比べて特徴的なことは，法廷における事件の審理に直接立ち会って裁判官の許可により発問したり，事実認定や法律判断に関して裁判官からの求めに対して意見陳述をするという役割があり，その活用いかんによっては「国民に開かれた裁判所」の機能を十分に発揮できる点にある。

司法委員の活用については，地方裁判所の民事第一審事件にもその立会いを検討すべきとする意見があり（昭和37年9月臨時司法制度調査会），現行民事訴訟法が改正される作業段階においても同様の提案がされていた経緯がある（平成2年法制審議会民事訴訟法部会。なお，司法委員制度の起源や身分，職務内容等に関して詳細な論述をしているものとして梶村太市＝深澤利一＝石田賢一編『少額訴訟法』409頁以下〔我妻学〕参照）。「国民に開かれた裁判所」の理念を実現するために

も，民間に培われている優秀な専門的知識の司法への活用を考えるとすれば，司法委員のこのような活用は十分理由があるといえるだろう。

  (b) 司法委員活用の場所　司法委員の職務は，前述したように裁判官の補助をしたり，又は事件の審理に立ち会って意見を述べたり，必要があれば裁判官の許可を求めて証人等に直接発問したりすることにあるから（民訴279条1項，民訴規172条），その場所は自ずと裁判所構内における和解室や法廷等ということになるが，受訴裁判所における現地和解において立会いができるか否かが問題になる。

  司法委員が職務を行うに際して場所的制限はないから，職務を行う上で必要かつ合理的な理由があれば（例えば，交通事故の過失割合を判断するために現地の状況・地形等を実際に検分・調査するなど），積極に解すべきと思われる（石田編著・前掲書152頁以下〔芳田圭一〕参照）。

  (c) 司法委員活用の方法　これまで民事紛争における司法委員の役割は，もっぱら司法和解の補助的位置づけをされていたのが実情であったが，最近の実務では，市民の司法参加や開かれた裁判所づくりの観点から，各地裁管内の簡易裁判所において，司法委員の活用に関する方策案が作成されており，司法委員の意見聴取についても積極的な活用が図られている（その詳細につき石田編著・前掲151頁〔吉田圭一〕参照）。

  司法委員の和解補助的側面における関与方式には，開廷日立会方式（待機方式）と，事件指定方式がある。前者は，あらかじめ特定の口頭弁論期日を指定して当該期日の全事件に1名若しくは複数の司法委員を立ち会わせ，和解勧告事案ごとにその中の特定の司法委員を指定して和解補助等をさせる方式である。近時，簡易裁判所の民事事件の圧倒的多数を占めている消費者信用関係事件や，争点の単純な売買代金請求事件，私人間の貸金請求事件，あるいは賃料や敷金返還請求事件などにあっては（この方式をとられることが多いようである），司法委員による和解条項策定準備が効果的に運用され，和解成立に大きな成果を及ぼしている。

  後者，すなわち事件指定方式は，特定の事件ごとに個々の司法委員を指定し，口頭弁論から和解に至るまで一貫して和解補助の職務を担当させる方式である。不動産がらみの事件や過失割合等の複雑な争点が含まれる交通事故

事件などは，この方式がとられることが多いとされている（例えば，地代増減額請求訴訟における和解補助のため不動産鑑定士の有資格者を司法委員に指定するなど）。

次に，司法委員の意見聴取的側面における関与方式についても待機方式と事件指定方式が考えられるが，実務上は後者による運用が多いとされている。前述した地代増減額請求訴訟における不動産鑑定士や，交通事故損害賠償請求訴訟において過失割合が争点となっている場合の証人尋問における証言信用性や実況見分調書作成に至る経緯の評価について豊富な知識・経験を有する元警察官や損害保険会社のリサーチ担当経験者などは，事件解決のための貴重な意見が期待できる場合が多い。

〔2〕 少額訴訟手続

(1) 概　　要

少額訴訟手続は，少額軽微な民事紛争事件を簡易・迅速に審判するための簡易裁判所の手続で，平成8年の民事訴訟法の全面改正（平成8年法律第109号）に際して設けられたものである。

国民に対する司法サービスの実現を目指して，アメリカの少額裁判所制度にならって，一定の金銭請求に限って導入された特別な審理方式であり，その訴訟手続については，それまで市民に密着した民事紛争解決の場として制度化されていた簡易裁判所が担うこととされた。

少額訴訟手続の利用上限額は，その発足当時は30万円とされていたが，平成15年法律第108号改正後の現在は60万円となっている（民訴368条1項）。

少額訴訟制度の主な特徴は，訴え提起における手続教示（民訴規222条），一期日審理の原則（民訴370条），証拠調べの制限及び簡略化（民訴371条・372条），即決判決（民訴374条），反訴や控訴の禁止（民訴369条・377条），判決に対する異議制度（民訴378条以下）などであるが，これらの制度は，簡易裁判所における民事事件の「簡易な手続により迅速に紛争を解決する」とする理想（民訴270条）を，より一層深めて実現したものであるといえよう。

(2) 少額訴訟の対象となる事件，利用回数（民訴368条，民訴規223条）

少額訴訟制度は，通常訴訟事件の特則として民事訴訟法第6編に規定され

ており，一般市民が法律上の専門知識を有していなくても，自分で訴訟を提起し，判決を受けられるようになっている。実務上も，裁判所の受付に定型訴状等の書式を備え付けたり，当事者に対する手続教示などの配慮がなされており，法律の素人でも利用しやすいような工夫をしている。

　少額訴訟は，その名のとおり，少額の民事紛争事件をその審理対象としており，現行法の下では60万円以下の金銭請求に限られている（民訴368条1項）（具体的には，第3編第1章第2節参照）。

　少額訴訟は，原則として最初に開かれる口頭弁論期日において審理が完了する点に特色があり（民訴370条。「一期日審理の原則」），しかも証拠の即時取調べと弁論との一体化が図られている。1回の裁判で結論が出され，訴訟上要求される原理・原則（例えば弁論主義，主張立証責任，主張抗弁等の法定序列主義など）が後退する場合もあり，証人尋問の方式についても通常訴訟手続とは異なる扱いが予定されている（例えば民訴372条，民訴規225条など）。これらは，少額訴訟の利用者にとって手続の簡易化が図られているため，本人訴訟が容易になるという結果につながっている。

　しかし，少額訴訟は，同一原告による同一裁判所への利用は1年間に10回と制限されており（民訴368条，民訴規223条），反訴も禁止されている（民訴369条）。また，少額訴訟判決に対しては，控訴は禁じられ（民訴377条），異議のみが許されている（民訴378条。異議後の判決に対する不服申立ては特別上告のみである＝民訴380条・327条）など，一面においてはデメリットも考えられるが，国民にとっては権利実現の容易性というメリットのほうがはるかに優れているといえよう。

(3) 少額訴訟の審理（弁論と証拠調べの一体化）

　少額訴訟は本来，法律の素人でも訴訟行為ができるように配慮された制度であるから，裁判所も，古典的な当事者主義・弁論主義は若干修正して対応すべきことが要請される。例えば，被告に対する消滅時効の抗弁についての釈明はこれまでの民事訴訟手続ではタブー視されていたが，少額訴訟手続ではその意味を説明すべきことが望まれるし，ましてや一般の抗弁事由については積極的に釈明を求める配慮が必要となるだろう（少額訴訟手続における裁判所の後見的役割）。

そのため少額訴訟における最初の口頭弁論期日の審理にあたって，裁判官は，次の事項について教示しなければならないとされている。すなわち，①当事者双方に対し，証拠調べは即時取調べが可能な証拠に限り取り調べることになること（民訴規222条2項1号），②少額訴訟の終局判決に対しては，判決書又はこれに代わる調書の送達を受けた日から2週間の不変期間内に異議の申立てができること（民訴規222条2項3号），そして，③被告に対する関係では，被告が最初にすべき口頭弁論期日において弁論する前又はその期日が終了するまでは少額訴訟を通常の手続に移行させる旨の申述ができること（民訴規222条2項2号），の3点である。

これらの教示の後，裁判所は，当事者双方の弁論（言い分）を聴き，証拠の取調べを経て裁判の基礎となる資料の収集を行うことになる（通常訴訟手続では弁論主義により当事者がその資料提出責任を負わされる）。当事者の弁論内容は，それが訴訟資料となると同時に証拠資料にもなる。例えば，原告からの絵画の売買代金請求事件において，被告が法廷で「贋作であったから売買契約を取り消す」と述べた場合は，債務消滅の抗弁（滅権抗弁）になると同時に贋作の証拠にもなる（本人尋問の結果。ただし，裁判官が信用するかどうかは自由心証主義の問題である）。

(4) 少額訴訟事件と通常移行（民訴373条）

少額訴訟は，それに特有の要件を満たさない場合，例えば，①訴額が60万円を超えたり（民訴368条1項），②同一原告が同一裁判所に対して同一年内に10件を超えて利用しようとする場合（民訴368条1項但書，民訴規223条），③被告が通常訴訟による審判を求めた場合（民訴規222条2項2号），④被告に対する最初にすべき口頭弁論期日の呼出しが公示送達によらなければできない場合などには，その審理及び判決を受けることはできない。

また，証拠の即日取調べが困難であるときや，被告から反訴の少額訴訟が提起された場合（少額訴訟手続では前述のように本来「反訴」は禁止されているが，誤って反訴状が提出された場合，それが独立の訴え提起と扱われることもある）でそれが独立の訴えと扱うのに相応しくないときは，少額訴訟による審判が相当でないとして通常訴訟へ移行されることになる（通常移行の要件及び具体的手続に関する詳細は石田編著・前掲書180頁以下〔石田賢一〕参照。なお，民事裁判資料223号

「少額訴訟手続関係資料」7頁以下参照）。

(5) **少額訴訟判決と不服方法**

　少額訴訟は，原則として「一期日審理の原則」が適用され（民訴370条），相当でないと認められる場合を除いては，いわゆる「即決判決」が言い渡される（民訴374条1項）。当事者にとって少額訴訟の魅力は，法廷への1回の出頭で審理が完了することであり，しかもその結論を得られることにある。

　少額訴訟においては，即決判決と並んで調書判決の運用を原則とすべきである。民事訴訟法374条2項は「前項の場合には，判決の言渡しは，判決書の原本に基づかないですることができる。この場合においては，第254条第2項……の規定を準用する。」と規定しており，その趣旨は民事訴訟法254条1項の要件に該当しない場合であっても調書判決が可能であると解されるからである（同趣旨として法務省民事局参事官室『一問一答　新民事訴訟法』416頁）。また，少額訴訟において調書判決をするときは，原告の請求認容（一部認容を含む）の場合であれば，被告の自白事案でなくても積極に運用すべきである（加藤新太郎『簡裁民事事件の考え方と実務』328頁〔難波孝一紹介の座談会〕参照）。

　少額訴訟判決の内容（民訴375条）については，「判決による支払猶予」又は「分割払判決」が可能である（なお，詳しくは第3編第1章第5節を参照）。

　少額訴訟判決に対する不服方法としては，控訴が禁止されており（民訴377条），異議手続のみが認められている（民訴378条）。その理由は，少額の民事紛争における「解決の迅速性」を制度化したものと考えられる（詳細につき石田編著・前掲書204頁以下〔石田賢一〕参照）。なお，異議審での審理・判決については第3編第1章第6節を参照されたい。

(6) **少額訴訟手続における司法和解**

　少額訴訟手続においても司法和解は歓迎されるべきであり，司法委員の活用は大いに成果が期待できる。

　問題は，その場合の和解に民事訴訟法264条（和解条項案の書面受諾の制度）による運用が許されるかであるが，同法275条4項のような制限規定がないことから，積極に解すべきであろう（ただし，民事訴訟法265条の扱いを少額訴訟手続に持ち込めるかについては消極である）。

　また，少額訴訟手続の要件である訴額60万円を超える紛争に対して司法和

解が許されるかについては慎重にすべきであろうし，消費者契約法などの特別法との関連がある場合も同様である（以上につき詳細は，石田編著・前掲書198頁〔石田賢一〕参照）。

〔3〕 督 促 手 続

督促手続の概要については，第3編第4章において説明されるので，ここでは実務上生ずるいくつかの特異事例について考察する。

(1) 支払督促の申立てに関する問題

(a) 支払督促申立ての併合　これは，実務上，数個の請求が人的（主観的併合の場合）又は物的（客観的併合の場合）に結合された態様で支払督促の申立てがなされるときに考えられる（民訴136条）。まず主観的併合の場合（例えば債権者Aが主債務者B及び連帯保証人Cに対して請求する場合），通常の訴訟手続であれば併合請求として許される場合であっても（民訴7条・38条前段），支払督促手続にあっては原則として債務者の全員につき普通裁判籍所在地を管轄する簡易裁判所の裁判所書記官に対してその申立てをしなければならず（民訴383条1項），それに違反してなされた申立ては却下されることになるから（民訴385条1項），支払督促の性質上，債務者の生活圏内（それは債務者の住所なり事務所又は営業所が中心となる）と無関係な地の裁判所に対する併合申立てはできない（したがって，前例の場合，Bが札幌市で，Cが東京都に在住のときは両者を1通の支払督促申立書で申し立てることは許されない）。ただし，手形・小切手金の請求については例外が認められている（民訴383条2項2号）。

次に，客観的併合の場合（例えば貸金と売買代金の併合請求をする場合），これが原始的併合であれば問題はないが，後発的併合のときは問題である。支払督促手続は，あくまで書面審理主義を貫く手続であるから，口頭弁論による判決手続を前提とする民事訴訟法152条の規定は適用がないとすべきであろう（以上につき石田編著・前掲書309頁以下〔石田賢一〕参照）。

(b) 支払督促申立てと二重申立て　裁判所に係属する事件について，当事者は重ねて訴えを提起することはできない（民訴142条）が，この制度は支払督促手続においても妥当する。問題は，支払督促事件がどの段階で裁判所

に係属するとみるかであり，見解が分かれている。

第1の見解は，支払督促事件の書面審理主義の原則から，その申立時に事件が係属するというものである（新堂幸司ほか編『注釈民事訴訟法(4)』131頁〔斎藤秀夫〕）。

これに対し第2の見解は，債務者への送達時を事件係属時としている（菊井維大＝村松俊夫『コンメンタール民事訴訟法Ⅲ』799頁参照）。

思うに，実体法上1回の弁済で足りる場合に，重ねて支払督促の申立てをするのは許されないと解すべきである。例えば，貸金請求（民587条以下）と，その消費貸借契約が認められないとした場合の不当利得金請求（民703条）を，債権者から債務者に対する権利関係の同一性を肯定する（同一の訴訟物とする）とすれば，二重申立てと扱われて許されない（三ケ月章『民事訴訟法〈法律学全集〉』119頁参照）。もっとも，両者の請求について訴訟物が異なるとする見解ではこれを許すことになろう（なお，梶村太市＝石田賢一『支払督促の実務』38頁〔石田賢一〕参照）。

(c) その他（当事者の加入，申立ての変更，事件の移送など）　支払督促に訴訟参加（民訴42条）が許されるかについては，独立当事者参加や共同訴訟参加の場合はその性質上消極に解すべきであり（岩沢彰二郎「民事訴訟参加」〈司法研究報告書〉8輯1号56頁参照），補助参加については積極に解する（深沢利一（園部厚補訂）『督促手続の実務』〔2訂版〕，16頁以下）。

次に，支払督促において申立ての変更が許されるかについては肯定すべきであるが（菊井＝村松・前掲書Ⅲ800頁），当該申立てに対する判断がなされた後は裁判所書記官の更正処分の手続として扱うべきことになろう（民訴389条）。

また，支払督促における事件の移送については消極に扱うべきである。現行民事訴訟法は，旧民事訴訟法431条1項のような「専属管轄」とする文言を用いていないが，管轄に違反する申立ては却下される扱いであるから（民訴385条），管轄違背の支払督促申立ては移送せずに却下すべきである（以上につき石田編著・前掲書311頁以下〔石田賢一〕参照）。

(2) 支払督促の発付等に関する問題

(a) 管轄違背看過の支払督促の発付と処理　管轄に違背する支払督促申立書は移送の扱いをせずに却下すべきである（民訴385条1項）。ただし，実務

上，管轄違背を看過して支払督促を発付した場合の処理をめぐっては見解が分かれる。

　第1の見解は，すでに発付された支払督促は当然無効となるものではないから，それをただすには督促異議（民訴390条）によるしかないとし，債権者がその後当該支払督促に対して仮執行宣言の申立てをした場合（民訴391条）には，裁判所書記官はそれに対して手続の費用を付記して仮執行の宣言をしなければならないとする（菊井＝村松・前掲書Ⅲ423頁・445頁。旧法当時における裁判所書記官研修所『支払命令における実務上の諸問題の研究』142頁）。これに対して第2の見解は，本来ならば却下処分を受けるべき支払督促の申立てであるから，裁判所書記官は次いでなされた仮執行宣言の申立てを却下して当該支払督促による債務名義の成立を阻止すべきであるという（斎藤秀夫ほか編著『注解民事訴訟法(7)』〔第2版〕，206頁〔斎藤秀夫〕。梶村＝石田・前掲書66頁以下及び495頁以下各参照）。筆者は，実務からの賛同を得られないようであるが，依然として第2の見解に賛成したい。

　思うに，何らの手続も経ずに「裁判所がなした判断に当然無効はない」とする理論はそれ自体正しいが，その場合の「何らの手続」（それは法律により申立却下という手続）が予定されているのに，当事者からのクレーム（督促異議）がないから，その上にさらに次の訴訟行為を連鎖させてよいとする理論には賛成できない。比喩的にいえば，腕骨折の患者に対して皮膚炎症の治療をしたまま，患者が訴えないからとしてリハビリを継続した処置に通ずる危険がある。しかも管轄違いの支払督促発付の場合には，それが被害を受ける者の相手方による訴訟行為によって起因している点に問題がある。その場合の適切な是正処置として考えられるのは，時として督促異議であったり，期間経過による支払督促の失効（民訴392条）としたり，あるいは裁判所書記官による仮執行宣言拒否という措置になるであろう（現行民事訴訟法385条1項の申立却下規定が旧民事訴訟法431条1項のような専属管轄違背を予定しているとすれば，債務者による責問権放棄は考えるべきでない（民訴90条但書））。しかも，管轄に関する審査は，本来職権調査事項であり，判決手続においては訴訟要件であるから，当事者からの苦情がないのであるから判断するに及ばないとすることにはならない（三ケ月・前掲書257頁）。したがって，管轄違背による支払督促発

付の治癒について債務者からの督促異議がない限り仮執行宣言手続に進行して差し支えないとする発想は手続法的にも妥当性を欠くし，督促異議の申立てをしない債務者に民事訴訟法上の救済をとるべきでないとする扱いは，「国民に親しまれる裁判所」の理念にも反すると考える（なお，督促異議による債務者の救済がどのようなものであるかについて，石田編著・前掲書293頁以下〔石田賢一〕参照）。

(b) 支払督促申立ての排斥処分 支払督促には，その性質に反しない限り訴えに関する規定が準用される（民訴384条）。そこで，当該支払督促の申立書に欠陥ないしは瑕疵事由がある場合に考えられる取扱いが，①支払督促申立書却下と，②支払督促申立却下である。もっとも，その欠陥等が補正によって治癒されるものである限り，期間を定めて補正手続を経た上で（民訴137条），しかるべき処理がとられる。その差異は，前者が(i)補正手続→(ii)補正懈怠→(iii)申立書却下処分→(iv)即時抗告申立て→(v)抗告審の判断→再抗告という過程をとるのに対し，後者は(i)法定却下事由→(ii)申立却下処分→(iii)異議申立て→(iv)異議の判断→不服不可という過程をとることにある。

上記①の支払督促申立書却下の場合は，債権者が補正を懈怠した場合の扱いである（民訴384条による133条2項・137条1項及び3項の準用）。この場合は限定された範囲内ではあるが，抗告審の判断に対して不服申立ての途がある。これに対し，上記②の支払督促申立却下の場合は異議を申し立てることはできるが，その異議に対する判断に対しては不服申立ての途がない。

両者の差異について実務上の利益の有無はともかくとして，支払督促における申立排斥方法としては，民事訴訟法385条1項による支払督促申立ての却下処分の扱いのみで足りるとする見解（民事裁判資料219号「新しい督促手続の基本的諸問題」78頁）もあるが，同条の却下事由は制限されており，法が訴えに関する規定を準用しているのであれば，その手順に従って処理するのが論理的であり，利用する国民にも説得力があると考える。

(3) 督促異議の適法性の審査に関する問題

支払督促が債務者に送達され，それに対する適法な督促異議が提出された場合には，支払督促の申立時に遡って，その目的物の価額に従い，簡易裁判所又は管轄地方裁判所に対して訴えの提起があったものとみなされる（民訴

395条)。この場合，当該督促異議申立てが適法であるかどうかの判断権がいずれの裁判所に帰属するかは，事後の訴訟手続に重大な影響を及ぼす。

　現行法は，「適法な督促異議の申立て」を予定し（民訴390条)，その審査に関し「簡易裁判所は，督促異議を不適法であると認めるときは｣，その「請求が地方裁判所の管轄に属する場合においても」その督促異議を却下しなければならないとしている（民訴394条1項)。この限りでは，支払督促を発付した裁判所書記官が所属する簡易裁判所に適法性の審査権があると解すべきことになる。しかし，実務では，簡易裁判所が適法な督促異議と認めて管轄地方裁判所へ訴訟移行をしたところ（民訴395条)，その地方裁判所では支払督促の有効な送達がなされていないと判断をして（したがって督促異議申立てによる訴訟移行の効果もないから)，当該事件を簡易裁判所へ移送する処理がとられることがある。

　この場合の措置については見解が分かれ，①移送説と，②督促異議却下説がある（詳細は石田編著・前掲書347頁〔石田賢一〕参照)。

　裁判例も扱いが分れており，①説の立場は，適法な督促異議は有効な支払督促の送達があって判決手続への移行という効果が生ずるのであるから，その前提を欠いた地方裁判所への訴訟係属は外観を呈しているだけであり，地方裁判所はそのような訴訟係属をただす必要があるため，簡易裁判所に事件の移送をすべきとしている（旧民事訴訟法30条1項当時の扱いとして札幌地決平5・11・16判タ865号265頁，長野地決昭43・7・31判時547号69頁参照)。

　思うに，①説では直截的な問題解決とはならず，迂遠であると考える。したがって，②説により，受訴裁判所（地方裁判所）は判決によって督促異議申立てを却下すれば足りるとすべきであろう。もし①説の扱いを許すとすれば，移送を受けた簡易裁判所において再度適法な督促異議であると判断した場合には，管轄地方裁判所への再度の記録送付が考えられ（この場合の移送の裁判は，民事訴訟法が予定している本来の移送手続ではなく，移送の手段を借りるにすぎないものであるから，民事訴訟法22条による移送の拘束力を認めがたいとする)，「事件のたらい回し」にもなりかねない。そこで，記録送付を受けた地方裁判所は督促異議却下の判決をして，その確定後は支払督促をした裁判所書記官に記録を戻すことになろう（②説によるものとして札幌高決平5・10・18判タ865号265頁，札

幌地判昭46・10・26判タ272号346頁，旭川地判昭54・5・30判時944号105頁参照。詳細は石田編著・前掲書347頁以下〔石田賢一〕参照）。

〔石田　賢一〕

第2章
簡易裁判所の民事訴訟と司法書士

第1節　簡易裁判所の民事事件と訴訟代理

〔1〕　民事事件における訴訟代理

　わが国では弁護士強制主義を採用しておらず，民事事件のすべての手続について本人が担当・追行することが可能である。本人訴訟の許容であり，これは簡易裁判所はもちろん，地方裁判所でも同様である。しかし，すべての場合に本人しか関与できないとすると，実際上民事事件の手続を進行することは不可能なので，法は一定の場合に代理人による手続追行を認めている。法定代理と任意代理がある。

(1) 法定代理人

　(a)　実体法上の法定代理人　　民商法などの実体法上の法定代理人は，訴訟法上も法定代理人となる（民訴28条）。これには，①未成年者の親権者（民824条）や未成年者・成年被後見人のための後見人（民859条），②法人の理事（一般法人77条・90条・197条，民訴37条等），③利益相反の場合に家庭裁判所によって選任された特別代理人（民826条・860条），④一定の場合の保佐人・補助人（民876条の4・876条の9），⑤不在者の財産管理人（民25条），⑥相続財産管理人（民918条・926条・936条・943条・952条）などがある。これらの代理人は，各実体法に定める権限の範囲内において当然に代理権があるから，それぞれの地位が確認されればよく，特別の授権を必要としないのが原則である（た

だし、③の特別代理人の場合は家事審判において代理事項が明示されることがあるので注意を要する)。

(b) 訴訟法上の特別代理人 法定代理人がない場合又は法定代理人が代理権を行うことができない場合において、未成年者又は成年被後見人に対し訴訟行為をしようとする者は、遅滞のため損害を受けるおそれがあることを疎明して、受訴裁判所の裁判長に特別代理人の選任を申し立てることができる(民訴35条1項)。

未成年者や成年被後見人の側でも、実体法上の特別代理人(法定代理人)を選任せず、同条を類推適用して、当該事件限りの特別代理人の選任を求めることができると解されている。

(c) 権利能力なき社団等の代表者等 法人でない社団又は財団で規約等により代表者又は管理人の定めのあるものは、その名において訴え又は訴えられることができる(民訴29条)。すなわち、団体自体に当事者適格が認められ、その代表者又は管理人が法定代理人として代理権を有する。

(2) 任意代理人

(a) 訴訟委任に基づく訴訟代理人 任意代理の代表的なものであるが、地方裁判所以上では代理人資格に制限がある。すなわち、任意代理の場合には、後記(b)の法令上当然に代理権がある場合のほかは、弁護士でなければ訴訟代理人となることができない(民訴54条1項本文)。本人訴訟も可能だが、代理人をつける場合は弁護士でなければならないとするもので、弁護士強制ではないが、弁護士代理の原則を採用しているわけである。

(b) 法令上の訴訟代理人 法令の規定により、裁判上の行為をすることができる代理人がある。このような任意代理権が付与されている職種としては、①支配人(商21条、会11条)、②船舶管理人(商700条)、③船長(商713条)、④国や行政庁を当事者とする民事訴訟や行政訴訟を担当する場合の法務大臣や行政庁による指定代理人(法務大臣権限法など)などがある。

(c) 補佐人 補佐人は、当事者・法定代理人・訴訟代理人とともに期日に出頭し、これらの者の陳述を補足する者(民訴60条)であるが、これも本人の単なる手足ではなく独自の判断が可能な任意代理人の一種であると解されている。

〔2〕 簡易裁判所の訴訟代理の特則

　簡易裁判所においては，弁護士代理の原則は採用されず，裁判所の許可を得て弁護士でない者を訴訟代理人とすることができる（民訴54条1項但書）。ただし，裁判所は，この許可をいつでも取り消すことができる（同条2項）。
　この許可代理人の候補者としては，親族・雇人・知人・友人など制限はない。職務上紛争処理を担当する会社の従業員でもよいが，報酬を得る目的で訴訟事件その他の法律事務を取り扱い，又は周旋をするというような，いわゆる非弁活動を業とする者は，訴訟代理人の選任について裁判所の許可を得ることは困難である（弁護72条・73条・27条，非訟6条参照）。
　したがって，司法書士は，その業務の範囲を超えて他人間の訴訟その他の事件に関与してはならないから（司書3条・22条），当事者から訴訟代理人に選任されても，裁判所の許可を得ることはできないと解されている（秋山幹男ほか『コンメンタール民事訴訟法Ⅰ』509頁）。ただし，平成14年の法改正でこの点について重大な例外が認められるに至ったことは，後述の第2節に記載のとおりである。
　簡易裁判所においても，以上のほかは，前述〔1〕の訴訟代理の一般原則が適用されることになる。

第2節　司法書士の簡裁訴訟代理権等

〔1〕　司法書士への簡裁代理権制度の趣旨

　平成14年法律第33号改正法により司法書士法の一部が改正され，平成15年4月1日から施行された。一定の要件のもとに，司法書士に簡易裁判所における訴訟代理権等が付与されることになったのである。簡易裁判所の事件は少額な請求が多く，しかも全国津々浦々に発生すること等から弁護士利用率は全体の10％前後と少なかった。法律専門職としての司法書士に訴訟代理等

を委任できれば，国民に親しまれ利用しやすい裁判所をめざす簡易裁判所の発展に資することになる。国民にとっても，司法へのアクセスの途を拡げることになり，望ましい。これらが制度導入の理由である。

〔2〕 司法書士が代理できる事項

司法書士が簡易裁判所における訴訟代理権を行使するためには，司法書士法3条2項の認定司法書士であることが必要である。司法書士が法務大臣から認定を受けるためには，所定の研修の課程を修了することが必要である。認定司法書士は，簡易裁判所における下記の手続について，簡易裁判所の許可を受けることなく，当然に訴訟代理権等を行使できる（司書3条1項6号・2項・6項）。

① 民事訴訟法の規定による手続であって，訴訟の目的の価額が140万円を超えないもの
② 訴え提起前の和解又は支払督促の手続であって，請求の目的の価額が140万円を超えないもの
③ 訴えの提起前における証拠保全手続又は民事保全法の規定による手続であって，本案の訴訟の目的の価額が140万円を超えないもの
④ 民事調停法の規定による手続であって，調停を求める事項の価額が140万円を超えないもの
⑤ 民事執行法の規定による少額訴訟債権執行の手続であって，請求の価額で140万円を超えないもの

なお，訴額が超過することを理由に訴訟代理権を喪失した場合において，請求の減縮によって訴額が140万円以下になったとしても，代理人として訴訟行為を行うためには，その戻った事件について当事者からの新たな授権行為が必要となる。

〔3〕 認定司法書士が代理可能な附随手続

民事訴訟手続や調停手続における附随手続について司法書士が代理するこ

とができる事項としては，以下のものが考えられる。

① 各種移送の申立て（民訴16条～19条）
② 裁判官・裁判所書記官に対する除斥・忌避の申立て自体（民訴23条・24条・27条）
③ 訴訟費用額確定の申立て（民訴71条）
④ 担保提供命令の申立て（民訴75条）
⑤ 上訴に関して提供された場合を除く担保取消しの申立て（民訴79条）
⑥ 訴訟記録の閲覧請求（民訴91条）
⑦ 期日指定の申立て（民訴93条）
⑧ 公示送達の申立て（民訴110条）
⑨ 訴訟手続の受継申立て（民訴124条・126条・128条）
⑩ 訴えの変更（民訴143条）
⑪ 訴訟指揮等に対する異議（民訴150条）
⑫ 証拠の申出（民訴180条）
⑬ 更正決定の申立て（民訴257条）
⑭ 訴えの取下げ（民訴261条）
⑮ 調停前の措置の申立て（民調12条）
⑯ 調停に代わる決定に対する異議の申立て（民調18条）

〔4〕 認定司法書士でも代理できない事項

(1) 上訴の提起に関する事項

　簡易裁判所の中での手続で終了する仮執行宣言付支払督促に対する督促異議の申立て（民訴403条1項3号）や仮執行宣言付手形小切手訴訟判決に対する異議申立て（同項5号）があった場合等の執行停止の申立てを除くその余の上訴手続は，認定司法書士でも代理できない。

　例えば，簡易裁判所の判決に対する控訴の提起・即時抗告・特別抗告・保全抗告・執行抗告や，仮執行宣言付判決に対する控訴提起に伴う執行停止の申立て（民訴403条1項3号）などは，「上訴の提起に関する事項」として担当できない。

(2) 強制執行に関する事項

認定司法書士でも代理ができない強制執行関係事項としては，執行文付与の申立て（民執26条・27条），執行文付与の訴え（民執33条），執行文付与等に関する異議の申立て（民執32条）などがある。

しかし，債務名義の送達証明申請，保全執行，取立訴訟などは目的の価額が140万円を超えない限り代理が可能である。

(3) その他の手続

認定司法書士でも，公示催告手続，借地非訟手続，公示による意思表示等に関しては代理権限がない。

なお，代理権の基準となる価額算定をめぐる問題点，各種訴訟過程において生ずる代理権の有無をめぐる問題点，例えば①弁論の併合が行われた場合，②請求の拡張による訴えの変更があった場合，③認定司法書士が原告代理人として訴額の範囲内の訴えを提起し，被告側がそれを超える請求の反訴を提起した場合，④原告が訴額の範囲内の請求の訴えを提起したのに対し，被告の訴訟代理人としてそれを超える金額の債権を自働債権として，原告の請求債権と対当額で相殺する旨の抗弁を提出した場合，⑤訴額の範囲内の請求事件で他の請求を取り込んで和解をする場合，⑥訴額を超える請求権の一部を請求する場合等の問題点などに関しては，中島寛「司法書士の簡裁代理権」岡久幸治ほか編『新・裁判実務大系㉖簡易裁判所民事手続法』45頁以下が詳細であり，実務上参考になる部分が多い。

〔梶村　太市〕

第2編

書式実例（通常民事）

第1章　民事（含調停）事件の受理
第2章　民事事件の当事者及び訴訟代理人
第3章　管轄と移送
第4章　裁判所職員の除斥・忌避
第5章　訴訟手続
第6章　訴状の記載
第7章　答弁書・準備書面の記載
第8章　証拠の申出手続
第9章　判決の態様
第10章　控訴手続
第11章　上告手続
第12章　再審手続
第13章　手形・小切手訴訟手続関係

第1章

民事（含調停）事件の受理

第1節　概　　説

　簡易裁判所における民事紛争の解決手続は，主に①通常訴訟，②少額訴訟，③調停，④督促手続，⑤裁判前の和解などであり，これらの手続で民事紛争の解決を求める者は，原則として，それぞれの手続に必要とされる申立書（訴状，調停申立書，支払督促申立書など）を簡易裁判所の受付に提出（持参又は郵送）することが必要である（口頭受理につき第2節参照）。

　事件の受付に関する事務は，裁判所における訟廷事務に属するものであって，大法廷首席書記官等に関する規則及びこれに基づく最高裁判所の各種通達により裁判所書記官の職務とされる。

　各種手続の申立書面が提出された簡易裁判所の受付担当の裁判所書記官は，それぞれの申立書に要求されている記載事項などの第一次的な審査を行い，不備がある場合は，申立人等に任意の補正を促すことになる。裁判所書記官が窓口で促す任意の補正についての法的根拠や裁判所書記官の権限に関する明文の規定はないが，裁判官の補佐事務としての性質を有するいわゆる訴訟進行管理事務（山内八郎「訴訟進行管理論の現状と課題」判タ400号86頁以下）の1つと解され，裁判長等からの包括的，抽象的，黙示的な命令に基づくものであると解されている。

　裁判所書記官が審査する主な要点は，裁判長の訴状審査権（民訴137条1項）の範囲とほぼ一致するが，必ずしもこの範囲にとどまるものではない。主な点検項目は，次のとおりである。

① 標　題
② 当事者及び代理人の表示
③ 管轄の有無
④ 訴訟物の価額及び貼付印紙の額
⑤ 請求（申立て）の趣旨及び原因（紛争の要点）
⑥ 提出日
⑦ 証拠書類の写し及び附属書類
⑧ 代理権の有無
⑨ 予納郵便切手の額
⑩ 書面の誤字や脱字　　など

　これらの点について，間違いや記載漏れなどを発見した場合は，直ちに任意補正を促すことになる。裁判所書記官による補正の促しは，あくまで任意のものであり，強制力を有しないが，裁判所書記官による点検は，以後の手続を迅速に進めるためにも重要なものである。

　点検を終えた書面は，受付印を押捺し，事件番号等を付記することによって，受理手続が行われる。申立人等の中には，裁判所において，事件受理がされたことをもって，自らの言い分（主張）が認められたかのように理解する者も少なくないが，訴訟行為としての受理であって，受理によって訴訟手続が進むことになるにすぎない。したがって，裁判長の訴状審査権（民訴137条1項）は，受理後に行われるものである。

　当事者にとっては，裁判所に対して行う最初の訴訟行為であって，申立書等の受理によって，一定の法律効果（時効中断など）が認められている。

〔小林　　司〕

第2節　口頭受理

　民事の紛争解決を求めて裁判所に訴えを提起するときは，書面によって行うことが原則（民訴133条1項）であるが，簡易裁判所に訴え提起をするときは，例外として口頭による訴え提起が認められている（民訴271条）。

　口頭による訴え提起は，これを望む者が簡易裁判所の受付担当の裁判所書記官に対して，民事訴訟法133条2項で要求されている当事者及び法定代理人，請求の趣旨及び原因といった訴状の記載要件を述べ，これを裁判所書記官が書面化して調書を作成（民訴規1条2項）することによって行う。この調書で受付手続を行うことになり，これらの一連の手続を「口頭受理」という。

　通常，個人間の定型的な紛争（例えば，貸金や賃貸借建物の未払賃料の請求など）であっても，一般の国民が訴状という書面において求められている請求を特定し，請求を理由づける事実を具体的に記載し，かつ，立証を要する事由ごとに，当該事実に関連する事実で重要なもの及び証拠を記載すること（民訴規53条1項）は難しいことである。

　口頭受理は，国民が利用しやすく，かつ，当事者間の紛争を簡易・迅速に解決するという簡易裁判所の目的に沿った手続であるが，実務上，ほとんど利用されていないのが現状である。口頭受理の利用が極めて少ないのは，裁判所書記官が調書作成のための当事者の事情を聴取する中で，裁判所が行う手続教示の限界を超え，当事者間の公平を害することになりかねないおそれがあり，また，裁判所書記官が調書を作成したことによって，自らの主張が認められたと誤解し，後日，無用な紛争が生じるおそれがあるからである。

　そこで，簡易裁判所の受付実務においては，口頭受理の代わりに準口頭受理という方法が利用されている。これは，裁判所が予め用意した定型的な訴状様式を利用して訴え提起を行うものである。簡易裁判所の受付には，各種の定型化された訴状用紙が備え置かれ，簡易裁判所に訴え提起を望む者は，この定型訴状の空欄部分を記載することによって自らの望む請求の訴状を簡単に作成することができる。

〔小林　司〕

書式1　口頭起訴調書

調　書（口頭起訴）

受　付

申立年月日　平成〇〇年〇〇月〇〇日

事件名　貸金請求事件

〒〇〇〇−〇〇〇〇　〇〇県〇〇市〇〇町〇〇番地（送達場所）
　　　　原　告　　甲　野　太　郎
　　　　　　　　　　　電　話　〇〇−〇〇〇〇−〇〇〇〇
　　　　　　　　　　　ＦＡＸ　〇〇−〇〇〇〇−〇〇〇〇
〒〇〇〇−〇〇〇〇　〇〇県〇〇市〇〇町〇〇番地
　　　　被　告　　乙　野　次　郎

訴訟物の価額　　　100万円
ちょう用印紙額　　1万円
予納郵便切手　　　〇〇〇円

第1　請求の趣旨
1　被告は，原告に対し，100万円及びこれに対する平成19年4月1日から支払済みまで年5分の割合による金員を支払え。
2　訴訟費用は被告の負担とする。
3　この判決は仮に執行することができる。
との判決を求める。

第2　請求の原因
1　原告は，平成18年3月30日，120万円を次の約束で被告に対し貸し渡した。
　・弁済方法　　平成18年4月から平成19年3月まで毎月末日限り元金10万円及び当月分の利息
　・利　　息　　年5％
　・損　害　金　定めなし
　・特　　約　　被告が原告に対する支払を1回でも怠ったときは，期限の利益を失う。
2　被告は，平成19年3月31日限り支払うべき金員の支払を怠ったので，同日限り期限の利益を失った。
3　被告は，元金20万円及び平成18年5月までの利息を支払った。
4　よって，原告は，被告に対し，金銭消費貸借契約に基づく残元金100

万円及び上記債務の履行遅滞に基づく残元金に対する平成19年4月1日
　　　から支払済みまで民法所定の年5分の割合による遅延損害金の支払を求
　　　める。
　第3　その他の参考事項
　　　　原告は，原告の定期預金を解約して，本件貸金を準備したものである。
　　　　被告は，本件貸金について，特に返済時期の約束はしていないと主張
　　　している。
　　　以上のとおり原告の陳述を録取した。
　　　　　　　　　　　　平成○○年○○月○○日
　　　　　　　　　　　　　　○○簡易裁判所　裁判所書記官　○○○○　㊞

〔注〕
1．この調書は，口頭による訴えの提起があった際に作成する。
2．この調書は，貸金請求の事案である。
3．訴え提起の手数料は，通常の訴え提起と同様の価額である（民訴費3条1項別表第一の1項）
4．被告に調書の謄本や口頭弁論期日呼出状を送達するため，訴え提起時に予め郵便切手を納める必要があるが，裁判所に最初に納める郵便切手は，裁判所によって異なるので，申立てを行う裁判所に聞いて納めるとよい。
5．口頭受理であっても，証拠となる書類がある場合は，その写しの提出が求められることがあるので，写しを準備しておくのがよい。

第3節 少額訴訟事件受理の特色

　少額訴訟とは，少額の紛争を訴訟物の価額に見合った経済的負担で，簡易・迅速に解決するための制度であり，この訴訟は，原則として1回の期日で審理を終了し，即日判決の言渡しを行うものである。

　簡易裁判所において，訴訟の目的の価額が60万円以下の金銭の支払の請求を目的とする訴えについては，少額訴訟による審理及び裁判を求めることができるが（民訴368条1項），この訴訟は，特別の事情がある場合を除いて，最初にすべき口頭弁論期日において，審理を完了しなければならない（民訴370条1項）ことから，当事者は，この口頭弁論期日の前又はその期日において，すべての攻撃又は防御の方法を提出しなければならない（民訴370条2項）。また，証拠調べは，即時に取り調べることができる証拠に限られ（民訴371条），少額訴訟判決に対する不服の申立方法は，判決をした簡易裁判所に対する異議申立て（民訴378条1項）に限定され，控訴することができない（民訴377条）など，通常の訴訟手続に比べ，当事者の訴訟活動に影響する手続となっている。

　このことから，簡易裁判所は，少額訴訟による審理を望む者に対して，十分な手続説明を行うことが重要となっている。そこで，簡易裁判所では，少額訴訟における手続教示を，この手続を選択するための判断資料の提供という側面（手続選択のための教示）と円滑な訴訟進行のための情報提供という側面（手続進行のための教示）との二面性を有するが，いずれにせよ，利用者の手続に対する理解を助けることにより，その制度の趣旨にかなった運用を実現することを目的とするものである（平成9年7月16日付け最高裁事務総局総務局第三課長，民事局第一課長事務連絡「少額訴訟通達の概要」）として行っている。

　当事者は，このような少額訴訟手続の特色を十分に理解した上で，簡易裁判所の手続の中から，少額訴訟による手続を選択し，的確な訴訟活動等を行っていくことが重要となる。

　なお，少額訴訟による判決や和解調書などの債務名義に基づく金銭債権に対する強制執行は，簡易裁判所の裁判所書記官に対して申し立てることができる（民執167条の2以下）。

〔小林　司〕

書式2　少額訴訟の定型訴状（一般事件）

```
　　　　　　　　　　　訴　　　状
┌──────┐
│収　入　│
│印　紙　│
└──────┘　　　　　　　　　　　　　　　平成〇〇年〇〇月〇〇日

〇〇簡易裁判所　御中

　　〒〇〇〇－〇〇〇〇　〇〇県〇〇市〇〇町〇〇番地（送達場所）
　　　　　　　　　原　告　　甲　野　太　郎　㊞
　　　　　　　　　　　　　電　話　〇〇－〇〇〇〇－〇〇〇〇
　　　　　　　　　　　　　Ｆ　Ａ　Ｘ　〇〇－〇〇〇〇－〇〇〇〇
　　〒〇〇〇－〇〇〇〇　〇〇県〇〇市〇〇町〇〇番地
　　　　　　　　　被　告　　乙　野　次　郎

　　〇〇〇〇請求事件
　　　　訴訟物の価額　　　〇〇万円
　　　　ちょう用印紙額　　〇万円

第1　請求の趣旨
　1　被告は，原告に対し，〇〇万円及びこれに対する平成〇〇年〇〇月〇
　　〇日から支済みまで年5分の割合による金員を支払え。
　2　訴訟費用は被告の負担とする。
　3　この判決は仮に執行することができる。
　との判決を求める。

　なお，少額訴訟による審理及び裁判を求めます。この裁判所において少額
訴訟による審理及び裁判を求めるのは〇回目です。

第2　紛争の要点（請求の原因）
　1　原告は，……………………………………………
　　（以下省略）

第3　その他の参考事項（本件訴訟提起の経緯，紛争の背景，背景事情など）

証　拠　方　法
　　1　甲第1号証　　　　〇〇〇〇
　　2　甲第2号証　　　　〇〇〇〇
　　（以下省略）

附　属　書　類
　　1　訴状副本　　　　　　　　　　　　　1通
　　2　甲第1ないし〇号証（写し）　　　　各1通
```

〔注〕
1. 少額訴訟の申述は，同一の裁判所に対して，同一の年に10回を超えて求めることができない（民訴368条1項但書，民訴規223条）ので，少額訴訟による審理及び裁判を求めた回数を届け出なければならない（民訴368条3項）。
2. 訴え提起の手数料は，通常の訴え提起と同様の価額である（民訴費3条1項別表第一の1項）。
3. 手数料として納める収入印紙が訴状1枚目に貼付できない場合は，訴状の末尾に収入印紙の台紙を添付して貼付しても差し支えない。
4. 被告に訴状副本や口頭弁論期日呼出状を送達するため，訴状を裁判所に提出するときに予め郵便切手を納める必要があるが，裁判所に最初に納める郵便切手は，裁判所によって異なるので，訴状を提出する裁判所に聞いて納めるとよい。
5. 訴状1枚目の原告及び被告の表示は，当事者目録を別紙として作成し，訴状の末尾に添付し，訴状1枚目の記載を「別紙当事者目録記載のとおり」とすることも差し支えない。
6. 「第3　その他の参考事項」欄は，本件訴訟の進行に有益な事柄を記載する（民訴規53条1項参照）。

第4節　訴え提起前の和解申立手続

　訴え提起前の和解（起訴前の和解，即決和解）とは，具体的な民事上の争いについて，訴訟の係属を必要としない簡易裁判所（職分管轄）の和解手続である（民訴275条）。

　訴え提起前の和解の申立ては，書面又は口頭により，相手方の普通裁判籍所在地を管轄する簡易裁判所に対して，請求の趣旨及び原因並びに争いの実情を表示（民訴275条1項）して行う。

　請求の趣旨は，実務上，「別紙和解条項記載（案）のとおりの和解（和解勧告）を求める。」として，申立人が求める和解条項案を表示する。「相手方は，申立人に対し，○○円を支払うとの和解を求める。」などというような訴状と同様の表示が行われることは稀である。なお，裁判所は，申立書に表示された和解条項（案）に拘束されることはないので，この記載は，和解勧告の際の1つの資料にすぎないが，実務上は，申立書審査の際の重要な要素となっている。

　請求の原因は，訴状における請求の原因の記載と同様である。

　また，訴え提起前の和解申立ての要件として，争いの実情を表示することが求められている。これは，紛争の契機になった事実や，相手方の主張をいい，この表示によって，裁判所が事案の実態を知り，和解勧告を行うために便利であるからと解されている。

　訴え提起前の和解申立ては，訴訟物の価額を問わず申立手数料が低廉であり，手続が簡易・迅速に進められ，かつ，当該和解申立ての効果として時効中断の効力（民訴147条）を有し，担保取消手続における権利行使にあたると解されている（大阪高決昭32・9・19高民集10巻8号472頁）。また，この和解が成立して和解調書が作成されたときは，確定判決と同一の効力（執行力）を有する（民訴267条，民訴規169条）。

〔小林　司〕

書式3　訴え提起前の和解の一般的申立書（貸金請求事件）

```
収　入
印　紙
(2000円)
```

和解申立書（訴え提起前）

平成○○年○○月○○日

○○簡易裁判所　御中

〒○○○－○○○○　○○県○○市○○町○○番地（送達場所）
　　　　　　　　　申　立　人　　甲　野　太　郎　㊞
　　　　　　　　　　　　　電　話　○○－○○○○－○○○○
　　　　　　　　　　　　　ＦＡＸ　○○－○○○○－○○○○
〒○○○－○○○○　○○県○○市○○町○○番地
　　　　　　　　　相　手　方　　乙　野　次　郎

貸金請求事件

第1　請求の趣旨
　　　別紙和解条項記載のとおり
　　の和解を求める。

第2　請求の原因及び争いの実情
　1　申立人は，平成○○年○○月○○日，○○○○円を次の約束で相手方に対し貸し渡した。
　　・弁済期　　平成○○年○○月○○日
　　・利　息　　年5％
　　・損害金　　定めなし
　2　相手方は，金銭の貸付けについては争わないが，利息の約束及び弁済期の定めをそれぞれ否認している。
　3　相手方は，この貸金元金の支払を一括で返済することは困難であるが，申立人が分割弁済に応じてくれるならば，利息の約束について，申立人の主張を認め，譲歩すると述べているので，和解の見込みがある。
　4　よって，和解勧告を求める。
　　（和解条項省略）

附　属　書　類
　1　申立書副本　　　　　　　　　　　　　　　1通
　2　甲第1号証（金銭消費貸借契約書）　　　　1通

〔注〕
1. この申立書は，貸金請求の場合である。
2. 申立ての手数料は，請求の価額に関係なく2000円である（民訴費3条1項別表第一の9項）。
3. 訴え起訴前の和解の申立ては，訴訟を防止するためのものであることから，この申立書は訴状ではないので，民事訴訟規則53条4項の規定の適用を受けないと解されるが，実務上，裁判所から当事者への事務連絡や期日呼出状の送付などのため，郵便番号，電話番号，ファクシミリ番号などの記載をするのが相当である。また，和解が不成立で事件が終了した場合，和解の期日に出頭した当事者双方の申立てがあったときは，訴え提起前の和解を申し立てたときに訴え提起をしたものとみなされる（民訴275条2項）から，訴え提起前の和解申立書は，訴状の性質を内包していると解することもできる。
4. 相手方に申立書副本や期日呼出状を送付するため，申立書を裁判所に提出するときに予め郵便切手を納める必要があるが，裁判所に最初に納める郵便切手は，裁判所によって異なるので，申立書を提出する裁判所に聞いて納めるとよい。
5. 和解条項（案）は，申立人等の希望する内容を箇条書きにして申立書とともに提出するとよい。

第5節　督促手続

　金銭その他の代替物又は有価証券の一定の数量の給付を目的とする請求については，債務者の普通裁判籍（民訴4条）の所在地を管轄する簡易裁判所の裁判所書記官に対して，支払督促の申立てをすることができる（民訴382条・383条）。

　通常の訴訟手続では，訴え提起がされると，原告の訴訟上の請求の当否についての審理は法廷で，双方審尋主義，口頭主義の下，手続が進められ，裁判所の判断として，終局判決がされることから，被告に対する訴状副本の送達や口頭弁論期日の呼出し，被告の防御権の保障などで，簡易裁判所においても，通常，訴え提起から第1回口頭弁論期日まで1ヵ月程度の期間は必要となり，迅速性に欠けることになる。

　一方，当事者間で争いのない請求であっても，裁判所での手続を必要とする要請があり，当事者間で争いがないことから，より簡易で，迅速な手続が求められている。この迅速な手続として，督促手続があり，督促手続は，通常訴訟手続に対する略式手続といえる。

　この督促手続は，簡易裁判所の裁判所書記官による，支払督促の発付処分とその後の仮執行の宣言との2つの手続からなっている。

　支払督促手続は，債権者の申述のみに基づき裁判所書記官が支払督促の申立てを審査し，債務者を審尋しないで，申立てに理由があると認めるときは，裁判所書記官が裁判所書記官の処分として支払督促を発付する（民訴386条1項）。

　簡易裁判所の裁判所書記官によって支払督促が発付されると，この支払督促は，債務者に送達されることになる（民訴388条1項）。そして，債務者が支払督促の送達を受けた日から2週間以内に，債務者から支払督促に対し，異議の申立て（民訴386条2項）がないときは，債権者の申立てによって，簡易裁判所の裁判所書記官は，支払督促に手続費用額を付記して仮執行の宣言をしなければならない（民訴391条）。なお，債権者は，仮執行の宣言の申立てをすることができるときから30日以内にその申立てをしないと，支払督促の

効力は失う（民訴392条）。

　この仮執行宣言付支払督促は，債務名義として執行力（民執22条4号）を有し，債権者は，強制執行できることになる。

　債務者は，支払督促に対し，不服があるときは異議の申立てをすることができる（民訴386条2項）。また，仮執行宣言付支払督促の送達を受けた日から2週間の不変期間内にも異議の申立てをすることができる（民訴393条）。債務者から適法な異議の申立てがあった場合，督促手続は，通常訴訟手続に移行する（民訴395条）。

〔小林　司〕

書式 4　支払督促の定型申立書（一般事件）

```
┌──────────────────────────────────────────────────┐
│                                                  │
│  ┌──────┐                                        │
│  │収 入 │        支払督促申立書                  │
│  │印 紙 │                                        │
│  └──────┘                                        │
│                                                  │
│  ○○○○請求督促事件                             │
│      当事者の表示　　　　別紙当事者目録記載のとおり │
│      請求の趣旨及び原因　別紙請求の趣旨及び原因記載のとおり │
│                                                  │
│  「債務者は，債権者に対し，請求の趣旨記載の金額を支払え。」との支払督 │
│  促を求める。                                    │
│                                                  │
│          申立手続費用　　　○○○○円            │
│                  内　訳                          │
│                      申立手数料（印紙）　　　　○○○円 │
│                      支払督促正本送達費用（郵便切手）　○○○円 │
│                      支払督促発付通知費用　　　○○○円 │
│                      申立書作成及び提出費用　　　800円 │
│                      資格証明書発行手数料等　　　○○○円 │
│                                                  │
│      平成○○年○○月○○日                       │
│          住所（所在地）                          │
│          〒○○○－○○○○　○○県○○市○○町○○番地 │
│                  債権者氏名（名称及び代表者の資格・氏名）　㊞ │
│                              電　話　○○－○○○○－○○○○ │
│                              ＦＡＸ　○○－○○○○－○○○○ │
│                                                  │
│  ○○簡易裁判所　裁判所書記官　殿                │
│          価　　額　　○○○円                    │
│          貼付印紙　　○○○円                    │
│          郵便切手　　○○○円                    │
│          は が き　　○枚                        │
│          添付書類                                │
│                  資格証明書　　　通              │
│                                                  │
└──────────────────────────────────────────────────┘
```

〔注〕
1. 支払督促の申立ては，その性質に反しない限り，訴えに関する規定が準用される（民訴384条）ので，訴状の記載事項（民訴133条2項）が準用され，当事者及び法定代理人，請求の趣旨及び原因を記載しなければならない。実務では，当事者及び法定代理人，請求の趣旨及び原因は，それぞれ別紙として作成している。
2. 督促手続の申立手数料は，訴え提起における訴訟の目的の価額で算出された手数料の2分の1の額である（民訴費3条1項別表第一の10項）。
3. 当事者目録並びに請求の趣旨及び原因の一般的な記載は，【書式5】，【書式6】のとおりである。
4. 債務者に支払督促を送達するため，支払督促申立書を裁判所に提出するときに予め郵便切手を納める必要があるが，裁判所に最初に納める郵便切手は，裁判所によって異なるので，申立書を提出する裁判所に聞いて納めるとよい。

書式5 当事者目録（支払督促申立書用）

　　　　　　　　　　当　事　者　目　録

〒〇〇〇－〇〇〇〇　〇〇県〇〇市〇〇町〇〇番地
　　　　　　　　債　権　者　　甲　野　太　郎
　　　　　　　　　　　　　　　電　話　〇〇－〇〇〇〇－〇〇〇〇
　　　　　　　　　　　　　　　ＦＡＸ　〇〇－〇〇〇〇－〇〇〇〇

【送達場所等の届出】
　□　上記の債権者住所地
　□　債権者の勤務先
　　　名　称：
　　　所在地：〒

　　　電　話：
　　　ＦＡＸ：
　□　その他の場所（債権者との関係：　　　　　　　）
　　　住　所：

　　　電　話：
　　　ＦＡＸ：
　　　送達受取人：

〒〇〇〇－〇〇〇〇　〇〇県〇〇市〇〇町〇〇番地
　　　　　　　　債　務　者　　乙　野　次　郎
　　　　　　　　　　　　　　　電　話　〇〇－〇〇〇〇－〇〇〇〇
　　　　　　　　　　　　　　　ＦＡＸ　〇〇－〇〇〇〇－〇〇〇〇

【勤務先】
　　　名　称：
　　　所在地：〒

〔注〕
　1．本当事者目録において，送達場所の届出（民訴104条1項）を記載した例である。
　2．債務者の勤務先（就業場所）が明らかである場合は，この記載があると，債務者の住所地での送達ができなかった場合に速やかに債務者の就業場所への送達を試みることができる。

書式6　請求の趣旨及び原因（支払督促申立書用）

請求の趣旨及び原因

請求の趣旨
1　金○○○円（下記請求の原因2の残額）
2　上記金額のうち金○○○円（下記請求の原因2の残元金）に対する平成○○年○○月○○日から支払済みまで年5％の割合による遅延損害金
3　金○○○円（申立手続費用）

請求の原因
1　・契約の日　　　平成○○年○○月○○日
　　・契約の内容　　①　債務者に対する貸金契約
　　　　　　　　　　②　利　　息　　利率年5％
　　　　　　　　　　③　遅延損害金　利率年5％

2
単位：円

貸付金額	利息・損害金の合計	支払済みの額	残　額

3　弁済期（平成○○年○○月○○日）

〔注〕
1．本請求の趣旨及び原因は，貸金請求の例である。

第6節　調停手続

　簡易裁判所で取り扱う調停は，民事に関する紛争であり，その目的は，当事者の互譲により，条理にかない実情に即した解決を図る（民調1条）ことである。したがって，基本的には，紛争当事者双方の自由意思に基づく合意によって，自主的に紛争を解決する方法である。当事者双方が自主的に紛争を解決できれば，裁判所に申立てをする必要はないが，第三者（機関）が何らかの形で関与することによって，当事者双方の合意の形成ができ，自主的に紛争解決が図られることがあり，この合意の形成に民事調停委員を含む裁判所が関与し，紛争を解決するのが調停である。また，当事者の互譲により，条理にかなった実情に即した解決を図ることであるから，調停の申立ては，特定の権利や法律関係に限定される訴訟手続とは違い，より幅の広い範囲の生活全般に亘っての解決を図ることが許される。

　民事調停事件の種類は，①民事一般調停事件，②宅地建物調停事件，③農事調停事件，④商事調停事件，⑤鉱害調停事件，⑥交通調停事件，⑦公害等調停事件の7つが民事調停法に規定され，農事調停事件だけが，原則として，地方裁判所の管轄である。その他に民事調停法の特例として，支払不能に陥るおそれのある債務者等の経済的再生に資するため，債務者が負っている金銭債務に係る利害関係の調整を促進することを目的として，いわゆる「特定調停事件」と称されている「特定債務等の調整の促進のための特定調停に関する法律」に基づく調停事件がある。

　民事調停の申立ては，書面又は口頭ですることができ（民調規3条，なお，口頭申立てについては，第2節「口頭受理」で説明したことと同旨である），その申立てには，申立ての趣旨及び紛争の要点を明らかにし，証拠書類がある場合には，同時に，その原本又は写しを提出しなければならない（民調規2条）。

〔小林　司〕

書式7　民事一般調停の定型申立書（売掛代金請求事件）

調停申立書

平成〇〇年〇〇月〇〇日

収　入
印　紙

〇〇簡易裁判所　御中
　　　申立人代表者代表取締役　　甲　野　太　郎　㊞

〒〇〇〇－〇〇〇〇　〇〇県〇〇市〇〇町〇〇番地（送達場所）
　　　　　申　立　人　株　式　会　社　甲　野　信　販
　　　　　上記代表者代表取締役　　　　　甲　野　太　郎
　　　　　　　　　　　　　　電　話　〇〇－〇〇〇〇－〇〇〇〇
　　　　　　　　　　　　　　ＦＡＸ　〇〇－〇〇〇〇－〇〇〇〇

〒〇〇〇－〇〇〇〇　〇〇県〇〇市〇〇町〇〇番地
　　　　　相　手　方　　乙　野　次　郎

売掛代金請求調停事件
　　調停事項の価額　　　〇〇〇万円
　　ちょう用印紙額　　　〇〇〇〇円

第1　申立ての趣旨
　　（該当する数字を〇印で囲んでください。）
　　相手方は，申立人に対して，
　　1　金〇〇〇〇円を支払うこと
　　2　相当額の金銭を支払うこと
　　との調停を求める。

第2　紛争の要点
　1　申立人は，建築資材等の販売を業とする会社である。
　2　相手方は，一般建築を業とする者である。
　3　申立人と相手方は，平成〇〇年〇〇月〇〇日，建築用資材の販売について，基本取引契約を締結し，その支払は，毎月末日締切翌月25日とした。
　4　申立人は，相手方に対し，平成〇〇年〇〇月〇〇日から平成〇〇年〇〇月〇〇日まで壁材等の建築資材を合計〇〇〇万円で売り渡した。
　5　相手方は，申立人に対し，平成〇〇年〇〇月〇〇日までに〇〇万円を支払ったのみで，その余の支払をしない。
　6　現在，相手方は，資金繰りが大変なことから，一括での支払には応じられないとしているが，申立人は，分割での支払に応じるつもりがあるので，調停による解決を求める。

附　属　書　類
　1　申立書副本　　　　　　　　　　　　　1通
　2　商業登記簿謄本（現在事項証明書）　　1通

〔注〕
 1．本件は，売掛代金の請求を調停で求める例である。
 2．調停手続の申立手数料は，調停を求める事項の価額に応じて定められている額である（民訴費3条1項別表第一の14項）。
 3．民事調停事件の管轄裁判所は，原則として，相手方の普通裁判籍（民訴4条1項）の所在地を管轄する簡易裁判所である。
 4．申立ての趣旨は，紛争になっている法律関係について，申立人の望む解決の結論を記載するが，必ずしも定額で記載しなくても，損害賠償額などは「相当の金銭の支払い。」でも足りる。
 5．紛争の要点は，紛争になっている実情や原因を簡潔に記載する。通常訴訟における請求の原因や請求を理由づける事実に該当するが，法律的に整理・構成されていることまでは必要とされない。
 6．相手方に申立書副本や調停期日呼出状を送達するため，申立書を裁判所に提出するときに予め郵便切手を納める必要があるが，裁判所に最初に納める郵便切手は，裁判所によって異なるので，申立書を提出する裁判所にあらかじめ聞いてから納めるとよい。

書式8　特定調停の定型申立書

```
┌─────────┐
│ 収　入  │         特定調停申立書
│ 印　紙  │
└─────────┘                            平成〇〇年〇〇月〇〇日

〇〇簡易裁判所　御中

                    申　立　人　　甲　野　太　郎　㊞

〒〇〇〇－〇〇〇〇　〇〇県〇〇市〇〇町〇〇番地（送達場所）
                    申　立　人　　甲　野　太　郎
                            （昭和〇〇年〇〇月〇〇日生）
                            電　話　〇〇－〇〇〇〇－〇〇〇〇
                            ＦＡＸ　〇〇－〇〇〇〇－〇〇〇〇

〒〇〇〇－〇〇〇〇　〇〇県〇〇市〇〇町〇〇番地
                    相　手　方　　〇　〇　〇　〇　株　式　会　社
                    上記代表者代表取締役　　　　乙　野　次　郎
```

調停事項の価額　　10万円
ちょう用印紙額　　500円

第1　申立ての趣旨

　　相手方は，申立人に対し，申立人が負担する債務につき債務額を確定したうえ，相当程度額に分割して支払うことを承認すること。

　　本申立てについては，特定調停手続により調停を行うことを求める。

第2　紛争の要点

　　申立人は，相手方に対し，下記債務（〇印のあるもの）を負担している。

　　申立人には，他にも債務があり，残債務を一時に返済できない。

　　　1－借受金　　2－保証債務　　3－立替金　　4－その他（　　　　　）

主債務者　　住　所
　　　　　　氏　名
連帯保証人　氏　名
購入商品名
購入年月日　　平成　　　年　　　月　　　日

〔注〕
1. 特定調停の申立てをしようとする特定債務者は，申立てのときに特定調停手続により調停を行うことを求める旨の申述をしなければならない（特調3条1項・2項）。
2. 調停手続の申立て手数料は，調停を求める事項の価額に応じて定められている額である（民訴費3条1項別表第一の14項）が，特定調停事件においては，申立時において，その額が確定していないことが多いことから，実務の扱いとしては，最低額の500円の手数料としている。
3. 特定調停事件の管轄裁判所は，原則として，相手方の普通裁判籍（民訴4条1項）の所在地を管轄する簡易裁判所である。
4. 特定調停事件の多くの相手方は，信販会社やいわゆる消費者金融会社であって，同社の債権管理における個人の特定要素に生年月日も必要であることから，申立書に生年月日の記載をする扱いが多い。
5. 紛争の要点は，申立人が相手方に負担している債務の内容を簡潔に記載することで足りる。
6. 相手方に申立書副本や調停期日呼出状を送達するため，申立書を裁判所に提出するときに予め郵便切手を納める必要があるが，裁判所に最初に納める郵便切手は，裁判所によって異なるので，申立書を提出する裁判所にあらかじめ聞いてから納めるとよい。

第7節　補正手続

　第1節「概説」で述べたように簡易裁判所の窓口に提出された訴状等各種の申立ての書類は，受付担当の裁判所書記官が第一次的に点検（審査）を行い，補正が必要な場合は，提出者に対して，任意の補正を求めることになる。しかし，裁判所書記官の求める補正は，あくまでも任意のものであって，強制力は伴わない。

　訴状審査権は，裁判長にあることから（民訴137条1項），訴状に求められている当事者及び法定代理人，請求の趣旨及び原因の記載が欠けている場合，裁判長は，相当の期間を定め，その期間内に記載の不備を補正すべきことを命じなければならないとされ（民訴137条1項），また，手数料を納めなければならない申立てでその納付がないものは，不適法な申立て（民訴費6条）であることから，補正の対象となる（民訴137条1項後段）。もっとも，簡易裁判所における訴状は，請求の原因に代えて，紛争の要点を明らかにすれば足りることから（民訴272条），実務において，請求原因記載の不備による補正命令を発することは少ない。

　また，被告に訴状副本及び口頭弁論期日呼出状を送達しなければならないことから（民訴138条1項），被告に訴状副本等を送達することができない場合に補正命令が発せられる（民訴138条2項）。なお，原告が訴状副本の送達に必要な費用を予納しない場合も同様である（民訴138条2項括弧書）。

　補正を命じられた原告が不備を補正しないとき，裁判長は，命令で訴状を却下しなければならない（民訴137条2項）。不備の補正は，補正命令で定められた期間内に行わなければならないが，訴状却下命令が発令されるまでは，補正することができると解されている。この訴状却下命令に対しては，即時抗告が認められる（民訴137条3項）。

〔小林　　司〕

書式9　補正命令

平成○○年(ハ)第○○○号　○○○○請求事件

　　　　　　　　　補　正　命　令

　　　　　　　　　　　　　　　原　告　○　○　○　○
　　　　　　　　　　　　　　　被　告　○　○　○　○
　上記当事者間の頭書事件について，原告は，本命令送達の日から14日以内に，訴え提起手数料として印紙○○円及び訴状副本の送達に必要な費用として郵便切手○○円を各納付せよ。
　　　平成○○年○○月○○日
　　　　　　　　○○簡易裁判所
　　　　　　　　　　　裁判官　○　○　○　○　㊞
【注意】上記の期間内に補正しないときは，本件訴状を却下することがある。

〔注〕
1．本命令は，実務において最も多い，手数料及び予納郵便切手を納めることを命じるものである。
2．督促異議の申立てがあった場合も，本命令が発令されることがある。

書式10　訴状却下命令

平成○○年(ハ)第○○○号　○○○○請求事件

　　　　　　　　　訴　状　却　下　命　令

　　　　　　　　　　　　　　　原　告　○　○　○　○
　　　　　　　　　　　　　　　被　告　○　○　○　○
　上記当事者間の頭書事件について，原告に対し，訴え提起手数料として印紙○○円及び訴状副本の送達に必要な費用として郵便切手○○円を各納付することを命じたが，原告は，所定の期間内に補正しないので，民事訴訟法137条2項により，次のとおり命令する。
　　　　　　　　　主　　　　文
　　本件訴状を却下する。
　　　平成○○年○○月○○日
　　　　　　　　○○簡易裁判所
　　　　　　　　　　　裁判官　○　○　○　○　㊞

第2章

民事事件の当事者及び訴訟代理人

第1節　概　　説

(1)　当　事　者

(a)　当事者の意義　　民事事件における当事者とは、通常、原告と被告のことを指す。原告とは、訴訟物たる権利関係との関連性を考慮することなく、純粋に訴訟法上の観点から、民事裁判権の行使（判決）を求めて、自己の名において訴えを提起する者をいい、被告とは、原告によって相手方とされた者をいう（形式的当事者概念）。

当事者には、訴訟手続の各段階において、訴訟法上の重要な効果が結びつけられている。例えば、手続の初期段階では、裁判籍（民訴4条）、除斥・忌避の原因（民訴23条・24条）、訴状の送達（民訴138条）などが、手続の進行中においては、中断・受継（民訴124条）、判決の名宛人（民訴253条1項5号）などが、そして、手続終了後においては、判決効（民訴115条）などがあげられよう。

したがって、個々の訴訟において誰が当事者であるかが問題となる場合に、いかなる基準をもって当事者であることを確定するかが重要になってくる。これについては、次のような見解がある。

まず、原告の意思を基準とすべきであるとする見解がある（意思説）。しかし、この見解に対しては、どのような資料に基づいて原告の意思を確認するのかが明確ではないという批判がなされている。次に、訴訟上当事者らしく振る舞い、又は当事者として取り扱われた者が当事者であるとする見解がある（行動説）。しかし、この見解に対しては、訴状送達段階では、まだ、被告

らしく振る舞った者は存在しないから，この段階において被告の確定基準とはなりえないという批判がなされている。さらには，訴状における当事者の表示を基準にするが，そればかりではなく，請求の趣旨・原因その他訴状全般の記載をも考慮し，それらを合理的に解釈して決めるべきであるとする見解がある（実質的表示説）。

当事者の確定における判例の立場は必ずしも定かではないが，判例によれば被告側に氏名冒用があった事例において，被冒用者を判決の名宛人としてなされた場合には，判決の効力は冒用者ではなく被冒用者に及び，被冒用者は再審の訴えを提起することができるとしており（大判昭10・10・28民集14巻1785頁），この判例は，一般に，表示説の立場を採っているものとして理解されている。

(b) 当事者の特定が困難な場合の問題　前記(a)に述べたように，訴えを提起するにあたっては，民事裁判権の及ぶ人的範囲を明確にする必要があるから，当事者を特定することが重要になってくる。通常，当事者の特定は，訴状に当事者の氏名及び住所を記載する方法でなされる（民訴133条2項，民訴規2条1項）。

しかし，近時，例えば，犯罪被害者等が加害者に対して損害賠償を求めたいと思っていても，いわゆるお礼参りをおそれるなどの理由により，加害者に実際の居住地を知られたくないと考えて，これを理由に損害賠償請求訴訟の提起を躊躇したり，あるいは，このような訴えを提起しても，訴状には自らの住所を記載することを拒むというように，当事者の特定という事項自体が，民事裁判権行使の妨げになるケースがあることに注目されるようになってきた。

他方，原告が，いわゆる振り込め詐欺やインターネットを介した取引による被害者で，加害者たる被告に対して損害賠償請求訴訟を提起する場合にも，被告の氏名が判明しないか，あるいは判明しても，カタカナ名しか判明しないために，当事者の特定が困難で，訴え提起自体が覚束ないというケースも目立つようになってきた。

このような場合に，訴状その他の訴訟書類において，どのようにして当事者を特定していくかは，訴訟手続上のその他の規定にも影響を及ぼす大きな

問題なのであるが，本書の性格上，その点を詳述する紙幅がない。したがって，このような問題に直面したときには，さし当たり他の文献を参照されたい（近藤壽邦＝小野寺健太＝廣瀬洋子「当事者の特定と表示について」判タ1248号54頁，近藤基「一般調停事件における若干の実務上の留意点」市民と法46号45頁（調停事件に関しての記事）などが参考になるであろう。なお，被告の特定が不十分な場合における原審の訴状却下命令を取り消した抗告事件として，名古屋高金沢支決平16・12・28公刊物未登載がある）。

(2) 訴訟代理人

民事訴訟法上の代理人とは，当事者本人に法律効果を帰属させるために，本人の名において，本人に代わって自己の意思決定に基づいて訴訟行為をなし，又は本人を名宛人とする訴訟行為を受領する者をいう。

訴訟上の代理人は，法定代理人と任意代理人とに区分することができる。そして，これらは，さらに前者が実体法上の法定代理人と訴訟法上の特別代理人に，後者が法令による訴訟代理人と訴訟委任による訴訟代理人とに区分される。

(a) 法定代理人 法律上，一定の地位を取得することで代理人たる地位に就任する。したがって，本人の意思とは無関係に代理権が発生する。実体法上の法定代理人は，訴訟上も法定代理人になる（民訴31条）。法定代理権は，法定代理人の訴訟追行の基礎となり，この欠如は再審事由となる（民訴338条1項3号）。このため，代理権の存在は，書面で証明しなければならない（民訴規15条）。

法定代理人の種類は，実体法上の法定代理人として，親権者（民824条），後見人（民838条・859条），訴訟行為について代理権を与えられた保佐人（民876条の4），補助人（民876条の9），利益相反行為について裁判所が選任する特別代理人（民826条・860条），不在者の財産管理人（民25条以下），母がいない場合の嫡出否認の訴えの特別代理人（民775条）などがある。

他方，訴訟法上の特別代理人としては，訴訟無能力者に法定代理人がいない場合に，裁判所が個別の事件ごとに選任する代理人などがあげられる（民訴35条）。

(b) 任意代理人 当事者本人は，自分自身で訴訟行為を行うことも可能

であるが，適宜，代理人を立てて，その者に，自己に代わり自分のために訴訟行為をさせることも可能である。このように，訴訟追行のための包括的代理権を付与される任意代理人を訴訟代理人という。

　訴訟代理人の種類としては，まず，法令による訴訟代理人がある。これは，法律の定める一定の地位に就くこと，又は，本人から法律の定める一定の地位（関係）を与えられることにより，法律上，本人に代わって当然に本人のために訴訟行為をすることができる。したがって，本人からの訴訟委任によらない訴訟代理人であり，民事訴訟法55条1項，3項の直接の適用を受けない点に特徴がある（民訴55条4項）。この例としては，支配人（商21条1項），国等の指定代理人（法務大臣権限2条等・8条）などがあげられよう。

　他方，訴訟委任による訴訟代理人とは，特定の事件の訴訟追行のために代理権を授与された者をいい，民事訴訟法55条1項ないし3項の規制を受ける。そして，この訴訟委任による訴訟代理人の資格を有する者は，原則として弁護士に限られるが（民訴54条1項本文），簡易裁判所においては，例外的に，弁護士以外の者も裁判所の許可を得て訴訟代理人になることができる（同項但書）。また，簡裁訴訟代理能力認定考査の結果に基づいて，法務大臣から認定を受けた司法書士（通称で「認定司法書士」と呼ばれることが多い）も，簡易裁判所における一定の訴訟手続の訴訟代理人となる資格を有する。

〔笠井　勝一〕

第2節　当事者の変更（訴訟手続の受継）と訴訟代理

(1) 訴訟手続の停止と訴訟承継

　民事訴訟法は，訴訟手続の中断及び中止に関する規定を設けて（民訴124条以下），訴訟手続が停止することを認めている。この停止事由のうち，例えば，訴訟の係属中に，当事者の死亡等の事由が生じて当事者の一方が訴訟行為をすることが不可能又は困難になったときのように，その当事者に代わる新当事者が訴訟行為をなしうるまでの間，訴訟手続の進行を停止し，新当事者に準備の機会を与えて手続の保障をはかる制度のことを訴訟手続の中断という（民訴124条1項各号）。訴訟手続の中断は，当事者からの受継という手続続行の申立て（民訴124条1項各号・126条）とその裁判，あるいは裁判所の続行命令（民訴129条）によって解消する。

　他方，民事訴訟法は，訴訟経済上の観点から，訴訟係属中に訴訟物である法律関係を承継した者が従来の訴訟を続行できるように，訴訟承継という形で当事者の交代を認めている。

　ところで，訴訟手続の中断・受継は，訴訟手続の進行という形式面に着目したものであり，訴訟承継は，当事者の交代という実質面に着目したものであって，両者は別個の概念である。したがって，中断事由と訴訟承継事由とが常に一致するとは限らない。つまり，訴訟代理人のついていない当事者が死亡した場合（民訴124条1項1号）や当事者に破産手続開始決定がなされた場合（破44条1項）のように，中断事由と訴訟承継事由とが一致する場合もあるが，当事者の訴訟能力喪失のように中断事由が訴訟承継事由とならない場合（民訴124条1項3号）や，権利承継人の承継参加や義務承継人の引受承継などのように訴訟承継事由が中断事由とならない場合もある（民訴49条・50条・124条2項）。

　権利承継人の承継参加（民訴49条）と義務承継人の引受承継（民訴50条）は，当事者の一方と権利義務の承継人たる第三者との間で，従来の訴訟状態を利用しうるようにした制度である。すなわち，訴訟の係属中に訴訟物たる権利義務が当事者の一方から第三者に移転すると，紛争の実態はその第三者とも

う一方の当事者との間に移行する。この結果，従来の当事者間で訴訟を続けても，そのままではその第三者には訴訟の効果が及ばず，何ら紛争の解決に役立たないことになる。そうかといって，第三者との間で一から訴訟を始めることは，これまでの手続が生かされず，訴訟経済上の無駄が大きすぎる。そこで，従来の当事者とその権利義務の承継人たる第三者との間における訴訟承継を認めることにより，当事者がこれまで訴訟手続上で形成してきた地位を確保し，かつ，再訴により費やされる無駄なコストを省くという訴訟経済上の要請から，これらの制度は設けられている。

(2) 訴訟参加

第三者が他人間の訴訟へ参加する形態は，必ずしも当事者の交代を伴うものではない。民事訴訟法は，すでに他人間で行われている訴訟に利害関係を有する者が当該訴訟手続に加わることを認め，補助参加（民訴42条），独立当事者参加（民訴47条）及び共同訴訟参加（民訴52条）という形態を規定している。

補助参加は，当該訴訟手続において，参加人が当事者の一方に対し，直接自己の請求を持ち込んで，これについて審判を求めるものではないが，自己の利益を守るためにもう一方の当事者と並んで自己の名と費用において主張・立証を行う形態である。独立当事者参加及び共同訴訟参加は，自ら当事者として参加し，自己との関係でも請求について審判を求める形態である。独立当事者参加は，参加人が係属中の訴訟の原告・被告双方（又は一方）に自己の請求を提起して，1個の訴訟で原告，被告及び参加人の三者間で紛争を矛盾なく解決することを念頭においている。共同訴訟参加は，訴訟の目的が当事者の一方又は第三者について合一にのみ確定すべきものであるため，当事者適格を有する参加人は，参加により係属中の訴訟の原告又は被告の共同訴訟人となり，必要的共同訴訟（民訴40条）の適用を受ける。

(3) 訴訟代理人

民事訴訟手続は，常に当事者本人自らが行わなければならないものではなく，代理人によって行うことも可能である。この代理人には，さまざまな態様があるが，訴訟手続上最も多く見られるのは，当事者本人から特定の訴訟の処理を委任されて，そのための代理権を授与された訴訟委任による訴訟代理人である。この訴訟委任による訴訟代理人は，原則として，弁護士でなけ

ればならない（民訴54条1項本文）。訴訟代理人を法律専門職たる弁護士に制限しているのは，法律に詳しくない当事者の利益保護（当事者を食い物にする，いわゆる事件屋の排除）と手続の円滑な進行を考慮したためである。もっとも，手続の簡易性・事件の軽微性を旨とし，制度上，国民に最も身近な裁判所として位置づけられている簡易裁判所の訴訟手続においては，当事者が容易に司法サービスを享受できるようにとの配慮から，訴訟代理人となりうる範囲を拡げ，隣接の法律専門職である司法書士（ただし，簡裁訴訟代理能力認定考査の結果に基づいて，法務大臣から認定を受けた者（通称で「認定司法書士」と呼ばれることが多い）に限る）を訴訟代理人とすることも認められているし（司書3条1項6号・2項），裁判所の許可を得れば，これらの法律専門職でない者を訴訟代理人とすることもできる（民訴54条1項但書）。

(4) 補　佐　人

当事者又は訴訟代理人とは立場を異にするが，裁判所の許可を受けて，これらの者を訴訟の弁論において補佐する者として，補佐人の制度がある（民訴60条）。補佐人は，訴訟の内容に関する専門知識に精通していない当事者本人の弁論の理解を助けたり，又は，当事者本人が難聴・言語障害・老齢などによって十分な訴訟行為を行えないような場合に，その不足を補うために活用されることがある。

このような性質を有することから，補佐人は，事実上・法律上独自の判断で陳述をすることができ（民訴60条3項参照），その意味では実質上訴訟代理人と同じ役割を果たしうる。しかし，補佐人は，あくまでも当事者本人等に対して補助的地位を有するにすぎないから，当事者本人等とともに期日に出頭しない限り訴訟行為をすることはできないし，もちろん，期日外で訴訟に関する行為をすることもできない（民訴60条1項参照）。

さらに，地方裁判所以上の裁判所では，委任による訴訟代理人となるべき者の範囲において弁護士代理の原則（民訴54条1項本文）の制約がある以上，この原則を実質的に逸脱する目的での補佐人の許可申請は許されない。

〔笠井　勝一〕

書式 11 特別代理人選任申立書

平成○○年(ハ)第○○○号　請負工事代金請求事件
原告（申立人）　甲野太郎
被告（被申立人）　有限会社乙野工務店

[収入印紙]

　　　　　　　　特別代理人選任申立書

　　　　　　　　　　　　　　　　　　　平成○○年○○月○○日

○○簡易裁判所　御中

　　　　　　　　　　　申立人（原告）　甲野太郎　㊞

　上記当事者間の御庁頭書請求事件について，申立人は，被申立人の特別代理人を選任されるよう申立てをする。

　　　　　　　　　　　申立ての理由
1　申立人は，被申立人から，平成○○年○○月○○日，○○邸（○○県○○市○○町○○○○番地所在）の外構工事を代金100万円で請け負い，平成○○年○○月○○日に当該工事を完成させた。しかし，被申立人は，今日に至るもその代金をまったく支払ってくれない状態にある。
2　他方，申立人が調査したところ，被申立人の会社代表者である乙野次郎は，平成○○年○○月○○日，○○地方裁判所において破産手続開始決定を受け（平成○○年(フ)第○○○号），すでに免責許可決定もなされていることが判明した。
3　ところで，被申立人の登記簿上の役員構成をみると，本件請負契約当時から，元々，取締役は乙野次郎一人だけであり，同人につき破産手続開始決定がなされた日時以降今日に至るまで，被申立人において，新たな取締役は選任されていない。
4　申立人は，前記1の請負代金未回収状態を解消するべく，本日，御庁に対し，頭書の訴えを提起した。しかし，このまま，被申立人において，新

たな代表者が選任されるのを待っていたのでは，いたずらに時間が徒過し，前記訴訟手続も遅延することになって代金回収も遅れてしまうばかりか，最悪の場合，時間とともに被申立人の財産が散逸していき，代金回収自体が不可能になる可能性も出てくる。そうなると，申立人としては，予定していた入金の目途も立たなくなって資金繰りが悪化し，さらなる不測の損害を被るおそれがある。

5　よって，申立人は，前記訴訟手続遂行のため，裁判所において，被申立人の特別代理人を選任されるよう本申立てをする。

添付書類

1　工事請負契約書　　　1通
2　免責決定確定証明書　1通
3　商業登記簿謄本　　　1通

〔注〕
1．この申立ては，法定代理人（親権者，未成年・成年後見人）を欠いた未成年者や成年被後見人，代表者又は管理人等を欠いた法人などのように，独立して訴訟行為をできない者を被告として訴えを起こす場合に必要な申立てである（民訴35条・37条）。
2．申立ての理由には，被告が単独では訴訟行為ができない者であること，そして，訴訟行為をできない事情がなくなり単独で訴訟行為をなしうるまで待っていては損害を受けるおそれがあることを具体的に明らかにする必要がある（民訴35条）。
3．申立手数料として，収入印紙500円分が必要である（民訴費3条1項別表第一の17項イ）。
4．特別代理人として選任される者には，法令上，資格などの要件（制約）はないが，裁判所は，訴訟手続の専門性，職務の公益性の視点から，法律専門家である弁護士を特別代理人に選任することが多い。
5．特別代理人が選任された場合には，その選任された特別代理人に対する報酬等の支払が必要になる。このため，後日，裁判所から相当額を予納すべきことを命じられるので，その点注意が必要である。
6．民法上の特別代理人（民826条・860条）がある場合には，その事項に関する限り民事訴訟を追行できるから，この申立てによる民訴法上の特別代理人を選任する必要はない。

書式 12　補佐人許可申請書

```
平成○○年(ハ)第○○○号　○○請求事件
原　告　甲野太郎
被　告　ジロー・オツノ
```

補佐人許可申請書

平成○○年○○月○○日

○○簡易裁判所　御中

申請者（被告）　　ジロー・オツノ　㊞

　上記当事者間の御庁頭書請求事件について，下記の者を補佐人として許可されたく申請します。

記

1　補佐人の表示
　　住　　所　　東京都○○区○○町○丁目○番○号
　　氏　　名　　ハナコ・オツノ
　　本人との関係　妻
2　申請の理由
　　被告は，○○国籍を有する日系○○人で，日常生活では○○語を使用しているため，日本語での会話及び読み書きが不自由である。ただ，被告の妻は，婚姻により○○国籍を取得した元日本人であり，しかも，○○語も堪能であるため，被告の訴訟行為を補佐することが可能である。
3　添付書類
　　戸籍謄本　　　　　1通
　　外国人登録証明書　1通

〔注〕
1．補佐人とは，裁判所の許可を受けて，訴訟の弁論において，当事者又は訴訟代理人を補佐する者をいう（民訴60条）。例えば，事件の内容に関する専門知識に精通していない当事者本人の弁論の理解を助ける目的で，又は，難聴・言語障害・老齢などの理由で当事者本人が十分な訴訟行為を行えないような場合に，その能力不足を補う目的で，補佐人の制度を活用することがありえよう。
2．補佐人として出頭するには，裁判所の許可が必要である。裁判所が申請を許可するかどうかは，その自由裁量による（大判昭9・1・13法学3巻673頁）。したがって，本人や当該事件と補佐人となる者との関係や，本人に比べて陳述能力が優れているなど，裁判所の判断のもととなる事情を明らかにする必要がある。
3．申請手数料は不要である。ただし，前記2で述べたように，裁判所が許可するかどうかの判断資料を添付する必要がある。

書式13　訴訟手続受継の申立書(1)──承継人申立て

```
平成○○年(ハ)第○○○号　○○請求事件
原　告　甲　野　太　郎
被　告　乙　野　次　郎


　　　　　　　　　受　継　申　立　書

　　　　　　　　　　　　　　　　　　　平成○○年○○月○○日

○○簡易裁判所　御中

　　　　　　　　〒○○○-○○○○　○○県○○市○○町○○○番地
　　　　　　　　　申立人（被告承継人）　　乙　野　花　子　㊞

　　上記当事者間の御庁頭書請求事件について，被告は，平成○○年○○月○
　○日死亡したため訴訟手続は中断したが，申立人は，被告の妻であり，その
　遺産の全部を相続したから，本件訴訟手続を受継する旨申し立てる。

　　　　　　　　　　　添付書類
　　１　戸籍謄本　　　　　１通
　　２　遺産分割協議書　　１通
```

〔注〕
1. 申立書には，受継の事由及び受継すべき者を特定して記載する。
2. 受継申立書には，受継資格を明らかにする資料を添付する必要がある（民訴規51条2項）。
3. 中断事由を生じた当事者側に訴訟代理人があった場合には，訴訟手続は中断しない。訴訟代理人がこれまで手続に関与していたので，あえて手続保障のための準備の機会を与える必要がないためである。また，この場合の訴訟代理人は，承継人の代理人として手続を続行することになるが（最判昭33・9・19民集12巻13号2062頁），当事者の確定手続については，民事訴訟法上規定がない。この点，承継人からの訴訟委任状，若しくは訴訟委任状と受継申立書の提出を訴訟代理人に求めているのが実務上の一般的な取扱いである（民訴規52条）。
　　なお，中断が生じていない以上，受継申立ての余地はないから，厳密には，標題を「承継届出書」とするのが正確であるが，訴訟代理人があるときでも，相続人が訴訟の受継をなすのは妨げないとする大審院判決がある（大判大15・3・17民集5巻238頁）。
4. 受継却下決定に対しては，抗告をすることができる（民訴328条1項）。

書式 14　訴訟手続受継の申立書(2)——相手方申立て

```
平成○○年(ハ)第○○○号　○○請求事件
原　告　甲　野　太　郎
被　告　乙　野　次　郎
```

受　継　申　立　書

平成○○年○○月○○日

○○簡易裁判所　御中

申立人（原告）　甲　野　太　郎　㊞

　上記当事者間の御庁頭書請求事件について，被告は，平成○○年○○月○○日死亡したため訴訟手続は中断したが，下記の者は，被告の妻であり，その遺産の全部を相続したから，本件訴訟手続を受継させる旨申し立てる。

記

　　　○○県○○市○○町○○○番地
　　　　　乙　野　花　子

添付書類

1　戸籍謄本　　　　　1通
2　相続放棄の申述のないことの証明書　1通

〔注〕
1．受継の申立ては，受継事由の生じた当事者の相手方もなすことができる（民訴126条）。これは，相手方にも申立権を認め，速やかに訴訟手続を続行できるようにしたものである。
2．申立書には，受継の事由及び受継すべき者を特定して記載する。
3．受継申立書には，受継資格を明らかにする資料を添付する必要がある（民訴規51条2項）。

第2節　当事者の変更（訴訟手続の受継）と訴訟代理　【書式15】

書式 15　受継の裁判(1)──承継人申立てに対する認容決定

平成○○年(サ)第○○○号

決　　　　定

　　　　　○○県○○市○丁目○番○号
　　　　　　　　　　原　告　　甲　野　太　郎
　　　　　○○県○○市○○町○○○番地
　　　　　　　　　　被　告　　乙　野　次　郎
　　　　　○○県○○市○○町○○○番地
　　　　　　　　　　申立人（被告承継人）　　乙　野　花　子

　上記当事者間の平成○○年(ハ)第○○○号○○請求事件について，当裁判所は，申立人の申立てを相当と認め，次のとおり決定する。

主　　　　文

　本件被告の訴訟手続は，申立人が受継することを認める。

　　　　　　　　　平成○○年○○月○○日
　　　　　　　　　○○簡易裁判所
　　　　　　　　　　　　　　裁判官　　○　○　○　○

〔注〕
1. 口頭弁論終結前に中断事由が生じて受継申立てがなされた場合，その申立てに理由があると認めるときは，裁判所は新たな期日を指定して訴訟手続を進行させることで，黙示の認容決定をしたものとして扱っている。したがって，通常，本書式例のような決定書を作成する必要はない。
2. 判決等の送達後に中断事由が生じて受継申立てがなされた場合には，承継人及び上訴期間を明確にするため，受継を許す場合でも明示の認容決定をする必要がある（民訴128条2項）。したがって，この場合には，本決定書を作成する必要がある。ここで，条文上は「判決等の送達後」として規定しているが，口頭弁論終結後判決送達前に中断事由が生じた場合には，結局，口頭弁論の過程で受継を許す決定をする機会がないという点では異ならないから，この判決等の送達後と同様の取扱いをすることになる。

書式 16　受継の裁判(2)――相手方申立てに対する認容決定

平成○○年(サ)第○○○号

決　　　　定

　　　　○○県○○市○○町○丁目○番○号
　　　　　　申立人（原告）　　甲　野　太　郎
　　　　○○県○○市○○町○○○番地
　　　　　　　　被　告　　乙　野　次　郎
　　　　○○県○○氏○○町○○○番地
　　　　　　被申立人　　乙　野　花　子

　上記当事者間の平成○○年(ハ)第○○○号○○請求事件について，当裁判所は，申立人の申立てを相当と認め，次のとおり決定する。

主　　　　文
　被申立人は，本件被告の訴訟手続を受継せよ。

　　　　平成○○年○○月○○日
　　　　○○簡易裁判所
　　　　　　　　　裁判官　　○　○　○　○

〔注〕
1. 本決定書を作成する必要性の有無は，承継人が受継申立てをした場合と同様である。
2. 受継許可（認容）決定に対しては，抗告を許す規定がないので，独立して抗告することはできず（大判昭9・7・31民集13巻1460頁），終局判決に対する上訴によって，上級審の判断を受けることになる（大判昭13・7・22民集17巻1454頁）。なお，受継許可（認容）決定のみの破棄を求める上訴も認められている（最判昭48・3・23民集27巻2号365頁）。

書式17　独立当事者参加申出書

独立当事者参加申出書

　　収　入
　　印　紙

　　　　　　　　　　　　　　　　　　　平成○○年○○月○○日

○○簡易裁判所　御中

　　　　　　　　　　参加人訴訟代理人司法書士　　丁　野　四　郎　㊞

　　　　　　　当事者の表示
　〒○○○－○○○○　○○県○○市○○町○丁目○番○号
　　　　　　　　　　　　　　原　告　　甲　野　太　郎
　〒○○○－○○○○　○○県○○市○○町○○○番地
　　　　　　　　　　　　　　被　告　　乙野自動車販売株式会社
　　　　　　　上記代表者代表取締役　　乙　野　次　郎
　〒○○○－○○○○　○○県○○市○○町○○○○番地
　　　　　　　　　　　　　　参加人　　丙　野　三　郎
　　　　　　　上記訴訟代理人司法書士　丁　野　四　郎

　　　　　　　参加の趣旨
　上記原告・被告間の御庁平成○○年(ハ)第○○○号所有権移転登録手続等請求事件について，参加人は，民事訴訟法47条により，当事者双方を相手方として上記訴訟に参加する。

　　　　　　　参加の理由
　原告は，被告に対し，本件訴訟の目的物である別紙自動車目録記載の自動車を被告から買い受けた旨主張して，同自動車の引渡し及び所有権移転登録手続を求めているが，同自動車は参加人の所有であるから，本参加の申出をする。

　　　　　　　請求の趣旨
1　原告及び被告は，別紙自動車目録記載の自動車が参加人の所有であることを確認する。
2　被告は，参加人に対し，前記自動車の所有権移転登録手続をせよ。
3　原告は，参加人に対し，前記自動車を引き渡せ。
4　参加による訴訟費用は，原告及び被告の負担とする。

との判決及び第3項につき仮執行の宣言を求める。

請求の原因

1 参加人は，原告を自己の代理人として，被告との間で，平成〇〇年〇〇月〇〇日別紙自動車目録記載の自動車（以下「本件自動車」という。）を金100万円で買い受ける旨の契約を締結し，同月〇〇日，被告に代金全額を支払った。しかし，被告は，参加人が再三請求をするも所有権移転登録手続をしない。

2 ところで，被告は，本件自動車を参加人に売り渡したにもかかわらず，そのわずか10日後である同月〇〇日に，原告に二重に売却し，本件自動車を引き渡した。

3 原告は，参加人・被告間の本件自動車の前記売買において，参加人の代理人として契約に関与した者であるから，当然，参加人が被告から本件自動車を買い受けたことを知っている地位にある。にもかかわらず，本件自動車の所有権移転登録手続が未了であることを奇貨として，自ら本件自動車を被告から買い受けた行為は，参加人を害する目的でなされたものということができ，その売買契約は不法なものである。

4 よって，参加人は，原告・被告両名に対し，請求の趣旨記載の判決を求めるため，本申出をする。

添付書類

1 売買契約書　　　1通
2 委任状　　　　　1通
3 登録事項等証明書　1通

（自動車目録省略）

〔注〕
1．独立当事者参加は，すでに係属中の事件当事者との間で紛争を矛盾なく一挙に解決するために当事者として参加するものであるから，その実質は訴えの提起である。したがって，時効中断（民訴147条）や二重起訴（民訴142条）等，訴え提起と同一の効果が生じる。また，参加申出を取り下げる場合には，訴え取下げに準じた取扱いが必要である（民訴261条）。
2．参加申出書には，参加の趣旨及び理由を記載するほか，訴えの提起と同様に訴状の記載事項を記載しなければならない（民訴47条4項・43条・133条2項，民訴規53条）。
3．訴訟物の価額に応じた手数料を収入印紙で納付する必要がある（民訴費3条1項別表第一の7項）。ただし，その算定基準時は，参加申出時である。
4．申出にあたり，申出書副本を本件当事者の数だけ提出しなければならない（民訴47条2項・3項，民訴規20条）。

書式 18　訴訟脱退届（承諾書一体型）

```
平成○○年(ハ)第○○○号　○○請求事件
平成○○年(ハ)第○○○号　○○請求参加事件
原　告　甲　野　太　郎
被　告　乙　野　次　郎
参加人　丙　野　三　郎


　　　　　　　　　　　訴　訟　脱　退　届


　　　　　　　　　　　　　　　　　　　　　平成○○年○○月○○日

○○簡易裁判所　御中


　　　　　　　　　　　　　　　　　　原　告　　甲　野　太　郎　㊞


　上記当事者間の御庁頭書請求事件について，原告は被告の承諾を得て，本件訴訟から脱退します。


　　　　　　上記脱退を承諾する。


　　　　　　　平成○○年○○月○○日
　　　　　　　　　　　　被　告　　乙　野　次　郎　㊞
```

〔注〕
1. 独立当事者参加（民訴47条）や権利承継人の承継参加（民訴49条）があれば，権利関係の前主たる当事者は，相手方の承諾を得て，当該訴訟から脱退することができる（民訴48条）。
2. 訴訟からの脱退及び相手方の承諾は，期日において口頭ですることも可能である。
3. 当該訴訟の判決の効力は，脱退した当事者にも及ぶ（民訴48条）。
4. 脱退届には，本書式例冒頭のような本訴及び参加事件の事件番号を記載する。

書式19　権利承継人の承継参加申立書

平成○○年(ハ)第○○○号　軽自動車返還請求事件

収入印紙

承継参加申立書

平成○○年○○月○○日

○○簡易裁判所　御中

　　　　　　　　　　参加人訴訟代理人司法書士　　丁　野　四　郎　㊞
　〒○○○−○○○○　○○県○○市○○町○丁目○番○号
　　　　　　　　　　　　　　　原　告　　甲　野　太　郎
　〒○○○−○○○○　○○県○○市○○町○丁目○番○号
　　　　　　　　　　　　　　　被　告　　乙　野　次　郎
　〒○○○−○○○○　○○県○○市○○町○丁目○番○号
　　　　　　　　　　　　　　　参加人　　丙　野　三　郎
　　　　　　　　上記訴訟代理人司法書士　　丁　野　四　郎

参加の趣旨

　上記原告・被告間の御庁頭書請求事件について，参加人は，民事訴訟法49条により，被告を相手方として承継参加する。

参加の理由

　原告は，被告に対し，平成○○年○○月○○日に貸与した別紙物件目録記載の軽自動車（以下「本件軽自動車」という。）の返還を求める訴えを提起し，現在，頭書請求事件として御庁に係属しているが，参加人は，原告から本件軽自動車を譲り受けたので，本参加の申立てをする。

請求の趣旨

1　被告は，別紙物件目録記載の軽自動車が参加人の所有であることを確認する。
2　被告は，参加人に対し，前記軽自動車を引き渡し，かつ，本申立書送達の日の翌日から前記軽自動車の引渡済みに至るまで，1日5000円の割合による金員を支払え。
3　参加による訴訟費用は，被告の負担とする。

との判決及び第2項につき仮執行の宣言を求める。

請求の原因

1　被告は，原告から，平成○○年○○月○○日，原告所有の別紙物件目録記載の軽自動車（以下「本件軽自動車」という。）を返還期日平成○○年○○月○○日の約定で無償で借り受けた。
2　しかるに，被告は，約定の返還期日である平成○○年○○月○○日を経過するも，原告に対し，本件軽自動車を返還しない。
3　このため，原告は，平成○○年○○月○○日，御庁に対し，第1項の契約に基づいて，被告に対する本件軽自動車の返還を求める訴えを提起した。
4　ところで，参加人は，原告から，平成○○年○○月○○日，本件軽自動車を金○○万円で譲り受けて，その所有権を取得した。
5　原告は，被告に対し，平成○○年○○月○○日付けの内容証明郵便で，本件軽自動車の所有権が参加人に移転した旨の通知をし，同郵便は，同月○○日，被告に到達した。
6　本件軽自動車の1日当たりの使用料金は，金5000円が相当である。
7　よって，参加人は，前記訴訟の被告に対し，請求の趣旨記載の判決を求めるために本申立てをする。

添付書類

1　売買契約書　　　　　　1通
2　自動車検査証　　　　　1通
3　レンタカー会社の料金表　1通
4　訴訟委任状　　　　　　1通

（物件目録省略）

〔注〕
1．訴訟係属中に訴訟の目的である権利を譲り受けた者が，当該訴訟に参加しようとするときの手続である。
2．この申立ては，独立当事者参加（民訴47条1項）の形式による。したがって，独立当事者参加と同様に，参加の趣旨及び理由を記載するほか，訴えの提起と同じく訴状の記載事項を記載する必要がある（民訴47条4項・43条・133条2項，民訴規53条）。
3．訴訟物の価額に応じた手数料を収入印紙で納付する必要がある（民訴費3条1項別表第一の7項・8条）。ただし，その算定基準時は，参加申立時である。
4．申立ての際には，申立書副本を原告及び被告の数だけ提出しなければならない（民訴49条・47条2項，民訴規20条2項・3項）。
5．本書式例について，念のため付言するが，軽自動車には自動車検査制度はあるが，登録制度はないため（道路運送車両法4条・58条），その扱いは動産である（民86条2項）。したがって，第三者が動産を占有している場合，権原の移転は指図による占有移転（民184条）の方法によって明示されることになる。

書式20　義務承継人の引受承継申立書

平成○○年(ハ)第○○○号　建物収去土地明渡請求事件

収入印紙

引受承継申立書

平成○○年○○月○○日

○○簡易裁判所　御中

　　　　　　　　　原告訴訟代理人弁護士　　丁　野　四　郎　㊞

当事者の表示
　〒○○○－○○○○　○○県○○市○○町○○○番地
　　　　　　　　　申立人（原告）　　甲　野　太　郎
　　　　　　　　　上記訴訟代理人弁護士　　丁　野　四　郎
　〒○○○－○○○○　○○県○○市○○町○丁目○番○号
　　　　　　　　　　　　　被告　　乙　野　次　郎
　〒○○○－○○○○　○○県○○市○○町○丁目○番○号
　　　　　　　　　　　　被申立人　　丙　野　三　郎

申立ての趣旨
　被申立人は，被告のために本件訴訟の引受けをせよ。との裁判を求める。

申立ての理由
1　原告は，被告に対し，原告所有の別紙物件目録1記載の土地（以下「本件土地」という。）上に存する被告所有の別紙物件目録2記載の建物（以下「本件建物」という。）を収去して本件土地の明渡しを求めるため，現在，御庁において頭書請求事件が係属している。
2　被告は，被申立人に対し，本件土地上に存する本件建物を平成○○年○○月○○日譲渡し，同月○○日，登記名義を被申立人名義に移した。このため，原告としては，被告を相手として前記訴訟を進めていっても，このままでは当初の目的を達することができない。
3　よって，原告は，被申立人に対し，本件訴訟の被告の地位を引き受けさせるため本申立てをする。

添付書類
　1　土地登記簿謄本　　1通
　2　建物登記簿謄本　　1通
（物件目録　省略）

第2節 当事者の変更（訴訟手続の受継）と訴訟代理　【書式20】

〔注〕
1. 口頭弁論終結前に義務の承継がなされた場合，そのままでは承継人に対して判決の効力が及ばない（民訴115条1項3号）。この申立ては，訴訟係属中に訴訟の目的である権利義務を譲り受けた者を当該訴訟に引き入れ，前主の当事者の訴訟上の地位を承継させることにより，これまでの手続を無駄にすることなく紛争を解決しようとするものである。
2. 申立てがあると，裁判所は，当事者及び義務承継人を審尋した後，引受けの許否を決定する（民訴50条2項）。引受けを却下する決定に対しては，抗告ができる（民訴328条1項）。
3. 訴訟引受けの申立ては，期日においてする場合を除き，書面でしなければならない（民訴規21条）。
4. 手数料として，収入印紙500円分が必要である（民訴費3条1項別表第一の17項イ・8条）。

書式 21　補助参加申出書

```
平成〇〇年(ハ)第〇〇〇号　貸金請求事件
原　告　甲　野　太　郎
被　告　乙　野　次　郎
```

［収入印紙］

補助参加申出書

平成〇〇年〇〇月〇〇日

〇〇簡易裁判所　御中

〒〇〇〇－〇〇〇〇　〇〇県〇〇市〇〇町〇丁目〇番〇号
　　　　　　補助参加人　　丙　野　三　郎　㊞

参加の趣旨

　上記当事者間の御庁頭書請求事件について，補助参加人は，被告を補助するため，上記訴訟に参加する。

参加の理由

　本件訴訟は，原告・被告間の平成〇〇年〇〇月〇〇日付け金銭消費貸借契約に基づく，原告の被告に対する金100万円の返還を求めるものであるところ，補助参加人は，上記契約について連帯保証をしている。
　したがって，補助参加人は，訴訟の結果について利害関係を有するので，被告を補助するため本参加の申出をする。

添付書類
1　金銭消費貸借契約書　　　1通

〔注〕
1. 申出書には，参加の趣旨及び理由を明らかにしなければならない（民訴43条）。参加の趣旨では，参加する訴訟，どちらの当事者を補助するのかを明らかにし，参加の理由では，訴訟の結果について利害関係を有する事実関係を記載する。
2. 申出の手数料として，収入印紙500円分が必要である（民訴費3条1項別表第一の17項ニ・8条）。
3. 参加にあたり，原告及び被告の数だけ申出書の副本を提出する（民訴規20条1項・2項）。

書式22　補助参加に対する異議申立書

```
平成○○年(ハ)第○○○号　貸金請求事件
原　　告　甲　野　太　郎
被　　告　乙　野　次　郎
補助参加人　丙　野　三　郎
```

補助参加に対する異議申立書

平成○○年○○月○○日

○○簡易裁判所　御中

原　告　　甲　野　太　郎　㊞

　上記原告・被告間の御庁頭書請求事件について，原告は，補助参加人の参加申出に対し，次のとおり異議申立てをする。

異議の理由

　補助参加人は，原告・被告間の本件金銭消費貸借契約における被告の借受金債務を連帯保証しているという理由で，平成○○年○○月○○日，被告を補助するために補助参加の申出をした。しかし，補助参加人は，すでに破産手続において免責許可決定を受けている以上（○○地方裁判所平成○○年(フ)第○○○号），原告から保証債務の履行請求を受けることはなく，本件訴訟に何らの利害関係を有するものではない。しかも，補助参加人は，原告に対し，これまでも本件訴訟外において，度々，嫌がらせの言動をしてきており，補助参加の申出も本件訴訟を混乱させる目的で行っていることは明白である。
　よって，原告は，補助参加人の参加申出に対し，異議申立てをする。

添付書類

1　免責許可決定確定証明書　　　　1通

〔注〕
1．補助参加の申出があった場合，当事者は異議を述べることができる。ただし，当事者が異議を述べないで弁論をし，又は弁論準備手続において申述をした後は，異議を述べることができない（民訴44条2項）。
2．当事者が異議を述べた場合，補助参加人は，参加の理由を疎明しなければならない（同条1項）。
3．補助参加について異議があった場合でも，補助参加を許さない裁判が確定するまでの間，補助参加人は，訴訟行為をすることができる（民訴45条3項）。

書式23　訴訟告知書

平成○○年(ハ)第○○○号　保証債務履行請求事件

訴　訟　告　知　書

平成○○年○○月○○日

○○簡易裁判所　御中

　　　　　　　　　　　告知人（被告）　　乙　野　次　郎　㊞
　〒○○○－○○○○　東京都○○区○○町○丁目○番○号
　　　　　　　　　　　原　　告　　甲　野　太　郎
　〒○○○－○○○○　○○県○○市○○町○丁目○番○－○○○号
　　　　　　　　　　　被　　告　　乙　野　次　郎

　上記当事者間の御庁頭書請求事件について，告知人は，下記の被告知人に対し，訴訟告知をする。

記

　〒○○○－○○○○　○○県○○市○○町○丁目○番○号
　　　　　　　　　　　被告知人　　丙　野　三　郎

告知の理由

1　本件訴訟は，被告知人が平成○○年○○月○○日に原告から借り受けた金120万円の借受金債務につき，告知人が原告に対して連帯保証したことに基づき，原告から告知人に対して，保証債務の履行を求めているものである。
2　ところで，告知人は被告知人の依頼を受けて連帯保証をしたものであるから，告知人が本件訴訟において敗訴して保証債務の履行をすれば，被告知人に対して，民法459条に基づき求償請求をすることができるものと考える。よって，民事訴訟法53条に基づいて訴訟告知をする。

訴訟の程度

　本件訴訟は，○○簡易裁判所において，第1回口頭弁論期日が平成○○年○○月○○日午後○時○○分に開かれ，次回口頭弁論期日を同年○○月○○分午前○○時○○分と指定されている。

〔注〕
1．訴訟告知は，当事者から第三者に訴訟の係属を通知して，第三者に訴訟に参加する機会を与えるとともに，その第三者（被告知人）に参加的効力を及ぼすことを目的とする。
2．告知の理由とは，被告知人が当該訴訟において参加の利益を有する事由，すなわち，当該訴訟で告知人敗訴の結果により告知人・被告知人間にどのような法律上の紛争が生じる可能性があるのかということであり，このことを具体的に記載する（民訴53条3項）。
3．訴訟の程度とは，どの裁判所に訴えが提起され，現在，どのような進行状況にあるかを記載する（民訴53条3項）。
4．告知人は，被告知人への送達及び相手方（他方当事者）への送付用として，告知書の副本を提出しなければならない（民訴規22条2項・3項）。
5．手数料は不要である。

書式 24　訴訟委任状(1)──弁護士法人に所属しない弁護士が受任する場合

訴　訟　委　任　状

平成○○年○○月○○日

○○簡易裁判所　御中

　　　　　　　　　　　　　　○○県○○市○○町○○○番地
　　　　　　　　　　　　　　　　甲　野　太　郎　㊞

　私は，次に記載の弁護士を訴訟代理人と定め，下記の事項を委任します。
　　〒○○○－○○○○
　　　○○県○○市○○町○○○番地○　丁野法律事務所（送達場所）
　　　電話：×××（×××）××××
　　　○○県弁護士会所属
　　　　弁護士　　丁　野　四　郎

記

　原告甲野太郎・被告乙野次郎間の○○簡易裁判所平成○○年(ハ)第○○○号○○請求事件について，
　1　上記事件に関して，一切の行為を代理する権限
　2　反訴の提起
　3　訴えの取下げ，和解，請求の放棄若しくは認諾又は訴訟参加若しくは訴訟引受けによる脱退
　4　控訴，上告若しくは上告受理の申立て又はこれらの取下げ
　5　手形訴訟，小切手訴訟又は少額訴訟の終局判決に対する異議の取下げ又はその取下げについての同意
　6　復代理人の選任

以上

〔注〕
1．地方裁判所以上の裁判所における訴訟手続では，法令による訴訟代理人を除いて，弁護士以外の者は訴訟代理人になれない（民訴54条1項本文）。
2．訴訟代理人の権限は，書面で証明しなければならない（民訴規23条1項）。
3．訴訟代理権の範囲については，委任の本来の目的を達成するために必要若しくは相当な行為であっても，重要な事項として特別に委任を受けなければ有効に代理をすることができない，いわゆる特別授権事項がある（民訴55条2項）。

書式 25　訴訟委任状(2)――弁護士法人が受任する場合

訴 訟 委 任 状

平成〇〇年〇〇月〇〇日

〇〇簡易裁判所　御中

　　　　　　　　　　　　　　〇〇県〇〇市〇〇町〇〇〇番地
　　　　　　　　　　　　　　　甲　野　太　郎　㊞

　私は，次に記載の弁護士を訴訟代理人と定め，下記の事項を委任します。
　　〒〇〇〇－〇〇〇〇
　　　〇〇県〇〇市〇〇町〇〇〇番地〇　弁護士法人〇〇〇総合法律事務所
　　　電話：×××（×××）××××
　　　〇〇県弁護士会所属
　　　　　　弁護士　　丁　野　四　郎（法人受任）

記

　原告甲野太郎・被告乙野次郎間の〇〇簡易裁判所平成〇〇年(ハ)第〇〇〇号
〇〇請求事件について，
　1　上記事件に関して，一切の行為を代理する権限
　2　反訴の提起
　3　訴えの取下げ，和解，請求の放棄若しくは認諾又は訴訟参加若しくは
　　訴訟引受けによる脱退
　4　控訴，上告若しくは上告受理の申立て又はこれらの取下げ
　5　手形訴訟，小切手訴訟又は少額訴訟の終局判決に対する異議の取下げ
　　又はその取下げについての同意
　6　復代理人の選任

以上

〔注〕
1．弁護士法人が事件を受任した場合でも，その法人自体が訴訟代理人となるのではなく，依頼人からは，その法人の社員等である弁護士に訴訟代理等を行わせる事務の委託を受けるにとどまるから，依頼人は訴訟代理等を行う担当弁護士を選任する必要がある（弁護30条の6）。
2．訴訟委任状のほかに弁護士法人の法人登記簿謄本を裁判所に提出する必要はない。
3．平成13年12月20日付け日本弁護士連合会理事会決議「弁護士法人規程に関する表示等の確認事項の件」を参考にした。

書式 26　訴訟委任状(3)──弁護士法人所属の弁護士が個人で受任する場合

訴 訟 委 任 状

平成○○年○○月○○日

○○簡易裁判所　御中

　　　　　　　　　　　　　　　　○○県○○市○○町○○○番地
　　　　　　　　　　　　　　　　　　甲　野　太　郎　㊞

　私は，次に記載の弁護士を訴訟代理人と定め，下記の事項を委任します。
〒○○○－○○○○
　　○○県○○市○○町○○○番地○　弁護士法人○○○総合法律事務所内
　　電話：×××（×××）××××
　　○○県弁護士会所属
　　　　　　弁護士　　丁　野　四　郎（個人受任）

記

原告甲野太郎・被告乙野次郎間の○○簡易裁判所平成○○年(ハ)第○○○号○○請求事件について，
　1　上記事件に関して，一切の行為を代理する権限
　2　反訴の提起
　3　訴えの取下げ，和解，請求の放棄若しくは認諾又は訴訟参加若しくは訴訟引受けによる脱退
　4　控訴，上告若しくは上告受理の申立て又はこれらの取下げ
　5　手形訴訟，小切手訴訟又は少額訴訟の終局判決に対する異議の取下げ又はその取下げについての同意
　6　復代理人の選任

　　　　　　　　　　　　　　　　　　　　　　　　　　　　　以上

〔注〕
1．弁護士法人の社員等である弁護士が個人として事件を受任する場合には，「法人受任」と区別するため，「個人受任」である旨を明らかにする必要がある（日本弁護士連合会会則27条3項）。
2．平成13年12月20日付け日本弁護士連合会理事会決議「弁護士法人規程に関する表示等の確認事項の件」を参考にした。

書式 27　訴訟委任状(4)——司法書士法人に所属しない司法書士が受任する場合

訴 訟 委 任 状

平成○○年○○月○○日

○○簡易裁判所　御中

○○県○○市○○町○○○番地
甲 野 太 郎　㊞

　私は、次に記載の司法書士を訴訟代理人と定め、下記の事項を委任します。
　　〒○○○－○○○○
　　　○○県○○市○○町○○○番地○　丁野四郎司法書士事務所
　　　電話：×××（×××）××××
　　　○○司法書士会所属
　　　認定番号第○○○○○○号
　　　司法書士　丁 野 四 郎

記

原告甲野太郎・被告乙野次郎間の○○簡易裁判所平成○○年(ハ)第○○○号○○請求事件について，
　1　上記事件に関して，一切の行為を代理する権限（ただし，司法書士法3条1項6号に抵触する事項を除く。）
　2　反訴の提起
　3　訴えの取下げ，和解，請求の放棄若しくは認諾又は訴訟参加若しくは訴訟引受けによる脱退
　4　上訴の提起
　5　手形訴訟，小切手訴訟又は少額訴訟の終局判決に対する異議の取下げ又はその取下げについての同意
　6　復代理人の選任

以上

〔注〕
1. 訴訟の目的の価額が裁判所法33条1項1号に定める額を超えない事件については，簡裁訴訟代理等関係業務を行うことができる司法書士を訴訟代理人とすることができる（司書3条1項6号・2項）。
2. 当事者は，訴訟の目的の価額が裁判所法33条1項1号に定める額を超える事件であっても，合意によって第一審の管轄裁判所を簡易裁判所と定めることができるが（民訴11条），この場合であっても，司法書士法3条1項6号に抵触するため司法書士を訴訟代理人とすることはできない（小林昭彦＝河合芳光『注釈司法書士法』〔第3版〕75頁）。
3. 司法書士が自ら代理人として関与した簡裁事件については，上訴の提起の代理をすることができる（司書3条1項6号）。もっとも，ここで認められているのは，上訴の提起のみであって，上訴審における手続の代理は含まれていない。例えば，控訴を例にとると，上訴の提起とは，民事訴訟法286条2項に掲げる事項を記載した控訴状を提出することをいい，控訴状に攻撃又は防御方法を記載する行為（民訴規175条）までは含まれないことに留意する必要がある（小林＝河合・前掲59頁）。
4. 強制執行に関する事項（司書3条1項6号但書）の例としては，請求異議の訴え（民執35条）や執行文付与の申立て（民執26条以下）が挙げられる。いずれも民事執行法の規定による手続である。したがって，請求の目的の価額に関係なく，司法書士は請求異議の訴えについて代理することはできない。また，たとえ司法書士が執行文付与申立てのもととなる訴訟事件に訴訟代理人として関与していたとしても，司法書士が執行文付与申立ての申立代理人となることはできない。

書式 28　訴訟委任状(5)──司法書士法人が受任する場合

訴 訟 委 任 状

平成〇〇年〇〇月〇〇日

〇〇簡易裁判所　御中

　　　　　　　　　　　　　〇〇県〇〇市〇〇町〇〇〇番地
　　　　　　　　　　　　　　　　甲　野　太　郎　㊞

　私は，次に記載の司法書士を訴訟代理人と定め，下記の事項を委任します。
　〒〇〇〇-〇〇〇〇
　　〇〇県〇〇市〇〇町〇〇〇番地〇　司法書士法人〇〇事務所
　　電話：×××（×××）××××
　　　〇〇司法書士会所属
　　　　　認定番号第〇〇〇〇〇〇号
　　　　　司法書士　丁　野　四　郎（法人受任）

記

原告甲野太郎・被告乙野次郎間の〇〇簡易裁判所平成〇〇年(ハ)第〇〇〇号〇〇請求事件について，
　1　上記事件に関して，一切の行為を代理する権限（ただし，司法書士法3条1項6号に抵触する事項を除く。）
　2　反訴の提起
　3　訴えの取下げ，和解，請求の放棄若しくは認諾又は訴訟参加若しくは訴訟引受けによる脱退
　4　上訴の提起
　5　手形訴訟，小切手訴訟又は少額訴訟の終局判決に対する異議の取下げ又はその取下げについての同意
　6　復代理人の選任

以上

〔注〕
1．司法書士法人が事件を受任した場合でも，その法人自体が訴訟代理人となるのではなく，依頼人からは，その社員又は使用人である司法書士に訴訟代理等を行わせる事務の委託を受けるにとどまる。したがって，依頼人は，その社員又は使用人である司法書士のうち，簡裁訴訟代理等関係業務を行うことができる司法書士の中から担当司法書士を選任する必要がある（司書30条1項・3条2項）。
2．訴訟委任状のほかに，司法書士法人の法人登記簿謄本を裁判所に提出する必要はない。
3．司法書士法人が事件を受任した場合において，その法人が依頼人に対して負担することとなった債務は，原則として，その社員等である担当司法書士ではなく，弁済の資力がある限りその法人が弁済の責任を負うので（司書38条4項），「法人受任」である旨を委任状に記しておくことが望ましい。

書式 29 訴訟委任状(6)――司法書士法人所属の司法書士が個人で受任する場合

訴 訟 委 任 状

平成○○年○○月○○日

○○簡易裁判所　御中

○○県○○市○○町○○○番地
甲　野　太　郎　㊞

　私は，次に記載の司法書士を訴訟代理人と定め，下記の事項を委任します。
　　〒○○○－○○○○
　　　　○○県○○市○○町○○○番地○　司法書士法人○○事務所内
　　　　電話：×××（×××）××××
　　　　○○司法書士会所属
　　　　　認定番号第○○○○○○号
　　　　　司法書士　丁　野　四　郎（個人受任）

記

　原告甲野太郎・被告乙野次郎間の○○簡易裁判所平成○○年(ハ)第○○○号○○請求事件について，
　1　上記事件に関して，一切の行為を代理する権限（ただし，司法書士法3条1項6号に抵触する事項を除く。）
　2　反訴の提起
　3　訴えの取下げ，和解，請求の放棄若しくは認諾又は訴訟参加若しくは訴訟引受けによる脱退
　4　上訴の提起
　5　手形訴訟，小切手訴訟又は少額訴訟の終局判決に対する異議の取下げ又はその取下げについての同意
　6　復代理人の選任

以上

〔注〕
1．司法書士法人の社員又は使用人である司法書士が個人として事件を受任する場合，事件の受任主体を明らかにし，依頼人に対して責任を負う者の範囲を明確にするという観点から（司書38条参照），「個人受任」である旨を委任状にも記しておくことが望ましい。

書式 30　簡易裁判所における訴訟代理人許可申請書，委任状及び従業員証明書

平成○○年(ハ)第○○○号　○○請求事件
原　告　甲野商事株式会社
被　告　乙野次郎

[収入印紙]

　　　　　　　　　訴訟代理人許可申請書

　　　　　　　　　　　　　　　　　　　　　平成○○年○○月○○日
○○簡易裁判所　御中
　　　　　　　　申請者（原告）　甲野商事株式会社
　　　　　　　　　　　　　　代表者代表取締役　甲　野　太　郎　㊞

　上記当事者間の御庁頭書請求事件について，下記の者を訴訟代理人として許可されたく申請します。

　　　　　　　　　　　　　　記

1　代理人の表示
　　住　所　　　さいたま市○○区○○町○丁目○番○号
　　氏　名　　　丙　野　三　郎
　　本人との関係　原告の従業員
2　申請の理由
　　本件に関しては，代理人表示の者が原告の業務担当者として，以前から被告と交渉していたため，原告代表者よりも事情を熟知している。また，原告代表者は，業務多忙のために裁判所への出廷が困難である。
3　添付書類
　　委任状，従業員証明書　　各1通

　　　　　　　　　　　委　　任　　状

　私は，次に記載の者を訴訟代理人と定め，下記の事項を委任します。
　　　　　　〒○○○－○○○○
　　　　　　　　さいたま市○○区○○町○丁目○番○号
　　　　　　　　　　　　丙　野　三　郎

　　　　　　　　　　　　　　記
原告甲野商事株式会社・被告乙野次郎間の○○簡易裁判所平成○○年(ハ)第

○○○号○○請求事件について,

1　上記事件に関して,一切の行為を代理する権限
2　訴えの取下げ,和解,請求の放棄若しくは認諾又は訴訟参加若しくは訴訟引受けによる脱退
3　手形訴訟,小切手訴訟又は少額訴訟の終局判決に対する異議の取下げ又はその取下げについての同意

　　平成○○年○○月○○日

　　　　委任者(原告)　　東京都○○区○○町○丁目○番○号
　　　　　　　　　　　　甲野商事株式会社
　　　　　　　　　　　　代表者代表取締役　　甲　野　太　郎　㊞

従業員証明書

次に記載の者は,当社の従業員であることを証明します。

1　氏名　　　　丙　野　三　郎
2　住所　　　　さいたま市○○区○○町○丁目○番○号
3　生年月日　　昭和○○年○○月○○日生（○○歳）
4　所属部署　　営業本部営業第1課

　　　　　　平成○○年○○月○○日

　　　　　　甲野商事株式会社
　　　　　　代表者代表取締役　　甲　野　太　郎　㊞

〔注〕
1．簡易裁判所においては,弁護士及び簡裁訴訟代理等関係業務を行うことができる司法書士以外の者でも,裁判所の許可を得れば,訴訟代理人とすることができる（民訴54条1項但書,司書3条2項）。
2．弁護士及び簡裁訴訟代理等関係業務を行うことができる司法書士以外の者は,民事に関する紛争について報酬を得る目的で法律事務を取り扱うことが禁じられているから（弁護72条,司書3条2項）,実務上,親族や会社の従業員など報酬目的のおそれのない者を代理人として申請し,裁判所の許可を受けることが多い。
3．訴訟代理人許可申請にあたり,手数料として,収入印紙500円分が必要である（民訴費3条1項別表第一の17項イ・8条）。
4．代理人として許可するかどうかは,裁判所の裁量行為に属するから（民訴54条2項）,申請にあたっては,委任状のほか,委任者と受任者との関係を疎明する資料（例えば戸籍謄本,従業員証明書など）を提出する必要がある。

第3章

管轄と移送

第1節 概　　説

(1) 管　轄
(a) 意　義　　管轄とは，各裁判所間における裁判権行使の分担の定めをいう。
(b) 種　類　　多種多様な事件の裁判権を全国に散在する各裁判所に分担させるための基準がなければ，各裁判所は，訴えが提起された事件について裁判権があるのかどうかを判断することができない。また，原告が訴えを提起してこれに被告が応訴するに際して，当該訴訟を審理・判断する裁判権がどの裁判所に分担されているのかが明らかでなければ，混乱が生じることになる。特に，原告の請求を防御しなければならない立場にある被告が，遠隔地で応訴させられる不利益な事態を防止する必要がある。そこで，民事訴訟法4条以下では，全国に散在する各裁判所への管轄権の分担について法定管轄として詳細な規定を置いているのである。

法定管轄は，配分決定基準によると，①職分管轄，②事物管轄，③土地管轄に分類することができる一方，法的効果によると，①専属管轄，②任意管轄，③合意管轄，④応訴管轄，⑤指定管轄に分類することができる。

(イ) 職分管轄　　裁判権には種々の異なる作用があるため，これをどの種類の裁判所の職分として分担させるかについての定めを職分管轄という。

まず，判決手続を主催して裁判を行う作用と確定した判決等の債務名義に基づく強制執行手続により請求権を実現する作用が区別されるとともに，受

訴裁判所には判決手続及びこれに付随する証拠保全手続（民訴235条）等について管轄権が配分され，次に，執行裁判所には強制執行手続とこれに関連する職分について管轄権が配分されている。さらに，簡易裁判所には判決手続のほか簡易・迅速を要する事項，例えば，督促手続（民訴383条），訴え提起前の和解（民訴275条），少額訴訟（民訴368条）等がその職分として配分されている。

(ロ) 事物管轄　　第一審訴訟を，これを職分とする地方裁判所と簡易裁判所のどちらに分担させるかについての定めを事物管轄という。

簡易裁判所は，訴訟の目的の価額が140万円を超えない請求について管轄権を有し，これを超える請求に係る事件は，地方裁判所の管轄になる（裁24条1号・33条）。

なお，訴額が140万円を超えない請求に係る不動産訴訟については，簡易裁判所と地方裁判所がともに管轄権を有する。

(ハ) 土地管轄　　ある事件の第一審裁判所が事物管轄の基準により地方裁判所あるいは簡易裁判所のどちらかに決まるとしても，全国には同種の裁判所が多数あるため，そのうちのどの裁判所に分担させるかについての定めを土地管轄という。

応訴を強いられる立場にある被告の利益を重視するのが，土地管轄分担の基本原理であるため，民事訴訟法4条1項は，被告の生活の根拠地の裁判所に管轄権が生じるものと規定している。これを普通裁判籍という。

普通裁判籍は，自然人については原則として住所により定まり（民訴4条2項），法人その他の社団又は財団については原則として主たる事務所又は営業所の所在地により定まる（民訴4条4項）。こういった普通裁判籍のほかにこれと並んで，事件の特殊性に応じて人的・物的に関連する土地を管轄する裁判所にも土地管轄を認めている。これを特別裁判籍という。

特別裁判籍には独立裁判籍と関連裁判籍がある。前者の例としては義務履行地（民訴5条1号）・不法行為地（民訴5条9号）の裁判籍があり，後者の例としては併合請求（民訴7条）・知的財産権（民訴6条）の裁判籍がある。

(ニ) 専属管轄　　裁判の適正・迅速，特に強度の公益要請に基づいて特定の裁判所にだけ管轄を認め，その他の管轄を一切排除するものを専属管轄

という。前述した督促手続等の職分管轄がこれにあたる。

　㈱　任意管轄　　主として当事者の便宜・公正を図る私益的観点から定められ，当事者の意思や態度によりこれと異なる管轄（合意管轄，応訴管轄）を生じさせることのできるものを任意管轄という。

　㈻　合意管轄　　当事者が法定管轄とは異なる合意をした場合に生じる管轄を合意管轄という。なお，詳細については第2節を参照されたい。

　㈷　応訴管轄　　原告が管轄違いの裁判所に訴えを提起しても，被告が管轄違いの抗弁を提出しないで本案について弁論をし，又は弁論準備手続において申述をしたときは，他の専属管轄に属する事件でない限り法定管轄と異なる裁判所に管轄が生じる（民訴12条）。これを応訴管轄という。なお，応訴管轄は，当該訴訟に限って認められるにすぎないので，当該訴えが取り下げられた後や，当該訴えが却下された後の再訴においては，それ以前に生じた応訴管轄の効果は及ばない。

　㈸　指定管轄　　管轄裁判所が法律上又は事実上裁判権を行うことができないときや，裁判所の管轄区域が明確でないため管轄裁判所が定まらないときは，当事者の申立てにより関係のある裁判所に共通する直近の上級裁判所が裁判により定める管轄を指定管轄という（民訴10条1項・2項）。

(2)　移　　送

(a)　意　　義　　移送とは，ある裁判所にいったん係属した訴訟を当該裁判所の裁判により他の裁判所に係属させることをいう。

(b)　種　　類

　㈤　管轄違いによる移送　　そもそも，管轄の存在は訴訟要件であるから，裁判所は，管轄を間違った訴えに対する本案判決をなし得ないはずである。しかし，訴えを却下したのでは訴訟経済に反し，原告と被告の双方に不利益が生じるおそれがあるため，管轄違いの訴えを却下しないで，当該訴えを管轄裁判所に係属させるために移送することにしたのである（民訴16条1項）。

　㈭　遅滞を避ける等のための移送　　当事者及び尋問を受けるべき証人の住所，使用すべき検証物の所在地等を考慮して，訴訟の著しい遅滞を避け，又は当事者間の衡平を図るための移送である（民訴17条）。

　㈥　裁量移送　　簡易裁判所からその所在地を管轄する地方裁判所への移

送である（民訴18条）。

　(ニ)　必要的移送　　訴訟がその管轄に属する場合でも，当事者の移送申立て及び相手方の同意を要件として，他の簡易裁判所又は地方裁判所に必要的にされる移送である（民訴19条）。ただし，移送により著しく訴訟手続を遅滞させることとなるとき，又はその移送申立てが，簡易裁判所からその所在地を管轄する地方裁判所への移送の申立て以外のものであって，被告が本案について弁論をし，若しくは弁論準備手続において申述した後にされたものであるときは，移送することができない（民訴19条1項但書）。

　(c)　移送の裁判　　移送の裁判は，必要的移送を除いて，申立てにより又は職権で行われる。移送決定が確定すると，受移送裁判所に対する拘束力が生じ，訴訟は，初めから受移送裁判所に係属していたものとみなされる（民訴22条）。

　ところで，移送前に行われた当事者の自白や，裁判所の証拠調等の訴訟行為が移送後も効力を生じるか否かが問題になる。この点について，管轄権を有する裁判所からの移送の場合は，その裁判所での訴訟行為は受移送裁判所でも効力が維持されるが，管轄権を有しない裁判所からの移送（民訴16条1項）の場合には，その裁判所での訴訟行為の効力が認めれないことから，その訴訟行為は，受移送裁判所においても効力を有しないと解されている。

　(d)　移送決定に対する即時抗告　　移送の決定及び移送の申立てを却下した決定に対しては，即時抗告をすることができる（民訴21条）。移送の決定とは，申立てにより又は職権でする民事訴訟法16条1項・17・18条・19条の移送の裁判をいい，移送の申立てを却下した決定とは，同法16条1項・17条・18条・19条に基づいて当事者がした移送の申立てを却下した裁判をいう。即時抗告は，裁判の告知を受けた日から1週間の不変期間内にしなければならない（民訴332条）。

〔西村　博一〕

第2節　管轄の合意

(1) 意　義

　管轄の合意とは，当事者が法定管轄とは異なる合意をした場合に生じる管轄をいう。

　法定管轄は，特に公益性の高い専属管轄を除くと，主として当事者間の公平や，訴訟を追行するうえでの便宜を考慮して定められているため，当事者がこれと異なる管轄を望むのであれば，当事者の合意により，訴訟を追行するうえで都合のよい裁判所の選択を認めるのが当事者の利益に資することにもなる。なお，管轄の合意の対象は第一審に限られるので，簡易裁判所と第一審裁判所としての地方裁判所の管轄（簡易裁判所の終局判決に対する控訴審は，地方裁判所となることに留意されたい）についてだけ合意することができる。

(2) 要　件

　合意は，第一審の任意管轄たる事物管轄と土地管轄の一方又は双方に限って認められる（民訴11条1項）。したがって，専属管轄には合意管轄が認められない。例えば，離婚訴訟を簡易裁判所とする旨の合意は，専属管轄（裁31条の3第1項1号）に反するので認められない。

　合意は，一定の法律関係に基づく訴えに関してされるものに限られる（民訴11条2項）。なぜなら，合意の対象となる訴えがどのような法律関係についてのものかを予測することができなければ，被告の管轄の利益を害することになるからである。

　一定の法律関係に基づく訴えとは，基本たる法律関係を特定することにより訴えを特定できる場合をいう。したがって，将来のすべての訴えというように，合意の内容から訴えを特定することができないようなものは許されない。これに対して，ある特定の賃貸借契約が締結されている場合において，その賃貸借契約から生じるすべての訴えといった合意については，その訴訟物が，賃料請求や賃貸借契約解除による建物明渡請求等，一定の法律関係に限定されることから，基本たる法律関係が特定されているといえるので許される。

合意は，書面でしなければならない（民訴11条2項）。なぜなら，当事者の意思を明確に残すことによりその合意の有無について紛議を起こさせないようにする必要があるからである。実務では，原告にとって利便な簡易裁判所あるいは当事者双方にとって交通の便が適っている簡易裁判所に合意される事案が多く見られる。管轄合意書の書式例は，【書式31】のようになる。

なお，建物賃貸借契約で多く見られるように，その法律関係に係る契約書の中で，「本件契約に関して当事者間に紛争が生じた場合は，○○簡易裁判所を管轄裁判所とすることに合意する」というような条項を設けて管轄の合意がされることも多く見られる。

合意の時期について特別の制限はないが，法定の管轄裁判所に訴えが提起された後で管轄の合意をしても，これによりその管轄権を排除することはできない（民訴15条参照）ので，これは，移送を申し立てる前提としての管轄の合意という意味があるにすぎない。

合意には，法定管轄に加えて合意管轄が生じる付加的合意と他の法定管轄を排除する専属的合意がある。両者の区別は，一般論として当事者の合理的意思解釈によることになるが，通説によれば，法定管轄の他の裁判所を指定した場合は付加的合意であり，法定管轄の中の1つを指定した場合は専属的合意であると解されている。

(3) 性　　質

管轄の合意は，管轄の変更という訴訟上の効果の発生を目的とする訴訟上の合意，すなわち訴訟契約であるから，合意の締結には訴訟能力を要する。したがって，私法上の契約を締結すると同時に管轄の合意がされた場合において，その私法上の契約が無効であったり取り消されたりしても，管轄の合意の効力には影響を及ぼさない。ただし，管轄の合意は，裁判所とは無関係に当事者双方で締結されるため私法行為の側面を有することになり，意思表示の瑕疵による管轄の合意の無効・取消しについては民法の規定（民95条・96条など）が類推適用されると解されている。

(4) 効　　力

管轄の合意により直接にそのとおりの管轄が生じる。合意の効力は，原則として第三者にまで及ばない。しかし，当事者の権利を行使するにすぎない

破産管財人や，債権者代位権を行使する債権者は，管轄の合意に拘束される。また，当事者双方の一般承継人も管轄の合意の効力を受ける。訴訟物たる権利関係の特定承継人については，管轄の合意の効力を，実体的にはその権利行使の条件変更と見ることができる。

〔西村　博一〕

書式 31　管轄合意書

管 轄 合 意 書

　〇〇県〇〇市〇〇町〇丁目〇番〇号
　　　　原　告　　甲　野　太　郎
　〇〇県〇〇市〇〇町〇丁目〇番〇号
　　　　被　告　　乙　野　次　郎

　上記当事者間において，別紙訴状記載の交通事故による損害賠償請求事件について，その管轄裁判所を〇〇簡易裁判所とすることに合意する。

　　平成〇〇年〇〇月〇〇日

　　　　　　　　　　　　　　　原　告　　甲　野　太　郎　㊞
　　　　　　　　　　　　　　　被　告　　乙　野　次　郎　㊞

〔注〕
1．この管轄合意書は，訴え提起前に当事者双方が管轄の合意をした事案を想定している。したがって，原告と被告との間の法律関係は，訴えを提起する当該訴状を別紙として添付することにより特定される。
2．管轄合意の意思を担保するために原告及び被告名下の各押印が必要である。

第3節　移送の手続

(1)　管轄違いによる移送申立て

　管轄違いによる移送申立ては，期日において口頭でする場合を除いて書面でしなければならない（民訴規7条1項）。いずれの場合も，移送申立ての理由を明らかにしなければならない（民訴規7条2項）。管轄違いによる移送申立書の書式例は，【書式32】のようになる。

(2)　遅滞を避ける等のための移送申立て

　遅滞を避ける等のための移送申立ては，期日において口頭でする場合を除いて書面でしなければならない（民訴規7条1項）。いずれの場合も，移送申立ての理由を明らかにしなければならない（民訴規7条2項）。

　遅滞を避ける等のための移送の要件として民事訴訟法17条は，「訴訟の著しい遅滞を避け，又は当事者間の衡平を図るため必要があると認めるとき」と規定している。この要件を基礎づける事情として，当事者及び尋問を受けるべき証人の住所，使用すべき検証物の所在地その他の事情が移送の可否を判断する際の重要な要素になるので，その移送申立書にこれらの事情を記載する必要がある。遅滞を避ける等のための移送申立書の書式例は，【書式33】のようになる。

　遅滞を避ける等のための移送申立てがあったときは，裁判所は，相手方の意見を聴いてその決定をする（民訴規8条1項）。なお，裁判所が職権で移送決定をするときは相手方の意見聴取は必要的ではない（民訴規8条2項）。

(3)　裁量移送申立て

　簡易裁判所の存在趣旨は，紛争の簡易・迅速な解決にある。このため，簡易裁判所の管轄に属する事件であっても，内容が複雑で難しい法律判断が争点になっているようなものについては，地方裁判所に裁量移送してその審理・判断に委ねたほうが妥当な紛争解決に資する。裁量移送が妥当するものとしては，国家賠償請求事件や，関連事件が地方裁判所に係属していてこれと併合審理あるいは併行審理するのが相当と考えられる事件等をあげることができる。

裁量移送申立ては，期日において口頭でする場合を除いて書面でしなければならない（民訴規7条1項）。いずれの場合も，移送申立ての理由を明らかにしなければならない（民訴規7条2項）。裁量による移送申立書の書式例は，**【書式34】**のようになる。

　裁量移送申立てがあったときは，裁判所は，相手方の意見を聴いてその決定をする（民訴規8条1項）。なお，裁判所が職権で移送決定をするときは，相手方の意見聴取は必要的ではない（民訴規8条2項）。

(4) **移送決定**

　移送決定（裁量移送の場合）の書式例は，**【書式35】**のようになる。この移送の裁判が確定したときは，移送決定をした裁判所の裁判所書記官は，移送を受けた裁判所の裁判所書記官に対して訴訟記録を送付しなければならない（民訴規9条）。

(5) **移送決定に対する即時抗告の申立て**

　移送決定に対する即時抗告申立書の書式例は，**【書式36】**のようになる。

〔西村　博一〕

書式 32　管轄違いによる移送申立書

移　送　申　立　書

平成〇〇年〇〇月〇〇日

〇〇簡易裁判所　御中

　　　　　　　　　　　　申立人（被告）　乙　野　次　郎　㊞

〇〇県〇〇市〇〇町〇丁目〇番〇号
　　　申立人（被告）　　乙　野　次　郎
〇〇県〇〇市〇〇町〇丁目〇番〇号
　　　相手方（原告）　　甲　野　太　郎

　上記当事者間の平成〇〇年(ハ)第〇〇〇号建物収去・土地明渡請求事件について，次のとおりの申立てをする。

申立ての趣旨
　本件を〇〇簡易裁判所に移送するとの裁判を求める。
申立ての理由
　相手方である原告は，別紙物件目録記載(1)の建物を収去して同目録記載(2)の土地（以下「本件土地」という。）明渡しを求めて本件訴えを提起しているが，申立人である被告の普通裁判籍及び本件土地の所在地は〇〇県〇〇市にあるので，本件の土地管轄は〇〇簡易裁判所に属している。
　したがって，民事訴訟法16条1項に基づいて，本件訴訟を管轄権のある〇〇簡易裁判所に移送されたい。

（別紙物件目録は省略）

〔注〕
1．この移送申立書は，原告の被告に対する土地所有権に基づく建物の妨害排除請求訴訟が，義務履行地（民訴5条1号）の関係にないにもかかわらず，土地管轄に反して原告の住所地を管轄する簡易裁判所に提起された事案を想定している（民訴4条1項・5条12号参照）。
2．申立手数料は不要である。
3．被告が本案について弁論をしたときは，応訴管轄が生じるため，管轄違いを理由とする移送申立てはできないことになる。

書式 33　遅滞を避ける等のための移送申立書

移 送 申 立 書

平成○○年○○月○○日

○○簡易裁判所　御中

　　　　　　　　　　　申立人代理人弁護士　　丁　野　四　郎　㊞

○○県○○市○○町○丁目○番○号
　　　　申立人（被告）　　乙　野　次　郎
　　　　同代理人弁護士　　丁　野　四　郎
○○県○○市○○町○丁目○番○号
　　　　相手方（原告）　　株　式　会　社　○　○
　　　　同代表者代表取締役　甲　野　太　郎

　上記当事者間の平成○○年(ハ)第○○○号立替金請求事件について，次のとおりの申立てをする。

申立ての趣旨
　　本件をＫ簡易裁判所に移送するとの裁判を求める。

申立ての理由

1　本件は，割賦販売購入あっせんを業とする相手方（以下「原告」という。）が，申立人（以下「被告」という。）との間で締結した立替払契約に基づいて，被告が原告の加盟店である株式会社○○から購入した商品の代金○○万円を立替払い（手数料○万円）したと主張して，被告に対し，立替金・手数料の残金○○万円及びこれに対する期限の利益喪失の日の翌日である平成○○年○○月○○日から支払済みまで年6分の割合による遅延損害金の支払を求めている事案である。

2　そもそも本件は，定型的に作成された契約書の中に予め合意管轄条項が盛り込まれているため，これに基づいて原告がＳ簡易裁判所に訴えを提起したものであるが，原告が提訴したＳ簡易裁判所又は被告の住所地を管轄するＫ簡易裁判所のいずれにも管轄がある。

3　ところで，原告は，その加盟店株式会社〇〇と被告との間で不正常な購入契約がされていることについて調査のうえ熟知していながら，割賦購入あっせん業者として過剰与信契約の締結を防止すべき義務（割賦販売法38条）を尽くさなかったのだから，被告に対し，残割賦金の支払を請求することは信義則に反するというべきである。その立証のため，被告は，被告本人尋問はもちろんのこと，数名の証人尋問も予定しているので，本件の審理期間は長期化するものと思われる。また，被告訴訟代理人は，K市に事務所を有する弁護士であり，本件の審理をS簡易裁判所で続けなければならないとすれば，被告には，同弁護士に対する旅費や被告本人尋問の際の出頭のための費用が必要となり，被告の経済的負担は，原告がS簡易裁判所で本件を遂行する負担よりも相当大きくなる事態も考えられる。

　これに対し，原告は，全国規模で営業を展開する株式会社であり，訴訟遂行については十分な対応が可能であるから，本件をK簡易裁判所で審理したからといって，被告がS簡易裁判所で応訴することと比較すれば，原告に対し，別段大きな経済的不利益を課することにはならない。

4　以上によると，本件は，民事訴訟法17条所定の「訴訟の著しい遅滞を避け，又は当事者間の衡平を図るため必要がある」場合にあたるので，K簡易裁判所に移送されたい。

〔注〕
1．この移送申立書は，原告と被告との間で締結された割賦購入あっせん契約が，過剰与信契約締結防止義務に違反していると主張して，これを立証するために，被告本人尋問や証人尋問を予定していること，審理期間の長期化が予測されること，本件をS簡易裁判所で審理すれば被告の経済的負担が相当大きくなることを理由として移送申立てをしている事案を想定している。
2．申立手数料は不要である。

書式 34　簡易裁判所の裁量移送申立書

移 送 申 立 書

平成○○年○○月○○日

○○簡易裁判所　御中

　　　　　　　申立人代理人弁護士　　丁　野　四　郎　㊞

○○県○○市○○町○丁目○番○号
　　　　　申立人（原告）　　株　式　会　社　○　○
　　　　　同代表者代表取締役　甲　野　太　郎
　　　　　同代理人弁護士　　丁　野　四　郎
○○県○○市○○町○丁目○番○号
　　　　　相手方（被告）　　乙　野　次　郎

　上記当事者間の平成○○年(ハ)第○○○号損害賠償請求事件について，次のとおりの申立てをする。

申立ての趣旨
　本件を○○地方裁判所に移送するとの裁判を求める。

申立ての理由
　本件は，争点が複雑多岐にわたるため，簡易裁判所の審理には適さない事件であると思料される。しかも，○○地方裁判所において，申立人である本件原告を被告，相手方である本件被告を原告とする解雇予告手当・未払賃金請求事件（平成○○年(ワ)第○○○号）が係属中であるところ，同事件と本件はいずれも労働関係から生じた紛争が内在しているため，その攻撃防御方法を共通にしており，相互に関連性もあるので，本件は，判断の抵触を避けるためにも同一の裁判体により審理されるのが相当な事件といえる。
　したがって，民事訴訟法18条に基づいて，本件を○○地方裁判所に移送されたい。

附　属　書　類
　訴訟係属証明書（○○地方裁判所平成○○年(ワ)第○○○号）　　1通

〔注〕
1．この移送申立書は，①簡易裁判所に係属する，原告の被告に対する損害賠償請求事件（使用者である原告が，被使用者である被告の著しい善管注意義務違反により損害を被ったと主張して，民法709条に基づいて損害賠償を請求した事案）は，その争点が複雑多岐にわたるため簡易裁判所の審理に適さず，しかも，②地方裁判所に係属中の同一当事者間の解雇予告手当・未払賃金請求事件と関連していることを理由にして移送申立てをしている事案を想定している。
2．申立手数料は不要である。

書式 35　移送決定（裁量移送の場合）

平成○○年㈹第○○○号　移送申立事件

決　　　　定

　○○県○○市○○町○丁目○番○号
　　　　　申立人（原告）　　株　式　会　社　○　○
　　　　　同代表者代表取締役　甲　野　太　郎
　　　　　同代理人弁護士　　　丁　野　四　郎
　○○県○○市○○町○丁目○番○号
　　　　　相手方（被告）　　乙　野　次　郎

　上記当事者間の平成○○年㈻第○○○号損害賠償請求事件について，当裁判所は，次のとおり決定する。

主　　　　文
　本件を○○地方裁判所に移送する。
理　　　　由
　相手方である本件被告を原告，申立人である本件原告を被告とする平成○○年㈾第○○○号解雇予告手当・未払賃金請求事件が○○地方裁判所において既に係属しているところ，同事件と本件はいずれも労働関係における紛争が内在しているため相互に関連性があり，しかも，本件は，その争点が複雑多岐にわたっており，簡易・迅速な紛争解決を旨とする簡易裁判所の審理に適している事案とは言い難い。そうすると，本件は，判断の抵触を避けるためにも，地方裁判所において，同一裁判体により併合して審理されるのが相当な事件である。
　よって，本件訴訟を○○地方裁判所に移送することが相当と認められるので，当裁判所は，民事訴訟法18条に基づいて主文のとおり決定する。
　　　　平成○○年○○月○○日
　　　　　○○簡易裁判所
　　　　　　　　裁　判　官　　×　×　×　×　㊞

〔注〕
　1．この移送決定は，裁量移送申立て（【書式34】）が認容された事案を想定している。

書式36　移送決定に対する即時抗告申立書

```
┌─────────────────────────────────────────────────┐
│  ┌──────┐              抗　告　状               │
│  │収　入│                                         │
│  │印　紙│              平成○○年○○月○○日    │
│  └──────┘                                         │
│ ○○地方裁判所　御中                              │
│           抗　告　人　　株　式　会　社　○　○   │
│           同代表者代表取締役　　甲　野　太　郎 ㊞│
│                                                   │
│ ○○県○○市○○町○丁目○番○号                  │
│        抗　告　人　　株　式　会　社　○　○      │
│        同代表者代表取締役　　甲　野　太　郎      │
│                                                   │
│ 　上記当事者間の○○簡易裁判所平成○○年(サ)第○○○号移送申立事件（平│
│ 成○○年(ハ)第○○○号立替金請求事件）について，同裁判所が平成○○年○│
│ ○月○○日にした下記決定は不服であるから，即時抗告をする。         │
│ 第1　原決定の表示                                 │
│ 　　　本件訴訟をK簡易裁判所に移送する。           │
│ 第2　抗告の趣旨                                   │
│ 　1　原決定を取り消す。                           │
│ 　2　抗告費用は相手方の負担とする。               │
│ 　　との裁判を求める。                            │
│ 第3　抗告の理由                                   │
│ 　　　（省略）                                    │
└─────────────────────────────────────────────────┘
```

〔注〕
1. この抗告状は，遅滞を避ける等のための移送申立て（【書式33】）が認容され，これに対し，相手方が即時抗告した事案を想定している。
2. この抗告状には，当事者及び代理人，原裁判の表示及びその裁判に対して抗告する旨，抗告の趣旨及び理由を記載する。なぜなら，抗告手続は，原則として，控訴の手続が準用されているため，抗告状の記載事項も控訴状のそれと同様になるからである（民訴331条・286条2項，民訴規182条）。
3. この抗告状は，原裁判所の事件係に提出しなければならない（民訴331条・286条1項）。
4. 抗告手数料として，収入印紙1000円を貼付する必要がある（民訴費3条1項別表第一の18(4)・8条）。

第4章

裁判所職員の除斥・忌避

第1節 概　　説

　管轄裁判所が決まると，その次には裁判所を構成する裁判官に公正な裁判をする適格があるかどうかが問われる。裁判官の任命資格については憲法79条，80条及び裁判所法40条ないし46条で規定されているが，任命資格を欠く者は裁判に関与することができない。例えば，司法修習生が裁判したような場合は，任命行為が欠けている者がした裁判なのですべて無効になる。

　資格のない裁判官が誤って任命されていたような場合であれば，判決確定前は上告により争うことができ（民訴312条2項），裁判確定後は再審により争うことができる（民訴338条1項1号）。

　ところで，資格を備えた裁判官であっても，当事者や具体的な事件との間に特殊な関係があれば，裁判所の構成及び裁判の公正に対する国民の信頼が損なわれ，当該裁判官にその事件を担当させることが適当でない場合があり得る。このような場合は，当該裁判官は，その事件との関係で裁判を担当することが不適格であるといえるので，このような裁判官を職務の執行から排除する除斥，忌避及び裁判官自ら職務執行を避ける回避の制度（民訴23条・24条，民訴規12条）がある。

　このように，除斥，忌避及び回避の制度は，裁判の公正及び裁判に対する国民の信頼を維持するために，具体的な事件と裁判官の特殊な関係に着目して，その事件の裁判主体たる裁判官の適格性を否定して職務執行から排除することを目的とする制度である。

なお，除斥，忌避及び回避の制度は，裁判所書記官について準用されている（民訴27条，民訴規13条）。

〔西村　博一〕

第2節　裁判官の除斥

(1) 意　義

裁判官の除斥とは，裁判官に法定の原因がある場合に当然に職務を行うことができなくなることをいう。

(2) 除斥原因

除斥原因となるのは，例えば，裁判官の妻が事件の当事者であるとき等，裁判官が事件の当事者と特殊な関係がある場合（民訴23条1項1号ないし3号・5号）や，裁判官が事件について証人となったとき等，事件自体と特殊な関係がある場合（民訴23条1項4号・6号）である。

民事訴訟法23条1項6号所定の「不服を申し立てられた前審の裁判に関与したとき」とは，裁判の不公正のおそれによるものではなく，不服の対象になった裁判に関与した裁判官が上訴審において再び審判したのでは，予断をもって審判する結果，審級制度が無意味になるという趣旨である。したがって，裁判官が評決に関与したことを要し，単に準備手続又は準備的口頭弁論に関与したとか，口頭弁論を指揮して証拠調べをしたとか，その他の訴訟指揮上の裁判に関与したというだけではこれにあたらない。

(3) 申立ての方式等

除斥の申立ては，期日において口頭でする場合を除いて，裁判官の所属する裁判所に対して書面でしなければならない（民訴規10条1項・2項）。

除斥の申立てをした当事者は，申立てをした日から3日以内に除斥原因を疎明しなければならない（民訴規10条3項）。裁判官の除斥申立書の書式例は，**【書式37】**のようになる。

除斥の申立てがされると，除斥されるべきかどうかの裁判が確定するまでは訴訟手続を停止しなければならない（民訴26条本文）。ただし，直ちに行っておかなければ手遅れになってしまうような急速を要する訴訟行為（例えば，証拠保全）は許される（民訴26条但書）。

(4) 除斥の裁判

簡易裁判所裁判官の除斥については，その裁判所の所在地を管轄する地方

裁判所が合議体により決定で裁判をする（民訴25条1項・2項）。除斥を理由があるとする決定に対しては，当事者も当該裁判官も不服を申し立てることができない（民訴25条4項）。除斥を理由がないとする決定に対しては，即時抗告をすることができる（民訴25条5項）。即時抗告は，裁判の告知を受けた日から1週間の不変期間内にしなければならない（民訴332条）。

(5) **除斥の効果**

①除斥は，当該裁判官が裁判を担当し得ない場合であるから，除斥原因のある裁判官は，除斥の裁判がされる以前から法律上当然にその事件の裁判に一切関与し得ず，②判決前になした訴訟行為は無効になり，③判決自体に関与した場合には上告理由（民訴312条2項2号）又は再審事由（民訴338条1項2号）にもなる。

〔西村　博一〕

書式 37　裁判官の除斥申立書

裁判官の除斥申立書

平成〇〇年〇〇月〇〇日

〇〇簡易裁判所　御中

　　　　　　　　　申立人代理人弁護士　　丁　野　四　郎　㊞

〇〇県〇〇市〇〇町〇丁目〇番〇号
　　　申立人（原告）　　〇　〇　〇　信　販　株　式　会　社
　　　同代表者代表取締役　　甲　野　太　郎
　　　同代理人弁護士　　　　丁　野　四　郎

申立ての趣旨

　御庁平成〇〇年(ハ)第〇〇〇号〇〇請求事件について裁判官丙野三郎をその職務の執行から除斥するとの裁判を求める。

申立ての原因

　申立人である原告は，被告に対して〇〇請求の訴えを提起し，現在，御庁において平成〇〇年(ハ)第〇〇〇号〇〇請求事件として審理されているが，同事件の担当裁判官丙野三郎は，被告の父親の弟という関係にあるので，同裁判官には民事訴訟法23条1項2号所定の除斥原因がある。

疎　明　方　法
　1　戸籍謄本　　　　　　〇通
　2　〇〇〇〇　　　　　　〇通

〔注〕
1．この除斥申立書は，当該裁判官の所属する裁判所に提出しなければならない（民訴規10条1項）。
2．申立ての趣旨には除斥を求める裁判官を特定し，申立ての原因には民事訴訟法23条1項各号の除斥原因にあたる事実を記載する。
3．申立手数料は不要である。

第3節　裁判官の忌避・回避

(1) 裁判官の忌避

(a) 意　義　裁判官の忌避とは，裁判の公正を妨げる事由がある場合に当事者の申立てにより裁判をもって当該裁判官を職務執行から排除することをいう。

(b) 忌避原因　忌避原因になるのは，除斥原因として列挙された以外のものであって，例えば，裁判官と当事者の一方において婚約中であるとか，親密な交際や怨恨があるとか，事件の結果について経済的利害関係がある等，裁判の不公正を疑わせるに足りる客観的・合理的事由がある場合である。要するに，忌避原因には，社会通念上，裁判官と事件との間に特殊な関係があって，不公平な裁判がされる客観的な事情が必要になるのである。したがって，裁判官の訴訟指揮が意に沿わないというような主観的不満だけでは，忌避原因とはならない（大阪高決昭34・7・14下民集10巻7号1496頁）。

(c) 申立ての方式等　忌避の申立ては，期日において口頭でする場合を除いて，裁判官の所属する裁判所に対して書面でしなければならない（民訴規10条1項・2項）。

忌避の申立てをした当事者は，申立てをした日から3日以内に忌避原因を疎明しなければならない（民訴規10条3項）。この制限は，訴訟手続の信義則に反するような忌避の申立てを防止するためにある。忌避申立書には裁判の公正を妨げる事情を記載することになるが，除斥と比べて抽象的であるだけに，より具体的かつ詳細な事情が必要になる。裁判官の忌避申立書の書式例は，【書式38】のようになり，これに対する裁判官の忌避決定の書式例は，【書式39】のようになる。

忌避原因のあることを知りながら裁判官の面前において弁論をした当事者，又は弁論準備手続において申述をした当事者は，当該裁判官を忌避することができない（民訴24条2項）。なぜなら，このような行為をした場合には，当該裁判官を信頼する態度を示したと認められるからである。

(d) 忌避の裁判　簡易裁判所裁判官の忌避については，その裁判所の所

在地を管轄する地方裁判所が合議体により決定で裁判をする（民訴25条1項・2項）。忌避を理由があるとする決定に対しては，当事者も当該裁判官も不服を申し立てることができない（民訴25条4項）。忌避を理由がないとする決定に対しては，即時抗告をすることができる（民訴25条5項）。即時抗告は，裁判の告知を受けた日から1週間の不変期間内にしなければならない（民訴332条）。忌避申立却下決定に対する即時抗告申立書の書式例は，【書式40】のようになる。

なお，忌避申立却下決定に対して，その申立てをしなかった相手方当事者にも即時抗告権が認められるか否かについて積極・消極の両説があるが，当該裁判官に対する不信感を表明していない当事者にまで即時抗告を認める必要性はないとする消極説が一般的である。

(e) 忌避の効果　　忌避申立権が行使されると，忌避されるべきかどうかの裁判が確定するまでは訴訟手続を停止しなければならない（民訴26条本文）。ただし，直ちに行っておかなければ手遅れになってしまうような急速を要する訴訟行為（例えば，証拠保全）は，例外的に許される（民訴26条但書）。忌避を理由があるとする裁判が確定すると，当該裁判官は，その職務執行から排除される。

(f) 忌避申立権の濫用　　忌避事由は，抽象的であるため忌避権を訴訟の引き延ばし手段として濫用される場合がある。そこで，これに対応する手段が問題になるが，実務では，刑事訴訟法24条2項を類推適用して忌避を申し立てられた裁判官自らがこれを却下する事案が少なからずある（東京高決昭56・10・8判時1022号68頁）。

(g) 忌避の確定と要急行為の効力　　訴訟手続停止中に急速を要する訴訟行為（要急行為）がされた後で，忌避を理由があるとする裁判が確定した場合に，その訴訟行為の効力は有効か否かが問題になる。この点について，忌避の裁判は確定後に形成力が生じるため，その間の要急行為は，忌避を理由があるとする裁判が確定しても有効であるとする説が有力である。思うに，法が要急行為を認めている以上，このように解さざるを得ないであろう。

(h) 忌避事由不存在の確定と不急行為の効力　　訴訟手続停止中に急を要しない訴訟行為（不急行為）がされてしまった後で，忌避を理由がないとす

る裁判が確定した場合に，この不急行為の瑕疵は治癒されるか否かが問題になる。この点について，忌避の申立てをした当事者人が不急行為について十分な訴訟行為をしたか否かを区別して，忌避の申立人が十分な訴訟行為をしなかったことを証明すれば，瑕疵は治癒されず，判決に対する上告理由になるとする有力説もあるが，判例は，訴訟経済の要求を強調して瑕疵治癒説をとっている（最判昭29・10・26民集8巻10号1977頁）。

(2) 裁判官の回避

(a) 意義 裁判官の回避とは，裁判官が自ら除斥・忌避の原因があると認めたときに監督権を有する裁判所（裁80条）の許可を得て職務執行を避けることをいう（民訴規12条）。

(b) 回避の効果 回避の許可は，裁判ではなく司法行政上の行為なので除斥・忌避原因の存在を確定する効果は生じない。

〔西村　博一〕

書式 38　裁判官の忌避申立書

　　　　　　　　　　裁判官忌避の申立書

　　　　　　　　　　　　　　　　　　　　平成〇〇年〇〇月〇〇日

〇〇簡易裁判所　御中

　　　　　　　　　〇〇県〇〇市〇〇町〇丁目〇番〇号
　　　　　　　　　　申立人（原告）　甲　野　太　郎　㊞

　　　　　　　　　　　申立ての趣旨
　御庁平成〇〇年(ハ)第〇〇〇号〇〇請求事件について，裁判官丙野三郎に対する忌避は理由があるとの裁判を求める。
　　　　　　　　　　　申立ての原因
　申立人である原告は，被告に対して〇〇請求の訴えを提起し，現在，御庁において平成〇〇年(ハ)第〇〇〇号〇〇請求事件として審理されているが，同事件の担当裁判官丙野三郎は，被告と〇〇中学校以来の親友であって，しかも，被告から本件について法律的意見を求められ，その見解を教示したものである。これらの事情によると，裁判官丙野三郎には裁判の公正な審理を妨げるおそれがあるので，忌避の申立てをする。

疎　明　方　法
　　同窓会名簿（〇〇中学校，〇〇高等学校，〇〇大学）　　　各１通

〔注〕
1．この忌避申立書は，当該裁判官の所属する裁判所に提出しなければならない（民訴規10条１項）。
2．申立ての趣旨には忌避を求める裁判官を特定し，申立ての原因には裁判の公正を妨げる具体的な事情を記載する。
3．申立手数料として，収入印紙1000円の貼付が必要である（民訴費３条１項別表第一の18(4)・８条）。

書式39　裁判官の忌避決定

平成○○年㈹第○○○号　裁判官忌避申立事件

決　　　　定

○○県○○市○○町○丁目○番○号
　　　　　　申立人（原告）　　甲　野　太　郎

　申立人から○○簡易裁判所平成○○年㈁第○○○号○○請求事件について，裁判官丙野三郎に対する忌避の申立てがあったので，当裁判所は，次のとおり決定する。

主　　　　文
　裁判官丙野三郎に対する忌避は理由がある。

理　　　　由
　申立人は，裁判官丙野三郎の忌避を求め，その理由として，同裁判官が被告と○○中学校以来の親友であって，しかも，同裁判官が担当する○○簡易裁判所平成○○年㈁第○○○号○○請求事件について被告から法律的意見を求められ，その見解を教示した旨の事情を指摘しているところ，これらの事情は，申立人が提出した証拠により認められる。
　このような関係が，裁判官丙野三郎と被告との間にあることは，社会通念上，裁判の公正に疑念を抱かせることになると認めるのが相当であるから，裁判官丙野三郎に対する忌避申立ては理由がある。
　よって，主文のとおり決定する。
　　　平成○○年○○月○○日
　　　　　○○地方裁判所民事○○部
　　　　　　　裁判長裁判官　　×　×　×　×　㊞
　　　　　　　　　裁判官　　×　×　×　×　㊞
　　　　　　　　　裁判官　　×　×　×　×　㊞

〔注〕
1．この決定は，裁判官忌避の申立て（【書式38】）が認容された事案を想定している。
2．忌避を理由ありとする決定に対して，相手方当事者は利害関係を有しないため，即時抗告をすることができないと解されている。そうだとすれば，相手方当事者の表示をする実益はないので，ここでは，「相手方（被告）○○○○」との記載をしない書式とした。
3．簡易裁判所裁判官の忌避については，その裁判所の所在地を管轄する地方裁判所が合議体により決定で裁判をする（民訴25条1項・2項）

書式 40　即時抗告申立書

　　　　　　　　　　　抗　告　状

|収入印紙|

　　　　　　　　　　　　　　　　　平成○○年○○月○○日

○○高等裁判所　御中

　　　　　　　　　　　○○県○○市○○町○丁目○番○号
　　　　　　　　　　　　　　抗告人　　甲　野　太　郎　㊞

　○○簡易裁判所平成○○年(サ)第○○○号裁判官忌避申立事件について，○○地方裁判所が平成○○年○○月○○日にした下記決定は，不服であるから即時抗告をする。

第1　原決定の表示
　　　本件忌避の申立てを却下する。
第2　抗告の趣旨
　1　原決定を取り消す。
　2　抗告人の忌避申立ては理由がある。
　　との裁判を求める。
第3　抗告の理由
　原決定は，裁判官丙野三郎と被告訴訟代理人弁護士丁野四郎との間には，裁判の公正に疑念を抱かせるに足りる親交がないものと判断して，同裁判官に対する忌避の申立てを却下した。
　しかし，裁判官丙野三郎と被告訴訟代理人弁護士丁野四郎は，週末ともなれば一緒にゴルフをしたり，家族ぐるみで食事に出かけたりしている仲である。このような人的関係が，本件事件の審理を担当する裁判官と被告訴訟代理人との間にあることは，客観的に見て，裁判の公正に疑念を抱かせる事由になると思われる。
　したがって，原決定には事実認定の誤りがあるので，即時抗告をする。

疎　明　方　法
　　書簡　　　1通

〔注〕
1．この抗告状には，当事者及び代理人，原裁判の表示及びその裁判に対して抗告する旨，抗告の趣旨及び理由を記載する。なぜなら抗告手続は原則として控訴の手続が準用されているため，抗告状の記載事項も控訴状のそれと同様になるからである（民訴331条・286条2項，民訴規182条）。
2．この抗告状は，原裁判所の事件係に提出しなければならない（民訴331条・286条1項）。
3．抗告手数料として，収入印紙1000円を貼付する必要がある（民訴費3条1項別表第一の18(4)・8条）。

第5章

訴訟手続

第1節　概　　説

　訴訟手続は，通常，原告が訴状を裁判所に提出することで開始される（民訴133条）。訴え提起がなされると，裁判所（裁判長）は，管轄その他の訴訟要件を審査し（民訴137条），それが適式な訴え提起行為であれば，口頭弁論期日を指定する（民訴87条・93条）。そして，裁判所は，その期日呼出状と原告から提出された訴状副本を被告に送達することで（民訴94条，民訴規58条），被告に対し，裁判が開始された旨の告知をする。

　訴訟書類の送達を受け，自らが裁判の当事者となったことを認識した被告は，原告の主張に対して，反論その他の言い分があれば，答弁書を作成し，裁判所に提出して期日に臨むことになる（民訴規80条）。

　裁判（口頭弁論）は，公開の法廷で行われる。この公開主義の原則は，手続の公正を担保するために，「裁判の対審及び判決」は公開法廷で行うとする憲法82条1項を受けたものである。そして，審理における当事者及び裁判所の訴訟行為は，口頭で行われるべきものとされている（口頭主義）。これは，裁判の公開との関係で，傍聴人にも審理の過程が明らかになるように，口頭での訴訟行為が要求されているのである。もっとも，現行法上では，口頭主義を原則としつつも，手続の確実・適正を期すために，例えば，当事者に対し，自己の主張を予め書面として準備することを要求するなど（民訴161条），各種の訴訟行為について書面化を要求している。

　裁判の審理とは，当事者双方が口頭弁論の場に，準備書面や書証などの方

式で主張と証拠を提出し，裁判所が，期日に提出のあった資料のみを調べることで，判断の基礎資料を蓄積していく作業である。そして，裁判所は，判断の基礎資料の収集が終了し，訴訟が裁判をするのに熟したときは，弁論を終結して判決をする（民訴243条1項）。判決とは，当事者の主張に対し，裁判所が事実の認定を行い，その認定した事実に基づいて，原告の請求の当否に対する判断を示したものである。

　以上は，訴訟手続の大まかな流れを示したものであるが，手続の各段階における概説と書式は，第6章以下を参照されたい。

〔笠井　勝一〕

第2節　送達関係など

(1) 送達の意義

　送達とは，当事者その他の訴訟関係人に対し，法定の方式に従い，訴訟上の書類を交付してその内容を了知させ，又は，交付を受ける機会を与え，かつ，こうした行為を公証する裁判所の訴訟行為をいう。すなわち，送達制度は，その要件・方式を法律で定めて，当事者その他の訴訟関係人に対し，送達書類の内容を確実に知らせるとともに，送達の事実を証する文書（送達報告書）を作成，保管し，送達の経路や送達書類を明確にして，その点についての後日の紛争を防ぎ，もって訴訟手続の安定的な進行をはかることを目的としている。

　送達は，原則として裁判所が職権で行う（民訴98条1項・職権送達主義）。つまり，送達を必要とする事由が生じた場合には，当事者からの申立てを待たずに裁判所の判断で書類の送達を実施することになる。これは，民事訴訟の審理の進行については，原則として裁判所が職権で手続を進めていくという職権進行主義が，送達という訴訟手続の一場面において具体化されたものであるといえよう。もっとも，送達を試みたところ，名宛人の不在等の理由により，送達が不奏功に終わった場合に，裁判所が他方当事者に対し，送達すべき場所の調査を指示することがあるが，これは，元々，当事者の責務に属することであり，職権進行主義に反するものではない。

　また，職権送達主義の原則の例外として，公示送達の場合は，その要件の証明が当事者の責任とされている関係で，当事者の申立てによって送達を実施することが原則となっている（民訴110条1項）。

(2) 受送達者と補充送達受領資格者

　送達は，通常，「送達を受けるべき者」（民訴101条など）に宛ててなされる。この送達の名宛人となる者のことを受送達者という。しかし，送達書類の受領権限を有するのは，受送達者だけではない。民事訴訟法は，訴訟手続の円滑な進行をはかるため，送達を受けるべき場所において受送達者に出会わない場合には，受送達者の使用人その他の従業員又は同居者をも送達受領権限

を有する者として認めて，送達書類の受領権者を拡張・補充している。この者は，「書類の交付を受けるべき者」（民訴106条3項）として規定され，実務上，補充送達受領資格者と呼ばれている。

(3) 送達場所と送達場所届出制度

裁判所が受送達者に対し，送達すべき書類を交付すべき場所を送達場所という。民事訴訟法は，受送達者の住所等又は就業場所を基本的な送達場所として定めている（民訴103条）。

ところで，訴訟手続において，訴訟の当事者その他の訴訟関係人の地位を取得すると，受訴裁判所に対し，送達を受けるべき場所を届け出る義務が生じる（民訴104条1項）。そして，届出がなされると，この届出があった場所がその者に対する送達場所となる（同条2項）。しかし，この届出義務の発生以降も送達場所の届出がなされない場合には，一度送達が奏功した場所をもって，以後の送達場所として固定されることになる（同条3項）。

これは，訴訟手続の円滑な進行をはかるため，当事者としての責務を定めた制度であり，当事者の負う信義則上の訴訟追行義務（民訴2条）が送達手続の中で具体化されたものといえよう。

(4) 送達の効果

法定の方式に従って送達がなされると，送達をした個々の書類に応じて，その送達目的に従って一定の訴訟上の効果が生じる。例えば，被告に訴状が送達されることで，被告に対する関係で訴訟が係属することになり，期日呼出状の送達により，これを受けた当事者等が弁論期日等に出頭しない場合に不利益又は制裁を受けることがあり（民訴159条1項・192条・193条など），判決の送達により，上訴期間が進行する（民訴285条・313条）。

また，法定の方式に従った送達は，送達の名宛人（受送達者）が現実にその内容を了知したかどうかに関わりなく，送達書類の内容を了知したという効力を生じさせる。したがって，その後，その書類を裁判所に返還しても，送達の効力には影響がない。

〔笠井　勝一〕

書式41　送達場所届出書

平成○○年(ハ)第○○○号　○○請求事件
原　告　甲　野　太　郎
被　告　乙　野　次　郎

　　　　　　　　　　　　送達場所届出書

　　　　　　　　　　　　　　　　　　　　　　平成○○年○○月○○日

○○簡易裁判所　御中

　　　　　　　　　　　　　　　　　　　被　告　　乙　野　次　郎　㊞

　上記当事者間の御庁頭書請求事件について，被告は下記のとおり，送達場所の届出をします。

　　　　　　　　　　　　　　記
　送達場所　　〒○○○－○○○○
　　　　　　　　○○県○○市○○町○丁目○番○号
　　　　　　　　○○株式会社○○支店
　送達場所と被告の関係　　勤務先

〔注〕
1．当事者等は，送達を受けるべき場所を届け出る必要があるので（民訴104条1項，民訴規41条1項），その際に使用する。
2．送達場所の届出は，できる限り，訴状，答弁書又は支払督促異議の申立書に記載して行う（民訴規41条2項）。本書式は，別途，書面を作成して届出をした場合の例である。
3．届出場所と当事者等との関係を明らかにする必要がある（民訴規41条3項）。

書式42　書留郵便等に付する上申書

```
平成○○年(ハ)第○○○号　○○請求事件
原　告　甲　野　太　郎
被　告　乙　野　次　郎

　　　　　　　　　書留郵便等に付する上申書

　　　　　　　　　　　　　　　　　　　　平成○○年○○月○○日

○○簡易裁判所　御中

　　　　　　　　　　　　　　　　　　原　告　　甲　野　太　郎　㊞

　　上記当事者間の御庁頭書請求事件について，調査の結果，被告の就業場所
　は判明しませんでしたが，訴状記載の住所での居住が確認できましたので，
　被告に対する訴訟書類の送達は，同住所に書留郵便等による方法で実施して
　ください。

　　　　　　　　　　　　　添付書類
　1　所在調査報告書　　　1通
　2　住民票写し　　　　　1通
```

〔注〕
1. 訴訟書類を書留郵便等に付して発送するには，名宛人の居住する住居所に対する送達が不奏功になったことの他に，名宛人の就業場所が判明しないか，あるいは，これが判明して送達を試みたが不奏功に終わった場合でなければならない（民訴107条1項1号）。この送達のことを，実務上「1号付郵便」と呼ぶことがある。
2. ここでいう住居所とは，名宛人が現実に居住する場所（民22条・23条）を指すのであり，住民登録をしている場所とは必ずしも一致しないことがある。したがって，書留郵便等に付する送達（1号付郵便）を実施する前提として，送達を行う場所に名宛人が実際に居住しているかどうかの調査は不可欠である。所在調査報告書の形式については，【書式43】「所在調査報告書」の項を参照のこと。
3. 訴訟書類を書留郵便等に付して発送した時に，当該書類の送達があったものとみなされる（民訴107条3項）。したがって，書留郵便等の配達時に名宛人又は同居人等が不在等のために受領せず，当該書留郵便物等が郵便局等に留置されて，その後，留置期間満了により，当該書留郵便物等が裁判所に返戻されたとしても（内国郵便約款89条），送達の効力は左右されない。
4. 名宛人に送達場所の届出義務が発生した後（民訴104条1項前段）において，名宛人に送達を行う必要が生じて送達を試みた結果，それが不奏功に終わった場合には，裁判所書記官は，住居所の居住確認等をしなくても，当然に，書留郵便等に付する送達を行うことができるので（民訴107条1項3号），本申請による職権発動の促しは，必ずしも必要ない。なお，この送達のことを，実務上「3号付郵便」と呼ぶことがある。

書式 43　所在調査報告書

平成〇〇年(ハ)第〇〇〇号　〇〇請求事件
原　告　甲野物産販売株式会社
被　告　乙野次郎

　　　　　　　　　　　所在調査報告書

　　　　　　　　　　　　　　　　　　　　平成〇〇年〇〇月〇〇日

〇〇簡易裁判所　御中

　　　　　　　　　原告訴訟代理人司法書士　　丙　野　三　郎　㊞

　被告に対する調査報告は，下記のとおりです（ただし，□欄はレ点を付したものに限る。）。

1　居住に関する調査
　　被告の住居所　　〇〇県〇〇市〇〇区〇〇町〇丁目〇番〇－〇〇〇号
　について
　①　☑　居住している　　□　居住していない
　②　調査日時　平成〇〇年〇〇月〇〇日午前・㊦〇〇時〇〇分頃
　③　実地調査者　□　原告本人　　☑　原告代理人（氏名　丙野三郎　）
　　　　　　　　　□　社　員（氏名　　　　　　　　　　　）
　　　　　　　　　□　その他（氏名　　　　　　　・原告との関係　　　　）
　④　表札　　　☑　ある（表札の氏名　乙野次郎　）　□　ない
　⑤　郵便受け　☑　ある　　□　ない
　　　　　　　　☑　郵便物・新聞の状況は　　溜まっていない。
　⑥　電気メーター　☑　動いている　　□　動いていない
　　　　　　　　　　□　電力会社の連絡票が付いている（　・　・　付け）
　⑦　近隣における調査
　　　調査した相手（被告本人，被告の妻〇〇さん，管理人〇〇さん，〇〇〇号室の〇〇さん等）と，方法，その内容（居住状況，勤務状況等を具体的に記載）
　　　被告方を訪問した際，被告宅は不在であったので，隣室（〇〇〇号室）の〇〇さん方とその隣（〇〇〇号室）の〇〇さん方を訪問し，被告の居住関係と勤務先の状況を聴取したところ，〇〇さんから『平日の帰宅は深夜のようであり，顔をあわせることはほとんどない。休日の午前中に，たまに見かけることはあるが，会釈程度で会話を交わすこともな

いので，何をしているのかはわからない。』との供述を得ている。
　　⑧　その他参考事項
　　　　_____
　　　　_____
　2　住民票上の住所に関する調査
　　　☑　添付の最新住民票写しのとおり
　　　□　次の住所地に居住している。（住所）_____
　　　　　_____
　　　□　住民票を入手できない
　　　　（理由　　　　　　　　　　　　　　　　　　　　　　　）
　3　勤務先に関する調査
　　　□　勤務先あり（名称　　　　　　　　　　　　　　　　　）
　　　　　　　　　　　（所在地　　　　　　　　　　　　　　　）
　　　□　なし　　□　自営（場所　　　　　　　　　　　　　　）
　　　　　　　　　□　無職　□　その他（　　　　　　　　　　）
　　　☑　契約書記載の勤務先には勤務せず
　　　　　調査日時　平成〇〇年〇〇月〇〇日⦅午前⦆・午後〇〇時〇〇分頃
　　　　　調査方法　□　電話（発信者　　　　・応答者　　　　　）
　　　　　　　　　　☑　その他（現地を訪問し，総務課の丁野四郎から聴取）
　　　　　理　由　　☑　退職（平成〇〇年〇〇月〇〇日）
　　　　　　　　　　□　その他（　　　　　　　　　　　　　　　）
　　　☑　不　明　□　前記1の調査によるも判明しない
　　　　　　　　　☑　契約書記載の勤務先に尋ねても現勤務先は不明
　　　　　　　　　□　その他（　　　　　　　　　　　　　　　）
　4　その他の参考事項

〔注〕
　1．書留郵便等に付する送達（【書式42】），公示送達の申立書（【書式46】）をする場合には，被告の居住関係や就業場所の調査が不可欠である。本書式は，このような場合に使用する。なお，事案によっては，再送達上申書（【書式44】）にも添付したほうがよい場合もある。
　2．実務上，ほとんどの場合，被告の居住関係を明らかにする公的資料として，住民票写し（又は戸籍の附票写し）の添付を裁判所から求められる。もっとも，個人情報保護の観点から，本人等以外の者が住民票写し，戸籍の附票写し等の交付請求を市町村役場に対して行う場合には，法令上，一定の要件が必要である（住民基本台帳法12条の3・20条）。したがって，住民票写し等の交付請求の際には，受訴裁判所から予め交付を受けておいた訴状受理証明書（ないしは自らの訴状控え）その他当該被告を相手として訴えを提起していることが明らかになる資料を市町村役場の窓口担当者に示すために準備しておいたほうが望ましい。
　3．本書式は，最高裁判所事務総局編『簡易裁判所の民事訴訟手続を利用しやすくするための方策案』（民事裁判資料第195号）268頁を参考にした。

書式44　再送達上申書

平成○○年(ハ)第○○○号　○○請求事件
原告　甲野太郎
被告　乙野次郎

　　　　　　　　　　　　再送達上申書

　　　　　　　　　　　　　　　　　　　　　平成○○年○○月○○日

○○簡易裁判所　御中

　　　　　　　　　　　　　　　　　　原　告　　甲野太郎　㊞

　上記当事者間の御庁頭書請求事件について，被告に対する訴状等の送達が転居先不明により送達不能となりましたが，調査の結果下記の場所に居住していることが判明しましたので，同所に宛てて再送達してください。

　　　　　　　　　　　　　記

〒○○○－○○○○
　　○○県○○市○○町○丁目○番○号　○○アパート○○号室

　　　　　　　　　　　添付書類
　　1　住民票写し　　　　1通
　　2　所在調査報告書　　1通

〔注〕
1．被告が訴状記載の住所に居住していないため送達が不能になった場合において，新住所が判明した際に使用する。
2．就業場所が判明した場合には，同所に宛てて送達することもできる（民訴103条2項）。
3．事案によっては，所在調査報告書を添付したほうがよい場合もある。その形式については，【書式43】「所在調査報告書」の項を参照のこと。

書式 45　執行官送達の申請書

平成○○年(ハ)第○○○号　○○請求事件
原　告　甲　野　太　郎
被　告　乙　野　次　郎

執行官送達の申請書

平成○○年○○月○○日

○○簡易裁判所　御中

　　　　　　　　　　原告訴訟代理人司法書士　　丙　野　三　郎　㊞

　上記当事者間の御庁頭書請求事件について，被告に対する下記書類の送達は，郵便による方法では奏功しないので，○○地方裁判所執行官による下記場所への送達をされるよう申請します。

記

1　送達すべき書類
　　訴状，証拠説明書，甲第1号証～第3号証，
　　口頭弁論期日呼出状（平成○○年○○月○○日午前○○時○○分）
2　送達すべき場所
　　○○県○○市○○町○丁目○番○号　スナック「出会い」（就業場所）

添付書類

1　所在調査報告書　　1通
2　住民票写し　　　　1通

〔注〕
1. 被告に対する訴訟書類の送達方法の選択は，本来，裁判所書記官の専権に属するものであり（民訴98条2項），裁判所書記官は，通常，特別送達郵便により住居所宛てに送達を試みて，それが奏功しない場合には，就業場所に宛てて送達を試みる。そして，それらの送達が不奏功に終わった場合には，住居所宛てに書留郵便等に付する送達を行うのが一般的である（民訴103条・107条1項1号）。したがって，訴え提起前の証拠保全手続（民訴234条・235条2項）などをしない限り，民事訴訟手続において，執行官送達の方法を用いることは，実務上ほとんどないといってよい（裁62条3項，民訴99条1項）。
2. 原告が，元々被告の就業場所は知っているが住居所は知らないような場合には（例えば，原告と被告が同じ場所で就業していて，そこで起きたトラブルを解決するために裁判を起こしたような場合），原告としては，被告の住居所不詳のまま就業場所のみを送達すべき場所として明記し訴えを起こすこともありうるであろう（この場合，当事者の特定という問題が別にあることに注意）。ただ，被告の就業場所における特別送達が何らかの事由により不奏功に終わったときは，就業場所に宛てて書留郵便等に付する送達を行うことが民事訴訟法上認められていない以上（民訴107条1項1号参照），このような事案の場合，次の送達方法として，公示送達による方法の是非を検討することになる（民訴110条）。しかし，住居所不詳のままでの訴え提起は，送達場所の問題だけでなく，そもそも被告の特定という観点からも問題があるので，被告が所在不明になっているとはいえない状況で公示送達の方法を用いて訴訟手続を進めること自体，実務としては消極的にならざるをえず，そのままでは訴訟手続自体が停滞しかねない。したがって，このような場合には，公示送達の方法をとる前に，執行官送達の方法を用いて，被告本人への接触の可能性を試してみる実益がある。
3. 執行官送達を行うには，別途，執行官に支払うべき手数料及び執行官が送達をするのに要する費用を，訴えを起こした裁判所に予納する必要がある（執行官法7条・8条1項1号・10条1項11号，執行官の手数料及び費用に関する規則3条1項・2項・36条1項）。
4. この申請は，あくまでも裁判所書記官の職権発動を促すにとどまるものである（民訴98条2項）。事件を担当する簡易裁判所の裁判所書記官が執行官送達の必要ありと判断した場合，送達を試みる場所が，当該事件の係属する簡易裁判所の管轄区域を管轄する地方裁判所の管轄区域以外の場所であるときは，事件を担当する裁判所書記官は，送達すべき場所を管轄区域とする地方裁判所所属の裁判所書記官に対して送達事務の嘱託をし，その嘱託を受けた地方裁判所の裁判所書記官が当該地方裁判所所属の執行官に対して送達依頼をし，その送達依頼を受けた執行官が送達すべき場所に赴くことになる（民訴規39条，執行官法4条）。

書式 46　公示送達の申立書

平成○○年(ハ)第○○○号　○○請求事件
原　告　甲　野　太　郎
被　告　乙　野　次　郎

　　　　　　　　　　公示送達の申立書

　　　　　　　　　　　　　　　　　　　平成○○年○○月○○日

○○簡易裁判所　御中

　　　　　　　　　　　　　　　　原　告　　甲　野　太　郎　㊞

　上記当事者間の御庁頭書請求事件について，被告の住所，居所，就業場所，その他送達するべき場所が知れず，通常の手続では訴状等の送達ができないので，公示送達をするよう申し立てます。

　　　　　　　　　　　添付書類
　　1　住民票写し　　　　1通
　　2　所在調査報告書　　1通

〔注〕
1．この書式例は，被告の住所，居所その他送達すべき場所が知れない場合に使用する（民訴110条1項）。
2．第1回目の公示送達は，裁判所の掲示場に掲示を始めた日から2週間を経過することによって，その効力を生ずるが（期間計算については，民法140条本文により初日不算入），同一当事者に対する第2回目以降の公示送達は，掲示を始めた日の翌日にその効力を生ずる（民訴112条1項）。
3．公示送達された書類に，相手方に対する当該訴訟の目的である請求又は防御の方法に関する意思表示が記載されているときは，別途，民法98条の手続を経なくても，その公示送達の効力をもって，当該意思表示が相手方に到達したものとみなされる（民訴113条）。この規定の活用例としては，賃料不払いで，かつ，家財を置いたまま所在不明になっている借家人を相手に，賃料不払いを理由とする賃貸借契約解除に基づく家屋明渡し等の訴えを提起する場合に，予めその訴状に当該契約を解除する旨の意思表示を記載しておく場合などがあげられよう。
4．申立手数料は不要である。
5．所在調査報告書の形式については，【書式43】「所在調査報告書」の項を参照のこと。

書式 47　送達証明の申請書

平成〇〇年(ハ)第〇〇〇号　〇〇請求事件
原　告　甲　野　太　郎
被　告　乙　野　次　郎

収　入
印　紙

　　　　　　　　　　　送達証明申請書

　　　　　　　　　　　　　　　　　　　　平成〇〇年〇〇月〇〇日

〇〇簡易裁判所　御中

　　　　　　　　　　　　　　　　原　告　　甲　野　太　郎　㊞

　上記当事者間の御庁頭書請求事件について，下記書類（□にレ点をしたもの）が被告に対し，平成〇〇年〇〇月〇〇日に送達されたことを証明してください。

　　　　　　　　　　　　　記
　　□　判決正本（平成〇〇年〇〇月〇〇日言渡し）
　　☑　第〇回口頭弁論調書（判決）正本（平成〇〇年〇〇月〇〇日言渡し）
　　□　第〇回口頭弁論調書（和解）正本（平成〇〇年〇〇月〇〇日成立）
　　□　和解調書正本（平成〇〇年〇〇月〇〇日成立）
　　□　和解に代わる決定正本

〔注〕
1. 債務名義の名宛人に対する強制執行手続は，予め又は同時に，債務名義がその名宛人に送達されていなければ開始することができない（民執29条第1文）。したがって，強制執行手続の申立てをしようとする場合，執行裁判所に提出するための添付資料として，予めこの送達証明申請をして証明書を得ておく必要がある。
2. 申請権者は，当事者及び利害関係を疎明した第三者である（民訴91条3項）。
3. 申請先は，証明の対象となる事件記録を保管する裁判所の裁判所書記官である。したがって，上級審裁判所の裁判所書記官が記録を保管中のときは，その裁判所の裁判所書記官に対して請求する。
4. 証明事項1件につき，手数料として150円分の収入印紙が必要である（民訴費7条別表第二の3項・8条）。
5. 申請者は，申請書の正本（収入印紙を貼付），副本の2通を提出し，裁判所でその副本に証明文言を付して返還する方法で証明書を発行するのが実務のやり方である。

書式 48　確定証明の申請書

```
平成○○年(ハ)第○○○号　○○請求事件
原　告　甲　野　太　郎
被　告　乙　野　次　郎
被　告　丙　野　三　郎


┌─────┐
│ 収　入 │
│ 印　紙 │　　　　　　　確定証明申請書
└─────┘

　　　　　　　　　　　　　　　　　　　　　　　平成○○年○○月○○日

○○簡易裁判所　御中

　　　　　　　　　　　　　　　　　　　原　告　甲　野　太　郎　㊞

　上記当事者間の御庁頭書請求事件は，被告乙野次郎との関係で平成○○年
○○月○○日に確定したことを証明してください。
```

〔注〕
1．事件が確定したことの証明を求めるときに使用する。本書式例は，通常共同訴訟事件において，うち被告1名の事件確定の証明を求める場合の例である。通常共同訴訟の場合には，各被告ごとに事件が確定するので，どの被告との事件の確定証明を求めるのかを明らかにする必要がある。他方，必要的共同訴訟事件の場合には，一部の被告との関係だけが確定するということはないので，被告1名の事件の場合と同様に，「～請求事件は，平成○○年○○月○○日に確定したことを証明してください。」という文言で足りる。
2．申請権者は，当事者及び利害関係を疎明した第三者である（民訴91条3項）。
3．申請先は，証明の対象となる事件記録を保管する裁判所の裁判所書記官である。したがって，例えば，通常共同訴訟事件において，一部の被告との関係では事件が確定していても他の被告が控訴しているようなときには，通常，事件記録を上級審裁判所にすべて送付しているから，事件が確定している被告との関係での確定証明申請は，事件記録を保管中の上級審裁判所の裁判所書記官に対して行うことになる。
　　なお，この場合の請求手続は，簡易裁判所における手続とはいえないから，司法書士が代理業務を行うことはできない（小林昭彦＝河合芳光『注釈司法書士法』〔第3版〕56頁）。
4．証明事項1件につき，手数料として150円分の収入印紙が必要である（民訴費7条別表第二の3項・8条）。
5．申請者は，申請書の正本（収入印紙を貼付），副本の2通を提出し，裁判所でその副本に証明文言を付して返還する方法で証明書を発行するのが実務のやり方である。

書式49　債務名義の送達申請書

平成○○年(ハ)第○○○号　○○請求事件
原　告　甲　野　太　郎
被　告　乙　野　次　郎

　　　　　　　　　　送　達　申　請　書

　　　　　　　　　　　　　　　　　　　　平成○○年○○月○○日

○○簡易裁判所　御中

　　　　　　　　　　　　　　　　原　告　　甲　野　太　郎　㊞

　上記当事者間の御庁頭書請求事件について，平成○○年○○月○○日成立した下記調書の正本（□欄にレ点をしたもの）を当事者双方に送達してください。

　　　　　　　　　　　　　　記

　☑　第○回口頭弁論調書（和解）
　□　和解調書
　□

〔注〕
1．和解調書正本等のように，裁判所が職権で送達をする書類以外の書類についての送達申請をする際に使用する。なお，職権送達の原則（民訴255条）が該当しない書類の送達について，この原則が類推適用されるかは争いがあるが，実務上は消極的であることから，送達のための申請を要するものとされている（大15・2・24法曹会決議）。
2．この申請は，当事者（利害関係人を含む）に限り，各当事者に対する各1通についてのみ許される（昭25・5・9民甲第99号回答）。申請手数料は不要である。
3．和解が成立した際に，裁判所書記官に対し，口頭により送達申請をすることもできる（民訴規1条1項）。

書式 50　訴えの取下書

```
平成○○年(ハ)第○○○号　○○請求事件
原　告　甲　野　太　郎
被　告　乙　野　次　郎


                訴えの取下書


                              平成○○年○○月○○日

○○簡易裁判所　御中

                        原　告　　甲　野　太　郎　㊞

　上記当事者間の御庁頭書請求事件について，原告は，訴えの全部を取下げします。
```

〔注〕
1．判決が確定するまでは，原告は，いつでも訴えの取下げをすることができる。取下げをする場合には，取下げをする範囲（訴訟物の全部か一部か）を明確にしなければならない（民訴261条1項）。
2．被告が本案につき弁論をし，又は答弁書等を提出した後は，被告の同意がなければ取下げの効力は生じない（民訴261条2項本文）。ただし，この場合において，被告が取下げの書面の送達を受けた日から2週間以内に異議を述べないときは，訴えの取下げに同意したものとみなされて訴訟は終了する（民訴261条5項）。
3．口頭弁論等の期日（弁論準備手続，和解の期日を含む）において，口頭で取下げの陳述をする場合を除き，本書面を被告の分も用意する必要がある（民訴261条3項）。
4．訴えの取下げがあった部分については，訴訟は，初めから係属していなかったものとみなされる（民訴262条1項）。ただ，本案についての終局判決言渡し後に訴え取下げをした場合には，改めて同一の訴えを提起することはできない（民訴262条2項）。

第3節　口頭弁論関係

〔1〕　概　　説

　判決は口頭弁論に基づかなければならない（必要的口頭弁論の原則（民訴87条1項本文））。口頭弁論は，訴訟手続において，当事者の言い分を十分に聞き，証拠調べに基づいて，裁判所が心証形成をして最終的な判断をするまでの審理の場である。

　口頭弁論は，公開法廷で（公開主義（憲82条，民訴規66条1項6号）），当事者が対席して直接口頭で主張や攻撃防御の方法を提出する（双方審尋主義，口頭主義，直接主義（民訴249条1項））審理方式である。口頭弁論を含む訴訟手続の進行は裁判所に主導権が認められる（職権進行主義）。したがって，訴訟進行は裁判所の職権事項であるから，原則として当事者に申立権はなく，裁判所に応答義務もない。

〔2〕　期日の指定

　期日とは，裁判所，当事者その他の訴訟関係人が会合して，訴訟行為をなすものと定められた時間をいう。

　期日の指定は，裁判所が職権で行う。職権進行主義の建前から，原則として裁判所の専権事項である。当事者には期日指定の申立権はなく，その申立ては裁判所の職権発動を促すにすぎない。ただし，民事訴訟法263条前段による，いわゆる「休止満了」の場合の期日指定の申立てについては裁判所に応答義務が生じる。

　期日の変更とは，期日の開始前にその期日の指定を取り消し，他の新期日を指定することである。期日変更の申立ては，期日の変更を必要とする事由を明らかにしてしなければならない（民訴規36条）。期日の変更は無制限に許されるものではなく，一定の事由が必要である。期日全般については，①当

事者の一方に訴訟代理人が複数ある場合において，その一部の代理人に変更の事由が生じたこと，又は②期日指定後にその期日と同じ日時が他の事件の期日に指定されたことを理由とするときは，やむを得ない事由があるときを除き，変更を許すことができない（民訴規37条）。口頭弁論及び弁論準備手続の期日の変更は，顕著な事由がある場合に限り変更が許される（民訴93条3項本文）。ただし，最初の期日の変更は当事者の合意がある場合にも変更が許される（民訴93条3項但書）。弁論準備手続を経た口頭弁論の期日の変更は，やむを得ない事由がある場合でなければ許されない（民訴93条4項）。「顕著な事由」（民訴93条3項本文）は，「やむを得ない事由」（民訴93条4項）より広く，当事者又は訴訟代理人の病気，親類縁者の不幸などがこれにあたる。期日変更の許否の裁判に対しては，不服申立てはできない（大判昭5・8・9民集9巻777頁）。

　弁論の再開とは，訴訟が裁判をするのに熟したために終結した弁論を，再度審理をしなければならない事由が生じた場合に，裁判所が決定により口頭弁論を再開することである（民訴153条）。弁論の再開は裁判所の専権事項で，当事者に申立権が認められているものではない（最判昭23・11・25民集2巻12号422頁）。

〔眞下　裕香〕

書式 51　口頭弁論期日指定申立書

平成○○年(ハ)第○○○号　○○○○請求事件
原　告　甲　野　太　郎
被　告　乙　野　次　郎

口頭弁論期日指定申立書

平成○○年○○月○○日

○○簡易裁判所民事係　御中

原告訴訟代理人弁護士　　丙　野　三　郎　㊞

　上記当事者間の頭書事件について，平成○○年○○月○○日午前○○時○○分の第○回口頭弁論期日に当事者双方が欠席したため休止となっているので，新たに口頭弁論期日を指定してください。

〔注〕
1．口頭弁論（判決言渡期日を除く）若しくは弁論準備手続の期日に，当事者双方が欠席し又は陳述（又は申述）をしないで退廷若しくは退席したため，新たな期日が指定されなかったとき（いわゆる「休止」）に，期日から1ヵ月以内に，上記申立てをすれば取下げ擬制の効果は生じない（民訴263条前段）。ただし，当事者双方が，連続して2回，口頭弁論（判決言渡期日を除く）若しくは弁論準備手続の期日に欠席し又は陳述（又は申述）しないで退廷若しくは退席した場合にも取下げがあったものとみなされる（民訴263条後段）。
2．申立手数料は不要である。
3．休止となったことについての理由を明示する必要はない。
4．この1ヵ月の期間は，当該期日の翌日から起算する（民訴95条1項，民140条）。

書式 52　口頭弁論期日変更申立書

```
平成〇〇年(ハ)第〇〇〇号　〇〇〇〇請求事件
原　告　甲　野　太　郎
被　告　乙　野　次　郎



                口頭弁論期日変更申立書


                              平成〇〇年〇〇月〇〇日

〇〇簡易裁判所民事係　御中

                           原　告　甲　野　太　郎　㊞

　上記当事者間の頭書事件について，口頭弁論期日を平成〇〇年〇〇月〇〇日午前〇〇時〇〇分と指定されましたが，下記理由により上記期日に出頭できませんので，口頭弁論期日を変更してください。
                  記
　（理由）……………………………………………………
　　　　　………………………………………………。
                添付書類
　診断書
```

〔注〕
1．指定された期日につき，期日を変更する必要が生じた場合に使用する。事件の進行段階によって期日変更が許される要件が異なるので注意する（民訴93条3項・4項，民訴規37条）。
2．申立手数料は不要である。
3．変更の理由を具体的に明示し（民訴規36条），疎明資料を添付する。

書式53 口頭弁論再開の申立書

```
平成○○年(ハ)第○○○号　○○○○請求事件
原　告　甲　野　太　郎
被　告　乙　野　次　郎


              口頭弁論再開の申立書


                            平成○○年○○月○○日

○○簡易裁判所民事係　御中


              原告訴訟代理人弁護士　　丙　野　三　郎　㊞

　上記当事者間の頭書事件について，平成○○年○○月○○日に口頭弁論が終結されましたが，下記理由により弁論を再開されたく上申いたします。


                  記

（理由）……………………………………………
　　　　……………………………………。
```

〔注〕
1. 弁論終結後に，当事者が裁判所に対し，弁論再開（民訴153条）を求める場合に使用する。なお，弁論再開をするか否かは裁判所の専権事項であり，当事者の申出は単に裁判所に職権の発動を促すだけのものである。
2. 上記（理由）には，具体的な理由を明示する。
3. 申立手数料は不要である。

書式 54　訴訟手続中止の申立書

平成○○年(ハ)第○○○号　○○○○請求事件
原　告　甲　野　太　郎
被　告　乙　野　次　郎

　　　　　　　　　　　訴訟手続中止の申立書

　　　　　　　　　　　　　　　　　　　　平成○○年○○月○○日

○○簡易裁判所民事係　御中

　　　　　　　　　　　被告訴訟代理人弁護士　　丙　野　三　郎　㊞

　上記当事者間の頭書事件について，被告は御庁に対して，別添のとおり民事一般調停の申立てをしましたので（御庁平成○○年(ノ)第○○○○○号），その調停手続終了に至るまで，本件訴訟手続を中止されたく申し立てます。

　　　　　　　　　　　　　　添付書類
　受理証明書　　1通

〔注〕
1．訴訟係属中にその手続が法律上進行しない状態にあることを停止というが，停止には中断と中止がある。本書式例は中止の例である。中止にも，裁判所の職務執行不能による中止（民訴130条），当事者の故障による中止（民訴131条）及び裁判所の裁量による中止とがある。後者2つについては，当然に中止とはならず，裁判所の中止命令が必要である。裁判所の裁量による中止とは，他の民事紛争処理手続を優先させるためになされる場合である。本書式例のように，調停の申立てがあったとき（民調規5条）もその例である。ただし，中止するか否かは裁判所の裁量による。
2．申立手数料は不要である。

〔3〕 口頭弁論調書

　裁判所書記官は、口頭弁論について、期日ごとに調書を作成しなければならない（民訴160条1項）。これを1期日1調書の原則という。口頭弁論調書は、当該口頭弁論期日の実施に関する事項及びそこで行われた訴訟行為等が記載されたものである。その作成機関を裁判官から独立した機関である裁判所書記官に委ねることにより、手続の公正さを確保することができる。また、後日の争いを防止し、手続の安定にも役立つ。さらに、異なる裁判所による事件の調査や判断を容易にする。

　調書には、民事訴訟規則66条1項各号所定の形式的記載事項を記載しなければならない。さらに、その調書には裁判所書記官が記名押印し、裁判長又はこれに代わる裁判官が認印しなければならない（民訴規66条2項・3項）。

　また、調書には、実質的記載事項として、弁論の要領を記載し、特に、民事訴訟規則67条1項各号所定の事項を明確にしなければならない。

　なお、裁判官の許可があったときは、証人等の陳述を録音テープ等に記録し、これをもって調書の記載に代えることができる（民訴規68条1項）。その場合において、訴訟が完結するまでに当事者の申出があったときには、証人等の陳述を記載した書面を作成しなければならない（民訴規68条2項）。また、書面等の引用添付や速記録を引用する場合については、民事訴訟規則69条以下に規定がある。

　口頭弁論の方式に関する規定の遵守は、調書によってのみ証明することができ（民訴160条3項）、原則として他の方法による証明を許さない。したがって、調書上に記載があるときは、その事項については存在したものとして扱われ、逆に記載のない事項については、その期日に存在しなかったものとして扱われ、いずれも反対の証明を挙げて存否を争う余地はない。ただし、例外として、調書が滅失した場合はこの限りではない（民訴160条3項但書）。

　しかし、当事者は、裁判所書記官の作成する調書の記載に対し異議を申し立てることができる（民訴160条2項）。これにより、調書の正確性が担保される。調書の記載に対する異議は、当事者だけでなく、その他の関係人（証人

や鑑定人などは自己の陳述に関して）も申述することができる。また，和解に参加した利害関係人も異議を述べることができる。

〔眞下　裕香〕

書式55　調書の記載に対する異議申立書

平成○○年(ハ)第○○○号　○○○○請求事件
原　告　甲　野　太　郎
被　告　乙　野　次　郎

　　　　　　　　調書の記載に対する異議申立書

　　　　　　　　　　　　　　　　　　　　平成○○年○○月○○日

○○簡易裁判所民事係　御中

　　　　　　　原告訴訟代理人弁護士　　丙　野　三　郎　㊞

　　上記当事者間の頭書事件について，平成○○年○○月○○日の第○回口頭弁論期日の調書に，原告代理人の陳述として，○○○○と記載してありますが，弁論の内容は△△△△であるので，前記調書を更正されたく申し立てます。

〔注〕
1. 当事者その他の関係人は，調書の記載につき異議を述べることができる（民訴160条2項）。この異議申立ては，調書完成後，その後の最初の期日までに述べる必要がある（東京地判昭31・3・31下民集7巻3号834頁）。
2. 申立手数料は不要である。
3. 和解調書や請求の放棄又は認諾調書など確定判決と同一の効力を有する調書（民訴267条）については，判決に準じて，更正決定の申立て（民訴257条1項）を行う。

書式 56　口頭弁論調書（記録）閲覧・謄写申請書

（庁　名）

原符番号	第　　　　号	担当部係	部　　　　係
民事事件記録等閲覧・謄写票		申請区分	閲覧・謄写・複製
申請年月日	平成　　年　　月　　日	申請人	資格	当事者・代理人・利害関係人　その他（　　　）
事件番号	平成　　年（　　）　第　　　　号		住所又は弁護士会	
当事者氏名	原告等			氏名	㊞
	被告等				
閲覧等の目的	訴訟準備等・その他（　　　　　　　　）	閲覧謄写人氏名		
所要見込時間	時間　　分	提出書類	委任状・その他（　　　　　　　）	
次回期日	月　　日			

閲　覧　等　の　部　分	許否及び特別指定条件	許可権者印
	許・否	

印紙		交付年月	・　　　　・
		閲覧人・謄写人記録等受領印	
		記録係記録等返還確認印	
		複製申請人複製物受領印	
備考			

注意　1　申請人は，太枠内に所要事項を記入し，「印紙」欄に所定額の印紙をちょう用（消印しない。）の上，原符から切り取らないで，この票を係員に提出してください。
　　　2　「申請区分」欄，「申請人」欄の「資格」欄，「閲覧等の目的」欄及び「提出書類」欄は，該当文字を○で囲み，その他に該当する場合には，（　）内に具体的に記入してください。
　　　3　「閲覧・謄写人氏名」欄は，申請人以外の者に閲覧・謄写をさせる場合に記入してください。
　　　4　事件記録中の録音テープ等の複製を申請する場合には，複製用の録音テープ等をこの票とともに係員に提出してください。

〔注〕
1. 民事訴訟法上の事件に関する記録その他の書類は，原則として，何人も閲覧を請求することができる（民訴91条１項）。ただし，公開を禁止した口頭弁論の調書，弁論で陳述された準備書面等は，当事者及び利害関係を疎明した第三者に限り，閲覧を請求することができる（民訴91条２項）。
2. 当事者及び利害関係を疎明した第三者は，閲覧のほか，訴訟記録の謄写等の請求をすることができる（民訴91条３項）。
3. 秘密保護のための閲覧等の制限の申立てが認められたときは，秘密記載部分の閲覧及び謄写等を請求できる者は，当事者に限定される（民訴92条）。また，裁判所の執務に支障があるときに制限されることもある（民訴91条５項）。
4. 事件係属中に当事者が申請する場合を除いて，１件につき150円の手数料が必要である（民訴費７条別表第二の１項）。手数料は収入印紙で，裁判所に備え付けの申請書に貼付する（民訴費８条）。
5. 当事者以外の者が申請する場合には，それぞれの資格を証する資料を提出する。なお，当事者であっても，本人確認のために運転免許証などの身分証の提示を求められることがある。
6. 事件記録となっている録音テープ等の複製を申請する場合には，複製用の録音テープ等も必要である。

書式 57　簡易裁判所の証拠調べ等における録音テープ等の複製の申出書

録音テープ等の複製の申出書

　　　　　　　　　　　　　　　原　告　甲野商事株式会社
　　　　　　　　　　　　　　　被　告　乙　野　次　郎

　上記当事者間の御庁平成〇〇年(ハ)第〇〇〇号〇〇請求事件について，平成〇〇年〇〇月〇〇日に実施された☑口頭弁論　□　　　期日において，☑下記の者の陳述　□検証の結果が録音テープ等に記録されましたが，それの別添☑録音テープ　□ビデオテープ　□その他（　　　　）に対する複製を申し出ます。

　　　　　　　　　　　　　　記
　□原告本人　　□被告本人　　☑証人丙野三郎　　□鑑定人

　　平成〇〇年〇〇月〇〇日
　　　　　□原告　☑被告　□利害関係人　□その他（　　　）
　　　　　　　　　　　　　　　氏　名　乙　野　次　郎　㊞

〇〇簡易裁判所裁判所書記官　殿

受　領　書

　上記複製した☑録音テープ　□ビデオテープ　□その他（　　　　）を受領しました。

　　平成〇〇年〇〇月〇〇日
　　　　　□原告　☑被告　□利害関係人　□その他（　　　）
　　　　　　　　　　　　　　　氏　名　乙　野　次　郎　㊞

〇〇簡易裁判所裁判所書記官　殿

〔注〕
1．簡易裁判所における証拠調べの場合，裁判官の許可のもと，証人尋問等の調書の記載を省略することができる。この場合において，裁判官の命令又は当事者の申出があるときは，その証人の供述等を録音テープ等に記録することになる。当事者等は，別途，その録音テープ等の複製の交付を申し出ることができる（民訴規170条2項）。
2．この録音テープ等は，「調書の記載に代わる録音テープ」（民訴規68条）とは違い，事件記録の一部ではない。したがって，当該録音等に係る事件が移送，上訴により他の裁判所に係属することになっても，原則として，この録音テープ等は上訴裁判所等には送付されないので，申出は，当該証拠調べをした簡易裁判所の裁判所書記官宛てに行う（ちなみに，「調書の記載に代わる録音テープ」の複製の交付申請は，【書式56】の申請書を用いて，事件記録の存する裁判所の裁判所書記官宛てに行う）。
3．この申出をすることができるのは，民事訴訟法91条の趣旨に準じて，当事者及び利害関係を疎明した第三者に限られる。
4．申出の手数料は不要であるが，複製のための録音テープ等を必要本数用意し，この申出書とともに提出しなければならない。
5．録音テープ等の保管期間は，原則として，当該録音等に係る事件の移送決定確定又は事件の判決後1年間であるが，当該事件が取下げ，和解又は請求の放棄若しくは認諾により終了したときは，終了の日から2週間である。なお，簡易裁判所での判決後1年を経過する前でも，上訴審において判決が確定し，又は上訴事件が取下げ，和解若しくは請求の放棄若しくは認諾により終了したときは，その確定又は終了の日から2週間が保管期間の終期である。
6．平成9年12月8日付け民事局第一課長，総務局第三課長事務連絡「民事訴訟規則第68条第1項及び第170条第2項の録音テープ等への記録の手続等について」の書式を参照した。

第4節　訴訟費用関係

〔1〕　概　　説

　訴訟費用とは，広義には，当事者が経済的に支払った訴訟に関する諸費用（弁護士費用も含む）をいうが，狭義には，当事者が訴訟手続中に必要であった費用のうち，民事訴訟費用等に関する法律（以下「民訴費用法」という）2条所定のものを「狭義の訴訟費用」といい，以下「狭義の訴訟費用」を「訴訟費用」という。

　民訴費用法2条は，訴訟費用の範囲と額を定めているが，そこに定められている以外のものは費用にせず，額も実費でなく定額とすることを意味する（費用法定主義）。

　訴訟費用（狭義の訴訟費用）は，訴訟終了後，償還対象になる費用である。訴訟費用には，裁判費用（裁判所に納入すべき義務のある費用）と裁判外費用（償還対象となるが当事者が裁判所以外の者に支払う費用）がある。裁判費用には，手数料と手数料以外の費用（立替金）とがある。

　訴訟手続の利用にあたっては，まず手数料の納付が必要となる（民訴費3条）。この例外が，訴訟上の救助である。最終的に，訴訟費用の負担者と負担割合が定まるので（民訴61条以下），訴訟費用の償還を具体化するには，訴訟費用額の確定手続が必要となる（民訴71条～74条）。

〔2〕　訴訟上の救助

　訴訟上の救助とは，訴訟の準備及び追行に必要な費用を支払う資力がない者又はその支払により生活に著しい支障を生じる者に対し，勝訴の見込みがないとはいえない場合に，裁判費用，執行官の手数料及び立替金並びに裁判所が付き添いを命じた弁護士の報酬及び立替金の支払を猶予し，さらに訴訟費用の担保義務を免除する制度である（民訴82条・83条）。「何人も，裁判所に

おいて裁判を受ける権利を奪はれない。」と憲法32条は規定しているが，実際には訴訟には費用がかかり，経済的弱者が訴訟制度を利用することが容易にできず，裁判を受ける権利が損なわれてしまう。そこで，その救済手段として訴訟上の救助の制度が設けられている。

救助の要件は，①救助の申立人に訴訟の準備及び追行に必要な費用を支払う資力がないこと，又はその支払により自己及び家族の生活に著しい支障を生じること，②勝訴の見込みがないとはいえないことである。申立人においてこれらを疎明しなければならない。

申立ては，書面又は口頭ですることができ（民訴規1条），申立手数料は不要である。申立ての理由があると認められるときには，申立てを受けた受訴裁判所は救助付与の決定をするが，場合によっては，裁判費用の一部（訴え提起手数料，証人，鑑定人等に支給する旅費日当等や鑑定料）などに限定して救助を付与することもある。

救助付与の決定に対して，相手方は即時抗告をすることができると解される（大決昭11・12・15民集15巻24号2207頁，東京高決昭63・3・25判時1272号97頁）。また，救助申立却下決定に対しては，申立人は即時抗告の方法による不服申立てができると解される（民訴86条，盛岡地決昭31・2・3下民集7巻2号227頁）。

救助付与の決定の効力は，決定をなした当該審級における裁判所の本案訴訟事件について生じ，一部救助を除いて，訴訟費用及び強制執行費用のうち各裁判費用，執行官の手数料及び立替金並びに付添弁護士の報酬及び立替金の支払猶予，訴訟費用の担保提供義務（民訴75条）の免除の効力がある（民訴82条2項・83条1項）。救助付与の決定は，これを受けた者のためにのみその効力を有する（民訴83条2項）。

救助付与の決定は，原則としては，受救者が決定を告知された日にその効力が生じるが（民訴119条），その効力を遡及させる旨の決定がされた場合にはその限りではない。

〔眞下　裕香〕

書式 58　訴訟救助付与申立書

平成〇〇年(ハ)第〇〇〇号　不当利得返還等請求事件
申立人（原告）　甲野　太郎
相手方（被告）　乙野　株式会社

　　　　　　　　　　　訴訟救助付与申立書

　　　　　　　　　　　　　　　　　　　　　　平成〇〇年〇〇月〇〇日

〇〇簡易裁判所民事係　御中

　　　　　　　　　　　　　申立人（原告）　　甲　野　太　郎　㊞

　上記当事者間の頭書事件について，申立人は，訴訟費用を支出する資力がなく，かつ，申立人に勝訴の見込みがないとはいえないので，訴訟上の救助を付与されるよう申し立てます。

第1　訴訟関係
　　　別添訴状写し記載のとおり
第2　疎明方法
　1　申立人の資力について
　　　　上申書　　　　1通
　　　　給与証明書　　1通
　　　　住民票　　　　1通
　2　勝訴の見込みについて
　　　　相手方（被告）作成の申立人（原告）との取引履歴　　1通
　　　　利息制限法に基づく計算書　　　　　　　　　　　　　1通

〔注〕
1．申立手数料は不要である。
2．上記書式例では，過払金返還訴訟を例にしている。
3．費用の支出について資力がないことの疎明としては，申立人が生活保護を受けていることを証明する福祉事務所長の証明書，財産状態及び収入額に関する証明書（貧困であることの民生委員の証明書，所得証明書，非課税証明書，失業保険受給証明書，源泉徴収票，給与証明書等），法律扶助協会の扶助決定の写し，受任弁護士の上申書等が考えられる。

書式 59　訴訟上の救助決定

```
平成○○年㈹第○○○号
（本案；平成○○年㈵第○○○号）



                決　　　　定


                    申立人（原告）　　甲　野　太　郎
                    相手方（被告）　　乙　野　株式会社


  本件訴訟上の救助申立事件につき，当裁判所は，次のとおり決定する。

                主　　文
  当庁平成○○年㈵第○○○号不当利得返還等請求事件につき，申立人（原
告）に対し，訴訟上の救助を付与する。


           平成○○年○○月○○日
               ○○簡易裁判所
                 裁判官　　○　○　○　○　㊞
```

〔注〕
1．申立て全部につき付与の決定がなされた場合である。訴訟費用中，訴え提起手数料についてのみ認める「一部救助」の決定がなされる場合もある。
2．救助申立却下決定に対して，即時抗告の方法による不服申立てができると解される（民訴86条，盛岡地決昭31・2・3下民集7巻2号227頁）。
3．救助付与の決定に対して，相手方は即時抗告をすることができると解される（大決昭11・12・15民集15巻24号2207頁，東京高決昭63・3・25判時1272号97頁）。
4．裁判所職員総合研修所監修『民事実務講義案Ⅱ』〔三訂版〕119頁の書式を参照した。

書式60　訴訟救助取消申立書

平成○○年㋚第○○○号　訴訟上の救助申立事件
(本案：平成○○年㋩第○○○号　不当利得返還等請求事件)
原　告　甲　野　太　郎
被　告　乙　野　株式会社

訴訟救助取消申立書

平成○○年○○月○○日

○○簡易裁判所民事係　御中

　　　　　　　　　申立人（被　告）　　　乙　野　株式会社
　　　　　　　　　代表者代表取締役　　　乙　野　次　郎　㊞

　上記当事者間の頭書事件について，原告に対して，訴訟上の救助を付与されたが，下記理由により，訴訟救助の取消しを申し立てる。

　　　　　　　　　　　　　理　　　　由
1　本件訴訟救助申立事件について，平成○○年○○月○○日，原告に対して，訴訟上の救助付与の決定（以下，「本決定」という。）がなされた。
2　しかし，原告は，別添不動産登記事項証明書のとおり，○○県○○市○○にマンションを所有し，そのマンションには担保権も設定されていない。原告が本決定がなされた当時から訴訟費用を支払う能力を有していたことは明らかである。
3　よって，本決定の取消しを求める。

　　　　　　　　　　　　　添付資料
　不動産登記事項証明書　　1通

〔注〕
1．受給者が当初から資力要件がなかったことが判明した場合や資力要件を欠くことになった場合，利害関係人は訴訟救助取消しの申立てをすることができる（民訴84条）。本書式例は，前段により取消しを求めたものである。
2．申立手数料は不要である。
3．訴訟上の救助の取消決定に対しては即時抗告ができる（民訴86条）。

〔3〕 訴訟費用の担保

　訴訟費用の担保とは，原告が日本国内に住所，事務所及び営業所を有しないときには，被告の申立てにより，訴訟費用の担保を立てることを裁判所が命ずる制度である（民訴75条1項）。原告が日本に本拠地を有しない場合には，被告が勝訴したときに，訴訟費用の償還を原告から受けることが事実上困難となる。そこで，被告に担保提供命令の申立てをさせて，勝訴した場合の訴訟費用の償還を確実にするのである。

　民事訴訟法75条から80条は訴訟費用の担保に関する場合を規定しているが，実務上は訴訟費用の担保提供はそれほど多くなく，他の必要，例えば保全命令事件や民事執行事件などにつき相手方に生じうる損害賠償請求権に対する債務の履行を確保するための担保提供などよく利用されている。これらを含めて，訴訟上の担保とは，当事者の訴訟行為又は裁判所の仮の処分によって相手方の生ずべき損害賠償等を確保する訴訟上の手段である。

　担保提供命令がなされるには，被告が，原告の住所，事務所及び営業所が日本にないことを立証しなければならない。ただし，被告が，担保を立てるべき事由があることを知った後に本案について弁論をし，又は弁論準備手続において申述したときは，この申立てをすることができなくなる（民訴75条3項）。また，被告が原告の請求について一部を認め，その額が訴訟費用の担保として十分である場合には，担保提供命令はなされない（民訴75条2項）。

　被告は，担保提供の申立てをしたときは，原告が担保を立てるまで，応訴を拒むこともできる（民訴75条4項）。

　担保提供命令では，いつまでにいくらの担保を提供すべきかが明示される（民訴75条5項）。担保の額については，被告が全審級において支出すべき訴訟費用の総額を標準として（民訴75条6項），裁判所の裁量で定められる。原告の担保の提供方法には，金銭又は裁判所が相当と認めるような有価証券を供託する方法，若しくは支払保証委託（ボンド）契約を締結する方法（民訴76条，民訴規29条1項）がある。当事者の特別の契約による方法（民訴76条但書）も定められているが，実務上利用される例はほとんどない。

原告が担保を立てるべき期間内に担保を立てない場合には，裁判所は口頭弁論を経ずに，判決で訴えを却下することができる（民訴78条）。

〔眞下　裕香〕

書式61　訴訟費用担保提供申立書

平成〇〇年(ハ)第〇〇〇号　〇〇〇〇請求事件
原　告　甲　野　太　郎
被　告　乙　野　次　郎

　　　　　　　　　訴訟費用担保提供申立書

　　　　　　　　　　　　　　　　　　　　平成〇〇年〇〇月〇〇日

〇〇簡易裁判所民事係　御中

　　　　　　　　　　　　　　　　　被　告　　乙　野　次　郎　㊞

　上記当事者間の頭書事件について，被告は，平成〇〇年〇〇月〇〇日，同事件の訴状の送達を受けた。これによれば，原告は，日本に住所，事務所又は営業所を有していないので，原告に訴訟費用の担保提供を命ぜられたく，民事訴訟法75条1項により申し立てる。

〔注〕
1. 原告が日本国内に住所，事務所及び営業所を有しないときは，裁判所は被告の申立てにより，決定で，訴訟費用の担保を立てるべきことを原告に命じなければならない（民訴75条1項）。
2. 申立手数料は不要である。
3. 被告は，担保を立てるべき事由があることを知った後に本案について弁論をし，又は弁論準備手続において申述したときは，この申立てをすることができない（民訴75条3項）。
4. 担保の提供を命じた決定に対しては原告が，担保提供申立てを却下する決定に対しては被告が，それぞれ即時抗告をすることができる（民訴75条7項）。

書式 62　訴訟費用担保取消申立書

平成○○年(ハ)第○○○号　○○○○請求事件
原　告　甲　野　太　郎
被　告　乙　野　次　郎

訴訟費用担保取消申立書

平成○○年○○月○○日

○○簡易裁判所民事係　御中

申立人代理人弁護士　　丙　野　三　郎　㊞

　　当　事　者　　別紙当事者目録記載のとおり

　上記当事者間の頭書事件について，平成○○年○○月○○日に訴訟費用の担保提供を命ぜられ，担保として平成○○年○○月○○日○○法務局へ金○○○○円（供託番号平成○○年度金第○○○号）を供しているところ，下記事由により担保取消決定を求める。

記

☐　担保の事由が消滅したこと（民訴法79条1項）
☐　担保権利者の同意（民訴法79条2項）
☐　訴訟の完結による権利行使催告（民訴法79条3項）

添付書類

☐　判決正本写し　　☐　判決確定証明書　　☐　住民票
☐　同意書

　該当する☐にレを付する。

（別紙当事者目録省略）

第4節　訴訟費用関係　〔3〕　訴訟費用の担保　【書式62】

〔注〕
1. 訴訟費用の担保を供した原告がその返還を求めるには，担保取消決定を得て取り戻すこととなる。担保取消決定には，以下の事由のうちいずれかに該当する必要がある。
   ① 担保の事由が消滅したこと（民訴79条1項）　具体的には，原告が日本国内に住所，事務所及び営業所を有するに至ったことを証明したときや，原告が本案訴訟で勝訴し訴訟費用が全部被告の負担となったことが確定したことを証明したときなどが考えられる。
   ② 担保権利者の同意（民訴79条2項）　訴訟費用の担保取消しにつき被告が同意したことを証明した場合である。
   ③ 訴訟の完結による権利行使催告（民訴79条3項）　原告が訴訟費用を負担すべきこととなった場合でも，訴訟完結後，原告の申立てにより，一定期間を定めて被告に対して権利行使を催告し，この期間内に権利行使がなされなかったときは，担保取消しについて被告の同意があったものと擬制される。
2. 申立手数料は不要である。
3. 上記1の③の事由に基づいて申し立てる場合には，権利行使催告の申立てを経る必要がある。

書式 63　訴訟費用担保物変換申立書

平成○○年(ハ)第○○○号　○○○○請求事件
原告　甲野太郎
被告　乙野次郎

訴訟費用担保物変換申立書

平成○○年○○月○○日

○○簡易裁判所民事係　御中

申立人（原告）　甲野太郎　㊞

　上記当事者間の頭書事件について，原告は，平成○○年○○月○○日になされた訴訟費用の担保提供の決定に基づき，担保として，平成○○年○○月○○日○○法務局へ金○○○○円（供託番号平成○○年度金第○○○号）を供しているが，これを別紙担保目録記載の担保に変換したく，これを申し立てる。

（別紙担保目録省略）

〔注〕
1．担保提供者の申立てにより，供託された金銭又は有価証券を，他の有価証券又は金銭と交換する手続である（民訴80条）。
2．申立ては口頭又は書面で行う（民訴規1条）。
3．申立手数料は不要である。

書式64 訴訟費用担保物変換決定

```
平成○○年㈹第○○○号


                担保物変換決定


                    申 立 人（原告）    甲 野 太 郎
                    被申立人（被告）    乙 野 次 郎


  当庁平成○○年㈱第○○○号○○○○請求事件について，申立人は担保と
して供託した担保物の変換を申し立てた。当裁判所は，その申立てを相当と
認め，次のとおり決定する。


                主    文
  申立人が，平成○○年○○月○○日○○法務局に供託した金銭○○○○円
（平成○○年度金第○○○号）を，別紙目録記載の支払保証委託契約による
担保と変換することを命じる。


            平成○○年○○月○○日
              ○○簡易裁判所
                裁判官    ○  ○  ○  ○    ㊞


（別紙目録省略）
```

〔注〕
1．実務では無担保状態の発生を回避するために，変換すべき担保の提供命令と申立人
　　に対する告知後，申立人による変換すべき担保の提供及び裁判所に対する担保提供の
　　証明を求めている。したがって，一時的には二重に担保を提供している状態となる。
2．裁判所職員総合研修所監修『民事実務講義案Ⅱ』〔三訂版〕161頁の書式を参照した。

〔4〕 訴訟費用額確定手続

　訴訟費用を誰が負担すべきかについては，裁判所が，事件を完結する裁判で，職権で，その審級における訴訟費用の全部についてその負担の裁判をする（民訴67条）。しかし，訴訟費用の裁判によっては，訴訟費用の負担者とその負担の割合が命ぜられるだけで，その額は定まっていない。そこで，償還請求権が成立した訴訟費用の負担の裁判を前提として，その額を具体的に定めなければならない。これが訴訟費用額確定の手続である。この申立ては，第一審の裁判所書記官に対して行う（民訴71条1項）。

　訴訟費用額の確定処分の申立ては書面でしなければならない（民訴規24条1項）。申立手数料は不要である。申立人は，申立てに際し，費用計算書と費用額の疎明に必要な書面を裁判所書記官に提出するとともに，申立書副本及び費用計算書について相手方に直送しなければならない（民訴規24条2項）。訴訟費用として認められるのは，民事訴訟費用法2条に定められているものに限られる。なお，申立ては訴訟費用負担の裁判の執行力が生じた後にしなければならない（民訴71条1項）。具体的には，判決が確定しているか，又は費用負担の裁判に仮執行宣言が付されていることが必要である。

　申立てがなされた後，裁判所書記官がその要件を審査し特に補正すべきところがなければ，相手方に対して，費用計算書及び費用額の疎明に必要な書面並びに申立人の費用計算書の記載内容についての陳述を記載した書面を，一定の期間内に提出すべき旨を催告する（民訴規25条1項）。相手方が陳述することができるのは，申立人の費用計算書記載の種目及び金額について，それが民事訴訟費用法等に定めるものに該当するか，その金額が同法その他の法令等の所定の額を超えていないかに関する具体的な意見に限られ，弁済，相殺，時効等により費用償還債務が消滅していることを主張することはできない（最高裁判所事務総局民事局監修『条解民事訴訟規則』53頁）。

　訴訟費用確定の処分は，告知によりその効力が生ずる（民訴71条3項）。費用額の確定処分に対して，告知を受けた日から1週間の不変期間内に，その処分をした裁判所書記官の所属する裁判所に対して異議の申立てをすること

ができる（民訴71条4項・121条）。異議の申立ては，執行停止の効力を有する（民訴71条5項）。

〔眞下　裕香〕

書式 65　訴訟費用額確定処分の申立書

訴訟費用額確定処分の申立書

○○簡易裁判所民事係裁判所書記官　殿

平成○○年○○月○○日
　　　　申立人（原告）　甲　野　太　郎　㊞

　　　　申立人　甲　野　太　郎
　　　　相手方　乙　野　株式会社

　上記当事者間の御庁平成○○年(ハ)第○○○号○○○○請求事件について，平成○○年○○月○○日申立人（原告）全部勝訴，訴訟費用全部相手方（被告）負担の判決があり，同判決は既に確定したので，被告の負担すべき訴訟費用額の確定を求めるため，費用計算書及び疎明書面を添えて申し立てる。

添付書類

1　費用計算書
2　疎明書面　　○通

〔注〕
1．費用額確定処分の申立ては，第一審裁判所の裁判所書記官に対して，書面でしなければならない（民訴規24条1項）。
2．申立手数料は不要である。
3．本案訴訟事件の代理権はこの手続にも及ぶ。
4．費用計算書及び費用額の疎明に必要な書面を裁判所書記官に提出するとともに，申立書副本及び費用計算書について相手方に直送しなければならない（民訴規24条2項）。
5．裁判所職員総合研修所監修『民事実務講義案Ⅱ』〔三訂版〕131頁の書式を参照した。

書式66 訴訟費用額確定処分

平成○○年㋚第○○○号　訴訟費用額確定処分申立事件
(本案：平成○○年㈱第○○○号)

　　　　　　　　　訴訟費用額確定処分

　　　　　　○○県○○市○○町○丁目○番○号
　　　　　　　　　申立人（原　告）　　甲　野　太　郎
　　　　　　○○県○○市○○町○○○番地
　　　　　　　　　相手方（被　告）　　乙　野　株式会社
　　　　　　　　　代表者代表取締役　　乙　野　次　郎

　申立人から，当庁が平成○○年○○月○○日言い渡した判決についての訴訟費用額確定処分の申立てがあったので，別紙計算書に基づき，次のとおり定める。

　　　　　　　　　主　　　文
　相手方は，申立人に対し，○万○○○○円を支払え。

　　　　　　平成○○年○○月○○日
　　　　　　　　○○簡易裁判所
　　　　　　　　　裁判官　　○　○　○　○　㊞

(別紙)

　　　　　　　　　計　　算　　書

合計○万○○○○円
(内訳)
1　訴え提起手数料　　　　　　　　　　　　　　○○○○円
2　書類の作成及び提出費用　　　　　　　　　　○○○○円
3　資格証明書交付手数料及び同送付費用　　　　○○○○円

4	訴状副本等及び第1回口頭弁論期日被告呼出状送達費用	○○○○円
5	原告口頭弁論期日出頭日当及び旅費（第1回，第2回）	○○○○円
6	証人呼出状送達費用（証人甲，乙2名分）	○○○○円
7	証人旅費，日当及び宿泊料（証人甲，乙2名分）	○○○○円
8	判決正本送達費用	○○○○円
（以上の小計）		（○万○○○○円）
9	催告書送付費用	○○○○円
10	双方に対する訴訟費用額確定処分正本送達費用	○○○○円
（以上の小計）		（○○○○円）
合計		○万○○○○円

〔注〕
1．訴訟費用の負担の額を定める裁判所書記官の処分は，単独で債務名義となる（民執22条4号の2）。この処分によって債権者となる者は，執行文の付与を得て（民執26条），強制執行の申立てをすることができる。
2．費用額の確定処分に対して，告知を受けた日から1週間の不変期間内に，その処分をした裁判所書記官の所属する裁判所に対して異議の申立てをすることができる（民訴71条4項・121条）。異議の申立ては，執行停止の効力を有する（民訴71条5項）。
3．裁判所職員総合研修所監修『民事実務講義案Ⅱ』〔三訂版〕142頁の書式を参照した。

書式67　訴訟費用額確定処分の更正処分

更　正　処　分

　　　　　　○○県○○市○○町○丁目○番○号
　　　　　　　　申立人（原告）　甲　野　太　郎
　　　　　　○○県○○市○○町○○○番地
　　　　　　　　相手方（被告）　乙　野　株式会社
　　　　　　　　代表者代表取締役　乙　野　次　郎

　上記当事者間の平成○○年(サ)第○○○号訴訟費用額確定処分申立事件（本案：平成○○年(ハ)第○○○号○○○○請求事件）について，平成○○年○○月○○日行った訴訟費用額確定処分に明白な誤りがあったので，申立てにより，次のとおり処分する。

主　文

　訴訟費用額確定処分中，「○○○○○」とあるのを「×××××」と更正する。

　　　　　平成○○年○○月○○日
　　　　　　　○○簡易裁判所
　　　　　　　　　裁判官　　○　○　○　○　㊞

〔注〕
1. 訴訟費用の負担の額を定める裁判所書記官の処分に，計算違い，誤記その他のこれらに類する明白な誤りがあるときは，申立てにより又は職権で，裁判所書記官はいつでも更正の処分をすることができる（民訴74条1項）。
2. 更正処分に対して，告知を受けた日から1週間の不変期間内に，その処分をした裁判所書記官の所属する裁判所に対して異議の申立てをすることができる（民訴74条2項・71条4項・121条）。異議の申立ては，執行停止の効力を有する（民訴74条2項・71条5項）。
3. 裁判所職員総合研修所監修『民事実務講義案Ⅱ』〔三訂版〕145頁の書式を参照した。

第6章

訴状の記載

第1節　概　　説

(1) 各種紛争の類型化

　私人間の紛争には多種多様なものがあるが，それらは理論的に一定の紛争ごとの類型化が可能である。そのような類型化をすることにより，裁判所がそれぞれの紛争に最も適した対応をすることができ，迅速な裁判の実現に資することにもなる。そのため，全国の裁判所において訴訟手続の合理化をはかるべく，訴状ほか各種訴訟書類の定型書式が考案されてきている。一般に，簡易裁判所の民事訴訟は，消費者信用関係事件と市民型事件という区分けがされることもあるが，最高裁判所が作成した定型訴状は，バリエーションが限られているため，裁判所によっては，それぞれの区分けの中で10種類を超える代表的な訴訟類型を抽出して定型書式を作成し，多種多様なニーズに応えようという試みも見られる。そのような試みは，一定の成果を上げており，消費者信用関係事件の業者が定型訴状を利用するようになってから訴状審査がスムーズになった，あるいは，市民型事件の受付において手続教示あるいは訴状作成教示が効率化したなどの声も聞かれるところである。

(2) 各種書式の定型化の必要

　今後も定型書式への統一化が進むことが予想されるが，現時点において，弁護士や認定司法書士などの代理人，又は業者などから提出される訴状は，文章体で記載されているものが大半であり，その中には補正の促しに労力を要するものも見受けられる。他方，簡易裁判所においては，法律に関する知

識の十分でない一般の市民でも気軽に訴訟手続を利用することができるように，請求の原因に代えて，紛争の要点を明らかにすれば足りるという規定（民訴272条）があるので，請求が特定されていなくても紛争の要点としての記載が十分になされていれば，訴状が却下されることはなく，訴訟手続は開始される。しかし，本案判決をするためには，請求を特定するのに必要な事実（特定請求原因）が主張されていなければならないし，請求認容の判決をするためには，請求を理由づける事実（理由づけ請求原因）が主張されていなければならない（後記を参照）。訴訟の迅速な進行等も考慮すれば，訴状にこれらの請求原因事実が漏れなく正確に記載されていることが望ましいことはいうまでもない。

　本章においては，上記の点を考慮して，当事者からの申立てに関する訴訟書類を類型化した上で参考書式を摘示している。基本的な枠組みを理解するためには，文章体による表現が便宜でもあるので，定型書式の形式は採らなかった。そのうち，第2節の民事通常事件の各種訴状関係では，最も重視されるべき訴状について，簡易裁判所の実務上頻繁に利用されている紛争態様と思われるものの参考書式を掲げている。また，第3節では，訴えの変更申立書と反訴状などの関連書類の参考書式を示した。

〔藤原　克彦〕

第2節　民事通常事件の各種訴状関係

(1) 訴状の記載事項

訴状に記載すべき事項には，形式的記載事項（民訴規2条）と，実質的記載事項として，必要的記載事項（民訴133条2項）及び準必要的記載事項（民訴規53条）がある。例えば，当事者の表示を例にすると，氏名及び住所は必要的記載事項兼形式的記載事項に，郵便番号，電話番号及びFAX番号は準必要的記載事項にそれぞれ該当するが，それ以外にも，送達場所を届出する場合の記載（民訴規41条2項）が求められるなど，実際には上記の各記載事項が複合的に組み合わされている場合もある。このうち，必要的記載事項（民訴133条2項）は，これに不備があれば，裁判長の訴状審査権により補正命令が発せられ，補正に応じない場合には訴状却下命令の対象となる厳格なものであることに留意する必要がある。

(a) 形式的記載事項（民訴規2条）　当事者が提出する訴状等には，①当事者の氏名又は名称及び住所並びに代理人の氏名及び住所，②事件の表示，③附属書類の表示，④年月日（訴状の作成日），⑤裁判所の表示を記載して，当事者又はその代理人が記名押印しなければならない。なお，上記のほか，訴訟物の価額，ちょう用印紙額などを記載するのが通例である。

(b) 訴訟代理人　上記(a)①の代理人には，法定代理人と訴訟代理人があり，さらに，訴訟代理人には，法令上の代理人（支配人など）と訴訟委任による代理人（弁護士，認定司法書士）がある。なお，簡易裁判所においては，裁判所の許可を得れば弁護士や認定司法書士でない者でも訴訟代理人となることができる（許可代理人。民訴54条1項但書）が，裁判所の許可を受けることを条件として許可代理人名で訴状を作成することは予定されていない。

(c) 必要的記載事項（民訴133条2項）

(イ) **当事者及び法定代理人**　氏名又は名称及び住所を記載して特定する（民訴規2条1項）。被告の住所が不明であれば，居所を記載し，居所も不明であれば「住居所不明」と記載するほか「最後の住所」も記載する（民訴4条2項及び【書式87】を参照）。

(ロ) 請求の趣旨　　請求の趣旨は，原告の請求が認容されたときの判決主文に対応する文言を用いる。したがって，一般の給付判決の主文においても，給付の法的な性格又は理由づけ（例えば，「商事法定利率」とか「遅延損害金」など）を含まない抽象的な表現を用いることになる。また，訴訟費用及び仮執行宣言に関する申立ても請求の趣旨欄に記載するのが一般的である。

(ハ) 請求の原因　　請求の趣旨と相まって請求を特定するのに必要な事実（特定請求原因）である。

例えば，契約に基づく金銭支払請求権であれば，通常，契約当事者，契約締結年月日，契約の種類及び金額等によって特定される（貸金請求であれば，○年○月○日締結の原被告間の○万円の金銭消費貸借契約に基づく原告の貸金返還請求権としての○万円の支払請求権）。

特定請求原因の記載に不備があり，原告がその不備を補正しないときは，審理の対象が定まらず訴訟手続を進めることができないから，裁判長は命令で訴状を却下することになる（民訴137条2項）。しかし，簡易裁判所における訴えの提起については，請求の原因に代えて紛争の要点を明らかにすれば足りることになっているので（民訴272条），補正命令の対象とはならず，口頭弁論終結時までに特定請求原因の不備が補正されない場合は，裁判所が判決で訴えを却下することになる。

(d)　準必要的記載事項（民訴規53条）

(イ) 請求を理由づける事実　　請求の趣旨と特定請求原因によって特定された原告の主張を理由あらしめる事実（理由づけ請求原因）である。理由づけ請求原因は，それが特定請求原因にあたる場合であっても，それぞれ区別することなく，「請求原因」欄に記載されるので，理由づけ請求原因は特定請求原因を包含するものとなる。例えば，貸金返還請求権は，(c)(ハ)に記載した事実によって特定されるが，金銭の交付及び弁済期の合意とその到来の事実も主張されなければ，貸金返還請求権の発生原因事実として十分ではない。

なお，理由づけ請求原因とは，言い換えれば要件事実（主要事実）のことであり，理由づけ請求原因が不備な場合は，裁判所が判決で請求を棄却することになる。そのため，簡易裁判所においては，請求の原因に代えて紛争の要点を明らかにすれば足りる（民訴272条）としても，可能な限り，訴え提起の

段階から理由づけ請求原因を記載するのが望ましい。特に，擬制自白により欠席裁判が可能となるためには，理由づけ請求原因も主張されていなければならず，この主張を欠いていれば，期日を続行するなどして，主張の補充をしなければならないことになるので留意が必要である。

(ロ)　立証を要する事由ごとの当該事実に関連する事実で重要なもの　　争点となるべき重要な間接事実のことであり，被告が争うことが予想される事実について記載をしておくことが，適正・迅速な訴訟運営に資することにもなる。

(ハ)　立証を要する事由ごとの証拠　　特定の具体的な証拠方法を訴状の該当部分に付記する方法で立証を要する事由ごとに記載し，さらに「証拠方法」欄にも同様の記載をする（ただし，参考書式に示した各訴状では，証拠方法を訴状の該当部分に付記することを省略した）。

(ニ)　原告又はその代理人の郵便番号又は電話番号（FAX 番号を含む）

(e)　その他の記載事項　　送達場所，送達受取人を定める場合の送達受取人（民訴規41条２項）。

(2)　訴状の添付書類

(イ)　訴訟委任状・資格証明書（１通）

(ロ)　不動産に関する事件の場合の登記事項証明書（民訴規55条１項１号）（被告の数＋１通）

(ハ)　手形又は小切手に関する事件の場合の手形又は小切手の写し（民訴規55条１項２号）（被告の数＋１通）

(ニ)　重要な書証の写し（民訴規55条２項）（被告の数＋１通）

(ホ)　訴状副本（民訴規58条１項）（被告の数）

(ヘ)　その他の資料（１通）　　訴額認定資料（固定資産評価証明書），管轄の合意を証する書面（民訴11条２項）

なお，上記のうち，(ロ)(ハ)(ニ)の民事訴訟規則55条１項・２項の書類は，訴状の副本とともに被告に送達することが必要なので，原則的には，被告の数を踏まえた通数の写しを添付する必要があるが，これらの書類を書証として提出することにより，民事訴訟規則137条１項の書証の写しの提出を兼ねることも可能である。

〔藤原　克彦〕

書式68　訴状(1)──基本型

```
┌─────┐
│収　入│
│印　紙│
└─────┘
```

訴　　　状

平成〇〇年〇〇月〇〇日

〇〇簡易裁判所　御中

　　　　　　　　　　　原　　　告　　甲　野　太　郎　㊞

〒〇〇〇-〇〇〇〇　〇〇県〇〇市〇〇町〇丁目〇番〇号（送達場所）
　　　　　　　　　　　原　　　告　　甲　野　太　郎
　　　　　　　　　電　話　〇〇-〇〇〇-〇〇〇〇
　　　　　　　　　ＦＡＸ　〇〇-〇〇〇-〇〇〇〇
〒〇〇〇-〇〇〇〇　〇〇県〇〇市〇〇町〇丁目〇番〇号
　　　　　　　　　　　被　　　告　　乙　野　次　郎

〇〇〇〇請求事件
　　訴訟物の価額　　　〇〇〇万円
　　ちょう用印紙額　〇万〇〇〇〇円

第1　請求の趣旨
　1　被告は，原告に対し，……………………………………。
　2　訴訟費用は被告の負担とする。
　3　この判決は仮に執行することができる。
　との判決を求める。

第2　紛争の要点（請求の原因）
　1　原告は，……………………………………。
　2　被告は，……………………………………。
　3　……………………………………。
　4　よって，原告は，被告に対し，……………………………………を求める。

証拠方法
　1　甲第1号証　　○○○○
　2　甲第2号証　　○○○○
　3　甲第3号証　　○○○○
　（以下省略）

附属書類
　1　訴状副本　　　　　　　　　　　　　　1通
　2　甲第1号証から第○号証までの写し　　各1通

〔注〕
　1．用紙は，A4版用紙を縦方向にして，横書きとする。余白については，左綴じになることから左側は30ミリメートル程度の余白をとる。
　2．手数料として納める印紙が表紙に貼付できないときは，訴状の末尾に印紙の台紙を添付して貼付する。
　3．当事者多数等の理由で，当事者の表示が見づらくなるときは，当事者の表示の記載を「別紙当事者目録記載のとおり」として，当事者目録を訴状に添付する。

書式69　訴状(2)――貸金

　　　収入
　　　印紙

　　　　　　　　　　　　訴　　　　状

　　　　　　　　　　　　　　　　　　　　　　　〇〇年〇〇月〇〇日
〇〇簡易裁判所　御中
　　　　　　　　　　　原　　告　　甲　野　太　郎　㊞
　〒〇〇〇－〇〇〇〇　〇〇県〇〇市〇〇町〇丁目〇番〇号（送達場所）
　　　　　　　　　　　原　　告　　甲　野　太　郎
　　　　　　　　　　　　　電　話　〇〇－〇〇〇－〇〇〇〇
　　　　　　　　　　　　　ＦＡＸ　〇〇－〇〇〇－〇〇〇〇
　〒〇〇〇－〇〇〇〇　〇〇県〇〇市〇〇町〇丁目〇番〇号
　　　　　　　　　　　被　　告　　乙　野　次　郎

貸金請求事件
　　訴訟物の価額　　120万円
　　ちょう用印紙額　1万1000円

第1　請求の趣旨
　1　被告は，原告に対し，120万円及びこれに対する平成19年6月26日から支払済みまで年21.9パーセントの割合による金員を支払え。
　2　訴訟費用は被告の負担とする。
　3　この判決は仮に執行することができる。
　との判決を求める。
第2　紛争の要点（請求の原因）
　1　原告は，平成18年9月30日，200万円を次の約定で被告に対し貸し渡した。
　　(1)　弁済方法　　平成18年10月から平成20年5月まで毎月25日限り元金10万円及び当月分の利息
　　(2)　利　　息　　年15パーセント

(3) 損　害　金　　年21.9パーセント
　　　(4) 特　　　約　　被告が原告に対する支払を1回でも怠ったときは，期限の利益を失う。
　2　被告は，平成19年6月25日限り支払うべき金員の支払を怠ったので，同日限り期限の利益を失った。
　3　被告は，元金80万円及び平成19年6月25日までの利息を支払った。
　4　よって，原告は，被告に対し，残元金120万円及びこれに対する期限の利益喪失日の翌日である平成19年6月26日から支払済みまで約定の年21.9パーセントの割合による遅延損害金の支払を求める。

証拠方法
　1　甲第1号証　　金銭消費貸借契約書
　2　甲第2号証　　印鑑登録証明書
　3　甲第3号証　　領収書

附属書類
　1　訴状副本　　　　　　　　　　　　1通
　2　甲第1号証から第3号証までの写し　各1通

〔注〕
　1．原告と被告との間の金銭消費貸借契約が何回もあるときは，表を利用すると理解しやすい。
　2．「貸金業の規制等に関する法律等の一部を改正する法律」（平成18年法律第115号）による改正において，貸金業法43条のみなし弁済の廃止，出資法の上限金利の年利20パーセントへの引下げが，同改正法の施行日（平成22年6月18日）である平成19年12月19日から2年6月を超えない範囲内において政令で定める日から完全施行される。上記施行日は，業として貸付を行う場合の債務不履行による賠償額の予定（遅延損害金）も，一律年利20パーセントを上限とすることとしている。ただし，上記改正法の完全施行日前に締結した貸付に係る契約に基づく遅延損害金に関しては，なお従前の例によることになる。

書式70 訴状(3)——信販事件＝個別割賦販売

　　収　入
　　印　紙

　　　　　　　　　訴　　　状

　　　　　　　　　　　　　　　　　　平成〇〇年〇〇月〇〇日

〇〇簡易裁判所　御中

　　　　　　　　原告代表者代表取締役　　甲　野　太　郎　㊞

〒〇〇〇－〇〇〇〇　〇〇県〇〇市〇〇町〇丁目〇番〇号（送達場所）
　　　　　　原　　　　　告　　株式会社甲野販売
　　　　　　上記代表者代表取締役　　甲　野　太　郎
　　　　　　　　　　　　　電　話　〇〇－〇〇〇－〇〇〇〇
　　　　　　　　　　　　　ＦＡＸ　〇〇－〇〇〇－〇〇〇〇

〒〇〇〇－〇〇〇〇　〇〇県〇〇市〇〇町〇丁目〇番〇号
　　　　　　被　　　　　告　　乙　野　次　郎

売掛代金請求事件
　　訴訟物の価額　　15万円
　　ちょう用印紙額　2000円
第1　請求の趣旨
　1　被告は，原告に対し，15万円及びこれに対する平成19年6月29日から支払済みまで年6パーセントの割合による金員を支払え。
　2　訴訟費用は被告の負担とする。
　3　この判決は仮に執行することができる。
　との判決を求める。
第2　紛争の要点（請求の原因）
　1　原告は，割賦販売を業とする会社である。
　2　原告は，被告に対し，次のとおり商品を割賦販売し，その引渡しをした。

(1)　商　　　　品　　〇〇〇
　(2)　契約年月日　　平成18年11月10日
　(3)　代　　　　金　　20万円
　(4)　代金支払方法
　　　　平成18年12月から平成20年7月まで毎月25日限り1万円ずつ
　(5)　特　　　　約
　　　　被告が割賦金の支払を怠り，原告から20日間以上の相当の期間を定めてその支払を書面で催告されたにもかかわらず，その支払をしないときは期限の利益を失う。
3　被告は，平成19年5月25日に支払うべき金員の支払を怠った。
4　原告は，被告に対し，平成19年6月8日到達の書面で，支払期の過ぎた割賦金を20日間以内に支払うように催告した。
5　被告の既払額は5万円である。
6　よって，原告は，被告に対し，売買残代金15万円及びこれに対する期限の利益喪失日の翌日である平成19年6月29日から支払済みまで商事法定利率年6パーセントの割合による遅延損害金の支払を求める。

証拠方法
　1　甲第1号証　　　　割賦販売契約書
　2　甲第2号証の1　　内容証明郵便
　3　甲第2号証の2　　配達証明書
　4　甲第3号証　　　　領収書

附属書類
　1　訴状副本　　　　　　　　　　　　　　　1通
　2　甲第1号証から第3号証までの写し　　各1通
　3　商業登記簿謄本（又は現在事項証明書）　1通

〔注〕
1．割賦販売法が適用される場合，期限の利益を喪失させるためには20日間以上の相当な期間を定めて書面で催告することが必要である（割賦5条1項）。
2．請求の趣旨の附帯請求につき，割賦販売法の適用が前提となる場合には，利率について商事法定利率年6パーセントに制限されることに留意する（割賦6条2項）。
3．平成21年12月1日施行の改正割賦販売法は，一般的に「個品」の用語を「個別」と変更したので，本件では従前の「個品割賦販売」を「個別割賦販売」と表記したが，書式中の年月日は時系列を記載する関係で上記施行前の年月日のままとした。

書式71　訴状(4)──信販事件＝包括割賦販売

```
┌─────┐
│収　入│
│印　紙│
└─────┘
```

訴　　状

平成〇〇年〇〇月〇〇日

〇〇簡易裁判所　御中

　　　　　　原告代表者代表取締役　　甲　野　太　郎　㊞

〒〇〇〇－〇〇〇〇　〇〇県〇〇市〇〇町〇丁目〇番〇号（送達場所）
　　　　　原　　　　　告　　株式会社甲野販売
　　　　　上記代表者代表取締役　　甲　野　太　郎
　　　　　　　　　電　話　〇〇－〇〇〇－〇〇〇〇
　　　　　　　　　ＦＡＸ　〇〇－〇〇〇－〇〇〇〇
〒〇〇〇－〇〇〇〇　〇〇県〇〇市〇〇町〇丁目〇番〇号
　　　　　被　　　　　告　　乙　野　次　郎

売掛代金請求事件
　　訴訟物の価額　　13万750円
　　ちょう用印紙額　2000円

第1　請求の趣旨
　1　被告は，原告に対し，13万750円及びこれに対する平成19年6月29日から支払済みまで年6パーセントの割合による金員を支払え。
　2　訴訟費用は被告の負担とする。
　3　この判決は仮に執行することができる。
　との判決を求める。
第2　紛争の要点（請求の原因）
　1　原告は，包括割賦販売を業とする会社である。
　2　原告は，平成18年4月1日，被告との間で，次の内容のカード会員契約を締結した。
　　(1)　原告は，被告に対し，個人会員カードを交付し，被告は，原告の本支店において，上記カードを提示して物品を購入し，又はサービスの提供を受けることができる。
　　(2)　被告は，原告に対し，上記カード利用代金及び手数料を毎月25日限

　　　　り所定の回数に分割して支払う。
　　(3)　被告が割賦金の支払を怠り，原告から20日間以上の相当の期間を定めてその支払を書面で催告されたにもかかわらず，その支払をしないときは期限の利益を失う。
　3　被告は上記カードを別表のとおり利用し，その代金，手数料及び支払回数は同表のとおりである。
　4　被告は，別表の各商品代金について，平成19年5月25日に支払うべき金員の支払を怠った。
　5　原告は，被告に対し，平成19年6月8日到達の書面で，支払期の過ぎた割賦金を20日間以内に支払うように催告した。
　6　被告の既払額は12万円である。
　7　よって，原告は，被告に対し，カード利用残代金11万6890円，未払手数料1万3860円の合計13万750円及びこれに対する期限の利益喪失日の翌日である平成19年6月29日から支払済みまで商事法定利率年6パーセントの割合による遅延損害金の支払を求める。

（別表）

年月日	商品	代金	手数料	合計	支払回数
H18. 9.13	○○○	150,000	17,500	167,500	△
H18.11.23	○○○	30,000	3,300	33,300	△
H19. 1.16	○○○	45,000	4,950	49,950	△
合計		225,000	25,750	250,750	

証拠方法
　1　甲第1号証　　　カード会員契約書
　2　甲第2号証の1　内容証明郵便
　3　甲第2号証の2　配達証明書
　4　甲第3号証　　　領収書

附属書類
　1　訴状副本　　　　　　　　　　　　　　1通
　2　甲第1号証から第3号証までの写し　　各1通
　3　商業登記簿謄本（又は現在事項証明書）　1通

〔注〕
　1．割賦販売契約では，債権者の請求金額は商品若しくは権利の代金又は役務の対価に手数料を加算したものであるから，手数料がある場合にはその額も記載する。
　2．被告の支払を表にすると，残金が理解しやすい。
　3．平成21年12月1日施行の改正割賦販売法は，一般的に「総合」と「リボルビング」を合わせて「包括」と用語変更したので，本件では従前の「総合割賦販売」を「包括割賦販売」と表記したが，書式中の年月日は時系列を記載する関係で上記施行前の年月日のままとした。

書式72　訴状(5)——信販事件＝総合ローン提携の事前求償

　　収入
　　印紙

　　　　　　　　訴　　　状

　　　　　　　　　　　　　　　　　　平成〇〇年〇〇月〇〇日
〇〇簡易裁判所　御中

　　　　　　　原告代表者代表取締役　　甲　野　太　郎　㊞

〒〇〇〇－〇〇〇〇　〇〇県〇〇市〇〇町〇丁目〇番〇号（送達場所）
　　　　　　原　　　　告　　株式会社甲野販売
　　　　上記代表者代表取締役　　甲　野　太　郎
　　　　　　　　　電　話　〇〇－〇〇〇－〇〇〇〇
　　　　　　　　　ＦＡＸ　〇〇－〇〇〇－〇〇〇〇
〒〇〇〇－〇〇〇〇　〇〇県〇〇市〇〇町〇丁目〇番〇号
　　　　　　被　　　　告　　乙　野　次　郎

求償金請求事件
　　訴訟物の価額　　13万7099円
　　ちょう用印紙額　2000円

第1　請求の趣旨
　1　被告は，原告に対し，13万7099円及びこれに対する平成19年6月14日
　　から支払済みまで年6パーセントの割合による金員を支払え。
　2　訴訟費用は被告の負担とする。
　3　この判決は仮に執行することができる。
　との判決を求める。
第2　紛争の要点（請求の原因）
　1　原告は，ローン提携販売を業とする会社である。
　2　原告は，平成18年4月1日，被告との間で，次の内容のカード会員契
　　約を締結した。
　　(1)　原告は，被告に対し，原告発行のクレジットカードを交付し，被告
　　　は，原告の本支店において，上記カードを提示して金〇〇円を限度と
　　　して物品を購入し，又はサービスの提供を受けることができる。
　　(2)　被告の上記カード利用による購入代金等については，カード利用の
　　　都度，株式会社〇〇銀行（以下「金融機関」という。）が，所定の条
　　　件で被告に貸し付ける。
　　　（注・貸付条件省略）
　3　原告は，被告から次の約定で保証の委託を受け，平成18年4月1日，

金融機関に対し，前項の被告の債務につき連帯保証した。
  (1) 被告は，商品の所有権が，被告の原告に対する求償債務が完済されるまで，原告に留保されることを承認し，善良な管理者の注意をもって商品を管理して，質入れ，譲渡，賃貸その他原告の所有権を侵害する行為をしない。
  (2) 被告が前号に違反する行為をし，被告の原告に対する求償債務が確定したときは，被告は，原告に対し，原告が金融機関に対する保証債務を履行する以前であっても，原告からの担保の提供なしに求償債務を履行する。
4 被告は，別表（注・省略）記載のとおり，カードを利用して商品を購入し，金融機関は，被告に対し，その代金相当額の金銭を貸し付けた。
5 被告は，上記借入金の分割返済の途中である平成19年6月13日，上記各商品を○質店に入質したので，同日，被告の原告に対する求償債務が確定した。
6 よって，原告は，被告に対し，上記3(2)の特約に基づき，事前求償権の行使として，次の金員の支払を求める。
  (1) 代位弁済金（求償債務確定の日における貸付残元金12万5667円及び利息金525円，遅延損害金1万907円，合計13万7099円）
  (2) 上記(1)に対する平成19年6月14日（求償債務確定の日の翌日）から支払済みまで商事法定利率年6パーセントの割合による遅延損害金

証拠方法
  1 甲第1号証　カード会員契約書
  2 甲第2号証　保証委託契約書

附属書類
  1 訴状副本　　　　　　　　　　　　　　　1通
  2 甲第1号証から第2号証までの写し　　　各1通
  3 商業登記簿謄本（又は現在事項証明書）　1通

〔注〕
1．本件は，販売業者が購入者の所有権留保特約に基づく善管注意義務違反によって求償債務が確定したとして，購入者に対し事前求償権を行使した例である。この場合には，購入者の賦払義務の不履行を理由として契約の解除等をする場合ではないから，割賦販売法5条1項の催告をする必要がない。
2．事前求償の場合に求償することができる範囲は，求償の当時において，保証人である原告が負担すべき範囲，つまり貸付残元本及び既に発生した利息，遅延損害金，免責のために避けることのできないことが確定した費用，その他免責のため受けることの確定している損害額の合計額（代位弁済金）及びこれに対する免責のあった日以後の法定利息（商事法定利率年6パーセントの割合による遅延損害金）となる。

書式73 訴状(6)──信販事件＝包括信用購入あっせん

```
┌──────┐
│収　入│
│印　紙│
└──────┘
```

　　　　　　　　　　　　　訴　　　状

　　　　　　　　　　　　　　　　　　　　平成○○年○○月○○日
○○簡易裁判所　御中
　　　　　　原告代表者代表取締役　　　甲　野　太　郎　㊞
〒○○○－○○○○　○○県○○市○○町○丁目○番○号（送達場所）
　　　　　　原　　　告　　　　　株式会社甲野信販
　　　　　　上記代表者代表取締役　　　甲　野　太　郎
　　　　　　　　　　　　　電　話　○○－○○○－○○○○
　　　　　　　　　　　　　ＦＡＸ　○○－○○○－○○○○
〒○○○－○○○○　○○県○○市○○町○丁目○番○号
　　　　　　被　　　告　　　　　乙　野　次　郎

立替金請求事件
　　訴訟物の価額　　13万750円
　　ちょう用印紙額　　2000円

第1　請求の趣旨
　1　被告は，原告に対し，13万750円及びこれに対する平成19年6月29日
　　から支払済みまで年6パーセントの割合による金員を支払え。
　2　訴訟費用は被告の負担とする。
　3　この判決は仮に執行することができる。
　との判決を求める。
第2　紛争の要点（請求の原因）
　1　原告は，信用購入あっせん等を目的とする会社である。
　2　原告は，平成18年4月1日，被告との間で，次の内容のカード会員契
　　約を締結した。
　　(1)　原告は，被告に対し，○○カード（以下「カード」という）を交付
　　　し，被告は，原告の加盟店において，カードを提示して物品を購入し，
　　　又はサービスの提供を受けることができる。

(2) 被告がカードを利用したときは，原告はその利用代金を加盟店に立替払いする。
  (3) 被告は，原告に対し，カード利用代金及び手数料を毎月25日限り所定の回数に分割して支払う。
  (4) 被告が割賦金の支払を怠り，原告から20日間以上の相当の期間を定めてその支払を書面で催告されたにもかかわらず，その支払をしないときは期限の利益を失う。
3 被告はカードを別表のとおり利用し，その代金，手数料及び支払回数は同表のとおりである。
4 原告は，被告が別表のとおりカードを利用した都度，当該加盟店に利用代金を立替払いした。
5 被告は，別表の各商品代金について，平成19年5月25日に支払うべき金員の支払を怠った。
6 原告は，被告に対し，平成19年6月8日到達の書面で，支払期の過ぎた割賦金を20日間以内に支払うように催告した。
7 被告の既払額は12万円である。
8 よって，原告は，被告に対し，カード利用残代金11万6890円，未払手数料1万3860円の合計13万750円及びこれに対する期限の利益喪失日の翌日である平成19年6月29日から支払済みまで商事法定利率年6パーセントの割合による遅延損害金の支払を求める。

(別表)

年月日	加盟店	商　品	代　金	手数料	合　計	支払回数
H18. 9.13	○○電機	○○○	150,000	17,500	167,500	△
H18.11.23	○○○屋	○○○	30,000	3,300	33,300	△
H19. 1.16	○○商会	○○○	45,000	4,950	49,950	△
合　計			225,000	25,750	250,750	

証拠方法
  1 甲第1号証　　　カード会員契約書
  2 甲第2号証の1　内容証明郵便
  3 甲第2号証の2　配達証明書
  4 甲第3号証　　　領収書

附属書類
  1 訴状副本　　　　　　　　　　　　　　1通
  2 甲第1号証から第3号証までの写し　　各1通
  3 商業登記簿謄本（又は現在事項証明書）　1通

〔注〕
1. 固有の名称が付されたカード利用の契約では，債務者がどの契約により請求されているかを判断するのに役立つので，そのカードの名称を記載する。
2. 取引回数が多くなると，どの加盟店で購入したどの商品等であるかの認識も困難となるから，利用明細において商品等，加盟店を記載する。
3. 包括信用購入あっせん型においても，個別信用購入あっせん型【書式74】と同様に，立替払いの事実を示すが，年月日をもって特定するほどの意味はないと思われるので，「被告が別表のとおりカードを利用した都度，当該加盟店に利用代金を立替払いした。」という程度の記載で足りる。
4. 平成21年12月1日施行の改正割賦販売法により「総合割賦購入あっせん」は「包括信用購入あっせん」と用語変更され，また，信用購入あっせんに関しては，従前の「2ヵ月以上かつ3回以上の分割払い」という割賦要件が廃止され，「2ヵ月以上の後払い」とされたが，書式中の年月日は時系列を記載する関係で上記施行前の年月日のままとした。

書式74 訴状(7)──信販事件＝個別信用購入あっせん

[収入印紙]

訴　状

平成○○年○○月○○日

○○簡易裁判所　御中

　　　　原告代表者代表取締役　　甲　野　太　郎　㊞

〒○○○－○○○○　○○県○○市○○町○丁目○番○号（送達場所）
　　　　原　　　告　　株式会社甲野信販
　　　　上記代表者代表取締役　　甲　野　太　郎
　　　　　　　　　　電　話　○○－○○○－○○○○
　　　　　　　　　　ＦＡＸ　○○－○○○－○○○○
〒○○○－○○○○　○○県○○市○○町○丁目○番○号
　　　　被　　　告　　乙　野　次　郎

立替金請求事件
　訴訟物の価額　　18万円
　ちょう用印紙額　2000円

第1　請求の趣旨
　1　被告は，原告に対し，18万円及びこれに対する平成19年5月31日から支払済みまで年6パーセントの割合による金員を支払え。
　2　訴訟費用は被告の負担とする。
　3　この判決は仮に執行することができる。
　との判決を求める。
第2　紛争の要点（請求の原因）
　1　原告は，信用購入あっせん等を目的とする会社である。
　2　原告は，平成18年4月1日，被告との間で次の約定による立替払契約を締結した。

(1)　原告は，被告が××株式会社から同日購入した下記商品の代金25万円を立替払いする。
　　（商品）　○○○
　(2)　被告は，原告に対し，上記立替金及び手数料5万円の合計金30万円を次のとおり分割して支払う。
　　　平成18年4月から平成20年9月まで毎月25日限り1万円ずつ
　(3)　被告が割賦金の支払を怠り，原告から20日間以上の相当の期間を定めてその支払を書面で催告されたにもかかわらず，その支払をしないときは期限の利益を失う。
3　原告は，平成18年4月5日，××株式会社に対し，前記代金25万円を立替払いした。
4　被告は，平成19年4月25日に支払うべき金員の支払を怠った。
5　原告は，被告に対し，平成19年5月10日到達の書面で，支払期の過ぎた割賦金を20日間以内に支払うように催告した。
6　被告の既払額は12万円である。
7　よって，原告は，被告に対し，立替払契約に基づく立替金及び手数料の残金18万円及びこれに対する期限の利益喪失日の翌日である平成19年5月31日から支払済みまで商事法定利率年6パーセントの割合による遅延損害金の支払を求める。

証拠方法
　1　甲第1号証　　　　立替払契約書
　2　甲第2号証の1　　内容証明郵便
　3　甲第2号証の2　　配達証明書
　4　甲第3号証　　　　領収書

附属書類
　1　訴状副本　　　　　　　　　　　　　　　1通
　2　甲第1号証から第3号証までの写し　　　各1通
　3　商業登記簿謄本（又は現在事項証明書）　1通

〔注〕
1．信用購入あっせん契約の場合，販売店と原告が異なるので，被告に誤解を与えないように売主（販売店）名を記載する。
2．平成21年12月1日施行の改正割賦販売法により「個品割賦購入あっせん」は「個別信用購入あっせん」と用語変更され，また，信用購入あっせんに関しては，従前の「2ヵ月以上かつ3回以上の分割払い」という割賦要件が廃止され，「2ヵ月以上の後払い」とされたが，書式中の年月日は時系列を記載する関係で上記施行前の年月日のままとした。

書式 75　訴状(8)──信販事件＝貸金クレジット

```
┌─────┐
│収　入│
│印　紙│
└─────┘
```

訴　　　状

平成〇〇年〇〇月〇〇日

〇〇簡易裁判所　御中

　　　　　　　原告代表者代表取締役　　甲　野　太　郎　㊞

〒〇〇〇－〇〇〇〇　〇〇県〇〇市〇〇町〇丁目〇番〇号（送達場所）
　　　　　　原　　　　　告　　株式会社 甲野信販
　　　　　上記代表者代表取締役　　甲　野　太　郎
　　　　　　　　電　話　〇〇－〇〇〇－〇〇〇〇
　　　　　　　　ＦＡＸ　〇〇－〇〇〇－〇〇〇〇
〒〇〇〇－〇〇〇〇　〇〇県〇〇市〇〇町〇丁目〇番〇号
　　　　　　被　　　　　告　　乙　野　次　郎

貸金請求事件
　訴訟物の価額　　70万円
　ちょう用印紙額　7000円

第1　請求の趣旨
　1　被告は，原告に対し，70万1938円及び内金70万円に対する平成19年6月29日から支払済みまで年26.28パーセントの割合による金員を支払え。
　2　訴訟費用は被告の負担とする。
　3　この判決は仮に執行することができる。
　との判決を求める。
第2　紛争の要点（請求の原因）
　1　原告は，割賦購入あっせん等を目的とする会社である。
　2　原告は，被告に対し，平成18年9月30日，被告が販売店〇〇株式会社に対して支払うべき商品〇〇の代金90万円を次の約定で貸し渡す旨の契

約を締結し，同販売店に貸付金を交付した。
   (1) 利　　　息　　年18パーセント
   (2) 損　害　金　　年26.28パーセント
   (3) 弁済方法　　平成18年10月から平成20年3月まで毎月25日限り元金5万円及び当月分の利息
   (4) 特　　　約　　被告が上記元利金の支払を怠り，原告から20日間以上の相当の期間を定めてその支払を書面で催告されたにもかかわらず，その支払をしないときは期限の利益を失う。
3　被告は，平成19年5月25日に支払うべき金員の支払を怠った。
4　原告は，被告に対し，平成19年6月8日到達の書面で，支払期の過ぎた元利金を20日以内に支払うように催告した。
5　被告の既払額は別紙計算書（注・省略）のとおり○○万○○○○円である。
6　よって，原告は，被告に対し，次の金員の支払を求める。
   (1) 貸金残金70万円
   (2) 上記(1)に対する期限の利益喪失日の翌日である平成19年6月29日から支払済みまで利息制限法所定の制限内の年26.28パーセントの割合による遅延損害金
   (3) 利息・遅延損害金1938円（平成19年6月28日までの未払利息・遅延損害金）

証拠方法
   1　甲第1号証　　　金銭消費貸借契約書
   2　甲第2号証の1　内容証明郵便
   3　甲第2号証の2　配達証明書
   4　甲第3号証　　　領収書

附属書類
   1　訴状副本　　　　　　　　　　　　　　　1通
   2　甲第1号証から第3号証までの写し　　　各1通
   3　商業登記簿謄本（又は現在事項証明書）　1通

〔注〕
1．貸金クレジットにおける信用の供与や金の流れは，個別信用購入あっせんの立替払型と変わらないが，信販会社の請求は貸金請求であるから，消費貸借契約という法形式に従い，利息制限法の規制を受ける。
2．遅延損害金の率は，商事法定利率（年6パーセント）に制限されることはないが，遅延損害金の請求は，貸金元本についてのみ認められる。

書式76 訴状(9) —— 信販事件＝保証委託クレジット

```
┌─────┐
│収　入│            訴　　　　状
│印　紙│
└─────┘
                                         平成○○年○○月○○日
○○簡易裁判所　御中
              原告代表者代表取締役　　　甲　野　太　郎　㊞
〒○○○－○○○○　○○県○○市○○町○丁目○番○号（送達場所）
              原　　　　　告　　株式会社甲野信販
              上記代表者代表取締役　　　甲　野　太　郎
                     電　話　○○－○○○－○○○○
                     Ｆ　Ａ　Ｘ　○○－○○○－○○○○
〒○○○－○○○○　○○県○○市○○町○丁目○番○号
              被　　　　　告　　乙　野　次　郎
```

立替金請求事件
　訴訟物の価額　　20万0724円
　ちょう用印紙額　3000円

第1　請求の趣旨
　1　被告は，原告に対し，20万0724円及びこれに対する平成19年6月2日から支払済みまで年6パーセントの割合による金員を支払え。
　2　訴訟費用は被告の負担とする。
　3　この判決は仮に執行することができる。
　との判決を求める。

第2　紛争の要点（請求の原因）
　1　原告は，割賦購入あっせん等を目的とする会社である。
　2　被告は，○○株式会社（以下「販売店」という。）からエアコン1台を購入する資金として，平成18年4月1日，株式会社○○銀行（以下「金融機関」という。）から，次の約定で金員を借り受けた。
　　(1)　借受金額　　28万円
　　(2)　利　　息　　年10.5パーセント
　　(3)　損　害　金　年14.6パーセント
　　(4)　弁済方法　　元利金を平成18年4月から平成21年1月まで毎月25日限り1万円宛て（ただし，最終回は○○○○円）元利金の受領を委託された原告に支払う。
　　(5)　特　　約　　被告が元利金の支払を1回でも怠ったときは期限の利益を失う。

3　原告は，次の約定で被告の委託を受け，平成18年4月1日，金融機関に対し，被告の前項の債務について連帯保証した。
　(1)　原告は，被告を代理して前項の借入金を金融機関から受領し，保証委託手数料3万円を控除した25万円を販売店に支払う。
　(2)　被告が前項の元利金の支払を怠り，原告から20日間以上の相当の期間を定めてその支払を書面で催告されたにもかかわらず，その支払をしないときは，被告は原告が金融機関に代位弁済した額を原告に支払う。
4　原告は，金融機関から第2項の借受金を受領し，平成18年4月2日，内金25万円を販売店に支払った。
5　原告は，被告に対し，平成19年5月10日到達の書面で，支払期の過ぎた元利金を20日間以内に支払うように催告した。
6　原告は，平成19年6月1日，金融機関に対し，20万0724円を代位弁済した。
7　よって，原告は，被告に対し，上記代位弁済額20万0724円及びこれに対する代位弁済日の翌日である平成19年6月2日から支払済みまで商事法定利率年6パーセントの割合による遅延損害金の支払を求める。

証拠方法
　1　甲第1号証　　　　金銭消費貸借契約書
　2　甲第2号証　　　　保証委託契約書
　3　甲第3号証の1　　内容証明郵便
　4　甲第3号証の2　　配達証明書
　5　甲第4号証　　　　代位弁済金受領証

附属書類
　1　訴状副本　　　　　　　　　　　　　　　1通
　2　甲第1号証から第4号証までの写し　　　各1通
　3　商業登記簿謄本（又は現在事項証明書）　1通

〔注〕
1．保証委託クレジットには，保証委託手数料相当分も含めて，購入者に金融機関から借り入れさせたうえで，これを一括受領するタイプのものと，購入者が商品等の対価に相当する額を金融機関から借り入れ，これを信販会社経由で分割弁済するとともに，信販会社に対して保証委託手数料を分割払いするタイプのものがあるが，本件は前者の例に該当する。
2．購入者が支払を怠り，信販会社が割賦販売法に従った催告を行って，催告期間満了後に金融機関に対し保証債務の履行として代位弁済をした場合，遅延損害金の起算日は代位弁済日の翌日である。これに対し，信販会社が催告期間満了前に代位弁済をした場合は，催告期間を経過しないと求償権を行使できないので，催告期間満了日の翌日が起算日になる。

書式 77 訴状(10)——信販事件＝リボルビング取引
（残高スライド定額方式による信用購入あっせんの場合）

　　　　　　　　　　　　訴　　　状

収入印紙

　　　　　　　　　　　　　　　　　　　　平成○○年○○月○○日

○○簡易裁判所　御中

　　　　　　　　原告代表者代表取締役　　甲　野　太　郎　㊞

〒○○○－○○○○　○○県○○市○○町○丁目○番○号（送達場所）
　　　　　　　　原　　　　　告　　株式会社甲野信販
　　　　　　　　上記代表者代表取締役　　甲　野　太　郎
　　　　　　　　　　　　電　話　○○－○○○－○○○○
　　　　　　　　　　　　ＦＡＸ　○○－○○○－○○○○
〒○○○－○○○○　○○県○○市○○町○丁目○番○号
　　　　　　　　被　　　　　告　　乙　野　次　郎

立替金請求事件
　　訴訟物の価額　　20万4885円
　　ちょう用印紙額　3000円

第1　請求の趣旨
　1　被告は，原告に対し，20万4885円及び内金19万1487円に対する平成19年6月29日から支払済みまで年14.6パーセントの割合による金員を支払え。
　2　訴訟費用は被告の負担とする。
　3　この判決は仮に執行することができる。
　との判決を求める。
第2　紛争の要点（請求の原因）
　1　原告は，信用購入あっせん等を目的とする会社である。
　2　原告は，平成18年4月1日，被告との間で，次の内容のカード会員契約を締結した。
　　(1)　原告は，被告に対し，○○カード（以下「カード」という。）を交付し，被告は，原告の加盟店において，カードを提示して物品を購入し，又はサービスの提供を受けることができる。

(2) 被告がカードを利用したときは，原告はその利用代金を加盟店に立替払いする。
(3) 被告は，原告に対し，カード利用代金を毎月末日に締め切り，締切日の利用代金の残高に応じて下記に定める支払額を翌月25日に支払うものとし，当該額には締切日の利用代金の残高に対する月1パーセントの手数料を含むものとする。なお，利用残高に手数料を加算した額が5000円未満となった場合は，残金を一括して支払う。

利 用 残 高	月々の支払額
10万円未満	1万円
10万円以上	2万円

(4) 被告が割賦金の支払を怠り，原告から20日間以上の相当の期間を定めてその支払を書面で催告されたにもかかわらず，その支払をしないときは期限の利益を失う。
(5) 遅延損害金は年14.6パーセントの割合とする。
3 被告はカードを別表（注・省略）のとおり利用し，その利用代金の合計は，58万1885円（うち手数料は5万9825円）である。
4 原告は，加盟店に対し，被告の前項の利用代金をその都度立替払いした。
5 原告は，被告に対し，平成19年6月8日到達の書面で，支払期の過ぎた割賦金と手数料を20日間以内に支払うように催告した。
6 被告の既払額は37万7000円である。
7 よって，原告は，被告に対し，次の金員の支払を求める。
(1) 弁済金（利用代金）　19万1487円
(2) 未払手数料　　　　　1万3398円
(3) 上記(1)に対する期限の利益喪失日の翌日である平成19年6月29日から支払済みまで約定の年14.6パーセントの割合による遅延損害金

証拠方法
1　甲第1号証　　　カード会員契約書
2　甲第2号証の1　内容証明郵便
3　甲第2号証の2　配達証明書
4　甲第3号証　　　領収書

附属書類
1　訴状副本　　　　　　　　　　　　　　1通
2　甲第1号証から第3号証までの写し　　各1通
3　商業登記簿謄本（又は現在事項証明書）　1通

〔注〕
1. リボルビング方式割賦販売型には，定額リボルビング方式，定率リボルビング方式，残額スライドリボルビング方式の類型があるが，本件は，あらかじめ債務の残額をいくつかのランクに分け，各ランクごとに一定の支払額を定めておく残額スライドリボルビング方式の例である。
2. リボルビング方式の場合は，利率について商事法定利率年6パーセントに制限される割賦販売法6条の適用はないが，割賦販売業者と購入者間の割賦販売契約には消費者契約法（平成13年4月1日施行）が適用されるので，年利14.6パーセントを超える損害賠償の予定額は無効とされる（消契9条2号）。
3. 平成21年12月1日施行の改正割賦販売法により「割賦購入あっせん」は「信用購入あっせん」と用語変更されたが，書式中の年月日は時系列を記載する関係で上記施行前の年月日のままとした。

書式78　訴状(11) —— 売掛代金

```
┌──────┐
│収　入│
│印　紙│
└──────┘
```

訴　　状

平成○○年○○月○○日

○○簡易裁判所　御中

　　　　　原告代表者代表取締役　　甲　野　太　郎　㊞

〒○○○－○○○○　○○県○○市○○町○丁目○番○号（送達場所）
　　　　　原　　　告　　　株式会社甲野信販
　　　　　上記代表者代表取締役　　甲　野　太　郎
　　　　　　　　　　　　電　話　○○－○○○－○○○○
　　　　　　　　　　　　ＦＡＸ　○○－○○○－○○○○
〒○○○－○○○○　○○県○○市○○町○丁目○番○号
　　　　　被　　　告　　　株式会社乙野電気
　　　　　上記代表者代表取締役　　乙　野　次　郎

売掛代金請求事件
　　訴訟物の価額　　80万円
　　ちょう用印紙額　8000円

第1　請求の趣旨
　1　被告は，原告に対し，80万円及びこれに対する平成19年5月26日から支払済みまで年6パーセントの割合による金員を支払え。
　2　訴訟費用は被告の負担とする。
　3　この判決は仮に執行することができる。
　との判決を求める。
第2　紛争の要点（請求の原因）
　1　原告は，電気器具の卸売を業とする会社である。
　2　被告は，電気器具の販売を業とする会社である。
　3　原告はと被告は，平成19年1月22日，次のとおりの基本取引契約を締結した。
　　(1)　取引対象　　家電製品

(2) 決済方法　　毎月末日締切　翌月25日支払
4　原告は，被告に対し，平成19年2月1日から同年4月末日までの間，○○等の家電製品を別表のとおり合計200万円で売り渡した。
5　被告は，原告に対し，平成19年5月25日までに別表のとおり120万円を支払ったのみで，その余の支払をしない。
6　よって，原告は，被告に対し，売買契約に基づく売買代金残金80万円及びこれに対する最終弁済期の翌日である平成19年5月26日から支払済みまで商事法定利率年6パーセントの割合による遅延損害金の支払を求める。

（別表）

年月日	製　品	数　量	金　　額	支払額
H19.2.13	○○○	○	350,000	350,000
H19.2.22	○○○	○	450,000	450,000
H19.3.16	○○○	○	700,000	400,000
H19.4.15	○○○	○	500,000	0
合　　計			2,000,000	1,200,000

証拠方法
　1　甲第1号証　　　　　　売買契約基本契約証書
　2　甲第2号証の1から4　　請求書控え
　3　甲第3号証の1から4　　納品書

附属書類
　1　訴状副本　　　　　　　　　　　　　　　1通
　2　甲第1号証から第3号証の4までの写し　各1通
　3　商業登記簿謄本（又は現在事項証明書）　2通

〔注〕
1．売買契約は，売買の日，商品及び代金で特定することが必要であるが，継続的取引関係にあるときは，本書式のように別表を引用するのが便宜である。
2．売買代金の支払につき，履行期が徒過した場合には，代金請求に附帯して履行遅滞に基づく遅延損害金を請求することができる。遅延損害金の利率について定めがある場合には，請求の原因中でその主張をする必要がある。遅延損害金の利率について定めがなく，商事法定利率（年6パーセント）によるときは，当該行為が商行為であることを主張する必要があるが，商人がその営業のためにする行為は商行為であるとともに（商503条1項），商人の行為は営業のためにするものと推定されるから（商503条2項），原告又は被告が商人であることが記載されていれば足りる。

書式79　訴状(12)──請負代金

```
┌─────────┐
│ 収　入　 │
│ 印　紙　 │
└─────────┘
```

　　　　　　　　　　　　訴　　　　状

　　　　　　　　　　　　　　　　　　　　平成〇〇年〇〇月〇〇日
〇〇簡易裁判所　御中
　　　　　　　原告代表者代表取締役　　　甲　野　太　郎　㊞

　〒〇〇〇－〇〇〇〇　〇〇県〇〇市〇〇町〇丁目〇番〇号（送達場所）
　　　　　　　原　　　　　告　　株式会社甲野工務店
　　　　　　　上記代表者代表取締役　　　甲　野　太　郎
　　　　　　　　　　　　電　話　〇〇－〇〇〇－〇〇〇〇
　　　　　　　　　　　　ＦＡＸ　〇〇－〇〇〇－〇〇〇〇
　〒〇〇〇－〇〇〇〇　〇〇県〇〇市〇〇町〇丁目〇番〇号
　　　　　　　被　　　　　告　　乙　野　次　郎

請負代金請求事件
　　訴訟物の価額　　70万円
　　ちょう用印紙額　7000円

第1　請求の趣旨
　1　被告は，原告に対し，70万円及びこれに対する平成19年7月21日から支払済みまで年6パーセントの割合による金員を支払え。
　2　訴訟費用は被告の負担とする。
　3　この判決は仮に執行することができる。
　との判決を求める。
第2　紛争の要点（請求の原因）
　1　原告は，建築等を業とする会社である。
　2　原告は，平成19年4月15日，被告から次のとおりのリフォーム工事の注文を受けた。
　　(1)　工　事　名　　乙野邸外回りリフォーム工事
　　(2)　施　行　場　所　　〇〇市〇〇町〇丁目〇番〇号

(3) 請 負 代 金　　70万円
　　　(4) 支 払 方 法　　引渡後，翌月20日払い
　　　(5) 工　　　　期　　平成19年5月1日から同年6月10日まで
　　　(6) 引渡予定日　　平成19年6月10日
　3　原告は，上記工事を完成し，平成19年6月10日，被告に引き渡した。
　4　被告は，平成19年7月20日を過ぎても何らの支払をしない。
　5　よって，原告は，被告に対し，請負契約に基づく請負代金70万円及び
　　これに対する弁済期の翌日である平成19年7月21日から支払済みまで商
　　事法定利率年6パーセントの割合による遅延損害金の支払を求める。

証拠方法
　1　甲第1号証　　　見積書
　2　甲第2号証　　　工事日誌
　3　甲第3号証　　　請求書

附属書類
　1　訴状副本　　　　　　　　　　　　　　　1通
　2　甲第1号証から第3号証までの写し　　各1通
　3　商業登記簿謄本（又は現在事項証明書）　1通

〔注〕
1．請負代金の支払時期については，目的物の引渡しを要する請負については引渡しと同時に，引渡しを要しないものについては仕事完成のときに報酬を支払うべきものとされる。しかし，報酬前払いの特約も，完成後の一定期間経過後の支払特約も有効である。
2．請負業務が商法502条5号の「作業又は労務の請負」に該当するときは，営業的商行為となり，遅延損害金の利率は特約がない場合にも商事法定利率（年6パーセント）になる。

書式80　訴状(13) —— 賃金

```
┌─────────┐
│ 収　入  │
│ 印　紙  │
└─────────┘
```

　　　　　　　　　　　　　訴　　　状

　　　　　　　　　　　　　　　　　　　平成○○年○○月○○日

○○簡易裁判所　御中

　　　　　　　　　原　　　告　　甲　野　太　郎　㊞

　〒○○○－○○○○　○○県○○市○○町○丁目○番○号（送達場所）
　　　　　　　　　原　　　告　　甲　野　太　郎
　　　　　　　　　　電　話　○○－○○○－○○○○
　　　　　　　　　　ＦＡＸ　○○－○○○－○○○○
　〒○○○－○○○○　○○県○○市○○町○丁目○番○号
　　　　　　　　　被　　　告　　株式会社乙野運送
　　　　　　　　　上記代表者代表取締役　　乙　野　次　郎

賃金請求事件
　　訴訟物の価額　　20万6250円
　　ちょう用印紙額　3000円

第1　請求の趣旨
　1　被告は，原告に対し，20万6250円及び内金10万9375円に対する平成19年8月11日から平成19年8月31日まで年6パーセント，平成19年9月1日から支払済みまで年14.6パーセントの各割合，内金9万6875円に対する平成19年9月11日から支払済みまで年14.6パーセントの割合による各金員を支払え。
　2　被告は，原告に対し，20万6250円及びこれに対する本判決確定の日の翌日から支払済みまで年5パーセントの割合による金員を支払え。
　3　訴訟費用は被告の負担とする。
　4　この判決は第1項につき仮に執行することができる。
　との判決を求める。
第2　紛争の要点（請求の原因）

1 被告は，一般貨物自動車運送を業とする会社である。
2 原告は，平成19年6月1日，次の約定で被告に雇用され，以後，運送業務に従事していた。
　(1) 勤 務 時 間　　午前9時から午後6時
　(2) 給与の支払日　　毎月末日締切　翌月10日支払
　(3) 基 本 　給　　月額20万円
　(4) 所 定 休 日　　土曜日，日曜日，祝祭日，年末年始，夏期休日
3 原告は，平成19年7月1日から同年8月31日までの間，次のとおり時間外労働を行った（休日労働及び深夜労働の該当はない。）が，被告は時間外手当の支払をしない。

	所定労働時間	実労働時間	時間外労働
7月	160時間	230時間	70時間
8月	176時間	238時間	62時間
計			132時間

4 原告は，平成19年8月31日に退職した。
5 原告の給与の額は，平成19年7月分から8月分まで，いずれも次のとおりであった。
　　　基 本 給　月額20万円
　　　家族手当　月額2万円
　　　通勤手当　月額1万2000円
6 上記5のうち，割増賃金の算定基礎から，家族手当，通勤手当は除外されるので，原告の月額の算定基礎となる賃金は20万円である。また，平成19年度の原告の所定労働日が240日であるから，1ヵ月の平均所定労働時間は次のとおりである。
　　　240日×8時間÷12＝160時間
　　また，原告の割増賃金算定の基礎となる基準賃金（1時間当たりの賃金）は次のとおり算出される。
　　　20万円÷160時間＝1250円
7 したがって，原告の受けるべき割増賃金額は次の合計の20万6250円となる。
　　　7月分　1250円×70時間×1.25＝10万9375円
　　　8月分　1250円×62時間×1.25＝9万6875円
8 よって，原告は，被告に対し，賃金支払請求権に基づき，未払割増賃金20万6250円及び内金10万9375円に対する平成19年8月11日から平成19年8月31日まで商事法定利率年6パーセント，平成19年9月1日から支払済まで賃金の支払の確保等に関する法律6条1項による年14.6パーセントの各割合による遅延損害金，内金9万6875円に対する平成19年9

月11日から支払済みまで賃金の支払の確保等に関する法律6条1項による年14.6パーセントの割合による遅延損害金，並びに労働基準法114条に基づく付加金として20万6250円及びこれに対する本判決確定の日の翌日から支払済みまで民法所定の年5パーセントの割合による遅延損害金の支払を求める。

証拠方法
1　甲第1号証　　　　　　　雇用契約書
2　甲第2号証の1から2　　給与明細書
3　甲第3号証の1から4　　タイムカード

附属書類
1　訴状副本　　　　　　　　　　　　　　1通
2　甲第1号証から第3号証の4までの写し　各1通
3　商業登記簿謄本（又は現在事項証明書）　1通

〔注〕
1．本件は，時間外労働による割増賃金を請求するとともに，労働基準法114条に基づく付加金を請求する例である。
2．時間外労働による割増賃金は，基準賃金（1時間当たりの賃金）に時間外労働の時間数と割増率を乗じて算定することになるが，月給制の場合の基準賃金は，通常，月によって所定労働時間数（労働契約や就業規則によって定められた就労時間数）が異なるので，1年間における1ヵ月の平均所定労働時間数で月給額を除すとされている。
3．賃金債務の遅延損害金の利率は，商事法定利率により年6パーセントであるが，労働者が退職している場合は，退職の日（退職日以降に支払期日が到来する賃金にあっては，当該支払期日）の翌日から年14.6パーセントを請求することができる（賃金の支払の確保等に関する法律6条1項，同施行令1条）。
4．労働基準法114条に基づく付加金は，同法20条（解雇予告手当金），同法37条（時間外，休日及び深夜の割増賃金）などの規定に違反した使用者に対し，裁判所が労働者の請求により，本来支払うべき金額の未払金と同額の付加金の支払を裁量で命ずることができるとするものである。付加金は，判決確定後に初めて支払義務が発生するものであり，仮執行宣言を付することはできず，遅延損害金は判決確定の日の翌日から民法所定の年5パーセントによるものとされている。なお，付加金が訴額に含まれるか否かについては，見解が統一されていない面があるが，本例では，附帯請求として訴額に算入しない取扱いをした。

書式81 訴状(14) —— 退職手当金

[収入印紙]

訴　状

平成○○年○○月○○日

○○簡易裁判所　御中

　　　　　　　　　原　　告　　甲　野　太　郎　㊞
〒○○○－○○○○　○○県○○市○○町○丁目○番○号（送達場所）
　　　　　　　　　原　　告　　甲　野　太　郎
　　　　　　　　　　　電　話　○○－○○○－○○○○
　　　　　　　　　　　ＦＡＸ　○○－○○○－○○○○
〒○○○－○○○○　○○県○○市○○町○丁目○番○号
　　　　　　　　　被　　告　　株式会社乙野自工
　　　　　　上記代表者代表取締役　　乙　野　次　郎

退職金請求事件
　　訴訟物の価額　　118万9500円
　　ちょう用印紙額　　1万1000円

第1　請求の趣旨
　1　被告は，原告に対し，118万9500円及びこれに対する平成19年11月16日から支払済みまで年6パーセントの割合による金員を支払え。
　2　訴訟費用は被告の負担とする。
　3　この判決は仮に執行することができる。
　との判決を求める。
第2　紛争の要点（請求の原因）
　1　被告は，車の修理等を業とする会社である。
　2　原告は，平成10年6月21日から平成19年9月25日までの間，被告の従業員として勤務した。
　3　被告の退職金規程では，退職時における基本給に勤務年数に応じて定められた率を乗じて算出した退職金を支給するとされている。

4　原告の退職時の基本給の額は19万5000円，在職年数は9年であり，上記の退職金規程では，自己都合支給率は4.1，会社都合率は6.1と定められている。
5　原告は，業務上の傷病により退職するに至ったので，会社都合の退職に該当し，退職金の支給率は6.1となるものである。したがって，原告の退職金は次のとおり算定される。
　　　19万5000円×6.1＝118万9500円
6　被告の退職金規程には，退職金の支払期日についての定めがなかったので，原告は，被告に対し，平成19年11月15日到達の内容証明郵便により，退職金118万9500円の支払を求めたが，被告からは何らの支払がされない。
7　よって，原告は，被告に対し，退職金118万9500円及びこれに対する請求日の翌日である平成19年11月16日から支払済みまで商事法定利率年6パーセントの割合による遅延損害金の支払を求める。

証拠方法
1　甲第1号証　　雇用保険受給資格者証
2　甲第2号証　　雇用保険被保険者離職証明書
3　甲第3号証　　退職金規程
4　甲第4号証　　給与明細書

附属書類
1　訴状副本　　　　　　　　　　　　　1通
2　甲第1号証から第4号証までの写し　　各1通
3　商業登記簿謄本（又は現在事項証明書）　1通

〔注〕
1．退職金につき就業規則等に支払期限の定めがない場合には，退職後に労働者から請求があれば，それにより遅滞に陥ることになる（民412条3項）。労働基準法23条1項は，使用者に退職金（後払の賃金）の支払を7日間猶予しているが，これは使用者側の抗弁事実と解し，労働者としては請求日の翌日から遅延損害金の請求ができると解されている。
2．遅延損害金については，退職金も賃金としての性質を有するから，商事法定利率の年6パーセントによって算出される。

書式 82　訴状(15) —— 取立権に基づく取立金

```
┌─────┐
│収　入│
│印　紙│
└─────┘
```

　　　　　　　　　　　訴　　　状

　　　　　　　　　　　　　　　　　　　　平成○○年○○月○○日
○○簡易裁判所　御中
　　　　　　　　原告代表者代表取締役　　甲　野　太　郎　㊞

〒○○○－○○○○　○○県○○市○○町○丁目○番○号（送達場所）
　　　　　　　原　　　　　告　　株式会社甲野商事
　　　　　　　上記代表者代表取締役　　甲　野　太　郎
　　　　　　　　　　　電　話　○○－○○○－○○○○
　　　　　　　　　　　ＦＡＸ　○○－○○○－○○○○
〒○○○－○○○○　○○県○○市○○町○丁目○番○号
　　　　　　　被　　　　　告　　株式会社乙野電気
　　　　　　　上記代表者代表取締役　　乙　野　次　郎

取立金請求事件
　　訴訟物の価額　　42万7263円
　　ちょう用印紙額　5000円

第1　請求の趣旨
　1　被告は，原告に対し，42万7263円を支払え。
　2　訴訟費用は被告の負担とする。
　3　この判決は仮に執行することができる。
　との判決を求める。
第2　紛争の要点（請求の原因）
　1　後記2の差押命令の記載の債務者○○○○（以下「執行債務者」という。）は，同命令が被告に送達された日以前から被告に雇用されて勤務しているが，その給料の手取り月額（基本給に通勤手当を除く諸手当を加えたものから，給与所得税，住民税，社会保険料を控除した残額）は少なくとも24万円である。
　2　原告は，執行債務者の被告に対する債権のうち，別紙差押債権目録（注・省略）記載の部分について平成19年7月6日に差押命令（○○地

方裁判所平成19年（ル）第○○○号）を得たところ，その命令は，第三債務者である被告に対しては平成19年7月9日に，執行債務者に対しては平成19年7月12日に，それぞれ送達されたので，原告は，執行債務者に対する送達後1週間の経過により，被差押債権につき取立権を取得した。
3　前記差押命令による被差押債権の範囲と数額は次のとおりである。この計算は，最後に発生した債権以外は，いずれも前記手取額を元にして前記差押債権目録の記載によって差押部分を算出し，最後の債権の差押部分は，同目録記載の差押限度額から既に発生した債権の差押額を控除した残額で，同目録記載の債権別の差押部分に相当する額より少ない額である。

　　　平成19年　　7月分　　24万円中の6万円
　　　平成19年　　8月分　　24万円中の6万円
　　　平成19年　　9月分　　24万円中の6万円
　　　平成19年　10月分　　24万円中の6万円
　　　平成19年　11月分　　24万円中の6万円
　　　平成19年　12月分　　24万円中の6万円
　　　平成20年　　1月分　　24万円中の6万円
　　　平成20年　　2月分　　24万円中の7263円
　　　　　　（合計42万7263円）

4　原告が未だ支払を受けていない執行債権及び執行費用の合計額は42万7263円である。
5　よって，原告は，被告に対し，取立権に基づき前記被差押債権に対する弁済として，上記4の金額の範囲内である42万7263円の支払を求める。

証拠方法
　　1　甲第1号証　　　債権差押命令正本
　　2　甲第2号証　　　送達通知書

附属書類
　　1　訴状副本　　　　　　　　　　　　　　　1通
　　2　甲第1号証から第2号証までの写し　　　各1通
　　3　商業登記簿謄本（又は現在事項証明書）　2通

〔注〕
1．取立訴訟の訴訟物は，差し押さえられた債権である賃金（給与）請求権であるが，給与債権などの継続的給付を目的とする債権の場合は，遅延損害金は差押えの対象とならないと考えられている。したがって，差押えの効力の生じる対象は元本債権のみであり，遅延損害金の請求はできないことになる。

書式83 訴状(16)――不当利得金

[収入印紙]

訴　　状

平成○○年○○月○○日
○○簡易裁判所　御中

　　　　　　　原　　　告　　甲　野　太　郎　㊞

〒○○○－○○○○　○○県○○市○○町○丁目○番○号（送達場所）
　　　　　　　原　　　告　　甲　野　太　郎
　　　　　　　　　　　電　話　○○－○○○－○○○○
　　　　　　　　　　　ＦＡＸ　○○－○○○－○○○○
〒○○○－○○○○　○○県○○市○○町○丁目○番○号
　　　　　　　被　　　告　　株式会社乙野金融
　　　　　　　上記代表者代表取締役　　乙　野　次　郎

不当利得返還請求事件
　訴訟物の価額　　42万2322円
　ちょう用印紙額　5000円

第1　請求の趣旨
　1　被告は、原告に対し、42万2322円及びこれに対する平成19年9月21日から支払済みまで年5パーセントの割合による金員を支払え。
　2　訴訟費用は被告の負担とする。
　3　この判決は仮に執行することができる。
　との判決を求める。
第2　紛争の要点（請求の原因）
　1　被告は、消費者を顧客として貸金を業とする会社である。
　2　原告は、平成12年6月13日、被告から金員を借り受け、平成19年9月20日に至るまで、別紙計算書（注・省略）の「年月日」欄、「借入額」欄、「返済額」欄に記載のとおり金銭消費貸借取引を行ってきた。なお、

別紙計算書は，被告から開示された原告と被告との間の取引経過に基づき作成した。
3　原告は，被告との金銭消費貸借取引において，利息制限法制限利率を超える利率により計算された利息の弁済を行ってきた。これを利息制限法所定の制限利率に従って計算すると，別紙計算書のとおり原告の被告に対する過払いが発生しており，被告は法律上の原因なくしてこれを利得している。
4　被告は，この利得が法律上の原因に基づかないことを知っていたので，悪意の受益者として，その受けた利益に利息を付して返還することを要する。
5　よって，原告は，被告に対し，次の金員の支払を求める。
(1)　過払元金42万2322円
(2)　上記(1)に対する利得の日の翌日である平成19年9月21日から支払済みまで民法所定の年5パーセントの割合による利息

証拠方法
1　甲第1号証　　取引履歴照合表（被告作成）
2　甲第2号証　　法定金利計算書（原告作成）
3　甲第3号証　　内容証明郵便（過払金返還請求通知書）

附属書類
1　訴状副本　　　　　　　　　　　　　　1通
2　甲第1号証から第3号証までの写し　　各1通
3　商業登記簿謄本（又は現在事項証明書）　1通

〔注〕
1．借入れと弁済が繰り返されているときは，その経過がわかるように計算書を作成し，別紙として訴状に添付する。
2．貸金業者が取引経過のすべてを明らかにしない場合は，「なお，別紙計算書は，平成○年○月○日以降のものについては被告から開示された原・被告間の取引経過により，それ以前のものについては原告の記憶に基づき作成した。」などと記載する方法が考えられる。

書式 84　訴状(17)——交通事故に基づく損害賠償金

```
┌─────────┐
│ 収　入　│                訴　　　状
│ 印　紙　│
└─────────┘
                                           平成〇〇年〇〇月〇〇日
〇〇簡易裁判所　御中
                    原　　　告　　　甲　野　太　郎　㊞
　〒〇〇〇－〇〇〇〇　〇〇県〇〇市〇〇町〇丁目〇番〇号（送達場所）
                    原　　　告　　　甲　野　太　郎
                        電　話　〇〇－〇〇〇－〇〇〇〇
                        Ｆ Ａ Ｘ　〇〇－〇〇〇－〇〇〇〇
　〒〇〇〇－〇〇〇〇　〇〇県〇〇市〇〇町〇丁目〇番〇号
                    被　　　告　　　乙　野　次　郎
　〒〇〇〇－〇〇〇〇　〇〇県〇〇市〇〇町〇丁目〇番〇号
                    被　　　告　　　株式会社丙野運輸
                    上記代表者代表取締役　　丙　野　三　郎
```

損害賠償請求事件（交通事故）
　　訴訟物の価額　　43万508円
　　ちょう用印紙額　5000円

第1　請求の趣旨
　1　被告らは，原告に対し，連帯して43万508円及びこれに対する平成19年9月20日から支払済みまで年5パーセントの割合による金員を支払え。
　2　訴訟費用は被告らの負担とする。
　3　この判決は仮に執行することができる。
　との判決を求める。
第2　紛争の要点（請求の原因）
　1　原告と被告乙野次郎（以下「被告乙野」という。）との間で次の交通事故が発生した。
　　(1)　発生日時　　平成19年9月20日午後4時ころ
　　(2)　発生場所　　〇〇市〇〇町〇丁目〇番地先交差点
　　(3)　原告車両　　普通乗用自動車（〇〇300あ〇〇〇〇）
　　(4)　被告車両　　普通貨物自動車（〇〇100い〇〇〇〇）
　2　事故の態様
　　　原告の運転する原告車両が，〇道〇号線を東から西に進行し，信号機のない交差点に差し掛かったため，原告車両は徐行して交差点に進入し

たところ，交差する道路を左方から進行してきた被告乙野が運転する被告車両が，一時停止及び安全確認をしないまま直進してきて，その右前部を原告車両の左前部に衝突させた。事故の状況は別紙図面（注・省略）のとおりである。
3　被告の過失
　　被告乙野の走行していた道路には，交差点の手前に一時停止の標識があるにもかかわらず，被告は，一時停止を怠り，かつ，安全確認をしないまま交差点に進入した過失がある。
4　原告に生じた損害及び因果関係
　　本件事故により，原告の所有する原告車両には次の損害（合計43万508円）が生じた。
　　　修理代金　　　　38万5508円
　　　代車使用料　　　4万5000円（1日3000円×15日分）
5　使用者責任
　　被告乙野は，被告株式会社丙野運輸（以下「被告会社」という。）の従業員であり，本件事故は，被告会社の業務執行中に発生したものである。
6　よって，原告は，被告乙野に対し，民法709条に基づく損害賠償として，被告会社に対し，民法715条に基づく損害賠償として，連帯して，43万508円及びこれに対する不法行為の日である平成19年9月20日から支払済みまで年5パーセントの割合による遅延損害金の支払を求める。

証拠方法
　　1　甲第1号証　　　　　交通事故証明書
　　2　甲第2号証　　　　　車の修理代金見積書
　　3　甲第3号証　　　　　代車使用料見積書
　　4　甲第4号証の1から7　車の損傷部分の写真
　　5　甲第5号証　　　　　事故現場の写真

附属書類
　　1　訴状副本　　　　　　　　　　　　　　　2通
　　2　甲第1号証から第5号証までの写し　　　　各2通
　　3　商業登記簿謄本（又は現在事項証明書）　　1通

〔注〕
1．物損については自動車損害賠償保障法3条の適用がないから，会社が損害賠償の責を負うためには，使用者責任（民715条）の要件を備える必要がある。
2．遅延損害金の起算日は，不法行為の日とする見解と不法行為の翌日とする見解があるが，本件は前者の見解によっている。なお，遅延損害金の利率は，民法所定の年5パーセントである。

書式 85　訴状(18)——約束手形金（一般の場合）

```
┌─────┐
│ 収 入 │
│ 印 紙 │
└─────┘
```

　　　　　　　　　　　訴　　　状

　　　　　　　　　　　　　　　　　　　平成○○年○○月○○日
○○簡易裁判所　御中

　　　　　　　原告代表者代表取締役　　甲　野　太　郎　㊞

〒○○○－○○○○　○○県○○市○○町○丁目○番○号（送達場所）
　　　　　　　原　　　　　告　　株式会社甲野商事
　　　　　　　上記代表者代表取締役　　甲　野　太　郎
　　　　　　　　　　　電　話　○○－○○○－○○○○
　　　　　　　　　　　ＦＡＸ　○○－○○○－○○○○
〒○○○－○○○○　○○県○○市○○町○丁目○番○号
　　　　　　　被　　　　　告　　株式会社乙野商事
　　　　　　　上記代表者代表取締役　　乙　野　次　郎
〒○○○－○○○○　○○県○○市○○町○丁目○番○号
　　　　　　　被　　　　　告　　株式会社丙野商事
　　　　　　　上記代表者代表取締役　　丙　野　三　郎

約束手形金請求事件
　　訴訟物の価額　　　130万円
　　ちょう用印紙額　　1万2000円

第1　請求の趣旨
　1　被告らは，原告に対し，合同して130万円及びこれに対する平成19年10月30日から支払済みまで年6パーセントの割合による金員を支払え。
　2　訴訟費用は被告らの負担とする。
　3　この判決は仮に執行することができる。
　との手形判決を求める。
第2　紛争の要点（請求の原因）
　1　原告は，別紙手形目録記載の約束手形1通（以下「本件手形」という。）を所持している。
　2　被告株式会社乙野商事は，本件手形を振り出した。
　3　被告株式会社丙野商事は，拒絶証書作成義務を免除して，本件手形に裏書をした。

4 原告は，本件手形を満期に支払場所に呈示したが，その支払を拒絶された。
   5 よって，原告は，被告らに対し，合同して本件手形金130万円及びこれに対する満期の日である平成19年10月30日から支払済みまで手形法所定の年6パーセントの割合による利息金の支払を求める。

証拠方法
   1 甲第1号証の1　　約束手形（表面）
   2 甲第1号証の2　　約束手形（裏面）
   3 甲第1号証の3　　手形の不渡り付箋

附属書類
   1 訴状副本　　　　　　　　　　　　　　2通
   2 甲第1号証の1から3までの写し　　　　各2通
   3 商業登記簿謄本（又は現在事項証明書）　3通

（別紙）

　　　　　　　　　　　手　形　目　録

　　　金　　　額　　　130万円
　　　満　　　期　　　平成19年10月30日
　　　支　払　場　所　株式会社〇〇銀行〇〇支店
　　　支　払　地　　　〇〇市
　　　振　出　地　　　〇〇市
　　　振　出　日　　　平成19年7月30日
　　　振　出　人　　　株式会社乙野商事
　　　受　取　人　　　株式会社丙野商事
　　　第1裏書人　　　同　上（支払拒絶証書作成義務免除）
　　　第1被裏書人　　白地

〔注〕
 1．この書式は，約束手形の所持人から振出人及び裏書人に対して請求する例である。
 2．手形法13条2項では，裏書は被裏書人を指定しないですることができると定めており，被裏書人欄に被裏書人の氏名を記載しないで空白にした裏書も，完成した裏書であることになる。本件では，第1被裏書人欄が白地になっているが，このような白地式裏書を受けた手形所持人は，自ら権利を行使する場合でも，自己の氏名を補充し又は補充しないで権利を行使することができる。

書式86 訴状(19)──土地所有権移転登記手続

収入印紙

訴　状

平成〇〇年〇〇月〇〇日

〇〇簡易裁判所　御中

　　　　　　　原　　　　告　甲　野　太　郎　㊞
〒〇〇〇-〇〇〇〇　〇〇県〇〇市〇〇町〇丁目〇番〇号（送達場所）
　　　　　　　原　　　　告　甲　野　太　郎
　　　　　　　　　電　話　〇〇-〇〇〇-〇〇〇〇
　　　　　　　　　ＦＡＸ　〇〇-〇〇〇-〇〇〇〇
〒〇〇〇-〇〇〇〇　〇〇県〇〇市〇〇町〇丁目〇番〇号
　　　　　　　被　　　　告　乙　野　花　子
〒〇〇〇-〇〇〇〇　〇〇県〇〇市〇〇町〇丁目〇番〇号
　　　　　　　被　　　　告　乙　野　次　郎

土地所有権移転登記手続請求事件
　　訴訟物の価額　　75万円
　　ちょう用印紙額　8000円

第1　請求の趣旨
　1　被告らは，原告に対し，別紙物件目録記載の土地につき，昭和50年9月1日の時効取得を原因とする所有権移転登記手続をせよ。
　2　訴訟費用は被告らの負担とする。
　との判決を求める。
第2　紛争の要点（請求の原因）
　1　原告は，別紙物件目録記載の土地（以下「本件土地」という。）を，昭和50年9月1日以降占有している。
　2　その後，平成7年9月1日を経過した。

3　本件土地は，乙野一郎名義で所有権の登記がされている。
　4(1)　乙野一郎は，平成3年10月10日に死亡した。
　　(2)　被告乙野花子は，亡乙野一郎の配偶者，被告乙野次郎は，亡乙野一郎の子である。
　　5　原告は，被告らに対し，平成20年7月1日到達の内容証明郵便により，本件土地につき取得時効を援用する意思表示をした。
　　6　よって，原告は，被告らに対し，本件土地につき，所有権に基づき昭和50年9月1日の時効取得を原因とする所有権移転登記手続を求める。

証拠方法
　1　甲第1号証　　　　　　全部事項証明書（土地）
　2　甲第2号証の1，2　　　内容証明郵便
　3　甲第3号証の1，2　　　配達証明書
　4　甲第4号証の1　　　　 戸籍謄本（被告乙野花子分）
　5　甲第4号証の2　　　　 戸籍謄本（被告乙野次郎分）

附属書類
　1　訴状副本　　　　　　　　　　　　　　2通
　2　甲第1号証から第4号証の2までの写し　各2通
　3　固定資産評価証明書　　　　　　　　　1通

（別紙）

　　　　　　　　　　物　　件　　目　　録

　　　所　在　　〇〇市〇〇町〇丁目
　　　地　番　　〇〇番〇
　　　地　目　　〇〇
　　　地　積　　〇〇平方メートル

〔注〕
　1．本件は，20年の占有による取得時効を主張する例である。なお，登記原因の日付は，占有開始の日とするのが実務である。
　2．本件の登記義務は，不可分債務であり，相続人が数人いるとしても各人に全部義務があるので，他に相続人がいないことについて原告には立証責任はないが，その場合，法務局の登記手続の関係では，相続関係を示す書類等の提出があらためて必要になることに留意する必要がある。

書式87　訴状⑳ —— 建物明渡し

　　　　　　　　　　訴　　　状

|収　入|
|印　紙|

　　　　　　　　　　　　　　　　　　　平成〇〇年〇〇月〇〇日
〇〇簡易裁判所　御中
　　　　　　　　　原　　　告　　甲　野　太　郎　㊞
〒〇〇〇－〇〇〇〇　〇〇県〇〇市〇〇町〇丁目〇番〇号（送達場所）
　　　　　　　　　原　　　告　　甲　野　太　郎
　　　　　　　　　電　話　〇〇－〇〇〇－〇〇〇〇
　　　　　　　　　ＦＡＸ　〇〇－〇〇〇－〇〇〇〇

住居所　不明
最後の住所
〒〇〇〇－〇〇〇〇　〇〇県〇〇市〇〇町〇丁目〇番〇号
　　　　　　　　　被　　　告　　乙　野　次　郎

建物明渡等請求事件
　訴訟物の価額　　105万円
　ちょう用印紙額　1万1000円

第1　請求の趣旨
　1　被告は，原告に対して，別紙物件目録記載の建物を明け渡せ。
　2　被告は，原告に対し，66万円及び平成20年6月1日から上記建物の明渡済みまで1ヵ月金11万円の割合による金員を支払え。
　3　訴訟費用は被告の負担とする。
　4　この判決は仮に執行することができる。
　との判決を求める。
第2　紛争の要点（請求の原因）
　1　原告は，被告に対し，平成18年11月28日，原告所有の別紙物件目録記載の建物（以下「本件建物」という。）を次の約定で貸し渡した。
　　(1)　賃貸期間　　平成18年12月1日から3年間（自動更新）
　　(2)　賃　　料　　月額10万4000円
　　(3)　駐車場使用料　月額6000円
　　(4)　支払方法　　賃料及び駐車場使用料は毎月26日限り翌月分を支払う。
　　(5)　特　　約　　賃料及び駐車場使用料の支払を2ヵ月以上怠った場合，原告は何らの催告を要せず賃貸借契約を解除できる。

2　被告は，平成19年11月分までの賃料及び駐車場使用料賃料（以下「賃料等」という。）は支払ったが，同年12月中旬ころから，本件建物に残置物を放置して行方不明となった。
3　被告は，平成19年12月分から平成20年5月分まで（6ヵ月分）の本件建物の賃料等の支払をせず，かつ，行方不明の状態が現在に至るまで継続しているから，被告の背信性が認められ，原告と被告との信頼関係は破壊されたものといえる。
3　原告は，被告に対し，本件訴状の送達をもって，原告と被告との間の本件建物の賃貸借契約を解除する旨の意思表示をする。
4　よって，原告は，被告に対し，本件建物に関する賃貸借契約の終了に基づき，本件建物の明渡しを求めるとともに，未払賃料等として平成19年12月分から平成20年5月分までの合計66万円及び平成20年6月1日から本件訴状の送達日（賃貸借契約の解除日）まで1ヵ月11万円の割合による賃料並びに本件訴状の送達日の翌日から明渡済みまで1ヵ月11万円の割合による賃料相当損害金の支払を求める。

証拠方法
　1　甲第1号証　　　建物賃貸借契約書
　2　甲第2号証　　　陳述書

附属書類
　1　訴状副本　　　　　　　　　　　　　1通
　2　甲第1号証から第2号証までの写し　各1通
　3　固定資産評価証明書　　　　　　　　1通
　4　全部事項証明書（建物）　　　　　　1通

（別紙）
　　　　　　　　　　物　件　目　録

　　　所　　在　　○○市○○町○丁目○○番地○○
　　　家屋番号　　○○番○○
　　　種　　類　　○○○○
　　　構　　造　　○○○○
　　　床面積　　　1階　○○平方メートル
　　　　　　　　　2階　○○平方メートル

〔注〕
1．無催告解除特約は，契約を解除するにあたり催告をしなくても不合理ではない事情（賃借人の背信性）が存在すれば有効であるとされている。
2．本件は，公示送達の手続により審理を求める例である。

書式 88 訴状(21)――動産引渡し

```
┌──────┐
│ 収 入 │
│ 印 紙 │
└──────┘
```

訴　　状

平成〇〇年〇〇月〇〇日

〇〇簡易裁判所　御中

　　　　　　原　　　告　　甲　野　太　郎　㊞

〒〇〇〇－〇〇〇〇　〇〇県〇〇市〇〇町〇丁目〇番〇号（送達場所）
　　　　　　原　　　告　　甲　野　太　郎
　　　　　　　　　電話　〇〇－〇〇〇－〇〇〇〇
　　　　　　　　　ＦＡＸ　〇〇－〇〇〇－〇〇〇〇
〒〇〇〇－〇〇〇〇　〇〇県〇〇市〇〇町〇丁目〇番〇号
　　　　　　被　　　告　　乙　野　次　郎

動産引渡請求事件
　　訴訟物の価額　　60万円
　　ちょう用印紙額　6000円

第1　請求の趣旨
　1　被告は，原告に対して，別紙物件目録記載の動産を引き渡せ。
　2　訴訟費用は被告の負担とする。
　3　この判決は仮に執行することができる。
　との判決を求める。
第2　紛争の要点（請求の原因）
　1　訴外株式会社丙野商事（以下「訴外会社」という。）は，別紙物件目録記載の動産（以下「本件動産」という。）を所有していた。
　2　訴外会社は，原告に対し，平成19年4月1日，本件動産を代金120万円で売り渡した。
　3　訴外会社は，原告からの許可を得て，引き続き，本件動産の使用を継続していた。
　4　しかるに，訴外会社は，被告に対し，平成19年6月1日，本件動産を代金120万円で売り渡し，被告は，本件動産を持ち帰った。

5　被告は，本件動産を占有しているが，原告は，被告が本件動産の現実の引渡しを受けるのに先立ち，訴外会社から占有改定による引渡しを受けている。
  6　被告は，本件動産を即時取得したなどとして，原告からの引渡要求に応じないが，被告は，訴外会社から本件動産の引渡しを受けた際，訴外会社が本件動産の所有権を有していないことを知っていたか，仮に知らなかったとしても，それを知らないことに過失があった。
  7　よって，原告は，被告に対し，所有権に基づき，本件動産の引渡しを求める。

証拠方法
  1　甲第1号証　　売買契約書
  2　甲第2号証　　陳述書

附属書類
  1　訴状副本　　　　　　　　　　　　1通
  2　甲第1号証から第2号証までの写し　各1通

（別紙）

物　件　目　録

（以下，省略）

〔注〕
1．本件の請求原因（要件事実）としては，「原告が本件動産を所有していること」と「被告が本件動産を占有していること」を記載すればよいが，被告の予想される抗弁を踏まえて主張証明する内容を記載した例である。

第3節　その他

(1) 訴えの変更申立書

訴えの変更とは，原告が訴訟係属中に，請求の趣旨又は請求の原因，あるいは双方を変更することによって，当初の訴えによって申し立てた審判事項を変更することをいう。

(a) 訴え変更の態様

(イ) 訴えの追加的変更　　従来の旧請求に新請求を追加するものである。例えば，土地所有権確認請求に，所有権に基づく土地明渡請求を加える場合などが該当する。なお，追加的変更は，後発的に請求の併合が生じるので，新旧の両請求の関係により，単純併合，予備的併合，選択的併合の区別がなされる。また，請求の数量的範囲のみを拡張すること（請求の拡張）も，追加的変更の範疇に含まれると考えられる（【書式89】を参照）。

(ロ) 訴えの交換的変更　　従来の旧請求に代えて，新請求を提示するものである。例えば，動産の引渡請求を，動産が滅失したことから，損害賠償請求に変える場合などが該当する。

(b) 訴え変更の要件

(イ) 請求の基礎に変更がないこと（民訴143条1項本文）

(ロ) 著しく訴訟手続を遅延させないこと（民訴143条1項但書）

(ハ) 事実審の口頭弁論終結前であること（民訴143条1項本文）

(c) 訴えの変更の手続　　請求の変更は書面によることを要するが（民訴143条2項），判例は，請求の原因の変更がされるだけの場合には書面によることを要しないとしている（最判昭35・5・24民集14巻7号1183頁）。

(2) 反訴状

反訴とは，既に訴訟（本訴）が係属しているときに，被告が本訴の訴訟手続を利用して原告を相手方として提起する訴えである。

(a) 反訴の要件

(イ) 反訴請求が本訴請求又はこれに対する防御方法と関連すること（民訴146条1項本文）

㈹　本訴が事実審に係属し，かつ口頭弁論終結前であること（民訴146条1項本文）

㈻　著しく訴訟手続を遅滞させないこと（民訴146条1項但書）

㈾　反訴の目的である請求が他の裁判所の専属管轄に属しないこと（民訴146条1項但書）

㈿　反訴請求につき訴えの併合の一般的要件を具備していること

　反訴は，本訴の被告から，本訴の原告に対して提起する訴えであって，本訴の当事者間でのみ可能である（第三者を相手方に加えることは許されない）。

(b)　反訴の手続　　反訴の手続は本訴に準じる（民訴146条3項）ので，基本的には本訴と同様である（【書式90】を参照）。

〔藤原　克彦〕

書式89　訴えの変更申立書

平成19年(ハ)第○○○号不当利得返還請求事件
原　告　甲野太郎
被　告　株式会社乙野金融

訴　え　の　変　更　申　立　書

平成○○年○○月○○日

○○簡易裁判所　御中

原　　　告　　　甲　野　太　郎　㊞

　頭書の事件について，原告は，下記のとおり，請求の趣旨の拡張及び請求の原因を変更する。

第1　請求の趣旨
　1　被告は，原告に対し，134万5862円及びこれに対する平成19年9月21日から支払済みまで年5パーセントの割合による金員を支払え。
　2　訴訟費用は被告の負担とする。
　3　この判決は仮に執行することができる。
　との判決を求める。
第2　紛争の要点（請求の原因）
　1　被告は，消費者を顧客として貸金を業とする会社である。
　2　原告は，平成12年6月13日，被告から金員を借り受け，平成19年9月20日に至るまで，別紙計算書（注・省略）の「年月日」欄，「借入額」欄，「返済額」欄に記載のとおり金銭消費貸借取引を行ってきた。なお，別紙計算書は，被告から平成○年○月○日に開示された原告と被告との間の取引経過に基づき作成した。
　3　原告は，被告との金銭消費貸借取引において，利息制限法制限利率を超える利率により計算された利息の弁済を行ってきた。これを利息制限法所定の制限利率に従って計算すると，別紙計算書のとおり原告の被告

に対する過払いが発生しており，被告は法律上の原因なくしてこれを利得している。
4　被告は，この利得が法律上の原因に基づかないことを知っていたので，悪意の受益者として，その受けた利益に利息を付して返還することを要する。
5　よって，原告は，被告に対し，次の金員の支払を求める。
(1)　過払元金134万5862円
(2)　上記(1)に対する利得の日の翌日である平成19年9月21日から支払済みまで民法所定の年5パーセントの割合による利息

証拠方法
1　甲第4号証　　　取引履歴照合表（被告作成）
2　甲第5号証　　　法定金利計算書（原告作成）

附属書類
1　訴え変更申立書副本　　　　　　　　1通
2　甲第4号証から第5号証までの写し　各1通

〔注〕
1．本件は，不当利得返還請求事件において，訴訟中に貸金業者である被告から取引履歴の開示がされ，これを利息制限法制限利率により作成し直した結果，追加的変更（請求の拡張）をすることになった例である。
2．訴えの変更により請求の趣旨が拡張された場合は，拡張後の請求に対応する印紙額と訴状に貼付した印紙額との差額を追貼しなければならない。
3．訴え変更の申立書は，正本1通と被告の数に応じた数の副本を提出する。

反　訴　状

平成〇〇年〇〇月〇〇日

〇〇簡易裁判所　御中

　　　　　　　　　反訴原告（本訴被告）　　　乙　野　次　郎　㊞
〒〇〇〇-〇〇〇〇　〇〇県〇〇市〇〇町〇丁目〇番〇号（送達場所）
　　　　　　　　　反訴原告（本訴被告）　　　乙　野　次　郎
　　　　　　　　　　　　電　話　〇〇-〇〇〇-〇〇〇〇
　　　　　　　　　　　　ＦＡＸ　〇〇-〇〇〇-〇〇〇〇
〒〇〇〇-〇〇〇〇　〇〇県〇〇市〇〇町〇丁目〇番〇号
　　　　　　　　　反訴被告（本訴原告）　　　甲　野　太　郎

損害賠償請求反訴事件（交通事故）
　　訴訟物の価額　　32万4403円
　　ちょう用印紙額　4000円

第1　請求の趣旨
　1　反訴被告（本訴原告）は，反訴原告（本訴被告）に対し，32万4403円及びこれに対する平成19年9月20日から支払済みまで年5パーセントの割合による金員を支払え。
　2　訴訟費用は反訴被告（本訴原告）の負担とする。
　3　この判決は仮に執行することができる。
　との判決を求める。
第2　紛争の要点（請求の原因）
　1　反訴原告（本訴被告，以下「反訴原告」という。）と反訴被告（本訴原告，以下「反訴被告」という。）との間で次の交通事故が発生した。

(1) 発 生 日 時　　平成19年9月20日午後4時ころ
  (2) 発 生 場 所　　○○市○○町○丁目○番地先交差点
  (3) 反訴原告車両　　普通貨物自動車（○○100い○○○○）
  (4) 反訴被告車両　　普通乗用自動車（○○300あ○○○○）
 2　事故の態様
　　反訴原告の運転する反訴原告車両が，片側1車線の道路を南から北に進行し，○道○号線の信号機のない交差点に差し掛かったため，反訴原告車両は一時停止及び安全確認をして交差点に進入したところ，交差する道路を右方から進行してきた反訴被告が運転する反訴被告車両が，猛スピードで直進してきて，その左前部を反訴原告車両の右前部に衝突させた。
 3　反訴被告の過失
　　反訴原告は交差点入口で一時停止してから先に交差点に進入したところ，反訴被告は，制限速度時速40キロメートルを大幅に超える時速100キロメートルで交差点に進入してきたものであり，反訴被告には速度遵守義務に違反し，かつ，安全運転義務に違反した過失がある。
 4　反訴原告に生じた損害
　　本件事故により，反訴原告の所有する反訴原告車両には次の損害が生じた。
　　　修理代金32万4403円
 5　よって，反訴原告は，反訴被告に対し，民法709条に基づく損害賠償として，32万4403円及びこれに対する不法行為の日である平成19年9月20日から支払済みまで年5パーセントの割合による遅延損害金の支払を求める。

証拠方法
　1　乙第1号証　　　　　　　車の修理代金見積書
　2　乙第2号証の1から4　　車の損傷部分の写真

附属書類
　1　反訴状副本　　　　　　　　　　　　　　1通
　2　乙第1号証から第2号証の4までの写し　各1通

〔注〕
 1．本件は，本訴の請求原因と同じ交通事故の際の反訴被告（本訴原告）の不法行為を理由とする損害賠償請求を反訴として提起した例である。
 2．表題は，独立した訴えであると誤解されないために「反訴状」とする。
 3．反訴被告（本訴原告）の数に応じた数の副本を提出する。

第7章

答弁書・準備書面の記載

第1節　概　　説

(1)　はじめに

　答弁書とは，民事訴訟における準備書面の一種であり，簡易裁判所においては訴状の送達を受けた被告が，原告の請求について排斥を求める旨の反対申立及びその理由を記載して裁判所に対して最初に提出する訴訟書類である。訴状の「請求の趣旨」に対応する答弁を記載する意味で「答弁書」といわれ，訴状に記載されている事実に対する認否（訴状の請求原因として記載されている事実を認めるか否か），抗弁事実（請求原因に記載された事実によって認定されるべき効果の発生を妨げる事実であり，被告に証明責任がある）を具体的に記載することを要する（民訴規80条）。したがって，その記載事項は，簡潔な文章で整然かつ明瞭に記載されている必要がある（民訴規5条）。

(2)　否認と抗弁

　そこで，抗弁事実として答弁書に記載すべき事項に関連して，訴訟上の主張といわれる内容を考察する。訴訟上の主張には，①法律上の主張（特定の法律効果の発生に関する自己の認識・判断の報告となる陳述）と，②事実上の主張（法律上の主張を訴訟の相手方が争うときに，自己の主張の正当性を基礎づけるために具体的な事実を報告する陳述）が考えられる。上記①について被告が争わないとき（つまり原告の法律上の主張について被告が正しいと陳述する場合）は，「請求の認諾」となる。これに対し，被告が争う場合（すなわち原告の法律上の主張について，被告において，正しくないと法律上の主張をする場合）は，原告に上記②の主張が必

要になる（この場合に原告が自己の定立した法律上の主張＝請求を理由がないと陳述すれば「請求の放棄」となる）。

また、原告の上記②の主張について、被告がこれを正しいと陳述するときは「自白」となり（民訴159条1項参照）、正しくないと陳述すれば「否認」となって原告に立証の責任がある。ところで、否認には「単純否認」と「理由付否認（間接否認）」がある。後者の場合は、例えば原告が金を貸し渡したと主張したときに、被告が消費貸借の事実について否認し、金の受領は認めるがそれは贈与されたものであると陳述する場合である（原告の主張事実と相容れない別の事実を積極的に陳述する意味から「積極否認」ともいわれる）。いずれにしても消費貸借について否認された以上、原告に貸金の事実について証明責任がある（被告が贈与の事実について立証責任を負うものではない）。現行民事訴訟法は、準備書面において相手方の主張する事実を否認する場合は、その理由を記載しなければならないとして旧法当時は準備書面の記載事項とされていなかった規定を新設しており（民訴規79条3項）、これにより審理促進が図られている。なお、この概念と区別すべきものに「制限付自白」という訴訟法上の主張がある。例えば、上記の例で「金を貸したという」原告の主張を認めながら、被告において「仮に借りたとしても既に返した」と陳述する場合である。被告の主張全体をみれば、原告の主張する法律効果の存在を否定する意味を有するが、原告の主張・立証責任を負う事実についていえば自白しているわけであるから、被告が弁済の事実について証明責任を負う点で抗弁であり、上記理由付否認（間接否認）等とは異質のものである。

次に、原告の主張事実について沈黙しているときは、弁論の全趣旨により争っていると認められない限り自白したものとみなされる（「擬制自白」＝民訴159条1項）。それに対し、知らないと陳述した場合を「不知の陳述」といわれるが、これは争ったものと推定され（「推定的否認」と扱われる＝民訴159条2項）、この場合は原告が主張事実について主張・立証責任がある。

(3) 抗弁の分類と対応

一般に、法規範の各法条構成は、①権利根拠規定（拠権規定ともいわれ一定の権利発生・成立・取得などを定める規定）、②権利障害規定（障権規定ともいわれ法律効果発生の障害事由を定める規定＝例えば民94条・95条など）、③権利滅却規定（滅権

規定ともいわれ権利の消滅事由を定める規定＝例えば民96条・509条・519条など），④権利行使排除規定（排権規定ともいわれ，相手方の権利行使を排除する事由を定める規定＝例えば民533条など）に区分できる。

　民事訴訟においては，例えば原告は自己に有利な法律効果の発生を定める法律要件の事実（拠権規定事実）について主張し，立証する。これに対して被告は，その拠権規定に基づく法律効果の発生を障害する要件を定めている反対規定事実（障権規定事実＝要素の錯誤や虚偽表示による無効原因となる事実）や，いったん発生した法律効果に基づく権利関係を消滅させる要件を定めている反対規定事実（減権規定事実＝債務の弁済や免除，契約取消しや解除，消滅時効の完成などの原因となる事実）などについて主張・立証責任を負う。

　原告の主張に対する被告のこれらの主張が抗弁といわれるものであり，答弁書に必要に応じて抗弁内容を記載することになる。被告の抗弁に対しては原告による再抗弁の主張が考えられ，訴訟は「請求原因」，「抗弁」，「再抗弁」（例えば取消しに対する追認，消滅時効に対する時効中断事由たる訴えの提起），「再々抗弁」（例えば消滅時効中断事由たる訴えの提起に対して当該訴えの取下げがあった事実）と訴訟の進行に従って当事者の訴訟行為も進展する。

　なお，訴訟上の対立する当事者は，自己に有利な主張が争われ，これを裏づける証拠を提出すると，その証拠が裁判所によって自由に評価され（自由心証主義），その結果証拠提出者にとって有利にも不利にも作用する（証拠共通の原則＝最判昭23・12・21民集2巻91頁参照。以上の詳細につき，梶村太市＝石田賢一編『民事訴訟書式体系』59頁以下〔石田賢一〕参照）。

〔石田　武史〕

第2節　民事通常事件の答弁書

(1)　答弁書の形式的記載

実務上は，答弁書も訴状と同様に，当事者欄に当事者，代理人の住所・氏名を明記する。すなわち，郵便番号，電話番号，ファクシミリ番号などを記載する（民訴規2条・3条・53条4項・80条3項）。なお，答弁書作成時には裁判所名及び事件番号・事件名が特定されていることになるから，それらの事項も記載する。具体的には，【書式91】以下を参照されたい。

また，当事者，法定代理人及び訴訟代理人は，送達を受ける場所を受訴裁判所に届け出ることが要請されているから（民訴104条1項），被告の場合も答弁書の被告住所欄に「送達場所」と明記しておく必要がある。

(2)　答弁書の実質的記載事項

答弁書に記載すべき実質的事項は，請求の趣旨に対する答弁，訴状記載の請求原因に対する認否及び抗弁事実を記載するほか，立証を要する事由ごとに関連する重要なもの及び証拠も記載する（ただしやむを得ない場合には，答弁書提出後速やかにそれらの事実を記載した準備書面を提出すべきことになる＝民訴規80条1項）。具体的には個々の事案により異なるから，それらの内容については第1節の概要により，理論的に記載をすることになる。

(3)　答弁書に添付すべき書面

答弁書には立証を要する事由についての重要な書証の写しを添付しなければならない（ただしやむを得ない場合には，答弁書提出後速やかにそれらの書面を提出すべきことになる＝民訴規80条2項）。

また，訴訟代理人に委任した場合は，その委任状も添付する。

〔石田　武史〕

書式91　答弁書（共通）

平成○○年(ハ)第○○○号　貸金請求事件
原　告　株式会社甲野商事
被　告　乙野太郎

答　弁　書

平成○○年○○月○○日

○○簡易裁判所　御中

　　　　〒○○○－○○○○
　　　　　○○県○○市○○町○丁目○番○号（送達場所）
　　　　　電　話：×××（×××）××××
　　　　　ＦＡＸ：×××（×××）××××
　　　　　　被告訴訟代理人
　　　　　　　司法書士　丙　野　次　郎　㊞

　　　当事者の表示
　　　　別紙当事者目録記載のとおり
第1　請求の趣旨に対する答弁
　1　原告の請求を棄却する。
　2　訴訟費用は原告の負担とする。
第2　請求の原因に対する答弁
　1　請求原因1及び2の事実は，いずれも認める。
　2　被告は，後記のとおり弁済の抗弁を主張する。
　3　請求原因3の事実は争う。
第3　抗弁事実
　1　被告は，平成19年○月○日原告に対して，本件貸金の弁済として金23万4000円を支払った。（乙第1号証）
　2　よって，原告の被告に対する本件貸金債権は，弁済によって消滅しているから，原告の本訴請求は理由がない。
第4　予想される重要な争点
　　　原告は，被告の上記第3の1について争うものと考える。

証拠方法
　　　　1　乙第1号証　　　受領証書

添付書類
　　　　1　乙第1号証写し　　　　　　　　　1通
　　　　2　訴訟委任状　　　　　　　　　　　1通
　　　　（当事者目録，乙第1号証各省略）

〔注〕
 1．本書式は，原告から貸金請求の訴訟を提起された場合を想定して作成した。
 2．添付書類について
　　書証を証拠方法として提出するときは，文書の標目，作成者及び立証趣旨を明らかにした証拠説明書を，書証とともに相手方の数に1を加えて提出すべきとされるが（民訴規137条），答弁書提出段階で証拠内容を記載する場合は，本書式例の要領で足りると考える。
 3．証拠方法について
　　原告が乙1号証の成立につき争う場合は，被告において成立の真正を証明すべきことになるが，当該文書に作成者又はその代理人の署名又は押印がある場合は，真正に成立したものと推定される（民訴228条1項・4項）。
 4．その他
　　答弁書の提出部数は，原告の数と裁判所の分である。
　　答弁書には収入印紙の貼用は不要である。
　　予納すべき郵便切手は，当事者への送達費用として必要になる。

書式 92　準備書面(1) ── 被告分（抗弁型）

平成○○年(ハ)第○○○号　貸金請求事件
原　告　株式会社甲野商事
被　告　乙野太郎

準　備　書　面　(1)

平成○○年○○月○○日

○○簡易裁判所　御中

被告訴訟代理人司法書士　　丙　野　次　郎　㊞

　頭書事件につき，被告は以下のとおり，弁論の準備をする。
1　原告による本件貸金債権の弁済期日は，平成○○年○○月○○日である。
2　上記期日は，平成○○年○○月○○日に至り10年を経過した。
3　よって被告は，本件準備書面の原告に対する送達をもって，消滅時効を援用する意思表示をする。

〔注〕
1．本書式は，原告からの貸金請求訴訟を提起された被告が，権利消滅の抗弁として，消滅時効の援用を主張する（民145条・166条1項・167条1項）場合である。
2．判例は，時効の完成による権利の得喪は，時効が援用されたときに確定的に効力を生ずるとしている（最判昭61・3・17民集40巻2号420頁参照）。
3．準備書面は，同じ当事者が当該訴訟の中で複数提出することが多いので，実務では準備書面(1)とか(2)の符号をつける。

書式93　準備書面(2)——原告分（再抗弁型）

```
平成○○年(ハ)第○○○号　貸金請求事件
原　告　株式会社甲野商事
被　告　乙野太郎


　　　　　　　　準　備　書　面　(1)

　　　　　　　　　　　　　　　　　　　平成○○年○○月○○日

○○簡易裁判所　御中


　　　　　　　　原告代表者代表取締役　　甲　野　太　郎　㊞


　　頭書事件につき，原告は以下のとおり，弁論の準備をする。
　１　原告は，平成○○年○○月○○日被告に対し，本件貸金債務の履行を
　　催告し，次いで同年○○月○○日○○簡易裁判所に対して貸金請求の支
　　払督促の申立てをした。
　２　仮に，上記１による時効中断の効果が認められないとしても，被告は
　　消滅時効完成前の平成○○年○○月○○日原告に対して本件貸金債務の
　　承認をした。
```

〔注〕
1．本書式は，【書式92】の被告からの消滅時効による債務消滅の準備書面に対する再抗弁として時効の中断を主張するものである（民147条１号～３号）。
2．時効中断事由としての催告は，６ヵ月以内に裁判上の請求をしないと時効中断の効果が生じないとされるから（民153条），原告は催告後の支払督促の申立てをした旨を主張しているが，被告側で法定期間内に仮執行宣言の申立てをしていない旨の再々抗弁を主張すれば時効中断の効力はないと判断される（民150条）。
　　そこで，本書式の事例は，被告の再々抗弁を予想して，原告側で債務の承認による時効中断の主張を予備的にしている事例である（民156条）。

第8章

証拠の申出手続

第1節 概　　説

(1) 証明の必要と対象

　民事訴訟は，当事者間に存する私的紛争について，訴訟の場に持ち込んで裁判所による公権的解決を求める制度といえるが，それは訴えの提起（原告からの請求）によって開始し，公開された口頭弁論において，対立する当事者双方が互いに主張を交わし，相手方が争う事実関係については主張を裏づける証拠（事実関係認定のための資料）が必要となる。そして裁判所は，原則としてその証拠に基づいて請求の当否を判断する（終局判決）という訴訟活動を経ることになる。

　そこで証明の対象となるのは，当事者間で争いとなっている事実であるが，それが裁判所に顕著な事実や公知の事実（これらは証明不要とされる。民訴179条）に該当しない限り，その事実の存否について主張者が証明する責任がある。

(2) 証明責任と証拠提出責任

　証明責任（立証責任又は挙証責任）は二義に解されている。

　その1つは，裁判所が判決するために必要な事実（要証事実）の認定資料について，その存否が確定されない場合に不利益な判断を受ける当事者の負担を意味し，客観的立証責任（挙証責任）という場合である。他の1つは，当事者が個別的具体的訴訟の場において，敗訴の危険を免れるために裁判所に対して証拠を提出する行為責任を意味し，主観的立証責任といわれる。両者の混同を避けるために，前者を証明責任（挙証責任）といい，後者を証拠提出

責任という見解もある（村上博巳『証明責任の研究』3頁）。

証明責任は，現実の訴訟以前にすでに法条により客観的に定律されているのに対し，証拠の提出責任は，現実の訴訟における進行の過程で，いずれかの当事者が敗訴の危険を免れるために主張事実の裏づけとなる証拠を提出する必要があるかの問題であるとされる。

(3) 証拠調べの手続

弁論主義のもとでは，原則として当事者の申し出た証拠について証拠調べを行うこととされ，その申出は，証明すべき事実を特定してなされることを要する（民訴180条1項，民訴規99条1項）。

訴訟係属後の証拠の申出は，証拠方法ごとにその種類に応じて特定の事項等を表示しなければならない（民訴規106条・129条・137条・150条など）。

また，証拠の申出は，訴訟における攻撃・防御方法の一種として，訴訟の進行状況に応じて適切な時期になされるべきである（民訴156条参照）。その時期を失すると証拠の申出が却下される場合もある（民訴157条）。

なお，訴えの提起前における証拠保全の申立て（民訴234条以下）や，訴訟係属中の証拠保全手続（民訴235条）にあっては，近時の医療過誤訴訟などにおいて，証拠保全時期が重要となる（遺体やカルテの証拠保全手続など）。

以下に証拠申出書等の代表的な書式を示すが，各書式間に関連する事案がある場合は，その都度〔注〕書きにおいて説明する（その説明がないものについては，それぞれ独立した事案を想定しており，書式間の関連はない）。

〔石田　武史〕

第2節　証拠の申出等

書式 94　証拠の申出書（証人申請）

平成○○年(ハ)第○○○号　不当利得金返還請求事件
原　告　甲　野　太　郎
被　告　Aファイナンス株式会社

証　拠　申　出　書

平成○○年○○月○○日

○○簡易裁判所　御中

原告訴訟代理人
司法書士　乙　野　次　郎　㊞

第1　証人尋問の申出
　1　証人の表示
　　　　〒○○○－○○○○
　　　　　○○県○○市○○町○丁目○番○号
　　　　　　丙　野　三　郎（同行，主尋問15分）
　2　証明すべき事実
　　　原告が，本件消費貸借契約に基づく弁済として，被告に対して平成○○年○○月○○日から同○○年○○月○○日までの間，毎月末日限り金○○○○円ずつを被告の○○支店口座あて（○○銀行本店営業部普通預金口座○○○○○○）振込支払をした事実
　3　尋問事項
　　　別紙尋問事項書記載のとおり
第2　本人の申出
　1　原告本人の表示
　　　　原告本人　甲　野　太　郎（同行，主尋問15分）
　2　証明すべき事実
　　(1)　原・被告間において，本件消費貸借契約を締結した事実及び原告による弁済の状況
　　(2)　原告が，被告に対して，過払金の返還を求めた事実及び被告の対応状況
　3　尋問事項
　　　別紙尋問事項書記載のとおり

（別紙尋問事項書は省略）

〔注〕
 1. 現行法の集中証拠調べからの要請は，できるだけ予定される人証（証人や当事者本人等）をまとめて申し出ることが要求されている（民訴182条，民訴規100条）。
 2. 実務においては，尋問事項書（本書式では省略）を別紙として作成し，その尋問事項書は，できる限り個別的，かつ，具体的に一問一答方式で作成することが要求されている。また，裁判所に提出する通数は2通とされ，相手方当事者には直送（つまり裁判所の手を通さずに）しなければならない（民訴規107条1項・2項・3項）。
 3. 本書式につき，梶村＝石田編『民事訴訟書式体系』〔改訂増補版〕127頁〔澤田昭英＝小林司〕参照）。

書式 95　調査嘱託申出書

平成○○年(ハ)第○○○号　不当利得金返還請求事件
原　告　甲　野　太　郎
被　告　Ａファイナンス株式会社

調査嘱託申出書

平成○○年○○月○○日

○○簡易裁判所　御中

原告訴訟代理人
司法書士　乙　野　次　郎　㊞

第1　調査嘱託の申出
　1　嘱託先
　　　〒○○○－○○○○
　　　○○県○○市○○町○丁目○番○号
　　　株式会社○○銀行本店営業部
　2　証明すべき事実
　　　原告が，嘱託先銀行に対して平成○○年○○月から同○○年○○月までの間，被告の同銀行普通預金口座（口座番号○○○○○○）あてに毎月○○日金○○○○円を振り込んだ事実
　3　調査事項
　　　上記期間中における被告名義の上記口座の入出金明細

〔注〕
1．本書式の事案は，【書式94】の事案と関連することを想定したものである。
2．民事訴訟法上，調査嘱託は事実認定の資料を得るための証拠調べにおいては補充的な位置づけをされているが，本来調査嘱託は職権でなされるから（民訴186条），本書式による申出はその発動を求める性質のものである。したがって，調査先からの回答には当事者からの意見は期待されておらず，当事者はその援用行為を要しない。
　　なお，調査先は一般公法上の回答義務はあるが，その違反に対しては，制裁を課すべき訴訟法上の規定はない。
3．本書式による調査の嘱託をした場合の費用につき，民事訴訟費用法20条1項参照。
4．本書式につき，梶村＝石田編『民事訴訟書式体系』〔改訂増補版〕128頁〔澤田昭英＝小林司〕参照）。

書式96　鑑定申出書

平成○○年(ハ)第○○○号　交通事故による損害賠償請求事件
原　告　甲　野　太　郎
被　告　海　山　千　里

鑑　定　申　出　書

平成○○年○○月○○日

○○簡易裁判所　御中

原告訴訟代理人
司法書士　乙　野　次　郎　㊞

第1　鑑定の申出
　1　鑑定人
　　　裁判所において，整形外科の専門医を選任されたい。
　2　証明すべき事実
　　　原告の「脊柱変形（奇形）障害」が，本件交通事故により生じた事実
　3　鑑定事項
　　(1)　原告の「脊柱変形（奇形）障害」の発症原因と時期
　　(2)　本件交通事故による原告の受傷部位と本件交通事故による現在の症状
　　(3)　その他本件に関する参考意見

〔注〕
1．鑑定は，裁判官の判断能力を補助させるために，特別な学識経験を有する者の中から専門的知識を利用する（報告させる）ための証拠調べの一種である（民訴212条）。
2．鑑定の申出は，鑑定を求める事項を記載して，原則として書面によることとされ，その書面は相手方に直送することを要する（民訴規129条1項・2項）。
3．鑑定に要する費用（鑑定人の旅費・日当や鑑定料など）については，鑑定申出人が予納しなければならない（民訴費11条・12条）。
4．本書式につき，梶村＝石田編『民事訴訟書式体系』〔改訂増補版〕129頁〔澤田昭英＝小林司〕参照）。

書式 97　検証申出書

平成○○年(ハ)第○○○号　交通事故による損害賠償請求事件
原告　甲野太郎
被告　海山千里

　　　　　　　　　検　証　申　出　書

　　　　　　　　　　　　　　　　　　　　平成○○年○○月○○日

○○簡易裁判所　御中

　　　　　　　　　　　　　　　原告訴訟代理人
　　　　　　　　　　　　　　　　司法書士　乙野次郎　㊞

第1　検証の申出
　1　証明すべき事実
　　原告主張の，被告による本件交通事故に至る過失の有無
　2　検証の目的
　　○○県○○市○○町○丁目○番地先所在の交差点
　3　検証によって明らかにする事項
　　被告が上記交差点に至った経緯と同交差点内設置の対面信号表示の関係

〔注〕
1．検証とは，物，場所又は人について，その存在や状態などを裁判官の五感の作用（視覚，聴覚，臭覚，味覚，触覚）により認識し，その結果を証拠資料とする証拠調べであり，民事訴訟法上は，そのほとんどが書証の取調手続に準じて行われる（民訴232条）。
2．検証の申出は，検証の目的を表示してしなければならない（民訴規150条・151条）。
3．検証のために要する費用は，検証申出人が予納しなければならない（民訴費11条・12条）。
4．本書式につき，梶村＝石田編『民事訴訟書式体系』〔改訂増補版〕130頁〔澤田昭英＝小林司〕参照）。

書式98　文書提出命令申立書

```
平成○○年(ハ)第○○○号　不当利得金返還請求事件
原　告　甲　野　太　郎
被　告　Ａファイナンス株式会社

　　　　　　　　　　　　文書提出命令申立書

　　　　　　　　　　　　　　　　　　　　　　　平成○○年○○月○○日

○○簡易裁判所　御中

　　　　　　　　　　　　　原告訴訟代理人
　　　　　　　　　　　　　　司法書士　乙　野　次　郎　㊞

　1　文書の表示
　　　被告本社に保存されている当事者間の平成○○年○○月○○日から同
　　　○○年○○月○○日までの間における取引諸帳簿及び出入金関連書類
　2　文書の所持者
　　　　〒○○○－○○○○
　　　　　○○県○○市○○町○丁目○番○号
　　　　　　被告本社営業部
　3　立証趣旨
　　　本件消費貸借契約の内容と弁済関係を明らかにするため
```

〔注〕
1．文書の提出命令とは，相手方又は第三者が所持する文書を証拠方法として用いるため，所持者にその提出を命ずる裁判所の決定である（民訴223条）。文書の所持者に文書提出義務があることを要する。

　類似する制度の文書送付嘱託（民訴226条）と異なり，当該所持者が提出を命じられた文書を任意に提出しないときは，それが当事者の一方である場合は他方当事者の当該文書の記載に係る主張を真実と認められることになり（民訴224条1項），より強力な制度である。

2．文書提出命令の申立ては，文書の表示，文書の趣旨，文書の所持者，文書提出義務の原因などを明らかにしなければならないとされ（民訴221条1項，民訴規14条1項），文書の所持者は，インカメラ手続（平成13年法律第96号による改正後の非公開審理手続の制度＝民訴223条6項）により判断される場合以外は提出命令に従うべき義務があり（民訴220条1号〜4号），それに従わないときは前述のとおり不利益な判断を受ける（民訴224条1項・2項）。

3．本書式により裁判所の提出命令がなされた場合は，それに対する不服方法として即時抗告の申立てが認められる（民訴223条7項）。

4．本書式につき，梶村＝石田編『民事訴訟書式体系』〔改訂増補版〕132頁〔澤田昭英＝小林司〕参照）。

書式99　証拠説明書

平成○○年(ハ)第○○○号　不当利得金返還請求事件
原　告　甲野太郎
被　告　Ａファイナンス株式会社

証　拠　説　明　書

平成○○年○○月○○日

○○簡易裁判所　御中

原告訴訟代理人
司法書士　乙　野　次　郎　㊞

符号番号	標　目 （原本，写しの別）	作成日	作成者	立　証　趣　旨	その他
甲1 （原本）	消費貸借契約書	平成 ○○.○○.○○	原・被告	本件消費貸借契約締結の事実	
甲2の1	催告書＝内容証明郵便物（写し）	平成 ○○.○○.○○	原告	利息制限法に引き直して計算した結果過払いが生じた事実とその返還を求めた事実	
甲2の2	配達証明書（原本）	平成 ○○.○○.○○	郵便局	被告に対する催告書配達の事実	
甲3	通知書	平成 ○○.○○.○○	被告	みなし弁済により不当利得金が発生していない旨の通知をした事実	

〔注〕
1．本書式による証拠説明書の提出は，審理迅速の要請から，現行法のもとで認められた制度であり（民訴規137条），証拠説明書とは，書証申出に際し（民訴219条），当該文書の記載から明らかな場合は別として，文書の標目，作成者，立証趣旨などを明らかにして作成し，相手方当事者に一を加えた通数を提出しなければならないとされる訴訟法上要求されている書面である（民訴規137条1項）。
2．証拠説明書は，相手方当事者間に対して直送することができる（民訴規137条2項）。
3．本書式につき，梶村＝石田編『民事訴訟書式体系』〔改訂増補版〕133頁〔澤田昭英＝小林司〕参照）。

書式 100　証拠保全申立書

平成〇〇年(ハ)第〇〇〇号　損害賠償請求事件
原　告　甲　野　太　郎
被　告　医療法人乙病院

証拠保全の申立書

平成〇〇年〇〇月〇〇日

〇〇簡易裁判所　御中

申立人（原告）訴訟代理人弁護士
乙　山　次　郎　㊞

　御庁頭書事件について，申立人（原告）は証拠保全のため，下記証人を尋問されたく申し立てします。

1　証明すべき事実
　　申立人が平成〇〇年〇〇月〇〇日〇〇時ころ相手方病院において腹痛の診療を受け，同病院のＡ医師による血液検査，肝機能検査等に次ぐ点滴静注を受けたところ，虫垂炎が判明して手術に及んだが，同医師の過失により，局所性化膿性腹膜炎を併発し，そのため申立人の治療期間が不相当に長期に及んだ事実
2　証拠方法
　　　〒〇〇〇－〇〇〇〇
　　　〇〇県〇〇市〇〇町〇丁目〇番〇号
　　　　証人　Ａ　（呼出し，主尋問30分）
3　尋問事項
　　別紙尋問事項書記載のとおり
4　証拠保全を必要とする理由
(1)　本件訴訟は，相手方の診療契約に基づく債務不履行を原因として，申立人により平成〇〇年〇〇月〇〇日御庁に提起され，現在審理係属中であるところ，Ａは，研究のため近日中に渡米する予定であることが判明した。
(2)　申立人は，Ａが本件訴訟解決の重要な証人であるから，上記手術における執刀当時の申立人の症状及び執刀における状況についての詳細を証言してもらう予定であったが，仮にＡが渡米し長期にわたり帰国しないとなれば，申立人において極めて重要な証拠資料から遠ざけら

　　　　れるものであり，かつ，そのことにより訴訟遅延の原因ともなる。
　　　　よって，上記証拠の早期保全の必要から，A証人の尋問を求める。
　　　　　　　　　　　　疎　明　資　料
　1　疎甲第1号証　　　診断書
　2　疎甲第2号証　　　判例時報○○○○号○○頁「東京地裁平成○○年○
　　　　　　　　　　　○月○○日判決」の写し
　3　疎甲第3号証　　　申立人作成にかかるA医師からの説明聴取書
　4　疎甲第4号証　　　相手方（病院）の事務長Bからの電話聴取書
　　　　　　　　　　　　添　付　書　類
　疎甲号証　　　　　　　各1通
　　　　　　　　　　　　　　　　　　　　　　　　　　　　　以　　上

〔注〕
　1．証拠保全の必要と管轄
　　　証拠保全とは，現在訴訟が係属中であるが，何らかの事情により証拠調べの実施が困難ないしは不能になる可能性がある場合，又は将来訴訟を提起する予定であるが同様な事情により申立人（原告となる予定の者）が立証できなくなる場合に，申立てにより実施される証拠調べである（民訴234条。ただし，職権による場合としては民訴237条）。
　　　本書式は，その前者の場合であり，管轄裁判所は当該証拠を使用すべき裁判所ないしは受訴裁判所である（民訴235条1項）。
　2．書面主義
　　　証拠保全の申立てには書面主義がとられている（民訴規153条）。その申立書には，相手方の表示，証明すべき事実，証拠方法，証拠保全の理由などを記載すべきとされる。
　3．訴訟費用
　　　証拠保全に要する費用は，訴訟費用の一部と扱われる（民訴241条）。
　4．不服申立方法
　　　証拠保全の決定に対しては，不服の申立てができない（ただし，申立てを却下した決定に対しては，その取消しを求めて抗告ができる（民訴328条））。
　5．訴え提起前の証拠保全の申立ての場合
　　　この場合の当事者には住所・氏名を特定して記載し，その呼称は「申立人」，「相手方」となる。
　　　また，申立ての趣旨として「証拠保全のため，下記のとおり証拠調べを求める」と記載することになろうし，申立ての理由としては「証明すべき事実」，「証拠保全を必要とする理由」などにつき本書式例のような記載をしたうえ，疎明方法についても本書式例に準じた記載をする（民訴234条以下，民訴規152条以下）。その場合の管轄裁判所は，民事訴訟法235条2項・3項の定めによる。
　6．本書式につき，梶村＝石田編『民事訴訟書式体系』〔改訂増補版〕134頁以下〔澤田昭英＝小林司〕参照）。

第9章

判決の態様

第1節　概　　説

(1)　はじめに

　裁判所は，訴訟が裁判をするのに熟したとき，すなわち，口頭弁論の全趣旨や証拠調べにより心証が形成され，最終的な判断ができる状態になったときに終局判決をする（民訴243条1項）。終局判決には，その訴訟手続において訴訟の目的となっている権利又は法律関係の存否という重要な事項についての裁判所の判断を示す本案判決と，訴訟要件を欠くため，請求の当否についての判断をしないで訴えを却下する訴訟判決がある。

　本案判決は，その訴訟における審理の集大成というべきものであり，これには，原告の請求を理由ありとして認容する請求認容判決と，理由なしとして棄却する請求棄却判決とがある。このうち，請求認容判決は，訴えの形式に応じて，給付判決，確認判決及び形成判決に分類される。

　判決内容は，判決の基礎となる口頭弁論に関与した裁判官が確定する（民訴249条，直接主義）。判決内容が確定すると，判決言渡し前に判決書を作成する（民訴252条，例外として民訴254条・374条2項参照）。判決書には裁判所がどのようにしてそのような判断をするに至ったのか，その過程と結論に至った理由を示さなければならない。

(2)　判決書作成の目的

　判決書作成の目的の1つに，訴訟当事者に対して判決の内容を知らせるとともに，これに対し上訴するかどうかを考慮する機会を与えることが挙げら

れる。当事者のための判決書であることを第一義とすれば，その判決書はこれを読む当事者にわかりやすいものでなければならない（司法研修所編『民事判決起案の手引』〔10訂版〕1頁参照）。

法律の専門家である弁護士が当事者の代理人となることの多い地方裁判所においては，多岐にわたる当事者の法律的な主張を論理的に整理し，これに対する法的判断を的確・詳細に行わなければならない場面が多々あり，判決書の枚数もそれに応じて多くなる傾向にある。在来様式の判決書では，形式的な記載や重複記載が多く，そこに多くの労力や枚数が費やされた。加えて，通常の文章とは異なる判決書独特の言い回しが多用され，徒らに難解な用語が使用されるなど，当事者にとってわかりにくいという指摘がなされていた。当事者が最も知りたいのは，「争点」及びそれに対する裁判所の判断である。裁判の結論に至る過程が明快に記載されておれば，当事者としても，これに対し上訴すべきかどうかなどの的確な対応が可能となる。在来様式の判決書に対するこのような批判に応えて，地方裁判所においては，平成2年1月に，東京・大阪の高等・地方裁判所の民事判決書改善委員会から，わかりやすい判決書の作成をめざして，「民事判決書の新しい様式について」の共同提言がなされ，それ以来，在来様式の判決書と異なるさまざまな工夫が試みられ，これに沿った新しい様式の判決書の作成が広く行われるようになった。

(3)　簡易裁判所の判決書

簡易裁判所は，比較的少額軽微な事件を，国民が利用しやすい手続で，迅速に解決する理念の下に，戦後新たに設けられた第一審裁判所である。このため，簡易裁判所の民事訴訟手続においては，法律知識や訴訟技術が必ずしも十分ではない一般市民が容易に利用することができるように，地方裁判所の第一審手続に対するさまざまな特則が設けられている。訴えは口頭でも提起することができること（民訴271条），訴えの提起においては，請求の原因に代えて，紛争の要点を明らかにすれば足りること（民訴272条）などの規定は，訴訟手続の入口段階における利用者側の便宜を考慮した特則である。

判決書についても，次のとおり，簡略記載を認める特則が設けられている（民訴280条）。

判決書には，主文のほかに，事実及び理由などを記載しなければならない

が（民訴253条1項），簡易裁判所の判決書においては，「事実」の記載は，「請求の趣旨及び原因の要旨」を記載すれば足りるとされており（民訴280条），地方裁判所の判決書のように，請求を理由づけるための要件事実のすべてを網羅的に記載する必要はなく，訴訟物の特定に必要な最小限の事実を記載すればよいとされている（「簡易裁判所における新しい様式による民事判決書について」民事裁判資料203号5頁参照）。

　また，「理由」の記載も，「請求の原因の有無並びに請求を排斥する理由である抗弁の要旨を記載すれば足りる。」とされている（民訴280条）。これによると，例えば「売買契約の成否」が争点となっている事案では，「証拠によれば，被告が原告から〇〇を代金〇〇円で購入した事実が認められる。」あるいは「被告が原告から〇〇を代金〇〇円で購入した事実は当事者間に争いはないところ，証拠によれば，被告が平成〇年〇月〇日上記代金全額を原告に弁済した事実が認められる。」などと記載すればよいことになる。

　簡易裁判所では，当事者が弁護士等法律の専門家に委任せず，直接裁判に関わるいわゆる「本人訴訟」が多くを占める。このため，その判決書はいっそうわかりやすく簡明なものであることが求められる。簡易裁判所においては，判決書の記載事項について，上記のとおり簡略記載を認める特則があるが，事案によっては，先に紹介した新様式判決書の記載方法を活用しつつ，地方裁判所の判決書とは異なる新しい様式の判決書の作成を目指していっそうの工夫と努力を積み重ねていかなければならない。簡易裁判所の判決書に限らないが，判決書にはできるだけ日常使用される平易な文章を用い，わかりやすい表現を心がけるべきである。また，判決理由の文章は，当事者，代理人が目の前にいても，口でその通り言えるような表現であることが望ましいとされているが，簡易裁判所の判決書においては，容易にそれが実現されると思われる。

　簡易裁判所の判決書を，上記のように簡略な記載にすることができるならば，口頭弁論終結後，時日をおかない早い時期に判決言渡期日を指定することができ，簡易裁判所の理念である「簡易・迅速な裁判」の実現を図ることが可能となる。また，証人等の陳述の調書記載の省略の特則（民訴規170条）を併せて活用すれば，簡易裁判所に提起される訴訟事件を迅速かつ大量に処

理することも可能となる。

なお，簡易裁判所においては，審理の長期化が予想されるなど，争点が複雑・困難な事件について，裁量により，その所在地を管轄する地方裁判所に移送する制度が設けられているが（民訴18条参照），この規定も，簡易裁判所の上記役割を制度的に保障するものといえよう。

(4) 判決書の記載事項

判決書には，①主文，②事実，③理由，④口頭弁論終結の日，⑤当事者及び法定代理人，⑥裁判所を記載しなければならない（民訴253条1項）。このほか，事件番号，事件名を記載することによって，一覧的な事件の特定がなされる。また，判決の種類に応じて，その表題として，「判決」（民訴243条），「中間判決」（民訴245条），「変更判決」（民訴256条）などと記載するほか，訴訟手続が異なり，不服申立方法に特別の規定が設けられている手形・小切手訴訟，簡裁の少額訴訟の判決書については，そのことが一見してわかるように，それぞれ「手形判決」，「小切手判決」，「少額訴訟判決」と記載する（民訴規216条・229条1項）。

(a) 主　文　　主文の欄には，訴訟物についての裁判及び訴訟費用についての裁判を記載し，必要に応じて仮執行又は仮執行免脱の宣言を記載する。訴訟物についての主文は，裁判所の判断の結論を示すものであり，そこに請求の趣旨に対する応答を簡潔・明瞭に示さなければならない。例えば，原告の請求が理由のない場合の主文は，「原告の請求を棄却する。」である。また，原告の請求を認容する場合の主文は，訴えの形式に応じた主文を記載する。給付判決の主文は，「被告は，原告に対し，〇〇万円を支払え。」，「被告は，原告に対し，〇〇物件を引き渡せ。」などとし，給付の法律的性格や理由づけは記載しない。訴訟物についての判断をせず，訴訟要件の欠缺などを理由に原告敗訴の判決をする訴訟判決の主文は，「本件訴えを却下する。」である（当事者適格又は訴えの利益を欠く場合は請求棄却の判決をすべきとの見解もある（小室直人＝賀集唱＝松本博之＝加藤新太郎編『基本法コンメンタール新民事訴訟法2』242頁））。

訴訟費用については，裁判所は，職権で，その負担の裁判をしなければならない（民訴67条）。訴訟費用は，敗訴当事者が負担するのが原則であるが

（民訴61条），一部敗訴の場合における各当事者の訴訟費用の負担は，裁判所が，その裁量で定める（民訴64条本文）。通常，「訴訟費用は，被告の負担とする。」「訴訟費用はこれを5分し，その2を原告の負担とし，その余は被告の負担とする。」というように記載する。一部敗訴の場合の費用負担の割合は，通常は請求額と認容額との比率に対応して定められることが多いが，一方の敗訴部分がごくわずかである場合などは，全部の費用を相手方の負担と定めることができる（民訴64条但書参照）（前掲『起案の手引』23頁）。

　財産上の請求に関する判決については，裁判所は，申立て又は職権により，仮執行をすることができることを宣言することができる（民訴259条1項）。仮執行宣言を付するかどうかは，裁判所の裁量に委ねられているが，通常，①執行遅延による勝訴者側の損害の程度及びその塡補の可能性，②執行実施による敗訴者側の損害の程度及びその回復の可能性，③上訴された場合の上訴審における勝訴者側の勝訴の蓋然性などを考慮して，仮執行宣言の必要性が判断される。貸金業関係事件の多い簡易裁判所においては，当該事件の被告から，破産開始の申立て中若しくはその準備中との記載がされた答弁書が提出されることがあるが，その事実が何らかの方法で確認された場合には，上記①の事情がないものとして，仮執行宣言を付さない取扱いをする例がある。なお，確認判決，形成判決については仮執行宣言を付さないのが通例であり，また，意思表示を命ずる判決については，性質上，仮執行宣言を付すことができないとするのが通説である（前掲『起案の手引』29頁参照）。

　(b) 事　実　　事実の記載においては，請求を明らかにし，かつ，主文が正当であることを示すのに必要な主張を摘示しなければならない（民訴253条2項）。

　「請求」とは，訴訟の審判の対象である訴訟物のことであり，これを記載することによって請求の特定がなされ，既判力の客観的範囲が明らかにされる。請求の特定は，通常，「請求の趣旨」及び「請求の原因」の記載によりこれを行う。予備的請求，選択的請求のある場合に，主位的請求若しくはある選択的請求を認容するときでも，予備的請求若しくは他の選択的請求を事実として摘示すべきである（小室ほか・前掲244頁参照）。

　「主文が正当であることを示すのに必要な主張」とは，主文の結論を導き

出すのに必要な主張のことである。これらは，通常，請求原因・抗弁・再抗弁等の主要事実を記載することによって明らかにされるが，中心的争点が間接事実である場合も多く，その場合には，真の中心的争点である間接事実を的確に摘示しなければならない（小室ほか・前掲244頁）。本人訴訟の多い簡易裁判所においては，曖昧な主張については，裁判所が適宜当事者に釈明を求めるなどして主張を整理し，争点を明確にさせる必要がある。

　(c)　理　由　　判決書には，裁判の結論を導くに至った理由を記載しなければならない。これには注意しなければならない原則がある。すなわち，裁判所は，当事者が申し立てていない事項について判決をすることができず（民訴246条），当事者間に争いのない事実についてはそのまま判決の基礎としなければならないという弁論主義の原則である。これによると，「事実」中に記載されている主張については，認定した証拠に基づいてその存否を判断しなければならないが，「事実」中に記載されていない主張について「理由」中で判断することは弁論主義に反することになる。

　裁判は，法規を大前提，認定事実を小前提として結論を導く，いわゆる法的三段論法によってされるといわれている。したがって，争いのある事実については，裁判所がその自由な心証に基づき，口頭弁論の全趣旨及び証拠調べの結果を斟酌して認定しなければならない（民訴247条参照）。新様式の判決書では，「事実」中で「争点」が提示されているので，この「争点」に沿って，取り調べた証拠の中から主要事実，間接事実を認定し，それを法規にあてはめた上，結論を導き出すことになる。

〔廣瀬　信義〕

第2節　各種給付判決

　給付判決は，原告の被告に対する給付請求権の主張に基づき，金銭の支払や物の引渡し，登記申請の意思表示，建物収去などの作為並びに差止めなどの不作為を命ずることをその内容とする。判決の主文には，通常，「被告は，原告に対し，○○円を支払え。」，「被告は，原告に対し，○○物件を引き渡せ。」，「年6分の割合による金員を支払え。」というように，給付の法的な性格や理由づけを含まない抽象的な表現を用いて，簡潔に記載する。その内容は，被告が当該給付を負うべき旨の確定と，請求権の内容に応じた給付をなすべき旨を被告に命ずる給付命令である（中野貞一郎＝松浦馨＝鈴木正裕編『新民事訴訟法講義』〔第2版〕403頁）。給付判決がされた場合，原告の被告に対する給付請求権の存在について既判力が生ずる。請求権の内容については，主文だけでは，それが実体法上のいかなる権利又は法律関係の存否の主張かわからないので，判決書の「事実」の記載中でこれを特定する必要がある。また，給付請求権の存否を認定する基準時は，口頭弁論終結時であり，その終結の日は判決書に記載される（民訴253条1項4号）。また，給付請求権の履行期は口頭弁論終結の時点において到来していなければならないが，あらかじめ将来の請求をする必要がある場合には将来の給付の訴えも許される（民訴135条）。例えば弁済期未到来の金員支払請求を認容する場合の判決主文には，「被告は，原告に対し，平成○○年○○月○○日が到来したときは金○○円を支払え。」というように履行期を明記する必要がある。将来給付の訴えは，未だ履行しなくてもよい給付義務についてあらかじめ給付判決がなされ，将来の強制執行のために債務名義を取得させるものであるから，このような給付判決を得る原告の利益と，これに対する将来の強制執行に対する防御のために請求異議訴訟を提起せざるを得なくなる被告の手続負担とのバランスの観点から，それが許されるかどうかを判断することになる（裁判所書記官研修所監修『民事訴訟法講義案』55頁注意書参照）。

　被告が給付命令に従わない場合は，原告には，給付判決に基づき強制執行をする手段が用意されている。したがって，裁判所は，執行のことをも念頭

に置き主文の表現を考える必要があり，執行機関の解釈に疑義が生じないように留意する必要がある（塚原朋一編著『事例と解説・民事裁判の主文』28頁参照）。

　裁判所は，必要があると認めるときは，財産権上の請求に関する判決について，申立てにより又は職権で，仮執行宣言を付することができる（民訴259条1項）。具体的には，原状回復が可能であるか，金銭賠償による処理が可能な請求に限られる。意思表示を求める判決は，性質上仮執行宣言を付すことはできない（民執174条1項本文参照）。

〔廣瀬　信義〕

書式 101　金銭の支払を命ずる判決(1)──契約の成否

平成19年○月○日判決言渡　同日原本領収　裁判所書記官
平成19年(ハ)第○○○号　保証債務金請求事件
口頭弁論終結の日　平成19年○月○日

判　　　　　決

　　　○○市○○町○丁目○番○号
　　　○○ファイナンスこと
　　　　　　　　　原　告　　山　川　花　子
　　　　　　　同訴訟代理人　　○　○　○　○
　　　○○県○○市○○町○番地
　　　　　　　　　被　告　　　○　○　○　○
　　　　　　　同訴訟代理人弁護士　　○　○　○　○

主　　　　　文

1　被告は，原告に対し，金○○万○○○○円及びうち金○○万○○○○円に対する平成16年2月1日から支払済みまで年26.28％の割合による金員を支払え。
2　訴訟費用は，被告の負担とする。

事　実　及　び　理　由

第1　請求
1　主文1，2項と同旨
2　仮執行宣言申立て
第2　事案の概要
　　本件は，登録貸金業者である原告が，貸付けに係る保証人である被告に対し保証債務金の支払を求めたところ，被告が保証契約の成立を否認し，争っている事案である。
1　請求の原因
(1)　原告は，訴外○○○○（以下「○○」という。）に対し，平成○○年○月○○日，利息・遅延損害金はいずれも年率29.2パーセント，支払方法は毎月末日限りの分割払いとするなどの約定で，金○○万円を貸し付けた。
(2)　被告は，平成15年6月28日，原告に対し，訴外○○の前項の債務について連帯保証した。
(3)　訴外○○は，平成○○年○○月○○日に支払うべき分割金の支払を怠り，約定により期限の利益を喪失した。
(4)　よって，原告は，被告に対し，利息制限法の制限利率の範囲内で，残元金○○万○○○○円及び未収利息金○万○○○○円並びに残元金に対する期限の利益喪失後の平成○○年○月○日から支払済みまで年26.28パーセントの割合による遅延損害金の支払を求める。
2　争点
　　保証契約の成否

（被告の主張）
　　　　　本件借用証書及び連帯保証契約書上の被告の筆跡は，いずれも被告のものとは異なる。被告の署名，押印は，訴外○○が偽造，冒用したものである。
　第３　争点に対する判断
　　　　　被告は，借用証書や連帯保証契約書上の被告の筆跡は，本人のものとは異なると主張するが，これらと本件各訴訟記録中に存在する被告作成に係る訴訟委任状の被告の筆跡と対照すると，その書体がいずれも極めて酷似していることが認められ，上記証書並びに契約書上の被告の署名・押印は，被告によってなされたものと推認することができる。
　　　　　また，被告が上記証書等上に自ら署名・押印したという事実は，証人○○○○の証言によってもこれを認定することができる。
　　　　　以上によると，被告が本件連帯保証をした事実を認めることができる。
　　　　　なお，仮執行宣言は相当でないので，これを付さないこととする。
　　　○○簡易裁判所
　　　　　裁判官　　○　　○　　○　　○

〔注〕
1．事件番号及び事件名並びに表題（「判決」，「手形判決」，「中間判決」など）は，判決書の必要的記載事項ではないが，事件の特定等事務処理上の便宜のために記載される。これらは，慣例的に記載するのが慣例となっている。
2．通常，住所と氏名で当事者を特定する。その氏名が，通称などで，戸籍上記載されている正確な記述と異なるとき，例えば，通称がＡで戸籍上の氏名がＢであるときは，「ＡことＢ」と記載する。本例は，個人が，「○○ファイナンス」という名称を用いて貸金業を営んでいる事例に係るものである。権利義務の主体はあくまでも個人であるが，特定を容易にするために，営業の際に使用している名称を個人名の前に記載している。
　　住所を記載するときは，都道府県名から表示するのが原則であるが，実務上，東京都を除き，政令指定都市，地方裁判所本庁所在地の市については都道府県名を省略する例が多い（前掲『起案の手引』6頁）。
3．判決書には，主文のほかに，「事実」及び「理由」などを記載しなければならない（民訴253条1項参照）。従来，「事実」と「理由」を項目を分けて記載するのが一般的であったが，現在では，わかりやすい判決書の作成に資するために，「事実及び理由」として一括して記載するのが通例になっている。
　　簡裁の判決書の記載事項については特則が設けられている。すなわち，「事実及び理由」を記載するには，請求の趣旨及び原因の要旨，その原因の有無並びに請求を排斥する理由である抗弁の要旨を表示すれば足りる（民訴280条）。しかし，当事者が真剣に争っている事案では，「争点」の項を設けて，これに対する裁判所の判断の過程をある程度具体的に説示するのが相当である。
4．新様式の判決書では，「事案の概要」という項目を設け，その冒頭に紛争の概要を簡潔に記載し，訴訟物を明らかにしている（前掲『起案の手引』91頁参照）。
5．財産権上の請求に関する判決については，裁判所は，申立てにより又は職権で仮執行宣言を付すことができる（民訴259条1項）。仮執行宣言を付すかどうかは裁判所の自由裁量に委ねられている。仮執行宣言を付すときは，主文にこれを掲げることを要する（民訴259条4項）。これに対し，仮執行宣言の申立てがあったが，これを付すのが相当でない場合は，主文に却下の旨を掲げる必要はなく（民訴259条4項の反対解釈），理由中でそのことを明らかにする（前掲『起案の手引』30頁）。

書式 102　金銭の支払を命ずる判決(2)——不当利得返還

平成19年○月○○日判決言渡　同日原本領収　裁判所書記官
平成19年(ハ)第○○○号　不当利得返還請求事件
口頭弁論終結の日　平成19年○月○○日

　　　　　　　　　　判　　　　　決

○○県○○市○○○町○○番地
　　　　　　　　　原　　告　　○　○　○　○
　　　　　　同訴訟代理人弁護士　○　○　○　○
○○市○○区○○一丁目○○番地
　　　　　　　　　被　　告　　株式会社○○○
　　　　　　同代表者代表取締役　○　○　○　○

　　　　　　　　　主　　　　　文

1　被告は，原告に対し，金136万○○○○円及びこれに対する平成○○年○○月○日から支払済みまで年5パーセントの割合による金員を支払え。
2　原告のその余の請求を棄却する。
3　訴訟費用は，被告の負担とする。
4　この判決は，仮に執行することができる。

　　　　　　　　事　実　及　び　理　由

第1　請求
（主位的請求）
　　被告は，原告に対し，138万○○○○円及びこれに対する平成○○年○○月○日から支払済みまで年5パーセントの割合による金員を支払え。
（予備的請求）
　　被告は，原告に対し，137万○○○○円及びこれに対する平成○○年○○月○日から支払済みまで年5パーセントの割合による金員を支払え。
第2　事案の概要
　　本件は，原告が，被告に対し，原告と被告との間の全取引について利息制限法所定利率により引き直し計算すると過払いが生じているとして，不当利得金の返還と悪意の受益者としての利息の支払を求めた事案である。
　1　前提となる事実
　(1)　被告は，消費者金融業者である。
　(2)　原告は，被告（旧商号「株式会社○○」）との間の平成○○年○月○○日付手形貸付取引約定契約に基づき，別紙計算書のとおり，手形貸付の方法による金銭の借入れと返済（以下「本件取引」という。）を行ってきた（甲第1号証）。

(3) 保証料はみなし利息として処理をする（当事者間に争いはない。）。
2　主たる争点
　　　過払金が生じた場合，次の借入金債務に充当することの可否
　　　　　──本件取引を一体のものと解すべきか，それとも借入ごとの個別のものと解すべきか
（原告の主張）
　　原告と被告は，平成〇〇年〇月〇〇日に極度額を〇〇〇万円とする「手形取引約定」を締結し，継続的な手形貸付を行ってきた。基本契約に基づき行われた同一の貸主と借主との間の継続的な取引においては，過払金が生じた場合は，次の借入金債務に当然充当されると解すべきである。
　　なお，引き直し計算するにあたり，契約元金は，①天引前の金額（主位的主張）若しくは②現実受領額（予備的主張）とすべきである。
（被告の主張）
　　原告に対する各貸付は一個の包括契約に基づくものであるが，各貸付契約ごとに審査が行われ，その都度，貸付金額，返済方法，返済期限を明記した貸付明細書を交付する方法によって行われ，現実に金銭の交付もされている。すなわち，原告と被告間には各貸付ごとに金銭消費貸借契約が成立しているというべきであるから，引き直し計算も各貸付ごとに個別に行うべきであり，過払金が発生した場合でも次の借入金債務に充当されることはない。
第3　争点に対する判断
1　本件取引は，平成〇〇年〇月〇〇日付手形貸付取引約定に基づき開始されたが，同取引約定によれば，返済方法は一括返済とし，元利金の支払を1回でも怠るなど原告側の信用を害するような一定の事由が発生した場合には，期限の利益を喪失する旨の特約がある。
　　被告は，本件取引は，上記基本契約の下で複数口の手形貸付を併存させながら行われたものであり，各貸付の際にはその都度債務者・保証人の経済状態について審査をし，その審査結果に基づき貸付の適否を決し，それに対応した内容の貸付を実施しているのだから，それぞれの貸付は別個独立したものと解すべきであると主張している。
　　しかし，各貸付ごとの審査の内容は，過去の貸付の返済状況等を踏まえた形式的なものにすぎず，貸付の態様も，その多くは返済日と同日に返済額に相当する額の貸付を実行するというもので，各貸付は直前の貸付を前提として行われていることは明らかである。また，各貸付金の返済は一括返済とするとの約定がありながら，上記のとおり期限の利益喪失の特約も併せて存在することに照らすと，各貸付は別個独立したものではなく，将来にわたる継続的な貸付と返済が想定された，一連の取引であると解するのが相当である。
　　そうすると，過払金が発生した場合は，原告が主張するとおり，次の借入金債務に当然充当されるものとして処理するのが相当である。

2　ところで，原告は，送金料（振込手数料）は「みなし利息」であると主張するが，送金料は，債権者である被告が支払を受ける金銭ではなく，利息制限法の趣旨を債権者によって潜脱されるおそれのない性質のものである。したがって，送金料を「みなし利息」とする原告の主張は理由がない。
   3　以上の検討結果に基づき，本件取引を一連のものとして利息制限法の制限利率に引き直し計算すると，別紙計算書（略）のとおりとなる。なお，利息の天引の場合の計算は，利息制限法2条の解釈により，契約元金は，天引前の金額とすべきである。
　　よって，主文のとおり判決する。
　　○○簡易裁判所
　　　裁判官　　○　○　○　○

〔注〕
1. 法人の代表者については，その旨及びその代表資格を記載する（民訴37条・253条1項5号）。共同代表の定めがあれば代表者全員の氏名を記載しなければならないが，共同代表の定めのないときは，各自代表権があるので，判決書においては，現実に訴訟遂行にあたった者（現実に弁論をしたり，あるいは訴訟代理人に委任をした者など）のみを記載すればよい。
2. 法律上両立し得ない複数の請求に順位を付し，先順位請求が認容されることを後順位請求の審判申立ての解除条件とした併合態様を「予備的併合」といい，このうち，先順位の請求を「主位的請求」，後順位の請求を「予備的請求」という。
3. 予備的請求については，その請求の趣旨が主位的請求のそれと異なるときは，本事例のように別個に記載するが，同一のときは，別個に記載せず，「よって，原告は，被告に対し，主位的に売買契約に基づく代金200万円の支払を，予備的に不法行為に基づく損害賠償金200万円の支払を求める。」というように，「よって書き」で，その旨を明らかにする。
4. 本事例は，主位的請求原因事実と予備的請求原因事実がほとんど共通しているものの，引き直し計算の方法において一部異なっているという事案である。この場合，そのことを原告の主張の項目で簡単に触れておく程度にすると，相違部分が明らかになり，わかりやすい。
5. 裁判所は，主位的請求を認容すれば，予備的請求について判断することを要しない（大判昭16・5・23民集20巻668頁）。他方，主位的請求を排除する場合には，予備的請求についても判断しなければならない（最判昭38・3・8民集17巻2号304頁）。本事例は，主位的請求を認容したものであるが，送金料を「みなし利息」であると主張する点について排斥し，請求額を減じたため，「原告のその余の請求を棄却する。」としたものである。主位的請求を全額認容した場合は，原告の全部勝訴となり，主文には，予備的請求を棄却するという意味での「原告のその余の請求を棄却する。」の記載は不要となる。
6. 訴訟費用は敗訴当事者の負担となる（民訴61条）。一部敗訴の場合における各当事者の訴訟費用の負担は，裁判所が，その裁量で定めることになるが（民訴64条本文），敗訴部分がごくわずかであるなどのような事情がある場合には，当事者の一方に訴訟費用の全部を負担させることができる（民訴64条但書）。本事例は，請求額のうちごくわずかの部分が排斥された事案であり，訴訟費用の全部を被告に負担させたものである。

書式 103　動産引渡しを命ずる判決

平成19年○月○日判決言渡　同日原本領収　裁判所書記官
平成19年(ハ)第○○○号　動産引渡請求事件
口頭弁論終結の日　平成19年○月○○日

判　　　　　決

　　○○県○○○郡○○町○○○番地
　　　　　　　　　　　　原告　　甲　野　三　郎
　　　　　　　同訴訟代理人弁護士　乙　山　太　郎
　　○○市○○町○丁目○番○号
　　　　　　　　　　　　被告　　丙　田　時　子

主　　　　　文

1　被告は，原告に対し，別紙物件目録記載の自動車を引き渡せ。
2　被告は，原告に対し，平成19年○月○日から上記自動車引渡しの日まで，1ヵ月当たり金○円の割合による金員を支払え。
3　訴訟費用は，被告の負担とする。

事　実　及　び　理　由

第1　請求
　　主文1項，2項と同旨（平成19年○月○日は訴状送達の日の翌日）
第2　事案の概要
　　本件は，信販業者である原告が，被告に対し，留保所有権に基づき，別紙物件目録記載の自動車（以下「本件自動車」という。）の引渡しを求めた事案である。
1　争いのない事実（弁論の全趣旨により認定できる事実を含む）
　(1)　被告は，カーショップ○○（以下「販売店」という。）から本件自動車を購入する資金として，○○銀行（以下「貸主」という。）から金銭を借り受けた。
　(2)　原告は，被告の委託を受け，平成○年○月○日，貸主に対し，前項の被告の債務について連帯保証した。この保証委託契約には，次の事項が定められていた。
　　ア　被告が割賦金の支払を怠り，原告が20日以上の相当な期間を定めてその支払を書面で催告したにもかかわらず，被告がその支払をしないときは，原告は，被告に対し，原告が貸主に対する保証債務を履行する前であっても，あらかじめ求償権を行使することができる。
　　イ　アの場合，原告は，被告に対し，約定の留保所有権に基づき，本件自動車の引渡しとともに，引渡しの日まで1日当たり○円の損害金を請求することができる。
　(3)　被告が割賦金の支払を怠り，上記催告期間内の支払もしなかったので，原告は，被告に対し，事前求償金請求訴訟（以下「前訴」という。）を提起した。
　(4)　前訴において，概ね次の内容の和解が成立した。
　　ア　被告は，原告に対し，事前求償金債務○○円を毎月○万円宛分割

　　　　　　して支払う。
　　　　イ　被告が分割金の支払を怠り，その遅滞額が２回分に達したときは当然に期限の利益を失い，残額及び完済までの約定遅延損害金を直ちに支払う。
　　　　ウ　原告は，その余の請求を放棄する。
　　　　エ　当事者双方は，本件について，当事者間には本和解条項に定めるほか何らの債権債務のないことを相互に確認する。
　　２　争点
　　　本件自動車の引渡請求権の存否
　　（被告の主張）
　　　　前訴和解において，原告は，被告に対する本件自動車の引渡請求権のないことを確認した。
第３　争点に対する判断
　１　前訴和解では，上記第２の１(4)エの包括的清算条項が定められている。この清算条項は，訴訟物及びそれ以外の権利関係を含め，債権についてはこれを放棄し，債務についてはこれを免除するという内容の確認をするものであり，原則的には，これによって，和解によって定められたもの以外の当事者間の一切の債権債務の不存在が確定すると解されている。
　２　ところで，前訴の訴訟物は，原・被告間の保証委託契約に基づく事前求償金の支払請求であるが，前訴和解において清算の対象となったのは，「本件」，すなわち前訴訴訟物である事前求償金の支払請求権であり，本件自動車の引渡請求権はその対象とはなっていない。そうすると，原告は，なお被告に対する本件自動車の引渡請求権を行使することができるものと解するのが相当である。
　　　　　○○簡易裁判所
　　　　　　　裁判官　○　○　○　○

（別紙）
　物件目録省略

〔注〕
１．本事例は，動産の引渡請求とともに，附帯請求として，その動産の使用を妨げられたことを理由として，引渡しを受けるまでに発生する損害金の支払を求めた事案である。この損害金の性質は，所有権侵害の不法行為に基づく損害賠償請求権であると考えられる。通常，その請求権は，被告が動産の不法占有を開始したときから発生するが，実務上，占有開始後の特定の日（本件では訴状送達の日の翌日）以降に発生した損害金のみを請求する場合がある。
２．物権的返還請求権の内容は，目的物の占有の移転を請求することである。目的物が動産の場合には引渡請求，不動産の場合には明渡請求とよばれる。
３．物権的請求権の主体，すなわち原告となり得る者は，物権者自身である。請求権の主体が所有権を有するかどうかの問題は，請求権自体の存否の問題であって，当事者適格又は訴えの利益の問題ではない。
４．他方，物権的請求権の被告となり得る者は，現に目的物を占有している者である。相手方の占有取得は，他人の行為による場合や自然力による場合でもよい。すなわち，占有を取得するに際し故意・過失があったことは必要としない。置き忘れた物を占有している者に対しても，物権的請求権を行使できる。
５．引渡しの目的物は特定して記載しなければならない。特定に欠けると，引渡しの執行の際に執行不能となるおそれがある。

書式 104　建物収去土地明渡しを命ずる判決

平成19年○月○日判決言渡　同日原本領収　裁判所書記官
平成19年(ハ)第○○○号　建物収去土地明渡請求事件
口頭弁論終結の日　平成19年○月○○日

判　　　決

　　　○○県○○○郡○○町○○○番地
　　　　　　　　　　　原　告　　甲　野　一　郎
　　　　　　　同訴訟代理人弁護士　　乙　山　太　郎
　　　○○市○○町○丁目○番○号
　　　　　　　　　　　被　告　　丙　田　花　子

主　　　文

1　被告は，原告に対し，別紙物件目録記載の建物を収去して同目録記載の土地を明け渡せ。
2　訴訟費用は，被告の負担とする。

事　実　及　び　理　由

第1　請求
　　　主文と同旨
第2　事案の概要
　　　本件は，原告が，被告に対し，別紙物件目録記載の土地（以下「本件土地」という。）についての使用貸借が終了したとして，その明渡しを求めた事案である。
1　争いのない事実
　(1)　被告は，昭和48年ころ，原告から，本件土地を牛舎使用目的で無償で借り受け，同土地上に別紙物件目録記載の建物（以下「本件建物」という。）を建て，牛舎として使用を開始した。
　(2)　被告は，平成17年10月ころ，本件建物を牛舎として使用することをやめた。現在，本件建物は空き屋になっている。
2　争点
　　　使用貸借契約は終了したか
　（原告の主張）
　　　被告は，本件建物を牛舎として使用することをやめており，牛舎としての使用収益を終えた平成17年10月ころ，使用貸借は終了した。
　（被告の主張）
　　　争う。被告は，本件建物が毀損したため，一時的に牛舎としての使用をやめたものである。
第3　争点に対する判断

1　証拠によれば、以下の事実が認められる。

　　被告は、平成15年ころまで常時10頭の乳牛を本件建物で飼育していたが、本件建物の老朽化が進み、屋根の一部が崩壊するなどしたため、飼育していた乳牛のうち2頭を残し、他を処分した。平成17年10月ころ、本件建物の一部が台風により損壊したので、被告は、残った2頭の乳牛を処分した。

2　本件土地は、被告がその上に牛舎を建てることを目的として、原告が被告に無償で貸し渡したものである。被告は、一時的に牛舎の使用をやめたものであると主張するが、上記認定事実のとおり、本件建物は2年近く使用されておらず、本件使用貸借はその目的を終えて終了したというべきである。

　　　　　○○簡易裁判所
　　　　　　裁判官　　○　　○　　○　　○

（別紙物件目録省略）

〔注〕
1．使用借主は、使用貸借終了のときに目的物を返還する義務を負う（民593条）。返還する物は受け取った目的物自体であるから、借主は借り受けたときの原状に復してその目的物を返還しなければならない。したがって、付属させた物があるときは、自らこれを収去する権利があるし、逆に、貸主に対してはこれを収去する義務を負う（民598条）。
2．使用貸借における土地の貸主が土地上に建物を所有する土地の借主に対し、使用貸借契約の終了に基づいて建物収去土地明渡しを請求する場合の訴訟物については、借主が土地返還義務とは別個の使用貸借契約上の義務として付属された物の収去義務を負うとし、使用貸借契約終了に基づく建物収去請求権及び土地明渡請求権が訴訟物になるとする見解がある。

　　しかし、借主は、使用貸借契約に基づく義務として、使用貸借契約終了により目的物を原状に修復した上貸主に引き渡すという1個の義務としての目的物返還義務を負い、付属された物の収去義務はこの義務に包摂されたものとみるべきであるから、この場合の訴訟物は、使用貸借契約終了に基づく返還請求権としての土地明渡請求権1個であると解される（司法研修所編『改訂・紛争類型別の要件事実―民事訴訟における攻撃防御の構造』91頁）。

　　因みに、所有権に基づく返還請求権としての建物収去土地明渡請求においては、土地所有者には土地返還請求権のみが発生するが、その判決主文に建物収去が加えられるのは、土地明渡しの債務名義だけでは別個の不動産である地上建物の収去執行ができないという執行法上の制約から、執行方法を明示する必要があるからである。
3．本事例は、契約に定めた目的に従い使用収益が終わったか否かが争点となった事案である。
4．判決書には、必要に応じて、別紙として物件目録や図面等を添付し、主文（事実及び理由についても同様）の記載に際しては、これを指示して物件を表示することが相当である（前掲『起案の手引』18頁参照）。
5．建物収去土地明渡しの事件では、仮執行宣言を付さないのが通例である。後に原判決が取り消されたり、変更があったりした場合、執行による損害の填補が困難になるおそれがあるからである。

書式 105　引替給付判決

平成○年○月○日判決言渡　同日原本領収　裁判所書記官
平成○年(ハ)第○○○号　売買代金請求事件
口頭弁論終結の日　平成○年○月○日

判　　　　　決

　　○○市○○町○－○－○
　　　　　　　　原　告　　甲　野　太　郎
　　○○市○○町○○番地
　　　　　　　　被　告　　乙　野　一　郎

主　　　文

1　被告は，原告から別紙物件目録記載の古書の引渡しを受けるのと引換えに，原告に対し，金○万円を支払え。
2　原告のその余の請求を棄却する。
3　訴訟費用はこれを5分し，その1を原告の，その余を被告の負担とする。

事　実　及　び　理　由

第1　請求
　　　被告は，原告に対し，○万円を支払え。
第2　事案の概要
　　　本件は，原告が，被告に対し，被告に売り渡した別紙物件目録記載の古書（以下「本件古書」という。）の代金の支払を求めたところ，被告が，本件古書の引渡しを受けていないとして，代金の支払を拒否している事案である。
　1　争いのない事実
　　　　原告は，平成○○年○○月○日ころ，被告に対し，本件古書を，代金○万円，代金支払日並びに引渡日を平成○○年○○月○○日ころと定め，売り渡した。
　2　争点
　　　　同時履行の抗弁が認められるか

（被告の主張）
　　　被告は，本件古書の引渡しを受けるまで，代金の支払を拒絶する。
第3　争点に対する判断
　1　本件古書の売買契約がなされたことは当事者間に争いはないところ，原告が本件古書代金を請求する以上，原告はそれと対価関係にある本件古書を被告に引き渡す義務があるというべきである。したがって，被告は，原告が本件古書を引き渡す義務を履行するまでは，その代金の支払を拒むことができると解するのが相当である。
　2　以上によると，原告の本件請求は，原告の被告に対する本件古書の引渡しと引換給付になる限度で理由があるから，その限度でこれを認容し，主文のとおり判決する。

　　　　　　　　○○簡易裁判所
　　　　　　　　　裁判官　　○　○　○　○

（別紙）

　　　　　　　　　　物　件　目　録

　　被告が原告から平成○○年○○月○日ころ購入し，原告が保管する「○○○○」と題する古書　　1冊

〔注〕
1．原告が単純な給付を求めている場合に，被告が同時履行又は留置権の抗弁を提出し，それが認められるときは，原告の請求を全部棄却すべきではなく，引換給付の判決をすべきである（前掲『起案の手引』13頁参照）。
2．売買契約締結の事実が認められれば，これによって同時履行の抗弁権が存在していることが基礎づけられるので，被告は，抗弁として，単に「目的物の引渡しを受けるまで，代金の支払を拒絶する。」と主張すれば足りる。これに対し，原告は，「先履行の合意」若しくは「反対給付の履行」を再抗弁として主張・立証することができる。
3．引換給付の判決をした場合，原告の単純給付の請求がそのまま認容されたのではないとの理由から，「原告のその余の請求を棄却する。」と一部棄却であることを主文に表しておく必要がある（前掲『起案の手引』14頁参照）。
4．引換給付物件の特定は，できるだけ正確かつ客観的なものでなければならない。本件は非代替物であるが，特定としてはこの程度の記載でも足りると考えられる。

書式106　将来給付判決

平成19年○月○日判決言渡　同日原本領収　裁判所書記官
平成19年(ハ)第○○○号　管理費等請求事件
口頭弁論終結日　平成19年○月○日

判　　　　決

○○市○○町○丁目○番○号
　　　　　　　原　告　　○○管理組合
　　　　同代表者理事長　　○　○　○　○
　　　　同訴訟代理人弁護士　○　○　○　○
○○市○○町○丁目○番○号　○○マンション○号室
　　　　　　　被　告　　○　○　○　○

主　　　　文

1　被告は，原告に対し，金○○万○○○○円及びこれに対する平成○○年○月○○日から支払済みまで年5パーセントの割合による金員を支払え。
2　被告は，原告に対し，平成○○年○月から被告が組合員の資格を喪失するまで，毎月○日限り，1ヵ月金○万○○○○円の割合による金員を支払え。
3　訴訟費用は，被告の負担とする。
4　この判決は，仮に執行することができる。

事　実　及　び　理　由

第1　請求
　　主文と同旨
第2　請求の原因
　1　原告は，○○市○○町○丁目○番○号に所在するマンション「○○」（以下「本件マンション」という。）の管理を行うために，その全区分所有者を構成員として設立された管理組合である。
　2　被告は，本件マンション○号室の区分所有者であり，原告の構成員である。
　3　原告の管理規約においては，区分所有者は，管理費，駐車場使用料，

修繕積立金（以下「管理費等」という。）を原告の管理者（原告理事長）に支払うものとされている。被告は，この規約に基づき，1ヵ月当たり，下記のとおりの管理費等支払義務を負担していた。

記

平成〇〇年〇月まで	〇万〇〇〇〇円
平成〇〇年〇月から平成〇〇年〇月まで	〇万〇〇〇〇円
平成〇〇年〇月	〇万〇〇〇〇円
平成〇〇年〇月以降	〇万〇〇〇〇円

4　ところが，別紙1記載のとおり，平成〇〇年〇月支払分から被告の支払額に不足が生じるようになり，平成〇〇年〇〇月支払分をはじめとして，月によってはまったく支払をしないなど，被告の管理費等の滞納額は増加していった。

5　そこで，平成〇〇年〇月〇日，原告は，被告に対し管理費等の支払を求めて，〇〇簡易裁判所に訴訟を提起したところ，この訴訟において，同年〇〇月〇日，被告が，原告に対し，管理費等として〇〇万〇〇〇〇円の支払義務があることを認め，これを毎月〇万円ずつ分割して支払うことなどを内容とする和解が成立した。

6　しかし，別紙2記載のとおり，被告は，和解成立後も和解金及び管理費等を約定どおり支払わず，平成〇〇年〇月〇〇日に〇〇万円を支払ったのを最後に，現在に至るまで一切の支払をしない。なお，弁済を受けた金員は和解金から先に充当した。

7　滞納が始まってから現在に至るまでの期間が長期に亘ること，訴訟上の和解が成立した後もすぐに支払が滞り，ここ10ヵ月は一切支払がないことなどから，今後も毎月の支払期日に被告が支払をすることは期待できない。

8　よって，原告は，被告に対し，平成〇〇年〇月分までの未払管理費等〇〇万〇〇〇〇円及びこれに対する最終支払期日の翌日である平成〇〇年〇月〇〇日から支払済みまで年5パーセントの割合による遅延損害金並びに平成〇〇年〇月〇〇日から毎月〇〇日限り，1ヵ月〇万〇〇〇〇円の割合による管理費等の支払を求める。

第3　理由

1　被告は，本件口頭弁論期日に出頭せず，答弁書その他の準備書面も提出しないから，請求原因事実（第1項ないし第6項）を明らかに争わないものと認め，これを自白したものとみなす。

2　原告は，あらかじめその請求をする必要があるとして，将来の管理費等の支払を求めているので，その必要性について検討する。

管理費等は，組合員である被告がその資格を有する限り，定められた額を継続的に管理組合である原告に対し給付すべき性質を有している。本件においては，被告の過去の支払状況並びに現在における滞納額等に照らすと，将来の分の履行も期待できない状況にあると認められる。したがって，被告が区分所有権を第三者に譲渡するなど，被告が組合員としての資格を喪失するまでの管理費等を，原告はあらかじめ現在の分に合わせて請求できるものと解するのが相当である。

　　　　　　　○○簡易裁判所
　　　　　　　　　裁判官　○　○　○　○

（別紙1,2省略）

〔注〕
1．将来の給付の訴えは，あらかじめその請求をする必要がある場合に限り，提起することができる（民訴135条）。その必要性が認められなければ，訴えの利益を欠くものとして，訴えは却下される。
2．どのような場合にその必要性が認められるかについては，義務者の態度，給付義務の目的・性質などを考慮して判断される。本件の管理費のように，継続的又は反復的給付については，現に履行期にある部分について不履行である以上，将来の分の履行も期待できないから，現在の分に合わせてあらかじめ請求することができると解される。
3．将来給付の訴えは，未だ履行しなくてもよい給付義務についてあらかじめ給付判決がなされ，将来の強制執行のために債務名義を取得させるものである。この訴えを認めるかどうかにあたり，裁判所は，給付判決を得る原告の利益と，将来の強制執行に対する防御のために請求異議訴訟（民執35条）を提起せざるを得なくなる被告の手続負担とのバランスの点を考慮して，その適格性を判断することになる。
4．将来給付の訴えになるかどうかは，口頭弁論終結の日を基準として定まる。例えば，弁済期未到来の金員請求事件において，口頭弁論終結の日までに弁済期が到来すれば，現在の給付の訴えとなる。
5．主文第1項は，現在の給付分である滞納管理費等とこれに対する遅延損害金（将来の給付にあたる）の判決を命じたものである。この部分の将来給付は，懈怠約款など当事者間の合意に基づき生ずることが多い。
6．主文第2項は，将来の定期金給付の判決を命じたものであり，この部分は，上記のとおり，あらかじめその必要性がある場合に限って命ずることができる。訴えの利益があるかどうかは職権調査事項であるとされているため擬制自白の対象とならず，被告が欠席した場合であっても，裁判所が，その必要性について判断しなければならない。
7．将来給付判決においては，支払の終期を主文上特定しなければならない。本件はマンション管理費等の支払を求めるものであるから，その終期は，被告が区分所有者でなくなるとき，すなわち組合員としての資格を失うときまでとなる。

書式107　所有権移転登記手続を命ずる判決

平成○○年○月○日判決言渡　同日原本領収　裁判所書記官
平成○○年(ハ)第○○○号　所有権移転登記手続請求事件
口頭弁論終結の日　平成○○年○月○○日

判　　　決

　　　○○県○○○郡○○町○○○番地
　　　　　　　　　　原　告　　甲　野　三　郎
　　　　　　同訴訟代理人弁護士　　乙　山　太　郎
　　　○○県○○郡○○町字○○１番地１
　　　　　　　　　　被　告　　丙　田　時　子
　　　○○県○○市○○町○○番地○
　　　　　　　　　　被　告　　丙　田　花　子
　　　○○県○○市○○○町○丁目○番地○
　　　　　　　　　　被　告　　丁　川　一　郎

主　　　文

１　被告らは，原告に対し，別紙物件目録記載の土地について，昭和54年５月12日の時効取得を原因とする所有権移転登記手続をせよ。
２　訴訟費用は，被告らの負担とする。

事　実　及　び　理　由

第１　請求
　　主文と同旨
第２　事案の概要
　　本件は，原告が，被告らの被相続人名義の不動産について，時効取得を理由として，原告への所有権移転登記手続を求めたところ，被告らは，原告には所有の意思はなく，時効取得は成立しないとして争っている事案である。
１　争いのない事実
　(1)　訴外○○は，昭和54年５月12日，別紙物件目録記載の土地（以下「本件土地」という。）を占有していた。
　(2)　平成11年５月12日が経過した。
　(3)　訴外○○は，平成17年３月15日死亡し，原告が，本件土地を単独相続した。
　(4)　原告は，被告らに対し，遅くとも平成19年○月○日に送達された本

件訴状により，時効を援用する旨の意思表示をした。
　(5) 本件土地について，訴外丁川一平（昭和○○年○○月○○日死亡）を所有者とする所有権登記がある。
　(6) 被告らは，前記訴外人の相続人である。
 2　争点
　　時効取得の成否
　（被告らの主張）
　　　本件土地の固定資産台帳の所有名義人は，訴外丁川一平であり，本件土地の固定資産税は，丁川家において納付してきた。訴外○○は，このことを知っており，その占有は所有の意思の認められない他主占有であるから，時効取得は成立しない。
第3　争点に対する判断
 1　被告らは，本件土地の固定資産税を丁川家において納付していたことを訴外○○が知っていたと主張するが，これを認めるに足りる証拠はない。
 2　かえって，証拠によれば，訴外○○は，昭和54年5月12日ころ，本件土地を含む一団となった自己所有の土地上に杉苗の植林をしたこと，訴外丁川若しくはその相続人である被告らは，上記植林について，遅くとも訴外○○が死亡するに至るまで何らの異議を述べなかった事実が認められ，これによって，訴外○○が本件土地を所有の意思をもって占有していた事実が推定される。本件土地の固定資産税は丁川家において納付していた事実が認められるが（乙第2号証），この事実は上記推定を覆すものではなく，他主占有であるという被告の主張は理由がない。
 3　以上によると，原告が本件土地を時効取得したことが認められる。

　　　　　　　　　　　○○簡易裁判所
　　　　　　　　　　　　裁判官　○　○　○　○

（別紙）

物　　件　　目　　録	
所　　在	○○○郡○○町○○○字○○
地　　番	○○○番
地　　目	山林
地　　積	○○平方メートル

〔注〕
1. 簡易裁判所に提起される不動産の所有権移転登記手続請求事件の多くは，時効取得を原因とするものなので，これを取り上げた。
2. 時効による所有権の取得は，原始取得とされているが，登記の方法は，前主からの所有権移転登記によるものとされている（明治44年6月22日民事414号民事局長回答）。
3. 登記は実体に合致したものとすべきであるという考え方によると，時効の「登記原因日付」は，「時効完成の日」と解すべきであるが，現行の登記実務は，取得時効の完成による所有権移転の「登記原因日付」については，これを「時効の起算日」とする取扱いで確定している。
4. 本事例は，民法162条1項により，20年の時効期間を主張するものである。同項によれば，20年間の占有の継続が要求されているが，20年の両端の時点における占有の主張・立証があれば，その間の占有の継続が推定される（民186条2項）。また，本項によれば，占有者には，「所有の意思」をもって，「平穏かつ公然」に占有することが要求されているが，民法186条1項により，これらが推定される。したがって，「請求の原因」1，2の事実が主張・立証されれば，20年間の占有の継続と占有者の上記占有の態様が主張・立証されたこととなる。
5. 占有権が承継される場合には，承継人は一面において前主の占有と同一性を有する占有を承継するとともに，他面において自己固有の占有を新たに始めることになる。したがって，承継人は，自己の占有だけを主張することも，また自己の占有に前主の占有を併せて主張することもできる（民187条1項）。
6. 本件は，前主が本件土地の占有を20年間継続した後，原告が，前主の占有をそのまま承継したとして，取得時効を主張した事案である。承継の原因が相続であるときは，原則として，従前被相続人の占有に属した物は，相続人の何らの行為の介在を要せず，相続開始と同時に，当然に相続人の占有に移ることとなる。
7. 取得時効の成立を争う被告は，抗弁として，原告に「所有の意思がないこと」を主張・立証しなければならない。

　「所有の意思」の有無は，占有者の内心の意思によってではなく，外形的・客観的に決せられるべきものであり，その判定基準は，占有取得の原因（権原）の客観的性質によるとするのが判例・通説である（最判昭45・6・18裁判集民事99号375頁，最判昭56・1・27裁判集民事132号33頁等。我妻栄（有泉亨補訂）『新訂物権法（民法講義Ⅱ）』471頁等）（前掲『紛争類型別の要件事実』70頁以下参照）。

書式 108　所有権移転登記抹消登記手続を命ずる判決

平成○○年○月○日判決言渡　同日原本領収　裁判所書記官
平成○○年(ハ)第○○○号　所有権移転登記抹消登記手続請求事件
口頭弁論終結の日　平成○○年○月○○日

判　　　　　決

　　　○○県○○○郡○○町○○○番地
　　　　　　　　　　　　　原　告　　甲　野　三　郎
　　　　　　同訴訟代理人弁護士　　　乙　山　太　郎
　　　○○県○○郡○○町字○○１番地１
　　　　　　　　　　　　　被　告　　丙　田　時　子
　　　○○市○○町○番地○
　　　　　　　　　　　　　被　告　　丁　川　一　郎

主　　　　　文

1　被告は，原告に対し，別紙物件目録記載の不動産について，○○地方法務局平成○年○月○日受付第○○○○号所有権移転登記の抹消登記手続をせよ。
2　訴訟費用は，被告の負担とする。

事　実　及　び　理　由

第1　請求
　　主文と同旨
第2　事案の概要
　　本件は，原告が，原告の実印等を無断で使用された結果，別紙物件目録記載の不動産（以下「本件不動産」という。）について被告名義の所有権移転登記がなされたとしてその登記の抹消を求めた事案である。
　1　争いのない事実
　　(1)　原告は，平成○○年○○月○○日当時，本件不動産を所有していた。
　　(2)　本件不動産について，平成○○年○○月○○日受付同日付売買を原因とした被告名義の所有権移転登記がある。
　2　争点
　　　売買契約の成否
　　（原告の主張）
　　　原告は，被告との間で本件不動産の売買をした事実はない。売買契約書は訴外○○が偽造したものである。
第3　争点に対する判断

1 証拠によれば，本件不動産の売買契約がなされた当時，原告はその1ヵ月ほど前から〇〇病院に入院していたこと，原告と訴外〇〇は叔父・甥の関係にあり，訴外〇〇は，原告が入院中，原告宅をしばしば訪問し，原告の実印を容易に持ち出せる立場にあったこと，売買契約の2ヵ月ほど前，訴外〇〇がサラ金に対する借金の返済に困り原告に対し借金を申し込んだが断られた事実が認められる（原告本人）。

2 また，本件不動産の売買契約書（乙第2号証）には原告名義の署名があるが，この筆跡と本件記録中の原告代理人宛委任状及び原告宣誓書の署名の筆跡を照合すると，後二者の原告署名の筆跡と売買契約書の署名の筆跡は明らかに相違していることが認められる。一方，上記売買契約書の原告名義の署名の筆跡は，訴外〇〇の原告宛の書簡（甲第4号証）の筆跡と酷似している。

3 被告は，本件不動産の売買契約書は原告本人によって作成されたものであると主張し，それに沿う供述をするが，その供述自体契約書の作成者が原告本人であると信じていたというにとどまり，具体性に乏しく，採用できない。

4 かえって，上記1で認定した事実並びに2の事実を総合すると，本件不動産の売買契約は，訴外〇〇が原告の名義を冒用して締結したものであることが認められる。

　　〇〇簡易裁判所
　　　裁判官　〇　〇　〇　〇

（別紙物件目録省略）

〔注〕
1．現在の実体的な物権関係と登記とが一致しない場合に，この不一致を除去するため，物権そのものの効力として発生する登記請求権を物権的登記請求権という。物権的登記請求権は，本事例のように，真実の権利者からの不実登記の抹消登記請求権という態様で現れる。判例は，真正な登記名義の回復を登記原因とする移転登記請求権も認めている（最判昭30・7・5民集9巻9号1002頁など）。
2．不動産登記法68条は，登記の抹消について，「登記上の利害関係を有する第三者」がある場合には「当該第三者の承諾がある場合に限り」申請することができると規定している。被告に所有権移転登記がされた後，被告が第三者のために抵当権を設定したような場合，その抵当権者は登記上利害関係を有する第三者であるから，抹消登記手続について第三者の承諾が得られないときは，第三者に対してその承諾を命じる給付判決を得た上で所有権移転登記の抹消登記手続をすることになる。
3．裁判の実務では，抹消登記を命ずる判決の主文に登記原因を明示する例はほとんどない。判例も，登記原因日付は理由中に示せば足りるとしている（最判昭32・9・17民集11巻9号1555頁）。
4．簡裁の判決書では，理由の記載にあたっては，単に「証拠によれば」と記載すれば足り，認定事実とこれに関連する具体的証拠との結びつきを明らかにする必要はない。

書式 109　抵当権設定登記抹消登記手続を命ずる判決

平成19年○月○日判決言渡　同日原本領収　裁判所書記官
平成19年(ハ)第○○○号　抵当権設定登記抹消登記手続請求事件
口頭弁論終結の日　平成19年○月○日

判　　決

　　○○市○○町○番○号
　　　　　　　原　告　　甲　野　花　子
　　住居所不明
　　（最後の住所）○○市○○町○丁目○番地○
　　　　　　　被　告　　乙　野　次　郎

主　　文

1　被告は，別紙物件目録記載の不動産について，別紙登記目録記載の抵当権設定登記の抹消登記手続をせよ。
2　訴訟費用は被告の負担とする。

事　実　及　び　理　由

第1　請求
　　主文と同旨
第2　請求の原因
1　訴外甲野一郎（以下「一郎」という。）は，別紙物件目録記載の不動産（以下「本件不動産」という。）を所有していた。
2　被告は，訴外丙野三郎（以下「丙野」という。）に対し，昭和44年9月24日，金150万円を，弁済期定めなし，利息日歩4銭，損害金日歩8銭とする約定で貸し渡した。
3　一郎は，被告との間で，丙野の前項の債務を担保するため，本件不動産について抵当権設定契約を締結し，被告はこれに基づき，本件不動産に別紙登記目録記載の抵当権の設定を受けた。
4　(1)　原告は，昭和45年2月28日，一郎から本件不動産のうち1の土地の贈与を受け，その所有権を取得した。
　　(2)　本件不動産のうち2の建物は，昭和45年2月14日，一郎から訴外

甲野正（以下「正」という。）に贈与され，平成3年7月2日正死亡により，妻である原告が相続によりその所有権を取得した。
5 昭和54年9月24日が経過した。
6 原告は，本件不動産の第三取得者として，被告に対し，平成19年○月○日送達の本件訴状により，前記2の丙野の被告に対する債務につき，時効を援用する旨の意思表示をした。
7 よって，原告は，被告に対し，所有権に基づき，前記抵当権設定登記の抹消登記手続を求める。
第3 理由
　被告は，公示送達による呼出しを受けたが，本件口頭弁論期日に出頭しない。
　証拠によれば，請求原因1ないし4記載の各事実をそれぞれ認めることができる。また，請求原因5，6記載の事実は当裁判所に顕著である。以上の事実によると，原告の本件請求は理由がある。

　　　　○○簡易裁判所
　　　　　裁判官　○　○　○　○

(別紙)
物件目録

(省略)

(別紙)

登　記　目　録

○○地方法務局◇◇支局昭和44年9月25日受付第○○○○号抵当権設定登記
　　　原　因　　昭和44年9月24日金銭消費貸借同日設定
　　　債権額　　金150万円
　　　利　息　　日歩4銭
　　　損害金　　日歩8銭
　　　債務者　　○○市○○町○○○番地　丙野三郎
　　　抵当権者　○○市○○町○丁目○番地○　乙野次郎

〔注〕
1. 抹消登記の主文については，抹消されるべき登記は，物件と登記の名称・登記所の名称・受付年月日・受付番号によって特定し得るから，その点のみ主文で明らかにすれば足りると解されており，移転登記請求における主文のように，「被告は，原告に対し」との登記権利者・登記義務者の記載は不要であるとされている（前掲『起案の手引』14頁）。しかし，これを明示するのが相当であろうとの見解もある（塚原・前掲146頁以下参照）。
2. 裁判実務では，移転登記手続を命ずる主文は登記原因を明らかにして記載するが，抹消登記手続を命ずる主文では登記原因を示さないのが通例である（前掲『起案の手引』15頁）。しかし，民事執行法174条1項により，判決確定時において登記申請の意思表示が擬制されるのは，主文に掲げる事項についてだけであり，判決主文に登記原因が明示されていない場合には，登記原因を欠く登記を命じたことになるから相当でないという指摘もある（神崎満治郎『判決による登記の実務と理論』209頁以下参照）。
3. 所有権に基づく抵当権抹消登記手続請求の要件事実は，①原告が不動産を所有していること，②当該不動産につき被告名義の抵当権設定登記があることである。本件は，前主又は前々主から不動産を譲り受けた第三取得者である原告が，当該不動産に設定された抵当権の被担保債権が時効により消滅したと主張して，抵当権の抹消を求めた事案である。
4. 時効は，当事者が援用しなければ，裁判所がこれによって裁判をすることができない（民145条）。被担保債権の債務者が，時効を援用することのできる「当事者」にあたることはいうまでもないが，物上保証人や第三取得者がこれにあたるかについて，その解釈に変遷が見られた。物上保証人については，判例は，当初，消滅時効の完成により直接に利益を受ける者にあたらないとして，時効援用権を否定していたが（大判明43・1・25民録16輯22頁），後にこれを変更し，物上保証人の時効援用権を認めた（最判昭43・9・26民集22巻9号2002頁）。また，第三取得者についても，抵当債権の時効消滅により直接利益を受ける者にあたるとして，その時効援用を認めた（最判昭48・12・14民集27巻11号1586頁）。
5. 弁済期の定めのない貸金債権の消滅時効の起算点は，消費貸借契約成立時と解される。

民法591条によれば，貸主は，相当期間を定めた催告によって初めて権利行使が可能となるのであるから，相当期間を経過した時をもって起算点とすべきであるという解釈も成り立ちうる。しかし，この考え方によると，催告をしない貸主については時効期間が永久に進行しない結果，催告した貸主よりも得をする結果をもたらすことになり，不合理である。判例は，相当期間を定めた催告は，貸主が返還請求権を行使するための絶対的必要条件ではなく，借主に認められた1つの抗弁にすぎないから，消費貸借成立の時から消滅時効が進行するとする（大判昭4・9・25法律新報200号13頁）。
6. 時効の援用は裁判上の主張のことであり，口頭弁論期日等において口頭でなすこともできるが，通常，その主張は，訴状や準備書面などの書面に「時効を援用する」旨を記載することによって行われる。この場合，それらの書面は相手方に送達されていなければならない。本事例は，時効が援用された日を明らかにするために，その旨の主張が記載された訴状の送達日を記載したものである。

書式110　根抵当権設定登記手続を命ずる判決

平成19年○月○日判決言渡　同日原本領収　裁判所書記官
平成19年(ワ)第○○○号　根抵当権設定登記手続請求事件
口頭弁論終結の日　平成19年○月○日

判　　　　　決

○○市○○通○番町○○○○番地○
　　　　　　　　　原　　告　　○　○　○　○　株　式　会　社
　　　　同代表者代表取締役　　○　○　○　○
　　　　　　同訴訟代理人　　　○　○　○　○
○○市○○○○町○○番地
　　　　　　　　　被　　告　　○　○　○　○

主　　　　　文

1　被告は，原告に対し，別紙物件目録記載の不動産につき，別紙根抵当権設定目録記載の根抵当権設定登記手続をせよ。
2　訴訟費用は被告の負担とする。

事　実　及　び　理　由

第1　請求
　　主文と同旨
第2　事案の概要
　　本件は，原告が，被告との間の根抵当権設定契約に基づき，その設定登記手続を求めたところ，根抵当権設定契約は公序良俗に反し無効であるとして争っている事案である。
　1　争いのない事実
　　(1)　被告は，別紙物件目録記載の不動産（以下「本件不動産」という。）を所有している。
　　(2)　被告は，原告との間で，平成○年○月○日，本件不動産について，別紙根抵当権設定目録記載の根抵当権設定契約を締結した（以下「本件根抵当権設定契約」という。）。
　　(3)　原告は，被告に対し，前同日，利息年率14.6パーセント，遅延損害金年率21.9パーセントなどとする約定で280万円を貸し付けた。
　2　争点

本件根抵当権設定契約は公序良俗に反し無効か
（被告の主張）
(1) 被告は，原告との間で，平成12年○月○日以降，継続的な取引を行ってきた。
(2) 平成○年○月○日当時，被告の原告に対する約定の借入金残元本は150万円であったところ，被告は，原告から「金利が安くなる」というキャッチフレーズの下に，執拗に借換えを勧められ，被告から280万円を借り入れるとともに，本件根抵当権設定契約を締結した。
(3) 原告の上記融資行為は，当時すでに多重債務に陥っていた原告の窮状に乗じて行われたものであり，貸金業の規制等に関する法律13条1項の規定に反する「過剰貸付け」行為にあたる。また，本件根抵当権設定契約における「極度額450万円」は，本件不動産の価格（70万円）に照らすと著しく均衡を欠いており，本件根抵当権設定契約は，その原因となった上記融資行為の違法性とも併せ考慮すると，公序良俗に反し無効である。

（原告の主張）
　原告は，被告の直近の所得証明や被告自身からの所得申告などをもとに，その収入・生活状況等を調査し，支払能力があるものと判断した上で融資を実行した。

第3　争点に対する判断
1　証拠によれば，原告は，本件不動産の評価額を480万円として，被告に対しその評価額のほぼ60パーセントに相当する280万円の融資を行ったものであることが認められ，その手続や判断に至った過程について，被告が指摘するような暴利意思やその他の不法性の存在は認められない。
　　また，上記融資は，原告との間の継続的な取引における被告の約定残債務額が150万円となったことから，根抵当権設定を条件に，従前金利よりも低金利で，従前契約を書き換える形で実行されたもので，過剰融資に相当するような事情は認められない。
2　以上によると，原告の本件請求は理由があるからこれを認容し，主文のとおり判決する。

　　　　　　　　　　○○簡易裁判所
　　　　　　　　　　　裁判官　○　○　○　○

（別紙）
　物件目録
（省略）

（別紙）

　　　　　　　　　　根　抵　当　権　目　録

　　　原　　　因　　　平成○年○月○日設定
　　　極　度　額　　　金450万円
　　　債権の範囲　　　証書貸付取引，手形貸付取引，手形割引取引
　　　　　　　　　　　手形債権，小切手債権
　　　債　務　者　　　○○○○
　　　根抵当権者　　　○○○○株式会社

〔注〕
1．実体的な権利変動を生じているのに，それに応じた内容の登記がされていない場合，すなわち実体上の権利関係と登記簿上の権利関係が符合しない場合に，これを一致させるために登記請求権が発生する。この登記請求権の性質が物権的なものか債権的なものか，あるいは両者の性質を有する各登記請求権が併存するのかについては争いがあるが，判例は，物権的請求権の一種としての登記請求権と，契約から生ずる債権的請求権としての登記請求権の双方が生ずることを認めている（多元説）（藤田耕三＝小川英明編『不動産訴訟の実務』〔6訂版〕15頁）。

　　根抵当権設定契約に基づき根抵当権の設定を受けた者は，登記義務についての約定がない場合でも，その契約に伴い（設定者は対抗要件の具備に協力する義務がある），当然に設定者に対して，対抗要件である根抵当権設定登記の請求をすることができる（債権的請求権）。一方，根抵当権設定契約に基づきその設定を受けた者は，物権そのものの効力として，実体的な物権関係と登記を一致させるために，目的不動産の所有者である設定者に対して，根抵当権設定登記の請求をすることもできる（物権的請求権）。

2．物権的請求権としての登記請求権が発生するための要件は，①請求者が現に物権を有すること，②相手方が上記の権利関係と一致しない登記を有すること，である。

　　本事例は，債権的請求権として構成することもできるが，目的不動産の所有者である設定者に対する請求であり，物権的請求権として構成することも可能である。

書式111　所有権移転仮登記設定登記手続を命ずる判決

平成19年○月○日判決言渡　同日原本領収　裁判所書記官
平成19年(ハ)第○○○号　所有権移転仮登記設定登記手続請求事件
口頭弁論終結の日　平成19年○月○○日

判　　　　決

　　○○県○○○郡○○町○○○番地
　　　　　　　　　　原　告　　甲　野　三　郎
　　○○市○○町○○番地○
　　　　　　　　　　被　告　　乙　山　花　子
　　　　同訴訟代理人弁護士　　丙　川　二　郎

主　　　文

1　被告は，原告に対し，別紙物件目録記載の土地について，平成○年○月○日売買予約を原因とする所有権移転請求権仮登記手続をせよ。
2　訴訟費用は，被告の負担とする。

事　実　及　び　理　由

第1　請求
　　主文と同旨
第2　事案の概要
　　本件は，原告が，被告の所有する別紙物件目録記載の土地（以下「本件土地」という。）を被告から購入する予約をしたが，原告が予約完結の意思表示をするまで本件不動産の所有権移転登記請求権を保全する必要があるとして，被告に対し所有権移転請求権保全の仮登記を求めた事案である。
　1　争いのない事実
　　　原告は，被告との間で，平成○年○月○日，次のとおり，本件土地について売買予約契約を締結した。
　　ア　被告は，本件土地を代金○円で原告に売り渡す。
　　イ　被告は，アの売買契約を成立させる予約完結権を原告に与える。
　2　争点
　　　所有権移転請求権保全の仮登記を求めることの可否
　（被告の主張）
　　本件売買予約契約においては，所有権移転請求権の仮登記をすることができる旨の合意はない。したがって，仮登記請求権は認められない。

第3　争点に対する判断
　　　不動産登記法105条2号に定める所有権移転請求権を保全するための仮登記の制度は、本件のように所有権の移転が予約完結権行使によって生じるような場合において、その移転請求権を保全することを目的とするものであるから、仮登記をする合意がなくても、その請求権者は、義務者に対して、所有権移転請求権仮登記の手続をすることを請求することができるものというべきである。

　　　　　　　　　○○簡易裁判所
　　　　　　　　　　裁判官　　○　○　○　○

（別紙物件目録省略）

〔注〕
1．物権変動が生じておらず、将来において権利変動を生じさせる請求権（債権的請求権）が発生している場合、その請求権保全を目的とした仮登記をすることができる（不登105条2号）。例えば、不動産売買の予約又は売買の一方の予約（民556条）が成立したときは、買主は売買予約完結前においても、将来において売買予約完結の意思表示をして目的物の所有権移転を請求する権利を保全するため、仮登記をすることができる（大判大4・4・5民録21輯426頁など）。
2．仮登記についても、不動産登記法60条が適用され、共同申請が原則であるが、登記義務者の承諾書があるときや仮登記仮処分命令があるときは、登記権利者が単独で仮登記を申請することができる（不登107条1項）。しかし、これらの手続をとることができない場合に、登記義務者を相手として仮登記手続を求める訴えを提起し、その勝訴判決を得て、単独で申請することができるかどうかが問題となる。
　　一般的には、請求権保全の仮登記請求権は債権的なものにすぎないことから、仮登記手続を求める訴えを提起することができるのは、仮登記原因が存在し、かつ、仮登記義務者が仮登記をすることを約束したにもかかわらず、現実に仮登記手続に協力しない場合に限られることになる。
　　しかし、請求権保全仮登記の制度趣旨から、請求権が生ずれば仮登記の登記請求権も発生すると解されており、判例も、「不動産登記法2条2号（現105条2号）に定める所有権移転請求権を保全するための仮登記の制度は、本件のように所有権の移転が一定の条件の成就又は期限の到来にかかる場合において、その移転請求権を保全することを目的とするものであるから、仮登記をすること自体についての約束がなくても、その請求権者は、義務者に対して、所有権移転請求権仮登記の手続を請求することができるものというべきである」（東京高判平4・1・30判例集未登載）としている（青山正明編著『新版・民事訴訟と不動産登記一問一答』206頁）。
3．不動産の売買等の法律行為が成立している場合は、すでに権利変動は生じているのであるから、請求権保全の仮登記をすることはできない。この場合は、例えば、登記の申請に必要な手続上の条件が具備しないときには、その権利変動に相応する本登記手続がなされるまでの間にその順位を保全するために、物権保全の仮登記をすることができる（不登105条1号）。

第3節　各種確認判決

　特定の権利又は法律関係について争いがある場合に，裁判所に対し，その存在又は不存在の判断を求めて提起される訴えを確認の訴えという。確認の訴えがあった場合，裁判所はこれらの確定を求める原告の請求に基づき審理を行い，判決によりその存否の判断をする。

　確認の訴えの対象は，現在の具体的な権利又は法律関係の存否に限られるのが原則である。例えば，貸金の返還をめぐり甲乙間で紛争が発生した場合に，単に「甲が乙に対し100万円を貸したことの確認を求める」という事実の確認や，「Aが乙から代理権の授与を受けていたことの確認を求める」という過去の権利又は法律関係の存否を求めることは許されない。これらはいずれも，甲が乙に対し現在100万円の貸金債権を有するかどうかの判断に至る前提問題にすぎず，これらの確認がされたからといって紛争の最終的な解決につながらないからである（その後の弁済により，100万円の貸金債権は消滅している可能性がある）。ただし，例外として，法律関係を証する書面（契約書・定款・遺言状など）が作成名義人の意思に基づいて作成されたものかどうかという事実の確認を求める訴えは，例外的に許される（民訴134条。証書真否確認の訴え）。

　確認の利益が認められるためには，他の法的手段ではなく確認の訴えを提起したことが適切であることが必要である（中野ほか・前掲138頁）。例えば，給付の訴えができるときは，その請求権の確認の利益は原則として認められない（例外として，給付判決のある請求権につき時効中断の必要があるときは認められる。この場合，同じ給付の訴えを提起することも認められる）。

　確認の訴えは，被告に対し何らかの行為を求めるものではない。したがって，その判決主文はの結びは，「……確認する。」となり，「被告は，原告に対し……確認せよ。」とか「被告は……確認しなければならない。」とはならない。また，確認判決は，給付判決と異なり主文自体で請求の特定がされる。その特定の方法は，確認の対象となる権利が物権であるか債権であるかによって異なる。通常，物権の場合は権利の主体と対象及び権利の種類を明ら

かにすれば足りるが，債権の場合はその発生原因のほか，紛争の実情に応じて権利の内容を明らかにする必要がある（前掲『起案の手引』16頁）。

　確認の本案判決がされた場合，その存否の判断に既判力が生ずる。すなわち，その後同一の権利関係について訴訟が提起されたとき，裁判所は前の判決と矛盾する判断をしてはならないという，裁判所に対する訴訟法上の拘束力を生ずる。したがって，この確認判決により当事者間の紛争の最終的な解決が図られることになる。

〔廣瀬　信義〕

書式 112　土地所有権確認判決

平成19年○月○日判決言渡　同日原本領収　裁判所書記官
平成19年(ハ)第○○○号　土地所有権確認請求事件
口頭弁論終結の日　平成19年○月○○日

判　　　決

　　○○市○○町○○○番地
　　　　　　　原　　告　　甲　野　一　郎
　　　　同訴訟代理人弁護士　　乙　山　太　郎
　　○○県○○郡○○町字○○1番地1
　　　　　　　被　　告　　株式会社　○　○　自動車
　　　　同代表者代表取締役　　丙　野　二　郎

主　　　文

1　原告が，別紙物件目録記載の土地について，所有権を有することを確認する。
2　訴訟費用は，被告の負担とする。

事　実　及　び　理　由

第1　請求
　　主文と同旨
第2　事案の概要
　　本件は，原告所有の土地について，被告が時効取得したと主張するため，原告がその所有権を有することの確認を求めた事案である。
1　争いのない事実
　(1)　原告は，別紙物件目録記載の土地（以下「本件土地」という。）を昭和22年○月○日自作農創設特別措置法16条の規定による売り渡しにより所有権を取得した。
　(2)　被告は，本件土地に隣接する一体の土地を所有しているが，昭和58年6月3日，同土地上に建物を新築し，その頃から同建物において自動車の販売修理を開始し，本件土地を通路として使用している。
2　争点
　　被告は本件土地を時効取得したか
　　（被告の主張）
　(1)　被告は，昭和58年6月3日，本件土地を占有していた。
　(2)　被告は，平成15年6月3日経過時，本件土地を占有していた。
　(3)　被告は，時効を援用する旨の意思表示をする。

(原告の主張)
　　　被告には，本件土地の占有を開始するに際し所有の意思はなかった。
第３　争点に対する判断
　１　証拠によれば，被告は，昭和58年６月３日，本件土地に隣接する土地上に新築した建物において，自動車の販売・修理をする事業を始めたこと，その土地は袋地であるため，原告は，被告に対し，被告が事業を継続している間は被告が本件土地を通路として無償で使用することを承諾した事実が認められる。
　２　被告は，本件土地を時効取得したと主張するが，上記認定した事実によれば，被告は本件土地の占有を開始するにあたり，所有の意思を有していなかったことは明らかであるから，その主張自体失当である。
　３　以上によると，原告の本件請求は理由がある。
　　　　○○簡易裁判所
　　　　　裁判官　　○　　○　　○　　○

(別紙物件目録省略)

〔注〕
1．確認判決は，訴訟物である権利関係の存否を確定するものであるから，主文の結びは「……確認する。」と表現する。「被告は，原告に対し……確認せよ。」とか「被告は……確認しなければならない。」とかの表現は，被告に権利関係を確認するとの意思表示を命ずる給付判決であるとの誤解を招くおそれもあるから，避けるべきである（前掲『判決起案の手引』16頁）。
2．確認の対象となる土地が一筆の土地の一部である場合には，その部分を特定するための図面（基点を明示し，これによってその範囲が特定できる図面）を添付する必要がある。
3．被告は，民法162条１項による時効取得を主張している。同項によれば，20年間の占有の継続が要求されているが，20年の両端の時点における占有の主張・立証があれば，その間の占有の継続が推定される（民186条２項）。また，同項によれば，占有者には，「所有の意思」をもって，「平穏かつ公然」に占有することが要求されているが，民法186条１項により，これらが推定される。被告は，その主張(1)，(2)において，上記占有の態様と占有の意思を主張していることになる。これを争う原告は，被告に所有の意思がないこと，占有が平穏かつ公然によるものでないことを主張・立証する必要がある（単なる反証では足りず，本証が要求される）。
4．「所有の意思」の有無は，占有者の内心の意思によってではなく，外形的・客観的に決せられるべきものであり，その判定基準は，占有取得の原因（権原）の客観的性質によるとするのが判例・通説である（前掲『紛争類型別の要件事実』70頁以下参照）。
　　本事例では，被告所有地は袋地であり，この袋地から県道に通じる本件土地について，被告は囲繞地通行権を有する（民210条１項）。このことは，被告に所有の意思がなかったことを示す有力な証拠となる。
5．不動産関係訴訟は，地裁と管轄が競合する（裁24条１号）。争点が複雑で，鑑定を要するなど迅速な審理が困難な事案については，訴額が140万円以下の事件であっても直接地裁へ訴えが提起されるケースが多いと思われる。また，簡裁へ提起された場合でも，地裁へ裁量移送することができるので（民訴18条），簡裁で判決に至るケースは，本事例のように争点が比較的簡単な事案に限られると思われる。

書式113 債務不存在確認判決

平成19年○月○日判決言渡　同日原本領収　裁判所書記官
平成19年(ハ)第○○○号　債務不存在確認請求事件
口頭弁論終結の日　平成19年○月○日

判　　　　　決

　　○○市○○町○○番地○
　　　　　　　　原　告　　乙　野　花　子　○
　　　同訴訟代理人弁護士　　　○　○　○　○
　　東京都○○区○○二丁目○番○号
　　　　　　　　被　告　　株式会社　○　○　○　○
　　　同代表者代表取締役　　　○　○　○
　　　同訴訟代理人弁護士　　　○　○　○　○

主　　　　　文

1　原告の被告に対する別紙目録記載の債務が存在しないことを確認する。
2　訴訟費用は，被告の負担とする。

事　実　及　び　理　由

第1　請求
　　主文と同旨
第2　事案の概要
　　本件は，原告が，被告との間の保証委託契約に基づき被告が借入金融機関に代位弁済したことにより発生した原告の被告に対する求償債務は，時効により消滅したとして，その求償債務の不存在確認を求めた事案である。
　1　争いのない事実
　　(1)　原告は，平成元年6月8日，訴外株式会社○○銀行（以下「金融機関」という。）から，訴外甲野太郎（以下「甲野」という。）を連帯保証人として，平成元年7月から平成6年6月まで毎月3日限りの分割払いとする約定で○○万円を借り入れた。
　　(2)　原告は，上記借入れに際し，被告との間で保証委託契約を締結し，被告は，金融機関に対し，原告の前項の債務について連帯保証した。

(3) 原告は，金融機関に対し，平成2年4月3日分の支払を怠った。
(4) 被告は，上記保証委託契約に基づき，金融機関に対し，平成2年6月12日，原告の金融機関に対する残債務金〇〇万〇〇〇〇円を代位弁済し，原告に対する求償権（以下「本件求償権」という。）を取得した。

2 争点
時効消滅の成否―時効中断事由の有無
（原告の主張）
(1) 本件求償権は，原告が最後に弁済した平成2年3月3日から5年後の平成7年3月3日の経過によって，時効により消滅した。
(2) 被告の下記主張(1)，(2)は否認ないし争う。
　原告に対する支払命令正本を受領したのは甲野と推測されるが，当時原告は甲野と別居状態にあり補充送達の効力は生じていない。したがって，原告に対しては同支払命令はその効力を生じておらず，時効期間が「10年」に延長されることはない。
　また，内入弁済をしたのは原告ではなく連帯保証人の甲野である。したがって，甲野について生じた時効中断の効力は原告に及ばない。
（被告の主張）
(1) 被告は，金融機関に代位弁済した後の平成2年7月，原告及び甲野に対し本件求償権に係る金員の支払を求める支払命令の申立てを〇〇簡易裁判所になしたところ，原告に対する同命令は同年9月15日の経過により確定した。
(2) これによって，本件求償権の時効期間は「10年」に延長されたところ，原告は，時効完成前の平成11年5月28日から平成17年3月30日までの間，被告に対し総額〇〇万〇〇〇〇円を内入弁済したため，本件求償権の時効は中断した。

第3 争点に対する判断
1 時効期間について
　原告は，被告が原告に対し申し立てた本件求償権に係る支払命令は，原告に対する送達の瑕疵により効力を生じていないと主張する。
　証拠（甲第4号証，同第5号証並びに乙第1号証）によれば，仮執行宣言付支払命令正本が送達された平成2年9月1日当時，原告と甲野は離婚しており，原告は送達先の住所地に居住していなかったことが認められる。原告は，前記正本は甲野が受け取ったことが推測されると主張するが，すでに離婚し別居していたのであれば，甲野が同居者として受け取ること自体が不自然であり，送達書類は新しい原告住所地に転送さ

れた可能性は否定できない。むしろ，原告に対する送達については，送達実施機関である裁判所書記官による証明があるので（乙第2号証），その送達は有効と解すべきである。

　そうすると，本件求償権の時効期間は，仮執行宣言付支払命令確定の日である平成2年9月16日から10年間，すなわち平成12年9月15日まで延長されたことになる（民法174条の2第1項後段参照）。
2　時効は中断したか
　　被告は，時効完成前の平成11年5月28日に原告が内入弁済をしたことによって時効は中断したと主張する。

　　被告は，平成18年になり，原告及び甲野に対し再度前回支払命令と同内容の支払督促の申立てをしているが（時効中断のために再申立てをしたものと推測される。），その申立内容によると，原告若しくは甲野が平成11年5月28日から平成17年3月30日までの間に合計〇〇万〇〇〇〇円の弁済をしている事実が認められる。これに対し，原告は，上記金員の弁済はすべて連帯保証人の甲野がしたものであるとして，原告の弁済によるものであることを否認している。仮に原告の主張どおりであるとすると，連帯保証人である甲野が弁済したことによる時効中断の効力は主債務者である原告には及ばないことになる（民法458条，440条参照）。この場合，時効が中断したことを主張する被告において，原告により弁済がなされた事実を立証すべきところ，被告はその立証をしない。したがって，原告については，支払命令の時効期間が満了する平成12年9月15日の経過をもって，本件求償権の時効が完成したものと解するのが相当である。

　　なお，原告は，原債権者である金融機関に対する最後の弁済日を消滅時効期間の始期であると主張しているが，委託を受けた保証人である被告の原告に対する本件求償権は，原告に代わって被告が金融機関に弁済をしたときに発生し，かつ，その権利行使が可能となるのであるから（民法459条1項参照），本件の時効期間については，原債権ではなく求償金債権をその基準とすべきである。
3　まとめ
　　以上の検討によると，本件求償権は，時効により消滅したことになり，原告の被告に対する同債務は存在しないことになる。

　　　　　　　　〇〇簡易裁判所
　　　　　　　　　裁判官　〇　〇　〇　〇

(別紙)

目　　録

　原被告間の平成元年6月8日付保証委託契約に基づき，被告が訴外株式会社○○銀行に代位弁済したことにより発生した原告の被告に対する下記求償金債務

記
(1)　求償金残元金○○万○○○○円
(2)　確定損害金○○○万○○○○円
(3)　(1)に対する平成17年3月31日から支払済みまで年18.250パーセントの割合による損害金

〔注〕
1．金銭債務の不存在確認訴訟においては，債務の具体的発生原因と，その債務額を申立書に明示して，訴訟物を特定することが必要である。単に，「原告は被告に対していかなる債務も負担しない。」又は「原告と被告の間に100万円の債務は存在しない。」との確認請求は，その債務の発生原因が明確にされておらず，訴訟物たる法律関係の特定を欠くので，訴えは不適法として却下される（桜井孝一編『争点ノート民事訴訟法』60頁以下参照）。
2．債務不存在確認請求においては，被告が債権の存在を主張すれば，原告の権利又は法律的地位に対する現実の不安・危険を除去する必要性が認められるので，確認の利益があるとされる（塚原・前掲90頁参照）。
　　原告が「被告が債務の存在を主張している。」との主張をせず，被告も欠席するなどして債権の存在を主張しない場合，被告の主張について擬制自白が成立しないため，確認の利益が認められないという説がある。
3．債務不存在確認訴訟では，実体法上の債務者が原告，実体法上の債権者が被告となる。債権の発生原因は，被告である債権者が抗弁として主張・立証する。
4．原告が，被告主張にかかる債務全額の不存在を求めた場合の判決主文は，「原被告の平成○年○月○日の消費貸借契約に基づく原告の被告に対する○○万円の返還債務が存在しないことを確認する。」となる。100万円の不存在を求めたのに対し，審理の結果，残債務が20万円であることが明らかになった場合の主文は，「……原告の被告に対する債務が20万円を超えて存在しないことを確認する。」となる。この場合，原告の請求を一部認容したにとどまることになるので，「原告のその余の請求を棄却する。」旨の記載を忘れてはいけない。
5．債権者主張にかかる100万円のうち，債務が一定額（例えば20万円）を超えて存在しない旨の一部不存在確認請求訴訟における訴訟物は，原告が不存在を主張する20万円を超える部分（ここでは80万円）である。審理の結果，残債務額が10万円であることが判明した場合，「10万円を超えて存在しないことを確認する」旨の判決をしてはならない。裁判所が，当事者の申立事項を超える部分について判決をすることになるからである（民訴246条参照）。

第4節　各種形成判決

　一定の法律要件に基づく特定の権利又は法律関係の存在・変動について争いがある場合に，裁判所に対し新たな法律関係の形成（発生・変更・消滅）を求めて提起される訴えを形成の訴えという。裁判所は，法律に規定された一定の形成原因（例えば，離婚原因（民770条），会社設立無効原因（会828条），再審事由（民訴338条）など）の主張をして法律関係の形成を求める原告の請求に基づき審理を行い，これを認容する場合，判決により法律関係の変動・無効を宣言する。これを形成判決という。

　形成の訴えではないが，これによく似たものとして共有物分割の訴え（民258条），父を定める訴え（民773条）がある。これらの訴えは，形成の訴えと同様に，法律関係の発生・変更・消滅を目的とするが，裁判所が法律関係の形成を宣言する根拠となる法律上の基準がなく，裁判所の健全な良識に基づく裁量に委ねられた合目的的処分という性格を強く帯びる（前掲・講義案39頁）。このような訴訟類型を形式的形成訴訟という。土地境界確定訴訟については争いはあるが，判例は形式的形成訴訟説の立場をとっている（最判昭37・10・30民集16巻10号2170頁）。

　形成判決により法律関係の変動・形成が宣言された場合，その内容どおりの変動を生じさせる効果を有する。これを形成力という。形成力が遡及するのか若しくは将来に向かってのみ生じるのかについては，当該法律関係の安定の要請と変動の効果を徹底させる必要性とをどのように調和させるかという実体的な政策決定に基づいて法律で定められる（例えば，婚姻の取消しは将来に向かってのみ効力が生じ（民748条），認知については遡及の効果が付与される（民784条））。

　給付判決や確認判決の効力が，原則として当該事件の当事者間にのみ及ぶのに対し，形成判決の形成力は一般の第三者にも及ぶ。

　また，形成判決には既判力が生ずるとされる。請求棄却判決は当該請求との関係では確認判決であるが，その場合，形成要件の不存在について既判力が生じる。

〔廣瀬　信義〕

書式 114　形式的形成訴訟判決（土地境界確定）

平成19年○月○日判決言渡　同日原本領収　裁判所書記官
平成19年(ハ)第○○○号　土地境界確定請求事件
口頭弁論終結の日　平成19年○月○○日

判　　　決

○○県○○郡○○町○○○番地
　　　　　　原　告　　甲　野　三　郎
　　　　同訴訟代理人弁護士　　乙　山　太　郎
○○県○○郡○○町○○番地
　　　　　　被　告　　丙　田　時　子

主　　　文

1　別紙物件目録記載1の土地と同目録記載2の土地との境界は，別紙図面A，B，Cの各点を順次結ぶ直線であることを確定する。
2　訴訟費用は，被告の負担とする。

事 実 及 び 理 由

第1　当事者の求めた裁判
　1　原告
　　主文と同旨
　2　被告
　　別紙物件目録1記載の土地と同目録2記載の土地との境界を別紙図面のA，B，Dの各点を順次直線で結ぶ線と確定する。
第2　事案の概要
　1　争いのない事実
　(1)　被告は，別紙物件目録2記載の土地（以下「被告地」という。）を昭和32年10月ころから建物所有目的で原告から賃借していたが，昭和35年5月14日原告から同土地を購入した。
　(2)　原告は，被告地の東側に隣接する別紙物件目録1記載の土地（以下「本件土地」という。）を父の代から所有し，同土地上に建物を建てて居住していた。
　(3)　被告は，平成13年10月ころ，被告地上の建物を取り壊した。

２　争点

　　　　被告は，本件土地と被告地の境界線は，本件土地上に建てられた原告宅建物の２階の屋根の庇に沿った線（Ａ，Ｂ，Ｄを直線で結ぶ線）であると主張し，原告は，原告宅建物の北側部分の境界線（Ａ，Ｂを直線で結ぶ線）は被告主張のとおりであるが，南側部分については井戸の跡の西側側面の線（Ｂ，Ｃを直線で結ぶ線）であると主張する。

第３　争点に対する判断

　　１　証拠によれば，原告宅建物の南側に井戸の跡があるが，この井戸は，元は原告宅建物が建てられた明治の終わりころから，原告家において使用してきたものであり，その後，被告が原告から被告地を賃借するに至り，原告家と被告家が共同で使用していた事実が認められる。

　　２　ところで，本件土地と被告地の登記簿上の面積を比較すると，本件土地のほうが被告地よりも15.53平方メートル広くなっており，仮に，双方土地の境界線が被告主張のとおりであるとすると，被告地のほうが本件土地よりも広くなり，実態と符合しなくなる。こうした事実や井戸が利用されてきた上記歴史的経緯に照らすと，被告地と本件土地の境界線は，別紙図面Ａ，Ｂ，Ｃを直線で結ぶ線であると確定するのが相当である。

　　　　　　　　　　○○簡易裁判所
　　　　　　　　　　　裁判官　　○　　○　　○　　○

（別紙物件目録，別紙図面省略）

〔注〕

1．境界確定の訴えの性質については，確認訴訟説，形成訴訟説，非訟事件説などの諸説があるが，最高裁は，「境界確定の訴えにあっては，当事者間の相接する所有地相互の境界が不明な意思争いあることの主張がなされれば十分であって，原告において特定の境界線の存在を主張する必要はない」（最判昭41・5・20裁判集民事83号579頁）と判示し，この訴えの性質を，形式上は民事訴訟により行われるが，実質は非訟事件であるとする形式的形成訴訟説の立場に立つことを明らかにした。

2．境界確定の訴えでは，相隣地のそれぞれの所有者が，原告又は被告としての当事者適格を有する。したがって，相互に隣接していない土地の所有者同士の間の訴えは許されない（村松俊夫『境界確定の訴え』78頁）。

3．裁判所は，当事者の主張する境界線に拘束されることなく，自ら真実と認めるところに従って境界線を定めることができるので，民事訴訟法246条の適用はない。したがって，裁判所は，原告主張の境界線が理由がないとして請求棄却の判決をすることはできず，境界設定の必要性がある限り，本案判決として境界線を設定しなければな

らない。また，控訴裁判所も第一審判決の定めた境界線が正当でないと認めたときは，これを変更して自ら境界線を定めることができ，不利益変更禁止の原則（民訴304条）は適用されない（最判昭38・10・15民集17巻9号1220頁）。
4．裁判所が原告の主張する境界より不利な認定をしても，理論的には原告に不利益な判決をしているのではないから，請求について一部棄却するという判決をすべきではない（村松・前掲87頁）。しかし，訴訟費用の負担については，実質的にはいずれの主張に有利な判決かということを考えて定めるべきである（東京高判昭39・9・15下民集5巻9号2184頁）。
5．土地の地番と地番の境界は公法上のものであって，関係当事者の合意によって勝手に処分できない性質のものである。したがって，境界確定の訴えについては，請求の放棄，認諾，和解，調停は許されない。
6．境界確定訴訟の境界線設定の判決は，形成的効力を有し，形成力は第三者にも及ぶ。したがって，判決の主文には土地所有者を表示する必要はない（最判昭37・10・30民集16巻10号2170頁）。
7．判決中の「請求」の記載は，既判力の及ぶ範囲を明らかにするために必要とされ，通常，原告の求めた請求を記載すれば足りる。しかし，境界確定の訴えでは，その判決に既判力はないと解されているので，この場合の「請求」の記載は訴訟物の特定のためではなく，「当事者の求めた裁判」として，当事者双方の申立てを明らかにする意味で記載する。
8．判決書には，必要に応じて，別紙として物件目録や図面等を添付し，主文（事実及び理由についても同様）の記載に際しては，これを指示して物件を表示する方法がとられることが多い。主文中に物件をそのまま表示すると，長文になって読みにくくなるのを避けるためである。また，主文は，判決書の記載自体によってその内容を明確にすべきであり，訴訟記録中の書類（検証調書添付図面や準備書面添付目録など）を引用すべきではない。図面は，基点を明確にした上，そこから各地点への方角，距離等を示すようにすべきである（前掲『起案の手引』19頁参照）。図面上の境界線が現地のどの箇所にあたるのか不明な場合は，主文不明確の違法があるとされるので注意を要する。
9．不動産登記法等の一部を改正する法律（平成18年1月26日施行）により，新たに「筆界特定制度」が設けられた。筆界特定制度は，登記官が，申請に基づき，筆界の現地における位置を特定する制度である。この制度は，裁判によるまでもなく，行政レベルで筆界についての適正な判断を迅速に示すことにより，筆界をめぐる紛争を予防し，又は早期の解決を可能にすることにある（登記研究688号10頁）。しかし，筆界特定手続は，境界確定訴訟の必要的前置制度ではないから，当事者は，筆界特定手続を利用することなく，境界確定訴訟を提起することもできる。もっとも，この場合，訴訟が係属する個々の裁判所の判断により，当事者に対し，筆界特定をすることを促し，当事者がこれに応じて筆界特定の申請をすれば，裁判所は，筆界特定の結果を訴訟資料として利用することになる（前掲登記研究52頁参照）。また，境界確定訴訟が先行しその判決が確定した後は，当該確定訴訟に係る筆界について筆界特定をすることはできない（不登132条6号）。

　今後は，当事者の負担が訴訟に比べて少ない筆界特定制度の浸透により，境界確定訴訟は減少していくものと思われる。

書式 115　請求異議訴訟判決

平成19年○月○日判決言渡　同日原本領収　裁判所書記官
平成19年(ハ)第○○○号　請求異議事件
口頭弁論終結の日　平成19年○月○○日

判　　　決

　　○○県○○○郡○○町○○○番地
　　　　　　　　　　　原　　告　　甲　野　三　郎
　　　　　　同訴訟代理人弁護士　　乙　山　太　郎
　　○○市○○町○丁目○番○号
　　　　　　　　　　　被　　告　　丙　田　時　子

主　　　文

1　被告から原告に対する○○簡易裁判所平成○年(ハ)第○○○号○○請求事件の判決に基づく強制執行は，これを許さない。
2　訴訟費用は，被告の負担とする。

事　実　及　び　理　由

第1　請求
　　主文と同旨
第2　事案の概要
　　本件は，原告が，被告に対し，判決に表示された請求権が判決確定後に弁済により消滅したとして，その判決に基づく強制執行の排除を求めた事案である。
　1　争いのない事実
　(1)　被告は，貸金の返還を求めて，平成19年9月10日原告に対する貸金請求訴訟を○○簡易裁判所に提起した。同裁判は，平成19年10月5日に終結し，同月12日，原告に対し○万円の支払を命ずる判決（以下「本件判決」という。）が言い渡された。同判決は，同月29日に確定した。
　(2)　原告は，同年11月5日，被告に対し○万円を支払った。
　(3)　○○簡易裁判所の裁判所書記官は，平成19年11月9日，被告の申請により本件判決の正本に執行文を付与した。
　2　争点
　　本件判決に係る被告の原告に対する貸金債権は消滅したか。
　（原告の主張）
　　　原告は，本件判決確定後の平成19年11月5日，被告に対し，本件判決で命ぜられた貸金債務として○万円を弁済した。これによって，被告の原告に対する貸金請求権は消滅した。
　（被告の主張）
　　　原告が弁済したと主張する債権は，本件判決に係る債権とは別個のものである。被告は，原告の上記弁済金をすべてこの別口債権に充当した。

第3　争点に対する判断
 1　証拠によれば，原告が本件判決で命ぜられた貸金債権は，被告が主張する別口債権を消費貸借の目的として成立した準消費貸借契約に基づく債権であることが認められる。被告は，原告から受け取った○万円はすべてこの別口債権に充当したと主張するが，旧債務である別口債権は，準消費貸借契約締結の際にすでに消滅しているのであるから，その主張自体失当である。
 2　原告が被告に対し○万円を支払ったことにより，本件判決に係る被告の原告に対する貸金債権はすべて消滅したことになり，同判決による強制執行の排除を求めた原告の請求は理由がある。
　　　　　○○簡易裁判所
　　　　　　　裁判官　　○　　○　　○　　○

〔注〕
 1．請求異議の訴えは，確定判決や仮執行宣言付支払督促などの債務名義に係る請求権の存在又は内容について異議がある場合に，その債務名義の執行力の排除を求めてする訴えである。原告となる者は，債務名義に債務者として表示された者又は債務の承継その他の原因に基づいて原債務者に代わって執行力を受ける者（民執23条）であり，被告となる者は，債務名義に債権者として表示された者又はその承継人その他の債務名義の執行力を自己のために受ける者（民執23条）である。
 2．請求異議の訴えの管轄裁判所は，裁判所が関与して作成された債務名義に係るものについては，原則として，当該債務名義の記録の存する裁判所である。債務名義が確定判決である場合は，第一審裁判所が管轄裁判所となる（民執35条3項・33条2項参照）。この管轄は専属管轄である（民執19条）。
 3．請求異議の訴えには，具体的執行の不許を求めるものと債務名義全体の不許を求めるものとがある。本事例は，債務名義全体の不許を求めるものである。具体的執行の不許を求める訴えの主文は，「被告が原告に対する○○簡易裁判所平成○年(ハ)第○○○号請求事件の執行文の付された判決の正本に基づき平成○年○月○日別紙物件目録記載の物件についてした強制執行は，これを許さない。」となる。
 4．すでに確定判決がある場合は，債務者はその判決に至るまでの審理において主張し得たことを理由として訴えを提起することはできない。これを許すと同一紛争の蒸し返しを許すことになり，裁判による公権的解決の意味がなくなるからである。このように，裁判が形式的に確定すると，一定の基準時における裁判所の判断がその当事者を拘束する効果が与えられる。これを既判力という。すなわち，債務名義が確定判決である場合の請求異議の事由は，口頭弁論終結後に生じたものに限られる（民執35条2項）。原告としては，口頭弁論終結後に生じた請求権消滅等の事実（弁済，相殺，免除など）を請求原因事実として主張することになる。
 5．請求異議の訴えに対する請求認容判決は，債務名義で確定された法律関係の変動・形成を宣言する形成判決であり，その内容どおりの変動を生じさせる効力（形成力）を有する。形成訴訟説に立脚した場合，原告の勝訴判決に仮執行宣言を付すことができるか否か問題の存するところであるが，離婚訴訟と異なり，特に問題となる点もないと思われるので，積極に解される。しかし，実務上の取扱いとしては，主たる主文に仮執行宣言が付けられることは稀である（原田和徳＝富越和厚『執行等関係訴訟に関する実務上の諸問題』130頁以下）。
 6．債務者は，請求認容判決の正本を執行裁判所に提出することにより，強制執行を免れることができる（民執39条1項1号・40条1項参照）。

書式 116　詐害行為取消判決

平成19年○月○日判決言渡　同日原本領収　裁判所書記官
平成19年(ハ)第○○○号　詐害行為取消請求事件
口頭弁論終結の日　平成19年○月○○日

　　　　　　　　　　判　　　　決

　　　○○県○○○郡○○町○○○番地
　　　　　　　　原　告　　甲　野　三　郎
　　　　　　同訴訟代理人弁護士　　乙　山　太　郎
　　　○○市○○町○丁目○番○号
　　　　　　　　被　告　　丙　田　時　子

　　　　　　　　　　主　　　文
1　訴外○○○○と被告が，別紙物件目録記載の不動産について，平成19年5月14日にした贈与契約を取り消す。
2　被告は，上記不動産について○○地方法務局平成19年5月15日受付第○○号の所有権移転登記の抹消登記手続をせよ。
3　訴訟費用は，被告の負担とする。

　　　　　　　　事　実　及　び　理　由
第1　請求
　　　主文と同旨
第2　事案の概要
　　　本件は，原告が，訴外○○○○と被告間の贈与契約が，訴外人がその債権者である原告を害することを知ってなされたものであるとして，贈与契約の取消しとその贈与契約に基づきなされた被告に対する所有権移転登記の抹消登記手続を求めた事案である。
1　争いのない事実
　(1)　原告は，訴外○○○○に対し，平成18年5月20日，弁済期同年11月20日，損害金2割との約定で，500万円を貸し付けた。
　(2)　訴外○○○○は，平成19年2月14日当時，別紙物件目録記載の不動産（以下「本件不動産」という。）を所有していた。
　(3)　訴外○○○○は，被告に対し，前同日，本件不動産を贈与した（以下「本件贈与」という。）。
　(4)　訴外○○○○は，被告に対し，平成19年2月15日，本件不動産につき，本件贈与に基づき，所有権移転登記手続をした。
2　主たる争点
　　　訴外○○○○は，本件贈与の際，その贈与契約が原告を害することを知っていたか。
　（原告の主張）
　　　　訴外○○○○には，本件贈与契約当時，本件不動産以外にみるべき資産がなく，贈与の際，これによって原告を害することを知っていた。
　（被告の主張）
　　　　争う。
　　　　被告は，本件贈与契約当時，訴外○○○○において，原告を害する

　　　　意思のあることを知らなかった。
　第3　争点に対する判断
　　1　証拠によれば，本件贈与契約当時，訴外○○○○は原告から貸金の返還を督促されていたこと，訴外○○○○は実兄である被告に再三原告に対する借金のことを相談し，金策を頼んでいたこと，訴外○○○○にはその当時本件不動産以外にみるべき資産がなかったことなどの事実が認められる。
　　　これらの事実に照らすと，訴外○○○○は，本件贈与の際，その贈与によって原告を害すること知っていたと推認するのが相当である。
　　2　以上によると，原告の請求は理由がある。
　　　　　　○○簡易裁判所
　　　　　　　　裁判官　○　○　○　○

（別紙物件目録省略）

〔注〕
1．債権者は，債務者がその債権者を害することを知ってした法律行為の取消しを裁判所に請求することができる（民424条1項本文）。これを債権者取消権又は詐害行為取消権という。詐害行為取消権の法的性質については，詐害行為の効力を取り消すことが取消権の内容とみる形成権説，詐害行為によって逸失した責任財産を取り戻すことを取消権の内容とみる請求権説，両者の結合したものとみる折衷説などがある。判例は，取消権の内容は詐害行為の取消しとともに責任財産の返還を請求することであるとする折衷説をとっている（大判明44・3・24民録17輯117頁）。これによると，債権者は詐害行為の取消しを請求するとともに逸失した責任財産の返還を請求することもできる（形成の訴えと給付の訴えとの結合）ほか，単に詐害行為の取消しのみを請求することもできる（形成の訴え）とする。また，詐害行為の取消しは，債権者が受益者又は転得者から責任財産の返還を請求するのに必要な範囲において，これらの者との関係においてのみ，つまり相対的に効力を生ずるにすぎないとする。したがって，債権者としては，返還請求の相手方（受益者又は転得者）のみを被告とすればよく，詐害行為の当事者（債務者及び受益者）を被告とする必要はない。
2．詐害行為といい得るためには，債務者の行為により責任財産が減少して，債権者に完全に弁済できない状態，すなわち債務者が無資力の状態になることを必要とする。また，債務者・受益者・転得者がそれぞれの行為の時又は転得の時に，債権者を害すべき事実を知っていたことを要する（民424条1項但書参照）。
3．本事例は，債権者が，債務者から贈与を受けた受益者を被告とし，詐害行為の取消し（形成の訴え）とともに責任財産の返還（給付の訴え）を求めた事案である。債権者は，取消しの結果，債権者代位権の場合と同様に，直接自分に財産を引き渡すべきことを請求できる（大判昭8・2・3民集12巻175頁）。
4．受益者・転得者がともに悪意のときは，転得者を被告として，これに対する関係において詐害行為を取り消し，財産の返還を請求してもよければ，受益者を被告として，これに対する関係において詐害行為を取り消し，財産に代わる価格の賠償を求めてもよい（大判大9・5・29民録26輯776頁）。この場合の主文は，次のとおりとなる（塚原・前掲199頁参照）。なお，判例は，賠償すべき価額の算定時を口頭弁論終結時としている（最判昭50・12・1民集29巻11号1847頁）。

　1　訴外○○○○と被告が，別紙物件目録記載の不動産について，平成○○年○月○日にした贈与契約を取り消す。
　2　被告は，原告に対し，○○万円及びこれに対する前項の判決確定の日の翌日から支払済みまで年5分の割合による金員を支払え。

第10章

控 訴 手 続

第1節 概　　説

　控訴は，簡易裁判所がした終局判決に対し，敗訴した当事者が自己に有利に判決が取消し・変更されることを求める不服の申立てであり，三審制度を採用しているわが国の裁判制度の第二審（控訴審）にあたる。

　地方裁判所に対する控訴は，簡易裁判所がした終局判決に対し，その事実認定又は法律判断の不当を主張して，不服を申し立てる上訴の手続である。

　地方裁判所における第二審（控訴審）は，第2の事実審であることから，原判決の事実認定又は法律判断の両方について審判することができる。

　また，控訴は，第一審の終局判決に対してのみ認められているものであるから，中間判決やその他の中間裁判に対しては，独立して申し立てることはできない。中間判決やその他の中間裁判に不服がある場合は，終局判決に対する控訴と合わせて申し立てることになる。一部判決（民訴243条2項），変更判決（民訴256条），追加判決（民訴258条1項）は終局判決であることから，控訴の対象となる判決である。

　控訴人となるのは，原則として，第一審の原告又は被告と参加人である。第一審の判決を不服として控訴を提起した者が控訴人，その相手方が被控訴人となる。

　適法な控訴は，控訴状の提出によって簡易裁判所の終局判決の確定を遮断する効力（確定遮断効，民訴116条2項）及び事件を簡易裁判所から地方裁判所へ移行させる効力（移審効）を有するが，これは，上訴に一般的に認められる

本質的な効果である。判決の確定が遮断されると執行力の発生も妨げられるが，仮執行宣言の付された終局判決に対する控訴の提起は，執行力の発生を停止しないので，裁判所に対して，強制執行停止の申立てをする必要がある（民訴403条1項3号）。

　控訴状を受理した簡易裁判所は，控訴状の形式的事項を審査し，控訴が不適法でその不備を補正することができないことが明らかである場合は，決定で控訴を却下しなければならない（民訴287条1項）が，簡易裁判所は，控訴状の不備についての補正命令を発することができないから，補正の不能が明らかでない限り，訴訟記録を地方裁判所へ送付することになる。

〔小林　司〕

第2節　各種控訴状

　簡易裁判所がした終局判決に対する控訴裁判所は，地方裁判所である（裁24条3号）。
　控訴の要件は，次のとおりである。
　(i)　不服申立ての対象となる判決は，簡易裁判所の終局判決である。したがって，中間判決や終局判決前にした決定及び命令に対しての独立した控訴はできない。また，終局判決に含まれる訴訟費用負担の裁判に対して，独立して控訴をすることはできない（民訴282条）。
　(ii)　控訴の提起は，控訴状を簡易裁判所（第一審裁判所）に提出してしなければならない（民訴286条1項）。
　(iii)　控訴状には，原則として，当事者及び法定代理人，第一審判決の表示及びその判決に対して控訴をする旨を記載しなければならない（民訴286条2項）。控訴の趣旨は，必ずしも必要的記載事項ではないが，実務としては，控訴の手数料算出に必要であるから，控訴審において求める判決主文を記載する。また，第一審判決の取消し又は変更を求める事由の具体的な記載（控訴の理由）も，必要的記載事項ではないが，控訴状にこれらの記載がないときは，控訴の提起後50日以内に，控訴の理由を記載した書面（控訴の理由書）を地方裁判所（控訴裁判所）に提出しなければならない（民訴規182条）。
　(iv)　控訴は，簡易裁判所（第一審）の判決書又はいわゆる調書判決の送達を受けた日から2週間の不変期間内にしなければならない（民訴285条）。
　(v)　控訴人は，簡易裁判所（第一審）の判決に対しての不服，つまり控訴の利益を有していなければならない。
　(vi)　控訴人が控訴権を放棄しておらず（民訴284条），かつ，当事者間に不控訴の合意がない（民訴281条1項但書）ことが必要である。

〔小林　司〕

書式117　被告からの控訴状(1)――被告一部敗訴

[収入印紙]

　　　　　　　　　　　控　訴　状

　　　　　　　　　　　　　　　　　　　　平成○○年○○月○○日

○○地方裁判所　御中

　　　　　　　　　　　　　　　控訴人　　乙　野　次　郎　㊞

　　〒○○○－○○○○　○○県○○市○○町○○番地（送達場所）
　　　　　控訴人（第一審被告）　　乙　野　次　郎
　　　　　　　電　話：×××（×××）××××
　　　　　　　ＦＡＸ：×××（×××）××××
　　〒○○○－○○○○　○○県○○市○○町○○番地
　　　　　被控訴人（第一審原告）　　甲　野　太　郎

　貸金請求控訴事件
　　訴訟物の価額　　100万円
　　ちょう用印紙額　１万5000円

　　上記当事者間の○○簡易裁判所平成○○年(ハ)第○○○号貸金請求事件について，平成○○年○○月○○日，判決の言渡しがあり，平成○○年○○月○○日判決正本の送達を受けたが，一部不服であるので，控訴を提起する。
第１　原判決の表示
　１　被告は，原告に対し，100万円及びこれに対する平成○○年○○月○○日から支払済みまで年５分の割合による金員を支払え。
　２　原告のその余の請求を棄却する。
　３　訴訟費用は，これを５分し，その１を原告の負担とし，その余を被告の負担とする。
　４　この判決は，仮に執行することができる。
第２　控訴の趣旨
　１　原判決中，控訴人敗訴部分を取り消す。
　２　被控訴人の請求を棄却する。
　３　訴訟費用は，１，２審とも被控訴人の負担とする。
との判決を求める。
第３　控訴の理由
　　　追って提出する。

附　属　書　類
　　控訴状副本　　　　　　　　　　　　　　　１通

〔注〕
1. 被告一部敗訴の例である。控訴人が勝訴した部分（原判決の表示２項部分）もあり，勝訴部分に対する不服はできないことから，控訴人敗訴部分（原判決の表示１項部分）の取消しを求め，被控訴人（第一審原告）の請求棄却を求めることになる。
2. 控訴の手数料は，控訴人が不服を申し立てた訴訟物の価額を基準に訴え提起の際に算出された手数料の1.5倍の額である（民訴費３条１項別表第一の２項）。

書式118 　被告からの控訴状(2)——被告全部敗訴

|収　入|
|印　紙|

　　　　　　　　　　控　訴　状

　　　　　　　　　　　　　　　　　　　平成〇〇年〇〇月〇〇日

〇〇地方裁判所　御中

　　　　　　　　　　　　　　控訴人　　乙　野　次　郎　㊞

　〒〇〇〇－〇〇〇〇　〇〇県〇〇市〇〇町〇〇番地（送達場所）
　　　　　　　控訴人（第一審被告）　　乙　野　次　郎
　　　　　　　　　電　話：×××（×××）××××
　　　　　　　　　ＦＡＸ：×××（×××）××××
　〒〇〇〇－〇〇〇〇　〇〇県〇〇市〇〇町〇〇番地
　　　　　　　被控訴人（第一審原告）　　甲　野　太　郎

　　貸金請求控訴事件
　　　訴訟物の価額　　100万円
　　　ちょう用印紙額　1万5000円

　上記当事者間の〇〇簡易裁判所平成〇〇年(ハ)第〇〇〇号貸金請求事件について，平成〇〇年〇〇月〇〇日，判決の言渡しがあり，平成〇〇年〇〇月〇〇日判決正本の送達を受けたが，全部不服であるので，控訴を提起する。
第１　原判決の表示
　１　被告は，原告に対し，100万円及びこれに対する平成〇〇年〇〇月〇〇日から支払済みまで年５分の割合による金員を支払え。
　２　訴訟費用は，その余を被告の負担とする。
　３　この判決は，仮に執行することができる。
第２　控訴の趣旨
　１　原判決を取り消す。
　２　被控訴人の請求を棄却する。
　３　訴訟費用は，１，２審とも被控訴人の負担とする。
との判決を求める。
第３　控訴の理由
　　　追って提出する。

附　属　書　類
　　　控訴状副本　　　　　　　　　　　　　　1通

〔注〕
1．原告の請求が全部認められた例である。控訴人が勝訴した部分がないことから，原判決のすべての取消しを求め，被控訴人（第一審原告）の請求棄却を求めることになる。
2．控訴の手数料は，控訴人が不服を申し立てた訴訟物の価額を基準に訴え提起の際に算出された手数料の1.5倍の額である（民訴費3条1項別表第一の2項）。

書式 119　原告からの控訴状(1) —— 原告一部敗訴

控　訴　状

収入印紙

平成○○年○○月○○日

○○地方裁判所　御中

　　　　　　　　　　　　　　　控訴人　甲　野　太　郎　㊞

　　〒○○○－○○○○　○○県○○市○○町○○番地（送達場所）
　　　　　　控訴人（第一審原告）　　甲　野　太　郎
　　　　　　　電　話：×××（×××）××××
　　　　　　　ＦＡＸ：×××（×××）××××
　　〒○○○－○○○○　○○県○○市○○町○○番地
　　　　　　被控訴人（第一審被告）　　乙　野　次　郎

　　貸金請求控訴事件
　　　　訴訟物の価額　　40万円
　　　　ちょう用印紙額　6000円

　上記当事者間の○○簡易裁判所平成○○年(ハ)第○○○号貸金請求事件について，平成○○年○○月○○日，判決の言渡しがあり，平成○○年○○月○○日判決正本の送達を受けたが，一部不服であるので，控訴を提起する。
第1　原判決の表示
　1　被告は，原告に対し，100万円及びこれに対する平成○○年○○月○○日から支払済みまで年5分の割合による金員を支払え。
　2　原告のその余の請求を棄却する。
　3　訴訟費用は，これを5分し，その1を原告の負担とし，その余を被告の負担とする。
　4　この判決は，仮に執行することができる。
第2　控訴の趣旨
　1　控訴人敗訴部分を取り消す。
　2　被控訴人は，控訴人に対し，40万円及びこれに対する平成○○年○○月○○日から支払済みまで年5分の割合による金員を支払え。
　3　訴訟費用は，1,2審とも被控訴人の負担とする。
　との判決を求める。
第3　控訴の理由
　　　追って提出する。

附属書類
　　控訴状副本　　　　　　　　　　　　1通

〔注〕
1. 原告一部敗訴の例である。控訴人が勝訴した部分もあり，勝訴部分に対する不服はないことから，控訴人敗訴部分の取消しを求め，第一審で認められなかった部分の請求を求めることになる（本事例では，140万円の請求に対して，第一審では，100万円分の請求が認められ，40万円分が棄却されたので，その40万円分について，控訴したものである）。
2. 控訴の手数料は，控訴人が不服を申し立てた訴訟物の価額を基準に訴え提起の際に算出された手数料の1.5倍の額である（民訴費3条1項別表第一の2項）。

書式120　原告からの控訴状(2) ―― 原告全部敗訴

```
　　　　　　　　　　　控　訴　状
収　入
印　紙
　　　　　　　　　　　　　　　　　　　　平成○○年○○月○○日

○○地方裁判所　御中

　　　　　　　　　　　　　　　　控訴人　　甲　野　太　郎　㊞

　　　　〒○○○－○○○○　　○○県○○市○○町○○番地（送達場所）
　　　　　　　　控訴人（第一審原告）　　　甲　野　太　郎
　　　　　　　　　　　電　話：×××（×××）××××
　　　　　　　　　　　ＦＡＸ：×××（×××）××××
　　　　〒○○○－○○○○　　○○県○○市○○町○○番地
　　　　　　　　被控訴人（第一審被告）　　乙　野　次　郎
```

貸金請求控訴事件
　　訴訟物の価額　　　100万円
　　ちょう用印紙額　　1万5000円

　上記当事者間の○○簡易裁判所平成○○年(ハ)第○○○号貸金請求事件について，平成○○年○○月○○日，判決の言渡しがあり，平成○○年○○月○○日判決正本の送達を受けたが，全部不服であるので，控訴を提起する。

第1　原判決の表示
　1　原告の請求を棄却する。
　2　訴訟費用は，原告の負担とする。
第2　控訴の趣旨
　1　原判決を取り消す。
　2　被控訴人は，控訴人に対し，100万円及びこれに対する平成○○年○○月○○日から支払済みまで年5分の割合による金員を支払え。
　3　訴訟費用は，1，2審とも被控訴人の負担とする。
　との判決を求める。
第3　控訴の理由
　　　追って提出する。

附　属　書　類
　　　控訴状副本　　　　　　　　　　　　　　1通

〔注〕
　1．原告全部敗訴の例である。控訴人が勝訴した部分がないことから，原判決のすべての取消しを求め，被控訴人（第一審被告）に対する請求を求めることになる。
　2．控訴の手数料は，控訴人が不服を申し立てた訴訟物の価額を基準に訴え提起の際に算出された手数料の1.5倍の額である（民訴費3条1項別表第一の2項）。

書式 121　附帯控訴状

　　　　　　　　　　附　帯　控　訴　状

　　収　入
　　印　紙
　　　　　　　　　　　　　　　　　　　平成○○年○○月○○日

○○地方裁判所　御中

　　　　　　　　　　　　　　　附帯控訴人　　甲　野　太　郎　㊞

　　　〒○○○－○○○○　　○○県○○市○○町○○番地（送達場所）
　　　　　　附帯控訴人（被控訴人，第一審原告）　　甲　野　太　郎
　　　　　　　　　　　　　　電　話：×××（×××）××××
　　　　　　　　　　　　　　Ｆ Ａ Ｘ：×××（×××）××××
　　　〒○○○－○○○○　　○○県○○市○○町○○番地
　　　　　　附帯被控訴人（控訴人，第一審被告）　　乙　野　次　郎

　貸金請求控訴事件
　　訴訟物の価額　　○○万円
　　ちょう用印紙額　○○○円

　上記当事者間の○○地方裁判所平成○○年(レ)第○○○号貸金請求控訴事件について，附帯控訴人（被控訴人）は，控訴に附帯して，第一審○○簡易裁判所平成○○年(ハ)第○○○号貸金請求事件について，同裁判所が平成○○年○○月○○日に言い渡した判決に対して，控訴を提起する。

第1　附帯控訴の趣旨
　1　原判決中，附帯控訴人敗訴部分を取り消す。
　2　附帯被控訴人は，附帯控訴人に対し，40万円及びこれに対する平成○○年○○月○○日から支払済みまで年5分の割合による金員を支払え。
　3　訴訟費用は，1，2審とも附帯被控訴人の負担とする。
　との判決を求める。
第2　控訴の理由
　1　附帯被控訴人は，原判決のうち附帯被控訴人敗訴部分の取消しを求めて控訴を提起し，平成○○年(レ)第○○○号事件として御庁に係属している。
　2　原判決は，附帯控訴人の請求のうち40万円について，附帯控訴人が貸し渡した証明がないとして，これを排斥したが，原判決後に新たな証拠が見つかったので，附帯控訴人は，控訴審において，金銭消費貸借契約の事実を立証する予定である。

証拠方法

　　　　甲第○号証
附　属　書　類
　　1　附帯控訴状副本　　　　　　　　　　　　　1通
　　2　証拠説明書　　　　　　　　　　　　　　　1通
　　3　甲第○号証写し　　　　　　　　　　　　　1通

〔注〕
 1．附帯控訴状の必要的記載事項は控訴状の例によるが，附帯控訴状は，控訴審（地方裁判所）にも提出できる（民訴293条3項）。
 2．附帯控訴は，そもそもの控訴人の控訴によって係属している裁判を被控訴人が利用するものであることから，自らの控訴権が消滅した後であっても申し立てることができる（民訴293条1項）。したがって，適法な控訴が係属していることが要件となり，控訴の取下げ又は不適法として控訴却下がされ，控訴の係属がなくなったときは，附帯控訴の効力も失う（民訴293条2項）。
 3．附帯控訴の手数料は，附帯控訴人が不服を申し立てた訴訟物の価額を基準に訴え提起の際に算出された手数料の1.5倍の額である（民訴費3条1項別表第一の2項）。

第3節　控訴に関連する手続

(1) 控訴に伴う強制執行停止の申立て

簡易裁判所の仮執行宣言の付いた終局判決に対して，控訴を提起しても判決の確定は遮断されるが，仮執行宣言の効力には何らの影響も及ぼさないことから，原告（債権者）は，この仮執行宣言付判決で強制執行することが可能である。

そこで，控訴審においての判断が出るまで，強制執行が完了しないようにするためには，改めて被告（債務者，控訴人）は，裁判所に対し，強制執行停止の申立てを行い，強制執行停止決定を得ておくことが重要となる。もっとも，原告（債権者）が判決の確定まで強制執行の申立てを行わない蓋然性が高い場合などは，特に本申立ては必要とされない。

(2) 控訴状の審査

控訴状は，簡易裁判所（原審）に提出され，簡易裁判所は，控訴状の適法性を判断し，不適法で補正することができないことが明らかであるときは，決定で控訴を却下しなければならない（民訴287条）。したがって，控訴状の第1次の審査権は，簡易裁判所が有しているといえる。

(3) 控訴権放棄の申述（民訴284条）

控訴権の放棄とは，控訴権を有する当事者が控訴権を行使しないとする意思表示を裁判所に対してする訴訟行為である。当事者は，控訴権を単独で放棄することができ，相手方の同意は，相手方に不利益を与えないので，不要である。

控訴権の放棄は，控訴の提起前にあっては，簡易裁判所（第一審裁判所），控訴の提起後にあっては，訴訟記録の存する裁判所に対する申述によってしなければならない（民訴規173条）。

(4) 不控訴の合意

不控訴の合意とは，訴訟の当事者双方がそれぞれ控訴をしない旨を約して，その事件の審判を簡易裁判所（第一審）だけに限ることを目的とする訴訟上の合意である（民訴281条1項但書）。この合意は，書面で行うことを要する（民訴

281条2項・11条2項)。

〔小林　司〕

書式 122　強制執行停止申立書

|収　入
印　紙|

強制執行停止申立書

平成〇〇年〇〇月〇〇日

〇〇簡易裁判所　御中

申立人　甲　野　太　郎　㊞

〒〇〇〇-〇〇〇〇　〇〇県〇〇市〇〇町〇〇番地
　　　　　　　　　　　　　申立人　甲　野　太　郎
〒〇〇〇-〇〇〇〇　〇〇県〇〇市〇〇町〇〇番地
　　　　　　　　　　　　　相手方　乙　野　次　郎

第1　申立ての趣旨
　　上記当事者間の〇〇簡易裁判所平成〇〇年(ハ)第〇〇〇号〇〇〇請求事件の仮執行宣言を付した判決に基づく強制執行は，控訴審の判決があるまでこれを停止する。
　との裁判を求める。
第2　申立ての理由
　1　御庁は，申立人と相手方との間の上記事件について，平成〇〇年〇〇月〇〇日申立人敗訴の判決を言い渡した。同判決には，仮執行宣言が付されているので，被申立人はいつでも同判決に基づいて申立人所有の動産や給与に対し，強制執行を行える状況にある。
　2　申立人は，同判決に不服であるから，平成〇〇年〇〇月〇〇日，御庁に対して，控訴を提起し，同日平成〇〇年(ハレ)第〇〇号控訴提起事件として受理された。
　3　同判決の取消し若しくは変更の原因となるべき事情については，控訴状記載の理由で述べたとおりである。
　　よって，申立ての趣旨記載のとおり執行停止の裁判を求めるため，本申立てをする。

〔注〕
1．強制執行停止の申立ては，書面でしなければならない（民訴規238条）が，その記載事項は法定されていないので，実務上は，上記のような記載で申し立てる例が多い。
2．強制執行停止の申立ての手数料は，500円である（民訴費3条1項別表第一の17項イ）。

書式 123　強制執行停止決定(1)――原裁判所の決定

平成○○年㈹第○○○号（控訴提起事件平成○○年(ハレ)第○○○号）

　　　　　　　　　　　強制執行停止決定

　　　○○県○○市○○町○○番地
　　　　　　　　　　　　　申立人　　甲　野　太　郎
　　　○○県○○市○○町○○番地
　　　　　　　　　　　　　相手方　　乙　野　次　郎

　申立人は，当裁判所平成○○年(ハ)第○○号貸金請求事件の仮執行宣言付判決に対し適法な控訴を提起し，かつ，上記判決に基づく強制執行停止の裁判を求める旨申し立てた。
　当裁判所は，その申立てを理由あるものと認め，申立人に金○○万円の担保（供託番号○○地方法務局平成○○年度金第○○○号）を立てさせて，次のとおり決定する。

　　　　　　　　　主　　　　　文
　　　上記債務名義に基づく強制執行は，本案控訴事件の判決がある
　　　まで，これを停止する。

　　　平成○○年○○月○○日
　　　　○○簡易裁判所
　　　　　　裁　判　官　　○　○　○　○　㊞

〔注〕
　1．原裁判所（簡易裁判所）で強制執行停止決定をした例である。
　2．簡易裁判所に事件記録が存する間は，簡易裁判所で強制執行停止決定ができる。

書式 124　強制執行停止決定(2)──控訴裁判所の決定

平成〇〇年(モ)第〇〇〇号（本案平成〇〇年(レ)第〇〇〇号）

　　　　　　　　　強制執行停止決定

　　　　　　〇〇県〇〇市〇〇町〇〇番地（送達場所）
　　　　　　　　　　　　申立人　　甲　野　太　郎
　　　　　　〇〇県〇〇市〇〇町〇〇番地
　　　　　　　　　　　　相手方　　乙　野　次　郎

　相手方の申立人に対する〇〇簡易裁判所平成〇〇年(ハ)第〇〇〇号〇〇〇〇請求事件について，同裁判所が平成〇〇年〇〇月〇〇日言い渡した仮執行宣言付判決に対し，申立人は控訴を提起し，かつ，同判決に基づく強制執行の停止を申し立てた。
　当裁判所は，上記申立ては理由があるものと認め，申立人に金〇〇万円の担保（〇〇地方法務局平成〇〇年度金第〇〇〇号）を立てさせて，主文のとおり決定する。

　　　　　　　　　　主　　　文
　　　前記仮執行宣言付判決に基づく強制執行は，本案控訴事件の判
　　決があるまでこれを停止する。
　　　　　　平成〇〇年〇〇月〇〇日
　　　　　　〇〇地方裁判所民事第〇部
　　　　　　　　　　裁判長裁判官　〇　〇　〇　〇　㊞
　　　　　　　　　　　　裁判官　　〇　〇　〇　〇　㊞
　　　　　　　　　　　　裁判官　　〇　〇　〇　〇　㊞

〔注〕
　1．控訴審（地方裁判所）において，強制執行停止の決定をした例である。
　2．事件記録が控訴裁判所（地方裁判所）に送付された後は，地方裁判所で強制執行停止決定を行う。

書式 125　控訴却下決定（原裁判所の却下決定）

平成〇〇年(ハレ)第〇〇〇号

　　　　　　　　　決　　　　　定

　　　　　〇〇県〇〇市〇〇町〇〇番地
　　　　　　　　　　　控訴人　　甲　野　太　郎
　　　　　〇〇県〇〇市〇〇町〇〇番地
　　　　　　　　　　　被控訴人　乙　野　次　郎

　上記当事者間の当庁平成〇〇年(ハ)第〇〇〇号〇〇〇〇請求事件につき，平成〇〇年〇〇月〇〇日当裁判所が言い渡した判決に対する頭書控訴提起事件について，当裁判所は次のとおり決定する。

　　　　　　　　主　　　　　文
　本件控訴を却下する。
　控訴費用は控訴人の負担とする。

　　　　　　　　理　　　　　由
　本件記録によれば，控訴人は，平成〇〇年〇〇月〇〇日に当裁判所に控訴状を提出したが，本件控訴は，民事訴訟法285条に定めた法定期間を経過した後に申し立てられた不適法なものであり，同法97条1項所定の追完事由も認められないから，その不備は補正することができないことが明らかである。
　よって，同法287条1項により本件控訴を却下することとし，控訴費用の負担につき同法67条1項，61条を適用して，主文のとおり決定する。

　　　　　　平成〇〇年〇〇月〇〇日
　　　　　　〇〇簡易裁判所
　　　　　　　　　　裁判官　　〇　〇　〇　〇　㊞

〔注〕
1．控訴状は，第一審裁判所に提出しなければならない（民訴286条）。第一審裁判所は，控訴状の適法性を判断して，不適法でその不備を補正することができない場合は，却下しなければならないとされる（民訴287条1項）。
2．補正できない不適法な控訴の代表事例が，本書式の不変期間である判決正本の送達から2週間経過後の控訴の提起である。

書式 126　即時抗告状（原裁判所の却下決定に対するもの）

```
┌─────────────────────────────────────────────────────┐
│  ┌─────┐                                            │
│  │収 入│         抗　告　状                         │
│  │印 紙│                                            │
│  └─────┘                                            │
│                             平成〇〇年〇〇月〇〇日  │
│                                                     │
│  〇〇地方裁判所　御中                               │
│                                                     │
│                      抗告人　　甲　野　太　郎　㊞  │
│                                                     │
│    〒〇〇〇－〇〇〇〇　〇〇県〇〇市〇〇町〇〇番地（送達場所）│
│              抗告人（控訴人）　　甲　野　太　郎    │
│                    電　話：×××（×××）××××  │
│                    ＦＡＸ：×××（×××）××××  │
│    〒〇〇〇－〇〇〇〇　〇〇県〇〇市〇〇町〇〇番地  │
│              相手方（被控訴人）　　乙　野　次　郎  │
│                                                     │
│  　上記当事者間の〇〇簡易裁判所平成〇〇年(ハ)第〇〇〇号〇〇〇〇請求事件│
│  の判決に対し，抗告人（控訴人）が平成〇〇年〇〇月〇〇日にした控訴の申│
│  立てについて，同裁判所が平成〇〇年〇〇月〇〇日にした下記決定は不服で│
│  あるから抗告を申し立てる。                         │
│  第１　原決定の表示                                 │
│  　　　本件控訴を却下する。                         │
│  　　　控訴費用は控訴人の負担とする。               │
│  第２　抗告の趣旨                                   │
│  　　　原決定を取り消す。                           │
│  第３　抗告の理由                                   │
│  　　　追って書面により主張する。                   │
│                                                     │
│  附　属　書　類                                     │
│  　　　抗告状副本　　　　　　　　　　　１通         │
│                                                     │
└─────────────────────────────────────────────────────┘
```

〔注〕
1．控訴却下決定に対する即時抗告の例である。
2．抗告申立ての手数料は，1000円である（民訴費３条１項別表第一の18項(4)）。

書式 127　控訴権放棄申述書

控訴権放棄申述書

　　　　　　　　　　　　　　　　　　　　　平成○○年○○月○○日

○○簡易裁判所　御中

　　〒○○○－○○○○　○○県○○市○○町○○番地（送達場所）
　　　　申立人　　甲　野　太　郎　㊞
　　　　　　　　　電　話：×××（×××）××××
　　　　　　　　　ＦＡＸ：×××（×××）××××
　　〒○○○－○○○○　○○県○○市○○町○○番地
　　　　相手方　　乙　野　次　郎

　上記当事者間の○○簡易裁判所平成○○年(ハ)第○○○号○○○○請求事件について，同裁判所が平成○○年○○月○○日言い渡した判決に対する控訴権を放棄する。

〔注〕
1．控訴をする権利（控訴権）の放棄（民訴284条）は，控訴権を有する訴訟当事者が裁判所に対して，控訴権を行使しない旨の意思表示である。
2．控訴権放棄申述書は，控訴の提起前は簡易裁判所に，控訴の提起後は訴訟記録のある裁判所に提出しなければならない（民訴規173条1項）。なお，控訴提起後の控訴権放棄申述書は，控訴の取下げとともにしなければならない（民訴規173条2項）。
3．控訴権放棄申述書の記載事項は，法定されていない。

書式 128　不控訴の合意書

不控訴の合意書

平成○○年○○月○○日

○○簡易裁判所　御中

　　　　　　　原　告　　甲　野　太　郎　㊞
　　　　　　　被　告　　乙　野　次　郎　㊞
〒○○○－○○○○　○○県○○市○○町○○番地（送達場所）
　　　　　　　原　告　　甲　野　太　郎
　　　　　　　　　電　話：×××（×××）××××
　　　　　　　　　ＦＡＸ：×××（×××）××××
〒○○○－○○○○　○○県○○市○○町○○番地（送達場所）
　　　　　　　被　告　　乙　野　次　郎
　　　　　　　　　電　話：×××（×××）××××
　　　　　　　　　ＦＡＸ：×××（×××）××××

　上記当事者間の○○簡易裁判所平成○○年(ハ)第○○○号○○○○請求事件について，同裁判所が平成○○年○○月○○日言い渡した判決に対し，当事者双方は控訴しないことを合意したので，届出をします。

〔注〕
1. 当事者双方が，簡易裁判所の終局判決に対して控訴しないことを約束するものであり（民訴281条1項但書），書面でしなければならない（民訴281条2項・11条2項・3項）。
2. 簡易裁判所にこの合意書が提出されると，訴訟が完結するので，この合意後に控訴の申立てがあっても，控訴は不適法なものとして却下されることになる。
3. 不控訴の合意書の記載事項は，法定されていない。

第11章

上告手続

第1節　概　　説

　上告は，地方裁判所が第二審としてした終局判決に対し，自己に有利に判決が取消し・変更されることを求める不服の申立てである。

　上告は，①判決に憲法の解釈の誤りがあることその他憲法の違反（民訴312条1項），②法律に従って判決裁判所を構成しなかったこと，法律により判決に関与することができない裁判官が判決に関与したこと，専属管轄に関する規定に違反したこと，法定代理権，訴訟代理権又は代理人が訴訟行為をするのに必要な授権を欠いたこと，口頭弁論の公開の規定に違反したこと，判決に理由を付せず，又は理由に食違いがあること（同条2項），③判決に影響を及ぼすことが明らかな法令違反があること（同条3項）を理由としなければならない。

　適法な上告は，上告状の提出によって原判決の全部について判決の確定を遮断し（民訴116条2項），執行力の発生を停止する。しかし，仮執行宣言付判決に対する上告の提起は，執行力の発生を停止しないので，裁判所に対して，強制執行停止の申立てをする必要がある（民訴403条1項）。

〔小林　司〕

第2節　各種上告状

　地方裁判所が第二審としてした終局判決に対する上告裁判所は，高等裁判所である（裁16条3項）。
　上告の要件は，次のとおりである。
　(i)　上告の提起ができるのは，地方裁判所のした終局判決に限られ，中間判決や終局判決前にした決定及び命令に対しての独立した上告はできない。
　(ii)　上告の提起は，上告状を地方裁判所に提出しなければならない（民訴314条1項）。ただし，上告状に上告の理由を記載していない場合は，上告理由書を上告提起通知書の送達を受けた日から50日以内（民訴規194条）に地方裁判所に提出しなければならない（民訴315条）。
　(iii)　上告状の提出期間は，地方裁判所の終局判決の送達後2週間（控訴期間と同じ）の不変期間である。
　(iv)　上告の理由は，上告状に記載しなくてもよいが，法定の上告理由に該当する事実（民訴312条）を主張し，民事訴訟規則に規定されている記載をする必要がある（民訴規190条・191条・192条・193条）。
　(v)　上告人は，地方裁判所のした終局判決で不利益を受けたことを理由として不服を主張する利益があることが必要である。
　(vi)　上告人は，上告権を放棄しておらず，かつ，当事者間に上告しない旨の合意がないことが必要である。また，上告状は，上告審の対象となる終局判決をした地方裁判所に提出しなければならない（民訴314条1項）。

〔小林　　司〕

書式129　上告状（民訴法311条2項の場合）

　　　　　　　　　　　　上　告　状

　　　　　　　　　　　　　　　　　　　　　　平成〇〇年〇〇月〇〇日

〇〇高等裁判所　御中

　　　　　　　　　　　上告人訴訟代理人弁護士　　丙　野　三　郎　㊞
　　〒〇〇〇－〇〇〇〇　〇〇県〇〇市〇〇町〇〇番地
　　　　　　　　　　　　　上告　人　　甲　野　太　郎
　　〒〇〇〇－〇〇〇〇　〇〇県〇〇市〇〇町〇番〇号　丙野法律事務所
　　　　　　　　　　　　　　　　　　　　　　　　　　　　（送達場所）
　　　　　　　　　　　上記訴訟代理人弁護士　　丙　野　三　郎
　　　　　　　　　　　　　電　話：×××（×××）××××
　　　　　　　　　　　　　Ｆ　Ａ　Ｘ：×××（×××）××××
　　〒〇〇〇－〇〇〇〇　〇〇県〇〇市〇〇町〇〇番地
　　　　　　　　　　　　　被上告人　　乙　野　次　郎

　〇〇〇〇請求上告事件
　　　訴訟物の価額　　　〇〇〇万円
　　　ちょう用印紙額　　〇万円

　　上記当事者間の〇〇地方裁判所平成〇〇年(レ)第〇〇〇号〇〇〇〇請求控訴事件について，同裁判所が平成〇〇年〇〇月〇〇日に判決を言い渡し，上告人は，平成〇〇年〇〇月〇〇日判決正本の送達を受けたが，全部（又は一部）不服であるから，上告を提起する。

第1　原判決の表示
　1　本件控訴を棄却する。
　2　控訴費用は，控訴人の負担とする。
第2　上告の趣旨
　　　原判決を破棄し，さらに相当な裁判を求める。
第3　上告の理由
　　　追って，上告理由書を提出する。

附　属　書　類
　1　上告状副本　　　　　　　　　　　　1通
　2　委任状　　　　　　　　　　　　　　1通

〔注〕
1．本書式は，控訴人の控訴の全部が棄却された例である。「第1　原判決の表示」は，地方裁判所の終局判決の主文をそのまま記載する。
2．当事者は，控訴審（地方裁判所での第二審）の判断を求めずに直ちに上告することを合意して，高等裁判所に対し上告することもできる（飛躍上告，民訴281条1項・311条2項）。
3．上告の手数料は，上告人が不服を申し立てた訴訟物の価額を基準に訴え提起の際に算出された手数料の2倍の額である（民訴費3条1項別表第一の3項）。

書式 130　上告理由書

```
平成○○年(レツ)第○○○号
上　告　人　甲　野　太　郎
被上告人　乙　野　次　郎


　　　　　　　上　告　理　由　書

　　　　　　　　　　　　　　　　　　　平成○○年○○月○○日

○○高等裁判所　御中

　　　　　　　　上告人訴訟代理人弁護士　　丙　野　三　郎　㊞

　上記当事者間の○○○○請求上告事件について，上告人の上告理由は，次
のとおりである。
第1　憲法違反
　1　原判決は，……………………………………，民法○○条の解釈を誤って
　　いる。
　2　以上の解釈の誤りは，憲法○○条に違反するものであって，…………
　　……………………………であるから，原判決は破棄を免れない。
第2　絶対的上告理由
　1　原判決手続は，裁判長裁判官○○○○，裁判官○○○○，裁判官○○
　　○○によって審理し，終結したが，判決書は，同審理に関与しなかった
　　裁判官○○○○が署名している。
　2　これは，法律に従って判決裁判所を構成しなかったこと（民事訴訟法
　　312条2項1号）に当たるから，原判決は破棄を免れない。

添　付　書　類
　上告理由書副本　　　　　　　　　　　　　○通
```

〔注〕
1．上告理由書は，上告提起通知書が送達されてから50日以内に提出しなければならない（民訴規189条1項・194条）。
2．上告理由書の提出期限が経過すると，地方裁判所は，不適法な上告として決定で上告を却下する（民訴315条・316条1項2号）。
3．上告理由書は，提出期間及び記載内容の定めがあることから，ファクシミリによって裁判所に提出することはできない（民訴規3条1項4号）。
4．上告理由書は，被上告人の人数に4を加えた数の副本を添付する必要がある（民訴規195条）。

書式131　上告却下決定——原裁判所の決定

平成〇〇年(レツ)第〇〇〇号

　　　　　　　　　決　　　　　定

　　　　　〇〇県〇〇市〇〇町〇〇番地
　　　　　　　　上　告　人　　甲　野　太　郎
　　　　　　　　同訴訟代理人弁護士　丙　野　三　郎
　　　　　〇〇県〇〇市〇〇町〇〇番地
　　　　　　　　被　上　告　人　　乙　野　次　郎

　上記当事者間の当庁平成〇〇年(レ)第〇〇〇号〇〇〇〇請求控訴事件につき，平成〇〇年〇〇月〇〇日当裁判所が言い渡した判決に対する頭書上告提起事件について，当裁判所は次のとおり決定する。

　　　　　　　　主　　　　　文
　　本件上告を却下する。
　　上告費用は上告人の負担とする。

　　　　　　　　理　　　　　由
　本件記録によれば，上告人は，平成〇〇年〇〇月〇〇日に当裁判所に上告状を提出したが，本件上告は，民事訴訟法313条，285条に定めた法定期間を経過した後に申し立てられた不適法なものであり，同法97条1項所定の追完事由も認められないから，その不備は補正することができないことが明らかである。
　よって，同法316条1項1号に従い本件上告を却下することとし，上告費用の負担につき同法67条1項，61条を適用して，主文のとおり決定する。
　　平成〇〇年〇〇月〇〇日
　　　〇〇地方裁判所民事第〇部
　　　　　　　　裁判長裁判官　　〇　〇　〇　〇　㊞
　　　　　　　　　　裁判官　　〇　〇　〇　〇　㊞
　　　　　　　　　　裁判官　　〇　〇　〇　〇　㊞

〔注〕
1．本決定は，上告期間徒過の場合である。
2．原裁判所が決定で上告を却下しなければならない（民訴316条1項）のは，次のとおりであるが，上告の適法性の判断は，最終的には上告裁判所が行うものであるから，原裁判所で，上告を却下できるのは，適法要件の欠缺が明らかな場合に限られる。
　① 上告が不適法でその不備を補正することができない場合
　② 上告理由書を提出しない場合
　③ 上告理由書の記載方式が民事訴訟規則190条又は191条に違反するとして補正を命ぜられたにもかかわらず，補正期間内に追完しない場合（民訴規196条2項）
3．上告状の却下要件が存在する場合は，被上告人に上告状を送達した場合でも，上告却下決定による（大決昭14・3・29民集18巻365頁）。

書式 132 即時抗告申立書（原裁判所の却下決定に対するもの）

収入
印紙

抗　　告　　状

平成〇〇年〇〇月〇〇日

〇〇高等裁判所　御中

抗告人　甲　野　太　郎　㊞

〒〇〇〇－〇〇〇〇　〇〇県〇〇市〇〇町〇〇番地（送達場所）
　　　　抗告人（上告人）　甲　野　太　郎
　　　　　電　話：×××（×××）××××
　　　　　Ｆ　Ａ　Ｘ：×××（×××）××××

〒〇〇〇－〇〇〇〇　〇〇県〇〇市〇〇町〇〇番地
　　　　相手方（被上告人）　乙　野　次　郎

　上記当事者間の〇〇地方裁判所平成〇〇年(レ)第〇〇〇号〇〇〇〇請求上告提起事件につき，同裁判所が平成〇〇年〇〇月〇〇日にした下記決定は不服であるから抗告を申し立てる。

第1　原決定の表示
　　　本件上告を却下する。
　　　上告費用は上告人の負担とする。
第2　抗告の趣旨
　　　原決定を取り消す。
第3　抗告の理由
　　　追って書面により主張する。

附　属　書　類
　　　抗告状副本　　　　　　　　　　　　1通

〔注〕
1．原裁判所（地方裁判所）の却下決定に対するものである。
2．地方裁判所又は簡易裁判所によって上告却下決定がされた場合は，即時抗告することができる。
3．抗告の手数料は，請求の価額に関係なく1000円である（民訴費3条1項別表第一の18項(4)）。

第12章

再 審 手 続

第1節 概　　説

(1) 意　　義

　再審とは，確定した判決の訴訟手続に重大な瑕疵があったことや，その判断の基礎資料に異常な欠陥があったことを理由としてその判決を取り消し，その事件について再度の審判を行うことをその判決をした裁判所に対して求める，非常・例外的な不服申立方法である（民訴338条以下）。

　法的安定性の見地からは，確定判決による紛争解決を尊重する必要があり，このため，確定判決には既判力が生じるとされている。しかし，既判力は，手続保障に基づく自己責任を基礎にするものであるから，確定判決に敗訴者の自己責任を問えないような重大な瑕疵がある場合にまで，その効力を争えないとすれば，当事者の権利保護を図ることができず，ひいては，裁判の適正に対する国民の信頼を損なうことにもなりかねない。

　そこで，取消しの利益を有する敗訴当事者には，勝訴当事者を相手方として，非常・例外的な不服申立てが認められることになったのである。これが再審制度である。もっとも，法的安定要求と調和の観点から再審事由及び再審期間が限定されている。

　ところで，再審訴訟は，①確定判決の取消しを求める，②もし再審事由があれば，確定判決をした裁判所が本案について改めて審判するという構造を有している。そこで，この両者についてそれぞれ独自の訴訟物が考えられるのか，また，その既判力の範囲をどのように考えるべきかが問題になる。こ

の点について，判例・通説は，原判決の取消要求を中心に考え，個々の再審事由ごとに訴訟物は別個であり，既判力も個々の再審事由にしか及ばないという見解をとっている。再審の訴えには，通常の上訴と異なり確定遮断効も移審力もなく，個々の再審事由の事実関係も異なるため，訴訟物を各再審事由ごとに把握することになるからである。

(2) 再審事由

再審事由は，民事訴訟法338条1項各号所定の10個に限定されている。なぜなら，広く再審事由を認めると紛争解決の実効性を確保できず，その結果，法的安定性を欠くことになるからである。

再審事由には，判決内容への影響の有無を問わないものとして，①裁判所の構成の違法（民訴338条1項1号・2号），②代理権と手続保障の欠缺（民訴338条1項3号）があり，判決主文に影響を及ぼすものとして，③判決の基礎資料における可罰行為の存在（民訴338条1項4号ないし7号。ただし，民訴338条2項），④判決の基礎たる裁判や，行政処分の変更（民訴338条1項8号），⑤重大な事項についての判断遺脱（民訴338条1項9号），⑥確定判決との抵触（民訴338条1項10号）がある。

(3) 再審の補充性

判決確定前に当事者が，再審事由にあたる事実を上訴により主張したが棄却された場合や，再審事由があることを知りながら上訴により主張しなかった場合には，再審事由として主張することはできない（民訴338条1項但書）。

〔西村　博一〕

第2節　再審訴状等

(1) 再審の対象
再審の対象は確定した判決である。

(2) 当事者適格
確定判決の既判力を受け，これに対して不服の利益を有する者が再審原告としての当事者適格を有する。通常は，前訴で全部又は一部敗訴した当事者であるが，補助参加による再審申立ても認められる（民訴45条1項本文）。

これに対し，再審原告との間で確定判決を受け，その取消しにより不利益を受ける者が再審被告としての当事者適格を有する。通常は，勝訴当事者である。

(3) 再審期間
代理権の欠缺及び確定判決との抵触を理由とする場合は，再審期間の制限がない（民訴342条3項）。しかし，これ以外の場合には，判決の確定した後再審事由を知った日から30日の不変期間内で（民訴342条1項），かつ，判決が確定した日（再審事由が判決確定後に生じた場合にあっては，その事由が発生した日）から5年の除斥期間内に再審の訴えを提起しなければならない（民訴342条2項）。この期間制限の存在は，刑事訴訟手続における再審と異なる特徴である。

(4) 管　　轄
再審の訴えは，不服申立てに係る判決をした裁判所の専属管轄である（民訴340条1項）。ただし，控訴審において事件について本案判決がされたときは，第一審の判決に対して再審の訴えを提起することができない（民訴338条3項）。これらの場合を除いて，審級を異にする裁判所が同一の事件についてした判決に対する再審の訴えは，上級裁判所が併せて管轄することになる（民訴340条2項）。

(5) 再審の訴えの提起
再審の訴えは，当事者及び法定代理人，不服の申立てに係る判決の表示並びにその判決に対して再審を求める旨，不服の理由（具体的な再審事由の主張）を記載した訴状によりしなければならない（民訴343条）。再審訴状の書式例は，

【書式133】のようになる。

再審の訴えの提起は，前訴及びその判決に対して直接の影響を及ぼさない。したがって，原判決の執行力は当然には停止されない。

(6) 起訴の効果

再審訴状の提出によりその不服事由について期間遵守の効力が生じる（民訴147条）。

(7) 審理の手続

再審の訴訟手続には，その性質に反しない限り，各審級における訴訟手続に関する規定が準用される（民訴341条，民訴規211条2項）。

(8) 適法要件・再審事由の存否についての審理

まず，裁判所は，再審の訴えの適否を審査して，再審期間不遵守の場合（民訴342条1項・2項）や，有罪の確定判決（民訴338条2項）がない場合等，不適法と認めるときは決定でこれを却下しなければならない（民訴345条1項）。再審の訴え不適法却下決定の書式例は，【書式134】のようになる。

次に，再審の訴えが適法であれば，裁判所は，再審事由の有無について審理を行う。そして，民事訴訟法338条1項各号所定の再審事由がない場合には，決定で再審請求を棄却しなければならない（民訴345条2項）。再審事由の欠缺による棄却決定の書式例は，【書式135】のようになる。

再審請求を棄却する決定が確定したときは，法的安定の要求から同一の事由を理由として，さらに再審の訴えを提起することができない（民訴345条3項）。

他方，裁判所は，再審事由がある場合には再審開始決定をするが，この場合，相手方（再審被告）を必ず審尋しなければならない（民訴346条1項・2項）。なぜなら，再審の手続が開始されれば，確定判決の効力が覆る可能性があり，ひいては，相手方（再審被告）にも重大な利害関係が生じるおそれがあるからである。再審開始決定の書式例は，【書式136】のようになる。

以上述べた，①再審の訴えの不適法却下，②再審事由欠缺による棄却決定，③再審開始決定に対しては，いずれも即時抗告をすることができる（民訴347条）。即時抗告の期間は，裁判の告知を受けた日から1週間の不変期間内にしなければならない（民訴332条）。

即時抗告申立書（再審開始決定に対するもの）の書式例は，【書式137】のようになる。

(9) 本案の審理

裁判所は，再審開始決定が確定した場合には，不服申立ての限度で本案の審理及び裁判をする（民訴348条1項）が，本案審理の結果，原判決と同一の結論になったときは，再審請求を棄却しなければならず（民訴348条2項），これと反対に，原判決を不当とする結論になったときは，原判決を取り消し，これに代わる本案判決をしなければならない（民訴348条3項）。

〔西村　博一〕

書式133　再審訴状

```
┌─────┐
│収 入│
│印 紙│
└─────┘
```

　　　　　　　　　　　再　審　訴　状

　　　　　　　　　　　　　　　　　　　平成○○年○○月○○日

○○簡易裁判所　御中

　　　　　　　　再審原告（前訴被告）　　乙　野　三　郎　㊞

　〒○○○－○○○○
　　　○○県○○市○○町○丁目○番○号
　　　　　　　再審原告（前訴被告）　　乙　野　三　郎
　　　　　　　　電　話：×××（×××）××××
　　　　　　　　Ｆ　Ａ　Ｘ：×××（×××）××××

　〒○○○－○○○○
　　　○○県○○市○○町○丁目○番○号
　　　　　　　再審被告（前訴原告）　　甲　野　太　郎

　再審原告を被告，再審被告を原告とする御庁平成○○年(ハ)第○○○号○○請求事件（以下「前訴」という。）について，平成○○年○○月○○日に言い渡された判決は，同年○○月○○日に送達され，同年○○月○○日の経過をもって確定したが，全部不服であるから再審の訴えを提起する。

第1　再審を求める判決の表示
　1　被告は，原告に対し，○○万円及びこれに対する平成○○年○○月○○日から支払済みまで年5分の割合による金員を支払え。
　2　訴訟費用は被告の負担とする。
第2　再審請求の趣旨
　1　原確定判決を取り消す。
　2　再審被告の請求を棄却する。
　3　本案及び再審訴訟費用は再審被告の負担とする。
　との裁判を求める。
第3　再審請求の理由
　1　前訴の確定判決は，再審被告が再審原告に対し，平成○○年○○月○○日，○○万円を貸し付けたとする再審被告の請求を認容し，再審原告に対し，○○万円及びこれに対する弁済期の翌日である平成○○年○○

月〇〇日から支払済みまで民法所定年5分の割合による遅延損害金の支払を命じている。
2　しかし，前訴の訴状及び第1回口頭弁論期日呼出状は，郵便送達報告書によれば，平成〇〇年〇〇月〇〇日〇〇時に同居者乙野次郎が受領したとの記載があり，受領欄に乙野の印が押捺されている。
3　平成〇〇年〇〇月〇〇日，前訴の第1回口頭弁論期日が開かれ，再審原告欠席のまま，前訴の訴状の請求原因事実を答弁書で認めているとされたうえで弁論終結となり，同月〇〇日，再審原告敗訴の判決が言い渡された。そして，裁判所から再審原告に対し，前訴判決の正本が送達された。しかし，同判決正本の郵便送達報告書によれば，平成〇〇年〇〇月〇〇日〇〇時に受送達者本人に渡したとする部分に丸印が付けられ，受領者欄には上記2の印と酷似した乙野の印が押捺されている。
4　ところで，前訴の訴状や判決正本等は，いずれも再審原告ではなく，当時再審原告宅に同居中の実兄乙野次郎が受領したものであり，これを再審原告に告げなかった。
5　したがって，前訴は，再審原告が知らないうちに出された判決であり，民事訴訟法338条1項3号の「法定代理権，訴訟代理権又は代理人が訴訟行為をするのに必要な授権を欠いたこと」に当たるといえるから，再審事由がある。
6　よって，再審請求の趣旨記載の判決を求める。

附　属　書　類
　　確定判決の写し（平成〇〇年(ハ)第〇〇〇号）　　1通

〔注〕
1．本書の性質上，簡易裁判所に提出する再審訴状を想定しているため，貼付する印紙額は2000円であるが，簡易裁判所以外の裁判所に再審訴状を提出する場合に貼付すべき印紙額は4000円になる（民訴費3条1項別表第一の8(1)及び(2)・8条）。
2．再審訴状には，不服の申立てに係る判決の写しを添付する必要がある（民訴規211条1項）。
3．再審被告の人数分の再審訴状副本を添付する必要がある。

書式 134　再審の訴え不適法却下決定

平成○○年(ニ)第○○○号　○○再審請求事件

決　　　　　定

　　○○県○○市○○町○丁目○番○号
　　　　　再審原告（前訴被告）　　乙　野　三　郎
　　○○県○○市○○町○丁目○番○号
　　　　　再審被告（前訴原告）　　甲　野　太　郎

主　　　　　文

本件再審の訴えを却下する。

理　　　　　由

　本件は，再審原告を被告，再審被告を原告とする当庁平成○○年(ハ)第○○○号○○請求事件（以下「前訴」という。）において，平成○○年○○月○○日に再審原告敗訴の判決が確定しているが，前訴は，除斥原因のある裁判官がその判決に関与した旨主張して，再審開始を求めるものである。
　しかしながら，この再審の訴えは，その事由を知った日から30日の不変期間内に提起されているものの，前訴判決が確定した日から既に5年を経過していることが明白であるから，不適法というほかはない。
　よって，民事訴訟法345条1項に基づいて主文のとおり決定する。

　　　　　　　平成○○年○○月○○日
　　　　　　　　○○簡易裁判所
　　　　　　　　　　裁判官　　×　×　×　×　㊞

〔注〕
1. 冒頭の○○再審請求事件の「○○」欄には，前訴の事件名を記載する。
2. この却下決定は，再審請求の理由が，民事訴訟法338条1項2号所定の事由であるにもかかわらず，判決が確定した日から5年の除斥期間経過後に提起された事案を想定している。
3. この再審の訴え不適法却下決定の謄本を1通作成して，再審原告に送達する。

書式 135　再審事由欠缺による棄却決定

平成○○年(二)第○○○号　○○再審請求事件

決　　　　　定

　○○県○○市○○町○丁目○番○号
　　　　　再審原告（前訴被告）　　乙　野　三　郎
　○○県○○市○○町○丁目○番○号
　　　　　再審被告（前訴原告）　　甲　野　太　郎

主　　　　　文
　　本件再審の請求を棄却する。

理　　　　　由
　本件は，再審原告を被告，再審被告を原告とする当庁平成○○年(ハ)第○○○号○○請求事件（以下「前訴」という。）において，平成○○年○○月○○日に確定した再審原告敗訴の判決が確定しているが，前訴は，再審原告が不実の公示送達の申立てにより自己に有利な判決を騙取したのであり，これは再審事由に当たると主張して，再審開始を求めるものである。

　しかしながら，再審原告の上記主張は独自の見解であって，民事訴訟法338条1項1号3号所定の事由に該当しない（最判昭57・5・27判時1052号66頁参照）。

　よって，民事訴訟法345条2項に基づいて主文のとおり決定する。

平成○○年○○月○○日
○○簡易裁判所
裁判官　　×　×　×　×　㊞

（別紙は省略）

〔注〕
1．冒頭の○○再審請求事件の「○○」欄には，前訴の事件名を記載する。
2．この再審の請求棄却決定の謄本を1通作成して，再審原告に送達する。

書式 136　再審開始決定

平成○○年(ニ)第○○○号　○○再審請求事件

　　　　　　　　　決　　　　　定

　　○○県○○市○○町○丁目○番○号
　　　　　　再審原告（前訴被告）　　乙　野　三　郎
　　○○県○○市○○町○丁目○番○号
　　　　　　再審被告（前訴原告）　　甲　野　太　郎

　　　　　　　　　主　　　　　文
　再審原告と再審被告間の当庁平成○○年(ハ)第○○○号○○請求事件について再審を開始する。

　　　　　　　　　理　　　　　由
第1　申立ての趣旨
　　　主文と同旨
第2　事案の概要
　　　本件は，再審原告を被告，再審被告を原告とする当庁平成○○年(ハ)第○○○号○○請求事件（以下「前訴」という。）において，再審原告敗訴の判決が確定しているが，前訴は，再審原告の実兄である乙野次郎が再審原告に知らせることなく訴状を受け取り，答弁書を提出するなどの行為を行ったものであって，再審原告が知らない間に行われたものであるから，民事訴訟法338条1項3号の再審事由があるとして，再審開始を求めるものである。
　1　前提事実
　　（省　略）
　2　争点
　　(1)　前訴の訴状，判決正本等の送達は有効か。
　　　ア　再審原告の主張
　　　　（省　略）
　　　イ　再審被告の主張
　　　　（省　略）

        (2) 再審の補充性
            ア　再審原告の主張
                （省　略）
            イ　再審被告の主張
                （省　略）
第3　争点に対する判断
    1　争点(1)について
        ……………………………………………………………………（省　略）。
        以上によると，前訴において，裁判所からの訴状，第1回口頭弁論期日呼出状，判決正本を受領したのは，再審原告ではなく，その実兄である乙野次郎であったと推認するのが相当である。この事実に上記（中略）の事実を併せ考えると，乙野次郎が受領したことをもって再審原告への送達があったと見ることは困難である。したがって，前訴において，再審原告に対し，訴状，第1回口頭弁論期日呼出状の送達のないまま判決が言い渡され，確定したというべきであり，再審事由があることは明らかである。
    2　争点(2)について
        ……………………………………………………………………（省　略）。
        もちろん，再審原告が上訴の追完を選択することは可能であるが，だからといって，上訴の追完を選択しなかったために，再審の訴えの手段を失ってしまうことにはならない。
        以上のとおり，本件には民事訴訟法338条1項但書の適用はなく，この点についての再審被告の主張は理由がない。
第4　結論
        以上のとおり，本件では，前訴について再審を開始するのが相当であるから，民事訴訟法346条1項を適用して主文のとおり決定する。

                    平成○○年○○月○○日
                        ○○簡易裁判所
                                裁判官　　×　×　×　×　㊞

〔注〕
    1．冒頭の○○再審請求事件の「○○」欄には，前訴の事件名を記載する。
    2．この再審開始決定は，再審原告が再審訴状【書式133】において主張する再審事由の存在が認められ，再審開始決定がされた事案を想定している。
    3．この再審開始決定の謄本を2通作成して，再審原告と再審被告に送達する。

書式 137　即時抗告申立て（再審開始決定に対するもの）

抗　告　状

平成〇〇年〇〇月〇〇日

〇〇地方裁判所　御中

〇〇県〇〇市〇〇町〇丁目〇番〇号

抗告人　　甲　野　太　郎　㊞

　〇〇簡易裁判所平成〇〇年㈡第〇〇号〇〇再審請求事件について，同裁判所が平成〇〇年〇〇月〇〇日にした下記決定は，不服であるから即時抗告をする。

第1　原決定の表示
　　再審原告と再審被告間の当庁平成〇〇年㈦第〇〇〇号〇〇請求事件について再審を開始する。

第2　抗告の趣旨
　1　原決定を取り消す。
　2　再審原告の再審請求を棄却する。
　　との裁判を求める。

第3　抗告の理由
　1　原決定は，再審原告の主張する再審事由について，これを民事訴訟法338条1項3号に当たるものと認定しているが，不当な判断である。
　2　すなわち，……………………………………………………（省　略）。
　3　よって，抗告の趣旨記載のとおりの裁判を求める。

〔注〕
1．この抗告状には，当事者及び代理人，原裁判の表示及びその裁判に対して抗告する旨，抗告の趣旨及び理由を記載する。なぜなら，抗告手続は，原則として，控訴の手続が準用されているため，抗告状の記載事項も控訴状のそれと同様になるからである（民訴331条・286条2項，民訴規205条）。
2．この抗告状は，原裁判所の事件係に提出しなければならない（民訴331条・286条1項）。
3．抗告手数料として，収入印紙1000円を貼付する必要がある（民訴費3条1項別表第一の18⑷・8条）。

第13章

手形・小切手訴訟手続関係

第1節　手形・小切手訴訟の訴状

〔1〕　概　　説

　民事訴訟法350条以下は，手形（小切手を含む）による金銭の支払の請求及びそれに付帯する法定利率による利息金等の請求を目的とする訴えについて，迅速に，一応の決着をつける制度として手形訴訟及び小切手訴訟（以下「手形・小切手訴訟」という）に関する特則を設けている。

　簡易裁判所に手形・小切手訴訟を提起する場合，法律上は口頭によることも許されているが（民訴271条），実務においては，ほとんど訴状を作成して手形金や小切手金の請求をしているのが実情であり，ここでは，その場合の訴状に記載すべき事項について述べる。

〔2〕　各種訴状の記載事項

(1)　形式的記載事項

(a)　手形・小切手訴訟による審理・判決を求める旨の記載　　前述したように，手形金等の紛争は迅速な解決が理想とされるから，その請求を訴えによる場合も，訴状にその趣旨を明らかにすべきとされる（民訴350条2項。なお，後述の【書式138】以下参照）。

その記載を欠いた訴状は，仮に手形金の請求をする場合であっても，通常の金銭給付訴訟と同じに扱われるし，一度通常訴訟の手続で受理された後に「手形・小切手訴訟によって審理・判決してもらいたい」と陳述しても，手形・小切手訴訟制度の利用を認められることはない。

　(b)　当事者及び法定代理人等の表示　　これらの表示は，手形・小切手訴訟に限らず，一般に訴状の必要的記載事項とされ（民訴133条2項1号），それによって請求の主体とその相手方を特定し，請求との関連を明らかにできる。特に相手方（被告）の表示は，裁判所の土地管轄を定める上でも必要な記載事項であり，通常は郵便番号を含む住所・氏名（商号），法人の場合は会社名のほか代表者の職名及び氏名の記載を要する（代表者代表取締役何某等）。法人の代表者が共同代表など複数の場合はその全員を記載することになるし，支配人が訴訟行為をすることが認められている場合は，その者の氏名も記載する。

　なお，被告が所在不明の場合は，公示送達手続（民訴110条以下）によることができるから，その場合は，その者の最後の住所を明記した上，現在は所在不明であるとして訴状に記載することになる。

　当事者が未成年者や成年被後見人等の場合は，その当事者に代わって訴訟行為をすべき法定代理人となる後見人などの地位及び氏名（例えば原告山田太郎，親権者父海野次郎など）も記載すべきことになる。なお，訴状提起段階で原告代理人として弁護士がついている場合は，その職名と氏名を記載する。

(2)　請求の趣旨及び原因

　(a)　請求の趣旨　　請求の趣旨の表示は，手形・小切手訴訟だけに限らず，一般に訴状の必要的記載事項とされ（民訴133条2項2号），それによって請求の相手方（被告）に対する関係で，その範囲を特定する。手形・小切手訴訟の通常の場合は，手形金の全額と満期以後の年6分の割合による利息（手48条1項2号。なお，この場合の満期とは，休日であると否とを問わず満期当日をも含む＝最判昭35・10・25民集14巻12号2775頁）を請求することになるし，小切手金の場合もその全額と呈示の日以後の年6分の割合による利息（小44条2号）が請求の対象になる。具体的には【書式138】以下を参照されたい。

(b) 請求の原因

(イ) 請求原因の多義性　請求の原因とは，その訴えによる請求が，どのような法律原因によって正当な請求であるかを明らかにするものであり（訴訟物である権利関係の発生原因事実の明示），当事者及び請求の趣旨と相俟って，訴えによる請求を特定することになる。したがって，請求の原因を表示することは，手形・小切手訴訟だけに限らず，一般に訴状の必要的記載事項とされているが（民訴133条2項2号），そこに記載する内容・程度については，①識別説と（請求を特定するために請求原因を記載すべきとする見解），②理由記載説（請求原因は請求を理由づけるために記載するとする見解）の対立があった。しかし，現行法は審理の迅速性の要請から，訴状には請求の趣旨及び請求の原因（請求を特定するのに必要な事実）を記載するほか，請求を理由づける事実を具体的に記載し，かつ，立証を要する事由ごとに，当該事実に関連する事実で重要なもの及び証拠を記載する（民訴規53条1項）とされている。

両者の関係を具体的に考察すれば，例えばAが，Bに対して，「100万円の支払を求める（請求の趣旨）」として訴状を記載する場合，それが貸金債権の取立てであるのか約束手形金の請求であるのかを区別し，しかもそれが他の権利関係と識別させるのに必要な事実を記載する（例，日時，履行期限・場所，満期等）。そして，これにより請求が特定されて他の請求と区別され，そのために必要な事実が狭義の請求原因であり，これを明らかにできない訴状は結果的に訴状却下の扱いを受ける（民訴137条。それは訴状を受理しないとして突き返す措置である。新堂幸司『新民事訴訟法』〔第3版〕201頁）。この場合に，Aの請求が正当と認められるべき事実の記載も要求されるが（理由づけの事実），この種の記載を欠いたとしても訴状却下の理由とすることはできない（新堂・前掲199頁）。そして，特定に必要な事実及び請求を正当化する事実の両者が広義の請求原因である。現行法が，広義の請求原因について記載を要することとしたのは，争点の早期整理を促進するためであり，それにより裁判の長期化を回避する趣旨であるとされる。

(ロ) 手形・小切手訴訟における請求原因　前述したように，手形・小切手訴訟における請求原因も，どのような手形・小切手による請求であるのかを明確にするとともに，その請求が法律上正当なものである理由をも明らか

にする必要がある。

　具体的には，被告に対して請求する手形金・小切手金は，①手形・小切手によるものであり，②原告はその手形・小切手上の正当な権利者であること，③被告は当該手形・小切手について支払のための呈示を受けた義務者であること，④しかも原告が現に当該手形・小切手を所持していること，などの事実関係を請求原因として記載すべきことになるが，②及び③については詳述する必要があるので，項を改めて説明することとし，その余は各書式において解説する。

　（i）　原告の権利正当性と手形・小切手の裏書について　　原告が，手形・小切手の正当な権利者であるためには，その手形受取人であるか，又は被裏書人であるか，あるいは持参人払式小切手の所持人であることが明らかにされている必要がある。

　ところで，複数の裏書がある場合，その裏書が連続していることを要する（手16条・77条，小19条）。裏書の連続とは，裏書の第1欄に受取人BからCへ，第2裏書欄にCからDへ，そして最終の裏書欄にDからEへと，裏書が受取人Aから最終被裏書人E（所持人）まで表示の上で連続していることを意味し，それだけで足りるから，途中の裏書の記載に実在しない会社が存在したり，裏書が偽造によるものであっても裏書の連続に影響はないとされる（変造の場合につき最判昭49・12・24民集8巻10号2140頁参照。なお，裏書の表示に多少の相違があっても主要な部分に異なるところがなければ差し支えない＝大判大10・1・22民集14巻31頁）。また，**図表1**のとおり，被裏書人欄を空白にしたまま裏書された場合でも（白地式裏書），その次の裏書人（例えば乙）の記載があれば，その者（乙）が被裏書人とみなされ（手16条1項後段・77条1項1号。なお記名式小切手においても同様である＝小19条後段），この場合には法律上，受取人甲から最終被裏書人丁まで裏書の連続の記載があると扱われる（**図表1**の＊1参照）。最終被裏書人欄が空欄の場合は，現に手形等の所持人（例えば第3裏書欄の丁欄が空欄になっていて，丁が所持していた場合の丁）までの裏書の連続があるとされる（**図表1**の＊2参照）。

　以上から，原告が手形等の正当な権利者であると主張するためには，手形・小切手訴訟の訴状請求原因に，原告が受取人として記載されているか，

図表1　裏書連続の一覧表

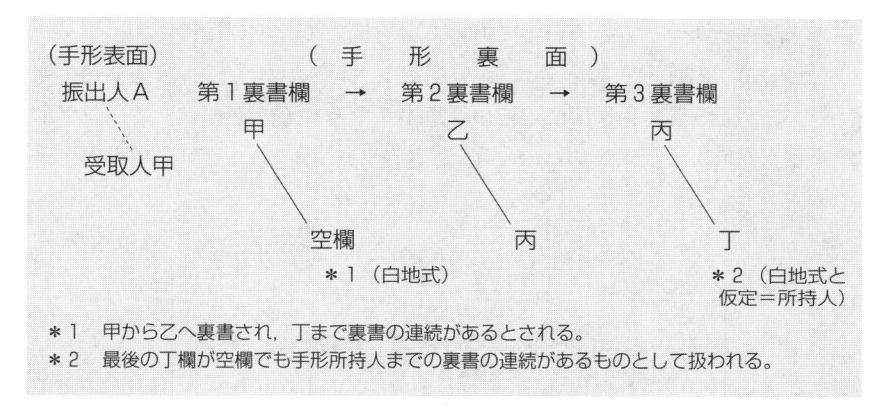

```
(手形表面)        （ 手　形　裏　面 ）
振出人A     第1裏書欄  →  第2裏書欄  →  第3裏書欄
             甲              乙              丙
受取人甲

             空欄             丙              丁
             *1（白地式）              *2（白地式と
                                        仮定＝所持人）
```

＊1　甲から乙へ裏書され，丁まで裏書の連続があるとされる。
＊2　最後の丁欄が空欄でも手形所持人までの裏書の連続があるものとして扱われる。

原告まで裏書の連続ある記載がなされている手形・小切手を所持しているか，について明記すべきことになる。もっとも，持参人払式小切手の場合は単に小切手の所持人であることが記載されていれば足りる。

　裏書の抹消については，その抹消された裏書（それが抹消する権利を有する者がしたか否かは問わない＝最判昭36・11・10民集15巻10号2466頁）はなかったものと扱われる（手16条1項・77条1項1号，小19条）。例えば，前記**図表1**の事例において，第3裏書欄のすべてが抹消されたとすれば，丙が最終所持人となる。仮に第1裏書欄の次に，裏書人A，被裏書人Bと記載されてあって，それらがすべて抹消されたとすれば，第1裏書人に次ぐ裏書欄は前記**図表1**どおりの手形裏面の記載となり，結局は，甲→乙→丙→丁と裏書の連続がある（下出義明『手形小切手訴訟』85頁参照）。ただし裏書欄の一部，つまり被裏書人欄のみが抹消された場合は白地式裏書となるとするのが判例である（最判昭61・7・18民集40巻5号977頁）。なお，この場合の抹消方法としては，当該裏書欄に線を引く場合（一般には斜線を交差させる方法）が実務上用いられているようであるが，場合によっては紙片を貼り付ける方法もある。

　裏書の連続が欠けていた場合は手形等の形式的資格を有しないから権利行使はできないが，判例によれば，実質的権利（相続による承継など）を証明すれば，権利行使を認められる（最判昭31・2・7民集10巻2号27頁）。

　(ii)　被告の手形・小切手行為について　　原告が，手形・小切手上の権利

を行使するためには，当該訴訟において請求される被告が，その手形・小切手上の義務を負担している場合であることを要する。それは被告が手形・小切手上に記名・押印・署名等により，振出，裏書，引受又は保証など，手形・小切手上の債務を負担する旨の意思表示をしている必要がある。具体的事例による訴状の請求原因については，後述する【書式138】以下を参照されたい。

〔石田　賢一〕

書式 138　訴状(1)——約束手形の振出人に対するもの

　　　　　　　　　訴　　　状（手形訴訟）

収入印紙　　　　　　　　　　　　　　平成○○年○○月○○日

○○簡易裁判所　御中

　　　　　　　　　　　　　原告訴訟代理人
　　　　　　　　　　　　　　司法書士　○　○　○　○　㊞

　　　　　　当事者の表示　　別紙当事者目録記載のとおり

約束手形金請求事件
　　訴訟物の価額　　金100万円
　　貼用印紙額　　　金 1万円

　　　　　　　　　　請求の趣旨
1　被告は，原告に対し，金100万円及びこれに対する平成18年10月1日から支払済みまで年6分の割合による金員を支払え。
2　訴訟費用は被告の負担とする。
との判決並びに仮執行の宣言を求める。
　本件は手形訴訟による審理・裁判を求める。
　　　　　　　　　　請求の原因
1　原告は，別紙約束手形目録記載の約束手形1通を所持している（以下「本件手形」という。）。
2　被告は，本件手形を振り出した。
3　原告は，本件手形を支払呈示期間内に支払場所に呈示したが，その支払を拒絶された。
4　よって，原告は被告に対して，手形金100万円とこれに対する満期日から支払済みまで手形法所定の年6分の割合による利息金の支払を求める。
　　　　　　　　　　証拠方法
1　甲第1号証　　約束手形
　　　　　　　　　　添付書類
1　訴状副本
2　約束手形写し　　　　　　1通
3　甲第1号証　　　　　　　1通
4　資格証明書　　　　　　　2通
5　訴訟委任状　　　　　　　1通
（当事者目録，約束手形目録　各省略）

〔注〕
 1．手形・小切手訴訟による審判を求める申述について
　　手形や小切手による金銭の支払を求める訴訟を提起する場合，民事訴訟法は通常訴訟手続とは異なる「手形・小切手訴訟」による審判を求める申述があれば，その迅速な解決のため，証拠調べの方法や手形等判決に対する不服申立方法について特別の手続ルールを設けている（民訴350条以下）。
　　そこで，その申述は訴状に記載することを要するとし，訴え提起後にその申述をしても認められない。
 2．訴訟当事者の特定について
　　通常は，当事者の住所・氏名（法人の場合は会社名等）により特定されるが，民事訴訟規則によれば，原告の郵便番号や電話番号若しくはファクシミリ番号を記載する（民訴規53条4項。なお訴訟代理人がある場合はその代理人についても記載する）こととされ，手続上の利便性を考えれば当然の規定といえる。実務では当事者の表示を一括し，別紙にして一覧性を図っている。
　　当事者が死亡した場合や，法人の名称が変更になっていた場合は，添付される手形等の表示と異なることになるから，当事者欄には相続人の氏名を表示して請求原因欄には相続開始があった事実を記載すべきことになるし，法人名に変更があった場合も同様の扱いになろう。その他当事者等の表示に関しては，本章第1節〔2〕(1)(b)を参照されたい。
 3．事件の表示について
　　本書式例は，約束手形の振出人に対する請求であるが，事件を特定して訴訟手続上の便利をはかる必要がある。そこで，事件内容を一目瞭然とするため，本書式例のように「約束手形金請求事件」としている（旧民事訴訟法244条3号のような規定はないが，事件番号と事件名をもって事件を特定することは，多数の事件を扱う裁判所にとり必要である。民訴規84条2項2号参照）。
 4．請求の趣旨について
　　本書式例の場合は，約束手形金の全額と満期以後支払済みまでの利息を請求する事例である（手形の振出人は当該手形の最終的債務者であるから，手形金のみの請求をする場合は，支払のための呈示は記載する必要がない。呈示は利息金を請求するための要件である）。
　　なお，手形の満期前でも請求できる場合があるが，それについては【書式144】及び【書式145】を参照されたい。
 5．請求の原因について
　　本書式例の事例で，約束手形の振出人に対して手形金を請求する場合の主張すべき要件は，①原告が手形の正当な権利者であること，②被告がその手形上の義務者であることであるから，これらを請求原因に記載すればよく，この場合の手形の特定は「手形目録」によって明確にされる。そして，約束手形の振出人に対する支払のための呈示をしたことは，手形利息を請求する場合の要件となる。もっとも，原告が被裏書人＝所持人として権利行使する場合は，裏書の連続について主張しなければならない（本章第1節〔2〕(2)(b)(ロ)(i)参照。なお，手形の満期前でも請求できる場合の請求原因については【書式144】及び【書式145】を参照されたい）。
　　ただし，持参人払式小切手の請求では単に小切手の所持人であることを主張すれば

よい。
6．証拠方法・添付書類について
　　手形訴訟においては，証拠調べは原則として書証に限って許されるから（民訴352条），審理の迅速化のためにも，訴状には攻撃方法としての手形の存在を記載する（民訴161条2項1号，民訴規53条3項）。
　　そして，それらの手形の写しは訴状の必要的添付書類とされる（民訴規55条1項2号）。ほかに被告宛の訴状副本，当事者が法人の場合であれば資格証明書（会社登記簿謄本）及び本書式例のように司法書士が訴訟代理人となっている場合の訴訟委任状が添付書類として必要になる。
7．費用の予納など
　　手数料（収入印紙代）については，民訴費用法3条別表第一の1項による。
　　送達費用として郵券を予納することになるが，通常は当事者数に応じて，1080円×4組程度とされる。具体的には，各裁判所の指示により予納することになる（なお，梶村太市＝石田賢一編『民事訴訟書式体系』281頁以下〔廣瀬信義〕参照）。

書式139 訴状(2)──約束手形の裏書人に対するもの

訴　　　状（手形訴訟）

　　　　　　　　　　　　　　　　　　　　　平成〇〇年〇〇月〇〇日

収入印紙

〇〇簡易裁判所　御中

　　　　　　　　　　　　　　　原告訴訟代理人
　　　　　　　　　　　　　　　　司法書士　〇　〇　〇　〇　㊞

　　　　　当事者の表示　　別紙当事者目録記載のとおり

約束手形金請求事件
　　訴訟物の価額　　金100万円
　　貼用印紙額　　　金　1万円

請求の趣旨

1　被告は，原告に対し，金100万円及びこれに対する平成18年10月1日から支払済みまで年6分の割合による金員を支払え。
2　訴訟費用は被告の負担とする。
との判決並びに仮執行の宣言を求める。
　本件は手形訴訟による審理・裁判を求める。

請求の原因

1　原告は，別紙約束手形目録記載の約束手形1通を所持している（以下「本件手形」という。）。
2　被告は，本件手形の拒絶証書作成義務を免除して本件手形を裏書した。
3　原告は，本件手形の満期日に支払のため支払場所に呈示したが，その支払がなかった。
4　よって，原告は被告に対して，手形金100万円とこれに対する満期日から支払済みまで手形法所定の年6分の割合による利息金の支払を求める。

証拠方法

1　甲第1号証　　約束手形

添付書類

1　訴状副本
2　約束手形写し　　　　　1通
3　甲第1号証　　　　　　1通
4　資格証明書　　　　　　2通
5　訴訟委任状　　　　　　1通
（当事者目録，約束手形目録　各省略）

〔注〕
1. 手形・小切手訴訟による審判を求める申述及び訴訟当事者の特定並びに事件の表示に関しては,【書式138】と共通であるから省略する。
2. 請求の趣旨について

　本書式例は,約束手形の裏書人に対して当該手形の最終所持人が請求する場合であるが,請求の趣旨に関しては【書式138】に示した記載例と特別に異なるものはない。

　ところで,手形の裏書人は,裏書をしただけでは手形金の支払義務を負うものではない(裏書行為は,振出人の支払を担保する意味である＝手15条,77条1項)。そこで,裏書人に対して手形上の支払義務を発生させるには本書式の請求原因2項及び3項の事実がなければならない。問題になるのは,白地手形のままで満期日に支払のための呈示をした場合の効力である。判例によれば,例えば振出日白地のままで支払呈示しても裏書人に対する手形上の権利行使の条件を具備したことにはならず無効であるから,後日に至って白地を補充しても遡って有効になるものではないとしている(最判昭41・10・13民集20巻8号1632頁。なお,白地式裏書につき第1節〔2〕(2)(b)(ロ)(i)参照)。
3. 請求の原因について

　約束手形の最終所持人が裏書人に対して手形金等の請求をする場合は,手形の振出人(当該手形の最終債務者)に対して請求する場合と異なり,次の内容による原告の権利正当性を主張しなければならない(第1節〔2〕(2)(b)(ロ)参照)。

　そのために,

・原告が手形受取人又は被裏書人として当該手形を所持していること

・裏書の連続があること

・①適法な支払呈示があったこと,及び②裏書人である被告が拒絶証書作成義務を免除したか(手形裏面に「拒絶証書不要」とする印刷文言がある。この記載があれば,適法な手続によって支払呈示があったと推定される。手46条2項・77条1項。なお小42条2項),又は原告において拒絶証書(公正証書)を作成済みであること

などを主張しなければならない。

　本書式の請求原因2項は,上記①及び②のうちの後者を主張したことになる。この主張と請求原因3項の主張により法定利息金請求の根拠が示されたことにもなる。

　なお,手形の裏書欄には形式的な裏書行為を示す記載があるが,それは取立てのための裏書であった場合が問題になる(これを「隠れたる取立委任裏書」という)。隠れたる取立委任裏書の場合は,原告が裏書人となり,被裏書人が支払呈示をする仕組みになっており,現実に支払拒絶された場合に当該手形が原告へ返却されて,原告から被告に対する手形金等の請求訴訟となる。この場合に,訴状の請求原因にその事実を記載する必要があるが,実際は隠れたる取立委任裏書部分の全部を抹消し,その記載がなかったとする扱いによることも考えられる(裏書の抹消につき第1節〔2〕(2)(b)(ロ)(i)参照)。

　また,支払呈示との関係で注意すべきことは,被告の期間内呈示猶予の懇請を受けて原告がこれに応じたため,当該手形の呈示期間内の支払呈示がなされなかった場合である。その旨の事実を記載しておかなければ,適法な呈示を欠いた請求となり請求棄却の判決がなされる場合がある(下出・前掲書91頁参照)。
4. その他,証拠方法・添付書類,費用の予納などについて

　これらについては,【書式138】〔注〕6及び7を参照されたい(なお,梶村太市＝石田賢一編『民事訴訟書式体系』283頁〔廣瀬信義〕参照)。

書式 140　訴状(3)——為替手形の引受人に対するもの

　　　　　　　　　訴　　　状（手形訴訟）

　　　　　　　　　　　　　　　　　　　平成○○年○○月○○日

［収入印紙］

○○簡易裁判所　御中

　　　　　　　　　　　　　原告訴訟代理人
　　　　　　　　　　　　　　司法書士　○　○　○　○　㊞

　　　　　当事者の表示　　別紙当事者目録記載のとおり

　為替手形金請求事件
　　訴訟物の価額　　金140万円
　　貼用印紙額　　　金1万2000円

　　　　　　　　　　請求の趣旨
1　被告は，原告に対し，金140万円及びこれに対する平成18年10月1日から支払済みまで年6分の割合による金員を支払え。
2　訴訟費用は被告の負担とする。
との判決並びに仮執行の宣言を求める。
　　本件は手形訴訟による審理・裁判を求める。
　　　　　　　　　　請求の原因
1　原告は，別紙手形目録記載の為替手形1通を所持している（以下「本件手形」という。）。
2　被告は，本件手形の引受けをした。
3　原告は，本件手形の満期日に支払のため支払場所に呈示したが，その支払がなかった。
4　よって，原告は被告に対して，手形金140万円とこれに対する満期日から支払済みまで手形法所定の年6分の割合による利息金の支払を求める。
　　　　　　　　　　証拠方法
1　甲第1号証　　為替手形
　　　　　　　　　　添付書類
1　訴状副本
2　為替手形写し　　　　　　1通
3　甲第1号証　　　　　　　1通
4　資格証明書　　　　　　　2通
5　訴訟委任状　　　　　　　1通
（当事者目録，為替手形目録　各省略）

〔注〕

1. 手形・小切手訴訟による審判を求める申述及び訴訟当事者の特定並びに事件の表示に関しては，【書式138】と共通であるから省略する。
2. 請求の趣旨について

　本書式例は，為替手形の引受人に対して当該手形の最終所持人が請求する場合であるが，請求の趣旨に関しては【書式138】に示した記載例と特別に異なるものはない（為替手形は，振出人が支払人に対して，手形金を支払ってほしい旨の委託をする手形であるから，支払人が引受けをすることにより主たる債務者となる点で，約束手形の振出人と同様に，為替手形の引受人はその手形の最終債務者である）。したがって，当該手形の手形金のみを請求する場合は，請求原因において支払呈示の主張は不要である。しかし，本書式のように付帯請求として満期後の利息金を請求する場合は呈示の事実を述べる必要がある。

　ところで，為替手形の呈示期間内に支払場所での呈示を怠って，満期後に呈示した場合（満期後呈示）の請求の趣旨は，次のとおりとなる。

> 請求の趣旨
> 1　被告は，原告に対し，金140万円及びこれに対する平成〇〇年〇〇月〇〇日から支払済みまで年6分の割合による金員を支払え。
> 2　訴訟費用は被告の負担とする。
> との判決並びに仮執行の宣言を求める。
> 　本件は手形訴訟による審理・裁判を求める。

　上記請求の趣旨1項の起算日が空白になっているが，ここには，実際に手形を呈示した日の翌日が記載される。そしてこの場合の付帯請求の性質は，商法所定の利率による遅延損害金となる（商514条。この点は，請求原因において明らかにされる）。

　なお，為替手形の振出人と裏書人の両名に対して1通の訴状で請求する場合（各債務者はそれぞれ独立して手形債務を負う。これを「手形債務者の合同責任」といい，そのうちの誰かが手形債権者に対して債務を履行すれば，他の手形債務者は支払義務を免れる。手47条・77条1項，なお小43条）。その場合の請求については，【書式141】を参照されたい。

3. 請求の原因について

　為替手形の最終所持人が引受人（当該手形の最終債務者）に対して手形金等の請求をする場合の要件は，次のとおりである。
・原告が当該手形を所持していること
・被告はその手形の引受けをしたこと
・付帯請求として手形利息金の請求をする場合の，適法な支払呈示があったこと
などを主張しなければならない（なお，梶村太市＝石田賢一編『民事訴訟書式体系』283頁〔廣瀬信義〕参照）。

　次に，満期後呈示の場合の「請求の原因」記載例は，次のとおりである。

> 3　原告は，本件手形の満期後である平成〇〇年〇〇月〇〇日に被告方において支払のため呈示した。
> 4　よって，原告は被告に対して，手形金140万円とこれに対する上記呈示した日の翌日から支払済みまで商法所定利率による年6分の割合による遅延損害金の支払を求める。

4. その他，証拠方法・添付書類，費用の予納などについては，【書式138】〔注〕6及び7を参照されたい。

書式 141　訴状(4)——為替手形の振出人及び裏書人に対するもの

|収入印紙|

訴　　　状（手形訴訟）

平成〇〇年〇〇月〇〇日

〇〇簡易裁判所　御中

　　　　　　　　　　　　　原告訴訟代理人
　　　　　　　　　　　　　　司法書士　〇　〇　〇　〇　㊞

　　　　当事者の表示　　別紙当事者目録記載のとおり

為替手形金請求事件
　　訴訟物の価額　　金140万円
　　貼用印紙額　　　金1万2000円

　　　　　　　　　　請求の趣旨
1　被告らは，各自原告に対し，金140万円及びこれに対する平成18年10月1日から支払済みまで年6分の割合による金員を支払え。
2　訴訟費用は被告らの負担とする。
との判決並びに仮執行の宣言を求める。
　本件は手形訴訟による審理・裁判を求める。

　　　　　　　　　　請求の原因
1　原告は，別紙約束手形目録記載の為替手形1通を所持している（以下「本件手形」という。）。
2　被告甲野太郎は，拒絶証書作成義務を免除して本件手形を振り出した。
3　被告乙野次郎は，拒絶証書作成義務を免除して本件手形に裏書した。
4　原告は，本件手形の満期日に支払のため支払場所に呈示したが，その支払がなかった。
5　よって，原告は被告らに対して，各自手形金140万円とこれに対する満期日から支払済みまで手形法所定の年6分の割合による利息金の支払を求める。

　　　　　　　　　　証拠方法
1　甲第1号証　　為替手形

　　　　　　　　　　添付書類
1　訴状副本
2　為替手形写し　　　　　1通
3　甲第1号証　　　　　　1通
4　資格証明書　　　　　　2通
5　訴訟委任状　　　　　　1通
（当事者目録，為替手形目録　各省略）

〔注〕
1. 手形・小切手訴訟による審判を求める申述及び訴訟当事者の特定並びに事件の表示に関しては,【書式138】と共通であるから省略する。
2. 請求の趣旨について
　　本書式例は,為替手形の振出人と裏書人に対して,当該手形の最終所持人が請求する場合であるが,請求の趣旨に関しては,基本的には【書式138】に示した記載例と共通している。ただ本書式例の場合は,複数の手形債務者に対する請求であるところから,その趣旨を明らかにしなければならない。請求の趣旨1項に,

> 被告らは,各自原告に対し,金140万円及びこれに対する平成18年10月1日から支払済みまで年6分の割合による金員を支払え。

とあるうちの下線を施した部分が異なる点である。
　　本来,手形・小切手上に手形行為等をした者(振出人,裏書人,引受人,保証人等)は手形等債務者として独立の責任を負わなければならない。そして,その中の誰かが手形等の義務を履行した場合は,他の債務者はその履行を受けた債権者に対して支払義務を免れることになる。これが「手形・小切手債務者の合同責任」といわれるものである(手47条・77条1項,小43条)。上記記載例の「被告ら」とあり「各自」とある部分は,振出人と裏書人は各自手形金全額の支払義務があることを意味する(もっとも伝統的書式では「各自」とせず,「合同して」と表現する扱いもあったが,現在の実務では,連帯債務や合同債務などは,各自が全額支払義務がある点においては異なるものではないところから,「各自」と表現する扱いが多い。なお,この表現は法律専門家でない当事者には誤解されるおそれがあるから,連帯債務の場合は「連帯して支払え」とする表現がよいとの意見もある。最高裁判所事務総局民事局『民事判決の新しい様式について』(平成2年2月版)8頁参照)。
3. 請求の原因について
　　為替手形は支払委託をする手形であるから,その振出人は,約束手形の振出人とは異なり,手形振出行為が引受けや支払の担保をするにすぎない(手9条1項)。これは為替手形の裏書人についても同様である(手15条1項)。したがって,為替手形の振出人や裏書人は,約束手形の裏書人と同じ地位にあるとみてよいわけである。
　　そこで,為替手形の振出人や裏書人に対して手形金等の請求をする場合は,約束手形の裏書人に対するのと同様に,請求者は原則として,①適法な支払・引受呈示をしたこと,②支払・引受けが拒絶されたこと,の主張・立証責任がある。もっとも,為替手形の振出人が「拒絶証書作成義務免除」の記載(本書式の請求原因2項参照)をすると,その効果は他の一切の署名者に対して効力が及ぶから,裏書人がその旨の記載(本書式の請求原因3項参照)をしておかなくても,適法な呈示の立証責任はないし,業界に多く利用されている統一為替手形用紙には,振出欄及び裏書欄には「拒絶証書不要」の固定文字が印刷されており,この用紙を利用した限りは,それぞれの欄に署名した者は上記効果を受けることになる(下出義明『手形小切手訴訟』93頁参照。なお,約束手形の裏書人に対する請求の要件事実につき【書式139】〔注〕3参照)。
4. その他,証拠方法・添付書類,費用の予納などについて
　　これらについては,【書式138】〔注〕6及び7を参照されたい(なお,為替手形の振出人及び裏書人に対する手形金等の請求については,ほかに梶村太市=石田賢一編『民事訴訟書式体系』284頁〔廣瀬信義〕参照)。

書式 142　訴状(5)──小切手の振出人及び裏書人に対するもの

収入印紙

訴　　状（小切手訴訟）

平成〇〇年〇〇月〇〇日

〇〇簡易裁判所　御中

　　　　　　　　　　　原告訴訟代理人
　　　　　　　　　　　　司法書士　〇　〇　〇　〇　㊞

　　　当事者の表示　　別紙当事者目録記載のとおり

小切手金請求事件
　　訴訟物の価額　　金80万円
　　貼用印紙額　　　金8000円

　　　　　　　　　　請求の趣旨
1　被告らは，各自原告に対し，次の金員を支払え。
　(1)　金40万円及びこれに対する平成18年11月1日から支払済みまで年6分の割合による金員
　(2)　金40万円及びこれに対する平成18年12月1日から支払済みまで年6分の割合による金員
2　訴訟費用は被告らの負担とする。
との判決並びに仮執行の宣言を求める。
　　本件は小切手訴訟による審理・裁判を求める。

　　　　　　　　　　請求の原因
1　原告は，別紙小切手目録記載の小切手2通を所持している（以下「本件小切手(1)」及び「本件小切手(2)」という。）。
2　被告甲野太郎は，本件各小切手を振り出した。
3　被告乙野次郎は，本件各小切手に裏書した。
4　原告は，本件小切手(1)を平成18年11月1日及び本件小切手(2)を平成18年12月1日に，それぞれ支払人に対し，支払のため呈示したが，その支払を拒絶されたので，支払人をして本件各小切手面に呈示の日を記載させ，か

つ，日付を付した支払拒絶宣言をさせた。
5　よって，原告は被告らに対して，各自小切手金80万円と，本件各小切手の呈示の日から支払済みまで小切手法所定の年6分の割合による利息金の支払を求める。

証拠方法
1　甲第1号証　　小切手

添付書類
1　訴状副本
2　小切手写し　　　　　　　1通
3　甲第1号証　　　　　　　1通
4　資格証明書　　　　　　　2通
5　訴訟委任状　　　　　　　1通
（当事者目録，小切手目録　各省略）

〔注〕
1．手形・小切手訴訟による審判を求める申述及び訴訟当事者の特定並びに事件の表示に関しては，【書式138】と共通しているから省略する。
2．請求の趣旨について
　　本書式例は，小切手の振出人と裏書人の両名に対して，小切手2通の最終所持人である原告が1通の訴状により請求する場合であるが，請求の趣旨に関しては，基本的には【書式138】に示した記載例が参考になる。ただ本書式例の場合は，複数の債務者に対する請求であるほか，小切手2通の請求であり，しかも呈示の日が異なることにより付帯請求の起算日も異なるから，このケースの場合は注意されたい。
　　ところで，小切手は典型的な金銭支払手段として，振出人から支払人に対して支払を委託するという形で振り出される証券であり，この場合は約束手形の振出人とは異なり，小切手の振出行為だけでは債務者とはならない。つまり，この場合に債務者として支払義務が発生したと扱われるのは，支払呈示があり，かつ，その支払がなされなかったときである。そして小切手は，支払呈示期間が極めて短くなっており，国内で振り出される小切手は，振出日として記載された日から10日以内に呈示しなければならないとされている（小29条1項・4項）。したがって，この期間を経過したのち小切手を呈示した場合は，小切手訴訟としては提起できず，その小切手所持人は当該小切手が振り出されるに至った原因関係で請求するか（例えば売買代金の決済のために小切手が振り出された場合の売買代金請求），又は利得償還請求権訴訟を提起することになろう（利得償還請求は，小切手の場合に限らず，約束手形や為替手形の場合にも考えられる＝小72条，手85条。ただし判例は古くから「すべての手形債務者に対する手形上又は民法上の権利を失った場合でなければ利得償還請求権が生じない」としている＝大判昭3・1・9民集7巻1号1頁）。仮に原告が利得償還請求を小切手訴訟として提起し，裁判所の判断で小切手訴訟によることができないとされたときは，訴え却下の処理をされる前に通常手続への移行を求めることになろう（小72条，民訴353条・355条・367条2項各参照。なお，この場合の付帯請求は「商法501条4号によ

る商行為により生じた債権に準じて」扱うことになろうから，付帯請求の率は年6分となってもその性質は商法所定利率によるものとなる＝最判昭42・3・3民集21巻2号483頁参照）。
3．請求の原因について

　まず，本書式例では小切手2通の請求であるから，別紙小切手目録を作成する場合も，各小切手につきそれぞれの要件（金額，支払人，支払地，振出地，振出日，振出人，呈示日，裏書関係，など）を記載すべきことになる。

　ところで，小切手には，①記名式又は指図式小切手と，②持参人払式小切手とがある（小5条）。そして，訴状の請求原因として記載するときは，①の場合には小切手の所持人及び原告が受取人として記載されているか又は原告まで裏書連続の記載がある事実を主張しなければならない（この点では約束手形や為替手形の場合と異ならない）。これに対し，②の場合は受取人の記載はないし，小切手の譲渡も引渡しにより行われるから，原告の小切手所持の事実を主張すれば足りる。実務では持参人払式小切手の流通が圧倒的に多く（下出義明『手形小切手訴訟』131頁参照），本書式例においても小切手2通とも持参人払式小切手を前提としたものである。

　本書式例の請求原因2項は，被告甲野太郎が小切手2通を振り出した事実を述べたものであり，3項は被告乙野次郎が各小切手に裏書した事実を述べている。これらの主張は，小切手目録を見れば一目瞭然ではあるが，その目録に記載してある事項は，原告が当該小切手を所持している事実に重点があるわけで，「振り出した」とか「裏書した」などという事実は，判決の基礎になる事実関係であり（判決の基礎とされる事実は主要事実といわれ，弁論主義のもとでは，必ず当事者の陳述がないと裁判所が勝手に判断できない性質のものである），所持の事実を主張するための目録に引用されているだけではそのままでは判決の基礎にはできない（そのため裁判所による釈明等の手続をして主要事実の主張と扱うことになろう。なお，弁論主義と主要事実・間接事実及び処分権主義，釈明権に関しては下出・前掲189頁以下参照）。

　本書式例の請求原因4項は，支払のため呈示と，その支払の拒絶の事実が記載されている。小切手の振出は，振出人から支払人に対して「支払委託」をする目的でなされるものであり，その振出人は振り出しただけでは小切手上の債務者にはならない（その点で約束手形の振出人とは異なる）。したがって，本書式例の場合は，小切手金債務＝振出・裏書＋支払呈示→拒絶＋支払拒絶宣言，の関係が必要である。支払拒絶宣言の一般的事例は，当該小切手の裏面に，

> この小切手本日呈示されましたが解約後につき支払致しかねます（交換支払済取消し）。
> 　　　　平成〇〇年〇〇月〇〇日
> 　　　　　　住　所
> 　　　　　　　　株式会社〇〇銀行▲▲支店
> 　　　　　　　　　　支店長　　甲　野　太　郎　㊞

と記載する扱いのようである（下出・前掲書95頁参照）。
4．その他，証拠方法・添付書類，費用の予納などについて

　これらについては，【書式138】〔注〕6及び7を参照されたい（なお，小切手の振出人及び裏書人に対する小切手金等の請求については，ほかに梶村太市＝石田賢一編『民事訴訟書式体系』285頁〔廣瀬信義〕参照）。

書式143 訴状(6)——手形上の保証人に対するもの

```
┌──────┐
│ 収 入 │      訴       状（手形訴訟）
│ 印 紙 │
└──────┘                          平成○○年○○月○○日

○○簡易裁判所　御中

　　　　　　　　原告訴訟代理人
　　　　　　　　　　　　　　　司法書士　○　○　○　○　㊞

　　　　　当事者の表示　　別紙当事者目録記載のとおり

　約束手形金請求事件
　　　訴訟物の価額　　金100万円
　　　貼用印紙額　　　金　1万円
　　　　　　　　　　　　請求の趣旨
1　被告は，原告に対し，金100万円及びこれに対する平成18年10月1日から支払済みまで年6分の割合による金員を支払え。
2　訴訟費用は被告の負担とする。
との判決並びに仮執行の宣言を求める。
　本件は手形訴訟による審理・裁判を求める。
　　　　　　　　　　　　　請求の原因
1　原告は，別紙約束手形目録記載の約束手形1通を所持している（以下「本件手形」という。）。
2　甲野太郎は，本件手形を振り出した。
3　被告は，本件手形上に振出人のために保証した。
4　原告は，本件手形の満期日に支払のため支払場所に呈示したが，その支払がなかった。
5　よって，原告は被告に対して，手形金100万円とこれに対する満期日から支払済みまで手形法所定の年6分の割合による利息金の支払を求める。
　　　　　　　　　　　　　証拠方法
1　甲第1号証　　約束手形
　　　　　　　　　　　　　添付書類
1　訴状副本
2　約束手形写し　　　　　　1通
3　甲第1号証　　　　　　　1通
4　資格証明書　　　　　　　2通
5　訴訟委任状　　　　　　　1通
　（当事者目録，約束手形目録　各省略）
```

〔注〕
1．手形・小切手訴訟による審判を求める申述及び訴訟当事者の特定並びに事件の表示に関しては，【書式138】と共通しているから省略する。
2．請求の趣旨について
　本書式例は，約束手形の最終所持人が，振出人のために保証した者を被告として手形金等を請求する場合である（手形等の「保証」の意味については後述）。その他基本的な注意事項は【書式138】〔注〕4と共通するので省略する。
3．請求の原因について
　手形・小切手の保証人に対するそれらの最終所持人が手形金等の請求をする場合も，「所持」の主張は要件となるし，約束手形の所持人の場合は，さらに原告が受取人として記載されているか又は自己までの裏書の連続がある事実を主張しなければならない（為替手形や記名式又は指図式小切手の場合も同様であるが，持参人払式小切手の場合は所持の主張だけで足りる）。本書式例の請求原因1項及び2項は，原告が受取人として記載されている場合を前提としたものである。
　ところで，手形・小切手上の保証については，①証券上に明確な「保証」又はこれと同じ意味の文字を用いている場合（手31条2項）と，②単に手形・小切手の表面上に，振出人又は支払人以外の者が署名する場合（同条3項）がある。後者の場合は，いわゆる「みなし保証」といわれる（なお手77条3項，小26条1項・2項）。そして，上記の保証が誰のための保証かが明らかでない場合は，振出人のための保証とみなされる（手31条4項，小26条4項）。本書式例の場合は，上記①の場合であり，請求原因3項において述べられている。
　また，支払呈示期間内の適法な呈示をした事実は，手形利息金の請求する場合の要件である（本書式例の請求原因4項）。
4．その他，証拠方法・添付書類，費用の予納などについて
　これらについては，【書式138】〔注〕6及び7を参照されたい（なお，手形上の保証人に対する請求については，ほかに梶村太市＝石田賢一『民事訴訟書式体系』286頁〔廣瀬信義〕参照）。

書式 144　訴状(7)——満期未到来の約束手形の振出人に対するもの＝将来給付の訴え

訴　　　状（手形訴訟）

収入印紙

平成○○年○○月○○日

○○簡易裁判所　御中

　　　　　　　　　　　　　　　原告訴訟代理人
　　　　　　　　　　　　　　　　司法書士　○　○　○　○　㊞

　　　　　当事者の表示　　別紙当事者目録記載のとおり

約束手形金請求事件
　　訴訟物の価額　　金100万円
　　貼用印紙額　　　金　1万円

請求の趣旨
1　被告は，原告に対し，金50万円及びこれに対する平成18年10月1日から支払済みまで年6分の割合による金員を支払え。
2　被告は，原告に対し，平成18年11月1日限り金50万円及び別紙手形目録表示の(2)の手形を満期日又はこれに次ぐ2取引日以内に支払場所で支払のために呈示したときは，これに対する平成18年11月1日から支払済みまで年6分の割合による金員を支払え。
3　訴訟費用は被告の負担とする。
との判決並びに仮執行の宣言を求める。
　本件は手形訴訟による審理・裁判を求める。

請求の原因
1　原告は，別紙手形目録記載の約束手形2通を所持している（以下「本件各手形」という。）。
2　被告は，本件各手形を振り出した。
3　原告は，本件(1)の手形満期日に支払のため支払場所に呈示したが，その支払がなかった。
　　したがって，本件(2)の手形についても満期日に支払のため支払場所に呈示しても，その支払が拒絶されることは明らかである。
4　よって，原告は被告に対して，本件(1)の手形金元本の金50万円とこれに対する満期日から支払済みまで手形法所定利率の年6分の割合による利息金の支払を求めるとともに，平成18年11月1日限り本件(2)の手形金元本の金50万円と同手形を満期日又はこれに次ぐ2取引日以内に支払場所で支払のために呈示したときは，これに対する満期日から支払済みまで手形法所定利率による年6分の割合による利息金の支払を求めるため，本訴請求に及んだものである。

証拠方法
1　甲第1号証　　約束手形

```
                       添付書類
    1  訴状副本
    2  約束手形写し              2通
    3  甲第1号証               1通
    4  資格証明書              2通
    5  訴訟委任状              1通
    （当事者目録，約束手形目録　各省略）
```

〔注〕
1．手形・小切手訴訟による審判を求める申述及び訴訟当事者の特定並びに事件の表示に関しては，【書式138】と共通しているから省略する。
2．請求の趣旨について

　　本書式例は，被告振出に係る2通の約束手形（満期日が平成18年10月1日の手形目録(1)の手形1通と，平成18年11月1日の手形目録(2)の手形1通）の最終所持人が，(1)の手形満期日に支払のため支払場所に呈示したが，その支払がなかったことを理由に，(2)の手形についても満期日に支払のため支払場所に呈示しても，その支払が拒絶されることは明らかであるとして（将来給付の訴えの必要＝民訴135条。この場合の必要性については最終的には口頭弁論終結時において受訴裁判所が判断することになろうが，被告の倒産，行方不明なども具体例として考えられる），満期未到来の手形金等を請求するための訴状であり，その場合の請求の趣旨は本書式例のように請求の趣旨1項と2項に分けるのが通常である。

　　満期未到来の手形金等を請求できる場合は2つのケースが考えられ，その1つが本書式例の場合であり，これは，将来の一定時に至ったならば支払うべきことを現段階で認めてもらう場合である。これに対して，他の1つは【書式145】の例のように，手形法上定められた一定の場合に現在の支払を求める場合である。

3．請求の原因について

　　将来給付の訴えとして，手形の最終所持人が手形金等の請求をする場合の請求原因は，前述したように，その必要性が求められる。本書式例においては，複数の手形所持人が一部の手形の支払拒絶を理由とする場合であるが，ほかに被告の倒産や行方不明などの場合も具体的に主張する必要がある。

　　請求原因について要約すると，所持→被告の振出し→手形(1)の呈示及び手形(2)の支払不能性となり，結論として，請求原因4のように記載することになる。

　　ところで，約束手形の振出人や為替手形の引受人は，当該手形の最終債務者であるから本書式例のとおりとなるが，例えば約束手形の裏書人が倒産し，満期前の将来請求をする場合の請求原因を要約すると，次のようになる。

```
  1  原告は自己までの裏書の連続ある約束手形を所持している。
  2  被告は，当該手形を裏書した。
  3  被告は，…………により支払不能となった。
  4  よって……………………………………。
```

　　満期後の請求の場合は，支払呈示の事実をも記載すべきことになるが，将来給付の訴えの場合にはその事実が不要となる（その代わりに上記3項の事実が必要となる）。

4．その他，証拠方法・添付書類，費用の予納などについて

　　これらについては，【書式138】〔注〕6及び7を参照されたい（なお，手形上の保証人に対する請求については，ほかに梶村太市＝石田賢一編『民事訴訟書式体系』286頁以下〔廣瀬信義〕参照）。

書式 145　訴状(8)──満期未到来の約束手形の振出人に対するもの＝満期前の現在給付の訴え（満期前遡求）

┌─────┐
│ 収　入 │
│ 印　紙 │
└─────┘

　　　　　　　　　　訴　　　　　状（手形訴訟）

　　　　　　　　　　　　　　　　　　　平成○○年○○月○○日

○○簡易裁判所　御中

　　　　　　　　　　　　　　原告訴訟代理人
　　　　　　　　　　　　　　　司法書士　○　○　○　○　㊞

　　　　　　当事者の表示　　別紙当事者目録記載のとおり

約束手形金請求事件
　　訴訟物の価額　　金100万円
　　貼用印紙額　　　金　1万円

　　　　　　　　　　　請求の趣旨
1　被告は，原告に対し，金○○万○○○○円及びこれに対する訴状送達の日の翌日から支払済みまで年6分の割合による金員を支払え。
2　訴訟費用は被告の負担とする。
との判決並びに仮執行の宣言を求める。
　本件は手形訴訟による審理・裁判を求める。

　　　　　　　　　　　請求の原因
1　原告は，別紙手形目録記載の約束手形1通を所持している（以下「本件手形」という。）。
2　被告は，本件手形を振り出した。
3　被告は，本件手形の満期日に支払停止の状態にある。
4　よって，原告は被告に対して，訴え提起の日から満期日の前日までの期間，公定割引率年○パーセントにより算出した中間利息金○○○○円を控除した金○○万○○○○円及びこれに対する本訴状送達の日翌日から支払済みまで商事法定利率による年6分の割合による遅延損害金の支払を求めるため，本訴請求に及んだものである。

　　　　　　　　　　　証拠方法
1　甲第1号証　　約束手形

　　　　　　　　　　　添付書類
1　訴状副本
2　約束手形写し　　　　　1通
3　甲第1号証　　　　　　1通
4　資格証明書　　　　　　2通
5　訴訟委任状　　　　　　1通
（当事者目録，約束手形目録　各省略）

〔注〕
1．手形・小切手訴訟による審判を求める申述及び訴訟当事者の特定並びに事件の表示

に関しては，【書式138】と共通しているから省略する。
2．請求の趣旨について
　①　本書式例は，被告振出に係る約束手形の最終所持人が，当該手形の満期前に請求する事例である。同じく満期前の請求といっても，【書式144】の場合は満期日に手形金等の支払を求める場合である（その意味で「将来請求」といわれる）のに対して，本書式例の場合は，満期になっても支払が期待できないから現在支払えという請求である（この請求を「満期前遡求」という）。
　②　約束手形の振出人に対する満期前遡求が許されるのは，手形法上に規定がある場合である（手43条2号・77条1項）。すなわち，破産の場合，支払停止の場合，強制執行不奏功の場合である。本書式例は，支払停止の事例を用いている。
　③　この場合の請求金額をいかに定めるべきか（したがって請求の趣旨に記載すべき事項）については，実務上も見解が分かれている。
　その第1は，抽象文言説という見解であり，この立場によれば手形金全額の支払を求め，かっこ書きに満期前に支払う場合の基準を示したうえ，遅延損害金は満期又はその翌日から請求するものである。この説による請求の趣旨を示すと，次のとおりとなろう。

> 1　被告は，原告に対して，金50万円（ただし被告が満期に支払うときは，その支払う日から満期の前日までの公定割引率による金員を控除した残額）及びこれに対する平成○○年○○月○○日から支払済みまで年6分の割合による金員を支払え。
> 2　……（以下省略）……

　この見解に対しては，執行機関が請求金額を定めることになって相当でないとの批判がある。
　その第2は，金額特定説である。この立場によれば，手形金額から予め公定割引率による中間利息を控除して得た特定の金額を請求する。本書式例の場合は，この立場によっている。なお，付帯請求については，満期前遡求の事由により異なるが，破産以外の事由（本書式例では支払停止）の場合で支払呈示がないときは，訴状送達の日の翌日から請求することになる（本書式例の請求の趣旨1項参照）。
3．請求の原因について
　本書式例の請求の原因1項は，手形所持の事実を記載しているが，その根拠として，原告が当該手形の受取人として記載されているか，又は裏書の連続のある手形を所持していることが必要であり，これらの事実は別紙手形目録上に明らかにされることになる。
　ところで，満期前遡求の場合においていかなる基準日をもって公定割引率（日本銀行の商業手形割引率であり，それは時々によって変動が予想される）を定めるかについても見解が分かれる。
　第1の見解は，中間利息の控除の基準日を訴え提起時であるとする。この立場によれば，訴え提起時（すなわち請求日）から満期日の前日までの期間分を手形所持人の住所地における公定割引率によって減算したものが請求金額となるとする。本書式例の場合は，この立場によっている（本書式例の請求原因の4項参照）。
　第2の見解は，要件発生日説である。すなわち，中間利息の控除の基準日を要件発生日とする。
　第3の見解は，口頭弁論終結日を基準にする。この立場では，公定割引率が年6分を下回る場合に弁論終結日を基準にして再計算しないと，本来請求し得ない金額を請求することになるから，不合理であるとする（以上につき平出慶道＝神崎克郎＝村重慶一編『手形・小切手法』508頁以下〔丸山昌一〕，下出義明『手形小切手訴訟』103頁各参照）。
4．その他，証拠方法・添付書類，費用の予納などについて
　これらについては，【書式138】〔注〕6及び7を参照されたい（なお，手形上の保証人に対する請求については，ほかに梶村太市＝石田賢一編『民事訴訟書式体系』287頁以下〔廣瀬信義〕参照）。

第2節　手形・小切手訴訟の答弁書

〔1〕　概　　説

(1)　手形・小切手訴訟における被告の自白

　民事訴訟法350条以下は，手形・小切手訴訟による金銭の支払の請求及びそれに付帯する法定利率による利息金等の請求を目的とする訴えについて，迅速に，一応の決着をつける制度としての特則を設けている。その制度を利用する原告としては，手形・小切手上の権利発生の要件を定めた具体的事実を根拠規定（拠権規定）として主張することになるが，これに対して被告は，原告主張の事実（被告にとり不利益な事実）について争わない旨の陳述をするときは「自白」となり，訴訟上は証拠調べを要せず原告の主張が判決の基礎資料となる（民訴179条。また「擬制自白」については民訴159条参照）。

　なお，国語学的意味での主張とは，自己の意思を外部に強く表示することであるが，訴訟法上の主張は二義に区別される。すなわち，①特定の法律効果発生に関する自己の認識・判断の報告である「法律上の主張」と，②法律上の主張を相手方が争った場合に，自己の法律上の主張につき正当であることを基礎づけるために具体的な事実を報告する「事実上の主張」である。訴訟上，上記①の典型例は申立てという訴訟行為であり，原則として当事者からの申立てがあれば裁判所に応答義務が生ずる。ところで，訴訟における「陳述」とは，訴訟当事者が自己の申立てを理由づけあるいは相手方の申立てを排斥するために裁判所に対して意思表示をする訴訟行為であるが，陳述の概念には主張も含まれる意味で，両者はほぼ同義に扱われている（両者の違いは，主張は陳述のうち自白を除いたものだけを意味する場合がある。『法律学小辞典』〔第3版〕817頁参照）。

　手形・小切手訴訟においても被告の自白は，上記②の事実上の主張に対する自己に不利益な事実を告白する陳述となり，弁論主義の妥当する範囲内で裁判所の判断はこれに拘束される。

(2) 手形・小切手訴訟における否認・抗弁

　手形・小切手訴訟についていえば，原告は請求の原因において前述したように手形・小切手による権利発生の要件に関する具体的事実を権利根拠規定（拠権規定）として主張することになるが，これを被告が争い，原告の主張を否定する場合を「否認」という（被告が原告の権利主張ないしは事実主張について単に真実でないと否定する「単純否認」と，相手方が証明責任を負う事実と相容れない事実を陳述（主張と同義）する場合の積極否認又は理由付け否認があるが，いずれの場合も相手方が証明責任を負うことに変わりはない）。

　次に，原告の権利に対抗するためにその権利を障害する規定（障権規定＝民94条や95条など）に該当する具体的事実を主張したり，又は権利消滅規定（滅権規定＝民96条・509条・519条等）や権利排除規定（排権規定＝民177条・533条等）に該当する具体的事実を主張して原告の請求を排斥することを求めて訴訟活動をすることになる。これら被告の主張は訴訟上「抗弁」といわれる。もっとも，手形・小切手訴訟における「手形抗弁」には，訴訟上は単に否認と扱われるものと，訴訟上も抗弁とされるものとがある。そこで次の項では，その性格づけについて手形・小切手訴訟における答弁書の記載事項に関連して説明し，その具体的事例については各書式例で述べる。

　なお，手形・小切手訴訟における抗弁は，物的抗弁（すべての原告に対して主張できるもの）と，人的抗弁（原則として特定の原告に対してだけ主張できるもの）とが観念されているが，その詳細についても次の項で述べる。

〔2〕 各種答弁書の記載事項

(1) はじめに

　答弁書とは，原告の訴状による請求に対して，被告がその申立ての排斥を求める反対申立てのために提出すべき準備書面の一種である。

　答弁書には，原告の請求の趣旨に対する答弁の記載（訴え却下や請求棄却の判決を求める旨の申立て）のほか，請求原因事実に対する認否及び抗弁事実を具体的に記載し，しかも立証を要する事由ごとに，抗弁事実に関連する事実で重要なものや証拠についても記載すべきことが要求されている（民訴規80条

1項)。そして，原則として，立証を要する事由についての重要な書証の写しを添付しなければならず(同条2項)，被告又はその代理人の郵便番号や電話番号(ファクシミリ番号も含む)も記載すべきとされる(同条3項，民訴規53条4項)。また，裁判長は答弁書の提出期間を指定できることとされる(民訴162条)。

(2) 手形等訴訟における物的抗弁

物的抗弁(すべての原告に対抗できる抗弁)には，①一般に手形行為等について有効な成立を否定する抗弁，②手形等の有効な記載を前提とした抗弁，及び③いったん成立した手形等の権利が消滅・変更した場合の抗弁に分類することができる。

(a) 手形行為・小切手行為について有効な成立を否定する抗弁　この分類に属する抗弁は，さらに次のとおりに区別できる。

(イ) 形式不備の抗弁　手形・小切手上の行為は法律上の要式行為とされているため，手形行為・小切手行為(以下，「手形行為等」という)が証券面上に法律上要求されている記載事項の表示を欠く場合，それらの手形行為等の効力は生じないことになる。例えば，法律上要求されている手形行為の基礎ともいわれる振出行為の署名・捺印(又は記名・捺印＝手82条，小67条。その詳細は【書式146】〔注〕参照)が欠けている場合は，その後の裏書や保証が法定の記載要件を具備していても，効力を生じない(最判昭41・10・13民集20巻8号1632頁)。これは手形抗弁といわれているが，訴訟上の性質は否認である。したがって，手形金等を請求する原告において，形式が具備されていたことの立証責任を負う。

確定日払手形の振出日の記載を欠く場合における手形抗弁の具体例は【書式146】を，振出人の記載はあるが押印がない場合における手形抗弁の具体例に関しては【書式147】を参照されたい(なお，「手形行為独立の原則」については上記各書式における〔注〕を参照)。

(ロ) 偽造・変造の抗弁　手形・小切手の偽造とは，権限のない者が手形行為者(他人)の名義を偽って，その他人自らが手形行為等をしたように外観を作出し，不真正な署名・捺印を証券上に表示することである。当該手形行為者にとってみれば，自己が振出人等として手形行為をしたものではない

から，手形振出に関しては，訴訟上の否認となる。手形行為等の偽造に関しては，被偽造者の関係では効力を生じないとされるが（手7条，小10条），「手形行為独立の原則」や「表見法理」などとも関連して問題がある（表見法理の適用があれば第三者が特に偽造であることを知っており，それを信ずる正当理由があった場合は，被偽造者は手形上の責任を負う）。偽造の抗弁の具体的事例については**【書式148】**を参照されたい（なお，表見法理の適用につき同書式の〔注〕参照）。

　また，手形・小切手の変造とは，権限のない者が証券上の署名を除く手形行為等の有効な記載に変更を加えることである（変造の場合は，訴訟上の一部否認）。偽造が手形行為等の主体を偽るのに対して，変造は手形行為等の金額・満期・被裏書人などの内容を偽ることである。変造の手段は，既存の記載について抹消，削除，改変又は新文言の追加などによる（手形の正当な所持人が白地手形の補充権に基づいて新文言を補充記載することは変造ではない）。なお，被告からの偽造の手形抗弁に対する原告の「追認」又は「表見代理」による反論については**【書式149】**を参照されたい。

　(ハ)　無権代理の抗弁　　手形行為等における無権代理の主張には広狭二義がある。狭義の無権代理とは，手形行為等が代理人によってなされた形式をとっていても，その代理人に代理権がなかった場合である（訴訟上からは，代理権を授与した点についての否認となる）。これに対して広義の無権代理とは，その代理人に代理権限はあるが，その代理権限の範囲を超えて代理行為がなされた場合である（越権代理。訴訟上は，授権範囲についての一部否認）。前者の場合は，本人は追認しない限り何らの責任も負わない。ただし，追認すれば無権代理行為時に遡って有効な手形行為等となる（民116条。なお，この場合でも表見法理の適用が考えられることにつき**【書式150】**〔注〕参照）。そして後者の場合は，本人は代理権の範囲内で責任を負うべきことになるが，代理権を超えた部分については責任を免れる。したがって，この場合は無権代理人が本人に代わって責任を負うことになる（手8条・77条2項，小11条）。狭義の無権代理人の場合における手形抗弁の具体的事例は**【書式150】**，越権代理の場合の手形抗弁については**【書式151】**をそれぞれ参照されたい。

　(ニ)　制限能力者による取消の抗弁　　民法の一部を改正する法律（平成11年法律第149号）により，従来の未成年者，禁治産者，準禁治産者は制限能力者

と呼称が改められた（民法20条1項によれば，制限能力者には未成年者，成年被後見人，被保佐人及び被補助人が含まれている）。このうち被保佐人（精神上の障害により事理弁識能力が著しく不十分な者で家庭裁判所から保佐開始の審判を受けた者をいう。民11条及び12条参照）の場合を例にとってみると，その者のなした法律行為は原則として保佐人の同意を要するとされ，約束手形の振出行為は借財に該当するから，保佐人の同意を要するとするのが判例である（民13条1項2号。大判明39・5・17民録12輯758頁）。被保佐人が，保佐人の同意を得ずに手形行為等をした場合は，これを取り消すことができるから（民13条4項），その結果，当該手形行為等は行為の時に遡って無効となる（民121条。訴訟上は抗弁であり，取消しの意思表示をした点につき手形債務者が立証責任を負う）。被保佐人の手形裏書取消しを理由とする場合の具体的な手形抗弁例については，【書式152】を参照されたい。

　(ホ)　期間内呈示の欠缺（権利保全手続の欠缺）を理由とする抗弁　　例えば，約束手形の所持人が呈示期間内に適法な支払のための呈示をしたのに支払が拒絶された場合は，自己の前者に対して手形金等の償還を請求しうる。これを遡求といい，この場合の義務者を遡求義務者という。遡求義務者は，約束手形の場合は裏書人（手77条1項1号・15条1項），その保証人（手77条3項・32条1号），為替手形の場合は振出人，裏書人，保証人，参加引受人（手9条1項・58条1項），小切手の場合は裏書人，振出人，保証人である（小39条）。また，手形金等の支払義務者が破産手続の開始，支払停止，強制執行の不奏効などの事情があった場合は，満期前の遡求が認められる（手43条による「満期前遡求」）。なお小切手については，法律上当然の一覧払いとされるから満期前遡求はない（つまり，小切手については支払拒絶による遡求しか認められていない）。遡求権行使の要件である「呈示期間内に適法な支払のための呈示をしたこと」及び「支払拒絶があったこと」，そしてこれを証明する「拒絶証書等の作成手続」（手44条・45条）の権利保全手続のいずれかが欠けていた場合，手形等の所持人は遡求権を失うことになる。そこで，手形等の遡求義務者はその欠缺を主張して遡求義務を免れることになる。訴訟上は遡求権利者の遡求要件具備の主張に対する否認となろう。ただし，拒絶証書の作成義務が免除されている場合は，遡求義務者において適法な呈示がなかったことの立証責

任を負うことになるから，訴訟上は抗弁となる。期間内呈示の欠缺を理由とする場合の手形抗弁の具体例については，【書式153】を参照されたい。

　(b)　手形・小切手上の記載に基づく抗弁　　この分類に属する抗弁は，次のとおりに区別できる。

　(イ)　満期未到来の抗弁　　手形上には手形金額を支払うべき日として定められた日付が記載されており，これには，①その年月日が特定化されて記載されている「確定日払い」，②日付後3ヵ月払いなどと振出日から一定の期間が経過した日が支払日として記載されている「日付後定期払い」（手36条・37条・73条），③所持人が一覧のために手形を呈示した日から手形記載の期間を経過した日が満期となる「一覧後定期払い」，④支払のための呈示をした日を満期とする「一覧払い」などがある。民法上の原則は，期限は債務者の利益のためにあるとされるが（民136条），もしこの原則を貫けば手形等においても債務者は期限の利益を放棄してもよいことになろう。しかし，それでは満期前の手形債務者は当該手形を流通させることができるという経済機能を期待して手形行為をする場合があることを考えれば，手形法上は民法の例外を定められたものと解することになる（手40条・77条1項3号）。満期未到来の手形抗弁の訴訟上の性質は否認であり，その具体例については【書式154】を参照されたい。

　(ロ)　無担保裏書の抗弁　　手形・小切手の裏書には，①権利移転的効力（裏書によって手形・小切手上の権利が裏書人から被裏書人に移転する効力＝手14条1項・77条1項1号，小17条1項），②担保的効力（約束手形の振出人や為替手形の引受人が満期日に手形金の支払をしない場合又は満期前に支払見込みがないような事情が発生した場合，あるいは小切手の支払人が支払拒絶をした場合などにおいて，裏書人が裏書の相手方やその後の取得者すべてに対して手形金等の支払をしなければならないこと（裏書人の遡求義務）＝手15条1項・77条1項1号，小18条1項），及び③資格授与的効力（裏書の連続ある手形等の所持人は適法な手形権利者として法律上の推定を受けること＝手16条1項・77条1項1号，小19条。なお，この条文上の「看做ス」については判例によれば遡求義務者からの反証により判断が覆ることを認めている＝最判昭36・11・24民集15巻10号2519頁）などの効力がある。もし裏書人が手形・小切手を譲渡しても，不渡りになったときの責任を負いたくなければ，「無担保」，「支払無担保」，

「裏書の責任を負わず」,「償還無用」などの文言を付して裏書の担保的効力（遡求義務）を免れることができる。これを無担保裏書という（手15条1項・77条1項1号，小18条1項）。

無担保裏書をした場合，その手形等行為者は手形等の所持人から請求されても支払を拒絶することができ（当該裏書人についてのみ効力を有し，その他の償還義務者の責任には影響を及ぼさない），その訴訟上の性質は無担保文言の存在に関する抗弁であるから，遡求義務者において無担保文言についての立証責任を負う。裏書人が無担保裏書をした場合の具体的抗弁例は【書式155】を参照されたい。

(ハ) 支払場所への呈示欠缺の抗弁　約束手形の振出人又は為替手形の引受人は，自己の営業所又は住所以外の場所（支払場所）で支払う旨を手形上に記載することができる（第三者方支払文句（手4条・27条・77条2項。なお，商法上の原則につき商516条参照））。この場合の支払事務を担当する第三者を支払担当者という。上記支払場所等の記載がある場合は，手形所持人は，約束手形の振出人や為替手形の引受人又は支払担当者に対してその支払場所において満期日における支払のための呈示をしなければならず，それに反した場合は，支払拒絶となっても，まず裏書人に対する関係では遡求できないことになり，また，約束手形の振出人や為替手形の引受人に対する関係では満期日からの手形利息（年6分。手48条など）が請求できなくなる（なお，手形交換所における交換呈示につき手30条2項及び支払呈示期間経過後の呈示については約束手形の振出人や為替手形の引受人の営業所又は住所となる（最判昭42・11・8民集21巻9号2300頁参照））。そこで，手形が適法に支払場所に呈示されていない場合，訴訟上の対応は請求原因に対する否認となり，この場合の手形抗弁の具体的事例については【書式156】を参照されたい。

(ニ) 証券上に一部支払・相殺・免除の記載がある場合の抗弁　民法上は金銭債務の一部弁済は債務の本旨に従った履行（民415条）ではないとされているから，債権者に受領義務はないとするのが原則であるが，手形・小切手法上は遡求義務者保護のため例外を認めている（手39条2項・77条1項3号，小34条2項）。そこで手形等債務者は，証券面上に一部支払の事実を記載させ，かつ，受取書などの交付を求めることもできる（手39条3項・77条1項3号，小

34条3項)。もし手形等の額面金額の一部支払以外に,相殺(民505条以下)や免除(民519条)などがあった場合も同様である。したがって,手形等債務者はそれらの事実を主張・立証して全額支払を拒むことができ,それはすべての者に対して主張・立証することができる(訴訟上の性質は抗弁)。一部支払などの手形抗弁例については【書式157】を参照されたい(なお,一部支払等の記載がない場合については後述(3)(a)(ロ)参照)。

(c) 手形・小切手債務の消滅・失効に基づく抗弁　この分類に属する抗弁は,次のとおりに区別できる。

(イ) 時効消滅の抗弁　手形・小切手上の権利は消滅時効の完成によって消滅するが,これは民・商法の場合に比較して短縮されている(手70条・77条1項8号,小51条,民167条以下,商522条以下)。

手形・小切手法は,次のように消滅時効に関して期間を区別している。すなわち,①最終義務者である約束手形の振出人及び為替手形の引受人は満期日から3年(手70条1項・77条1項8号),②支払保証をした小切手の支払人については呈示期間経過後1年(小58条),③手形所持人の前者に対する遡求権は拒絶証書作成の日付から1年(その作成が免除されているときは満期日から1年。手70条2項・77条1項8号),④小切手所持人からの振出人や裏書人に対する遡求権は呈示期間後6ヵ月(小51条1項),⑤手形金の償還をした裏書人や保証人がその前者に再遡求する場合は手形受戻日又は訴状送達を受けた日から6ヵ月(手70条3項・77条1項8号),⑥小切手の償還をした裏書人の前者に再遡求する場合は小切手の受戻日又は訴状送達を受けた日から6ヵ月(小51条2項),でそれぞれ消滅時効が完成する。また,⑦保証人,参加引受人及び無権代理人に対する請求の場合は,各主債務者,被参加人及び本人に対する請求権の消滅時効に準ずることになる。

なお,時効期間の計算については,まず満期に関しては初日不算入の原則上からその翌日を起算日とする(手73条,小61条。満期日が休日にあたるかどうかは問わない)。

次に,一覧払手形に関しては呈示の日から計算される(呈示期間内に呈示がなかったときはその期間の末日が満期)。以上の場合に関し,時効期間の末日が休日の場合に,民法142条及び手形法72条2項により期間の延長が認められる

かについては見解が分かれるが，消極に解すべきであろう（大阪地判昭48・9・4判時724号84頁参照）。また，手形等債務者が複数存在した場合でも，それぞれの債務は独立しているから時効期間も各別に進行し完成する。もっとも，手形・小切手の主たる債務者に対する請求権が時効により消滅したときは償還義務者に対する遡求権についての消滅時効の完成とはかかわりなく手形等債務は消滅する（大判昭8・4・6民集12巻551頁）。手形保証債務についても同様である（最判昭45・6・18民集24巻6号544頁）。

そこで，手形等債務者が訴訟上の請求を受けた場合に消滅時効が完成したことを理由に手形抗弁を主張するときは訴訟上も抗弁となり，時効を援用する旨の意思表示と日時の開始及びその経過について主張・立証することになる。その手形抗弁の具体例は【書式158】が参考になろう。

(ロ)　供託弁済による抗弁　　弁済のために供託する場合は，その効果として債務が消滅する（民494条以下）。すなわち，適法な供託の要件に従った場合（その手続等は明治32年法律第15号の供託法及び昭和34年法務省令第2号の供託規則による），手形法上も，支払のために「所持人の費用及び危険において手形金額を供託できる」とされている（手42条・77条1項3号）。これにより手形債務者の支払義務は消滅するから，供託金額及びその年月日などを主張・立証することになる（訴訟上も抗弁）。その手形抗弁の具体例は【書式159】を参照されたい。

(ハ)　手形等の除権決定による抗弁　　手形・小切手の所持人が，盗難に遭ったり，紛失したりしてその所持を失った場合でも，それらの証券上に化体された権利自体は消滅しないのであり，それが流通されて第三者に善意取得されたときに，手形・小切手の喪失者は権利を失う。そこで手形・小切手の正当な権利者が，裁判所において喪失した証券の無効を宣言してもらう手続が認められている（非訟156条以下。なお，除権決定を求める手続の詳細については加藤新太郎『簡裁民事事件の考え方と実務』405頁以下〔松田雅人〕参照）。

除権決定があると，その手続をした申立人にとり手形・小切手の正当な所持人としての形式的資格が回復されるし，盗難・遺失の手形・小切手は何人の手元にあろうと将来に向かって無効となる。問題となるのは，除権決定があるまでの公示催告期間中に権利の届出をしなかった手形・小切手の善意取

得者の保護をどう図るべきかについては，見解が分かれている。第1の見解は，善意取得者を保護する立場であり，除権決定は公示催告手続によって申立人の実質的権利を確定するものではないから，手形・小切手取引の安全を考えれば善意取得者は保護されなければならないとする。これに対して，第2の見解は，仮に善意取得者を保護するとなれば，公示催告手続の申立てをした者は除権決定を得たとしても，時間と費用が無駄になり，手形・小切手の喪失者を保護しようとした除権決定制度の趣旨が没却するという。旧法時の判例は「署名後交付前に喪失した手形について除権判決（現：除権決定，以下同じ）がなされた場合には，適法に振り出された手形の所持人がその手形を喪失して公示催告の申立てをした場合のように，善意取得者と手形喪失者との間に権利行使の資格の競合はないから，除権判決前の権利取得者の権利を否定する必要はない」としているから，善意取得者保護の立場にないものと思われる（最判昭47・4・6民集26巻3号455頁）。

いずれにしても，手形・小切手上の債務者は，除権決定を得た者に対して支払をすれば手形等の債務は免れるのであって（手40条3項・77条1項3号，小35条），除権決定により手形等が効力を失った後に当該失効手形等による請求をされても除権決定を理由に拒絶できるのであり，その訴訟上の性質は抗弁となる。その場合の手形抗弁としての具体的事例は【書式160】を参照されたい。

(3) 手形等訴訟における人的抗弁

手形等訴訟における人的抗弁（特定の請求者に対してのみ対抗できる抗弁）には，①原告・被告間の原因関係に基づく抗弁，②手形等の権利自体に関する抗弁，③その他の抗弁に区別される。

(a) 手形等訴訟の原告・被告間の原因に基づく抗弁　手形等の債務者が特定の債権者に対してだけ主張できる手形抗弁（狭義の人的抗弁）に属するものとしては，次のとおりである。

㈠　不法・無効原因に基づく抗弁　手形等行為をなすに至った原因が，強行法規や公序良俗に違反する内容によるものであるときは，実体法上から無効とされ（民90条・91条），当該手形等債務者はその手形等行為の相手方の請求に対してのみ支払を拒絶することができる。例えば，賭博で負けた賭

金の支払のためとして手形を振り出したとすれば，公序良俗に反する無効な手形行為となろう（大判昭13・3・30民集17巻578頁）。この場合の手形債務者は無効原因事実を立証すべきことになり，答弁書に記載すべき具体的事実は【書式161】が参考になる。しかし，その手形が流通して善意の第三者に裏書譲渡された場合は，もはやその第三者には原因関係の無効を主張ことはできない。

(ロ) 手形の原因関係消滅の抗弁　例えば，当事者間で予定していた債務の支払のために小切手を振り出したのに，その債務が発生しなかったとか，売買契約上の買主が売主に対して売買代金支払のために約束手形を振り出したにもかかわらず，当事者間においてその売買契約が解除されたときは，原則として売主には原状回復義務があるから，その支払のために受け取った手形等は返還しなければならない（民545条）。したがって，手形等を返還せずに小切手金や約束手形金の請求をされた場合は，振出人は原因関係の不発生，解除，消滅を主張・立証して，直接の手形行為等の相方に対してのみ支払を拒むことができるから，訴訟上の抗弁となる。手形金の一部について原因関係の消滅などが生じた場合も同様である。売買契約解除の場合における答弁書に記載すべき具体的事実は【書式162】が参考になる。

(ハ) 手形割引金未交付の抗弁　手形割引とは，満期未到来の手形所持人（割引依頼人）が，その手形を第三者（割引人）に裏書譲渡し，その対価として手形金額から満期日までの利息・費用（割引料）を控除した残額（割引金）を取得する行為（この場合の利息計算をする根拠となる利率を「割引率」という）である。割引の対象となる手形を「割引手形」といい，割引依頼人は満期未到来の手形を直ちに現金化できるメリットがある（手形割引の法的性質については手形の売買と解されている）。

ところで，割引手形を振り出した（又は裏書譲渡した）にもかかわらず，割引金の交付がなかった場合，当該割引手形の振出人又は裏書人は，受取人や被裏書人から手形金の請求を受けても支払を拒絶することができる。その場合は，割引金未交付についての立証を要するから，訴訟上も抗弁ということになる。ただし，この手形抗弁は，手形割引当事者以外の善意の第三者に対しては対抗できない。割引金未交付の手形抗弁として具体的な事例は，【書

式163】を参照されたい。

　㈡　隠れたる取立委任裏書の抗弁　　手形の裏書には，権利移転的効力などが認められ（前述⑵(b)(ロ)参照），それにより手形上の権利が裏書人から被裏書人に移転する（手14条1項・77条1項1号）。しかし，「取立のため」，「回収のため」などの取立委任の裏書文言が付されている「公然の取立委任裏書」の場合にはその効力は否定される。では，取立委任の目的であるが通常の裏書が行われた「隠れたる取立委任裏書」の場合はどうであろうか。取立委任の目的が表示されていないため，実質と形式が不一致であり，その法律関係が問題となる。

　まず，①資格授与説によれば，手形上の権利は移転せず，被裏書人は自己の名で裏書人の権利を行使する権限が与えられたものとしている。次に，②相対的権利移転説（近時の有力説）では，当事者間では権利の移転はないし，第三者側からも権利移転効を否定しうるが，当事者から第三者に対しては権利が移転していないことを主張できないとする。そして，③信託譲渡説（判例・通説）によれば，手形上の権利は取立目的のため信託的に譲渡され被裏書人に移転すると解し，取立委任の趣旨は裏書人と被裏書人との内部関係の問題であって，裏書人は被裏書人から償還請求を受けてもこれを拒絶できるにすぎないとする（最判昭31・2・7民集10巻2号27頁参照）。したがって，いずれの説によっても人的抗弁の切断は認めないのであるが，手形債務者が被裏書人自身に対する抗弁を主張できるかについては②，③説は肯定するが，①説では否定されることになる。判例によれば，手形債務者は，裏書人(A)に対して有する人的抗弁を被裏書人(B)に対しても主張できるかについては肯定する（【書式164】〔注〕参照）。そこで，手形債務者としては，上記Aに対する抗弁か，Bに対する抗弁かを選択する必要がある。いずれにしても，「隠れたる取立委任裏書」であることの立証は手形債務者側の責任となるから，訴訟上は抗弁である。裏書人から被裏書人に対して「隠れたる取立委任裏書」であると主張する場合の手形抗弁例をもって主張する場合の手形抗弁の具体的事例は，【書式164】を参照されたい。

　㈥　融通手形の満期後譲渡の抗弁　　融通手形（法律上の手形ではない）とは，経済的信用力のある融通者Aが，被融通者Bに対して，他人Cからの手

形割引等による金融を得させる目的で振り出す（又は引受け，裏書など）手形をいう（他人の好意をまつことから「好意手形」ともいわれる）。ＢがＡに対して手形金の請求をした場合，ＡはＢに対して「融通手形の抗弁」をもって支払を拒絶できるが，当該手形が流通して第三者に取得された場合は，その抗弁は許されない（第三者の善意・悪意を問わない（最判昭34・7・14民集13巻7号978頁））。

ただし，融通手形に以下のような事情があって，それを被融通者Ｂ以外の第三者Ｃが知っていた場合は，ＡはＣに対しても人的抗弁の主張が認められる。すなわち，①Ａ・Ｂ間に融通目的不達成のときはＡが手形上の責任を負わないとする特約があり，その目的不達成が確定後にＣが事情を知ってその手形を取得した場合，②Ａ・Ｂ間において，Ｂは満期までは換金のために手形を他に譲渡することはできるが，満期後はＡに返還する旨の特約があったのに，Ｃが事情を知ってその手形を取得した場合，③Ｂは融通目的を達成したのに，その手形を回収してＣに再譲渡し，Ｃが事情を知ってその手形を取得した場合（最判昭40・12・21民集19巻9号2300頁），④Ａ・Ｂ間に，融通手形の満期前の一定期間内にＢがＡに対して手形支払資金を交付したときは，Ａが手形金の支払義務を負うとの特約をし，Ｂがその支払資金のために見返り手形（後述(ヘ)参照）を交付したが，その見返り手形が約定期間徒過後に不渡りとなったのに，その事情を知っていたＣが取得した場合（最判昭42・4・27民集21巻3号728頁），などである。

いずれにしても，融通手形であることを理由として支払を拒絶するには，その手形抗弁を主張する者に立証責任があるから，訴訟上も抗弁である。上記②の満期後譲渡の場合の具体例は【書式165】，上記③の目的達成後の再譲渡の場合の具体例は【書式166】をそれぞれ参照されたい。

(ヘ)　見返り手形の抗弁　　見返り手形とは，融通手形の授受にあたり，被融通者の手形決済資金の提供を担保する目的で交換的に交付された手形であり，融通手形と同じ額面金額で振り出される。融通者Ａと被融通者Ｂとの間において，融通手形の満期までの一定の時期まではＢが手形の支払資金をＡに交付した場合に限って手形金を支払うとの約定がなされ，その支払資金交付のために見返り手形が授受される場合，その事情を知って取得した第三者から請求があったときには，その旨の手形抗弁を主張して支払を拒絶できる。

融通者Aは，それらの事情について立証しなければならず，訴訟上の抗弁となる。具体的な手形抗弁事例は【書式167】を参照されたい。

(ト) 見せ手形の抗弁　見せ手形とは，資力のない者（B＝被融通者）が，対外的に有資力を仮装するため，単に第三者に見せるだけで（すなわち譲渡を予定しない）と約束をして，信用ある者（A＝融通者）に約束手形を振り出してもらったり，又は為替手形を引き受けてもらう場合に交付される手形である（広義の融通手形であるが，流通を予定する狭義の融通手形とは異なる）。BからAに対して手形金の支払請求があった場合は，見せ手形の合意（民法上の通謀虚偽表示＝民94条）の手形抗弁を主張・立証して支払を拒むことができるから，その抗弁は訴訟上も抗弁である。この場合の手形抗弁の具体的例は【書式168】が参考になる。しかし，当該手形が善意の第三者に取得された場合には，その主張は許されない。

(チ) 証券上に記載を欠く支払・相殺・免除等の抗弁　手形や小切手の債務者は，券面額の一部について支払・相殺・免除等の事実があれば，これを手形・小切手面上に記載することを要求できる（手39条1項・77条1項3号，小34条）。この記載があれば債務消滅の抗弁（物的抗弁。前述(2)(b)(ニ)参照）となるが，その記載がない場合は，当該債務消滅事由が生じた直接の当事者間にのみ主張できる人的抗弁となり，一部支払等の債務消滅事由の手形抗弁を主張・立証することになる。その具体的事例は【書式169】を参照されたい。

(b)　手形・小切手の権利自体に関する抗弁　手形・小切手訴訟において，手形・小切手そのものに手形等権利者の権利行使を容認できないような事情がある場合は，手形等債務者はその事情を主張して支払を拒むことができる。その代表的事例は，以下のとおりである。

(イ) 詐欺・強迫による手形行為取消しの抗弁　手形・小切手の振出も法律行為であるから，意思表示がその要素となる。したがって，民法の適用を認めることになり，手形・小切手上の意思表示が詐欺により取り消された場合，善意の第三者に対抗できない（民96条3項）。民法上，強迫による取消しの場合は第三者保護規定がないから善意の第三者に対抗できるが，手形・小切手法上は詐欺の場合と同様に対抗できないとするのが判例である（最判昭26・10・19民集5巻11号612頁）。なぜなら，手形行為等は書面による特別な意思

表示であり，民法の意思表示の瑕疵に関する規定は適用すべきでないとみるからである。ただし，瑕疵ある手形行為等の直接の相手方に対して，又は悪意の取得者に対しては人的抗弁の主張が許される（もっとも，拳銃等を突きつけられて意思の自由を剥奪された状態で手形を振り出すなどの絶対的強迫の場合は振出行為そのものが否定されて手形上の責任もない）。詐欺・強迫による手形行為取消しの手形抗弁は，主張者においてその取消しの事実を主張・立証することになるから，訴訟上も抗弁である。詐欺取消しの場合における手形抗弁の具体的事例は【書式170】を参照されたい。

(ﾛ) 無権利者の抗弁　手形・小切手の所持人が，権利取得後に手形金等の支払を受けたり，手形等取得原因に無効事由などがあって，手形等の実質的権利を失っているにもかかわらず権利行使をする場合において債務者側から主張できる手形抗弁である（手形所持人としての正当な権限がない者が行った手形金等の請求について権利の濫用であるとしたものに最判昭43・2・25民集22巻13号3548頁。また，裏書の原因関係が無効であるのに手形振出人に対して請求した場合も同様と判断したものに最判昭48・11・16民集27巻10号1391頁がある）。所持人が無権利者であるとの手形抗弁は，主張者において立証すべき事実であり，訴訟上も抗弁である。その場合における手形抗弁の具体的事例は【書式171】を参照されたい。

(ﾊ) 支払猶予の抗弁　手形債務者が満期に支払できないため多所持人との間で支払猶予をしてもらう方法としては，手形外の約定，満期日の変更，手形の書換え等がある。このうち手形外の約定による場合は，約定した当事者間にのみ主張できる人的抗弁である。また，満期日の変更は，手形署名者全員と所持人の同意によって行うことになるから新手形の振出と同視されよう。

　ところで手形の書換えの場合は，旧手形を回収して新しい手形を振り出すことになるが（この場合の新手形を「書換手形」といい，代物弁済の性質を有する），旧手形未回収のまま新手形を振り出すと，新・旧両手形が併存する。所持人はいずれの手形によっても請求することができるが，旧手形により請求された手形債務者は支払猶予の合意をもって支払拒絶することになり，その事実は抗弁主張者に立証責任があるから訴訟上も抗弁となる。その場合における

手形抗弁の具体的事例は【書式172】を参照されたい。

　(c) その他の抗弁　　手形・小切手訴訟における手形抗弁のなかで，これまで述べたいずれの分類にも該当しない代表的なものは，以下のとおりである。

　(イ) 盗難・遺失の抗弁　　手形理論のうち，①契約説（手形債務は，手形作成＋相手方への交付により発生するとみる立場）によれば，盗難・遺失は相手方への交付契約がないから手形行為の不存在であり，手形債務者は絶対的に責任を負わないとする。その意味では物的抗弁である。次に，②発行説（手形債務は手形行為者の一方的行為により成立し，これを相手方に対して任意の意思で手放すことでよく，必ずしも相手方に交付する必要はないとみる立場）によれば，盗難・遺失は任意の手放し行為がないから①説と同様の結論になる。これらに対し，③創造説（手形債務は手形行為者の署名を要件とする単独行為であり，その署名をした以上は意思に反して当該手形が流通におかれたとしても責任は負わなければならないとする見解）では，盗難・遺失の場合であっても善意の第三者に対しては対抗できず，手形上の責任を免れることはできないとするから，人的抗弁となる。また，④外観説（手形を作成して手形債務負担の外観を作出した者は，それを信頼した第三者に対して責任を負うべきとする見解）の場合も③説と同じ結論になる。以上，③又は④の見解では，善意の第三者に対抗できないが（人的抗弁），所持人の盗難等により手形を取得した経緯，特に悪意の事実を主張・立証して手形債務者は支払を拒むことができるから，この抗弁は訴訟上も抗弁である。この場合の手形抗弁の具体的事例は【書式173】を参照されたい。

　(ロ) 期限後裏書の抗弁　　期限後裏書とは，支払拒絶証書作成後又は支払拒絶証書作成期間経過後の裏書をいう（裏書日付がないときは支払拒絶証書作成期間経過前の裏書と推定される（手20条2項・77条1項1号，小24条2項））。

　なお，支払拒絶証書作成免除の場合は，支払銀行による不渡り付箋などで支払拒絶の事実が明白であり，善意の第三者を害することもないから期限後裏書と同様に扱うことになる。拒絶証書作成期間経過後の裏書による場合の期限後裏書の手形抗弁は，それらの事実につき証明を要するから訴訟上も抗弁であり，その場合における手形抗弁の具体的事例は【書式174】を参照されたい。

(ハ) 白地補充権濫用の抗弁　　金額や満期などの手形要件の一部を空白（白地）のままにし，将来の手形取得者にその部分の補充権限を与える意思で振り出す手形を白地手形という。その補充を署名者の意思に基づいてする権限を白地補充権という。

白地補充権は，その手形を正当に取得した者に移転し，最終所持人は白地補充権を行使して手形金の請求をすることになる。ところで，白地補充権の範囲を超えて補充がされたとしても，取引の安全をはかる見地から，その手形を悪意又は重大な過失なく取得した第三者に対しては補充された内容に従って手形上の責任を負うことになる（手10条本文・77条2項，小13条本文）。ただし，手形債務者は白地の事実及び所持人の悪意を主張・立証すれば白地補充権の限度外の責任を免れることができる（訴訟上も抗弁）。この場合における手形抗弁の具体的事例は【書式175】を参照されたい。

(ニ) 悪意の抗弁　　悪意の取得者に対する手形抗弁を一般に「悪意の抗弁」というが，その要件は，所持人が手形債務者を害することを知って取得したことが必要である（手17条但書・77条1項1号，小22条）。この抗弁は人的抗弁であり，その取得者に対してのみ主張することができ，所持人の害意（所持人が前者に対する抗弁の存在を知り，かつ，自己の取得によって債務者が害されることの認識）については主張者が立証すべきことになるため，訴訟上も抗弁である（なお，最判昭30・5・31民集9巻6号811頁参照）。この場合における手形抗弁の具体的事例は【書式176】を参照されたい。

〔石田　賢一〕

書式 146　形式不備の抗弁例(1)——確定日払手形の振出日の記載を欠く場合

　原告の本訴請求は，本件約束手形（以下「本件手形」という。）の裏書人である被告に対する遡求権に基づくものであるから，遡求権の行使は，本件手形が適法に呈示されたのに支払が拒絶されたことを必要とする。
　しかし，本件手形は確定日払手形であるから，それが適法に呈示されたというためには，手形要件の完備された完全手形が満期日又はこれに次ぐ2取引日内に支払場所において支払のために呈示されていなければならないところ，その呈示があったとしても，本件手形の振出日欄は呈示期間を経過した現在においても白地のままである。
　そこで，原告による本件手形の呈示は適法になされなかったことが明白であるから，原告は，裏書人である被告に対して本件手形金を遡求するための要件を充たしていないのであり，結局原告は被告に対する手形遡求権を失ったというべきである。

〔注〕
1．振出日は手形行為等の要件とされ（手1条7号・75条6号，小1条5号），その欠缺は証券の効力を否定する（手2条1項・76条，小2条1項）。
2．本書式の事例は，手形の被裏書人（所持人）が裏書人に対して遡求権を行使する場合であるが，同一手形に数個の手形行為がなされ（例：振出，裏書等），その一部に無効又は取消しとなる実質的事由があっても，それを前提とする手形行為の債務負担行為は影響を受けないという原則がある（手形行為独立の原則（手7条・32条2項・77条2項・3項，小10条））。しかし，形式的要件の欠缺により無効となるときは，その欠缺は当該手形面上を見れば容易に判明できることから，その原則の適用もない。

書式 147　形式不備の抗弁例(2)——振出人の記名はあるが押印を欠く場合

　約束手形の振出人が手形金の支払義務を負担するためには，振出人として自署又は記名・押印をしていることが必要であるところ，本件約束手形（以下「本件手形」という。）には振出人である被告の記名はあるが押印がない。
　よって，被告は本件手形の支払義務はない。

〔注〕
1．手形行為独立の原則については【書式146】〔注〕参照。

第2節　手形・小切手訴訟の答弁書　〔2〕　各種答弁書の記載事項　【書式148】

書式 148　偽造の抗弁例（約束手形の振出に偽造がある場合）

　　被告が本件約束手形（以下「本件手形」という。）を振り出したとの事実は否認する。
　　本件手形は，被告の長男Aが，勝手に振出人欄に被告の氏名を手書きし，その横に被告の印鑑を冒用して押印したものであり，偽造されたものである。

〔注〕
1．本書式による被告の応訴態度は訴訟上の否認である（偽造の手形抗弁は原則として物的抗弁であることにつき前記〔2〕(2)(a)(ロ)参照）。
　　手形の偽造について表見代理の規定（民109条・110条・112条）が類推適用されるときは，偽造であることを知っている者に対してのみ主張することができる（この場合は人的抗弁であり，訴訟上も抗弁となる）。なお判例は，110条の類推適用が認められる場合で，手形行為の相手方が本人により振り出されたものと信ずるにつき正当な理由があるときは，本人が手形上の責任を負うとしている（最判昭39・9・15民集18巻7号1435頁）。
2．手形・小切手の変造の場合は，既存の手形・小切手の一部に無権限で変更を加えることであるから，訴訟上の一部否認となる。
　　手形金額に変更が加えられた場合の手形抗弁例を示せば，次のとおりである。

〈変造の抗弁例〉

　　被告は，本件約束手形（以下「本件手形」という。）の額面金額を金100万円と記載して振り出した事実は否認する。
　　本件手形は額面金額を金10万円と記載して振り出したものであるところ，その後Aによって勝手にその金額を金100万円と書き換えられ，変造されたものである。
　　よって振出人である被告は，本件手形につき金10万円についてのみ支払義務を負担する。

書式 149　偽造の抗弁に対する原告の追認の再抗弁例（【書式148】に対する場合）

　　仮に，本件約束手形（以下「本件手形」という。）の振出がA（被告の長男）によって偽造されたものであるとしても，原告は被告に対して「子供の行為については親にも責任がある」として本件手形の支払責任を求めたところ，被告は平成○○年○○月○○日までに本件手形金を支払う旨の約束をした。
　　よって，被告は上記事実により本件手形振出の追認をしたものであるから，原告に対する本件手形の支払義務がある。

〔注〕
1. 便宜上，偽造の抗弁と関連する原告からの追認の再抗弁を本書式で示した。表見法理による適用が認められる場合でも，原告はその事実を主張し，再抗弁することを考えることになる。
2. 表見法理適用の場面
　　民法上，表見法理の適用があるのは，①民法109条（代理権授与表示による表見代理の場合），②民法110条（権限外代理行為による表見代理の場合），③民法112条（代理権消滅後による表見代理の場合）である。これらの場合は，原告は自己の善意・無過失を主張・立証しなければならない（訴訟上の再抗弁として）。
　　そのうち，上記①の場合の再抗弁例は次のとおりである。

〈代理権授与表示による表見代理の場合の再抗弁例〉

> 　仮に，本件約束手形（以下「本件手形」という。）の振出がA（被告の長男）によって偽造されたものであるとしても，被告は平成〇〇年〇〇月〇〇日原告から別紙物件目録記載の不動産を購入するに際し，代金の決定やその支払に関してAに対して実印を預けるなどの代理権を与えた旨の表示をしたから，原告は被告名義による本件手形の振出につきAが被告の代理人であると信ずるにつき正当な理由があった。
> 　よって，被告は上記事実により本件手形の振出人としての表見代理による責任を負うべきである。

書式 150　狭義の無権代理を理由とする抗弁例

> 　本件約束手形（以下「本件手形」という。）は，振出人が被告A代理人B（被告Aの妻）として振り出されているが，被告はBに対して手形振出の代理権を授与したことがないから，上記振出は無権代理行為である。
> 　したがって，被告は，本件手形の振出人としての責任はない。

〔注〕
1. 狭義の無権代理の場合でも，表見法理が適用される場合が考えられる。判例も，無権代理人が振り出した約束手形につき，表見代理が成立すると認められることがあり，その場合でも手形所持人は無権代理人に対して手形法8条の責任を追及することができるとしている（最判昭33・6・17民集12巻10号1532頁）。
　　そこで，無権代理の手形抗弁を主張された手形所持人は，無権代理人に対して本人に対するのと同一の責任を追及することができる。

書式 151　越権代理を理由とする抗弁例

　　被告は，Aに対して額面金10万円の範囲で約束手形振出の代理権を与えたところ，同人はその範囲を超えて額面金100万円の本件約束手形（以下「本件手形」という。）を振り出したものであるから，金10万円の範囲を超える振出は無権代理行為である。
　　よって，被告は，本件手形の振出人として金10万円の支払義務しか負担しない。

〔注〕
1．民法110条の類推適用が考えられることにつき，前掲最判昭39・9・15（【書式148】〔注〕1）参照。

書式 152　被保佐人の手形裏書の取消しを理由とする抗弁例

　　被告は，平成○○年○○月○○日△△家庭裁判所において保佐開始の審判を受け，本件約束手形（以下「本件手形」という。）の裏書当時は被保佐人であったが，同裏書につきAの同意がなかった。
　　そこで被告は，同年○○月○○日到達の内容証明をもって原告に対して同裏書行為を取り消す旨の意思表示をした。
　　よって，被告は，原告に対し，本件手形金の償還義務はない。

書式 153　期間内呈示（権利保全手続）欠缺を理由とする抗弁例

　　被告が本件約束手形（以下「本件手形」という。）に裏書をしたことは認める。しかし，本件手形は確定日払であるから，その裏書人である被告に対し遡求権を行使するためには本件手形の満期日又はこれに次ぐ2取引日以内に支払場所で支払のための呈示をしなければならないところ，本件手形は呈示期間内に支払のための呈示をしていない。
　　よって，原告は，裏書人である被告に対し，本件手形金を遡求することはできない。

書式 154　満期未到来を理由とする抗弁例

　被告が本件約束手形（以下「本件手形」という。）を振り出したことは認める。しかし，本件手形の満期日は平成○○年○○月○○日であって，未だ到来していない。
　よって，被告は，現在のところ原告に対し，本件手形金の支払義務はない。

〔注〕
1．原告の，「満期日に支払のため支払場所に呈示した」との請求原因に対する否認となる。

書式 155　無担保裏書を理由とする抗弁例

　被告が本件約束手形（以下「本件手形」という。）に裏書をしたことは認める。しかし，当該裏書には「裏書の責任を負わず」とした無担保文句が記載されている。
　よって，被告は無担保裏書人として，原告に対し本件手形金の償還義務はない。

書式 156　支払場所での呈示を欠いたことを理由とする抗弁例

　被告が本件約束手形（以下「本件手形」という。）に裏書をしたことは認める。しかし，本件手形は満期日に振出人Aの住所で同人に呈示されただけであり，その支払場所であるB銀行C支店に呈示されていないから，その呈示は不適法なものである。本件手形が支払拒絶になったとしても，その呈示期間内に適法な呈示がなかったことになる。
　よって，原告は裏書人である被告に対し，本件手形金の支払を請求することはできない。

書式 157　手形上の一部支払の記載を理由とした全部請求に対する抗弁例

　本件約束手形（以下「本件手形」という。）には，金20万円が支払済みである旨の記載があり，裏書人である被告としては，本件手形の残額金30万円

の償還義務しか負わない。
　よって，原告の被告に対する本件手形金50万円の支払を遡求する本訴請求は，その金30万円を超える部分について理由がない。

書式 158　手形の遡求権が消滅時効の完成により消滅したことを理由とする抗弁例

　原告が本件訴訟を提起したときは，既に本件約束手形（以下「本件手形」という。）の満期日である平成〇〇年〇〇月〇〇日から1年を経過しているから，被告の裏書人としての責任は消滅時効の完成により消滅したことは明らかである。
　よって，被告は本件口頭弁論期日において上記消滅時効の完成による抗弁を援用する。

書式 159　手形金の供託により手形債務が消滅したことを理由とする抗弁例

　被告は，本件約束手形（以下「本件手形」という。）がその呈示期間内に何人からも支払のための呈示がなかったことから，平成〇〇年〇〇月〇〇日△△法務局へ本件手形金を供託した。これにより本件手形金債務は消滅した。
　よって被告は，振出人として，原告に対する本件手形金の支払義務はない。

書式 160　手形の除権決定を理由とする抗弁例

　仮に，原告が本件約束手形（以下「本件手形」という。）を所持していたとしても，本件手形は〇〇簡易裁判所において平成〇〇年〇〇月〇〇日盗難を理由に無効とする旨の除権決定がなされ，原告の所持する本件手形の効力は失効しているから，原告は本件手形の所持人としての権利行使はできない。
　よって被告は，原告に対する本件手形金の支払義務はない。

書式 161　手形が賭博の賭金支払手段として振り出されたことを理由とする抗弁例

　本件約束手形（以下「本件手形」という。）は，被告が平成〇〇年〇〇月〇〇日原告との賭博において負けた結果，その賭金を支払うよう要求されて原告を受取人として振り出したものであるところ，賭博による金銭授受の約束は公の秩序又は善良の風俗に反し無効である。
　よって被告は，原告に対して，上記原因を理由に振り出した本件手形金の支払義務はない。

書式 162　原因関係消滅を理由とする抗弁例

　原告と被告は平成〇〇年〇〇月〇〇日紳士既製服50着の売買契約（買主は被告，売主は原告）を締結したが，原告において約定の引渡期限（同年〇〇月〇〇日）を経過しても目的物の引渡しがなかったため，当事者間で同年〇〇月〇〇日上記売買契約を合意解除したので被告の代金支払義務も消滅した。
　ところで，本件約束手形（以下「本件手形」という。）は，被告が上記売買契約の代金支払のために原告を受取人として振り出したものであり，既に代金支払義務が消滅したのであるから本件手形は被告に返還されるべきである。
　よって被告は，原告に対して，上記理由により振り出した本件手形金の支払義務はない。

書式 163　手形割引金未交付を理由とする抗弁例

　被告は，平成〇〇年〇〇月〇〇日本件約束手形（以下「本件手形」という。）の割引を依頼して裏書したものであるが，原告はその割引金を交付しなかった。
　よって被告は，原告に対して，裏書人として本件手形金の償還義務はない。

書式 164　隠れたる取立委任裏書を理由とする抗弁例

　　そもそも本件約束手形（以下「本件手形」という。）の裏書人Ａの原告（被裏書人Ｂ）に対する裏書は、隠れたる取立委任裏書である。
　　ところで、本件手形の振出人である被告は、同年〇〇月〇〇日上記Ａからオートバイ１台を購入するため同人に対して代金80万円の支払に代えて本件手形を振り出したものであるが、同売買契約は当事者間において合意解除されたから、被告は本件手形のＡに対して原因関係消滅の人的抗弁を主張できる。
　　そこで被告は、裏書人Ａに対する手形債務消滅事由をもって、同人の原告に対して主張すべき隠れたる取立委任裏書である事実を主張する。
　　よって被告は、原告に対して、本件手形金の支払義務はない。

〔注〕
1. 隠れたる取立委任裏書の当事者間においては、実質的には手形上の権利は被裏書人に移転せず裏書人に帰属しているから、手形債務者は、裏書人に対する人的抗弁事由をもって被裏書人に対抗することができる（最判昭39・10・16民集18巻8号1727頁）。
　　上記書式例は、手形の振出人（手形債務者）が受取人（裏書人）に対して手形債務消滅の人的抗弁があり（前述〔2〕(3)(a)(ロ)参照）、裏書人が隠れたる取立委任裏書をした後、被裏書人から手形債務者に対して手形金の請求がなされた事例を想定したものである。

書式 165　満期後譲渡の融通手形を理由とする抗弁例

　　被告は、本件約束手形（以下「本件手形」という。）をＡに対して振り出すに際し、同人の懇請により、本件手形を「満期までにこれを利用しないときは返還する。」との約束のもとに融通手形として同人に交付したものであり、同人は満期後も本件手形を手元に保管していたにすぎないのであるから、被告は本件手形金の同人に対する支払義務はない。
　　しかし原告は、本件手形を支払拒絶証書作成期間経過後に、Ａに対する貸金債権の返済を受ける手段として裏書譲渡を受けたものである。
　　よって被告は、被告のＡに対する本件手形金の支払義務がないとの上記抗弁事由をもって原告に対して主張し、原告に対して本件手形金の支払義務はない。

書式166　目的達成後の融通手形再譲渡を理由とする抗弁例

　被告は，本件約束手形（以下「本件手形」という。）をAに対して振り出すに際し，同人の懇請により，本件手形を資金の融通を得させる目的で融通手形として同人に交付したものであり，同人は手形割引の方法によって本件手形をB銀行に裏書譲渡して金融の目的を達した後満期前に本件手形を受け戻した。ところが，Aは再度本件手形を金融のために利用することができないにもかかわらず，原告は，本件手形を支払拒絶証書作成期間経過後に，Aに対する貸金債権の返済を受ける手段として裏書譲渡を受けたものである。
　そして被告は，被告のAに対する「対価の欠缺」を理由とする手形金支払義務がないとの抗弁を期限後裏書の被裏書人である原告に対抗することができる。よって，原告に対する本件手形金の支払義務はない。

書式167　見返り手形を理由とする抗弁例

　本件約束手形（以下「本件手形」という。）は，被告が受取人Aに対して，同人振出の同一額面金の約束手形（以下「乙手形」という。）と交換するために振り出したものであり，同人振出の乙手形金の支払をしたときは本件手形金の支払義務を負うとの約束であった。
　しかしAは，乙手形を不渡りにしたから，被告も本件手形の支払義務はない。
　また原告は，Aと懇意な間柄であり，Aが乙手形を不渡りにした事情を熟知しながら，被告を害するために本件手形の裏書譲渡を受けたものである。
　よって被告は，原告に対する本件手形金の支払義務はない。

〔注〕
1．見返り手形の意義につき，前記〔2〕(3)(a)(ｲ)を参照されたい。

書式168　見せ手形を理由とする抗弁例

　被告は，原告から「金策のため被告振出の手形を融通してほしい。満期までに決済資金を提供するから」との依頼により，これを承諾して原告宛に本件約束手形（以下「本件手形」という。）を振り出したのであり，本件手形はそもそも融通手形である。
　よって被告は，原告に対する本件手形金の支払義務はない。

〔注〕
1．見せ手形の意義につき，前記〔2〕(3)(a)(ト)を参照されたい。

書式 169　証券上に記載を欠く支払・相殺・免除等を理由とする抗弁例

　　被告は，平成○○年○○月○○日原告からの求めに応じて本件約束手形（以下「本件手形」という。）の額面金全額を支払ったから原告の被告に対する本件手形上の権利は消滅した。
　　よって，被告は，原告に対し，本件手形金の支払義務はない。

書式 170　詐欺による取消しを理由とする抗弁例

　　被告は，本件約束手形（以下「本件手形」という。）の受取人Aが，真実は金銭を取得する手段として他人に割引してもらう意図であったのに，これを秘し「見せ手形として利用するだけだから，2～3日手形を貸してもらいたい。」というので，その期間を経過すれば手形の返還を受けられるとAの言動を信じて平成○○年○○月○○日本件約束手形（以下「本件手形」という。）をAに対して振り出し交付した。
　　しかし，Aは約束の期間を過ぎても本件手形を被告に返還しなかったので，詐取されたと知った被告は，その旨を示して同年○○月○○日Aに対して本件手形の振出を取り消す旨の意思表示をした。
　　また，本件手形はAから同年○○月○○日原告に対して裏書譲渡されたものであるが，原告とAは従兄弟同士であり，原告は，被告のAに対する詐欺取消しによる抗弁事由の存在を熟知し，本件手形の取得により被告を害することを知っていたものである。
　　よって，被告は，原告に対し，本件手形金の支払義務はない。

書式 171　無権利を理由とする抗弁例

　　本件約束手形（以下「本件手形」という。）は，Aが原告に対して負担する敷金返還債務金80万円の担保のため，Aから原告に対して裏書譲渡したものであるが，上記敷金返還債務は平成○○年○○月○○日ころ全額支払済みとなっており，本件手形上の権利は当然にAに復帰している。

しかし，原告は，本件手形がAに対して返還すべき，いわゆる「手残り手形」であるにもかかわらず，原告の手元にあることを幸いとして，振出人である被告に対して本件手形金の請求をしているのであり，無権利者として許されない。
　よって，被告は，原告に対し，本件手形金の支払義務はない。

書式 172　支払猶予を理由とする抗弁例

　原告と被告は，本件約束手形（以下「本件手形」という。）の満期日の前日である平成〇〇年〇〇月〇〇日に，本件手形の支払を同年〇〇月〇〇日まで猶予するとの合意が成立していたところ，この期日は未だ到来していない。
　よって被告は，本日現在，原告に対する本件手形金の支払義務はない。

書式 173　手形の盗難を理由とする抗弁例

　被告会社は，Aに対する売買代金の支払方法として平成〇〇年〇〇月〇〇日被告会社本店において振出日及び受取人欄を白地としたほか原告主張の要件を記載した本件約束手形（以下「本件手形」という。）を作成し，被告会社代表者Bの机上文箱中に保管していたところ，Cがこれを窃取したものである。
　手形の振出には手形の作成と交付が必要であるところ，本件手形の場合はその交付がなかったし，原告はCの弟であり，本件手形が窃取されたものであることを知って取得したことは明らかである。
　よって，被告は，原告に対し，本件手形金の支払義務はない。

〔注〕
1．本書式の抗弁例は，外観説の立場で構成したものである（なお，最判昭46・11・16民集25巻8号1173頁参照）。

書式 174　期限後裏書を理由とする抗弁例

　被告は，平成〇〇年〇〇月〇〇日株式会社A商事から中古自動車1台を代金100万円で購入し，その支払方法として額面金同額，満期日同年〇〇月〇〇日とする本件約束手形（以下「本件手形」という。）を振り出したところ，

A商事は上記売買契約による車両の引渡しを怠った。

そこで被告は，同年〇〇月〇〇日A商事へ到達の内容証明郵便により，書面到達後7日以内に同車両の引渡しを履行すること，その履行ができないときは売買契約を解除する旨の意思表示をしたが，A商事は履行をしなかったので上記売買契約は解除となった結果，被告は本件手形金の支払義務も消滅した。

ところが原告は，A商事から，本件手形の支払拒絶証書作成期間経過後の平成〇〇年〇〇月〇〇日に裏書譲渡によって取得したものであり，被告はA商事に対する手形金支払義務消滅の抗弁をもって期限後裏書の被裏書人である原告に対抗する。

よって，被告は原告に対し本件手形金の支払義務はない。

書式 175　白地補充権濫用を理由とする抗弁例

　　被告は，本件約束手形（以下「本件手形」という。）の額面金額を白地として，A宛てに振り出した際，Aとの間で「手形金額を100万円の限度で補充する」と約束してあった。しかるにAは，その補充権を濫用して額面金額を300万円と補充記載した。そして原告は，上記の事実を了知しながら，補充後の本件手形を取得したものである。

　　よって，被告は原告に対し，本件手形金のうち補充権授与の限度である金100万円の支払義務しかない。

書式 176　手形の悪意取得を理由とする抗弁例

　　被告は，Aから中古のプレジャーボートを金350万円で購入するに際し，その代金支払のために本件約束手形（以下「本件手形」という。）を振り出した。その後，本件手形は原告に対して裏書譲渡されたところ，Aは上記ボートを約定期日までに納入できなくなり，当事者間において上記売買契約は合意解除したから，被告の本件手形の支払義務は，原因関係が解消されたことにより消滅した。

　　しかるに原告は，本件手形が上記の売買代金のために振り出されたことを知って裏書譲渡を受け，しかも原告はAの実父であり，本件手形取得当時Aがレジャー用品の仲介業者としての経営が思わしくなかった事情を熟知していたことから，本件手形の取得によりその手形金を請求すれば被告を害する事実も知っていた。

> よって，原告は悪意の取得者であり，被告は，原告に対し，本件手形の支払義務はない。

〔注〕
1．判例は，AがBに対して木材代金債務を確保するために交付した手形を，Cがその売買契約はBの債務不履行で解除されたことを熟知しながら，Bから債務の弁済を受けるために裏書譲渡を受けた場合は，Cの手形取得行為は悪意の取得となるとしている（最判昭30・5・31民集9巻6号811頁）。
　　しかし，手形所持人の前者が人的抗弁の存在につき善意であるため，手形債務者がその前者に対して人的抗弁をもって対抗できなかった場合は，手形所持人がその人的抗弁の存在を知って手形を取得したものであるにしても，その人的抗弁の対抗を受けることはないものとしている（最判昭37・5・1民集16巻5号1013頁）。

第3節　手形・小切手訴訟の準備書面（再抗弁）

〔1〕　概　　説

　第2節で述べたように，手形・小切手訴訟において，原告が提出した訴状の請求原因に対して，被告は答弁書（被告が最初に提出する準備書面）を提出し，それには被告の主張としての抗弁が記載されることになる。

　そして，被告の抗弁事実に対応する原告の反論としてなされる主張が再抗弁となるが，それを記載する書面が準備書面（口頭弁論期日において陳述しようとする事項を記載して，あらかじめ裁判所に提出する書面（民訴161条・162条，民訴規79条～83条））といわれ，訴訟上の重要な位置づけをしている。

　再抗弁とは，被告の実体法上の抗弁事実に基づく法律効果の発生を妨げ又は消滅をもたらす事実を述べて，被告の主張について排斥を求める原告の主張である。

　以下では，被告の抗弁に対する原告の再抗弁という視点で，通常考えられる事項の内容を整理して，その記載要領を示すことにする。

〔2〕　準備書面の各種記載事項

(1)　再抗弁となり得る事実

　手形・小切手訴訟において，被告の抗弁事実（原告の請求原因事実に対する実体法上の障害，消滅，排斥事由となる事実）に対する，原告からの再抗弁事実（抗弁事実の障害，消滅事由となる事実）として考えられるものは，①制限能力者の詐術による法律行為の取消し（民96条・120条以下）に対する障害事由，②法定代理人の営業許可を得た未成年者がした法律行為の取消し（民96条・120条以下）に対する障害事由，③消滅時効の中断事由がある場合（民147条以下），④時効の利益を放棄した場合（民146条），⑤無権利者に対する支払をした場合などがある。

(2) 制限能力者の詐術

制限能力者（未成年者，成年被後見人，被保佐人，被補助人等（民20条1項））は，単独で法律行為をすることができないのが原則である。しかし，例えば未成年者が法定代理人から一種又は数種の営業をすることが許された場合（民6条1項）や，被保佐人が保佐人の同意を得て約束手形を振り出す場合など（民13条1項2号。なお，大判明39・5・17民録12輯758頁参照）においては，その範囲内であれば単独で手形行為等ができる。

問題となるのは，制限能力者が，法定代理人の許可等について行為の相手方に詐術を用いた場合である。本来であれば，当該行為は取り消し得べき行為として制限能力者が保護されることになるのであるが，詐術を用いた場合は保護されない（民21条）。この場合の詐術とは，積極的に詐欺手段を用いた場合に限らず，例えば制限能力者であることを隠蔽する目的で「自分は相当な資産・信用を皆さんからいただいている。」などと，抽象的・一般的な信用力を示して行為の相手方に対して他の言動とともに誤信を強めるような態度をとる場合も含まれると解されている（大判昭8・1・30民集12巻24頁，最判昭44・2・13民集23巻2号291頁参照）。

また，制限能力者である被保佐人が，保佐人の同意があるように装って相手方に対し詐術を用いて手形行為をした場合も保護されず（民21条），この場合は，被告の制限能力者を理由とする手形行為の取消しという抗弁に対して，原告は詐術を理由とする再抗弁の主張ができる。

制限能力者の詐術を理由とする再抗弁例の具体的事例は，後述の【書式177】を参照されたい。

(3) 未成年者の法定代理人による営業許可

未成年者は原則として単独で手形行為をすることはできず（民4条・5条1項本文），これに反した行為は取り消し得る行為となる（民5条2項・120条）。しかし，未成年者が法定代理人から一種又は数種の営業を許可された場合には成年者と同一の行為能力が認められるから（民6条1項），その場合には，未成年者も単独で完全な手形行為をすることができる。

この場合の営業とは，商業に限定されるものではなく，広く利益を得る目的であればよいと解されている（もっとも，成年者が商業を営む場合は登記事項と

されているから，これによって取引の安全は守られている（商5条，商登6条2項））。

例えば未成年者である被告が手形を振り出して，民法による法律行為の取消しを抗弁として主張した場合，営業許可の存在が被告の抗弁を妨げる原告の再抗弁となる。

未成年者の法定代理人による許可を理由とする再抗弁例の具体的事例は，後述の【書式178】を参照されたい。

(4) 消滅時効の中断

手形・小切手による権利の消滅時効は，民・商法上の権利と比べて短縮されている（手70条・77条1項8号，小51条。なお，詳細については前記第2節〔2〕(2)(c)(イ)参照）。

そこで，消滅時効期間の徒過援用による権利消滅を主張する被告の抗弁に対しては，時効中断事由の原告の主張は再抗弁となり，その立証責任は原告にある。

この場合の中断事由としては，請求，差押え，仮差押え又は仮処分，承認などである（民147条1号～3号）。まず，①裁判上の請求であるが（民149条），この場合に権利者が手形・小切手を呈示すべきかについては見解が分かれるが，判例によれば，所持することを要しないし（最判昭39・11・24民集18巻9号1952頁），白地手形の場合は白地部分の補充も必要でないとしている。そして，訴えの提起による時効中断の時期については，訴状を裁判所に提出した時であり，訴状が被告に送達された時ではないとしている（大判大4・4・16民録21輯449頁）。次に，②差押えや仮差押え又は仮処分（民154条）についても消滅時効の中断効が認められ，判例は，例えば仮差押えによる時効中断の効力は第三者の申立てによる強制競売により不動産が競落されて仮差押登記が抹消されたとしても時効中断効はその抹消の時まで続いていたものとしている（最判昭59・3・9判時1114号42頁）。また，③債務の承認（民156条）については，債務者が債務の一部の支払として小切手を振り出し，それが支払人によって支払われたときは小切手額面金の債務承認となり，時効中断効が生ずるとするのが判例である（最判昭36・8・31民集15巻7号2027頁）。なお，手形所持人と裏書人との間で支払猶予の特約があった場合は，所持人の裏書人に対する手形上の請求権は，その猶予期間の満了した時から消滅時効が進行する（最判

昭55・5・30民集34巻3号521頁）。

裁判上の請求による再抗弁例の具体的事例は、後述の【書式179】，【書式180】を参照されたい。

(5) **無権利者に対する支払**

手形債務者が手形の正当な権利者に対して支払をすれば，それによって手形上の責任は免れる（手40条3項・77条1項3号。なお，小35条）。ただし，①満期以後の支払，②手形要件の整った手形・小切手であること，③裏書の連続，等の要件を充たしている必要がある。判例は，手形債務者につき悪意・重過失の不存在は手形債務の支払者に証明責任はないとしている（最判昭36・11・24民集15巻10号2519頁。手16条1項の推定）。

したがって，手形債務者は原告からの請求に対して支払済みの抗弁を主張することになるが，原告はそれに対して，被告の支払が悪意又は重過失により無権利者に支払ったことの再抗弁を主張することになる。

この場合における再抗弁例の具体的事例は，後述の【書式181】を参照されたい。

〔石田　賢一〕

書式 177　再抗弁例(1)——制限能力者による詐術の場合

　　仮に，被告が被保佐人であったとしても，それを理由に本件約束手形（以下「本件手形」という。）の振出を取り消すことはできない。
　　被告は，本件手形を振り出すに際して，保佐人Ａ（被告の叔父）の同意もあるし，被告がＡの経営するＡ商店の支配人であるかのごとき名刺も示したので，原告はＡの同意により被告名義の本件手形が振り出されたものと信じ，本件手形金50万円に相当する毛織物を売却し，その代価として本件手形の振出交付を受けたものである。
　　よって，被告は，本件手形の振出行為を取り消すことはできない。

書式 178　再抗弁例(2)——未成年者の営業許可の場合

　　被告は，本件約束手形（以下「本件手形」という。）を原告に宛てて振り出した当時，被告の実父Ａと同居して食料品店を営業していたものであり，原告はＡが時々被告に対して商品の扱い等について指導していた事実を現認している。
　　よって，被告は，本件手形の振出についても営業を許可されていたものであり，これを取り消すことはできない。

〔注〕
1．古い判例には「営業の許可については特別な方式がないから，未成年者の営業を法定代理人が監督している事実があれば，これをもって営業の許可を与えたものと認めてよい」としている（大判明34・3・22刑録7輯37頁）。

書式 179　再抗弁例(3)——消滅時効中断の場合

　　本件約束手形（以下「本件手形」という。）の満期日は平成〇〇年〇〇月〇〇日となっているが，原告は同年〇〇月〇〇日本件手形の裏書人である被告に対し，内容証明郵便による本件手形金の支払を催告し，同書面は同年〇〇月〇〇日被告に到達した。
　　しかし被告は，その催告に応じなかったので，原告は同年〇〇月〇〇日に本件手形金の支払を求めるため本訴を提起し，その訴状副本は同年〇〇月〇〇日被告に送達された事実は本件訴訟記録上明白である。
　　よって，本訴提起により，被告主張の消滅時効は中断した。

〔注〕
1．手形等の債務者は，消滅時効が完成する前に時効の利益を放棄することはできず（民146条），これは強行規定と解されている。

これに対し，時効完成後に時効の利益を放棄することは，手形債務者が「債務の存在」を認識した上でその意思表示をしたことが要件となる。したがって，手形債務者が消滅時効の完成後に債務を承認しても，それだけで時効の完成を知って時効の利益を放棄したと推定することは許されない，以後その完成した消滅時効の援用をすることは信義則に反するという問題がある（最判昭44・4・20民集20巻4号702頁参照）。

参考までに，時効の利益を放棄した場合の具体的再抗弁事例を【書式180】で述べる。

書式 180　再抗弁例(4) ── 消滅時効の利益放棄を理由とする場合

　　被告は，平成〇〇年〇〇月〇〇日原告に対し，本件約束手形（以下「本件手形」という。）の消滅時効が完成した後に，本件手形金100万円の一部金50万円を支払い，残額については同年〇〇月〇〇日から毎月末日限り5万円ずつ分割して支払う旨の約束をした。
　　よって被告は，本件手形金の消滅時効完成後にその利益を放棄したものであり，被告による消滅時効完成の抗弁は理由がない。

書式 181　再抗弁例(5) ── 無権利者に対する支払の場合

　　被告の主張によれば，被告は平成〇〇年〇〇月〇〇日Ａに対して，本件約束手形（以下「本件手形」という。）の手形金を支払ったとしているが，Ａは原告から本件手形を一時的に保管を託された者にすぎない。したがって，被告の上記主張は本件手形金を無権利者に対して支払ったものであるから無効である。
　　原告は本件手形の満期日より約1ヵ月前に，被告に対して「本件手形をＡに保管してもらったところ，Ａはその返還を拒んでいるので閉口している。」旨の相談をしたことがあり，しかも原告は本件手形の受取人であるから，Ａが原告名で裏書を偽造して手形上の権利を行使したものと思われる。
　　被告は，上記の事情について必要な調査をしていれば，Ａが無権利者であることは容易に判明できたはずであり，しかもＡの無権利者である事実を証明できる方法もあったから，それを怠って本件手形金をＡに対して支払ったことは重大な過失がある。
　　よって被告は，本件手形金の支払済みによる抗弁には理由がない。

〔注〕
1. 判例は，無権利者が自己の氏名を受取人欄に補充し，銀行に対して隠れたる取立委任裏書をして支払呈示をした場合，支払人が真の権利者より事前にその申入れを受けていながら漫然と委託銀行に支払をさせたときは重大な過失があるとしている（最判昭44・9・12判時572号69頁）。

第4節　手形・小切手訴訟の証拠調べ

〔1〕　概　　説

(1)　民事訴訟法における証拠調べの原則

　手形・小切手訴訟においても，主張・立証責任の分配については民事訴訟法上の原則により弁論主義（裁判に必要な事実に関する資料の収集は当事者の権能であり責任であるとする原則）に基づいて定められる。その概要は，①当事者が主張しない事実は裁判の基礎にしてはならない（民訴246条），②当事者間に争いがない事実（自白）についてはそのまま裁判の基礎にしなければならない（民訴179条），③当事者間に争いとなった事実（争点）を認定するには原則として当事者が申し出た証拠によらなければならない（職権証拠調べの禁止）というものである。

　もっとも，当事者間に争いがある事実についても，それが裁判所に顕著な事実（公知の事実と職務上知り得た事実）については証拠調べを要しないし（民訴179条），証拠調べによって得られた資料（証拠資料）についての価値（証拠力）を評価するについては裁判官の自由な判断に委ねられる（自由心証主義。民訴247条）。

　ここで考察するのは，上記③の内容ということになる。

(2)　手形・小切手訴訟における証拠調べの特色

　手形・小切手取引は信用が中心であり，しかも迅速性が要請される。

　したがって，手形金や小切手金を請求する訴訟においても，速やかに権利の実現を図られる必要があり，そこでの証拠調べも通常の民事訴訟とは異なったいくつかの特色がある。その内容は民事訴訟法第5編に特則が設けられ，証拠調べについてみれば，その即時性が要求されている。そのため証拠方法も制限されており，原則として書証に限られるとしている（民訴352条）。このような制限は，弁論主義の支配する「請求の当否」に関する限りにおいて適用されるものであり，裁判所の職権調査事項（管轄，当事者能力，訴訟代理

権，二重起訴の禁止など）に関しては民事訴訟法上の一般原則により証拠調べをすることになる。

〔2〕 各種証拠申出書の記載事項

(1) 書証の対象となる文書

一般に「書証」とは，文書の記載内容である思想の意味が証拠資料となるための証拠方法である。公文書・私文書の別を問わず，手形や小切手のように法律行為が文書になったもの（処分文書）であると，受取書や日記帳などの事実認識が文書になってるもの（報告文書）であるとを問わない。

手形・小切手訴訟においては原則として人証の取調べが禁止されているため（民訴352条1項。例外的に文書の成立の真否と手形の提示（手形法上の呈示）に関する当事者尋問は許されることにつき同条3項），それを回避する目的で作成された報告文書（例えば，訴え提起後に争点に関する第三者の陳述書や私立探偵社作成の調査報告書など）は対象外とされる。

(2) 手形・小切手訴訟における書証適格

(a) 手形・小切手の原本 原告は，手形・小切手上の権利を実現するために訴訟を提起するのであるから，その権利発生・帰属の基礎となる手形・小切手の原本を書証として提出すべき義務がある（民訴規55条2項。なお，同条1項2号及び221条には訴状の添付書類として手形又は小切手の写しを添付すべきこととしているが，これにより書証の取調べを求めたことにはならない）。

(b) その他の文書 被告が，手形・小切手上の記載（例えば署名や印影）について争った場合，それを証明するために手形行為等の原因となった取引文書（例えば契約書，発注書，金銭借用書，当事者間に往来した通信文書など）を書証として提出し，署名や印影の対照を求めることが考えられる。

私人が手形・小切手を作成した場合，それが真正に作成されたものではないと主張されれば，当該手形・小切手の作成につき真正に成立したものであることを証明する必要がある（民訴228条1項）。そこで私文書の場合，本人の真正な署名又は印影があれば当該文書全体の真正な成立が推定され（民訴228条4項），反証がない限り本人の意思により成立した文書と推定され，その結

果文書全体の真正な成立が推定される（最判昭39・5・12民集18巻4号597頁）。

なお，拒絶証書作成義務が免除されていない場合は，適法な呈示があったことを証明するための文書（支払拒絶証書）を書証として提出しなければならない。

原告が，例えば被告から消滅時効の抗弁（【書式158】参照）に対して時効中断の再抗弁（【書式179】参照）を主張した場合，その立証のための催告書の取調べを求めることになる。これに対して被告は，自己の提出した抗弁事実（各種抗弁の内容については前記第2節〔1〕〔2〕参照）を証明する文書を提出して証拠調べを求めることになる。例えば保佐開始の審判書（【書式152】参照），手形金支払の事実を証明する書面（【書式157】参照），供託を証明する書面（【書式159】参照）などである。

(3) 当事者本人の尋問（例外措置）

文書の成立の真否について争いがある場合に限り，原告又は被告本人を尋問することが許されている。手形の提示についても同様である（民訴352条3項）。

(a) 文書成立の真否について　証拠方法である文書が，特定人の意思に基づいて作成されたものであるときは「真正な文書」として扱われる。

問題となるのは，手形・小切手行為が他人により代行された場合（例えばAがBに対して印鑑を渡してA名義の手形を振り出すように指示しているなど），作成者は本人（A）であると主張することになるから，その代行権限の有無について当事者本人尋問が許されるかである。上記の例では，その代行権限が認められると，Aの意思により手形が振り出されたことの証明ができるであろうから，文書の成立の真否に関する事実の取調べとして積極に解すべきである（これに対し，AがBに手形振出の代理権を与えた場合の手形作成者はBであり，作成名義人がBであるか否かの事実について当事者本人Aを尋問することは，文書の成立の真否に関する事実の取調べとしてできるかは疑問であろう）。また，手形金支払の抗弁（【書式169】参照）の立証のため領収書の証拠調べを求めたが，成立の真正を争われたとして本人尋問の申出をした場合の尋問事項が問題になる。つまり，それが支払を受けた原告によって作成されたものであるとする尋問事項であれば許されるが，争点である「支払の事実」そのものを立証するための尋

問事項とするのであれば，それは文書成立の真否の範囲を超えることになり許されないと解する。

　なお，文書成立の真否に関連して，その作成経緯や作成の動機（それ自体は文書作成の真否を推認させる間接事実）については当該文書の成立の真正を判断する上で必要な事実として尋問を求めることは許されるが，その文書の意味内容が不明のため，これを明らかにするために尋問を求めることは，文書成立の真否にかかわるものでないから許されないであろう（以上につき下出・前掲書283頁参照）。

　(b) 提示について　　手形の提示した時期，場所，相手方に関しての当事者本人尋問も許される（民訴352条3項）。

　手形の支払場所に不案内なため知人を同行して支払場所に呈示したが，呈示の事実を争われたため，支払場所までの経緯を尋問するための本人尋問は許されるが，その知人に証言を求めることはできない。

〔石田　賢一〕

書式 182　書証申出書

平成○○年（手ハ）第○○○号　約束手形金請求事件
原告　甲野太郎
被告　乙野次郎

　　　　　　　　　書　証　申　出　書

　　　　　　　　　　　　　　　　　　　　　平成○○年○○月○○日

○○簡易裁判所○○係　御中

　　　　　　　　　　　　　　原告訴訟代理人弁護士
　　　　　　　　　　　　　　　　丙　野　三　郎　㊞

　上記事件につき，原告は，被告が本件約束手形（以下「本件手形」という。）振出の事実及びその作成の真正を争うので，これらを立証するため，下記文書の証拠調べを申し出る。

　　　　　　　　　　　　　　記
　甲第1号証　　約束手形　　被告が本件手形を振り出した事実を立証するため
　甲第2号証　　契約書　　　当事者間において，本件手形振出の原因となった売買契約に関し作成した被告の印影を対照するため

　　　　　　　　　　　　　　　　　　　　　　　　　　以上

〔注〕
1．書証の申出（証拠の申出）は，証明すべき事実と証拠との関係を具体的に明示してしなければならない（民訴180条・219条，民訴規99条1項）。
2．印影の対照（その意味につき民訴352条2項後段）は，両文書を比較対照してすることになるが（民訴229条），手形・小切手訴訟では証拠調べの制限があるから，対照に供する文書（本書式例における甲第2号証）の代わりに第三者が作成した文書（例えば取引銀行が作成した届出印証明書）などをもって書証の申出をすることは許さないことになろう（つまり，その文書の成立の真否が争われ本人尋問が必要になった場合に問題となるからである）。

書式183　原告本人尋問申出書

平成〇〇年（手ハ）第〇〇〇号　約束手形金請求事件
原　告　甲　野　太　郎
被　告　乙　野　次　郎

原告本人尋問申出書

平成〇〇年〇〇月〇〇日

〇〇簡易裁判所〇〇係　御中

原告訴訟代理人弁護士
丙　野　三　郎　㊞

　上記事件につき，原告は，本件約束手形（以下「本件手形」という。）が真正に成立したものであることを立証するため，下記のとおり人証の取調べを申し出る。

記

1　人証の表示
　　〒〇〇〇－〇〇〇〇
　　〇〇県〇〇市〇〇町〇丁目〇番〇号
　　原告本人　　甲　野　太　郎
　　　　（昭和〇〇年〇〇月〇〇日生）
　尋問所要時間　　約10分
2　尋問事項
　　別紙尋問事項書記載のとおり

以上

〔注〕
1．当事者本人尋問の申出につき民事訴訟法352条3項。なお，同207条・210条参照。
2．本書式例に添付すべき別紙尋問事項書は，次のとおりである。

（別紙）

```
　　　　　　　　　　　尋　問　事　項　書

 1　原告は被告と平成〇〇年〇〇月〇〇日ころ既製服50着の売買契約（以下「本件
　契約」という。）を締結したことがありますか。
 2　本件契約をする経緯はどうでしたか。
 3　本件契約に際し，被告から，その代金支払のために約束手形（甲第1号証）の
　振出交付を受けましたか。
 4　被告は，その手形を振り出す際に，原告の目前で署名・押印をしましたか。
 5　被告は，本件契約を締結した際に，契約書（甲第2号証）に押印した事実はあ
　りますか。
　　　　　　　　　　　　　　　　　　　　　　　　　　　　　　　　　　　以上
```

3．手形・小切手訴訟において，当事者尋問が許されるのは文書の真正又は手形の呈示に関する事実の立証に限られ，しかもそれは当事者の申立てがある場合に限られる（当事者本人尋問の申出につき民訴352条3項。なお，民訴207条・210条参照）。

4．本書式の事例は，手形振出人である被告が振出の事実を争ったため，当該手形振出人の署名・押印について，それが被告本人の意思によりなされたものであるからとして，文書の成立につき真正であることを立証するため，原告本人尋問を申し出た場合を想定している。その場合でも，尋問の結果につき証明力に不安があれば，手形振出の原因となった売買契約の際に取り交わされた契約書との印影の対照による証拠調べの方法がある（【書式182】参照）。

5．人証の申出については，本人であることが明らかになるように特定される事項（住所，氏名，年齢等）を記載し，尋問に要する所要時間を示して，別紙尋問事項書は裁判所と相手方分を同時に提出する（民訴規127条・106条・107条）。

6．なお，手形振出の原因となった売買契約の事実について尋問することは，その文書（手形）作成の動機・目的であり，まさに書証成立の真正を推認するのに重要な間接事実であるから，違法性はないと解される（以上に関し，梶村太市＝石田賢一編『民事訴訟書式体系』〔改訂増補版〕353頁以下〔廣瀬信義〕参照）。

第5節　手形・小切手訴訟と通常訴訟手続への移行

〔1〕概　説

(1) 通常移行の意義と必要

　手形・小切手訴訟を提起後，原告の都合で（証拠方法の制限を回避したり，手形・小切手訴訟のままで判決されると，被告からの異議により通常訴訟手続で審判されてしまうことを避けるため（民訴357条・361条）。もっとも，原告の通常訴訟手続への移行申述権の行使に理由を示す必要はない），当該訴訟を通常訴訟手続に移して審理をしてもらうことができ，これを手形・小切手訴訟の「通常訴訟手続への移行」という（民訴353条1項。単に「通常移行」ともいう）。

　通常移行は，訴訟が簡易・迅速に処理されるよりは，証拠上の制限から解放されて（民訴352条参照），証拠調べの嘱託や証人尋問，鑑定（民訴185条・190条・212条）などが許される訴訟手続を選択する必要がある場合や，手形・小切手振出の原因となった事実に訴えの変更をして審判を求める場合（民訴143条）などの必要がある場合に意味がある。

(2) 通常移行の機能

　手形・小切手訴訟において実質的に通常移行が有効となるのは，訴訟の経緯により，①前述した証拠制限からの解放（民訴352条参照），②被告の自白（擬制自白），③訴えの変更，等の必要がある場合で，原告の訴訟維持面で機能する。

　(a) 証拠制限からの解放　手形・小切手訴訟における証拠調べは，書証の取調べと，その書証の成立の真正を調べるため及び手形提示のための当事者本人尋問に限られているから（民訴352条1項・3項），それ以外の証拠方法によって原告の主張を立証する必要があるときには（例えば，証人尋問や印影の鑑定，又は文書の提出命令や送付嘱託等），手形・小切手訴訟のままでは敗訴してしまう。それを避けるために通常移行の手段が認められている。後述のように，手形金等の請求をその原因関係の請求に訴えの変更をしたい場合や，被

告が手形判決等に異議を予定している場合などにあっては，通常移行の措置をとることにより証拠制限を回避して，むしろ紛争の早期解決につながることも考えられる。

(b) 被告の応訴態度　通常訴訟においては，被告が原告の主張を明らかに争わなかったり，口頭弁論に出頭せず答弁書その他の準備書面も提出しなかったときは（民訴159条1項及び3項各本文），その訴訟手続のままでも原告は勝訴判決を受けられるが，手形判決等では被告から異議が予定される（そのため，手形判決は「一応の判決」といわれる（民訴357条・361条））。そこで手形訴訟の場合でも，被告がどのような応訴態度に出るかの予想が可能な原告としては，判決の最終的早期確定を得るため，被告の引き延し戦術を予想できる場合には，手形・小切手訴訟の口頭弁論終結直前に通常移行の申述をすると原告勝訴判決が容易に受けられるので，これらの場合の原告の訴訟技術として通常移行が機能する。

(c) 訴え変更の必要　手形金請求のままで訴訟をすると短期消滅時効にかかり敗訴を免れない場合（手70条・77条1項8号。なお小51条），原告はより消滅時効の期間が長い原因関係（例えば一般の売買契約代金として手形を振り出した場合の売買契約（民167条1項））に訴えの変更をし（民訴143条），その請求原因事実の立証に成功すれば，勝訴判決を受けられることができる。したがって，そのような場合の原告の訴訟技術として通常移行は機能する。

〔2〕　通常訴訟手続への移行申述書の記載事項

(1) 通常移行の形式的要件

(a) 通常移行権の口頭弁論開始前の行使　原告は，手形・小切手訴訟を提起した後，当該事件の口頭弁論が開始される前であっても，一方的に当該訴訟を通常訴訟に移行する旨の申述をすることができる（通常移行申述権，民訴353条1項・2項）。この申述は，書面又は口頭ですることになる（民訴規1条）。

裁判所は，提起された手形・小切手訴訟の全部又は一部につきその訴訟手続で審判することができないと判断したときは，口頭弁論を経ないで訴え却

下の判決をすることができる（民訴355条1項）。その判決は原告に対して送達され（民訴255条），原告はその送達を受けた日から2週間以内に，その却下された判決の請求について通常訴訟を提起することができる（民訴355条2項）。しかし，手形・小切手訴訟の適格を欠く請求についての訴え却下の判決に対しては不服申立権はないから（民訴356条），訴訟経済の面からも上記訴え却下判決がなされる前に通常移行の申述をするのが適当であろう（裁判所はその判決前に弁論開始のための事前準備として原告に対して釈明等の方法により通常移行申述権行使について打診することも考えられる）。なお，上記訴え却下後に提起される通常訴訟の訴状に貼付すべき収入印紙は流用が認められる（民訴費5条1項）。

(b) 通常移行権の口頭弁論開始後の行使 原告の通常移行申述権は，口頭弁論が終結する前に行使されなければならないとされている（民訴353条1項）。したがって原告は，手形・小切手訴訟の訴え提起後口頭弁論終結前であればいつでも通常移行申述権を行使することができる。もしその申述をしないで手形・小切手訴訟のまま弁論が終結した場合は，手形・小切手判決がなされ（民訴343条以下。民訴規216条），その判決に対しては，控訴が禁止されている（民訴356条）。手形・小切手訴訟による審判ができないため訴え却下の判決がなされた場合も同様であるが，その訴訟において一般の訴訟要件欠缺を理由とする訴え却下の判決に対しては，例外的に控訴が認められる（民訴356条但書）。

(2) 通常移行申述権の行使方法

手形・小切手訴訟における通常移行申述権は，当該訴訟の原告のみが行使できる（民訴355条1項）。したがって，裁判所が職権で通常訴訟に移行することは認められず，もし裁判所が当該訴訟につき手形・小切手訴訟によることができないと判断したときは，訴えの全部又は一部について却下の判決をしなければならず，原告はその判決の送達後，通常訴訟による訴えの提起を考えることになる（民訴355条1項・2項）。

通常移行申述権の行使は，書面又は口頭ですることになるが，口頭申述の場合は裁判所書記官の面前で陳述し調書を作成してもらうことになる（民訴規1条）。原告の通常移行申述権が行使されれば，その旨は被告に対して告知されるが，当該手形・小切手訴訟が通常訴訟移行する法的効果は原告の申述

権行使が裁判所に受理されたときである（民訴353条2項）。

〔石田　賢一〕

書式184　通常訴訟手続への移行申述書(1)——基本型

```
平成○○年（手ハ）第○○○号　約束手形金請求事件
原　告　甲　野　太　郎
被　告　乙　野　次　郎


              通常訴訟手続移行申述書


                            平成○○年○○月○○日

○○簡易裁判所民事○○係　御中

                   原告訴訟代理人弁護士
                        丙　野　三　郎　㊞

　上記事件につき，請求事件の全部につき通常訴訟手続に移行して審理及び
判決されたく，この旨申述する。
```

〔注〕
1. 本書式は，手形訴訟の場合を想定したものであるから，小切手訴訟の場合は，事件名などを「小切手金請求事件」と表示することになる。

書式 185　通常訴訟手続への移行申述書(2)──主観的併合事件型

```
平成○○年（手ハ）第○○○号　約束手形金請求事件
原　告　甲　野　太　郎
被　告　乙　野　次　郎，丁　野　四　郎


                通常訴訟手続移行申述書


                                    平成○○年○○月○○日

○○簡易裁判所民事○○係　御中


                        原告訴訟代理人弁護士
                            丙　野　三　郎　㊞

　上記約束手形金請求事件につき，被告丁野四郎に対する請求の全部につき，
通常訴訟手続に移行して審理及び判決されたく，この旨申述する。
```

〔注〕
1．本書式による申述があれば，当該手形訴訟は被告丁野四郎についての弁論は分離され（民訴152条1項），同被告はその申述が受理されたときから（一部移行申述のときはその部分のみ），通常訴訟手続によって審判される（民訴353条2項）。
2．本書式による手形訴訟の通常訴訟移行事例としては，例えば外見上は被告両名による手形の共同振出になっているが，被告丁野の振出部分につき氏名を冒用したことによる偽造の抗弁が主張され（【書式148】参照），それに対する再抗弁事実について証人尋問が必要となる場合などである（【書式149】〔注〕2の場合）。
　　すなわち，【書式149】〔注〕2の事例の関連でいえば，被告丁野四郎の長男（A）を証人として尋問する必要がある場合などである。
3．弁論が分離されると，それぞれの請求が独立して審理され，分離後の通常訴訟手続へ移行した請求については民事訴訟法243条以下の適用を受ける。
4．小切手訴訟の場合の事件名の表示等は，【書式184】〔注〕参照。

書式 186　通常訴訟手続への移行申述書(3)──客観的併合事件型

平成〇〇年（手ハ）第〇〇〇号　約束手形金請求事件
原　告　甲　野　太　郎
被　告　乙　野　次　郎

　　　　　　　　　通常訴訟手続移行申述書

　　　　　　　　　　　　　　　　　　　平成〇〇年〇〇月〇〇日

〇〇簡易裁判所民事〇〇係　御中

　　　　　　　　　　　　原告訴訟代理人弁護士
　　　　　　　　　　　　　　丙　野　三　郎　㊞

　上記約束手形金請求事件につき，別紙手形目録(2)記載の手形の請求の全部に関しては，通常訴訟手続に移行して審理・判決されたく，この旨申述する。
（別紙手形目録は省略）

〔注〕
1．本書式の事例は，原告が複数の手形金を請求するため，1つの手形訴訟を提起したところ，そのうちの一部につき被告から抗弁を主張され，証拠制限のある手形訴訟では訴訟維持が困難となった場合（民訴352条参照）などを想定したものである。
2．手形訴訟の通常訴訟移行後の弁論の分離などについては，【書式185】〔注〕を参照されたい。
3．小切手訴訟の場合の事件名の表示等は，【書式184】〔注〕参照。

第6節　手形・小切手判決

〔1〕　概　　説

(1)　手形判決等の表示

　裁判所は，手形・小切手訴訟が当事者の主張・立証をまって裁判をするのに熟したときには，「手形判決」又は「小切手判決」と表示して，実体上の判断による終局判決をすることになる（民訴243条1項，民訴規216条・221条）。

　また，原告の手形・小切手訴訟上の請求が，訴訟法上の一般要件を欠いたり，手形・小切手訴訟上の特別要件を欠いた場合は，訴訟判決による終局判決をすることになる（民訴355条・356条・367条）。

(2)　訴訟要件の欠缺

(a)　一般的訴訟要件の欠缺

　(イ)　意　　義　　手形・小切手訴訟における一般的訴訟要件の欠缺とは，訴訟上の請求たる原告の被告に対する権利主張が勝訴の本案判決を得るために具備しなければならない要件を欠くことである。

　一般的訴訟要件として観念されるものには，①裁判権があること，②管轄に服すること，③適法な訴状送達がなされていること，④当事者が実在し，かつ，当事者能力があること，⑤請求につき当事者適格があること，⑥請求につき訴えの利益があること，⑦原告が訴訟費用の担保提供を要しないか又は必要な担保が提供されていること，⑧二重起訴の禁止に触れていないこと，⑨不起訴の合意がないことなどがある。

　上記①～⑥は，その存在が本案判決の要件とされる意味で「積極的訴訟要件」といわれる。これに対し，上記⑦～⑨はその存在が本案判決を妨げる意味で「消極的訴訟要件（訴訟障害）」とされる。

　(ロ)　一般的訴訟要件の調査　　裁判所においては，上記積極的訴訟要件（上記①～⑥）については職権調査事項とされ，その存在を判断するための資料も職権で探知しなければならない（職権探知事項）。これに対し，消極的訴

訟要件（上記⑦〜⑨）は被告の妨訴抗弁の主張によって判断される。

　手形・小切手訴訟においても、訴訟要件の調査についてその順序は法定されているわけではない。

　(b)　特別訴訟要件の欠缺　手形・小切手訴訟における特別訴訟要件とは、「手形金又は小切手金の金銭請求」と、「それらの金銭請求に附帯する法定利率による損害賠償の請求」を目的とする場合に限り、その訴訟適格が認められるということである（民訴350条1項・367条1項）。したがって、手形自体の引渡請求や利得償還請求（手85条）は、手形上の権利ではないから訴訟適格を欠く。また、法文上は金銭請求（給付訴訟）に限り手形・小切手訴訟によることを認めているから、例えば手形金の支払義務があることの確認を求める場合（確認訴訟）も訴訟適格を欠くことになる。なお、手形・小切手訴訟の訴状には「手形訴訟による審判を求める」旨の記載をしなければならないとされているが、これは、一般又は特別の訴訟要件ではなく、その記載がない場合は通常訴訟によって審判されるだけのことである。

〔2〕　手形・小切手判決の記載事項

(1)　手形・小切手判決の特色

　手形・小切手訴訟における異議前の判決書（判決書に代わる調書も含む）については、その記載事項として、その冒頭に「手形判決」、「小切手判決」などの表示をすることが求められている（民訴規216条・221条）。その表示は、請求が認容される場合であると、棄却する場合であるとを問わない。ただし、上記表示を欠いた判決も、その実質において手形・小切手判決であることに変わりはなく、不服申立方法の制限を受ける。

(2)　必要的仮執行の無担保宣言と仮執行免脱制度

　手形又は小切手による金銭の支払請求及びこれに附帯する法定利率による損害賠償請求を認容する判決には、職権で、担保を立てないで仮執行の宣言をすべきこととされているから（民訴259条2項）、手形・小切手訴訟の判決においても、このことは妥当する。したがって、請求認容の本案判決を受けた原告は、当該判決が確定する前に強制執行手続に入ることができる（民執22

条2号)。これに対し,被告がこの強制執行を防ぐためには,次の2つの方法が考えられる。

　1つは,手形判決等に対する異議申立てをすると同時に強制執行の停止を申し立てる方法である(357条・398条1項5号。この停止を得るためには担保の提供が必要である)。これは,原判決に取消し又は変更の原因となるべき事情があり,かつ,それを疎明したときにすることができる(民訴403条1項5号)。

　あと1つは,手形判決等に仮執行の免脱を宣言してもらう方法であり(民訴259条3項),これを「仮執行免脱宣言」という。仮執行免脱宣言とは,仮執行の宣言によって被告の利益が害されることに鑑み,原告・被告の地位の均衡を図る手段として,被告の申立てにより又は職権で,担保を供させて仮執行を免脱する制度である(民訴259条3項。なお,詳細は後述の第7節〔2〕(2)を参照)。その担保額は,仮執行の免脱により,原告が判決の確定による強制執行をできるまでの間に被るであろう損害が基準となる(なお,最判昭43・6・21民集22巻6号1329頁参照)。

　両者とも,執行停止を得るためには担保の提供を要するが,実務的には後者の活用が期待されている。

　以上の仮執行宣言及び仮執行免脱宣言は,判決主文に記載することを要する(民訴259条4項)。

　手形・小切手訴訟の請求認容判決で仮執行宣言を付さなかった場合,又は申立てによる仮執行免脱宣言をしなかった場合は,職権又は申立てにより,補充の決定をしなければならない(民訴259条5項)。

〔石田　賢一〕

書式 187　請求認容判決

平成○○年○○月○○日判決言渡　同日原本領収裁判所書記官
平成○○年（手ハ）第○○○号　約束手形金請求事件
口頭弁論終結日　平成○○年○○月○○日

手　形　判　決

○○県○○市○○町○丁目○番
　　　　　　　　　　　　　　原　告　　甲　野　太　郎
　　　　　　　　　訴訟代理人弁護士　　丙　野　三　郎
○○県○○市○○町○丁目○番
　　　　　　　　　　　　　　被　告　　乙　野　次　郎

主　　文

1　被告は，原告に対し，金○○万円及びこれに対する平成○○年○○月○○日から支払済みまで年6分の割合による金員を支払え。
2　訴訟費用は被告の負担とする。
3　この判決は仮に執行することができる。

事　実　及　び　理　由

第1　請求
　　主文と同旨
第2　事案の概要
　1　請求原因の要旨
　　(1)　原告は，別紙手形目録記載の約束手形（以下「本件手形」という。）を所持している。（甲第1号証）
　　(2)　被告は，本件手形を振り出した。（争点）
　　(3)　本件手形は，支払呈示期間内に適法に提示された。（甲第1号証及び弁論の全趣旨）
　2　争点
　　被告が本件手形を振り出したかどうか。
第3　争点に対する判断
　　被告本人尋問の結果により本件手形（甲第1号証）の被告名下の印影が被告の印章により顕出されたことが認められ，反証がないから当該印影は被告の意思に基づいて顕出されたものと推定される。以上によれば，請求原因(2)の事実を認めることができるから，本訴請求は理由がある。

　　　　　○○簡易裁判所
　　　　　　　裁　判　官　　○　○　○　○

（手形目録は省略）

〔注〕
1. 本事例は，原告の約束手形金請求→被告による手形振出の事実否認→甲第１号証（約束手形）の提出→第三者（Ａ）による被告の印章盗用（偽造。なお【書式148】参照）の手形抗弁主張→被告本人尋問の結果によりＡが被告の印章を用いて押印したことが確定→反証なし→被告の意思に基づいて押印されたものとの事実上の推定→成立の真正が推定（民訴228条４項。二段の推定）という判断手順を経た結果を想定している。判例によれば，私文書の作成名義人の印影が争われた場合，当該作成名義人の印章によって顕出された事実が確定された場合は，反証のない限り，その印影は作成名義人本人の意思に基づいて顕出されたものとの事実上の推定が働くとされ，その結果当該私文書は真正に成立したものと推定されるとしている（最判昭39・５・12民集18巻４号597頁。なお，私文書の成立について推定する場合の表示方法に関して司法研修所編『民事判決起案の手引』〔７訂〕74頁参照）。
2. 判決の一般的記載事項につき民事訴訟法253条，民事訴訟規則157条。なお，簡易裁判所の特則につき民事訴訟法280条及び手形訴訟等に関する特則につき民事訴訟規則216条。
3. 書式につき，梶村太市＝石田賢一編『民事訴訟書式体系』〔改訂増補版〕365頁以下〔西村博一〕参照。

第6節　手形・小切手判決　〔2〕　手形・小切手判決の記載事項　【書式188】

書式188　請求棄却判決

平成○○年○○月○○日判決言渡　同日原本領収裁判所書記官
平成○○年(手ハ)第○○○号　約束手形金請求事件
口頭弁論終結日　平成○○年○○月○○日

手　形　判　決

　　○○県○○市○○町○丁目○番
　　　　　　　　　　　　　原　告　　　甲　野　太　郎
　　　　　　　　訴訟代理人弁護士　　　丙　野　三　郎
　　○○県○○市○○町○丁目○番
　　　　　　　　　　　　　被　告　　　乙　野　次　郎

主　　　　　文

1　原告の請求を棄却する。
2　訴訟費用は原告の負担とする。

請　求　の　原　因

第1　請求
　1　請求原因の要旨
　(1)　原告は、別紙約束手形目録記載の約束手形（以下「本件手形」という。）を所持している。
　(2)　被告は、本件手形を振り出した。
　(3)　よって、原告は被告に対し、本件手形金○○万円及びこれに対する平成○○年○○月○○日から支払済みまで手形法所定の年6分の割合による遅延損害金の支払を求める。
　2　争点
　　本件手形の満期日（支払期日）は、平成○○年○○月○○日まで猶予されたかどうか。
第2　争点に対する判断
　　成立に争いのない甲第1号証（本件手形）によれば、その満期日は平成○○年○○月○○日となっているところ、原告本人尋問の結果により真正に成立したものと認める甲第2号証（合意書）により、その支払期日が平成○○年○○月○○日に変更された事実が認められる。
　　そうすると、原告は被告に対して本件手形金の支払を猶予したことになり、その猶予された期日は未だ到来していない。
　　以上の事実によれば、原告の本訴請求は理由がないから、主文のとおり判決する。

　　　　　○○簡易裁判所
　　　　　　　裁　判　官　　　○　　○　　○　　○

（手形目録は省略）

〔注〕
1．支払猶予の手形抗弁（人的抗弁）については，第2節〔2〕(3)(b)(ｲ)及び【書式172】を参照されたい。

書式 189　仮執行免脱宣言判決

```
平成○○年○○月○○日判決言渡　同日原本領収裁判所書記官
平成○○年（手ハ）第○○○号　約束手形金請求事件
口頭弁論終結日　平成○○年○○月○○日
```

手　形　判　決

　　○○県○○市○○町○丁目○番
　　　　　　　　　　　原　告　　甲　野　太　郎
　　　　　　　訴訟代理人弁護士　　丙　野　三　郎
　　○○県○○市○○町○丁目○番
　　　　　　　　　　　被　告　　乙　野　次　郎

主　　　文

1　被告は，原告に対し，金○○万円及びこれに対する平成○○年○○月○○日から支払済みまで年6分の割合による金員を支払え。
2　訴訟費用は被告の負担とする。
3　この判決は仮に執行することができる。
4　ただし，被告において金○万円の担保を供するときは，その仮執行を免れることができる。

事　実　及　び　理　由

第1　請求　　主文1，2項と同旨
第2　事案の概要
　1　請求原因の要旨
　　　………（省略）…………
　2　争　点
　　　………（省略）…………
第3　争点に対する判断
　　　………（省略）…………
　　以上の事実によれば，争点の事実は肯認され，原告の本訴請求は理由がある。
　　なお，本件につき仮執行の免脱を求める被告の申立ては相当と認められるから，主文のとおり判決する。

　　　　　　○○簡易裁判所
　　　　　　　裁　判　官　　○　○　○　○

（手形目録は省略）

〔注〕
1．仮執行宣言の免脱申立てについては，前述〔2〕(2)を参照されたい。
2．被告の上記申立てが理由なしと判断されたときは，判決理由中でその旨が示される。
3．本書式に関して梶村太市＝石田賢一編『民事訴訟書式体系』〔改訂増補版〕369頁以下〔西村博一〕参照。

第7節　手形・小切手判決に対する不服申立て等

〔1〕　概　　説

(1)　手形・小切手判決と不服方法

　手形・小切手訴訟の実体判断による終局判決に対しては，控訴が禁止されており（民訴356条本文），不服がある場合は，異議の申立てによって通常訴訟手続により審判を求めることになる（民訴357条・361条・367条2項）。

　手形等訴訟の終局判決とその不服申立方法との関係を図にまとめると，次のとおりである。

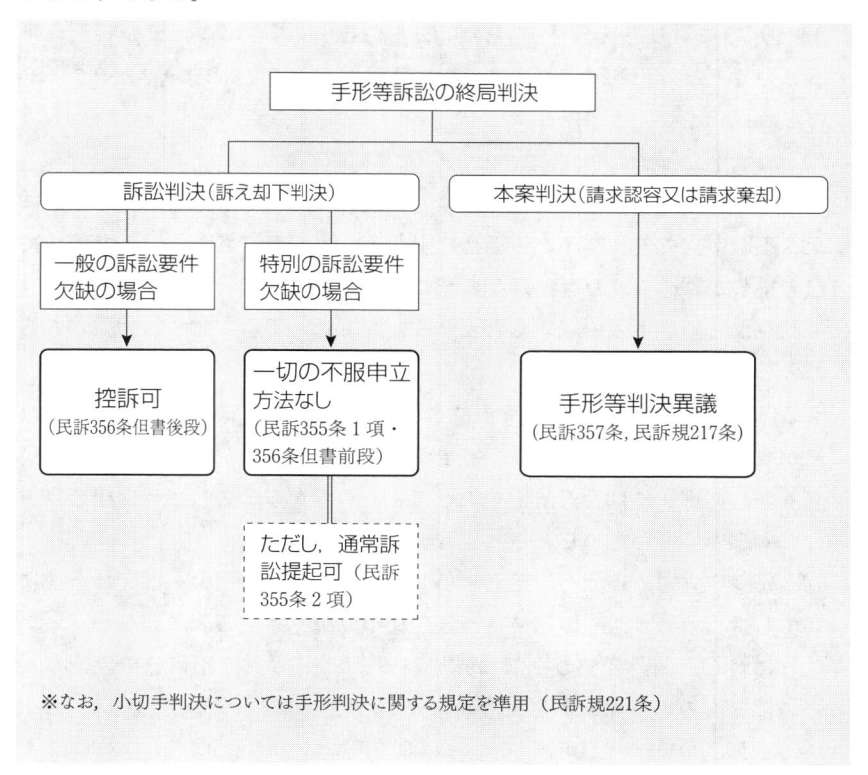

```
                    手形等訴訟の終局判決
          ┌──────────────┴──────────────┐
    訴訟判決（訴え却下判決）            本案判決（請求認容又は請求棄却）
    ┌─────┴─────┐
一般の訴訟要件    特別の訴訟要件
欠缺の場合       欠缺の場合
    ↓               ↓                          ↓
  控訴可        一切の不服申立               手形等判決異議
（民訴356条但書後段） 方法なし              （民訴357条，民訴規217条）
              （民訴355条1項・
               356条但書前段）
                    ┆
              ただし，通常訴
              訟提起可（民訴
              355条2項）
```

※なお，小切手判決については手形判決に関する規定を準用（民訴規221条）

(2) 手形・小切手判決に対する異議制度

(a) 異議と控訴の差異 手形・小切手訴訟における審判は，合理性・迅速性が重視され，証拠制限がされているため，訴訟上の攻撃・防御方法が十分に尽くされずに訴訟が終了する（原告はそれを認識した上で手形・小切手訴訟を選択したのである）。

したがって，この手続の中で仮に控訴を許すとすれば，控訴審が通常の訴訟手続により請求の当否について判断することとなり，わが国における訴訟の三審制度の原則を反故にする。そこで，手形・小切手判決に不服があれば，第一審の裁判所において通常の訴訟手続によって審理が行われる異議の制度が設けられている。異議審手続も控訴審手続も，終局判決に対する不服申立方法であることに違いはないが，前者は第一審での事実判断を求めるための再度の審判制度であり（それは口頭弁論終結前の状態に戻して請求の当否について判断される）のに対し，後者は控訴審における控訴の当否についての審判を求めるものである（不服申立ての範囲を超えて判断することは許されない）という差異がある。

(b) 異議申立権者

(イ) **不服申立ての利益と異議申立権** 裁判所に対する不服申立ては，法律上，不服申立ての利益がある場合に限りその主張が許される。したがって，自己の主張が認められた者にはその認められた理由の如何を問わず不服申立ての利益はなく，主張の認められなかった敗訴者に不服申立ての利益があるものとして扱われる。

もっとも，被告からの反対債権による相殺の主張（人的抗弁）が認められ，原告が敗訴判決を受けた場合は，被告があたかも勝訴判決を得たかのように見えるが，実質的には反対債権を失うことになるから，このような場合は被告にも異議申立権が認められるべきと解される。

(ロ) **異議申立権の範囲** 手形・小切手判決により主張の一部又は全部について敗訴した者は，その部分につき異議申立権を有する。

これに対し，敗訴判決の一部に異議があっても，「異議不可分の原則」からその部分のみの異議は許されない（例えば額面金100万円の約束手形金請求事件において，50万円の一部弁済が認められ，残額50万円につき給付命令を受けて敗訴した被

告が，その認定に不満があるとしても残額50万円のみに対する異議を申し立てることはできない）。もっとも，客観的併合の場合で（例えば1通の訴状で約束手形A，B，C3通の手形金請求など），その一部（Cの手形金）について敗訴した場合の原告は，その敗訴部分について異議の申立てを認めてもよいと解される。

(c) 異議申立ての期間　異議申立ては，手形・小切手判決の送達があった日から2週間の不変期間内に，その判決をした裁判所に対して行う（民訴357条）。

不変期間とは，裁判所が職権で伸縮することができない法定期間である（民訴96条1項但書）。ただし，例外としての付加期間が認められる場合もある（同条但書）。期間の計算は，初日不算入の原則から，送達の翌日から起算される（民訴95条・96条）。

(d) 異議申立権の放棄・取下げ　手形・小切手判決に対する異議申立権は，その申立前に限り異議申立権者の一方的訴訟行為により放棄することができる（民訴358条。一種の与効的訴訟行為）。それは裁判所に対する申述によることとされ（民訴規218条1項），裁判所は相手方に対してその旨の通知をしなければならない（民訴規218条2項）。手形・小切手判決の前に当事者間で異議の申立てをしない旨の合意をした場合は，不控訴の合意に準じて扱い，異議権発生障害事由となろう（民訴281条1項但書参照。なお，新堂幸司『新民事訴訟法』〔第3版〕876頁参照）。

手形・小切手判決に対する異議申立ては，通常の訴訟手続による第一審の終局判決があるまでの間は，相手方の同意を得て取り下げることができる（民訴360条1項・2項）。もっとも，相手方が異議申立てを取り下げる旨の送達を受けながら，2週間以内に何らの対応もしない場合は，異議申立てに同意したものとみなされる（民訴360条3項）。

(e) 異議申立後の訴訟手続　手形・小切手判決（これに代わる調書も含む）に対する適法な異議申立てがあると，当該訴訟は口頭弁論終結前の程度に復して通常訴訟手続によって審判される（民訴361条）。

異議申立後の通常訴訟手続で審理された結果，その判断が手形判決と符合するときの異議審での判決主文は，「手形判決を認可する」旨の表示がなされる（民訴362条1項。なお訴訟費用の負担につき民訴363条参照）。その場合，手形

判決で示された理由と異議審判決での理由が異なっていても，結論において同じであれば，やはり認可判決となる。もっとも，手形判決における手続に法令違背があった場合は「手形判決取消し」の主文となる（民訴362条1項・2項）。ところで，異議申立後の審理において手形判決の判断と結論が符合しない場合は，「手形判決取消し」とした上で新判断を示すことになるが（民訴362条2項），手形判決の全部を認可できないときはすべてを取り消すことになる。一部のみを認可でき，その余を認可できないときは「手形判決主文第1項中，……を認可し，主文第1項のその余の部分を取り消す。」とする変更判決となろう（村重慶一編『裁判実務大系(2)手形小切手訴訟法』482頁・487頁〔山崎潮〕参照」）。

〔2〕 異議申立書などの記載事項

(1) 申立ての方式と訴訟上の効果

手形・小切手判決に対する異議申立ては重要な訴訟行為であるから，書面主義がとられており（民訴規217条1項），裁判所はその異議申立書の副本を相手方当事者に送付しなければならない（民訴規217条2項）。

法規上，異議申立書にはその理由，特に相手方に対する攻撃・防御としての内容（例えば，抗弁事実等の主張・立証とか，それらに対する応訴態度）までの記載は要求されていないが，これらの内容を記載した場合は準備書面を兼ねたものとして扱われるから，訴訟の審理促進のためには望ましいところである（民訴規217条3項）。

(2) 異議申立てと強制執行停止手続

(a) 執行停止の申立て　手形・小切手判決により原告勝訴の終局判決には必要的に仮執行の宣言が付されるから（民訴259条2項），その判決に仮執行の免脱宣言（民訴259条3項）がされていない限り，強制執行を免かれることはできない。これに対し，被告は手形等判決に対する異議の申立てをして（民訴357条・367条2項），原判決の取消し又は変更の原因となるべき事実を疎明して執行停止の申立てをすることができる（民訴403条1項5号）。

(b) 執行停止の申立方式

(イ)　申立てと疎明　　強制執行に対する停止手続は，権利者に対する重大な不利益を及ぼすことになるから，それは債務者の書面による申立てを必要とする書面主義がとられている（民訴403条1項，民訴規238条）。

執行停止の申立ては，手形・小切手判決に対する異議申立てと同時に又はその直後に，異議申立てをした裁判所にしなければならない。また，法律上は「原判決を取消し又は変更の原因」となるべき事情を疎明した場合とされる（民訴403条1項5号）。

疎明とは，証明（裁判官が合理的な疑いを差し挟まない程度の真実らしいとの心理状態）よりは低い程度に，裁判官をして一応は確からしいとの推測をしうる状態を意味する。また，疎明に用いられる証拠方法は，即時に取調べが可能な資料に限られる（民訴188条。なお，旧民事訴訟法267条2項のような疎明に代わる保証金の提供や，申請人宣言の制度は廃止されている）。したがって，執行停止の原因となった事情（例えば，手形判決の言渡し前後に手形金の全部又は一部を弁済したこととか，原告によって支払猶予の承認をしたことなど）を推認させる資料（例えば領収書や期限猶予の合意書）を提出することはもちろん，第三者による仲裁があった場合は，その者の作成した陳述書を書証として申請することも考えるべきである（執行停止手続における審理は，手形・小切手訴訟そのものではないから，証拠制限に服さない）。

(ロ)　担保の提供　　手形・小切手判決に基づく強制執行を停止させるには，被告において担保を提供しなければならない（民訴403条1項は「担保を立てさせて，若しくは立てさせないで」とされているが，手形・小切手判決に基づく強制執行を停止させるには無担保停止の扱いは実務のとらないところである）。

提供する担保額をいかにすべきかは裁判所の裁量に委ねられているが，一般的には，疎明の程度・強弱，疎明によって手形等判決が取り消される可能性の程度などが，その額を決定する際に参考とされる。なお，被告において不渡りによる取引停止処分を免れるために支払銀行に対して異議提供金を預託している場合，これが強制執行を停止させる担保額を定める際に考慮されることもある（詳細につき下出・前掲書330頁参照）。

〔石田　賢一〕

書式 190　手形判決に対する異議申立書

平成○○年（手ハ）第○○○号　約束手形金請求事件
原　告　甲　野　太　郎
被　告　乙　野　次　郎

[収入印紙]

手形判決に対する異議申立書

平成○○年○○月○○日

○○簡易裁判所　御中

被告訴訟代理人
弁護士　○　○　○　○　㊞

　頭書手形訴訟事件について，被告は平成○○年○○月○○日言い渡された手形判決に対して不服であるから，異議の申立てをします。

添　付　書　類

　1　訴訟委任状

以上

〔注〕
1．本書式は，手形判決において敗訴した被告からの申立てを想定しているが，請求棄却による原告敗訴の場合は原告からの申立てに修正して利用する（前記〔1〕(2)(b)参照）。
2．異議申立書を提出すべき裁判所は，当該手形判決を言い渡した裁判所である（民訴357条）。
3．本書式の申立書には500円の収入印紙を貼付する（民訴費3条1項別表第一の17項のイ）。
4．本書式による異議申立書は，相手方（本書式の事例では原告）に送付されることになるため，実務では申立書の正副2通（相手方の数により副本の提出は増える）を裁判所に提出する扱いである。

書式191　手形判決異議に伴う強制執行停止決定申立書

　　　　　　　　　強制執行停止決定申立書

　収入印紙

　　　　　　　　　　　　　　　　　　　　平成〇〇年〇〇月〇〇日

〇〇簡易裁判所　御中

　　　　　　　　　　　　　　　　申立人代理人
　　　　　　　　　　　　　　　　　弁護士　〇　〇　〇　〇　㊞

　　　　当事者の表示　　別紙当事者目録記載のとおり

第1　申立ての趣旨
　　申立人を被告，被申立人を原告とする御庁平成〇〇年（手ハ）第〇〇〇号約束手形金請求事件について，仮執行宣言付手形判決に基づく強制執行は，通常訴訟手続による判決があるまで，これを停止する。
　との裁判を求める。
第2　申立ての理由と疎明
　1　申立人は，平成〇〇年〇〇月〇〇日御庁平成〇〇年（手ハ）第〇〇〇号約束手形金請求事件において，「被告は，原告に対し，金〇〇万円及びこれに対する平成〇〇年〇〇月〇〇日から支払済みまで年6分の割合による金員を支払え。訴訟費用は被告の負担とする。この判決は仮に執行することができる。」との手形判決（以下「本件判決という。」）を受けた。（甲第1号証）
　2　けれども，申立人は，被申立人に対して以下のとおり手形抗弁を有している。すなわち，本件判決の約束手形（以下「本件手形という。」）は，申立外丁野五郎が被申立人から金融を得る際の担保として振り出したものであり，被申立人はその事情を知っていたため，本件手形の満期日に同申立外人の要請を受けてその支払期日を平成〇〇年〇〇月〇〇日まで延期したものであるが，被告は，手形訴訟において同申立外人を証人として取調べを申請できなかった事情にある。
　　　また，被申立人は同申立外人とは大学の先輩・後輩の関係にあり，上記満期日の延期についても快諾してくれたのであり，その間の事情は同申立外人作成の陳述書によって明らかである。（甲第2号証）
　3　原判決による即時給付命令は，以上の事情について判断すれば取り消されるべきであるから，申立人は本日，本件判決に対する異議の申立てをしたので，通常訴訟によって審理され，申立人は上記事情を主張・立証する予定であるが，被申立人は，現に仮執行の宣言が付されている本件判決により強制執行する可能性がある。

4　よって，申立ての趣旨記載の裁判を求めるため，本申立てに及んだものである。

疎　明　方　法
1　甲第1号証　　　　　　　　判決正本
2　甲第2号証　　　　　　　　陳述書

添　付　書　類
1　甲号各証の写し　　　　　　　　　　　　　各1通
2　異議申立書受理証明書　　　　　　　　　　1通
3　訴訟委任状　　　　　　　　　　　　　　　1通
以上

（当事者目録省略）

〔注〕
1．本書式による強制執行停止決定の申立ては，現実に執行の手続が行われる前に手形判決に対する異議申立書提出の際に同時に提出した場合を想定している。
　原告が，仮執行宣言付手形判決に基づいて，すでに被告に対する強制執行を開始した場合に，その停止を求めるには「申立ての趣旨」欄には次のように具体的執行方法を記載することになる（債権差押えの場合を想定）。

> ……（以上省略）……仮執行宣言付手形判決に基づく○○地方裁判所平成○○年（ル）第○○○号債権差押及び転付命令申立事件の強制執行は，通常訴訟手続による判決があるまで，これを停止する。
> との裁判を求める。

2．本書式の事案は，被告が「支払猶予の手形抗弁（人的抗弁）」を有していたが（【書式172】参照），手形・小切手訴訟では当事者以外の者の証言は証拠制限に触れるため（民訴352条3項），手形判決に対する異議申立てをして通常訴訟手続での審理を求め，その段階で訴外人の証言を証拠方法とする場合であるが，手形判決をそのまま放置していれば強制執行のおそれがあるため，とりあえずその判決に基づく強制執行の停止を求めるものである。
　ただし，執行停止の手続においては，立証は迅速性の要請から疎明方法によるとされるから，証人尋問の申請はできない関係で，第三者である訴外人の陳述書を提出することになる（手形判決異議後の通常訴訟手続においては文書成立の真否について第三者を取り調べることは許される）。
　そして，債務者が債権者から「弁済の猶予を承諾した旨を記載した文書」の交付を受けた場合は，それを執行機関に提出すれば強制執行の停止を受けられるが，その停止は2回に限られ，かつ，通じて6ヵ月を超えることができないとされる（民執39条1項8号・3項）。
3．本書式による強制執行停止決定の申立ては，仮執行の宣言を付した手形判決に対する異議申立てをしたことが前提とされるから（民訴398条5項），その受理証明書の添付が必要となる。
4．本申立書には500円の収入印紙の貼付する（民訴費3条1項別表第一の17項のイ）。

書式192 手形判決異議に伴う強制執行停止決定

```
平成○○年（サ）第○○○号

                強制執行停止決定

    ○○県○○市○○町○丁目○番
            申  立  人    甲 野 太 郎
            訴訟代理人弁護士    丙 野 三 郎
    ○○県○○市○○町○丁目○番
            被 申 立 人    乙 野 次 郎

  申立人は，被申立人の申立人に対する○○簡易裁判所平成○○年（手ハ）
第○○○号約束手形金請求事件仮執行宣言付手形判決に対して異議申立てを
し，かつ，同判決に基づく強制執行の停止を申し立てた。
  当裁判所は，その申立てを理由あると認め，申立人に対し，金○○万円の
保証を立てさせて，次のとおり決定する。
                主        文
  被申立人の○○簡易裁判所平成○○年（手ハ）第○○○号約束手形金請求
事件の仮執行宣言付手形判決に基づく強制執行は，通常訴訟事件手続による
判決があるまで，これを停止する。

    平成○○年○○月○○日
        ○○簡易裁判所
            裁  判  官    ○  ○  ○  ○  ㊞
```

〔注〕
1．本書式は，現実に強制執行がなされる前に，債務名義の執行力を一時的に停止するための裁判である。
2．担保提供の方法として，その１つは金銭又は裁判所が相当と認める有価証券を，担保を命じた裁判所の所在地を管轄する地方裁判所の管轄区域内にある供託所に供託する方法と，他の１つは裁判所の許可を得て，担保を立てることを命じられた者が，銀行，保険会社，株式会社商工組合中央金庫，農林中央金庫，全国的信用金庫連合会，信用金庫又は労働金庫との間で「支払保証委託契約」を締結する方法がある（民訴76条本文，民訴規29条）。
3．仮執行宣言付手形判決により現実に強制執行を受けた債務者（申立人）は，本書式による裁判書を執行機関に提出して執行の停止を求めることになる（民執39条1項7号）。
4．本書式につき，梶村太市＝石田賢一編『民事訴訟書式体系』〔改訂増補版〕377頁〔西村博一〕参照）。

書式 193　手形判決異議訴訟における証拠申出書

平成〇〇年（手ハ）第〇〇〇号　約束手形金請求事件
原　告　甲　野　太　郎
被　告　乙　野　次　郎

　　　　　　　　　証　拠　申　出　書

　　　　　　　　　　　　　　　　　　　　　平成〇〇年〇〇月〇〇日

〇〇簡易裁判所　御中

　　　　　　　　　　　　訴訟代理人弁護士　丙　野　三　郎　㊞

　　　　　　　　　　証人尋問の申出
　1　証人の表示
　　　〒〇〇〇－〇〇〇〇
　　　　〇〇県〇〇市〇〇町〇丁目〇番〇号
　　　　　丁野五郎（同行。主尋問15分）
　2　立証の趣旨
　　(1)　本件約束手形振出の経緯
　　(2)　本件約束手形の満期日が変更された事実
　　(3)　上記(2)について書面化を約束したが，それが実行されなかった事情
　　　と動機
　　(4)　尋問事項
　　　　別紙尋問事項書記載のとおり。

（別紙尋問事項書省略）

〔注〕
1．本書式は，【書式191】の事案と関連する。
2．証拠申出書の相手方に対する直送につき民事訴訟規則に明文がある（民訴規99条2項・83条。ただし，直送が困難な場合については民訴規47条4項）。
3．証人に対する旅費・日当・宿泊料を給付すべき場合は，民事訴訟費用法の定めにより予納すべきことになるが（民訴費11条以下），具体的には裁判所の担当書記官に問い合わせる方法もある。

第3編

簡易裁判所特有の
書式実例

第1章　少額訴訟手続
第2章　訴え提起前の和解（即決和解）手続
第3章　和解に代わる決定手続
第4章　督促手続と関連手続

第1章

少額訴訟手続

第1節 序　　説

〔1〕 少額訴訟の制度趣旨

　少額訴訟は，簡易裁判所が管轄する訴訟事件のうち，60万円以下の金銭の支払を求める訴えについて，原則として1回の期日で審理を完了し，直ちに判決を言い渡すことによって紛争を解決する特別の手続である（民訴368条1項・370条1項・374条1項参照）。平成9年の民事訴訟法改正の「国民に利用しやすく，分かりやすい裁判所」との理念のもとに，一般市民が日常生活を送る中で生じる身近な金銭をめぐる少額な紛争であって，複雑困難でないものについて，手続をできる限り簡易にして，紛争額（訴額）に見合った時間と費用（経済的負担）で，迅速かつ効果的な解決を求めることができるようにすることを目的として新しく創設され，平成10年1月1日から施行された訴訟手続である。少額訴訟は，簡易裁判所の訴訟手続に関する特則（民訴270条以下）の，さらに特則規定（民訴368条以下）となる。

〔2〕 少額訴訟の概要

　少額訴訟手続における最大の特色は，「特別な事情がある場合を除き，最初にすべき口頭弁論の期日において，審理を完了しなければならない」とい

う一期日審理の原則が採用されていることである（民訴370条1項）。これは，「国民に利用しやすく，分かりやすい裁判所」を実現するため，手続利用者である一般市民が裁判所に何度も足を運ぶことなく，裁判所に出頭するのは1回だけで済むように，1回の口頭弁論期日だけで審理を完了するものである。また，少額訴訟においては，手続利用者である一般市民は，法律知識や訴訟手続に関する経験を十分に持ち合わせていないことから，通常の訴訟手続には見られない，利用者である一般市民の感覚に沿った利用しやすくわかりやすい，かつ，やさしく形式張らない柔軟で弾力性のあるソフトな手続設計が採用されている。

少額訴訟手続の概要は，次のとおりである（最高裁判所事務総局『簡易裁判所における新しい民事訴訟の実務』（民事裁判資料216号）5頁以下参照）。

(1) 訴えの提起と手続の選択，通常訴訟手続への移行

(a)　少額訴訟の対象　訴額（訴訟の目的の価額）が60万円以下の金銭の支払の請求を目的とする訴え（金銭支払請求事件）に限られる（民訴368条1項本文）。物の引渡請求事件や金銭債権の不存在確認請求事件等の金銭支払請求以外の事件は，複雑困難で少額訴訟の手続による審理に適さない事件が多いと考えられるからである。少額訴訟の施行当初，訴額は30万円以下であったが，平成16年4月1日から施行された改正民事訴訟法により，訴額の上限が60万円に拡大された。なお，訴額が60万円以下の金銭支払請求事件のすべてが少額訴訟として取り扱われるわけではなく，少額訴訟手続と通常の訴訟手続の両方が併存し，原告が訴え提起のときに少額訴訟手続を希望し（少額訴訟手続選択権の行使。民訴368条2項），これに対して被告が異議を述べず（通常訴訟手続移行申述権の不行使。民訴373条1項・2項参照），また，裁判所による通常手続への移行決定がされなかった場合に（通常訴訟手続移行決定権の不行使。民訴373条3項参照），少額訴訟手続として審理されることになる。

(b)　少額訴訟手続の利用

(イ)　少額訴訟による審理及び裁判を求める旨の申述　少額訴訟手続を利用する場合は，訴えを提起する際に，少額訴訟による審理及び裁判を求める旨の申述をしなければならない（少額訴訟手続選択権の行使。民訴368条2項）。訴額が60万円以下の金銭支払請求事件のすべてが少額訴訟として取り扱われる

ことになるわけではなく，また，少額訴訟手続においては，証拠方法の制限（証拠調べの即時性。民訴370条2項参照）や判決による分割払い等の定め（分割払い等の判決。民訴375条1項・2項・3項参照）などの特則があるほか，不服申立ても制限されている（控訴の禁止＝民訴377条，異議の申立て＝民訴378条1項）ことから，権利の実現を求める原告が簡易裁判所における通常の訴訟手続による審理及び裁判を希望している場合にまで，少額訴訟による審理及び裁判を強制するのは適当ではないので，訴額が60万円以下の金銭支払請求事件のすべてを少額訴訟として取り扱うことはせず，通常の訴訟手続も併存させ，第一次的には，原告がどちらの手続によるかを選択することができるものとして，原告は，少額訴訟による審理及び裁判を希望するかどうかを訴え提起の際に明らかにしなければならないとしたものである（法務省民事局参事官室編『新民事訴訟法一問一答』398頁）。

(ロ) 少額訴訟手続の利用回数の届出及び利用制限　少額訴訟手続を利用する場合は，訴えを提起する際に，少額訴訟による審理及び裁判を求める旨の申述と併せて，その年に当該簡易裁判所で少額訴訟手続による審理及び裁判を求めた回数を届け出なければならない（民訴368条3項）。一人の原告が，少額訴訟手続を，同一の簡易裁判所で利用できるのは，1年間に10回までである（民訴368条1項但書，民訴規223条）。少額訴訟が，法律知識や訴訟手続に関する経験を十分に持ち合わせていない一般市民が，日常生活において生じる少額の紛争を，自ら簡易裁判所の訴訟手続に持ち込み，訴額に見合った費用や時間の負担の範囲内で簡易迅速に判決や和解等の解決を得られるようにするためのものであることからすれば，特定の者が多数回にわたって手続を利用する状況は好ましくなく，国民が平等に手続を利用する機会を保障し，そのメリットを享受することができるようにするため，利用回数について一定の制限を設けることとしたものであり（最高裁判所事務総局『条解民事訴訟規則』（民事裁判資料213号）458頁），1年に10回というのは，日常生活において生ずる法的な紛争の頻度（多くても平均して月1回程度と考えられる）に照らしてのものである（法務省民事局参事官室編・前掲書401頁）。利用回数は，簡易裁判所ごとにカウントされ，また，1年間（暦年）を単位とするので，加算されるのは同じ年の1月1日から12月31日までの利用回数であり，翌年になれば，また

ゼロからカウントし始めることになる。

　(c)　被告の通常訴訟手続への移行の申述権　被告は，原告が少額訴訟手続を選択した事件であっても，第1回口頭弁論期日において弁論をするまでは，少額訴訟を通常の訴訟手続に移行させる旨の申述をすることができ（通常訴訟手続移行申述権の行使。民訴373条1項本文），被告が移行申述権を行使したときは，少額訴訟は通常の訴訟手続に移行し（民訴373条2項），その後は通常の三審制の手続によって審理及び裁判が行われる。原告に手続の選択権を認める以上，当事者間の公平を図り，被告の利益を十分に保障するためには，被告にも手続の選択権を与えるのが適当であるとともに，少額訴訟手続を円滑に運用するためには，被告の協力も不可欠であり，被告の協力を得るにはその意思を尊重する必要があるからである（法務省民事局参事官室編・前掲書399頁）。

　(d)　裁判所による通常訴訟手続への移行決定　裁判所は，一定の事由がある場合は，少額訴訟を通常の訴訟手続によって審理及び裁判をする旨の決定（通常訴訟手続移行決定）をしなければならない（民訴373条3項各号）。すなわち，裁判所は，①少額訴訟の要件を満たさないとき（訴訟物の不適格），②利用回数の届出義務の不履行（利用回数の制限違反），③被告に対する最初にすべき口頭弁論期日の呼出しが公示送達（民訴110条参照）によるとき，④少額訴訟で審理及び裁判をするのに相当でないと認めるときは，職権で，通常訴訟手続移行決定をしなければならず，その後は通常の手続で審理及び裁判が行われる。通常訴訟手続移行決定に対しては，不服を申し立てることはできない（民訴373条4項）。

　被告が通常訴訟移行申述権を行使した場合又は裁判所の通常訴訟手続移行決定があった場合，少額訴訟手続のためにすでに期日が指定されているときは，その期日は通常の訴訟手続のための期日とみなされ（民訴373条5項），通常の訴訟手続の第1回口頭弁論期日となる。

　(e)　反訴の禁止　少額訴訟においては，反訴を提起することができない（民訴369条）。反訴の提起があると，原告は答弁の準備をすることが必要になり，裁判所は原告の答弁を待った上で審理を進める必要が生じてしまい，反訴の提起を認めることは，一期日審理の原則を採用する（民訴370条5項）少

額訴訟の構造と相容れないからである（法務省民事局参事官室編・前掲405頁）。

　少額訴訟において禁止されているのは，反訴だけであり，客観的併合（民訴136条参照），主観的併合（民訴38条参照），訴えの変更（民訴143条参照）及び一部請求については，特別の制約はない。併合訴訟が常に複雑であるとは限らず，主債務者と保証人に対する請求などを想定すると，併合訴訟を認めたほうがかえって紛争の抜本的な解決になる場合もあり，また，少額訴訟の利用者である法律知識や訴訟経験を十分に持ち合わせていない一般市民に対して，手続の最初の段階から，的確な請求の立て方や請求の原因の主張の仕方，あるいは，反論の仕方等を求めることは相当でなく，訴えの変更を一律に禁止することは，かえって紛争の的確な解決ができなくなるおそれがあるからである。ただし，併合訴訟や訴えの変更がされたことにより，少額訴訟にふさわしくない状態が生じた場合は，裁判所が通常の訴訟手続への移行決定（民訴373条3項4号）によって対処することになる。一部請求（例えば，90万円の請求権のうち60万円だけを請求すること）についても同様に，一律に禁止されるのではなく，例えば，請求権を分割して何度も訴訟を提起するといった濫用的な利用があった場合には，裁判所による通常の訴訟手続への移行決定によって対処されることになる（法務省民事局参事官室編・前掲書406頁）。

(2) 少額訴訟手続における審理

(a) 一期日審理の原則　少額訴訟は，簡易裁判所における通常の手続以上に簡易迅速な紛争解決のための手続として設けられたものであることから，裁判所は，特別の事情がある場合を除き，第1回口頭弁論期日において審理を完了し（民訴370条1項），かつ，審理完了後直ちに判決の言渡しをすることを原則としているが（民訴374条1項），そのためには，当事者は，口頭弁論期日が続行された場合を除き，最初にすべき口頭弁論期日の前か，遅くともその期日中に，すべての攻撃又は防御の方法（主張する事実とそれを裏づける証拠）を提出しなければならない（民訴370条2項本文）。ただし，「特別な事情がある場合」には期日は続行され（民訴370条1項），当事者は続行期日においても攻撃又は防御の方法を提出することができる（民訴370条2項但書）。「特別な事情がある場合」とは，事件の内容，当事者の訴訟準備の状況等を総合的に考慮して，期日を続行してでも少額訴訟手続による審理及び裁判によることが紛

争の解決として好ましい場合を意味する（法務省民事局参事官室編・前掲書408頁）。一期日審理の原則は，少額訴訟手続における最大の特色である。

(b) 証拠調べの制限（証拠調べの即時性） 少額訴訟においては一期日審理の原則が採用され（民訴370条1項），簡易迅速に紛争解決のための手続であることから，証拠調べは即時に取り調べることができる証拠に限られている（民訴371条）。

(c) 証人尋問 証人尋問は，宣誓をさせないですることができ（民訴372条1項），証人又は当事者本人の尋問は，裁判官が相当と認める順序ですることができる（民訴372条2項）。少額訴訟を，法律知識や訴訟経験を十分に持ち合わせていない一般市民にとって利用しやすくわかりやすい手続とするためには，形式張らない柔軟で弾力的な審理方式を採用し，事件の内容や証人の都合などに応じて臨機応変に立証をすることができるようにすることが相当であることから，証人には宣誓をさせなければならないととする民事訴訟法201条1項並びに証人及び当事者本人の尋問の順序を規定する民事訴訟法202条，210条の特則を定めたものである。

(d) 電話会議の方法を利用した証人尋問 裁判所は，当事者の申出があり，相当と認めるときは，裁判所及び当事者双方と証人とが音声の送受信により同時に通話をすることができる方法（電話会議システム）を利用して，証人を尋問することができる（民訴372条3項，民訴規226条1項）。

(3) 少額訴訟判決

(a) 判決の即時言渡し 少額訴訟判決の言渡しは，相当でないと認める場合を除き，口頭弁論の終結後直ちにする（即日判決言渡しの原則。民訴374条1項）。少額訴訟において，一期日審理の原則（民訴370条1項）により1回の口頭弁論期日で審理を完了しても，別途，判決の言渡期日を指定し（民訴251条参照），事前に判決書の原本を作成して，これに基づいて言渡しをしなければならない（民訴252条参照）とすると，簡易，迅速かつ効率的な紛争解決の手段である少額訴訟の制度趣旨が損なわれてしまうので，判決の言渡しは，原則として，審理完了後直ちに行うことができるようにしたものである。もっとも，審理の完了後ある程度の期間をおいてから判決を言い渡したほうが，当事者が判決を冷静に受け止めることができるとか，被告に任意の履行

を促しやすいというような事情が認められる場合や，後日，和解期日を指定して和解を試みるのが相当な場合，適用すべき法令の解釈に疑義がある場合など，直ちに判決の言渡しをするのが相当でないと認める場合には，通常の言渡しの手続（民訴251条・252条参照）によることができる（民訴374条1項）（法務省民事局参事官室編・前掲書416頁）。

(b) 調書判決の方法による判決の言渡し　少額訴訟判決を口頭弁論の終結後直ちに言い渡す場合には，判決書の原本に基づかないですることができる（民訴374条2項前段）。このときは，判決書の作成に代えて，裁判所書記官が，当事者及び法定代理人，主文，請求並びに理由の要旨を，判決の言渡しをした口頭弁論期日の調書に記載する（判決書に代わる調書（調書判決）。民訴374条2項後段・254条2項）。

(c) 判決による分割払い等の定め（分割払い等の判決）　裁判所は，請求を認容する少額訴訟判決を言い渡す場合において，被告の資力その他の事情を考慮して特に必要があると認めるときは，判決の言渡しの日から3年を超えない範囲内において，支払猶予又は分割払いの定めをし，又はこれと併せて，猶予された支払期限に支払をしたとき，若しくは期限の利益を喪失することなく分割払いをしたときは，訴え提起後の遅延損害金の支払義務を免除する旨の定めをすることができる（民訴375条1項）。

少額訴訟の対象である一般市民が日常生活を送る中で生じる少額な紛争（訴額が60万円以下）についてまで，強制執行によって少額訴訟判決の内容を実現しなければならないとすると，原告は，少額訴訟に勝訴したとしても，権利の最終的な実現としては，費用や時間，労力の点で割に合わない場合が多い。そこで和解や調停において，被告による任意の履行を促すため，被告の現実の支払能力等を考慮して分割払いの合意をすることが一般に行われているように，少額訴訟においても，支払方法等について被告にとって任意の履行の動機付けとなるような内容の判決をすることによって，被告の判決を履行することへの意欲をかき立てさせて任意の履行をしやすいように配慮し，少しでも原告の強制執行の負担を軽減することが望ましいとの理由から認められたものである（法務省民事局参事官室編・前掲書417頁）。

分割払い等の定めに関する裁判に対しては不服を申し立てることはできな

い（民訴375条3項）。

異議後の判決にも，判決による支払の猶予等の定めをすることが認められている（民訴379条2項・375条）。

(d) 必要的仮執行宣言　請求を認容する判決を言い渡す場合には，裁判所は，職権で，担保を立てて，又は立てないで仮執行をすることができることを宣言しなければならない（民訴376条1項）。少額訴訟においては，分割払い等の判決をすることによって被告に任意の履行を促すような配慮がされているが，被告が任意の履行をしない場合には，原告としては少額訴訟判決を債務名義として強制執行をするほかはなく，少額訴訟を真に効率的な少額の紛争の解決手段とするためには，強制執行の場面においても，訴額に見合った時間と費用の負担で迅速に紛争を解決するという理念を反映し，原告の負担を軽減し，早期の執行を認めることが望ましいと考えられることからである（法務省民事局参事官室編・前掲書425頁）。

(e) 不服申立方法の制限（控訴の禁止と異議申立て）　少額訴訟の終局判決に対しては，控訴をすることができず（民訴377条），判決書又は調書判決の送達を受けた日から2週間の不変期間内に，その判決をした裁判所に異議を申し立てることができる（民訴378条1項）。

(4) 異議後の審理及び裁判（異議手続）

(a) 訴訟手続の続行　少額訴訟判決に対して適法な異議の申立てがあったときは，訴訟は，少額訴訟手続における口頭弁論終結前の程度に復する（民訴379条1項）。異議後の訴訟は，通常の手続により審理及び裁判をすることになる（民訴379条1項）から，証拠に関する制限（民訴371条）はなくなり，一期日審理の原則（民訴370条）も適用されないが，反訴を提起することはできないし（民訴379条2項・369条），尋問の順序は，裁判官が適当と認める順序で行う（民訴379条2項・372条2項）。また，分割払い等の判決を言い渡すこともできる（民訴379条2項・375条）。

(b) 少額異議判決に対する不服申立て　少額異議判決（異議後の判決）に対しては，控訴をすることはできない（民訴380条1項・379条1項・378条2項・359条）。控訴が禁止されたのは，少額訴訟判決に対する控訴禁止と同じ趣旨（紛争解決の迅速性）である。

少額訴訟判決に対する不服申立ては，同一審級内での再審理を求める異議の申立てのみができ，異議審での少額異議判決に対しては，原則として，不服を申し立てることができないことからわかるように，少額訴訟は，第一審である簡易裁判所限りの手続（一審制の手続構造）である。

〔増田　輝夫〕

第2節　少額訴訟における手続教示

〔1〕　概　　説

(1)　少額訴訟における手続教示の目的

　少額訴訟は，第1回口頭弁論の期日で審理を完了し（一期日審理の原則。民訴370条1項），口頭弁論の終結後直ちに判決を言い渡すこと（即日判決言渡しの原則。民訴374条1項）により，一般市民が日常生活を送る中で生じる少額な金銭をめぐる紛争を，訴額に見合った時間と費用（経済的負担）で，簡易迅速に解決するために設けられた特別の手続である。また同時に，当事者は，第1回口頭弁論期日の前か，遅くともその期日において，すべての攻撃防御方法（主張する事実とそれを裏付ける証拠）を提出しなければならないこと（民訴370条2項），証拠方法が即時に取り調べることができる証拠に限られていること（証拠調べの即時性。民訴371条），裁判所は，請求認容の少額訴訟判決を言い渡す場合において，被告の資力その他の事情を考慮して特に必要があると認めるときは，分割払い等の定めをすることができること（分割払い等の判決。民訴375条1項），少額訴訟判決に対する不服申立方法としては，控訴が禁止され（控訴の禁止。民訴377条），少額訴訟判決をした簡易裁判所に対する異議の申立てに限定されていること（民訴377条・378条1項）など，通常の訴訟手続には見られない当事者の訴訟上の地位に影響を与える規定を含む手続構造となっている。したがって，簡易裁判所における各種の民事紛争解決の手続メニューの中から少額訴訟手続を選択する場合には，少額訴訟の特徴をよく理解した上で，手続を選択することが必要であり，また，少額訴訟の趣旨に従った審理及び裁判が円滑に行われるためには，当事者が少額訴訟の内容を理解した上で，適切な訴訟準備や活動を行うことが必要になってくる。

　そこで，少額訴訟においては，当事者が少額訴訟について理解をするために，裁判所が，必要に応じて，手続の特徴や内容について説明等をすること（「手続教示」という）とし，制度趣旨にかなった運用を実現することを目的と

している（平成9年7月16日最高裁総三第84号総務局長，民事局長通達「少額訴訟における手続教示，録音テープ等への記録の手続及び口頭弁論調書の作成について」第1の1）。すなわち，少額訴訟における手続教示は，当事者が，簡易裁判所における各種の民事紛争解決の手続メニューの中から少額訴訟手続を選択する段階（手続選択段階）において，手続選択に必要な判断資料を提供するという側面（手続選択のための教示）と，少額訴訟手続にかなった訴訟準備や活動をしていく段階（手続進行段階）において，訴訟準備や活動を円滑に進行させるための情報を提供するという側面（手続進行のための教示）の二面性を有するものである（平成9年7月16日最高裁判所事務総局総務局第三課長，民事局第一課長事務連絡「少額訴訟通達の概要」第2の2の(1)）。

　少額訴訟手続の利用者である一般市民は，通常は，法律知識や訴訟経験を十分に持ち合わせていないことからすれば，少額訴訟における手続教示は，少額訴訟を制度趣旨に従って円滑に運用するための重要な役割を担うものである。

(2) 少額訴訟において手続教示すべき事項

　少額訴訟の手続について教示する場合，一般的には，手続の基本的な特徴を説明することになるが，手続教示が，利用者の少額訴訟手続に対する理解を助けることによって制度趣旨にかなった運用を実現することを目的とするものであることから，前掲・最高裁総三第84号総務局長，民事局長通達は，少額訴訟の手続の基本的な特徴のうち，一般的な当事者に対して説明するのが相当であると考えられる重要な事項として次のものを挙げ，その趣旨を適宜の方法によりわかりやすく説明することとしている。

① 一期日審理の原則等（民訴370条1項・2項）と証拠調べの即時性（民訴371条）
② 被告の通常訴訟手続移行の申述権（民訴373条1項）
③ 判決による分割払い等の定め（分割払い等の判決，和解的判決）（民訴375条）
④ 控訴の禁止（民訴377条）と異議の申立て（民訴378条1項）

　もっとも，通達に列挙されたすべての事項の趣旨を常に教示しなければならないものではなく，当事者の理解の度合いや当事者が原告・被告のいずれ

の立場か，また，訴訟手続の進行段階等によって，必要に応じて教示すべき事項を選択すればよく，状況によっては，通達に列挙した事項以外の少額訴訟の手続の特徴等を付加して教示することが望ましい場合もある。

(3) **少額訴訟における手続教示の方法**

(a) **手続教示の方法** 当事者に対する少額訴訟についての手続教示は，適宜の方法で行われる。例えば，裁判所ホームページ（http://www.courts.go.jp/）においては，「裁判手続の案内」として，少額訴訟を含む簡易裁判所の民事手続一般についてのＱ＆Ａ方式による情報を提供しているほか，簡易裁判所においては，「簡易裁判所民事手続案内システム」として，音声メッセージとファクシミリによる文書の送信により，簡易裁判所の民事手続一般について案内をするサービスを実施している。また，簡易裁判所の庁舎１階に「受付相談センター」や「受付相談コーナー」を設け，相談窓口の担当者として事件処理に精通した裁判所書記官による受付相談を実施しているほか，１階ロビー等に簡易裁判所における各種の民事紛争解決手続の特徴について，図解を交えてわかりやすく説明したリーフレットを備え置くとともに，設置されたテレビで少額訴訟事件の模擬裁判の様子をわかりやすく説明したビデオやＤＶＤを放映することなども実施されている。

少額訴訟における手続教示は，当事者の訴訟手続についての理解を助ける手段の一つであるという観点から，それぞれの手段を有効に用いて，効率的かつ効果的な運用を工夫するなど，窓口等における口頭による手続教示と他の手続教示手段との有機的関連を考えながら，適切な運用を図っていく必要がある。

(b) **裁判所書記官による手続教示** 少額訴訟の円滑な運営のためには，それぞれの手続教示手段を有効に用いて，効率的かつ効果的な運用を工夫していかなければならないが，当事者と接触する機会が多く，裁判所の対外的窓口の機能を果たしている裁判所書記官の関与が期待され，手続教示の場面においても，裁判官よりも当事者と接触する機会が多いことから，重要な役割を果たしている。裁判所書記官による手続教示としては，受付相談の段階から始まり，訴状の提出時，訴状の送達，第１回口頭弁論期日前の訴訟準備の働きかけ，さらには，第１回口頭弁論期日の開始前における当事者への働

きかけ，期日における当事者への後見的な指導，判決言渡し後の説明等，少額訴訟手続の最初から最後に至るまでのすべての段階において，手続の節目ごとに状況に応じた活動が求められている（訴訟の進行段階における手続教示の在り方については，最高裁判所事務総局『少額訴訟手続関係資料－簡易裁判所判事協議会協議要録－』（民事裁判資料223号）17頁，最高裁判所書記官総合研修所監修『民事実務講義案』〔3訂版〕31頁参照）。

　民事訴訟規則222条1項は，手続の早期の段階に行われ，しかも，訴訟手続における最も基本的なものである最初の口頭弁論の期日（第1回口頭弁論期日）の呼出しの際に，裁判所書記官が，少額訴訟による審理及び裁判の手続の内容を説明した書面（少額訴訟手続説明書）を交付しなければならないことを規定する。その少額訴訟手続説明書の記載内容については，「少額訴訟による審理及び裁判の手続の内容」と規定されているのみで，具体的な事項についての定めはないが，当事者が少額訴訟手続の内容を理解するための最も基本的な手続教示手段となることから，前掲・最高裁総三第84号総務局長，民事局長通達は，原告と被告の立場の違い（例えば，原告は第1回口頭弁論期日の呼出しを受ける時点では手続の選択を終了した段階にあるが，被告は通常の訴訟手続に移行する旨の申述をするか否かという手続選択をする前の段階であるという違い）などを踏まえて，記載事項についての指針を示した上で，原告用と被告用に分けて記載例を例示している（【書式194】，【書式195】）。

　(c)　裁判官による審理冒頭における手続教示　少額訴訟における手続教示においては，裁判所の対外的窓口の機能を有している裁判所書記官が主な担い手として重要な役割を果たしているが，民事訴訟規則222条2項は，それに加え，裁判官による第1回口頭弁論期日の冒頭における当事者に対する少額訴訟手続の特徴を説明することを規定する。

　当事者は，この段階に至るまでの間に，少額訴訟手続説明書の交付（民訴規222条1項）等，裁判所書記官による手続の教示が既に行われているので，少額訴訟手続が通常の訴訟手続とは異なることについて初めからあらためて説明する必要はないが，特に当事者の権利・義務に対する影響が大きい事項については，裁判官が，少額訴訟の審理を開始する前に，口頭によって少額訴訟手続の特徴を説明することには意味があり，特に，被告が少額訴訟を通

常の訴訟手続に移行させる旨の申述（民訴373条1項）をするかどうかを判断する前提として重要である。

　そこで，民事訴訟規則222条2項は，裁判官が第1回口頭弁論期日の冒頭において教示すべき少額訴訟手続の特徴的な内容として，①証拠調べは即時に取り調べることができる証拠に限りすることができること（同項1号。証拠調べの即時性，民訴371条），②被告は，少額訴訟を通常の手続に移行させる旨の申述をすることができるが，被告が第1回口頭弁論期日において弁論をし又は期日が終了した後は，この限りでないこと（同項2号。被告の通常訴訟手続移行申述権，民訴373条1項），③少額訴訟の終局判決に対しては，判決書又は調書判決の送達を受けた日から2週間の不変期間内に，異議を申し立てることができること（同項3号。少額訴訟判決に対する不服申立ての方法，民訴378条1項・2項）の3つを規定している。その他，請求認容判決において分割払い等の定めをすることが可能なこと（分割払い等の判決。民訴375条1項・2項），分割払い等の定めに対しては不服を申し立てることができないこと（民訴375条3項），少額訴訟判決に対しては控訴ができないこと（控訴の禁止。民訴377条参照）などを説明したり，少額訴訟続は1回の期日で審理を完了させ，判決の言渡しまで予定している手続であること（一期日審理の原則，民訴370条1項。即日判決言渡しの原則，民訴374条1項）などを説明して当事者の協力を求めることなども考えられる（最高裁判所事務総局・前掲民事裁判資料223号35頁）。

〔2〕　少額訴訟の手続教示と書式

　民事訴訟規則222条1項は，裁判所書記官は，当事者に対し，最初にすべき口頭弁論期日の呼出しの際に，少額訴訟による審理及び裁判の手続の内容を説明した書面を交付すべきことを規定するが，【書式194】，【書式195】はその書面例である。これは，前掲・最高裁総三第84号総務局長，民事局長通達が例示する原告用及び被告用の少額訴訟手続説明書（少額訴訟による審理及び裁判の手続の内容を説明した書面）である。

〔増田　輝夫〕

書式194　少額訴訟手続説明書（原告用）

少額訴訟の手続について

　少額訴訟は，特別な手続で，通常の手続と比べて，次のような特徴があります。

1　（一期日審理の原則）

　　裁判所は，あなたや相手方の言い分を聴いたり，証拠を調べたりして，なるべく1回の期日で審理を終えます。そのため，あなたの方で，訴状に書いたこと以外に，言いたいことがあれば，指定された期日までにすべての言い分を裁判所に説明できるように準備しておく必要があります。また，あなたの方で，調べてほしい証拠があれば，指定された期日までにすべての証拠を提出できるように準備しておく必要があります。

2　（証拠調べの制限）

　　この手続では，指定された期日に法廷ですぐに調べることができる証拠に限り，調べることができます。そのため，あなたの言い分を裏付けると考えられる書類等があれば，指定された期日に書類等そのものを持参する必要があります。また，あなたの言い分を証明してくれると考えられる人がいれば，あなたの方で，その人に指定された期日に裁判所に来てもらえるようにする必要があります。

3　（判決による支払の猶予）

　　裁判所は，審理の結果，あなたの請求を認める判決をする場合であっても，相手方の経済状態その他の事情を考慮して，特に必要があると判断したときは，相手方に対し，判決言渡しの日から3年以内の範囲で，支払期限の猶予をしたり，分割して支払うことを認めたり，さらに，裁判所があなたの訴状を受け付けた日の翌日以降に発生した遅延損害金の支払を免除したりすることがあります。

4　（判決に対する不服申立て）

　　少額訴訟の判決に対して不服がある場合には，地方裁判所への不服申立

て（控訴）はできませんが，あなたが判決書又は判決の内容を記載した調書を受け取った日から２週間以内に，その判決をした簡易裁判所に書面で不服（異議）を申し立てることができます。ただし，判決による支払猶予等の定め（例えば，分割払の条件）については，不服（異議）を申し立てることはできません。また，異議申立ての後に言い渡される判決に対しては，原則として，不服を申し立てることはできません。

5　（通常の手続への移行）

相手方から，通常の手続での審理を求める申出（通常移行の申述）があった場合には，１から４までのような特徴のある少額訴訟の手続ではなく，通常の手続で審理されることになります。ただし，①最初の期日に相手方があなたの請求に対して言い分を述べた後，②最初の期日に相手方が言い分を述べなかった場合や相手方が最初の期日に欠席した場合において，その期日が終了した後は，相手方は，通常移行の申述をすることはできなくなります。

〔注〕

1. 裁判所書記官が，期日呼出状とともに交付する「少額訴訟による審理及び裁判の手続の内容を説明した書面」として最高裁判所が通達で例示する原告用の書面である。
　　各簡易裁判所においては，この記載例を参考にして，少額訴訟のその他の特徴や訴訟手続についての一般的注意事項，当事者がすべき事前準備に関する事項等を適宜付加して使用している。

書式195　少額訴訟手続説明書（被告用）

少額訴訟の手続について

　少額訴訟は，60万円以下の金銭を巡る紛争についての特別な手続で，通常の訴訟手続と比べて，次のような特徴があります。

1　（一期日審理の原則）

　裁判所は，あなたや相手方の言い分を聴いたり，証拠を調べたりして，なるべく1回の期日で審理を終えます。そのため，あなたの方で，言いたいことがあれば，指定された期日までにすべての言い分を裁判所に説明できるように準備しておく必要があります。また，あなたの方で，調べてほしい証拠があれば，指定された期日までにすべての証拠を提出できるように準備しておく必要があります。

2　（証拠調べの制限）

　この手続では，指定された期日に法廷ですぐに調べることができる証拠に限り，調べることができます。そのため，あなたの言い分を裏付けると考えられる書類等があれば，指定された期日に書類等そのものを持参する必要があります。また，あなたの言い分を証明してくれると考えられる人がいれば，あなたの方で，その人に指定された期日に裁判所に来てもらえるようにする必要があります。

3　（判決による支払の猶予）

　裁判所は，審理の結果，相手方の請求を認める判決をする場合であっても，あなたの経済状態その他の事情を考慮して，特に必要があると判断したときは，あなたに対し，判決言渡しの日から3年以内の範囲で，支払期限の猶予をしたり，分割して支払うことを認めたり，さらに，裁判所が訴状を受け付けた日の翌日以降に発生した遅延損害金の支払を免除したりすることがあります。

4　（判決に対する不服申立て）

　少額訴訟の判決に対して不服がある場合には，地方裁判所への不服申立て（控訴）はできませんが，あなたが判決書又は判決の内容を記載した調書を受け取った日から2週間以内に，その判決をした簡易裁判所に書面で

不服（異議）を申し立てることができます。ただし，判決による支払猶予
　　等の定め（例えば，分割払の条件）については，不服（異議）を申し立て
　　ることはできません。また，異議申立ての後に言い渡される判決に対して
　　は，原則として，不服を申し立てることはできません。
　5　（通常の手続への移行）
　　　あなたが，この紛争を1から4までのような特徴のある少額訴訟の手続
　　ではなく，通常の手続で審理することを希望する場合には，最初の期日ま
　　でに書面で通常の手続での審理を求める申出（通常移行の申述）をするか，
　　又は最初の期日に出頭して，申し出る必要があります。なお，①最初の期
　　日にあなたが相手方の請求に対して言い分を述べた後，②最初の期日にあ
　　なたが言い分を述べなかった場合やあなたが最初の期日に欠席した場合に
　　おいて，その期日が終了した後は，通常移行の申述をすることはできなく
　　なります。

〔注〕
　1．裁判所書記官が，期日呼出状とともに交付する「少額訴訟による審理及び裁判の手
　　続の内容を説明した書面」として最高裁判所が通達で例示する被告用の書面である。
　　　各簡易裁判所においては，この記載例を参考にして，少額訴訟のその他の特徴や訴
　　訟手続についての一般的注意事項，当事者がすべき事前準備に関する事項等を適宜付
　　加して使用している。

第3節　訴えの提起と少額訴訟における事前準備

〔1〕　概　　説

(1)　訴えの提起

(a)　訴状の提出　訴えの提起は，訴状という書面を作成して裁判所に提出してしなければならない（民訴133条1項）。訴状には，民事訴訟法133条2項所定の必要的記載事項のほか，民事訴訟規則2条所定の事項を記載し，当事者又は法定代理人が記名押印しなければならない（民訴規2条1項柱書）。必要的記載事項とは，訴状として最小限不可欠な記載事項であり，①当事者及び法定代理人の表示（民訴133条2項1号），②請求の趣旨（民訴133条2項2号），③請求の原因（民訴133条2項2号）である。①当事者及び法定代理人は，原告及び被告が特定の人物であることを示すのに十分な程度に記載しなければならず，通常は，自然人であれば氏名と住所，法人であれば商号・名称と本店・主たる事務所の所在地の表示である。②請求の趣旨とは，原告が訴えによって求める裁判の内容であり，通常，判決の主文に対応する文言が用いられる。③ここにいう請求の原因とは，請求の趣旨と相まって，原告の被告に対する請求権（訴訟物）を特定するもの，すなわち原告が主張する請求権を他の請求権と識別させるのに足りる事実（特定請求原因事実）である。なお，訴状には，必要的記載事項のほか，任意的記載事項として，原告の請求を理由づける事実（理由付け請求原因事実）を具体的に記載することができ，その場合には，立証を要する事由ごとに要件事実（主張の要件となる事実）と区別して重要な間接事実（主張事実と関連する事実）及び証拠を記載するとともに（民訴規53条1項・2項），重要な書証の写しを添付しなければならない（民訴規55条2項）。訴状に任意的記載事項が記載されている場合は，準備書面を兼ねることになる（民訴規53条3項。民訴161条参照）。

(b)　簡易裁判所における特則　簡易裁判所における訴訟手続の特質は，比較的軽微な事件を簡易迅速に解決するところにあり（民訴270条参照），手続

利用者としては，少額訴訟におけるのと同様に，法律知識や訴訟経験を十分に持ち合わせていない一般市民が想定されている。そこで，簡易裁判所の訴訟手続においては，一般市民が容易に訴えを提起することができるようにするために，特則が設けられている。

　(イ)　口頭による訴えの提起　　当事者（原告）が，簡易裁判所に出頭し，裁判所書記官の面前で，民事訴訟法133条2項所定の訴状の必要的記載事項を陳述することにより，口頭で訴えを提起することができる（「口頭受理」という。民訴271条）。この場合，裁判所書記官は，原告の陳述に基づいて調書（口頭受理調書）を作成し（民訴規1条2項参照），訴状の副本に代えて，その謄本又は抄本を被告に送達する（民訴138条1項，民訴規40条2項参照）。

　(ロ)　任意の出頭による訴えの提起　　当事者双方が，一緒に簡易裁判所に任意に出頭した場合には，原告は，直ちに開かれた口頭弁論において陳述をすれば，口頭によって訴えを提起したことになり（民訴273条），被告が口頭弁論において陳述をすれば，答弁をしたことになる。これは，訴状の提出（民訴133条），裁判長の訴状審査（民訴137条），訴状の被告への送達（民訴138条1項），当事者双方への口頭弁論期日の呼出し（民訴139条）という訴え提起に伴う手続を簡略化したものである。

　(ハ)　請求の原因に代わる紛争の要点　　簡易裁判所に訴えを提起する場合には，原告は，当事者及び法定代理人並びに請求の趣旨を明らかにする必要があるが（民訴133条2項1号・2号参照），請求の原因（民訴133条2項2号）については，訴え提起の段階では，請求権（訴訟物）を特定できるほどの事実（特定請求原因事実）までを主張する必要はなく，請求の原因に代えて紛争の要点を明らかにすれば足りる（民訴272条）。簡易裁判所においては，法律知識や訴訟経験を十分に持ち合わせていない一般市民が自ら訴訟を追行することが多く，訴えを提起する時点で，請求の原因（特定請求原因）を明らかにすることは困難であるため，訴えの提起を容易にする観点から，訴えの提起において明らかにすべき事項に関する特則を設け，訴訟手続を一般市民に利用しやすいものとしたのである（法務省民事局参事官室編・前掲書320頁）。

　「紛争の要点」とは，請求の基礎となっている紛争を構成する生の事実に相当し（民調規2条参照），「民事紛争の実情の要点」であって，現実に紛争が

生じるに至った原因と経過及び解決を必要としている実情のことであるから，事件の概要がわかるように，例えば，時期，関係者の特定，場所や対象，紛争に至った理由等について項目別に記載すればよい。すなわち，どのような紛争が起きていて，どのように解決してもらいたいのかという実情について，いつ（When），どこで（Where），誰と誰が（Who），どのようなことについて（What），なぜ（Why），どのような紛争が生じ（How），それが現在どうなっているかを当該紛争に合わせて記載すればよいことになる。

　紛争の要点としての記載が十分にされていれば，原告の主張する請求が特定されていない場合であっても，訴状却下命令（民訴137条1項・2項）をすることはできない。また，請求の原因に代えて紛争の要点を明らかにすれば足りるとされたのは，一般市民が容易に訴えを提起することができるようにするためであるから，訴状に詳細な事実の記載を求めたり，厳格に書類（書証）の提出を求めたり（民訴規55条2項参照）することは適当ではなく，訴状の記載事項に関する事実や訴訟手続を運営するために必要な情報は，裁判所書記官による訴状の補正の促し（民訴規56条），参考事情の聴取（民訴規61条2項），期日外釈明（民訴規63条1項）等を適切に行っていくことによって対応することになる。もっとも，本案判決を言い渡すためには，口頭弁論終結時までに請求を特定するのに必要な事実（特定請求原因事実）が主張されていなければならず，請求が特定されていない場合には訴え却下の判決をすることになる。また，原告の請求を認容する判決を言い渡すためには，請求を理由づける事実（理由付け請求原因事実）も主張されていなければならない。

　(c)　定型訴状用紙の利用　　簡易裁判所においては，手続利用者である一般市民が容易に訴えを提起できるための特則が設けられているが，口頭による訴え提起（口頭受理）や任意出頭による訴え提起の制度は，実務上活用事例は少なく，また，請求の原因に代えて紛争の要点を記載すれば足りるとしている訴状も，法律知識や訴訟経験を十分に持ち合わせていない一般市民にとっては，それを作成すること自体に負担を伴い，制度の利用を敬遠させることになりかねない。そこで，全国の簡易裁判所の事件受付の窓口では，一般市民が日常生活を送る中で生じる定型的な紛争について事件類型別の訴状の用紙（定型訴状用紙）を備え付けており，これを利用することによって，自

ら適切な訴状を作成し，容易に訴え提起ができるようになっている（実務では「準口頭受理」と呼ばれている）。定型訴状用紙とは，原告が訴え提起をするにあたって最低限主張しなければならない事実について，あらかじめ複数の記載事項欄や空欄箇所を設けておき，利用者がチェック方式で選択したり，空欄に簡単な記入をすることによって，訴状を作成することができるように工夫されたA4判の用紙である。

最高裁判所は，現在，貸金請求，売買代金請求，給料請求，敷金返還請求，損害賠償（交通事故による物損）請求，賃料増（減）額請求，建物明渡請求，金銭支払（一般）請求の8種類の定型訴状を用意している（なお，賃料増（減）額請求及び建物明渡請求の定型訴状は，金銭の支払の請求を目的とする少額訴訟（民訴368条1項）においては使用することはできない）。これらは，全国の簡易裁判所の事件受付の窓口に備え置かれているほか，裁判所ホームページ（http://www.courts.go.jp/）からPDFファイルの形式でダウンロードすることができる。定型訴状は，3枚複写になっており，1枚目が裁判所の記録用の正本（裁判所用―白色），2枚目が相手方（被告）に送達する副本（相手方用―黄色），3枚目が作成者（原告）の控え（作成者用―青色）である。原告は1枚目と2枚目を裁判所に提出する（訴状の提出につき民訴133条1項。副本の提出につき民訴規58条1項参照）。

また，各簡易裁判所においても，独自に各種の定型訴状の用紙を作成し，事件受付の窓口に備え置いている。大阪簡易裁判所では，「利用しやすく分かりやすい裁判所」の理念実現の方策の一環として，一般市民の積極的な簡易裁判所利用の要請に応えるとのコンセプトのもと，視覚的にも見やすく，かつ，一覧性を重視するために，箇条書き形式とともにチェック方式を採用した定型訴状モデルが公表されている（大阪地方裁判所簡易裁判所活性化委員会編「大阪簡易裁判所における民事訴訟事件の定型訴状・答弁書モデルと解説」判タ1090号[2002.7.30]）。このモデルでは，請求の原因（紛争の要点）は，欠席判決をするために最低限必要な事実に限り簡明に記載することとされている。

(2) **事前準備**
(a) 原告に対する関係
(イ) 手続教示と事情聴取（訴状の補正の促し，参考事項聴取，期日外釈明）

原則として1回の期日で審理を完了することとされている少額訴訟（一期日審理の原則。民訴370条1項）において，当事者の理解と納得を得ながら効率的で充実した審理を行うためには，裁判所が，事前に期日における進行シナリオを想定し，見通しを立てておかなければならない。そのためには，訴状に記載された事項に加え，訴状に表れない紛争の背景や経緯，交渉の有無や状況，予想される被告の言い分や和解希望の有無と内容，被告の口頭弁論期日への出頭の見込み等の情報を第1回口頭弁論期日前に裁判所は把握しておく必要がある。さらに，公示送達（民訴110条参照）によらなければ被告に対する第1回口頭弁論期日の呼出しをすることができないときは，職権で訴訟を通常の手続に移行させなければならないことから（民訴373条3項3号），被告に対する書類の送達の見込みについても把握しておくことが必要である。簡易裁判所に訴えを提起する場合は，請求の原因に代えて紛争の要点を明らかにすれば足りること（民訴272条）からも，訴状に表れていない事項を聴取することには大きな意味がある。このような訴状に表れていない事項の聴取は，裁判所書記官が，裁判官の命を受けて，訴状の補正の促し（民訴規56条）や第1回口頭弁論期日前における参考事項の聴取（民訴規61条2項）として行うことになる。さらに，一期日審理の原則が採用されている少額訴訟においては，当事者は原則として審理期日の前又は期日において，すべての攻撃防御の方法（主張する事実とそれを裏づける証拠）を提出しなければならない上に，証拠方法も即時に取り調べることができるものに制限されているが（証拠調べの即時性。民訴371条），それらを法律知識や訴訟経験を十分に持ち合わせていない一般市民に要求することは困難であるから，裁判所が適切に期日外釈明（民訴規63条1項）や手続教示を行い，主張や立証を促していくことが必要である。ただし，事前準備の段階で，裁判所が，一方当事者の主張を聴いた上で，当該当事者に対し，重要と思われる証拠を選別し，申出を促すようなことは，裁判所の中立性・公平性から適当ではない。そこで，立証準備の促しについては，事件類型ごとに一般的に書証として考えられる証拠書類を一覧表化した書面（証拠書類一覧表）を作成し，これを当事者に交付又は送付することなどにより行っている（司法研修所編「少額訴訟の審理方法に関する研究―よりやさしい運営をめざして―」35頁以下は，事件類型ごとに，予想される争点とそれ

に対応する書証の一覧表を紹介する)。

(ロ) 準備書面及び証拠の事前提出

(i) 補充すべき事実を記載した準備書面(補充書面)　地方裁判所の訴訟手続においては，当事者は，口頭弁論で主張する攻撃防御方法等を予め書面で準備しておく必要があり(準備書面。民訴161条1項・2項)，不意打ち防止の観点から，相手方が在廷していない口頭弁論においては，準備書面に記載した事実でなければ主張することができない(民訴161条3項)。しかし，一般市民が自ら訴訟を追行することが想定されている簡易裁判所では，訴訟手続を簡易化し，利用しやすいものにする観点から，原則として，当事者は，口頭弁論において，口頭で主張すれば足り，書面で準備する必要がない(民訴276条1項)。もっとも，相手方が準備しなければ陳述することができない事項については，書面で準備をするか又は口頭弁論前に直接相手方に通知しなければならず(民訴276条2項)，書面による準備や通知をしなかった場合は，相手方が口頭弁論期日に欠席したときには主張することができない(民訴276条3項)。簡易裁判所に提出する訴状には，請求の原因に代えて紛争の要点を明らかにすれば足りるとされていることから(民訴272条)，請求を理由づける事実(理由づけ請求原因事実)はもとより，請求を特定するのに必要な事実(特定請求原因事実)も訴状に記載されていないことがある。しかし，被告が第1回口頭弁論期日に欠席したときに請求を認容する判決を言い渡すためには，不足している請求を理由づける事実や請求を特定する事実が必要であり，そのため補充書面を事前に提出しておくことを要するか否かが問題となる。一期日審理の原則を採用する少額訴訟においては，この問題は特に重要である。結局は，補充事実が「相手方が準備をしなければ陳述することができないと認めるべき事項」といえるかどうか，相手方が知り又は予測することができるかどうか，言い換えれば，補充事実の陳述が相手方にとって不意打ちとなるかどうかによって判断すべきことになるが，少額訴訟手続により審理される事件は争点が少なく比較的単純なものが多いことから，補充事実が被告の準備を要する事項にあたり不意打ちとなるような場合はほとんどなく，補充書面を事前に提出しておく必要はないと考えられる。したがって，被告が第1回口頭弁論期日に欠席した場合であっても，通常は，期日において原

告が補充事実を主張すれば、擬制自白（民訴159条3項）の成立により、口頭弁論を終結して原告の請求を認容する判決を言い渡すことができることになる。

(ⅱ) 書証として提出予定の文書の写し　通常の訴訟手続においては、当事者は、書証として提出予定の文書については、書証の申出をするときまでに、その写し（相手方の数に1を加えた通数の写し）を提出しなければならない（民訴規137条1項）。書証として提出予定の文書の写しの事前提出を促すかどうかについて問題となるが、補充書面の事前提出についてと同様、原則としてその必要性はなく、当事者は、口頭弁論に書証を持参して（ただし、文書の原本を持参する必要がある。民訴規143条1項参照）提出すればよい。ただ、裁判所が第1回口頭弁論期日前に事案を把握して審理の見通しを立てる上では、文書の写しの事前提出はきわめて有用であって望ましいが、その場合であっても、文書の写しの事前提出を促すことにより少額訴訟手続の利用者たる一般市民に必要以上の負担を課すことのないように配慮しなければならない（最高裁判所事務総局・前掲民事裁判資料216号32頁）。

(ⅲ) 証人尋問の申出　通常の訴訟手続において証人尋問の申出をするには、証拠申出書を提出しなければならないが（民訴180条1項、民訴規99条1項）、簡易裁判所の訴訟手続においては、原則として、証拠申出書の提出が必要とされていない（民訴276条。同条は、主張関係だけではなく、証拠の申出等の証拠関係についても適用がある）。少額訴訟においても、証人尋問の申出は、口頭弁論期日に証人を同行した上で、口頭によるのを原則とする。争点が少なく比較的単純な事件が多い少額訴訟においては、期日に口頭で証人尋問の申出をしても相手方にとって不意打ちにはならず、また、裁判所が審理の見通しを立てる上でも、申出の予定さえ把握していれば十分に対応できるからである。

(ハ)　期日の呼出し　当事者に対する口頭弁論期日の呼出し（民訴139条）の方式としては、①呼出状の送達（民訴94条1項）、②当該事件について出頭した者に対する期日の告知（民訴94条1項）、③期日の呼出しを受けた旨を記載した書面（実務では、「期日請書」と呼んでいる）の提出（民訴94条2項但書）、④相当と認める方法（普通郵便、電話、ファクシミリ等）による呼出し（実務では、

「簡易呼出し」と呼んでいる）（民訴94条1項）がある。④の相当と認める方法によって呼出しをした場合には，呼出しを受けた者が期日請書を提出しない限り，期日に欠席しても不遵守による不利益を受けることはなく（民訴94条2項本文），被告が第1回口頭弁論期日に欠席しても，擬制自白（民訴159条3項）の成立により口頭弁論を終結して判決を言い渡すことはできない。なお，原告が訴状を提出するために裁判所に出頭しているときには，その場で第1回口頭弁論期日を指定して告知した上で期日請書の提出を求め，あるいは，郵送で訴状が提出された場合のように原告が裁判所に出頭していないときには，電話やファクシミリで期日を告知した上で期日請書の提出を求めることにより，呼出状の送達の方法によった場合と同一の効力を生じさせる（民訴94条2項但書参照）運用を行うことが多い。

(b) 被告に対する関係

(イ) 期日の呼出しと手続教示　被告に対しては，訴状副本（民訴138条1項，民訴規58条1項）とともに，第1回口頭弁論期日の呼出状（【書式216】）を送達する（民訴94条1項）。その際，少額訴訟による審理及び裁判の手続の内容を説明した書面（【書式195】（最高裁判所が示す被告用の少額訴訟手続説明書），【書式217】（大阪簡易裁判所で使用する被告用の少額訴訟手続説明書））を同封して送付する（民訴規222条1項）。

(ロ) 答弁書の記載事項　当事者が口頭弁論に先立って弁論の内容を相手方に告知する書面を準備書面というが（民訴161条），そのうち，被告が最初に提出する書面を答弁書と呼んでいる（民訴158条，民訴規79条参照）。準備書面（答弁書を含む）には，①攻撃又は防御の方法（民訴161条2項1号），②相手方の請求及び攻撃又は防御の方法に対する陳述（民訴161条2項2号）を記載する。

(i)攻撃又は防御の方法とは，当事者が裁判所に求めている申立て（原告の場合は求める請求，被告の場合は原告の請求に対する反論）が正当であることを裁判所に主張する事実とそれを裏づける証拠方法である。(ii)相手方の請求に対する陳述は，答弁書において，請求の趣旨に対する答弁（民訴規80条1項参照）として，「原告の請求を棄却する。」と記載するのが通例である。(iii)相手方の攻撃又は防御の方法に対する陳述とは，相手方の主張する事実に対する認否である。

準備書面（答弁書を含む）に事実についての主張を記載する場合は，要件事実（主張の要件となる事実）と間接事実（主張事実と関連する事実）を区別して記載しなければならず（民訴規79条2項，訴状につき民訴規53条1項・2項，答弁書につき民訴規80条1項），それとともに，立証を要する事由ごとに証拠を記載しなければならない（民訴規79条4項，訴状につき民訴規53条1項，答弁書につき民訴規80条1項）。また，重要な書証の写しを添付しなければならない（民訴規81条後段，訴状につき民訴規55条2項，答弁書につき民訴規80条2項）。

相手方の主張する事実に対する認否（相手方の攻撃又は防御の方法に対する陳述）の仕方には，①認める，②否認，③不知，④沈黙の4つがある。①「認める」とは，相手方の主張する事実を認める陳述であり，主要事実については自白として扱われる。当事者が自白した事実については，証明の対象から除外され（民訴179条），裁判所を拘束する結果，裁判所は自白の対象となった事実はそのまま裁判の基礎にしなければならない（弁論主義の第2原則［自白の拘束力］）。②「否認」とは，相手方の主張する事実を争う陳述である。この場合，単に否認する（単純否認）だけでなく，合理的な理由を付した記載をしなければならない（積極否認・理由付否認。民訴規79条3項）。否認の対象となった事実は，その事実を主張する当事者が立証しなければならず，証拠調べの対象となる。③「不知」とは，相手方の主張する事実について知らない旨の陳述であり，相手方の主張する事実を争ったと推定されるから（民訴159条2項），否認と同様，不知の対象となった事実は，証拠調べの対象となり，その事実を主張する当事者が立証しなければならない。④「沈黙」は，相手方の主張する事実について明確な態度を示さない場合であり，弁論の全趣旨から争うものと認められない限り，自白したものとみなされる（擬制自白。民訴159条1項）。また，当事者が口頭弁論期日に出頭しない場合も，公示送達（民訴110条参照）による呼出しを受けたときを除いて，相手方の主張する事実を自白したものとみなされるから（民訴159条3項），被告が答弁書を提出せずに第1回口頭弁論期日に出頭しない場合は，原告が訴状において主張する事実を自白したものとみなされ，弁論を終結して，原告の請求を認容する判決をする状態に至る。

法律知識や訴訟経験を十分に持ち合わせていない一般市民が自ら訴訟を追

行することを想定する簡易裁判所の訴訟手続においては，答弁書の記載についても配慮が必要である。すなわち，簡易裁判所においては，容易に訴えを提起することができるように，訴状には請求の原因に代えて紛争の要点を明らかにすれば足りるとされている（民訴272条）。この趣旨にかんがみれば，答弁書においても，相手方（原告）の攻撃又は防御の方法に対する陳述（相手方の主張する事実に対する認否。民訴161条2項2号）は正確に記載する必要があるが，他方の記載事項である攻撃又は防御の方法（民訴161条2項1号）については，厳格な記載を求めることは相当ではなく，訴状における紛争の要点と同程度の記載で足りると考えるべきであろう。

(ハ) 定型答弁書用紙の同封　たとえ，答弁書の記載事項につき，上記のように取り扱うとしても，法律知識や訴訟経験を十分に持ち合わせていない一般市民にとっては，訴訟の被告になった経験がなく，被告として訴えを提起されたことに対し，どのように対応すればよいのかわからないのが普通である。そこで，多くの簡易裁判所においては，請求に関する答弁のほか，被告の言い分（主張），和解の希望の有無，希望する和解の内容等について，複数の記載事項欄や空欄箇所を設け，該当欄をチェックするだけで容易に答弁書を作成することができるような定型答弁書用紙を備え置き，訴状副本や口頭弁論期日呼出状等の送達書類に，定型答弁書用紙と答弁書の書き方を記載した書面（**【書式221】**）を同封して送付する運用を実施している。

最高裁判所においても，定型答弁書とともに記載例を示しており（**【書式218】**,**【書式219】**），全国の簡易裁判所の事件受付の窓口に備え置かれているほか，裁判所ホームページ（http://www.courts.go.jp/）からPDFファイルの形式でダウンロードすることができる。定型答弁書は，定型訴状と同じく，3枚複写になっており，1枚目が裁判所の記録用の正本（裁判所用―白色），2枚目が相手方（原告）に送達する副本（相手方用―黄色），3枚目が作成者（被告）の控え（作成者用―青色）である。被告は1枚目と2枚目を裁判所に提出する（答弁書を含めた準備書面の提出につき民訴規79条・83条参照）。また，各簡易裁判所においても，独自に定型答弁書用紙を工夫して作成している。大阪簡易裁判所でも，定型訴状と同様，定型答弁書のモデルを公表している（大阪地方裁判所簡易裁判所活性化委員会編・前掲書。**【書式220】**）。

(二) 手続教示と事情聴取（参考事項聴取，期日外釈明）　少額訴訟において，裁判所が事前に審理の見通しを立て，一期日審理の原則に従って当事者の理解と納得を得ながら効率的で充実した審理を行うためには，被告に対する関係においても，手続教示や第1回口頭弁論前の参考事項聴取（民訴規61条1項），期日外釈明（民訴規63条1項）を通じて，原告の請求に対する答弁，紛争の背景や経緯，交渉の有無や状況，被告の言い分や和解希望の有無と内容，口頭弁論期日への出頭の可能性等の情報を把握しておくとともに，主張や立証準備を促すことが重要である。ただし，被告との接触（被告へのアプローチ）を行う場合，その時期が問題となる。そこで，実務においては，各簡易裁判所の実情に応じて，①被告に訴状副本等が送達されたころを見計らって裁判所書記官が接触するという運用，②答弁書の提出があったときに接触するほか，被告が答弁書催告期限を過ぎても答弁書を提出してこないときに裁判所書記官が接触するという運用，③被告から答弁書の提出がない場合は，事件類型的に応訴の可能性が高い事件（給料や解雇予告手当の請求事件，交通事故やその他の損害賠償請求事件，敷金返還請求事件）以外は，積極的に接触を試みないという運用などが採られている。

〔2〕 少額訴訟事件の各種定型訴状等の書式

【書式196】から【書式203】は，最高裁判所が示している定型訴状の用紙とその記載例である。なお，最高裁判所が示す定型訴状の記載例は，1ページ目は訴状の作り方等の一般的な説明，2ページ目は当事者の表示等の記載例，3ページ目は各事件類型の訴状用紙に対応した記載例となっているが，1ページ目と2ページ目は各記載例において共通していることから，【書式196】，【書式197】以外においては，省略している。【書式204】から【書式212】は，大阪簡易裁判所が公表している定型訴状の用紙である。定型訴状は一般市民である当事者が簡単に訴状を作成することができるように工夫されており，基本的には，難解な法律用語を避け，できる限り平易かつ簡明な表現を用いながら，原告が訴え提起をするにあたって最低限主張しなければならない事実について，あらかじめ複数の記載事項欄や空欄箇所を設けてお

き，利用者がチェック方式で選択したり，空欄に簡単な記入をする方式になっている。また，【書式218】，【書式219】は，最高裁判所が示している定型答弁書の用紙とその記載例であり，【書式220】は，大阪簡易裁判所が公表している定型答弁書の用紙である。定型答弁書についても，定型訴状と同様，難解な法律用語を避け，できる限り平易かつ簡明な表現を用いながらチェック方式と記入方式を併用した形式が採用されている。【書式213】から【書式217】及び【書式220】から【書式223】は，大阪簡易裁判所において使用されているものである。

〔増田　輝夫〕

書式196　定型訴状における「当事者の表示等」欄

訴　状

事件名　　　　　　　　　　　　　　　　　　　　　請求事件

□少額訴訟による審理及び裁判を求めます。本年，この裁判所において少額訴訟による審理及び裁判を求めるのは　　　回目です。

　　　　　　　　　　　　簡易裁判所　御中　　　平成　　年　　月　　日

原告（申立人）	〒　　　住　所（所在地）　　　　氏　名（会社名・代表者名）　　　　　　　　　　　　　　印　　　　TEL　　－　　－　　　　FAX　　－　　－		
	送達場所等の届出	原告（申立人）に対する書類の送達は，次の場所に宛てて行ってください。　　□上記住所等　　□勤務先　名　称　　　　　　　　〒　　　　　　　　住　所　　　　　　　　　　　　　　　　　　　　TEL　　－　　－　　□その他の場所（原告等との関係　　　　　　　　　　　　　　　　）　　　　　　　　〒　　　　　　　　住　所　　　　　　　　　　　　　　　　　　　　TEL　　－　　－　　□原告（申立人）に対する書類の送達は，次の人に宛てて行ってください。　　氏　名		
被告（相手方）1	〒　　　住　所（所在地）　　　　氏　名（会社名・代表者名）　　　　TEL　　－　　－　　　　FAX　　－　　－		
	勤務先の名称及び住所　　　　　　　　　　　　　　　　　　TEL　　－　　－		
被告（相手方）2	〒　　　住　所（所在地）　　　　氏　名（会社名・代表者名）　　　　TEL　　－　　－　　　　FAX　　－　　－		
	勤務先の名称及び住所　　　　　　　　　　　　　　　　　　TEL　　－　　－		
		訴訟物の価額	円	取扱者
		貼用印紙額	円	
		予納郵便切手	円	
		貼用印紙	裏面貼付のとおり	

〔注〕
1．最高裁判所が示す定型訴状の2枚目であり，当事者の表示等の形式的な事項を記載する用紙である。
2．少額訴訟による審理及び裁判を求める旨の申述（民訴368条2項）は，訴状に記載することを要する。
3．少額訴訟手続による審判を求めた回数の届出（民訴368条3項）は，必ずしも訴状に記載することを要せず，口頭によることもできるが，少額訴訟手続を利用する要件（民訴373条3項2号・368条参照）と密接に関連するので，訴状に記載することが望ましい（最高裁判所事務総局・民事裁判資料216号23頁）。
4．原告は，訴訟物の価額（訴訟の目的物の価額）によって定まる手数料（訴え提起手数料）を，収入印紙で納めなければならない（民訴費3条・8条・別表第1）。訴訟物の価額とは，原告が訴えで主張する利益であり（民訴8条1項），金銭の支払を求める訴えにおいては，原告が被告に対して請求する額である。
5．原告は，訴え提起時に，被告に訴状副本や口頭弁論期日呼出状等を送達するため（訴状副本の送達につき民訴138条1項，民訴規58条1項。期日呼出状の送達につき民訴94条1項）の郵便切手を納めなければならない（民訴費13条）。

第3節 訴えの提起と少額訴訟における事前準備 〔2〕少額訴訟事件の各種定型訴状等の書式 【書式197】

書式 197　定型訴状における「当事者の表示等」欄の記載例

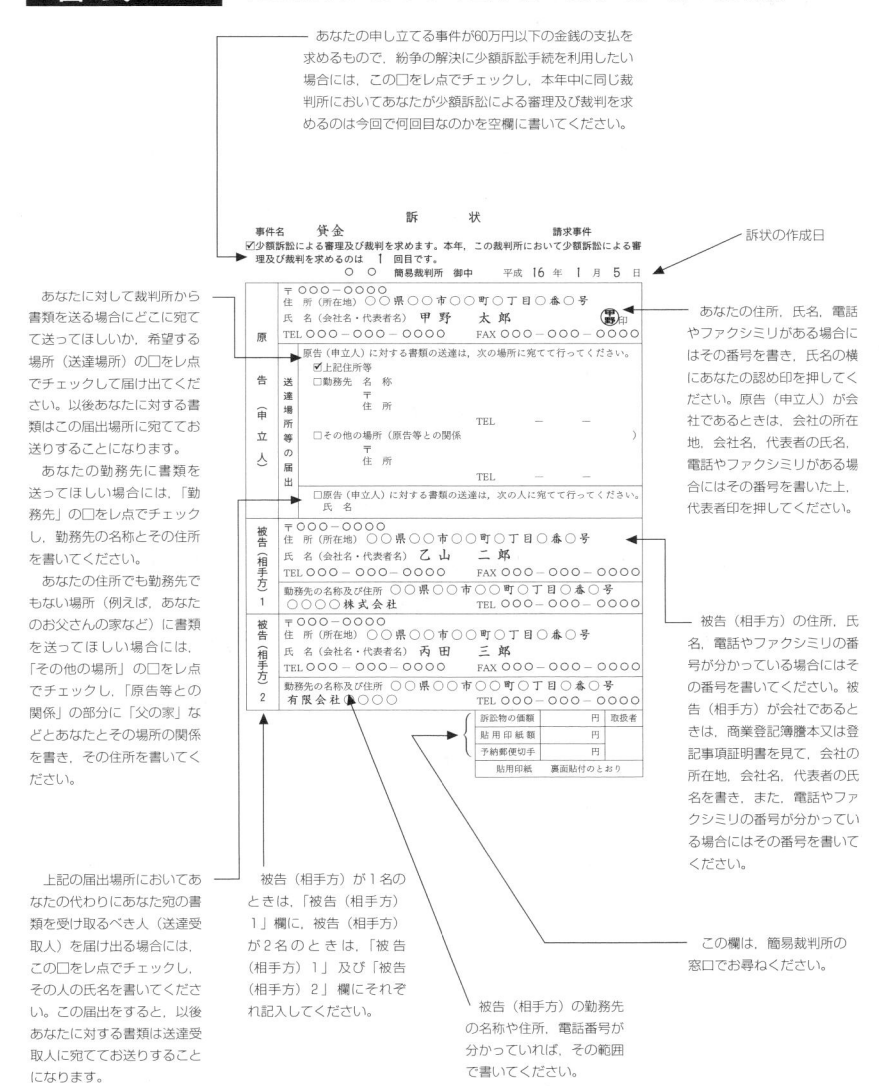

あなたの申し立てる事件が60万円以下の金銭の支払を求めるもので、紛争の解決に少額訴訟手続を利用したい場合には、この□をレ点でチェックし、本年中に同じ裁判所においてあなたが少額訴訟による審理及び裁判を求めるのは今回で何回目なのかを空欄に書いてください。

訴状の作成日

あなたに対して裁判所から書類を送る場合にどこに宛てて送ってほしいか、希望する場所（送達場所）の□をレ点でチェックして届け出てください。以後あなたに対する書類はこの届出場所に宛ててお送りすることになります。

あなたの勤務先に書類を送ってほしい場合には、「勤務先」の□をレ点でチェックし、勤務先の名称とその住所を書いてください。

あなたの住所でも勤務先でもない場所（例えば、あなたのお父さんの家など）に書類を送ってほしい場合には、「その他の場所」の□をレ点でチェックし、「原告等との関係」の部分に「父の家」などとあなたとその場所の関係を書き、その住所を書いてください。

あなたの住所、氏名、電話やファクシミリがある場合にはその番号を書き、氏名の横にあなたの認め印を押してください。原告（申立人）が会社であるときは、会社の所在地、会社名、代表者の氏名、電話やファクシミリがある場合にはその番号を書いた上、代表者印を押してください。

被告（相手方）の住所、氏名、電話やファクシミリの番号が分かっている場合にはその番号を書いてください。被告（相手方）が会社であるときは、商業登記簿謄本又は登記事項証明書を見て、会社の所在地、会社名、代表者の氏名を書き、また、電話やファクシミリの番号が分かっている場合にはその番号を書いてください。

上記の届出場所においてあなたの代わりにあなた宛の書類を受け取るべき人（送達受取人）を届け出る場合には、この□をレ点でチェックし、その人の氏名を書いてください。この届出をすると、以後あなたに対する書類は送達受取人に宛ててお送りすることになります。

被告（相手方）が1名のときは、「被告（相手方）1」欄に、被告（相手方）が2名のときは、「被告（相手方）1」及び「被告（相手方）2」欄にそれぞれ記入してください。

被告（相手方）の勤務先の名称や住所、電話番号が分かっていれば、その範囲で書いてください。

この欄は、簡易裁判所の窓口でお尋ねください。

〔注〕
1. 最高裁判所が示す定型訴状の記載例の中の当事者の表示等に関係する部分である。

書式 198 定型訴状(1)——金銭支払（一般）請求事件の「請求の趣旨等」欄の記載例

一般

請求の趣旨	1　被告 ら は，原告に対して，**連帯して** 次の金員を支払え。 　　金　　　　　　80,000　円 　　{ □上記金額に対する 　　　□上記金額の内金　　　　　　円に対する } 　　　　平成　　年　　月　　日から平成　　年　　月　　日まで 　　　　　　の割合による金員 　　{ ☑上記金額に対する 　　　□上記金額の内金　　　　　　円に対する } 　　{ ☑平成 14 年 12 月 20 日 　　　□訴状送達の日の翌日 } から支払済みまで 　　　　年5パーセント　の割合による金員 2　訴訟費用は，被告 ら の負担とする。 との判決（☑及び仮執行の宣言）を求めます。
紛争の要点（請求の原因）	平成14年12月20日、原告宅隣のビルで看板取り外し作業を行っていた被告2の従業員である被告1は、誤って取り外した看板を下に落とし、落ちた看板は、原告の庭の盆栽5鉢に当たってだいなしにした。 　この盆栽は、原告が全部で8万円で買ったもので原告が大切にしていたものである。 　原告は、被告らに対して何度も弁償するように言ったが、被告らに誠意がなく、いっこうに支払おうとしない。
添付書類	領収書　　こわれた盆栽の写真　　商業登記簿謄本

〔注〕
1．最高裁判所が示す金銭の支払を求める訴え（一般）の定型訴状である。
2．「請求の趣旨」欄について
　訴状には，訴えによって求める審判の内容である請求の趣旨を記載しなければならない（民訴133条2項2号）。少額訴訟のように金銭の支払を求める場合においては，請求する金額等を記載する。
3．「紛争の要点（請求の原因）」欄について
　訴状には，請求（訴訟物）を特定するのに必要な事実である請求の原因（特定請求原因）を記載するほか（民訴133条2項2号，民訴規53条1項1文），請求を理由づける事実としての請求の原因（理由づけ請求原因）を記載しなければならないが（民訴規53条1項2文），簡易裁判所における訴えの提起においては，請求の原因（特定請求原因）に代えて紛争の要点を明らかにすれば足りる（民訴272条）。
4．「添付書類」欄
　原告の言い分を裏づける証拠となる書類の名称を記載する。

書式 199 定型訴状(2)——貸金請求事件の「請求の趣旨等」欄の記載例

貸金

請求の趣旨	1 被告ら は，原告に対して，**連帯して**次の金員を支払え。 　　　金　　　　　　300,000　円 　　☑上記金額に対する 　　□上記金額の内金　　　　　　円に対する 　　　平成 14 年 1 月 20 日から平成 14 年 9 月 30 日まで 　　　　**年1割**　の割合による金員 　　☑上記金額に対する 　　□上記金額の内金　　　　　　円に対する 　　☑平成 14 年 10 月 1 日 　　□訴状送達の日の翌日　　から支払済みまで 　　　　**年1割5分**　の割合による遅延損害金 2 訴訟費用は，被告ら の負担とする。 との判決（☑及び仮執行の宣言）を求めます。
紛争の要点（請求の原因）	原告は，被告　乙山二郎　に対し，次のとおり金員を貸し付けた。 　　貸　付　日　　平成 14 年 1 月 20 日 　　貸付金額　　金　　300,000　円 　　利息の定め　☑あり（　年1割　）□なし 　　返済期の定め　☑あり（平成14年9月30日） 　　　　　　　　□なし（平成　年　月　日に返済を申し入れた。） 　　遅延損害金の定め　☑あり（　年1割5分　）□なし 　　連帯保証人　☑被告　丙田三郎 　　その他の特約　返済金は、元本、利息、遅延損害金の順に充当する 返済状況　☑返済なし 　　　　　□一部返済あり 　　　　　　平成　年　月　日　金　　　　　　円 その他の参考事項 　　被告らは、自動車の修理代金を相殺したと言って 　　支払おうとしない。
添付書類	☑契約書　　□借用書　　□念書 □

〔注〕
1. 最高裁判所が示す貸金請求の訴えの定型訴状である。
2. 貸した金銭の返還を求める訴訟を貸金（返還）請求事件といい，金銭の貸借りを（金銭）消費貸借契約という。（金銭）消費貸借契約は，当事者の一方（借主）が同額の金銭を返還することを約束して，相手方（貸主）から金銭を受け取ることによって成立する（民587条）。
3. 「紛争の要点（請求の原因）」欄について
   (1) 貸した金銭（元本）の返還を請求する場合には，原告は，貸した金銭の額（貸付金額）及び返還の約束を主張する必要がある。
   (2) 利息や遅延損害金の請求をする場合は，利息や遅延損害金の約定についても，記載する。
   (3) 複数の貸付けがある場合は，別紙として，貸付日，貸付金額，返済日，返済額等を記載した一覧表を作成して添付すると理解がしやすい。
   (4) 連帯保証人に対しても被告として請求する場合は，「連帯保証人　□被告　　」欄の□を✓点でチェックして，その氏名を記載する。
   (5) 「その他の参考事項」欄には，被告が返済しない理由や被告の言い分などを記載し，それに異議がある場合は反論を記載する。
   (6) 一期日審理の原則（民訴374条1項参照）が採用されている少額訴訟においては，背景事情や事前の経過等の情報は，効率的で充実した審理を行うためにきわめて有用である。

書式 200 定型訴状(3)——売買代金請求事件の「請求の趣旨等」欄の記載例

売買代金

請求の趣旨	1　被告は，原告に対して，次の金員を支払え。 　　　金　　　　22,000　円 　☑上記金額に対する 　　□平成　年　月　日 　　☑訴状送達の日の翌日　 から支払済みまで 　　年6パーセント の割合による金員 2　訴訟費用は，被告の負担とする。 との判決（☑及び仮執行の宣言）を求めます。
紛争の要点（請求の原因）	原告（　　酒類販売　　業を営む者）が被告に売り渡した物件 　契約日　平成 15 年 1 月 5 日（から平成　年　月　日まで） 　品　目　　ビール1ケース、ウイスキー2本 　数　量 　代　金　金　　22,000　　円 　支払期日　平成　年　月　日
	代金支払状況 　☑支払なし 　□一部支払あり　金　　　　　　円
	その他の参考事項 　被告は「代金はすでに支払った。」と主張して請求に応じない。
添付書類	□契約書　　□受領証　　□請求書（控）　　□納品書（控） ☑商業登記簿謄本又は登記事項証明書 □

〔注〕
1. 最高裁判所が示す売買代金請求の訴えの定型訴状である。
2. 品物を売った代金の支払を求める訴訟を売買代金請求事件という。売買契約は，当事者の一方（売主）が，物の財産権を相手方に移転することを約束し，相手方（買主）が，代金を支払うことを約束することによって成立する（民555条）。
3. 「請求の趣旨」欄について
   (1) 遅延損害金の支払も求める場合は，「□上記金額に対する」欄の□を✓点でチェックした上で，いつからの支払を求めるのかを印するとともに，その率を記載する。
   (2) 遅延損害金の率は，特約がない場合，商取引によるときは商事法定利率の年6パーセントとなる（商514条）。
4. 「紛争の要点（請求の原因）」欄について
   (1) 売買代金の支払を請求する場合には，契約日，目的物，代金額などを特定して売買契約成立の事実を主張しなければならない。
   (2) 目的物が多種多数の場合，あるいは売買契約が長期にわたる（継続的取引関係）場合は，別紙として，売買契約日，目的物，数量，代金額等を記載した一覧表を作成して添付すると理解がしやすい。
   (3) 「その他の参考事項」欄には，被告（買主）が売買代金を支払わない理由や被告の言い分，よくある例は，目的物に瑕疵がある（売主の瑕疵担保責任。民570条・566条参照）や値引き交渉があった（和解契約の成立。民695条参照）などであるが，被告が訴え提起前の交渉においてそれらの事実を主張していた場合は，その旨を記載し，それに異議がある場合は反論を記載する。

書式 201　定型訴状(4)——給料支払請求事件の「請求の趣旨等」欄の記載例

給料支払

請求の趣旨	1　被告は，原告に対して，次の金員を支払え。 　　　　金　　　　87,500　　円 　{ ☑上記金額に対する { ☑平成 14 年 8 月 26 日 / □訴状送達の日の翌日 } から支払済みまで 　　年　14.6　パーセントの割合による金員 　　□ 2　訴訟費用は，被告の負担とする。 との判決（☑及び仮執行の宣言）を求めます。
紛争の要点（請求の原因）	1　被告は　　**不動産**　　業を営むものである。 2　契約の内容 　(1)　仕事の内容 　　　**ダイレクトメールの宛名書きや書類のコピー等** 　{ (2)　給　料　□月給　□日給　☑時給　金　700　円 　{ (3)　支払期日　☑毎月　25　日（☑　当　月　20　日締め） 　　　　　　　　　□ 3　働いていた期間 　　平成 14 年 6 月 1 日から平成 14 年 8 月 20 日まで 4　未払給料 　{ 平成 14 年 7 月 21 日から平成 14 年 8 月 20 日まで 　{ （□　　　月分　□　　　月分　☑　125　時間分）の給料 　{ 　　　　　　　　　　　　　　　合計金　　87,500　　円
	その他の参考事項 　　**資金繰りが苦しいから待ってくれとのことだったが，** 　　**その後も私が怠けていたなどと言って払ってくれません。**
添付書類	☑給与等支払明細書　　　　☑商業登記簿謄本又は登記事項証明書 □ □

〔注〕
1. 最高裁判所が示す給料（賃金）支払請求の訴えの定型訴状である。
2. 勤務先が給料を支払ってくれないとか，退職したのに未払給料を払ってくれないといった場合に，給料の支払を求める訴訟が給料（賃金）支払請求事件である。
3. 「請求の趣旨」欄について
   (1) 遅延損害金の支払も求める場合は，「□上記金額に対する」欄の□を✓点でチェックした上で，いつからの支払を求めるのかを印するとともに，その率を記載する。
   (2) 遅延損害金の率は，使用者が商人である場合は，商事法定利率の年6パーセントとなる（商514条）。
   (3) 退職後に未払給料を請求する場合は，賃金の支払の確保等に関する法律が，遅延損害金の利率について，退職の日に支払期日が到来している分については退職日の翌日から，退職の日に支払期日の到来していない分については支払期日から年14.6パーセントの割合による遅延利息を請求できる旨を規定している（同法6条，同施行令1条）。
4. 「紛争の要点（請求の原因）」欄について
   労働契約（雇用契約）に基づいて給料（賃金）の支払を請求する場合は，契約年月日，給料の額，労務（仕事）の内容等を特定した上で労働契約を締結した事実とともに，労働者たる原告が労働に従事した（働いた）期間を主張し，さらに，未払賃金について具体的な金額を主張し，それが何時から何時までの分なのかを期間あるいは時間で特定する必要がある（民623条参照）。

書式 202 定型訴状(5)——損害賠償（交通・物損）請求事件の「請求の趣旨等」欄の記載例

損害賠償—交通事故による物損

<table>
<tr><td rowspan="2">請求の趣旨</td><td colspan="2">1 被告 ら は，原告に対して， 連帯して 次の金員を支払え。
　　金　　 200,000 　　円
　☑上記金額に対する
　　{ ☑平成 14 年 12 月 24 日
　　　□訴状送達の日の翌日 } から支払済みまで
　　年5パーセントの割合による金員
2 訴訟費用は，被告 ら の負担とする。
との判決（☑及び仮執行の宣言）を求めます。</td></tr>
</table>

<table>
<tr><td rowspan="6">紛争の要点（請求の原因）</td><td rowspan="3">事故の態様</td><td>事故発生日時</td><td colspan="2">平成 14 年 12 月 24 日　□午前 ☑午後 3 時 30 分頃</td></tr>
<tr><td>事故発生場所</td><td colspan="2">○○県○○市○○町○丁目○番先路上</td></tr>
<tr><td>車両の種類</td><td>原告　普通乗用自動車</td><td>被告　普通貨物自動車</td></tr>
<tr><td colspan="3">事故の状況
　交差点手前の停止線で原告運転の車が停止していたところ、後ろから来て前を良く見ていなかった被告1運転の車が原告運転の車の後部に衝突し、原告運転の車の後部バンパーやバックライト部分がこわれた。

☑被告2は，被告1の使用者である。</td></tr>
<tr><td>損害</td><td colspan="3">☑車等の修理代金　　　　　　　　　　　金　150,000　円
☑代車使用料　　　　　　　　　　　　　金　 50,000　円
□　　　　　　　　　　　　　　　　　　金　　　　　 円</td></tr>
<tr><td>参考事項</td><td colspan="3">　被告らは、被告2が掛けている保険で原告が運転していた車の修理代金などを支払うと約束していたのに現在まで全く支払おうとしない。</td></tr>
</table>

<table>
<tr><td>添付書類</td><td>☑交通事故証明書　　　□示談書・念書　　　　☑車等の損傷部分の写真
☑領収書　　　　　　　☑車等の修理代金見積書　□事故状況説明図
☑商業登記簿謄本又は登記事項証明書　　□</td></tr>
</table>

〔注〕
1. 交通事故により受けた損害（物的損害）を加害者に請求する場合に使用する最高裁判所が示す損害賠償（交通事故による物損）請求の訴えの定型訴状である。
2. 交通事故による損害賠償の場合，民法上の不法行為に基づく損害賠償請求（民709条）と自動車損害賠償保障法に基づく損害賠償請求（自賠3条）とが考えられるが，自動車損害賠償保障法に基づく損害賠償請求は，「他人の生命又は身体を害したとき」，すなわち人的損害（人身損害）の場合であり，物的損害を請求する場合は，民法上の不法行為に基づく損害賠償請求をすることになる。
3. 「紛争の要点（請求の原因）」欄について
   (1) 「事故の状況」欄には，事故当時の状況を，道路や交差点，信号機，標識等の状況を表示しながら，原告運転の自動車と被告運転の自動車の位置関係や衝突位置等事故当時の様子を，裁判所や被告が理解できるように工夫した記載をする。文書での表現のみではなく，「事故状況説明図」等を作成すると理解しやすい。
   (2) 相手の自動車の運転者に加えて，使用者に対しても損害賠償を求めている場合（民719条参照）は，「□被告2は，被告1の使用者である。」の□を✓点でチェックする。

書式203 定型訴状(6)――敷金返還請求事件の「請求の趣旨等」欄の記載例

敷金返還

請求の趣旨	1　被告は，原告に対して，次の金員を支払え。 　　金　219,000　円 　☑上記金額に対する 　　{☑平成　15年　1月　11日 　　　□訴状送達の日の翌日} から支払済みまで 　　年5パーセント　の割合による金員 2　訴訟費用は，被告の負担とする。 との判決（☑及び仮執行の宣言）を求めます。
紛争の要点（請求の原因）	1　賃貸借契約の内容 　　原告は，被告との間で，(2)の物件について，次のとおり賃貸借契約を締結し，引渡しを受けた。 (1)　契約日　　平成　12年　3月　25日 (2)　賃借物件　　所在 　　　　○○県○○市○○町○丁目○番○号 　　　　名称（アパート名等）及び棟室番号 　　　　○○アパート　203号室 (3)　賃借期間　☑　2年　　□定めなし (4)　賃　料　1か月金　73,000　円 　　　（平成　年　月　日から1か月金　　　円） (5)　交付した敷金の額　　金　219,000　円 (6)　敷金返還についての約定　□定めなし 　　　　☑建物明渡しの1か月後に返還する。 2　賃貸借契約終了日　　平成　14年　12月　10日 3　物件を明け渡した日　　平成　14年　12月　10日
	その他の参考事項 　被告は、敷金をリフォーム費用に充当したので、返すべき敷金はないと言って支払おうとしない。
添付書類	☑賃貸借契約書　　　□登記簿謄本又は登記事項証明書 □内容証明郵便　　　□配達証明書 □敷金領収書　　　　□

〔注〕
1. 借りていたアパートを明け渡したのに家主が敷金を返してくれないという場合に使用する最高裁判所が示す敷金返還請求の訴えの定型訴状である。
2. 敷金とは，不動産（建物である場合が通常である）賃貸借契約に付随して，賃借人の賃料債務その他賃貸借契約上生じる債務を担保する目的で，賃貸人と賃借人との間で，賃貸借契約終了後明渡時に，債務不履行があればその弁済に充当し，債務不履行がなければ返還するとの停止条件を付した敷金契約に基づいて交付される金銭であり，その法的性質については，停止条件付返還義務を伴う金銭所有権の移転契約であるとされている。したがって，賃借人は，後日，賃貸借契約が終了して目的物を返還した場合には，不履行債務を控除した残額について，敷金返還請求権を取得することになる。
3. 「紛争の要点（請求の原因）」欄について
 (1) 「その他の参考事項」欄には，被告が敷金を返還しない理由や言い分，その他紛争について参考になることを記載する。
  一期日審理の原則（民訴374条1項参照）が採用されている少額訴訟においては，背景事情や事前の経過等の情報は，効率的で充実した審理を行うためにきわめて有用である。
 (2) 被告の対応としてよく現れるのは，原状回復特約に基づく修繕費用や敷引特約（賃貸借契約終了時に交付された敷金のうちの一定金額を返還しない旨の合意）に基づく不返還を抗弁として主張するケースであるが，いずれも消費者契約法10条との関係が問題となることから，少額訴訟事件における審理の場面においても，それが主たる争点となり，原告・被告による攻防がされることになる。

書式204 定型訴状（大阪簡易裁判所用）における「当事者の表示等」欄

年月日	平成　　年　　月　　日		
事件名	請求事件	事件番号	平成　　年（　　）第　　　号

<table>
<tr><td colspan="4" align="center">訴　　　　　状</td></tr>
<tr><td colspan="2">大　阪　簡　易　裁　判　所　御　中</td><td rowspan="2">添付書類</td><td>□登記事項証明書</td></tr>
<tr><td>訴訟物の価格</td><td>　　　　円　取扱者</td><td>□</td></tr>
<tr><td>貼用印紙額</td><td>　　　　円</td><td rowspan="2">申　述</td><td rowspan="2">□少額訴訟による審理及び裁判を求めます。利用回数は　　回です。</td></tr>
<tr><td>予納郵便切手</td><td>　　　　円</td></tr>
<tr><td>貼　用　印　紙</td><td colspan="3">裏面貼付のとおり</td></tr>
</table>

当事者の表示	原告	〒□□□-□□□□ 住所（所在地） 送達場所 　TEL　　－　　－　　（担当者　　　）FAX　　－　　－ 氏名（会社名，代表者名等） 　　　　　　　　　　　　　　　　　　　　　　　　　　　　　　㊞
	被告	〒□□□-□□□□　　　　　　　　　　　　　TEL　　－　　－ 住所（所在地） 氏名（会社名，代表者名等） 勤務先　（住所） 　　　　（名称）

〔注〕
1．大阪簡易裁判所で使用している定型訴状の1枚目であり，当事者の表示等の形式的な事項を記載する用紙である。
2．解説は【書式196】〔注〕を参照されたい。

書式205 定型訴状（大阪簡易裁判所用）(1)——貸金請求事件の「請求の趣旨及び原因」の記載例

貸金

　　　　　　　　　請 求 の 趣 旨 及 び 原 因

請求の趣旨
　1　被告　　　は，原告に対し，　　　下記金員を支払え。
　　　金　　　　　　　　円（下記請求の原因2の残額）
　　　上記金額に対する　□平成　　年　　月　　日から
　　　　　　　　　　　　□訴状送達日の翌日から
　　　完済まで年　　　％の割合による遅延損害金
　2　訴訟費用は被告　　　の負担とする。
　との判決及び仮執行宣言を求める。

請求の原因
　1(1)　契約の日　平成　　年　　月　　日
　　(2)　契約の内容　①原告は，□被告　　　　　　　　　　　　　に
　　　　　　　　　　　　　　　　□訴外（　　　　　　　　　　）に
　　　　　　　　　返還時期を　□平成　　年　　月　　日と定めて
　　　　　　　　　　　　　　　□定めないで
　　　　　　　　　下記金銭を貸し付けた。
　　　　　　　　　②特　約　□利　　　息　利率年　　　　　％
　　　　　　　　　　　　　　□遅延損害金　利率年　　　　　％
　　(3)　連帯保証人
　2

貸 付 金 額	支 払 済 み の 額	残　　額
円	円 （最後に支払った日　　．　．　）	円

　3
　┌□（最終）返済期限（平成　　年　　月　　日）の経過
　└□支払を催促する書面が到着した日（平成　　年　　月　　日）
　　　┌□同書面記載の支払期限（平成　　年　　月　　日）の経過
　　　└□相当期間（平成　　年　　月　　日）の経過

〔注〕
　1．大阪簡易裁判所で使用する貸金請求事件についての定型訴状である。
　2．解説は【書式199】〔注〕を参照されたい。

書式 206　定型訴状（大阪簡易裁判所用）(2)――売買代金請求事件の「請求の趣旨及び原因」の記載例

売買代金（継続的売買も含む）

　　　　　　　請　求　の　趣　旨　及　び　原　因

請求の趣旨
　1　被告　　　は，原告に対し，　　　下記金員を支払え。
　　　金　　　　　　　　円（下記請求の原因2の残額）
　　　上記金額　　　　　　に対する平成　　年　　月　　日から
　　　完済まで　　年　　　％の割合による遅延損害金
　2　訴訟費用は被告　　　の負担とする。
　との判決及び仮執行の宣言を求める。

請求の原因
　1(1)　売買契約日（期間）　平成　　年　　月　　日
　　　　　　（から平成　　年　　月　　日）
　　(2)　被告　　　に売り渡した商品名
　　　　　（　　　　　　　　　　　　　　　　　　　　　）
　　(3)　連帯保証人
　2

売買代金額	支 払 済 み の 額	残　　額
円	円 （最後に支払った日　　．．　）	円

　3
　　┌─□支払期限（平成　　年　　月　　日）の経過
　　├─□商品を引き渡した日　平成　　年　　月　　日
　　│　　（催告到達日　平成　　年　　月　　日）
　　└─□

〔注〕
　1．大阪簡易裁判所で使用する売買代金請求事件についての定型訴状である。
　2．解説は【書式200】〔注〕を参照されたい。

書式207 定型訴状（大阪簡易裁判所用）(3)——給料（賃金）支払請求事件の「請求の趣旨及び原因」の記載例

給料（賃金）

請求の趣旨及び原因

請求の趣旨
1　被告は，原告に対し，下記金員を支払え。
　　　金　　　　　　　　　円（下記請求の原因3の残額）
　　上記金額に対する平成　　年　　月　　日から完済まで
　　　□年14.6％の割合による遅延損害金
　　　□年　　％の割合による遅延損害金
2　訴訟費用は被告の負担とする。
との判決及び仮執行の宣言を求める。

請求の原因
　1(1)　労働契約の日　平成　　年　　月　　日
　　(2)　労働契約の内容　①業務
　　　　　　　　　　　　②賃金　□月給　□日給　□時給　金　　円を
　　　　　　　　　　　毎月　　日締めの□当月　　日限り支払う。
　　　　　　　　　　　　　　　　　　　　　□翌月　　日限り支払う。
　2　就労期間　平成　　年　　月から
　　　　　　　　□平成　　年　　月　　日まで（同日退職）
　　　　　　　　□現在も就労中
　3

賃　金　の　額	支払済みの額	残　額
金　　　　　　　　円 内訳） 　基　本　給　　金　　　円 　各　種　手　当　　金　　　円 　超過勤務手当　　金　　　円 　□明細は別紙計算書のとおり 　（平成　　年　　月　　日から 　　　　　年　　月　　日分まで）	金　　　　　　　円 （最後に支払った日 　　　．　．　　）	金　　　　円

　4
　　┌□未払賃金を請求した日　平成　　年　　月　　日
　　│　（退職後支払を求める場合）
　　└□最終支払期日（平成　　年　　月　　日）の経過

(別紙)

1　各種手当の内訳

手　当	金	円	（計　算　式）
手　当	金	円	
手　当	金	円	
手　当	金	円	

2　時間単価の計算
　(1)　月給制の場合
　　　基本給　　　　円　×　12月　／　52週　／　40時間
　　　＝　　　　　　円（1時間あたりの単価）
　(2)　日給制の場合
　　　日給額　　　　円　／　（勤務時間）　　　　時間
　　　＝　　　　　　円（1時間あたりの単価）

3　超過勤務手当の計算

年　　月	時　間	単　価	合　計
年　　月分			円
年　　月分			円
年　　月分			円
年　　月分			円
年　　月分			円
合　　計			円

〔注〕
　1．大阪簡易裁判所で使用する給料（賃金）支払請求事件についての定型訴状である。
　2．解説は【書式201】〔注〕を参照されたい。

書式208 定型訴状（大阪簡易裁判所用）(4)——損害賠償（交通・物損）請求事件の「請求の趣旨及び原因」の記載例

交通事故による損害賠償（物損）

　　　　　　　　請 求 の 趣 旨 及 び 原 因

請求の趣旨
　1　被告　　　は，原告に対し，　　　下記金員を支払え。
　　　金　　　　　　　　円
　　　上記金員に対する平成　　年　　月　　日から
　　　完済まで年5％の割合による金員
　2　訴訟費用は被告　　　の負担とする。
　との判決及び仮執行の宣言を求める。
請求の原因
　1　交通事故の発生（□事故状況は別紙事故状況説明書記載のとおり）
　　(1)　発 生 日 時　平成　　年　　月　　日午前・後　　時　　分頃
　　(2)　発 生 場 所　　　　市・府・県・都・道　　　　区・市・町・村
　　　　　　　　　　　　　　町・通　　　丁目　　　番
　　　　　　　　　　□先路上　　□　　　　号
　　(3)　原告の車両等
　　　　①車　　種　　□普通乗用自動車　　□普通貨物自動車
　　　　　　　　　　　□自動二輪車　　　　□原動機付き自転車
　　　　　　　　　　　□自転車　　　　　　□徒歩
　　　　②運転者　　　□原告　　　　　　　□訴外
　　　　③所有者　　　□原告
　　　　　　　　　　　□訴外
　　　　　　　　　　（□借主　　□所有権留保　　□　　　　　　　　）
　　(4)　被告の車両等
　　　　①車　　種　　□普通乗用自動車　　□普通貨物自動車
　　　　　　　　　　　□自動二輪車　　　　□原動機付き自転車
　　　　　　　　　　　□自転車　　　　　　□
　　　　②運転者　　　□被告　　　　　　　□訴外
　　(5)　事 故 態 様　□衝突　　□追突　　□接触　　□
　2　被告等の過失態様　□前方不注視　　　□センターラインオーバー
　　　　　　　　　　　　□一時停止違反　　□無理な追越し
　　　　　　　　　　　　□制限速度違反　　□信号無視
　　　　　　　　　　　　□その他（　　　　　　　　　　　　　　　　）

3　原告が上記事故に因って受けた物的損害の内容
　　　(1)　修理代金　　金　　　　　円
　　　(2)　そ　の　他　　金　　　　　円（　　　　　　　　　　）
　　　　　合　計　額　　金　　　　　円
　　4　弁済を受けた額　　　　　　　円
　□5　□被告　□訴外
　　　　　　　は，　　　　　　の従業員であり，上記事故は　　　　　の業務
　　　執行中に発生したものである。

（別紙）

事　故　状　況　説　明　書

1　事故現場における原告と被告の事故現場状況説明図
　　（記載例
　　　原告の進行方向　①→　②→　　　　　被告の進行方向　㋐→　㋑→
　　　訴外（　　）の進行方向　Ⓐ→　Ⓑ→
　　　衝突地点　⊗　　歩行者　♀　　自転車　▽　　　　　　　　）

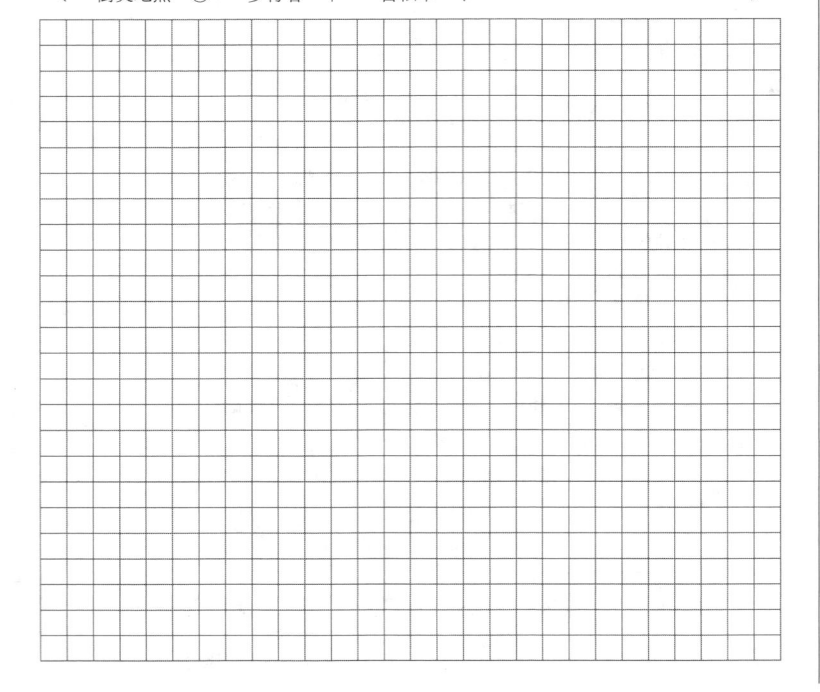

2 事故状況の説明

・最初に相手を発見した地点は	○	その時の相手は	○
・危険を感じた地点は	○	その時の相手は	○
・ハンドルを □右 □左 に切った地点は	○	その時の相手は	○
・ブレーキをかけた地点は	○	その時の相手は	○
・□衝突 □接触 □追突 した地点は	○	その時の相手は	○
・　　　　が □停止 □転倒 した地点は	○		
が □停止 □転倒 した地点は	○		

〔注〕

1．大阪簡易裁判所で使用する損害賠償（交通・物損）請求事件についての定型訴状である。
2．交通事故による損害賠償の場合，民法上の不法行為に基づく損害賠償請求（民709条）と自動車損害賠償保障法に基づく損害賠償請求（自賠3条）とが考えられるが，自動車損害賠償保障法に基づく損害賠償請求は，「他人の生命又は身体を害したとき」，すなわち人的損害（人身損害）の場合であり，物的損害を請求する場合は，民法上の不法行為に基づく損害賠償請求をすることになる。
3．相手の自動車の運転者に加えて，使用者に対しても損害賠償を求めている場合（民719条参照）は，「□5　□被告は，」の□を✓点でチェックをし，運転者である被告の氏名を記載する。使用者のみに対して損害賠償を求めている場合は，「□5　□訴外」の□を✓点でチェックをし，運転者の氏名を記載する。
4．「事故状況説明書」を利用して，事故当時の状況を，道路や交差点，信号機，標識等の状況を表示しながら，原告運転の自動車の位置関係を①→，②→で，相手方運転の自動車の位置関係を㋐→，㋑→でそれぞれ示し，衝突位置等事故当時の様子を図解し，裁判所や被告が理解できるように工夫した記載をする。

敷金（保証金）返還

　　　　　　　請 求 の 趣 旨 及 び 原 因

請求の趣旨
　1　被告　　　は，原告　　　に対し，　　　　下記金員を支払え。
　　　金　　　　　円（下記請求の原因5の残額）
　　　上記金額　　　　に対する平成　　年　　月　　日から
　　　完済まで年　　％の割合による遅延損害金
　2　訴訟費用は被告　　　の負担とする。
　との判決及び仮執行の宣言を求める。

請求の原因
　1(1)　契約の日　平成　　年　　月　　日
　　(2)　契約の内容　①原告は，被告より下記のとおり物件を賃借する。原
　　　　　　　　　　　告は，被告に対しこの賃貸借に際して敷金（保証
　　　　　　　　　　　金）を支払う旨約し，同日敷金（保証金）
　　　　　　　　　　　　　円を被告　　　　に交付した。
　　　　　　　　　　（賃貸借契約の表示）
　　　　　　　　　　　ア　物件
　　　　　　　　　　　イ　賃料（共益費を含む）　月額　　　　　円
　　　　　　　　　　　ウ　期間　□　　　年　　□定めなし
　　　　　　　　　　②特約　解約時の敷引（保証引き）額　　　　円
　　　　　　　　　　③敷金（保証金）の返還時期
　　　　　　　　　　　□物件明渡しから　　　か月後　　□なし
　2　被告は，原告に対し，上記物件を引き渡した。
　3　上記賃貸借契約の終了日　平成　　年　　月　　日
　4　原告は，被告に対し，平成　　年　　月　　日上記物件を明け渡し，
　　かつ同日までに上記賃貸借契約から発生した賃料債務及び明渡し時まで
　　の賃料相当損害金債務を履行した。
　5

敷金（保証金）の額	控除すべき額	支払済みの額	残　　額
円	円 内訳） ①滞納賃料，賃料相当	円	円

		損害金など	
		② (　　　　　) 円　　円	

〔注〕
 1．大阪簡易裁判所で使用する敷金（保証金）返還請求事件についての定型訴状である。
 2．解説は【書式203】〔注〕を参照されたい。

書式 210 定型訴状（大阪簡易裁判所用）(6)——請負代金請求事件の「請求の趣旨及び原因」の記載例

請負代金

請 求 の 趣 旨 及 び 原 因

請求の趣旨
1 被告　　　は，原告に対し，　　　下記金員を支払え。
　金　　　　円（下記請求の原因3の残額）
　上記金額　　　　に対する平成　年　月　日から
　完済まで年　　％の割合による遅延損害金
2 訴訟費用は被告　　　の負担とする。
との判決及び仮執行の宣言を求める。

請求の原因
1(1) 契約の日　平成　年　月　日
　(2) 契約の内容　原告は，下記仕事を完成する。
　　　　　　　　　被告は，下記の請負代金を支払う。
　　　　　　　　　（仕事の内容）

2 原告が上記仕事を完成した日　平成　年　月　日
3

代 金 額	支 払 済 み の 額	残　額
円	円 （最後に支払った日　．．　）	円

4
　┌□支払期限（平成　年　月　日）の経過
　└□目的物を引き渡した日　平成　年　月　日
　　（引渡しを要する日）

〔注〕
1. 大阪簡易裁判所で使用する請負代金請求事件についての定型訴状である。
2. 請負契約は，請負人が注文者に対して仕事の完成を約束し，注文者が請負人による仕事の完成に対して報酬（請負代金）を支払うことを約束することによって成立する（民632条）。
3. 請負契約としては，建物の新築，改装等の建築請負契約が典型的であるが，60万円以下の金銭の支払を求める少額訴訟においては，建築請負契約に基づく請負代金請求事件は例が少なく，例えば，工作物，印刷物の製作や自動車の修理等による請負代金請求事件，引越しや運搬等による請負代金請求事件，また，インターネットの普及を反映したものとしてホームページの作成による請負代金請求請求事件等が見られる。
4. 請負人が注文者に対して請負契約に基づく請負代金を請求する場合は，まず，契約年月日，仕事の内容，請負代金（報酬額）を特定した上で，請負契約が締結されたことを主張しなければならないが，請負契約は日常生活のさまざまな分野において見られ，それに伴って請負契約の内容も多種多様なものが存在する。
5. 注文者である被告が請負代金の支払に応じない場合の理由として，仕事の目的物に瑕疵があることを主張する例が多い。民法は，仕事の目的物に瑕疵がある場合の請負人の瑕疵担保責任として，①瑕疵修補請求権（民634条1項），②損害賠償請求権（民634条2項），③契約解除（民635条）を規定している。被告（注文者）が，それらを理由（抗弁）として請負代金の支払を拒むには，仕事の目的物に瑕疵が存在することを具体的に示した上で，瑕疵修補請求，損害賠償請求，契約解除のそれぞれの意思表示を原告（請負人）にしたことを主張立証しなければならない。

解雇予告手当

請 求 の 趣 旨 及 び 原 因

請求の趣旨
1 被告は，原告に対し，下記金員を支払え。
　　金　　　　　　　　円（下記請求の原因3(3)の額）
　　上記金額に対する平成　　年　　月　　日から
　　完済まで年5％の割合による遅延損害金
2 訴訟費用は被告の負担とする。
との判決及び仮執行の宣言を求める。

請求の原因
1(1) 労働契約の日　平成　　年　　月　　日
 (2) 労働契約の内容　①業務
　　　　　　　　　　②賃金
　　　　　　　　　　　□月給　□日給　□時給　金　　　　円を
　　　　　　　　　　　毎月　　日締めの□当月　　日限り支払う。
　　　　　　　　　　　　　　　　　　　□翌月　　日限り支払う。
2 被告は，次のとおり原告を解雇した。
 (1) 解雇予告　　　□なし　□あり（平成　　年　　月　　日）
 (2) 解雇の日　　　平成　　年　　月　　日
 (3) 予告日の翌日から解雇日まで＿＿＿＿＿日間
　　　　　　　　　　　　　　　　　　　　A
3 解雇予告手当の額（□ 別紙のとおり）
 (1) 平均賃金計算期間　平成　　年　　月　　日
　　　　　　　　　　　（締切日の3か月前の日）から
　　　　　　　　　　　平成　　年　　月　　日
　　　　　　　　　　　（直前の給料締切日）まで＿＿＿＿日
　　　　　　　　　　　　　　　　　　　　　　　　　　B
 (2) 計算期間内に支給された賃金総額　金＿＿＿＿＿円
　　　　　　　　　　　　　　　　　　　　　C
 (3) 解雇予告手当　　金　　　　　円（□算出根拠は別紙のとおり）

$$= \frac{\text{賃金総額　金}\underline{}_{C}\text{円}}{\text{平均賃金計算期間}\underline{}_{B}\text{日}} \times (30日 - \underline{}_{A}日)$$

（別紙）大阪高裁見解

```
平均賃金の計算
    平均賃金計算期間    平成　　年　　月　　日（雇入れの日）から
                      平成　　年　　月　　日（解雇日の前日）まで
                          　　日間
    計算期間内に支給された賃金　金　　　　　円
    □　月給制
        賃金の総額　　　　　　円
        ─────────────────── ＝　　　　　　　　　円
        期間の日数　　　　　　日間

    □　出来高払い・請負制
        賃金の総額　　　　　　円      60
        ─────────────────── × ───── ＝　　　　　円 (A)
        計算期間内の勤務日数　日間    100

        賃金の総額　　　　　　円
        ─────────────────── ＝　　　　　　　　　円 (B)
        期間の日数　　　　　　日間

        (A)と(B)の金額の大きい方　　　　　　　　　　　円

1　解雇予告手当の額
    平均賃金の額　　　　　円×（30日－2(3)の日数　　　日間）
        ＝　　　　　円
2　休業補償の額
                              60
    平均賃金の額　　　　　円×─── ×　　　　日間（3(1)の日数）
                             100
        ＝　　　　　円
```

(別紙) 労働基準局見解

平均賃金の計算
- □ 雇用期間が1か月以上3か月未満で，賃金締切日有りの場合
  平均賃金計算期間　平成　　年　　月　　日（雇入れの日）から
  　　　　　　　　　平成　　年　　月　　日
  　　　　　　　　　（解雇日前日の直前締切）まで　　　日間
  計算期間内に支給された賃金　　金　　　　円

- □ 雇用期間が1か月以上3か月未満で，賃金締切日なしの場合または雇用期間が1か月未満の場合
  平均賃金計算期間　平成　　年　　月　　日（雇入れの日）から
  　　　　　　　　　平成　　年　　月　　日（解雇日の前日）まで
  　　　　　日間
  計算期間内に支給された賃金　　金　　　　円

- □ 月給制
  $$\frac{\text{賃金の総額}\qquad 円}{\text{期間の日数}\qquad 日間} = \qquad 円$$

- □ 出来高払い・請負制
  $$\frac{\text{賃金の総額}\qquad 円}{\text{計算期間内の勤務日数}\quad 日間} \times \frac{60}{100} = \qquad 円 \text{(A)}$$

  $$\frac{\text{賃金の総額}\qquad 円}{\text{期間の日数}\qquad 日間} = \qquad 円 \text{(B)}$$

  (A)と(B)の金額の大きい方　　　　　　　　　　円

1 解雇予告手当の額
  　平均賃金の額　　　　円×（30日－2(3)の日数　　日間)
  　　　　＝　　　　円
2 休業補償の額
  　平均賃金の額　　　　円×$\frac{60}{100}$×　　　日間（3(1)の日数）
  　　　　＝　　　　円

〔注〕
1．大阪簡易裁判所で使用する解雇予告手当請求事件についての定型訴状である。
2．使用者は，労働者を解雇しようとする場合においては，少なくとも30日前にその予告をしなければならず，30日前に予告をしない場合には，30日分以上の平均賃金を支払わなければならない（労基20条1項本文）。これを解雇予告手当という。
3．平均賃金とは，労働基準法において，解雇予告手当（労基20条1項本文），休業手当（同26条），年次有給休暇の賃金（同39条6項），災害補償（休業補償，同76条。障害補償，同77条。遺族補償，同79条。葬祭料，同80条。打切補償，同81条。分割補償，同82条），減給の制裁の制限（同91条）を算定するときの計算の基礎となるものであり，その算定方法は労働基準法12条において詳しく規定されている。
4．解雇予告手当を請求する場合は，①労働契約（雇用契約）の締結の事実，②使用者による解雇の意思表示の事実，③解雇予告手当の額を主張しなければならない。

書式 212　定型訴状（大阪簡易裁判所用）(8)──賃料請求事件の「請求の趣旨及び原因」の記載例

賃料

請求の趣旨及び原因

請求の趣旨
1　被告　　　は，原告　　　に対し，　　　下記金員を支払え。
　　金　　　　　　　　　円（下記請求の原因3の残額）
　　上記金額　　　　　　に対する平成　年　月　日から
　　完済まで年　　　％の割合による遅延損害金
2　訴訟費用は被告　の負担とする。
との判決及び仮執行の宣言を求める。

請求の原因
1(1)　契約の日　平成　年　月　日
　(2)　契約の内容　原告　　　・被告　　　間の下記物件の賃貸借契約
　　　①物件

　　　②賃貸期間　　　□　　年　　□定めなし
　　　③賃料（共益費を含む）　月額　　　　円
　　　　□平成　年　月以降は月額　　　　円に改定
　　　④賃料の支払方法　毎月　日限り　月分を支払う。
　(3)　連帯保証人
2　原告　　　は，被告　　　に対し，1(2)の物件を引き渡した。
3

賃料等の合計額	支払済みの額	残　額 （延滞賃料等の合計額）
円 （平成　年　月分から 　　年　月分まで　か月分）	円 （最後に支払った日 　　．　．　）	円

4
　　┌□最後の支払期限（平成　年　月　日）の経過
　　└□

〔注〕
1. 賃貸人が賃借人に対し賃貸目的物の未払賃料の支払を求める場合（賃料請求事件）の大阪簡易裁判所で使用する定型訴状である。
2. 賃貸借契約は，賃貸人が賃借人に対して目的物の使用及び収益をさせることを約束し，賃借人が賃貸人に対して賃料を支払うことを約束することによって成立するから（民601条），賃貸人が，賃貸借契約に基づいて，賃料を請求する場合は，契約年月日，目的物，賃料額，賃貸期間を具体的に特定して，賃貸借契約が締結されたことを主張することを要する。
3. 賃貸借契約としては，不動産を目的とするものが典型的であるが，賃貸借契約の目的物は不動産に限定されるものではなく，動産を目的物とする場合もある。例えば，自動車，貸衣装，各種器具機械等がある（動産を目的物とする賃貸借契約を，「レンタル」と呼ぶ場合がある）。

書式 213　少額訴訟手続説明書（原告用）

少額訴訟手続について（原告用）

　少額訴訟手続は，特別な裁判手続ですから，通常の訴訟手続と比べて以下のような特徴があります。

1　少額訴訟手続の概要

　裁判当日まで

　少額訴訟手続は，原則として，紛争について原則として1回の期日で結論を出す訴訟手続ですので，訴状に書かれたこと以外に，紛争のいきさつなどについて，あなたの言いたいことや，裁判所に知っておいてもらいたいことがあれば，それらを要領よく話せるようにまとめておいてください。また，あなたの言い分を裏付ける証拠書類があれば，それらの写し2部を，裁判当日までにすべて裁判所に提出し，その説明ができるように準備しておいてください。

　裁判当日

　裁判当日は，あなたから事前に提出された証拠書類を調べたり，あなた自身や相手方から，場合によって証人からも，紛争の実状や経過をお聞きする予定です。ですから，あなたの言い分を証明してくれると考えられる人がいれば，証人として，あなたが裁判当日に裁判所に連れてきてください。なお，証拠書類の原本は，必ず裁判当日に持ってきてください。

　判決に対する不服申立て

　少額訴訟の判決に不服がある場合，地方裁判所に不服の申立て（控訴）をすることはできませんが，判決を受け取った日から2週間以内に，その判決をしたのと同じ簡易裁判所に書面で不服（異議）の申立てをすることができます。ただし，判決による支払猶予等の定めについては，不服を申し立てることができません。また，異議申立て後に言い渡された判決に対しては，原則として不服を申し立てることができません。

2　少額訴訟の注意点

　証拠調べの制限

　少額訴訟手続は，上記のとおり，1回の期日で紛争を解決することを目指す訴訟手続ですので，証拠は裁判当日に法廷ですぐに調べられるものに

限られます。ですから，鑑定や検証，当日裁判所に来ていない証人の尋問などは行うことができません。

  分割払い等の判決

　審理の結果，あなたの言い分が認められる場合でも，裁判所は相手方（被告）の経済状態やその他の事情を考慮して，特に必要があると判断したときは，相手方に対し3年の範囲内で支払を猶予したり，分割払を認めたり，裁判所が訴状を受け付けた日の翌日以降に発生した遅延損害金の支払を免除することがあります。

  通常訴訟手続への移行

　相手方から，この紛争を上記のような特徴のある少額訴訟手続ではなく，通常の訴訟手続で審理することを希望する旨の申出があった場合には，通常の訴訟手続で審理されることになります。ただし，最初の期日に相手方があなたの請求に対して言い分を述べた後や，最初の期日に相手方が言い分を述べなかった場合，又は，相手方が最初の期日に欠席した場合において，その期日が終了した後は，相手方は通常の訴訟手続による審理を希望することはできません。

　また，裁判所が，事件の性質や内容から，通常の訴訟手続によって裁判することが相当であると判断した場合にも，通常の訴訟手続で裁判をすることになります。

```
お問い合わせ等は
　〒○○○－○○○○　大阪市○○区○○1丁目2番3号
　　○○簡易裁判所民事部○係書記官室（担当　○○○○）
　TEL　06－○○○○－○○○○（内線○○○○）まで
```

〔注〕
1．民事訴訟規則222条1項に基づいて，裁判所書記官が，口頭弁論期日の呼出しの際に，原告に交付する書面（少額訴訟手続説明書）として大阪簡易裁判所で使用するものである。

書式 214　原告事情聴取カード

原　告　事　情　聴　取　カ　ー　ド

1　聴取相手　□原告本人　□原告会社従業員　□親族　□その他
　　　　　　（　　　　　　　　　　　　　　　　　　　　　　）
2　聴　取　者　大阪簡易裁判所民事8・9係　裁判所書記官
3　聴取日時　平成　　年　　月　　日（　曜日）午前・後　時　分ころ
4　聴取方法　□来庁　□電話　□その他（　　　　　　　　　　）
5　日中の連絡方法
　(1)　電話番号【携帯を含む】（　　　　　　　　　　　　　　）
　(2)　□自宅　□勤務先（名称　　　　　　　　　　　　　　　）
　(3)　希望時間帯　（　　　時ころから　　　時ころまで）
　(4)　裁判所と名乗ることの可否　（可・否）
　(5)　FAXの有無　（なし・あり　FAX番号　　　　　　　　　）
6　被告への送達可能性（高い・不明・低い）
　　本人のみ居住・同居者あり・日曜指定の有効性・就業場所及び名称
　　（　　　　　　　　　　　　　　　　　　　　　　　　　　）
7　被告について
　(1)　原告と被告との関係
　　　　友人・親族・近隣の人・職場の同僚・知り合い・他人・その他
　　　（　　　　　　　　　　　　　　　　　　　　　　　　　）
　(2)　（男・女）（　　　歳くらい）（職業　　　　　　　　　）
8　被告との事前交渉（あり・なし）
　(1)　交渉状況
　　　（　　　　　　　　　　　　　　　　　　　　　　　　　）
　(2)　交渉状況
　　　（原告側　　　　　　　　　　　・被告側　　　　　　　）
　(3)　支払われない理由（話し合いの対立・お金に困っている・その他）
　　　（　　　　　　　　　　　　　　　　　　　　　　　　　）

9　被告出頭の見込み（出頭・不明・不出頭）
　　（　　　　　　　　　　　　　　　　　　　　　　　　　　　）
10　被告の予想される主張及び態度（認・一部否・否）
　　（　　　　　　　　　　　　　　　　　　　　　　　　　　　）
11　証拠書類（提出したもの以外にはない・ある）
　　（　　　　　　　　　　　　　　　　　　　　　　　　　　　）
12　証人（ある・なし）
　　（氏名及び住所　　　　　　　　　　　　　　　　　　　　　）
　　（関係　　　　　　　　　　　　　　　　　　　　　　　　　）
　　（立証内容　　　　　　　　　　　　　　　　　　　　　　　）
13　和解希望（希望する・場合による・希望しない）
　　（分割可能な場合　月額　　　　　　　　円・合計　　　　　円）
　　（　　　　　　　　　　　　　　　　　　　　　　　　　　　）
14　原告への指示事項及び指示者
　　（指示者　　　　　　　　　　　　　　　　　　　　　　　　）
　　（指示事項　　　　　　　　　　　　　　　　　　　　　　　）
15　所見
　　（問題点　　　　　　　　　　　　　　　　　　　　　　　　）
　　問題点に対する担当書記官の意見
　　（裁判官と話をした時はその点も踏まえ）
　　（　　　　　　　　　　　　　　　　　　　　　　　　　　　）
　　事件進行にあたって留意した方がよいこと等
　　（　　　　　　　　　　　　　　　　　　　　　　　　　　　）
16　その他
　　（　　　　　　　　　　　　　　　　　　　　　　　　　　　）

〔注〕
1．大阪簡易裁判所においては，訴状の受付後，少額訴訟集中係の裁判所書記官が，全件，原告と面談を行い，訴状の記載に関する事項（民訴133条2項，民訴規53条参照）のほか，一期日審理の原則（民訴370条1項）に資する事項として，紛争の背景や経緯，被告との事前交渉の有無や主張の内容，被告への送達の可能性及び期日への出頭の見込み，和解による解決の希望の有無などを聴取する方式を実施している。
2．本書式は，裁判所書記官が，原告との面談で聴取した内容を記載するための書式である。

書式 215　事情説明書（甲）（原告用）

```
平成　　年（少コ）第　　　号

　　　　　　　　　事 情 説 明 書（甲）

　　　　　　　　　　　　　　　　　　平成　　年　　月　　日
　　原　告　＿＿＿＿＿＿＿＿＿＿＿＿＿＿＿

① 本件の紛争で，被告側と，事前に交渉したことがありますか。
　　□ある。→　　　回ほど話し合った。
　　□ない。
② 原告側の誰が，被告側の誰と交渉しましたか。（①であると記入された方のみ）
　　原告側〔□本人（代表者）　□その他　　　　　　　　　　　〕
　　被告側〔□本人（代表者）　□その他　　　　　　　　　　　〕
③ 被告側の対応はどうでしたか。（①であると記入された方のみ）
　　□話し合いには応じた。　　□話し合いに応じなかった
④ 被告側の言い分はどのようことでしたか。（③で応じたと記入された方のみ）
　　□原告の請求は認めているが，一時に支払うお金がない。
　　□次のとおり

　　┌─────────────────────────┐
　　│　　　　　　　　　　　　　　　　　　　　　　　　　│
　　│　　　　　　　　　　　　　　　　　　　　　　　　　│
　　│　　　　　　　　　　　　　　　　　　　　　　　　　│
　　│　　　　　　　　　　　　　　　　　　　　　　　　　│
　　│　　　　　　　　　　　　　　　　　　　　　　　　　│
　　└─────────────────────────┘

⑤ 本件の紛争について，証言してくれる証人はいますか。
　　□いる。　　□いない。
⑥ 証人は，どういう立場の人ですか。（⑤でいると記入された方のみ）
　　名前　＿＿＿＿＿＿＿＿＿＿＿　立場　＿＿＿＿＿＿＿＿＿＿
　　名前　＿＿＿＿＿＿＿＿＿＿＿　立場　＿＿＿＿＿＿＿＿＿＿
⑦ 証人を期日に法廷まで連れてくることができますか。（⑤でいると記入
```

された方のみ）
　　　□できる。　　□できない。
⑧　証人を法廷に連れてくることができない場合，証言してもらいたい内容を証人に書面化してもらい，事前に提出することができますか。
　　　□できる。　　□できない。
⑨　被告が，書類を受け取る可能性が高い曜日を知っていますか。
　　　□知っている。（　　曜日）　　□知らない。
⑩　訴状に記載された場所以外で，被告が書類を受け取れる場所を知っていますか。
　　　□知っている。→　□事務所　　□勤務先　　□その他（　　　　）
　　　〒　　　－
　　　住所
　　　TEL（　　　）　－
　　　FAX（　　　）　－
　　　□知らない。
⑪　あなたは，被告との話し合いによる解決を希望しますか。
　　　□希望する。　　□希望しない。
⑫　その他，本件で参考になることがあれば記載してください。

〔注〕
1．大阪簡易裁判所においては，訴状の受付後，少額訴訟集中係の裁判所書記官が，事前準備の一環として，全件，原告と面談を行う方式を実施しているが，その際の参考として，原告に記入を求めるものである。

書式 216　期日呼出状及び答弁書催告状（被告用）

事件番号　平成○○年（少コ）第○○号
事件名　○○請求事件
原　告　○　○　○　○
被　告　○　○　○　○

　　　　　　　　　口頭弁論期日呼出及び答弁書催告状

　　　　　　　　　　　　　　　　　　　　　平成○○年○○月○○日

被　告　○　○　○　○　殿

　　　　　　〒○○○－○○○○　○○県○○市○○町○丁目○番○号
　　　　　　　　　　　　　○○簡易裁判所民事　　○　係
　　　　　　　　　　　　　裁判所書記官　　○　○　○　○
　　　　　　　　　　　電話番号　○○○（○○○）○○○○
　　　　　　　　　　　FAX番号　○○○（○○○）○○○○

　頭書の少額訴訟事件について，原告から訴状が提出されました。当裁判所に出頭する期日及び場所は下記のとおり定められましたから，出頭してください。
　なお，下記答弁書提出期限までに答弁書を２部，事情説明書を１部提出してください（答弁書については，１部はコピーでも可，ただし両方とも押印のこと。提出方法は，郵送・持参・ファックスのいずれかで。）。「答弁書」，「事情説明書」の用紙を同封しますから，これに書き込んでください。

　　　　　　　　　　　　　　　　記

期　　　　日　平成○○年○○月○○日（○曜日）午後○時○○分
出　頭　場　所　当裁判所　　○○　号法廷（別館○階）
答弁書提出期限　平成○○年○○月○○日（○曜日）

（注　　意）
1　あなたが何もしないでこのまま放置すると，相手方の言い分通りの判決が出て，あなた給料や財産の差押さえ等をされることがありますので，注意してください。
2　出頭したら，すぐ，この呼出状を上記法廷内の職員に提出してください。
3　簡易裁判所には，民間から選ばれた司法委員が，分割払い等話し合いによる解決を促す手続もあります。
4　この事件について提出する答弁書その他の書面には，必ず，事件番号，事件名，当事者名を書いてください。

〔注〕
1．大阪簡易裁判所において使用する書式である。
2．被告に対する訴状副本の送達の際に，期日呼出状を同封して送達する取扱いをしている（訴状副本の送達につき民訴138条1項，民訴規58条1項。期日呼出状の送達につき民訴94条1項）。

書式 217　少額訴訟手続説明書（被告用）

（被告用）

少額訴訟の手続について

　あなた（被告）に対して，相手方（原告）から少額訴訟手続による裁判が申し立てられました。以下に，少額訴訟手続についてのあらましを説明します。なお，紛争をできるだけ早く解決するためには，あなた方の協力が必要です。

1．少額訴訟と通常訴訟の違い

　少額訴訟

　　60万円以下の金銭の請求に限って，簡素な手続方法で審理をすることにより，1日で審理を終えて結論（判決，和解など）を出すことを目指す裁判手続です。

　少額訴訟

　　従来通り，1回ないし数回の審理期日を経て，結論を出す裁判手続です。

2．少額訴訟の概要

　裁判当日まで

　　少額訴訟は，1回の期日だけで紛争について結論を出す必要がありますので，答弁書に書いたこと以外に，紛争のいきさつ等について，裁判所にいいたいことや，知ってほしいことをまとめておいてください。また，あなたの言い分を裏付ける証拠書類等があれば，それらの写し2部を，裁判当日までに裁判所にすべて提出し，説明できるように準備しておいてください。

　裁判当日

　　裁判当日は，あなたから事前に提出された証拠書類等を調べたり，あなた自身や相手方から（場合によって証人からも）紛争の実情や経過をお聞きする予定です。よってあなたの言い分を証明してくれると考えられる人がいれば，証人として，あなたの方で裁判当日に裁判所に連れて来てください（なお，証拠書類については，<u>当日に原本を持参してください。</u>）。

> 判決に対する不服申立て

　　少額訴訟の判決に対して不服がある場合には，判決を受け取った日から２週間以内であれば**判決をした裁判所にのみ**異議を申し立てることができます。

3．少額訴訟の注意点

> 通常訴訟も希望できます

　　相手方から起こされた少額訴訟に対して，あなたがこの手続による裁判を望まない場合は，通常訴訟手続の裁判を希望することができます。その場合は，答弁書の余白に「通常の手続による審理及び裁判を求める。」と記入しておくか，裁判当日に出頭してその旨を**最初**に法廷で述べてください。また，裁判所が，事件の性質や内容から，通常訴訟手続によって裁判することが適当であると判断した場合にも，通常訴訟手続で裁判することになります（この場合，新たな呼出はいたしません。）。

> 証拠調べの制限について

　　少額訴訟手続は，先に述べたように１日で紛争を解決することを目的としていますので，証拠は裁判当日に法廷ですぐ調べられるものに限られます。したがって，検証や鑑定等を行うことはできません。

> 分割払い等について

　　裁判の結果，相手方の言い分が認められる場合でも，裁判所は，あなたの経済状態やその他の事情を考慮して，特に必要があると判断したときは，あなたに対し３年の範囲内で支払いを猶予したり，分割払いを認める場合があります。また，あなたが期限内に支払いをし，また支払いを怠らずに分割払いを完了したときは，裁判所は，相手方の訴えを受け付けた日の翌日からの延滞金（法律上は遅延損害金といいます。）の支払いを免除することがあります。

> 当日欠席した場合

　　あなたが何もせずに裁判当日に欠席すると，相手方の言い分を認める判決がなされることがあります。そして相手方が強制執行の申立てをした場合，あなたの給料や財産が差し押さえられることがあります。

> 強制執行について

　　少額訴訟手続により成立した債務名義（少額訴訟判決，和解調書，和解に代わる決定など）に基づく債権執行（給料，預金の差押えなど）は，債権者が少額訴訟債権執行手続として，少額訴訟を行った簡易裁判所の書記官に申し立てることも可能です。但し，少額訴訟手続から通常訴訟

手続へ移行した後の債務名義は，簡易裁判所の書記官に申し立てることができる債務名義には含まれません。また，通常訴訟手続へ移行した事件の強制執行については，債権者は債務者の住所地の地方裁判所に申し立てることになります。

```
お問い合わせ等は
 〒〇〇〇-〇〇〇〇　大阪市〇〇区〇〇1丁目2番3号
  〇〇簡易裁判所民事部〇係書記官室（担当　〇〇〇〇）
  TEL　06-〇〇〇〇-〇〇〇〇（内線〇〇〇〇）まで
```

〔注〕
1. 民事訴訟規則222条1項に基づいて，裁判所書記官が，口頭弁論期日呼出しの際に，被告に交付する書面（少額訴訟手続説明書）として大阪簡易裁判所で使用するものである。
2. 被告に対する訴状副本や口頭弁論期日呼出状等の送達（訴状副本の送達につき民訴138条1項，民訴規58条1項。期日呼出状の送達につき民訴94条1項）の際に同封する方法で交付している。

書式218　定型答弁書

答　弁　書

□（原則として１回の期日で審理を完了する）少額訴訟ではなく通常の手続による審理及び裁判を求めます。

　　　　　　　　　　　　　　簡易裁判所　御中　　平成　　年　　月　　日

平成　　年（　　）第　　号　　　　　　　　　　　　　　　　　　請求事件

原告（申立人）	
被告（相手方）	〒 住　所（所在地） 氏　名（会社名・代表者名） 　　　　　　　　　　　　　　　　　　　　　　　　　印 TEL　　—　　—　　　　　FAX　　—　　—
	送達場所等の届出 被告（相手方）に対する書類の送達は，次の場所に宛てて行ってください。 □上記住所等 □勤務先　名　称 　　　　　〒 　　　　　住　所 　　　　　　　　　　　　　　　TEL　　—　　— □その他の場所（被告等との関係　　　　　　　　　　） 　　　　　〒 　　　　　住　所 　　　　　　　　　　　　　　　TEL　　—　　— □被告（相手方）に対する書類の送達は，次の人に宛てて行ってください。 　氏　名
請求の趣旨に対する答弁	1　原告の請求を棄却する。 2　訴訟費用は，原告の負担とする。 との判決を求めます。

	予納郵便切手	円	取扱者

紛争の要点（請求の原因）に対する答弁	訴状に紛争の要点（請求の原因）として記載されている事実について □全て間違いありません。 □次の部分が間違っています。 □次の部分は知りません。
	私の言い分は次のとおりです。
	□話合いによる解決（和解）を希望します。 　□分割払を希望します。（1か月金　　　　　　　　円ずつ） 　　　　　　　　　　　　（支払開始日　　　　　　　　　　） 　□平成　　　年　　　月　　　日に一括で支払うことを希望します。 　□
	上記のような和解を希望する理由
添付書類	

〔注〕
1．最高裁判所が示す定型答弁書である。
2．当事者が口頭弁論に先立って弁論の内容を相手方に告知する書面を準備書面というが（民訴161条），そのうち，被告が最初に提出する書面を答弁書と呼んでいる（民訴158条，民訴規79条参照）。
3．簡易裁判所においては，手続利用者である一般市民が容易に訴えを提起することができるように，訴状には請求の原因に代えて紛争の要点を記載すれば足りるとされている（民訴272条）趣旨にかんがみれば，答弁書においても，相手方（原告）の請求及び攻撃又は防御の方法に対する陳述（相手方の主張する事実に対する認否）（民訴161条2項2号）は正確に記載する必要があるが，他方の記載事項である攻撃又は防御の方法（民訴161条2項1号）については，厳格な記載を求めることは相当ではなく，訴状における紛争の要点と同程度の記載で足りると考えるべきであろう。
4．和解を希望する場合は，「□話合いによる解決（和解）を希望します。」の□を✓点でチェックをする。そして，希望する和解の内容を記載する。
　　分割払いを希望する場合は，「□分割払を希望します。」の□を✓点でチェックをした上で，1ヵ月に支払可能な金額を記載し，また，支払が何時から可能なのかを「支払開始日」として記入する。
　　支払猶予を希望する場合は，「□平成　　年　　月　　日に一括で支払うことを希望します。」の□を✓点でチェックをし，猶予を希望する期日を記載する。
　　それ以外の和解を希望する場合は，一番下の□を✓点でチェックをした上で，希望する和解の内容を具体的に記載する。

書式 219　答弁書の記載例(1)——最高裁判所用

答　弁　書

☐（原則として1回の期日で審理を完了する）少額訴訟ではなく通常の手続による審理及び裁判を求めます。

　　　　　　　　　　○○　簡易裁判所　御中　　　平成 13 年 3 月 2 日

平成 10 年（少コ）第 23 号　　　　　　　　　　売買代金　請求事件

原告（申立人）	甲野　太郎	
被告（相手方）		〒○○○－○○○○ 住　所（所在地） 　　○○県○○市○○町○丁目○番○号 氏　名（会社名・代表者名） 　　乙山　二郎　　　　　　　　　　　㊞ TEL ○○○ － ○○○ － ○○○○　　　FAX ○○○ － ○○○ － ○○○○
	送達場所等の届出	被告（相手方）に対する書類の送達は，次の場所に宛てて行ってください。 ☑上記住所等 ☐勤務先　名　称 　　　　　　〒 　　　　　　住　所 　　　　　　　　　　　　　　　　　TEL　　　－　　　－ ☐その他の場所（被告等との関係　　　　　　　　　　　　　） 　　　　　　〒 　　　　　　住　所 　　　　　　　　　　　　　　　　　TEL　　　－　　　－
		☐被告（相手方）に対する書類の送達は，次の人に宛てて行ってください。 　氏　名
請求の趣旨に対する答弁	1　原告の請求を棄却する。 2　訴訟費用は，原告の負担とする。 との判決を求めます。	

	予納郵便切手	円	取扱者

紛争の要点（請求の原因）に対する答弁	訴状に紛争の要点（請求の原因）として記載されている事実について ☐全て間違いありません。 ☑次の部分が間違っています。 　「品目数量」欄に「ウイスキー２本」と書かれていますが、「ウイスキー１本」の誤りです。「代金支払状況」欄に「全額未払い」と書かれていますが、私は既に代金全額を支払っています。 ☑次の部分は知りません。 　契約日が「平成13年１月５日」となっていますが、この部分は知りません。
	私の言い分は次のとおりです。 　私が原告から買ったのはウイスキー１本１万円だけで平成13年１月７日にきちんと支払いました。
	☐話合いによる解決（和解）を希望します。 　☐分割払を希望します。（１か月金　　　　　　　　円ずつ） 　　　　　　　　　　　（支払開始日　　　　　　　　　　　） 　☐平成　　　年　　　月　　　日に一括で支払うことを希望します。 　☐
	上記のような和解を希望する理由
添付書類	領収書

〔注〕
　1．最高裁判所が示す定型答弁書の記載例である。

書式 220　答弁書の記載例(2)――大阪簡易裁判所用

○○簡易裁判所民事　○　係　御中
事件番号　平成○○年（少コ）第○○号
口頭弁論期日　平成○○年○○月○○日○曜日
事件名　○○請求事件
原　告　○　○　○　○
被　告　○　○　○　○

答　弁　書

　　　　　　　　　　　　　　　　　　　平成　　年　　月　　日

住　所　〒

氏　名（会社の場合は，会社名・代表者名まで記入してください。）
　　　　　　電話番号（　　　）　－　　　FAX（　　　）　－

1　書類の送達場所の届出（□に✓点を付けてください。）
　　私に対する書類は，次の場所宛に送ってください。
　　　□上記の場所
　　　　（アパートやマンションの場合は，棟・号室まで記入のこと。）
　　　□上記の場所以外の下記場所
　　　　（勤務先の場合は，会社名も記入のこと。）
　　　住所　〒

　　　　　　電話番号（　　　）　－　　　FAX（　　　）　－
　　この場所は，□勤務先，□営業所，
　　　　　　　　□その他（私との関係は　　　　）です。
2　送達受取人の届出（希望者のみ）
　　私に対する書類は，（氏名　　　　　　　　）宛に送ってください。
3　請求に対する答弁（□に✓点を付けてください。）
　　訴状の請求の原因（紛争の要点）に書かれた事実について，
　　　□認めます。

　　　　　□間違っている部分があります。
　　　　　【　　　　　　　　　　　　　　　　　　　　　　　　　】
　　　　　□知らない部分があります。
　　　　　【　　　　　　　　　　　　　　　　　　　　　　　　　】
　　４　私の言い分（□に✓点を付けてください。）
　　　　　□私の言い分は次のとおりです。
　　　　　【　　　　　　　　　　　　　　　　　　　　　　　　　】
　　　　　□話し合いによる解決（和解）を希望します。
　　　　　　□分割払いを希望します。
　　　　　　　　平成　　年　　月から，毎月　　日までに金　　　円ずつ支払う。
　　　　　　□その他の案
　　　　　　【　　　　　　　　　　　　　　　　　　　　　　　　】

　※【　　】内に書ききれない場合は，別の用紙を利用し，この用紙に添付してください。

〔注〕
 1．大阪簡易裁判所で使用する定型答弁書である。
 2．被告に対する訴状副本や口頭弁論期日呼出状等の送達（訴状副本の送達につき民訴138条1項，民訴規58条1項。期日呼出状の送達につき民訴94条1項）の際に，**【書式221】**「答弁書の書き方について」とともに，同封して交付する。
 3．解説は**【書式218】**〔注〕を参照されたい。

書式 221　答弁書の書き方について

　　　　　　　　　答　弁　書　の　書　き　方

最初に
　この答弁書は，相手方（原告）の請求について，裁判までにあなたの言い分をあらかじめお伺いすることにより，早期に紛争を解決するための書面です。まず初めに，住所，氏名を記載の上，押印してください。

1　送達場所の届出
　送達場所とは，今後，裁判所から書類をお送りする際に，あなたが書類の受け取りを希望する場所のことです。①その場所が上記の住所地の場合は上の□に✓を，②住所地以外での受け取りを希望する場合は下の□に✓をした上で，その場所をお書きください。さらに，その場所とあなたとの関係も示してください。（勤務先，営業所なら所定の□に✓，それ以外なら「その他」に✓してください。）

2　送達受取人
　1で，「□その他」に✓をした方で，ご自身以外に受け取りを希望する方がいれば，その方のお名前を書いてください。その方との関係は1の「□その他」の欄にお書きください。

3　請求に対する答弁
①　相手方（原告）の請求に争わない場合は，「□認めます」に✓をしてください。
②　相手方の言い分を争いたいときは「□間違っている部分があります」に✓をして，その下の【　】にどの点がどう食い違うかをお書きください。書ききれない場合は，【　】に「別紙のとおり」と記載の上，別紙（A4の用紙に横書きにして，左側を3センチほど空けてください）を利用してください。
③　相手方の言い分に覚えがない場合は「□知らない部分があります」に✓をして，【　】に該当する部分を書いてください。書ききれない場合は，争う場合と同じ　　　で別紙を利用してください。

4　私の言い分
①　訴状に書かれていないことで，あなたが裁判所に知ってもらいたい事情があれば，「□私の言い分は次のとおりです」に✓をして，その下の【　】にお書きください。その際，次の点に留意してください。

> ※あなたの感情（許せない）や評価（悪い）を書くのではなく，あなたが直接見聞きした事実だけを書いてください。
> ※古いことから新しいことへ順番に書いてください。
> ※「いつ，どこで，誰と誰との間で，何が，どうした」を明確にしてください。
> ② 相手方の言い分を争わない場合でも，相手方の了解があれば分割払いによる解決が可能です。分割や，その他の案を希望される場合は「□話し合いによる解決（和解）を希望します」に✓の上，その下に具体的な条件をお書きください。
>
> ⑤　その他
> 　答弁書を持参または郵便により提出される場合は２部作成してください。
> （このうち１通は裁判所から相手方に送付致します。）

〔注〕
1．大阪簡易裁判所で使用している定型答弁書の書式である。
2．被告に対する訴状副本や口頭弁論期日呼出状等の送達（訴状副本の送達につき民訴138条1項，民訴規58条1項。期日呼出状の送達につき民訴94条1項）の際に，定型答弁書用紙【書式220】とともに，同封して送付する。

書式 222　事情説明書（乙）（被告用）

○○簡易裁判所民事　○　係御中　　　　　　　　　1枚目（2枚中）
事件番号　平成○○年（少コ）第○○号
口頭弁論期日　平成○○年○○月○○日○曜日
事件名　○○請求事件
原　告　○　○　○　○
被　告　○　○　○　○

事　情　説　明　書（乙）

　　　　　　　　　　　　　　　　　　　　　　平成　　年　　月　　日

※この「**事情説明書（乙）**」は，答弁書といっしょに提出してください。

被　告　_____

1　本件の紛争で，原告と事前に交渉したことがありますか。
　□ある。→（　　　）回ほど話し合った。
　□ない。
2　被告側の誰が，原告側の誰と交渉しましたか。（1であると記入した方のみ）
　原告側〔□本人（代表者）　□その他　　　　　　　　　　　　〕
　被告側〔□本人（代表者）　□その他　　　　　　　　　　　　〕
3　原告の対応はどうでしたか。（1であると記入した方のみ）
　□話し合いには応じた。　□話し合いに応じなかった。
4　原告の言い分はどのようことでしたか。（3で応じたと記入した方のみ）

○○簡易裁判所民事　○　係　御中　　　　　　　　　　　　2枚目（2枚中）
事件番号　平成○○年（少コ）第○○号
口頭弁論期日　平成○○年○○月○○日○曜日
事件名　○○請求事件
原　告　○　○　○　○
被　告　○　○　○　○

5　あなたが持っている証拠書類は何ですか。（当日は，証拠書類の原本を持参してください。）
　証拠書類名（　　　　　　　　　　　），（　　　　　　　　　　　）
　　　　　　（　　　　　　　　　　　），（　　　　　　　　　　　）
6　本件の紛争について，証言してくれる証人はいますか。
　□いる。　　　□いない。
7　証人は，どういう立場の人ですか。（6でいると記入した方のみ）
　名前（　　　　　　　　　　）　立場（　　　　　　　　　　　）
　名前（　　　　　　　　　　）　立場（　　　　　　　　　　　）
8　証人を期日に法廷まで連れてくることができますか。（6でいると記入した方のみ）
　□できる。　　□できない。
9　証人を法廷に連れてくることができない場合，証言してもらいたい内容を証人に作成してもらい，事前に提出することができますか。
　□できる。　　□できない。
10　口頭弁論期日に出頭する予定ですか。
　□出頭する。
　□出頭できない。（理由：　　　　　　　　　　　　　　　　　　　　）
11　その他本件で参考になることがあれば，同封の陳述書に記載してください。

〔注〕
1．一期日審理の原則を採用する（民訴374条1項参照）少額訴訟においては，当事者の理解と納得を得ながら，効率的で充実した審理を行うためには，当事者からの情報収集を含めた事前準備がきわめて重要である。
2．被告から，原告との事前交渉の有無や内容，書証や証人の有無，通常移行申述の有無，和解の意向や条件等の必要な情報を収集するための方式として，被告に対する訴状副本や口頭弁論期日呼出状等の送達（訴状副本の送達につき民訴138条1項，民訴規58条1項。期日呼出状の送達につき民訴94条1項）の際，本書面を同封する方法で交付し，答弁書とともに提出することを促している。

書式 223　陳述書，準備書面

□陳述書　□準備書面　　　　　　　　（□甲　□乙　第　　号証）

作成日　平成　　年　　月　　日

事件番号　平成　　年（少コ）第　　　号
（次回期日；平成　　年　　月　　日）
原告　　　　　　　　　　　　　被告

（作成者氏名）□原告　□被告　　　　　　　　㊞

〔注〕
1．当事者が訴状や答弁書に言い分を書ききれない場合に使用する書式として大阪簡易裁判所で準備しているものである。
2．内容によって，主張書面である準備書面（民訴161条参照）として取り扱う場合と証拠（書証）として取り扱う場合とがある。

第4節　少額訴訟の審理手続

〔1〕　概　　説

(1)　少額訴訟における審理

(a)　口頭弁論期日における発言しやすい雰囲気づくり　　少額訴訟は，法律知識や訴訟経験を十分に持ち合わせていない一般市民に利用しやすくわかりやすい手続として創設されたものであるから，少額訴訟における審理は，当事者本人が，法廷という場面で，民事訴訟手続のルールに従いながらも，必要以上に緊張することなく，自分の言い分を自由に過不足なく主張することができる和やかな雰囲気を作り上げることが望ましい。そのためには，何よりも話す言葉についての親近感が重要であり，一般市民にとって馴染みが少ない法律用語や専門用語は，正確性を害しない範囲で，できる限り，日常用語に置き換えて話すなどが必要がある。例えば，当事者双方について，「原告」，「被告」との呼称ではなく，氏名で呼び掛けることはその一つである。少額訴訟における審理は，ラウンドテーブルが設置された法廷（「ラウンドテーブル法廷」といわれている）を使用し，裁判官と当事者が，一緒にラウンドテーブルを囲み，同じ目線で，日常用語で語り合う形式で審理が進められる。また，通常の訴訟手続における法廷では，裁判官は黒色の法服を，裁判所書記官も黒色の職服を着用しているが，少額訴訟においては，裁判官や裁判所書記官は法服や職服を着用せず，一般市民が形式張らずに発言しやすい雰囲気づくりがされている。

(b)　一期日審理の原則　　少額訴訟は，一般市民が日常生活を送る中で生じる少額軽微な金銭をめぐる紛争であって，複雑困難でないものについて，紛争額に見合った時間と費用の範囲内で，利用者が簡易迅速に解決を求めることができるようにすることを目的として創設された特別手続（略式手続）であることから，裁判所は，特別な事情がある場合を除き，最初にすべき口頭弁論期日で審理を完了し（一期日審理の原則。民訴370条1項），かつ，相当で

ないと認める場合を除き，審理完了後直ちに判決の言渡しをすること（即日判決言渡しの原則。民訴374条1項）とし，そのような審理を実現するために，当事者は，口頭弁論期日が続行された場合を除き，第1回口頭弁論期日の前か，遅くともその期日において，すべての攻撃又は防御の方法（主張する事実とそれを裏づける証拠）を提出しなければならない（民訴370条2項本文）。「最初にすべき口頭弁論の期日」とは，形式的な第1回口頭弁論期日ではなく，実際に弁論が行われる最初の期日という意味である（民訴158条参照）。

　少額訴訟は，法律知識や訴訟経験を十分に持ち合わせていない一般市民が訴訟代理人なしで自ら訴訟を遂行すること（本人訴訟）を想定しているが，いかに丁寧な手続教示を行ったとしても，必要な主張や証拠のすべてを，常に最初の口頭弁論期日までに用意することには限りがある。そこで，「特別な事情がある場合」には，期日を続行することを認めるとともに（民訴370条1項），当事者は続行期日においても攻撃又は防御の方法を提出することができるものとされている（民訴370条2項但書）。「特別な事情がある場合」とは，事件の内容，当事者の訴訟準備の状況等を総合的に考慮して，期日を続行してでも少額訴訟による審理及び裁判によることが紛争の解決として好ましい場合を意味する（法務省民事局参事官室編・前掲書408頁）。具体的にどのような場合が「特別の事情がある場合」にあたるかについては，個々の事件ごとに判断することになるが，例えば，①当事者の申し出た証拠によっては十分な心証が得られない場合，②裁判所が事前に当事者から聴取していた内容と異なった事実に関する主張又は証拠が提出された場合などである。当事者が提出すべき証拠を準備してこなかったことにやむを得ない事情があるような場合は「特別の事情」があるともいえるが，裁判所書記官等から十分な手続教示を受けたにもかかわらず提出する予定の書証を準備しなかったとか，証人予定者を同行していないなど，漫然と証拠の準備を怠ったと判断されるような場合には，「特別の事情」があるとはいえないとして，第1回口頭弁論期日において弁論を終結し，同期日に提出された証拠に基づいて判断するなど，十分に準備をしてきた相手方当事者の立場にも配慮する必要がある。なお，少額訴訟手続として期日を続行するためには，一期日審理の原則を前提とすると，期日を1回だけ続行すれば審理を完了できる見込みがあること

が必要であり，新たな主張が出されて1回の期日では弁論の終結が困難なことが明らかな場合や，即時に取り調べることができない証拠の取調べが必要である場合などは，むしろ職権による通常訴訟手続への移行決定（民訴373条3項4号参照）をするべきである。

一期日審理の原則に従って，1回の期日で審理を完了するためには，当事者が十分な準備をして期日に臨むことが必要であり，手続教示を含めた裁判所による当事者への後見的役割を積極的に果たすことが求められる。また，裁判所も事前準備を充実させ，期日においては，当事者が過不足なく主張を述べ，裁判所も十分に耳を傾けた充実した訴訟運営をすることができる審理時間を確保することが重要である。

(c) 通常の訴訟手続への移行

(イ) 被告の通常訴訟手続への移行の申述　被告は，原告が少額訴訟手続を選択した事件について，簡易裁判所による通常の訴訟手続による審理を求めるため，少額訴訟を通常の訴訟手続に移行させる旨の申述をすることができる（通常訴訟手続移行申述権。民訴373条1項本文）。申述があったときには，少額訴訟は通常の訴訟手続に移行し（民訴373条2項），その後は通常の三審制の手続によって審理及び裁判が行われる。なお，被告は，いったん少額訴訟を通常の訴訟手続に移行させる旨の申述をした後は，申述を撤回することはできない。

　　(i) 申述の時期　被告は，最初にすべき口頭弁論期日において弁論をするまでは，移行の申述をすることができるが，弁論をした後は，移行申述権を行使することができない。被告が最初にすべき口頭弁論の期日に欠席した場合や弁論をしないで退廷した場合には，弁論をした場合以上の手続保障を与える必要はないので，最初の口頭弁論期日において弁論をしなかった場合でも，最初にすべき口頭弁論の期日が終了した後は，移行申述権を行使することができない（民訴373条1項但書）。

　　(ii) 申述の方法　被告の申述は，口頭弁論期日において口頭でする場合を除き，書面でしなければならないが（民訴規228条1項。**書式224**），何らの理由を示すことは要求されていない。書面による場合は，ファクシミリにより提出することもできる（民訴規3条1項参照）。

(ⅲ) 移行の手続　　原告が出席した口頭弁論期日以外において被告から通常訴訟手続への移行の申述があったときは，裁判所書記官は，速やかに，原告に対し，被告の申述によって少額訴訟が通常の訴訟手続に移行した旨を通知しなければならない（民訴規228条2項。**書式226**）。通知の方法としては，相当と認める方法によることができるから（民訴規4条1項），普通郵便，電話，ファクシミリ，口頭による方法で差し支えない。

(ロ)　職権による通常訴訟手続への移行決定

(ⅰ) 移行決定が必要な場合　　当事者が少額訴訟手続を選択した場合であっても，裁判所は，一定の事由がある場合は，少額訴訟を通常の訴訟手続よって審理及び裁判をする旨の決定（通常訴訟手続移行決定）をしなければならない（民訴373条3項各号。**書式225**）。すなわち，裁判所は，①少額訴訟の要件（民訴368条1項参照）を満たさないとき（訴訟物の不適格），②利用回数の届出義務（民訴368条3項参照）の不履行（利用回数の制限違反），③被告に対する最初にすべき口頭弁論期日の呼出しが公示送達（民訴110条1項参照）によるとき，④少額訴訟で審理及び裁判をするのに相当でないと認めるときは，職権で，通常手続移行決定をしなければならず，その後は通常の訴訟手続による審理及び裁判が行われる。

　裁判所による職権での通常訴訟手続への移行決定については，被告の通常手続への移行申述におけるような時期的な制限はなく，少額訴訟手続における口頭弁論の終結前であれば，何時でもすることができる（竹下守夫＝青山善充＝伊藤眞編集代表『研究会　新民事訴訟法　立法・解釈・運用』481頁〔竹下守夫発言〕）。しかし，異議審においては移行決定の規定は準用されていないから（民訴378条2項参照），異議審では通常訴訟手続への移行決定をすることはできない（竹下守夫＝青山善充＝伊藤眞編集代表・前掲書481頁〔福田剛久発言〕）。

(ⅱ) 少額訴訟により審理及び裁判をするのが相当でないと認めるとき

　裁判所は，少額訴訟で審理及び裁判をするのに相当でないと認めるときは，職権で通常手続移行決定をしなければならない（民訴373条3項4号）。当事者が少額訴訟による審理及び裁判を求める場合であっても，事案によっては，少額訴訟手続によることがふさわしくないものがあることから，裁判所の職権で通常の訴訟手続へ移行させることができるようにしたものである。「少

額訴訟により審理及び裁判をするのに相当でないと認めるとき」とは，①即時に取り調べることができない証拠の取調べが不可欠な場合，②取り調べる必要のある証人が多数いるために，あるいは，争点が複雑多岐にわたり，1回や2回の期日では審理を終了することができない場合等である（最高裁判所事務総局・前掲民事裁判資料223号69頁）。

　裁判所の職権による通常訴訟手続への移行決定は，諸般の事情を総合的に考慮して，柔軟な解釈，運用をしなければならないが，他方，少額訴訟手続による簡易迅速な紛争解決を望む当事者の意向への十分な配慮が必要である。

　(iii)　移行決定の手続　　口頭弁論期日外で，裁判所が通常の訴訟手続により審理及び裁判をする旨の決定をしたときは，裁判所書記官は，速やかに，当事者双方に対し，その旨を通知しなければならない（民訴規228条3項。【書式225】）。

(2)　少額訴訟の審理

(a)　一体型審理（弁論と証拠調べの一体化）　　少額訴訟は，法律知識や訴訟経験を十分に持ち合わせていない一般市民が自ら訴訟を遂行する本人訴訟を想定しており，利用者である一般市民の感覚に沿ってわかりやすく利用しやすい，手続利用者に優しい仕組みが採用されており，審理についても，通常の訴訟手続に比べて，形式張らない柔軟で弾力性のある，しかし，それなりに充実した審理が可能な訴訟運営が要求されている。通常の訴訟手続においては，主張（訴訟資料）と証拠（証拠資料）を厳格に区別し，当事者本人の陳述についても，訴訟主体としての陳述（主張）と証拠方法である本人尋問としての陳述（証拠）とを区別している。少額訴訟においては，当事者本人は，訴訟主体であるとともに，唯一のあるいは重要な証拠方法である場合が多いが，一般市民に自分自身が訴訟主体であると同時に証拠方法であることの理解を求めるのは困難であり，これを区別して的確な訴訟活動を期待することはできない。また，当事者本人の陳述に関して，訴訟主体としての陳述と証拠方法としての陳述とを厳格に区別する審理方式は，同じことを2度繰り返すとの誤解を招き，利用しやすくわかりやすい手続としての少額訴訟の利用を敬遠させ，簡易迅速に紛争を解決するという少額訴訟手続創設の目的を達成できないことになりかねない。

そこで，少額訴訟手続においては，弁論（主張）と証拠調べ（当事者本人尋問）を明確に区別することなく，裁判官が，当事者から紛争の実情を聴取しながら，弁論事項と証拠資料を適宜拾い出していくという弁論と証拠調べを一体化した審理方式（一体型審理）が採られている。一体型審理は，少額訴訟手続の審理における最大の特徴であり，一期日で充実した審理を行いつつ効率的な事件処理を実現するための生命線であるといえる。

一体型審理においては，当事者の陳述は，弁論としての陳述（民訴161条2項参照）であると同時に，証拠調べとしての当事者尋問に対する陳述（民訴207条1項参照）としての証拠方法であり，事実認定の基礎資料となるので，裁判官は，あらかじめ当事者に対し，法廷で述べることは証拠として扱われることもある旨を説明しておく必要がある。また，相手方当事者に質問の機会を与えるなど反対尋問権を保障する必要があるが，訴訟手続に不慣れな一般市民である当事者本人が要領よく反対尋問をすることは困難であるので，裁判官が，当事者の質問を聴取して，その趣旨を理解し，質問したい事項を確認した上で，当事者に代わって質問するなど，当事者双方の言い分がうまくかみ合うように配慮をする必要がある。

(b) 証拠調べ

(イ) 一期日審理の原則と証拠調べの制限（証拠調べの即時性）　少額訴訟は，一期日審理の原則が採用され（民訴370条1項），簡易迅速に紛争を解決するための手続であることから，証拠調べは即時に取り調べることができる証拠に限られている（証拠調べの即時性。民訴371条）。即時性の要件を満たす証拠方法としては，実務上，書証，在廷証人（同行証人）の尋問，出頭した当事者本人の尋問，電話会議の方法を利用した証人尋問，当事者が法廷に持参した文書や物の検証が一般的である。

少額訴訟における証拠調べの即時性の意味については，疎明（民訴188条）について要求されている即時性と同義であると解する見解と必ずしも同様に解する必要はないとする見解があるが，少額訴訟において証拠方法に即時性が要求されているのは，一期日審理の原則を実現するためであるから，第1回口頭弁論期日に証拠調べを終了し得る蓋然性が高い証拠で，一期日審理の原則の実現に支障がないものであれば，即時性を満たすと解する（最高裁判

所事務総局・前掲民事裁判資料223号44頁）のが相当であり，期日までに裁判所が準備行為をしておかないと取り調べることができない証拠であっても，期日に証拠調べを終了し得る蓋然性が高い証拠で，一期日審理の原則の実現に支障がないものであれば，即時性のある証拠方法であると認めることができる（司法研修所編『少額訴訟の審理方法に関する研究―よりやさしい運営をめざして―』95頁）。例えば，第1回口頭弁論期日前に文書送付嘱託（民訴226条）をすれば，期日までに文書が送付される蓋然性が高い場合には，一期日審理の原則の実現に支障がないので，即時性の要件を満たすものと考えられる。実際の訴訟においても，例えば，交通事故による損害賠償請求事件において，警察が作成した物件事故報告書又は実況見分調書につき，第1回口頭弁論期日前に送付嘱託の決定をして取り寄せる例は多く見られる。同様に，第1回口頭弁論期日前に調査嘱託（民訴186条）の結果が送付される蓋然性が高い場合には，即時性の要件を満たすものと考えられる。これに対し，文書提出命令（民訴222条以下），法廷に呼び出して行う証人尋問，書面尋問（民訴205条・278条），鑑定（民訴212条以下）等は，いずれも第1回口頭弁論期日前に定型的に審理に必要であると判断することは困難であり，一般的には，即時性を認めることはできない（司法研修所編・前掲書95頁）。

(ロ) 証人尋問等　法律知識や訴訟経験を十分に持ち合わせていない一般市民に少額訴訟を利用しやすくわかりやすい手続にするためには，形式張らない審理方式を採用し，利用者の理解と納得が得られる訴訟運営が実施されなければならないが，少額訴訟においては，通常の訴訟手続と異なる柔軟で弾力性のある各種の工夫が施されている。

　　(i) 証人尋問の際の宣誓の省略　通常の訴訟手続においては，証人尋問をする際には証人に宣誓をさせなければならないが（民訴201条），少額訴訟においては，証人の尋問は，宣誓をさせないですることができる（民訴372条1項）。ただし，重要な争点に関する証人や第三者的な立場の証人等，宣誓の上で尋問を行うのが相当な場合もある。当事者本人尋問については，もともと，宣誓は任意的である（民訴207条1項後段）。

　　(ii) 証人等の尋問の順序　通常の訴訟手続における証人尋問については，原則として，尋問の申出をした当事者，他の当事者，裁判長（官）の順

序で行う交互尋問方式が採用されており（民訴202条1項），当事者本人尋問にも準用されているが（民訴210条），少額訴訟の利用者として想定されている一般市民においては，自ら的確な尋問を行うことは容易ではないので，尋問の順序については，裁判官の裁量に任せることとし，裁判官が相当と認める順序で尋問することができる（民訴372条2項）。本人訴訟の場合は，裁判所が，当事者に代わって，まず最初に尋問することになるが，実際の訴訟においては，証人尋問についても，一体型審理に取り込み，裁判官が当事者から紛争の実情を聴取しながら主張整理と証拠調べを行う中で証人尋問を一緒に行う場合もある。

　　(ⅲ)　尋問事項書の提出の省略　　通常の訴訟手続において証人尋問の申出をするには，同時に，個別的かつ具体的に記載した尋問事項書を提出しなければならないが（民訴規107条1項・2項），少額訴訟においては尋問事項書を提出することを要しない（民訴規225条）。少額訴訟の利用者である一般市民に対して，詳細な尋問事項書の提出を求めることは，当事者に必要以上の負担を課し，少額訴訟手続の利用を妨げることになるおそれがあるとともに，争点が少なく，事案も比較的単純なものが多い少額訴訟においては，裁判所が，容易に事案の内容を把握することができ，尋問事項書がなくても，証人の陳述内容をある程度想定できることによる。

　　(ⅳ)　証人等陳述の調書記載の不要　　簡易裁判所の訴訟手続においては，口頭弁論調書の記載事項（民訴規66条・67条）のうち，証人等（証人，当事者本人，鑑定人。民訴規68条参照）の陳述等については，裁判官の許可を得て，記載を省略することができるが（民訴規170条），少額訴訟においては調書に証人等の陳述を記載することを要しない（民訴規227条1項）。少額訴訟においては，一期日審理の原則が採用され，原則として1回の期日で審理を完了し（民訴370条1項），直ちに判決の言渡しをすることになる（民訴374条1項）から，当事者も裁判所も，あらためて証人等の尋問調書を閲読して陳述の内容を確認する必要がないからである。なお，検証の結果の記載の省略については，少額訴訟についての特別な規定はないから，簡易裁判所における手続に関する規定（民訴規170条）によることになる。

　　証人又は鑑定人の尋問前に裁判官の命令又は当事者の申出があるときは，

裁判所書記官は，当事者の裁判上の利用に供するため，録音テープ等に証人又は鑑定人の陳述を記録しなければならず，当事者の申出があるときは，録音テープ等の複製を許さなければならない（民訴規227条2項）。ただし，録音テープ等への記録は，当事者の裁判上の利用に供するために行うものであり，記録された録音テープ等は，調書に代わるものでもないし（民訴規68条参照），口頭弁論調書や訴訟記録の一部を構成するものでもないから（民訴規69条参照），記録内容を異議審において取り調べるためには，当事者において，反訳するなどして証拠として提出する必要がある。

なお，当事者本人の陳述は，一体型審理のもとにおいては，訴訟主体（弁論）としての陳述と証拠方法としての陳述が渾然一体となって行われ，その中から，証拠方法としての陳述のみを切り離して録音することは事実上不可能であることから，録音テープ等への記録の対象から当事者本人の陳述は除外されている。

　　(v)　電話会議の方法による証人尋問　　裁判所は，相当と認めるときは，裁判所及び当事者双方と証人とが音声の送受信により同時に通話をすることができる方法（電話会議の方法）によって，証人を尋問することができる（民訴372条3項，民訴規226条）。電話会議の方法を利用した証人尋問は，少額訴訟においては証拠調べの即時性が要求されていることから（民訴371条参照），証人の事情等により当事者が証人を期日に同行することができない場合の証拠調べに対応するために導入された制度である。したがって，期日に法廷に出頭しない当事者本人に対し，電話会議の方法を利用した尋問を実施することはできない（最高裁判所事務総局・前掲民事裁判資料223号49頁）。なお，電話会議の方法による証人尋問の手続の詳細については，最高裁判所事務総局・前掲民事裁判資料216号111頁以下及び最高裁判所事務総局・前掲民事裁判資料223号49頁以下を参照されたい。

(3) 司法委員の活用

　(a)　司法委員制度　　司法委員制度は，簡易裁判所は少額裁判所として一般市民に密着した裁判所であることから，国民の中から選ばれた司法委員（司法委員規則1条参照）が，簡易裁判所の民事訴訟手続に関与することによって，審理に国民の健全な良識を反映し，より社会常識にかなう裁判を実現す

るために設けられた制度であり，国民の司法参加の1つの現れであるが，一般市民が日常生活を送る中で生じる身近な金銭をめぐる少額な紛争で，複雑困難でないものを審理の対象とする少額訴訟においては，その活用の必要性が高い。

  (b) 司法委員の役割（職務内容）

  (イ) 和解の補助（司法和解）　司法委員は，裁判官が和解を試みるのに際して，その補助を行う（民訴279条1項）。司法委員は，豊かな知識経験や一般良識をもとに，当事者の言い分をよく聴いた上で，当事者に説明を行い，和解の成立に向けて互いに譲歩することを勧めるなど，和解の補助をすることになるが，司法委員の和解の補助の方法はさまざまであり，期日において裁判官同席のもとで，裁判官とともに，和解を行うこともあり，また，和解手続中，裁判官が他の事件の審理のために一時的に退席し，その間，司法委員が当事者に対する説得や和解条項案の策定にあたることもある。少額訴訟においては，当事者の任意の履行が期待できる和解による終了はきわめて有用であり，積極的に和解勧告を行う運用がされており，少額訴訟において司法委員の果たす役割はきわめて大きい。

  (ロ) 意見陳述（裁判官からの意見聴取）　司法委員は，裁判官の求めに応じて，審理に立ち会い，事件について意見を述べる（民訴279条1項）。司法委員が述べる意見の内容については制限はなく，事件の見方，争点，証拠の評価，事実認定，最終的な解決の方法等，審理の全般にわたる事項について，裁判官は，司法委員の豊かな知識経験や一般良識を活かすことができるのである。司法委員は，事件について適切な意見を述べるため，裁判官の許可を得て，証人等に対し，直接に問いを発することができる（発問権。民訴規172条）。司法委員の発問権を積極的に活用するためには，裁判官から，審理の開始にあたり，司法委員制度や司法委員の役割を説明し，司法委員からも質問があることを伝えるなどが重要である。

　司法委員が審理に立ち会い，証人等に発問をし，裁判官の求めに応じて意見を述べることは，手続利用者である当事者からみれば，同じ一般市民である司法委員が審理に立ち会うことにより，同じ目線で言い分を聞いてもらえるとの安心感と裁判手続に国民の健全な良識と感覚が反映されるとの期待感

を抱くことができ，国民の裁判に対する理解と納得を高める機能を有しており（良識反映機能），また，常に単独で裁判をする簡易裁判所の裁判官にとっては，審理に立ち会った司法委員から意見を聴取した上で心証結果を交換するなど，司法委員と合議体での裁判の評議にも似た形で意見交換をすることで，心証も含めた事件についての判断を検証することができ，国民の良識を反映させた妥当な解決をすることができるといえる（擬似合議体構成機能）。

(4) 和解手続

少額訴訟においては，当事者の任意の履行が期待できる和解による終了はきわめて有用である。少額訴訟は60万円以下の金銭請求に限られていることから，たとえ原告の請求を認容する内容の判決を言い渡したとしても，少額訴訟判決に従わない被告に対して強制執行によって権利の実現を図ることは，手続利用者として想定されている法律知識や訴訟経験を十分に持ち合わせていない一般市民にとって，労力や費用等，あるいは精神的な負担の面で計り知れない苦労があり，権利実現として実質的な満足を得ることが困難だからである。また，手続の終了原因としての和解は双方当事者の互譲による紛争解決処理であるから，日常生活を送る中で生じた紛争の解決を求めて当事者自らが裁判所に足を運び，法廷に出席して裁判を行うという手続利用者が主体的に参加した少額訴訟を，同じく当事者自らが自主的合意によって終了させるという意味合いにおいても重要な意義がある。

そこで，少額訴訟手続においては，争いのない事件や，審理の結果，事実関係に争いがないことが判明した事件などは，直ちに和解勧告を行い（民訴89条），争いのある事件は，一体型審理を行い，司法委員と協議の上で心証形成をし，それを踏まえて和解勧告を行う（民訴89条）など，積極的な運用がされている。当事者が和解による解決を望む事案はもちろん，当事者が望まない場合であっても，裁判所が和解による解決が相当であると判断した場合は，和解勧告を行っている。和解勧告をしたが成立の見込みのない場合は，和解を打ち切り，直ちに判決を言い渡すことになる（民訴374条1項参照）。なお，和解を続行するのは，少額訴訟においては，一期日審理の原則との関係上，例外であり，続行した期日に和解が成立する蓋然性が高い場合に限るべきである。続行した期日に和解が成立しない場合は，分割払等の定め（民訴

375条参照）を含めて判決を言い渡すか，通常の訴訟手続への移行（民訴373条3項4号参照）を考慮することになる（司法研修所編・前掲書129頁）。

〔2〕 少額訴訟事件の審理と書式

　【書式224】は，原告が少額訴訟手続を選択した事件について，被告が，簡易裁判所による通常の訴訟手続による審理を求めるため，少額訴訟を通常の訴訟手続に移行させる旨の申述をするについての書面である（民訴規228条1項参照）。原告が出席した口頭弁論期日において申述する場合は，書面による必要はなく，口頭で行えば足りる。【書式225】は，裁判所が，職権によって，少額訴訟を通常の訴訟手続に移行させる旨の決定書である（民訴373条3項参照）。【書式226】は，裁判所書記官が，口頭弁論期日外において，被告から通常訴訟手続への移行申述があったときは原告に対して，裁判所が通常訴訟手続への移行決定をしたときは当事者双方に対して，少額訴訟が通常の訴訟手続に移行し，通常の手続により審理及び裁判をすることになる旨を通知する（民訴規228条2項・3項）際に使用する書面である。

〔増田　輝夫〕

第4節　少額訴訟の審理手続　〔2〕　少額訴訟事件の審理と書式　【書式224】

書式224　通常手続移行申述書

平成〇〇年（少コ）第〇〇〇〇号　〇〇請求事件
原　告　〇　〇　〇　〇
被　告　〇　〇　〇　〇

　　　　　　　　　　通常手続移行申述書

〇〇簡易裁判所第〇〇係　御中
　　　　　　　　　　　　　　　平成〇〇年〇〇月〇〇日
　　　　　　　　　　　　　　　被　告　　〇　〇　〇　〇　㊞

本件は，通常訴訟手続に移行の上，審理及び裁判をされたく申述します。

　　　　平成〇〇年〇〇月〇〇日，原告に対し，
　　　　　　□電話　□普通郵便　□ファクシミリで通知済み
　　　　　　　　　　　　裁判所書記官　　㊞

〔注〕
1．大阪簡易裁判所において使用しているものである。
2．被告が第1回口頭弁論期日前に通常訴訟手続への移行の申述をする場合は，書面によらなければならないが（民訴規228条1項），理由を示すことは要求されていない。
3．書面は，ファクシミリにより提出することができる（民訴規3条1項参照）。
4．被告が原告が出頭した口頭弁論期日において口頭で通常訴訟手続への移行の申述をした場合を除き，被告から通常訴訟手続への申述があったときは，裁判所書記官は，速やかに，原告に対し，相当な方法で（民訴規4条1項参照），被告の申述によって少額訴訟が通常の訴訟手続に移行した旨を通知しなければならない（民訴規228条2項）。
5．口頭弁論期日において，被告により通常訴訟手続への移行の申述がされた場合は，その旨を口頭弁論調書に記載する（民訴規67条1項柱書参照）。

　　　　　　　　　　弁　論　の　要　領
　被　告
　　本件を通常の手続に移行させる旨陳述

書式 225　通常手続移行決定

```
　平成○○年（少コ）第○○○○号　○○請求事件


　　　　　　　　　　　通常手続移行決定


　原　告　○　○　○　○
　被　告　○　○　○　○


　本件につき，民事訴訟法373条3項○号により，通常の手続により審理及
び裁判をする。

　　　　　　　　　　　　　　　　平成○○年○○月○○日
　　　　　　　　　　　　　　　　○○簡易裁判所
　　　　　　　　　　　　　　　　裁判官　　○　○　○　○　㊞

　　平成○○年○○月○○日，
　　　原告に対し，□電話　□普通郵便　□ファクシミリで，
　　　被告に対し，□電話　□普通郵便　□ファクシミリで，通知済み
　　　　　　　　　　　　　　　　　　　　裁判所書記官　　㊞
```

〔注〕
1．大阪簡易裁判所において使用しているものである。
2．口頭弁論期日外で，裁判所が通常の訴訟手続により審理及び裁判をする旨の決定を
する場合は，決定書を作成しなければならない（民訴122条，民訴規50条）。
3．裁判所が，口頭弁論期日外において，職権によって通常訴訟手続へ移行する旨の決
定を行った場合，裁判所書記官は，速やかに，当事者双方に対し，相当な方法で，そ
の旨を通知しなければならない（民訴規228条3項）。
4．口頭弁論期日において，裁判所の職権により通常訴訟手続への移行決定がされた場
合は，裁判所書記官は，その旨を口頭弁論調書に記載する（民訴規67条1項6号参
照）。

```
　　　　　　　　　　弁　論　の　要　領
　裁判官
　　本件につき，通常の手続により審理及び裁判をする。
```

第4節　少額訴訟の審理手続　〔2〕　少額訴訟事件の審理と書式　【書式226】

書式226　通知書

```
平成○○年（少コ）第○○○○号　○○請求事件
原　告　○　○　○　○
被　告　○　○　○　○


                    通　　知　　書


　□　原　告　　　　　　　殿
　□　被　告　　　　　　　殿

                    平成○○年○○月○○日
                    　○○簡易裁判所第○○係
                    　裁判所書記官　○　○　○　○　㊞


本件訴訟は，平成○○年○○月○○日，
　　□　被告の申述により
　　□　職権（民事訴訟法373条3項○号）により
通常の訴訟手続で審理及び裁判をすることになりました。

（注）□を付した事項は✓印のあるものに限る。
```

〔注〕
1．大阪簡易裁判所において使用しているものである。
2．被告が，原告が出頭した口頭弁論期日において口頭で通常訴訟手続への移行の申述をした場合を除き，被告から通常訴訟手続への申述があった場合，裁判所書記官は，速やかに，原告に対し，相当な方法で（民訴規4条1項参照），被告の申述によって少額訴訟が通常の訴訟手続に移行した旨を通知しなければならない（民訴規228条2項）。
3．裁判所が，口頭弁論期日外において，職権によって通常訴訟手続へ移行する旨の決定を行った場合においても，裁判所書記官は，速やかに，当事者双方に対し，相当な方法で，その旨を通知しなければならない（民訴規228条3項）。

第5節　少額訴訟における判決

〔1〕　序　　説

(1)　判決の言渡しについての特則

(a)　弁論終結直後の判決言渡し（即日判決言渡しの原則）　少額訴訟においては，迅速な紛争解決の要請から，一期日審理の原則が採用されているが（民訴370条1項），判決の言渡しも，相当でないと認める場合を除き，口頭弁論の終結後直ちにすることとされている（即日判決言渡しの原則。民訴374条1項）。

審理が終了した後直ちに判決を言い渡すというのは，判決言渡期日を改めて指定しないことを意味し，「直ちに」といっても，判決の内容の検討，判決の言渡しの準備，司法委員からの意見聴取（民訴279条1項参照）のために，一時休廷し，口頭弁論の終結後数十分程度の時間を置くことは許容される。もっとも，審理の終了後ある程度の期間をおいてから判決を言い渡したほうが，当事者が判決を冷静に受け止めることができるとか，被告に任意の履行を促しやすいというような事情が認められる場合など，裁判所が審理の終了後直ちに判決の言渡しをするのを「相当でないと認める場合」には，通常の言渡しの手続（民訴251条・252条）によることができる（民訴374条1項）（法務省民事局参事官室編・前掲書416頁）。

(b)　判決原本に基づかない言渡し（調書判決制度）　審理の終了後直ちに判決の言渡しをする場合においては，民事訴訟法254条1項の要件に該当しない場合（実質的に争いがある場合）であっても，判決書の原本に基づかないですることができる（民訴374条2項前段・254条2項）。このときは，判決書の作成に代えて，裁判所書記官が，当事者及び法定代理人，主文，請求並びに理由の要旨を判決の言渡しをした口頭弁論期日の調書に記載する（判決書に代わる調書（調書判決）。民訴374条2項後段・254条2項。【書式227】）。調書判決の方法によった場合には，判決の言渡しは，裁判官が主文及び理由の要旨を告げて

行う（民訴規229条2項・155条3項）。少額訴訟の場合，争点も証拠も複雑ではなく，詳細な理由の説明をするまでの必要がなく，審理終了後直ちに言い渡されるため当事者の記憶も鮮明であるから，理由の要旨は，詳細なものである必要はなく，「証拠によれば，原告の請求は相当と認められる。」とか「原告の請求を相当と認めるべき証拠はない。」という程度で足りる（理由の要旨の例につき，司法研修所編・前掲書117頁参照）。もっとも，主要な争点に関して当事者が激しく議論をしたような事案などにおいては，裁判官が口頭で結論に至った理由を補充的に説明するといった配慮が必要な場合もある（最高裁判所事務総局・前掲民事裁判資料216号60頁）。

なお，審理の終了後直ちに判決の言渡しをせず，別途判決言渡期日を定めて判決の言渡しをする場合には，民事訴訟法254条1項の要件に該当しない限り，調書判決の方法による判決の言渡しをすることはできず，判決書の原本に基づいて判決の言渡しをしなければならない。

(c) 少額訴訟判決である旨の表示　少額訴訟の判決書又は調書判決には，「少額訴訟判決」と表示しなければならない（民訴規229条1項）。少額訴訟の終局判決については，控訴をすることができず（民訴377条），異議の申立てのみが認められていること（民訴378条），請求を認容する判決については，裁判所は，職権で，仮執行をすることができることを宣言しなければならないこと（民訴376条1項），単純執行文は不要であること（民執25条）など，通常の訴訟手続の判決とは異なる特徴を有するので，当事者及び執行機関等に，少額訴訟の判決であることを明確にしておくためである。調書判決に表示する場合は，口頭弁論調書の冒頭の「第1回口頭弁論期日」との記載の横ないし下に，括弧書で表示するなどしている（【書式227】）。

(2) 判決による分割払い等の定め（分割払い等の判決，和解的判決）

(a) 制度の意義　少額訴訟においては，裁判所が請求を認容する判決を言い渡す場合，被告の資力その他の事情を考慮して特に必要があると認めるときは，判決の言渡しの日から3年を超えない範囲内において，支払猶予又は分割払いの定めをし，又はこれと併せて，猶予された支払期限に支払をしたとき，若しくは期限の利益を喪失することなく分割払いをしたときは，訴え提起後の遅延損害金の支払義務を免除する旨の定めをすることができる

（民訴375条1項）。少額訴訟の対象である一般市民が日常生活を送る中で生じる少額な紛争（訴額が60万円以下）についてまで，強制執行によって判決の内容を実現しなければならないとすると，原告は，少額訴訟で勝訴したとしても，権利の最終的な実現としては，費用や時間，労力の点で割に合わない場合が多いから，支払猶予や分割払いの判決を認めることによって，被告の任意の履行を期待し，少しでも原告の強制執行の負担を軽減しようとの配慮によるものである。

(b) 分割払い等の判決の要件

(イ) 請求認容の判決をする場合　分割払い等の判決をするには，原告の請求を認容する判決をする場合でなければならない（民訴375条1項）。請求を認容する判決とは，請求の全部を認容する判決だけではなく，一部を認容する判決であってもよい。

(ロ) 被告の資力その他の事情を考慮して特に必要があると認めるとき

分割払い等の判決は，裁判所が被告の資力その他の事情を考慮して特に必要があると認めるときに限ってすることができる。「特に必要と認めるとき」とは，個々の事件ごとに，支払猶予や分割払いの方法で被告に支払を命ずることが当事者間の公平の見地から相当であり，紛争の実質的な解決につながると考えられる場合であれば足りる。この基準に従い，裁判官が事案ごとに異なるさまざまな具体的事情を考慮して自由な裁量で判断することになる。考慮すべき事情として，「被告の資力」が例示されているが，被告側の具体的な事情としては，被告の収入や支出等の生活状況，健康状態や就業状態，他の債務の有無や債務の総額，被告の家族や同居者の事情等が挙げられ，その認定資料としては，被告の陳述に限定すべき理由や文書であるべき必要性はなく，原告が知っている被告の資力に関連する事情でも差し支えないし，弁論の全趣旨を基礎にすることもできる。また，「その他の事情」として，原告の意向，原告の権利実現の切迫性等が挙げられる。裁判官は，原告が支払猶予や分割払いを希望しない意向であっても，拘束されることなく，他の事情を総合的に考慮して相当と判断すれば，分割払い等の判決をすることができる。

請求を認容する判決をする場合に，分割払い等の定めをする必要性の認定

及び具体的な分割払い等の定めの内容の判断については，裁判所の裁量に委ねられていること，判決による分割払い等の定めに対しては不服を申し立てることができないこと（民訴375条3項）から，分割払い等の定めをした理由を少額訴訟判決に記載する必要はない（最高裁判所事務総局・前掲民事裁判資料223号89頁）。

(c) 分割払い等の判決の内容　　分割払い等の内容としては，①支払期限の定め，②分割払いの定め，③期限の猶予（①又は②）と併せて訴え提起後の遅延損害金を免除する旨の定めをすることの3種類である（民訴375条1項）。②の分割払いの定めをする場合には，当然に支払期日を複数回定めることになるが，必ず，被告が分割金の支払を怠ったときには期限の利益を喪失する旨の定めをしなければならない（民訴375条2項）。

(イ) 支払期限の定め　　請求認容金額について，被告が現在は支払えないが，数ヵ月後には一括して支払える見込みがあるといった事情がある場合には，3年以内の期限を定めた判決をすることができる（【書式228】）。

(ロ) 分割払い及び期限の利益喪失の定め　　請求認容金額について，被告が即時に全額を支払えないが，分割払いによれば支払うことができる場合には，支払期間が3年以内の分割払いの判決をすることができる（【書式229】）。なお，原告が分割払いの期間について3年を超えてもよい旨の意向を示している場合であっても，3年を超える期間の分割払い判決をすることは許されない（最高裁判所事務総局・民事裁判資料第223号前掲書99頁）。分割払いの定めをするときは，必ず，期限の利益を喪失する旨の定めをしなければならないが（民訴375条2項），期限の利益の喪失事由（分割金を何回支払わなかった場合を停止条件とするか）は，事案に応じて，裁判所が裁量で決めることになる。

(ハ) 遅延損害金免除の定め　　期限の猶予と併せて，さらに，訴え提起後（訴え提起日の翌日以降）の遅延損害金の支払義務を免除する旨の定めをすることができる（【書式228】，【書式229】）。被告に対して任意の履行を促し，支払期限付きの判決（期限における一括払い）や分割払い判決の実効性を高めることを配慮したものである。訴え提起後の遅延損害金であれば，どの範囲の遅延損害金を免除するかは，裁判所が裁量で決めることができるが，利息は免除の対象とならない（免除の対象を訴え提起後の遅延損害金に限定した理由につき，法

務省民事局参事官室編・前掲書417頁参照）。

　判決の主文における具体的な免除の定め方としては，請求認容した元本，利息及び遅延損害金全部（支払済みまでの遅延損害金）の支払義務を認めておき，被告が判決で定められた支払期限に従って一括払いをするか，与えられた期限の利益を失うことなく分割払いをしたときは，訴え提起後（訴え提起日の翌日以降）の遅延損害金の支払義務を免除するとの定めをすることになる。逆に，被告が支払を遅滞し又は期限の利益を喪失した場合には，判決による遅延損害金の免除は，はじめから効力を生じなかったことになる。したがって，例えば，判決による分割払いの定めに従って何度か元本の分割払金の支払をしたが，その後に支払を遅滞して期限の利益を失ったというような場合には，被告は，分割払いの定めに従って支払をした元本の分についても，あらためて判決で認容された遅延損害金を支払わなければならない（法務省民事局参事官室編・前掲書417頁）。

　(d)　一部請求棄却の主文の要否　　原告は，訴えを提起するにあたり，少額訴訟手続と通常訴訟手続のいずれかを選択することもできたのであるから，原告が少額訴訟手続を選択した場合には，分割払い等の定めについては，裁判所の合理的な判断に委ねる意思を表明したものと考えることができ，したがって，分割払い等の定めは，原告の請求に対する応答ではなく，裁判所が原告の意思に基づいて職権でする裁判であって，全部認容の判決であるから，請求の一部を棄却する旨の主文は必要ない（最高裁判所事務総局・前掲民事裁判資料223号99頁）。

　(e)　分割払い等の定めに対する不服申立ての不許　　裁判所が判決による分割払い等の定めをしたこと，あるいはその定めをしなかったことについては，当事者（原告及び被告）は不服申立てをすることはできない（民訴375条3項。分割払い等の定めに対して不服申立てができない理由につき，法務省民事局参事官室編・前掲書423頁参照）。判決による分割払い等の内容が，民事訴訟法375条1項，2項の規定に違反している場合に不服申立てをすることができるのは当然である。

　(3)　**必要的な仮執行の宣言と単純執行文の付与の不要**
　(a)　必要的な仮執行の宣言　　請求を認容する少額訴訟判決については，

裁判所は，職権で，担保を立てて又は立てないで仮執行をすることができることを宣言しなければならない（民訴376条1項）。これにより，少額訴訟判決は，言渡しによって効力を生じ（民訴250条），確定を待たずに債務名義となる（民執22条2号）。

　(b)　単純執行文の付与の不要　少額訴訟の確定判決又は仮執行宣言を付した少額訴訟判決による強制執行については，執行文の付与を求める必要はない（民執25条但書）。簡易迅速な強制執行を図るために，単純執行文を不要としたものである。ただし，少額訴訟の判決においても，条件成就執行文（民執27条1項）や承継執行文（民執27条2項参照）は必要であり，執行文の再度付与（民執28条1項）は，少額訴訟の確定判決又は仮執行宣言を付した少額訴訟判決の正本をさらに交付する場合について準用されている（民執28条2項）。

　(4)　少額訴訟による裁判に対する不服申立て（不服申立方法の制限）

　(a)　控訴の禁止　少額訴訟判決に対しては，控訴をすることはできない（民訴377条）。少額訴訟の終局判決に対して通常の手続と同様に不服を申し立てることができるとすると，1回の口頭弁論期日で審理を終了して判決に至ったとしても，紛争の最終的な解決までには，結局，相当の時間と費用を要することになり，少額訴訟という特別の手続を設ける趣旨が損なわれてしまうからである（法務省民事局参事官室編・前掲書427頁）。

　(b)　異議申立制度

　(イ)　異議の申立て　少額訴訟判決に対する不服申立ては，異議の申立てによらなければならない（民訴378条1項）。異議の申立ては，終局判決について不利益を受けた当事者が，同一審級内において再審理（再度の判断）を求める不服申立てであって，少額訴訟判決に対する異議の申立ては，少額訴訟判決をした裁判所に対して，少額訴訟を通常の訴訟手続に移行させ，原告の請求の当否についての再審理を求めるものである。適法な異議の申立てによって，少額訴訟手続においていったん終結された訴訟は，口頭弁論終結前の状態に復活し（民訴379条1項前段参照），異議後の審理及び裁判は，少額訴訟判決をした裁判所と同一の裁判所（裁判体として同一であっても差し支えない）において，証拠制限のない通常の訴訟手続に従って行われることになる（民訴379条1項後段参照）。

(ロ)　異議申立ての方式等　　異議の申立ては，少額訴訟判決が言い渡された後，判決書又は調書判決の送達を受けた日から2週間の不変期間内に，少額訴訟判決をした裁判所に対して行わなければならない（民訴378条1項本文）。口頭弁論終結後，判決原本に基づかないで，直ちに判決が言い渡された場合，判決書又は調書判決の送達を受けるまでに申し立てられた異議も有効である（民訴378条1項但書）。異議申立てをすることができる者は，異議申立ての利益がある当事者に限られ，請求の全部認容判決に対しては被告が，請求の棄却判決に対しては原告が，請求の一部認容判決に対しては各当事者が，敗訴部分について異議申立ての利益を有する。分割払い等の定めに対しては，当事者双方とも，異議の申立てはできない（民訴375条3項）。

　異議の申立ては，書面でしなければならない（民訴規230条・217条1項）。異議申立書には，異議申立てをする当事者の表示，少額訴訟判決に対して不服があること及び異議を申し立てる旨の記載があればよい（**【書式230】**）。異議申立書に異議の理由を記載する必要はないが，理由の中に攻撃防御方法が記載されている場合は，その記載部分は準備書面を兼ねることになる（民訴規230条・217条3項）。

　(ハ)　異議申立ての却下　　裁判所は，異議申立ての要件を審査した結果，要件を欠いて不適法で，その不備を補正することができない場合は，口頭弁論を経ないで，判決で異議を却下する（民訴378条2項・359条）。異議申立期間（民訴378条1項）を徒過した場合（異議申立期間の2週間経過後の異議申立て），異議申立ての理由が分割払い等の定めに対する不服のみの場合（民訴375条3項参照）などがある。

　(c)　異議の申立てに伴う強制執行停止　　異議の申立てがあっても，少額訴訟判決の仮執行宣言の効力は，当然には停止されないから（民訴403条1項5号参照），強制執行を避けるためには，仮執行宣言を付した少額訴訟判決に対して異議を申し立てた被告は，少額訴訟の受訴裁判所に対し，少額訴訟判決の取消し又は変更の原因となるべき事情について疎明をし，強制執行停止の申立てをしなければならない（民訴403条1項5号）。強制執行停止の申立ては，書面でしなければならない（民訴規238条。**【書式231】**）。

　裁判所は，要件を満たす場合は，決定により，強制執行の一時の停止を命

じる場合に，担保を立てさせるか否かを裁量で決めることができる。また，強制執行の一時の停止と同時に又は別に，担保を立てて強制執行の開始又は続行をすべき旨を命じ，あるいは，担保を立てさせて既に開始された強制処分の取消しを命じることができる（民訴403条1項柱書。【書式232】）。強制執行停止等の裁判に対しては，不服を申し立てることはできない（民訴403条2項）。

　強制執行の停止等を命ずる決定があっても，当然に強制執行が停止等されるものではなく，強制執行停止等の申立てをした被告は，決定正本を執行機関に提出し，実際に強制執行の停止等を求める必要がある。

〔2〕　少額訴訟判決等の書式

　【書式227】は，第1回口頭弁論期日が終了した後，直ちに判決の言渡しを判決書の原本に基づかないで行った場合（民訴374条2項前段・254条2項）の口頭弁論調書（調書判決）の一例であり，【書式228】及び【書式229】は，分割払い等の定め（民訴375条参照）をした場合の少額訴訟判決の主文例である。【書式230】は，少額訴訟判決に対して異議の申立てをする際の書面である（民訴378条，民訴規217条参照）。また，異議の申立てがあっても，少額訴訟判決の仮執行宣言の効力は，当然には停止されないから（民訴403条1項5号参照），強制執行を避けるためには，仮執行宣言を付した少額訴訟判決に対して異議を申し立てた被告は，少額訴訟判決に基づく強制執行停止の申立てをしなければならない（民訴403条1項5号）が，【書式231】は申立書の一例，【書式232】は申立てを認容する強制執行停止決定の一例である。

〔増田　輝夫〕

書式 227 第1回口頭弁論調書兼少額訴訟判決（調書判決）

第1回口頭弁論調書（少額訴訟判決）				裁判官認印
平成　　年（少コ）第　　　　号		裁　判　官		
平成　年　月　日午前/後　時　分		裁判所書記官	末尾記名者	
指定期日　平成　年　月　日　午前/後　時　分			大阪簡易裁判所法廷で公開	
出頭した原告等		出頭した被告等		
□代理人　□代表者		□代理人　□代表者		

弁論の要領等（□その他の記載は別紙のとおり）

裁判官	原告
□司法委員 　　　　　　　　　　指定同立会 □訴訟代理人許可（□原告　□被告） □答弁書陳述擬制 □通常の手続に移行する旨決定 □	□訴状陳述 □甲　　　　　　□原告本人 □証人 □
	被告 □通常移行申述　　□答弁書陳述 □請求棄却申立　　□請求原因全部認 □乙　　　　　　□被告本人 □証人 □
□弁論終結 □別紙の主文及び理由の要旨を告げて判 　決言渡し	

□当事者間に和解成立（当事者，請求の表示及び和解条項別紙のとおり）
□原告から本調書正本の各和解当事者に対する送達申請
□

裁判所書記官

（注）　□を付した事項については，✓印を付けたものに限る。

別紙（判決言渡関係）

1　**当事者の表示**
　　別紙当事者目録（当事者の表示）記載のとおり。

2　**主　　文**
　(1)　被告は，原告に対し，別紙請求の趣旨記載のとおりの金員を支払え。
　　【別紙省略】
　(2)　訴訟費用は，被告の負担とする。
　(3)　この判決は，仮に執行することができる。

3　**請　　求**
　　請求の趣旨及び請求の原因は，別紙のとおり。
　　【別紙省略】

4　**理由の要旨**（□に✓を付したものに限る。）
　□被告は，口頭弁論期日に出頭しないから，請求原因事実を自白したものとみなされる。
　□被告は，請求原因事実を争うことを明らかにしない。
　□請求原因事実は，当事者間に争いがない。
　□被告は，公示送達による口頭弁論期日の呼出しを受けたが，同期日に出頭しない。証拠によると請求原因事実を認めることができる。
　□仮執行宣言は，相当でないので，これを付さない。

当　事　者　の　表　示

○○市○○区１丁目２番３号
　　　　原　　告　　○　○　○　○

○○市○○区３丁目２番１号
　　　　被　　告　　○　○　○　○

〔注〕
1. 第1回口頭弁論期日が終了した後，直ちに，判決の言渡しを判決書の原本に基づかないで行った場合（民訴374条2項前段・254条2項）の口頭弁論調書（調書判決）の一例である。
2. 調書判決には，口頭弁論調書の記載事項（形式的記載事項，民訴規66条。実質的記載事項，民訴規67条）のほか，当事者及び法定代理人，主文，請求並びに理由の要旨を記載する（民訴374条2項後段・254条2項）。なお，「別紙（判決言渡関係）」は，少額訴訟事件に特化した書式ではなく，通常訴訟事件及び少額訴訟事件を通じてのものである。
3. 調書判決に記載する「理由の要旨」の記載例については，司法研修所編・前掲書117頁を参考にされたい。
4. 調書判決も，通常の判決書と同様に，当事者に送達しなければならない（民訴255条1項）。送達すべき書類につき，民事訴訟法は，調書の謄本としているが（民訴255条2項），判決による強制執行は正本に基づいて実施される関係から（民執25条），実務の運用上は，調書判決の正本を送達している（民訴規159条2項）。

第5節　少額訴訟における判決　〔2〕　少額訴訟判決等の書式　【書式228】

書式 228　少額訴訟判決(1)——支払期限及び遅延損害金の免除の定め

1　被告は，原告に対し，貸金元本〇〇円及びこれに対する平成〇〇年〇〇月〇〇日から支払済みまで年〇〇パーセントの割合による遅延損害金を支払う義務があることを確認する。
2　被告は，原告に対し，前項の金員のうち，〇〇円及びこれに対する平成〇〇年〇〇月〇〇日から平成〇〇年〇〇月〇〇日までの遅延損害金〇〇円（合計〇〇円）を，平成〇〇年〇〇月〇〇日限り支払え。
3　被告が前項の期限に遅滞なく，同項の金員を支払ったときは，その余の第1項の支払義務を免除する。
4　被告が，第2項の期限に，同項の金員の支払を怠ったときは，被告は，原告に対し，第1項の金員（ただし，第2項による既払金があるときは，それを控除した残金）を支払え。
5　訴訟費用は被告の負担とする。
6　この判決は，第2項及び第4項に限り，仮に執行することができる。

〔注〕
1．支払期限の定めは，認容された請求につき，支払時期を3年以内の一定時期（一括払い）にするものである。
2．第1項は，原告の請求のうち実体法上認められる請求権の内容を明らかにするものである。すなわち，裁判所として，実体法を適用した結果として，被告にどのような給付義務があるかを表示するものである。
3．給付判決の主文においては，給付の法的な性格又は理由付けを含まない抽象的な表現を用いるのが慣例であるが（司法研修所編『10訂　民事判決起案の手引』11頁参照），法律知識や訴訟経験を十分に持ち合わせていない一般市民が自ら訴訟を遂行すること（本人訴訟）を主として対象とする少額訴訟においては，判決内容をわかりやすくする意味から，和解調書の和解条項の場合に準じて，「貸金元金」，「売買代金」，「遅延損害金」といった法律的な性格を表示することも許されるであろう（最高裁判所事務総局・前掲民事裁判資料223号101頁）。
4．第2項は，支払期限を定めた給付命令である（民訴375条1項）。
5．第2項で給付を命じている遅延損害金は，第3項による遅延損害金の免除の定めとの関係で，訴え提起日までのものである。なお，次のような記載例もある（下里敬明「少額訴訟による裁判の特色」三宅省三＝塩崎勤＝小林秀之編集代表『新民事訴訟法大系（理論と実務）第4巻』196頁）。この場合，第1項(1)で確認する支払義務の対象は，元本と訴え提起日までの遅延損害金であり，同項(2)のそれは，訴え提起後（訴え提起日の翌日以降）から支払済みまでの遅延損害金である。

> 1　被告は，原告に対し，次の金員の支払義務があることを確認する。
> (1)　貸金元本○○円及びこれに対する平成○○年○○月○○日から平成○○年○○月○○日までの遅延損害金○○円の合計○○円
> (2)　貸金元本○○円に対する平成○○年○○月○○日から支払済みまで年○○パーセントの割合による遅延損害金
> 2　被告は，原告に対し，前項の金員を，平成○○年○○月○○日限り支払え。
> 3　被告が前項の期限に遅滞なく，第1項(1)の金員を支払ったときは，同項(2)の金員の支払義務を免除する。

6．第3項は，訴え提起後（訴え提起日の翌日以降）の遅延損害金の免除の定めである（民訴375条1項）。

7．仮執行宣言は，給付命令を含む第2項と第4項に付けることになる（民訴376条参照）。

書式229　少額訴訟判決(2)──分割払い，期限の利益喪失及び遅延損害金の免除の定め

1　被告は，原告に対し，貸金元本○○円及びこれに対する平成○○年○○月○○日から支払済みまで年○○パーセントの割合による遅延損害金を支払う義務があることを確認する。
2　被告は，原告に対し，前項の金員のうち，○○円及びこれに対する平成○○年○○月○○日から平成○○年○○月○○日までの遅延損害金○○円（合計○○円）を，次のとおり分割して支払え。
　(1)　平成○○年○○月から平成○○年○○月まで毎月末日限り各○○円
　(2)　平成○○年○○月○○日限り○○円
3　被告が前項の分割金の支払を2回分以上怠ることなく完済したときは，その余の第1項の支払義務を免除する。
4　被告が第2項の分割金の支払を2回分以上怠ったときは，被告は，原告に対し，第1項の金員（ただし，第2項による既払金があるときは，それを控除した残金）を支払え。
5　訴訟費用は被告の負担とする。
6　この判決は，第2項及び第4項に限り，仮に執行することができる。

〔注〕
1．本記載例は，法務省民事局参事官室編・前掲書421頁による。
2．分割払いの定めは，認容された請求につき，期間3年以内の分割払いを内容とするものである。
3．第1項は，原告の請求のうち実体法上認められる請求権の内容を明らかにするものである。すなわち，裁判所として，実体法を適用した結果として，被告にどのような給付義務があるかを表示するものである。
4．給付判決の主文においては，給付の法的性格を又は理由付けを含まない抽象的な表現を用いるのが慣例であるが（司法研修所編・前掲手引11頁参照），法律知識や訴訟経験を十分に持ち合わせていない一般市民が自ら訴訟を遂行すること（本人訴訟）を主として対象とする少額訴訟においては，判決内容をわかりやすくする意味から，和解調書の和解条項の場合に準じて，「貸金元金」，「売買代金」「遅延損害金」といった法律的な性格を表示することも許されるであろう（最高裁判所事務総局・前掲民事裁判資料223号101頁）。
5．第2項は，分割払いを定めた給付命令である（民訴375条1項）。
6．第2項で給付を命じている遅延損害金は，第3項による遅延損害金の免除の定めとの関係で，訴え提起日までのものである。なお，次のような記載例もある（下里敬明・前掲書196頁）。この場合，第1項(1)で確認する支払義務の対象は，元本と訴え提起日までの遅延損害金であり，同項(2)のそれは，訴え提起後（訴え提起日の翌日以降）から支払済みまでの遅延損害金である。

> 1　被告は，原告に対し，次の金員の支払義務があることを確認する。
> (1)　貸金元本〇〇円及びこれに対する平成〇〇年〇〇月〇〇日から平成〇〇年〇〇月〇〇日までの遅延損害金〇〇円の合計〇〇円
> (2)　貸金元本〇〇円に対する平成〇〇年〇〇月〇〇日から支払済みまで年〇〇パーセントの割合による遅延損害金
> 2　被告は，原告に対し，前項(1)の金員を，次のとおり分割して支払え。
> (1)　平成〇〇年〇〇月から平成〇〇年〇〇月まで毎月末日限り各〇〇円
> (2)　平成〇〇年〇〇月〇〇日限り〇〇円
> 3　被告が前項の分割金の支払を2回分以上怠ったときは，期限の利益を失い，被告は，原告に対し，第1項の金員（ただし，第2項による既払金があるときは，それを控除した残金）を支払え。
> 4　被告が期限の利益を失うことなく第2項の分割金を支払ったときは，第1項(2)の金員の支払義務を免除する。

7．第3項は，訴え提起後（訴え提起日の翌日以降）の遅延損害金の免除の定めである（民訴375条1項）。
8．第4項は，期限の利益喪失の定めである（民訴375条2項）。
9．仮執行宣言は，給付命令を含む第2項と第4項に付けることになる（民訴376条参照）。

書式230　異議申立書

少額訴訟判決に対する異議申立書

収入印紙
500円
割印しないでください

事件の表示	事件番号	平成○○年（少コ）第○○号				
	当事者	原　告	○	○	○	○
		被　告	○	○	○	○

　標記の事件について，言い渡された少額訴訟判決は不服であるから，異議を申し立てます。
　（判決言渡日　○○月○○日，結果：□請求認容，□請求棄却，□　　　　）

異議申立ての理由
　　□別紙のとおり。
　　□おって述べる。

○○簡易裁判所第○○係　御中
　　平成○○年○○月○○日

　　　　　　　　　　　　　　　□原　告
　　　　　　　　　　　　　　　□被　告　○　○　○　○　㊞

（注）□を付した事項は✓印のあるものに限る。

＊印紙500円，郵便切手2790円が必要ですので同封してください（ただし，相手が複数の場合は額が異なりますのでお問い合わせください。）。
＊ファックスでの提出はできません。郵送又は持参してください。
＊異議の理由は，なるべく早期に，書面にまとめて提出してください。

〔注〕
1．少額訴訟の終局判決に対しては，控訴をすることができず（民訴377条），その判決をした裁判所に異議を申し立てることができるだけである（民訴378条1項）。
2．裁判所が判決による分割払い等の定めをしたこと，あるいはその定めをしなかったことについては，当事者（原告及び被告）は不服申立てをすることはできない（民訴375条3項）。
3．異議申立ての期間は，判決書又は調書判決の送達を受けた日から2週間である（民訴378条1項）。2週間は，不変期間であるから，裁判所が伸縮することは許されない（民訴96条1項但書）。
4．異議申立書の提出先は，少額訴訟判決をした裁判所である。
5．異議の申立ては，書面でしなければならない（民訴規230条・217条1項）。
6．異議の申立ては，手数料の納付が必要な申立てであるから，異議申立書は，ファクシミリを利用して提出することはできない（民訴規3条1項1号）。
7．異議申立書には，異議申立てをする当事者の表示，少額訴訟判決に対して不服があること及び異議を申し立てる旨の記載があればよく，異議の理由までの記載は要求されていないが，理由の中に攻撃防御方法が記載されている場合は，その記載部分は準備書面を兼ねることになる（民訴規230条・217条3項）。
8．異議申立ての手数料は，500円である（民訴費3条1項別表第一の17項イ）。
9．適法な異議の申立てがあったときは，少額訴訟の弁論終結前の状態に訴訟が復活し（民訴379条1項前段），異議後の訴訟の審理は，少額訴訟の判決をした簡易裁判所と同一の裁判所において，通常の訴訟手続によって審理及び裁判がされる（民訴379条1項後段）。

書式231　異議申立てに伴う強制執行停止申立書

強制執行停止申立書

○○簡易裁判所第○○係　御中

収入印紙
500円

平成○○年○○月○○日

申立人（被告）　○　○　○　○　㊞
相手方（原告）　○　○　○　○

申立ての趣旨

　上記当事者間の御庁平成○○年（少コ）第○○○○号○○請求事件の仮執行の宣言を付した少額訴訟判決に基づく強制執行は，同判決に対する少額異議事件の判決があるまでこれを停止するとの裁判を求める。

申立ての理由

1　上記平成○○年（少コ）第○○○○号○○請求事件は，平成○○年○○月○○日に判決の言い渡しがあり，申立人は，平成○○年○○月○○日に判決正本の送達を受け，本日，御庁に対して異議の申立てをした。
2　しかし，本判決には仮執行の宣言が付されており，相手方はいつでも申立人に対して強制執行をすることができる状況にある。
3　ところで，……（少額訴訟判決の取消し又は変更の原因となるべき事情）……。
4　よって，申立ての趣旨記載の裁判を求めるため，この申立てをする。

添　付　書　類

1　少額判決正本の写し
2　異議申立書の写し
3　○○○○（少額訴訟判決の取消し又は変更の原因となるべき事情を疎明するための資料となるもの）

〔注〕
1．少額訴訟判決に対する異議の申立てがあっても，少額訴訟判決の仮執行宣言の効力は，当然には停止されないから（民訴403条1項5号参照），強制執行を避けるためには，仮執行宣言を付した少額訴訟判決に対して異議を申し立てた被告は，強制執行停止の申立てをしなければならない（民訴403条1項5号）。
2．強制執行の停止が認められるためには，少額訴訟判決の取消し又は変更の原因となるべき事情が疎明されなければならない（民訴403条1項柱書）。
3．強制執行停止の申立ては，書面でしなければならない（民訴規238条）。
4．申立手数料は，500円である（民訴費3条1項別表第一の17項イ）。

書式 232　異議申立てに伴う強制執行停止決定

平成○○年（サ）第○○○○号

　　　　　　　　強　制　執　行　停　止　決　定

　○○市○○区１丁目２番３号
　　　　　　申立人　　　○　　○　　○　　○
　○○市○○区３丁目２番１号
　　　　　　被　告　　　○　　○　　○　　○

　申立人を被告，相手方を原告とする当庁平成○○年（少コ）第○○○○号○○請求事件について，当裁判所が，平成○○年○○月○○日に言い渡した仮執行の宣言を付した少額訴訟判決に対し，申立人は異議を申し立て，かつ，同判決に基づく強制執行の停止を申し立てた。
　当裁判所は，上記申立てを理由があるものと認め，申立人に○○円の担保（○○地方法務局平成○○年度金第○○○○号）を立てさせて，次のとおり決定する。

　　　　　　　　　　　　主　　　　　文
　前記仮執行の宣言を付した少額訴訟判決に基づく強制執行は，少額異議事件の判決があるまで，これを停止する。

　　平成○○年○○月○○日
　　　　　　　　　　　　○○簡易裁判所
　　　　　　　　　　　　　　裁判官　　○　　○　　○　　○　　㊞

〔注〕
1．担保の提供を要件として，仮執行の宣言を付した少額訴訟判決に基づく強制執行を一時停止する内容の裁判である（民訴403条１項柱書参照）。
2．支払保証委託契約を締結する方法によるときは（民訴405条・76条，民訴規29条），前文中の担保に関する部分は，次のようになる。

第5節　少額訴訟における判決　〔2〕　少額訴訟判決等の書式　【書式232】

> 　　当裁判所は，上記申立てを理由があるものと認め，申立人が株式会社○○銀行○○支店との間に○○円を限度とする支払保証委託契約を締結方法による担保を立てさせて，次のとおり決定する。

3．強制執行の停止等を急ぐ場合は，担保の提供を条件として停止等をする内容の裁判をする場合もある。

> 　　申立人を被告，相手方を原告とする当庁平成○○年（少コ）第○○○○号○○請求事件について，当裁判所が，平成○○年○○月○○日に言い渡した仮執行の宣言を付した少額訴訟判決に対し，申立人は異議を申し立て，かつ，同判決に基づく強制執行の停止を申し立てた。
> 　　　　　　　　　　　　　　主　　　文
> 　　申立人が○○円の担保を立てることを条件として，前記仮執行の宣言を付した少額訴訟判決に基づく強制執行は，少額異議事件の判決があるまで，これを停止する。

4．強制執行停止決定がされた場合，相当な方法で告知すれば足りるが，強制執行は，停止を命ずる旨を記載した裁判の正本が執行機関に提出されたときに停止されるから（民執39条1項6号・7号），通常は，決定正本を交付する方法によっている。
5．強制執行停止等の裁判に対しては，不服を申し立てることはできない（民訴403条2項）。

第6節　異議手続と少額異議判決

〔1〕　序　　説

(1)　異議手続

(a)　異議後の構造　適法な異議の申立てがあったときは，少額訴訟判決の全部について，確定が遮断され（民訴378条1項・116条1項・2項），少額訴訟の弁論終結前の状態に訴訟が復活し（民訴379条1項前段），異議後の訴訟の審理は，少額訴訟の判決をした簡易裁判所と同一の裁判所において，通常の訴訟手続によって審理及び裁判がされることになる（民訴379条1項後段）。異議後の口頭弁論は，少額訴訟手続の口頭弁論の続行であり，異議申立前の手続と異議申立後の手続とは一体となる。また，異議申立人が当事者のいずれであっても，原告と被告という当事者の地位に変動はない。

(イ)　異議後の訴訟手続に準用される少額訴訟手続の特則規定　異議後の訴訟の審理は，通常の訴訟手続によって審理及び裁判がされる（民訴379条1項後段）が，異議審についても，一般市民が利用しやすくわかりやすい，柔軟で弾力性のある親しみやすい手続によって，簡易迅速に効率的な紛争解決を図ることができるように，少額訴訟手続の特則のうち，次の諸規定が準用されている（民訴379条2項）。

①　反訴の禁止（民訴369条）
②　証人等の尋問の順序（民訴372条2項）
③　分割払い等の判決（民訴375条）

(ロ)　異議後の訴訟手続に準用されない少額訴訟手続の特則規定　異議後の審理は，通常の訴訟手続によることから，次の諸規定は準用されない。

①　一期日審理の原則（民訴370条）
②　証拠調べの即時性（民訴371条）
③　証人尋問の際の宣誓の省略（民訴372条1項）
④　電話会議の方法による証人尋問（民訴372条3項）

⑤ 証人等の陳述の調書記載の不要（民訴規227条）

(b) 審判の対象　少額訴訟における異議の申立ては，少額訴訟判決をした裁判所に対する同一審級内の不服申立てとして，少額訴訟を通常の訴訟手続に移行させ，原告の請求の当否について再審理を求めるものである。したがって，異議審の訴訟における審判の対象は，少額訴訟と同一であって，原告の請求の当否である。当事者から少額訴訟判決が不当であるとの主張がされても，裁判所は，少額訴訟判決の当否を審理するのではなく，あらためて原告の請求自体を審理及び裁判することになる（司法研修所編・前掲書141頁）。

(c) 異議審の担当裁判官　少額訴訟の審理に関与した裁判官（少額訴訟担当裁判官）が異議審を担当することは差し支えない。実際の訴訟においても，原則として，少額訴訟担当裁判官が異議審を担当する運用が多い。また，全国の半数以上の簡易裁判所では，裁判官が1人しかいないため，少額訴訟担当裁判官が異議審を担当している。

少額訴訟担当裁判官とは異なる裁判官が異議審を担当する場合には，弁論の更新が必要であるが（民訴249条2項），異議後の口頭弁論は少額訴訟手続の口頭弁論の続行であるから，少額訴訟担当裁判官が異議審を担当する場合には，弁論の更新は不要である。ただし，少額訴訟判決に対する不服申立方法は異議の申立てに制限されている上に，異議後の終局判決（少額異議判決）に対しては，原則として，不服を申し立てることができないこと（民訴380条）を考慮すれば，少額訴訟担当裁判官が異議審を担当する場合であっても，もう一度当事者の主張に真摯に耳を傾ける姿勢が必要である。

(d) 異議審における反訴の提起，訴えの変更　異議審における審理は，通常の訴訟手続によって行われるが，異議審でも反訴は禁止されている（民訴379条2項・369条）。

少額訴訟においては，訴えの変更（民訴143条）を禁止する規定はないが，少額訴訟は訴額が60万円以下の金銭給付を求める請求に限って利用が認められる手続であるから，異議審においても，少額訴訟の訴額の上限を超える訴えの変更（請求の拡張）は，認められない。また，訴額の上限を超えない訴えの変更であっても，異議審における審判の対象は，少額訴訟における請求と同一であり，再審理するものである上に，訴えの変更を許すと，争点が複

雑化し，審理が長期化することが予想され，少額軽微な紛争を簡易迅速に解決することを目指す少額訴訟の制度趣旨に反することとなるとともに，被告は訴え変更後の請求について，異議前の少額訴訟による審理及び裁判を受ける利益を奪われることになるなど，いくつかの弊害が生じることから，異議審における訴えの変更は，被告の同意がある場合を除き，許されないと解されている（石田賢一「少額訴訟による裁判に対する不服申立て」三宅省三＝塩崎勤＝小林秀之編集代表『新民事訴訟法大系（理論と実務）第4巻』220頁）。

(e) 異議後の訴訟における審理内容

(イ) 異議審における審理の在り方　少額訴訟が，一般市民が日常生活を送る中で生じた少額軽微な金銭の支払をめぐる紛争を，訴額（請求金額）に見合った費用と時間で，簡易迅速に解決することを目的として創設された手続であることに照らすと，少額訴訟が一期日審理の原則（民訴370条1項）や即日判決言渡しの原則（民訴374条1項）に従って審理及び裁判を完了したとしても，異議後の手続に時間がかかり，紛争の最終的な解決までに相当の時間と費用を要することになったのでは，少額訴訟創設の趣旨が損なわれることになる。したがって，異議審における審理も，原告の請求の当否が審理の対象となることを踏まえて，争点を早期に確定し，争点に絞った証拠調べを集中的かつ効率的に行う必要がある（司法研修所編・前掲書143頁は，異議審における審理について，終局類型に応じた適切かつ迅速な訴訟運営の在り方を紹介する）。

(ロ) 異議審における判断資料　少額訴訟判決に対する異議の申立てにより，訴訟が口頭弁論終結前の程度に復すること（民訴379条1項）の意味は，異議後の口頭弁論は，少額訴訟手続の口頭弁論の続行であって，異議申立前の手続と異議申立後の手続とは一体となることであるから，少額訴訟の口頭弁論終結前に審理において行われた当事者及び裁判所の訴訟行為は，主張（訴訟資料）及び証拠調べの結果（証拠資料）を含め，すべて異議後の審理に引き継がれる。裁判所は，当事者の援用がなくても，少額訴訟手続における口頭弁論の結果である訴訟資料，証拠資料を，通常の訴訟手続の資料として裁判の基礎にすることができる（立脇一美「少額訴訟判決に対する異議後の審理及び裁判」岡久幸治＝横田康祐＝石﨑實＝今岡毅編『新・裁判実務大系㉖簡易裁判所民事手続法』126頁）。

(ハ) 異議審における証拠調べ　少額訴訟の審理において行われた証拠調べの結果（訴訟資料）は，そのまま異議審の訴訟資料となり，裁判の基礎にすることができるから，当事者は，異議審においては，少額訴訟手続における審理の結果を踏まえて，新たな主張や立証を展開することになる。そうすると，異議審において証拠調べが必要なのは，少額訴訟で証拠制限（証拠調べの即時性。民訴371条）のために取調べができなかった証拠と異議審で新たな主張がされ，その立証が必要となる場合に限られることになる。また，異議後の訴訟の審理が，通常の訴訟手続によって行われるといっても，一般市民が日常生活を送る中で生じた少額軽微な金銭の支払をめぐる紛争であり，簡易迅速な紛争解決を理念とする簡易裁判所における事件であるという性質に変わりはないから，異議後の審理においては，簡易裁判所の訴訟手続に関する特則（民訴270条以下）を活用した迅速な訴訟運営を図る必要がある（司法研修所編・前掲書は，異議審における審理についてと同様，終局類型に応じた効率的な証拠調べの在り方を紹介する）。

(f)　司法委員の活用　少額訴訟においては，期日の冒頭から審理の終了に至るまでの全審理過程に関与を求め，意見聴取や和解の補助といった場面（民訴279条1項参照）での活用を図っているが，異議審においても，同様に，司法委員の活用を図ることとなる。

(2)　**少額異議判決**

(a)　異議審における判決言渡しと判決書　異議審における判決は，判決書の原本に基づいて言渡しをしなければならない（民訴379条2項においては，民訴374条2項が準用されていない）。ただし，被告が原告の主張する事実を争わず何らの防御方法も提出しない場合には，調書判決の方法による言渡しができる（民訴254条1項）から，少額異議の判決も同様の方法で言い渡すことができる。なお，異議審の審理を簡易迅速に行ったとしても，判決言渡しまでに時間がかかりすぎたのでは，少額訴訟の制度趣旨が損なわれることになるから，判決書の迅速な作成が必要である。異議審の判決書を迅速に作成するために，簡易裁判所の訴訟手続に関する特則に規定する簡略記載の特別規定（民訴280条）を活用し，訴訟物の特定に最小限度必要な事実及び実質的な争点に絞った簡潔な記載方法などの工夫が必要である（立脇一美・前掲書126頁）。

異議後の判決の判決書又は判決書に代わる調書の事実及び理由の記載は，少額訴訟判決又は調書判決の記載を引用することができる（民訴規231条2項・219条）。

異議後の訴訟の判決書又は調書判決には，「少額異議判決」と表示しなければならない（民訴規231条1項）。異議後の判決に対しては，特別上告以外に不服申立てをすることができないこと（民訴380条），強制執行を行うとき（請求を認容する判決は認可判決の形でされるから（民訴379条2項・362条1項前段），異議後の判決による強制執行が問題となるのは，取消判決と変更判決（民訴379条2項・362条2項）の場合である）は単純執行文が不要であること（民執25条）など，通常の訴訟手続の判決とは異なる特徴を有するので，当事者及び執行機関等に，異議審の判決であることをわかりやすくするためである。

(b) 少額異議判決の形式　少額異議判決をする場合，既に債務名義（少額訴訟判決）が存在することを前提としなければならず，手形・小切手訴訟における異議後の判決と同じであるので，少額訴訟判決と少額異議判決との関係及び異議後の判決における訴訟費用の裁判については，手形・小切手訴訟に関する規定（民訴362条・363条）が準用されている（民訴379条2項）。すなわち，少額異議判決は，少額訴訟判決と符合するときは，少額訴訟判決を認可し，それ以外のときは，少額訴訟判決を取り消さなければならない（民訴379条2項・362条1項・2項）。

(イ) 不利益変更の禁止の原則の不適用　異議審は，原告の請求の当否を再審理するものであるから，異議を申し立てた者に対しても不利益な結論の判断をすることができる。すなわち，異議審においては，不利益変更禁止の原則（上訴審において上訴人に不利益に原判決を変更できないとする原則。民訴304条参照）は適用がない。例えば，60万円の請求について，少額訴訟判決において，40万円の請求が認容され，その余の請求が棄却された原告から異議の申立てがされた場合に，異議審においては，原告の請求が全部認められないとして，請求棄却の少額異議判決をすることもできる（司法研修所編・前掲書150頁）。

(ロ) 少額訴訟判決の認可　異議審における審理の結果，少額訴訟判決と符合するときは，少額訴訟判決を認可する旨の判決をする（民訴379条2項・362条1項前段。【書式233】，【書式234】）。民事訴訟法379条2項で準用される同法

362条1項の「符合するとき」とは，少額異議判決と少額訴訟判決の結論が，認容額だけではなく分割払い等の定めの内容も含めて，一致することである（最高裁判所事務総局・前掲民事裁判資料223号134頁）。少額異議判決が，少額訴訟判決の理由づけと異なったりしても，認容又は棄却の結論が一致していれば，「符合するとき」にあたることになる。

　異議審において，一部弁済等により訴えの一部取下げ（請求の減縮）があった場合は，減縮部分は訴訟係属を失い，少額訴訟判決はその限度で失効するから，異議後の原告の請求は残額についてのものになるので，異議審の裁判所は，残額部分についてのみ判断すればよく，残額全部を認容するのであれば，少額訴訟判決を認可することになる。しかし，債務名義となるのは少額訴訟判決であるから，執行の便宜上，請求が減縮されたことを主文の末尾に明記するなどしている（司法研修所編・前掲書150頁。【書式235】）。

　(ハ)　少額訴訟判決の取消し　　少額訴訟判決の主文と符合せず，その内容と異なる少額異議判決をする場合は，少額訴訟判決を取り消すことになる（民訴379条2項・362条2項）。この場合，異議審の審理の対象は原告の請求自体の当否であるから，理論的には，原告の請求についての判断を示した上で，少額訴訟判決を取り消すことになるが，実務では，控訴審の主文の順序と同様に，少額訴訟判決を先に取り消し，その後に請求の当否についての判断を示している（司法研修所編・前掲書151頁）。例えば，原告の請求を全部認容した少額訴訟判決に対する異議審において，審理の結果，原告の請求を認めることができない場合は，少額訴訟判決を取り消した上で，原告の請求を棄却する内容の少額異議判決をすることとなる（【書式236】）。逆に，原告の請求を棄却した少額訴訟判決に対する異議審において，審理の結果，原告の請求が認められる場合は，少額訴訟判決を取り消した上で，原告の請求を全部認容する内容の少額異議判決をすることになる（【書式237】）。なお，少額異議判決に対しては，確定遮断の効果がない特別上告を除き，不服を申し立てることができず（民訴380条・327条・116条），少額異議判決は言渡しと同時に確定するから，原告の請求を棄却した少額訴訟判決を取り消した上で，請求を認容する少額異議判決をする場合であっても，仮執行宣言をする必要はない（最高裁判所事務総局・前掲民事裁判資料223号133頁）。

㈡　少額訴訟判決の一部認可・一部取消し　　異議審における審理の結果，少額訴訟判決の結論が一部についてのみ一致し，残部において一致しない場合，①少額訴訟判決の正当な部分につき認可し，失当な部分を取り消す方法と，②冒頭に，「少額訴訟判決を，次のとおり変更する。」とした後に，請求に対する異議審の結論を示し，少額訴訟判決の認可・取消しを特に記載しない方法とが考えられるが，②のほうがわかりやすく，相当である（司法研修所編・前掲書152頁。【書式238】）。また，異議後の判決については，不利益変更禁止の原則は妥当しないから，少額訴訟判決において分割払い等の判決を言い渡している場合でも，異議審において現れた事情に基づいて，異議を申し立てた被告に対し，即時全額の支払を命ずる判決を言い渡すことができる（【書式239】）。少額訴訟判決を変更した上で，原告の請求を認容する少額異議判決をする場合であっても，仮執行宣言をする必要がないのは，前記のとおりである。

㈥　分割払い等の判決　　少額異議判決においても，当事者のいずれからの異議申立てにかかわらず，原告の請求を認容する場合，被告の資力その他の事情を考慮して任意履行が期待できるなど特に必要があるときは，認容する額の支払について分割払い等の定めをすることができる（民訴379条2項・375条1項）。

少額訴訟判決の即時払いの判決について，少額異議判決において分割払い等の判決をする場合は，少額異議判決が少額訴訟判決と「符合するとき」に当たらないので，少額異議判決においては，少額訴訟判決を変更した上で，分割払い等の定めをすることになる（【書式240】）。また，少額訴訟判決の分割払い等の定めの内容のみを少額異議判決で変更する場合も，同様に，「符合するとき」にあたらないので，少額異議判決においては，少額訴訟判決を変更した上で，あらためて分割払い等の定めをすることになる（【書式241】。最高裁判所事務総局・前掲民事裁判資料223号134頁参照）。異議後の訴訟の審理中に，少額訴訟判決の支払期限が到来したり，被告が期限の利益を失ったりしている場合があり得るが，その場合においても，少額異議判決において，あらためて分割払い等の定めをすることができる（最高裁判所事務総局・前掲民事裁判資料223号126頁）。

少額訴訟判決を変更した上で，原告の請求を認容する少額異議判決をする場合であっても，仮執行宣言をする必要がないのは，前記のとおりである。

　(ヘ)　訴訟費用の裁判　　少額異議判決において少額訴訟判決を認可する場合は，異議申立後の訴訟費用につき敗訴者に負担を命じる裁判をする（民訴379条2項・363条。【書式233】～【書式235】参照）。少額訴訟判決の取消しや変更をする場合は，少額訴訟，異議訴訟を通じた全部について，一般原則（民訴67条1項本文）に従って負担を命じる裁判をする（司法研修所編・前掲書153頁。【書式236】～【書式241】参照）。

　(c)　少額異議判決に対する不服申立て　　少額異議判決に対しては，それが本案判決であっても，口頭弁論を経ない異議の却下判決であっても，控訴をすることができない（民訴380条1項・379条1項・378条2項・359条）。もっとも，例外的に，憲法の解釈に誤りがあること，その他憲法の違反があることを理由とするときに限り，最高裁判所に上告（特別上告）をすることができる（民訴380条2項・327条）。

〔2〕　各種少額異議判決の書式

　少額異議判決をする場合，既に債務名義（少額訴訟判決）が存在するので，これを前提として行う必要があり，少額異議判決が，少額訴訟判決と符合するときは，少額訴訟判決を認可し，それ以外のときは，少額訴訟判決を取り消さなければならない（民訴379条2項・362条1項・2項）。【書式233】～【書式235】は少額訴訟判決を認可する場合，【書式236】，【書式237】は少額訴訟判決を取り消す場合，【書式238】～【書式241】は少額訴訟判決を変更する場合における少額異議判決の一例である。

　少額異議判決においては，事実及び理由の記載は，少額訴訟判決又は調書判決の記載を引用することができる（民訴規231条2項・219条）。また，少額異議判決に対しては，確定遮断の効果がない特別上告を除き，不服を申し立てることができず（民訴380条・327条・116条），少額異議判決は言渡しと同時に確定するから，少額異議判決において，少額訴訟判決を取り消し，あるいは変更した上で，原告の請求を認容する場合であっても，仮執行宣言をする必

要はない。なお，少額異議判決によって少額訴訟判決を取り消し，あるいは変更した場合，執行機関によっては，少額訴訟判決の執行力を生じる給付文言がすべて取り消されており，これに伴って，少額訴訟判決は執行力を喪失し（民訴260条1項参照），執行力のあるものは少額異議判決のみであると考える見解によれば，少額訴訟判決を債務名義として執行手続が既に進行しているときは，少額異議判決が執行停止文書となり，執行手続の全部について，手続の停止及び執行処分取消し（民執39条1項1号参照）がされることになるので，その点の考慮が必要になる（最高裁判所事務総局・前掲民事裁判資料223号129頁）。

〔増田　輝夫〕

第6節　異議手続と少額異議判決　〔2〕　各種少額異議判決の書式　【書式233】

書式233　少額異議判決(1)
―― 認可判決（請求認容の少額訴訟判決を認可する場合）

平成○○年○○月○○日判決言渡　同日原本交付　裁判所書記官　○○○○
平成○○年（少エ）第○○○○号○○請求事件
口頭弁論終結日　平成○○年○○月○○日

　　　　　　　　　少　額　異　議　判　決

　　○○市○○区1丁目2番3号
　　　　　　原　　告　　　○　○　○　○
　　○○市○○区3丁目2番1号
　　　　　　被　　告　　　○　○　○　○

　　　　　　　　　　　主　　　　文
1　原告と被告間の○○簡易裁判所平成○○年（少コ）第○○○○号○○請求事件について，同裁判所が平成○○年○○月○○日に言い渡した少額訴訟判決を，認可する。
2　異議申立後の訴訟費用は，被告の負担とする。
　　　　　　　　　　　事実及び理由
　本件の請求，事実及び判断は，いずれも上記少額訴訟判決記載のとおりであるから，これを引用する。

　　　　　　　　　　　○○簡易裁判所
　　　　　　　　　　　　裁判官　　○　○　○　○　㊞

〔注〕
1．本判決は，原告の請求を認容した少額訴訟判決を認可する場合である。
2．少額異議判決の事実及び理由の記載は，少額訴訟判決又は調書判決の記載を引用することができる（民訴規231条2項・219条）。
3．少額異議判決において少額訴訟判決を認可する場合は，異議申立後の訴訟費用について，敗訴当事者に負担を命じる裁判をすればよい（民訴379条2項・363条）。

書式 234　少額異議判決(2)
—— 認可判決（請求棄却の少額訴訟判決を認可する場合）

平成○○年○○月○○日判決言渡　同日原本交付　裁判所書記官　○○○○
平成○○年（少エ）第○○○○号○○請求事件
口頭弁論終結日　平成○○年○○月○○日

　　　　　　　　　少　額　異　議　判　決

　　○○市○○区１丁目２番３号
　　　　　　　　原　　告　　○　○　○　○
　　○○市○○区３丁目２番１号
　　　　　　　　被　　告　　○　○　○　○

　　　　　　　　　　　主　　　　文
１　原告と被告間の○○簡易裁判所平成○○年（少コ）第○○○○号○○請求事件について，同裁判所が平成○○年○○月○○日に言い渡した少額訴訟判決を，認可する。
２　異議申立後の訴訟費用は，原告の負担とする。
　　　　　　　　　　事実及び理由
　本件の請求，事実及び判断は，いずれも上記少額訴訟判決記載のとおりであるから，これを引用する。

　　　　　　　　　　○○簡易裁判所
　　　　　　　　　　　裁判官　　○　○　○　○　㊞

〔注〕
1．本判決は，原告の請求を棄却した少額訴訟判決を認可する場合である。
2．少額異議判決の記載は，少額訴訟判決又は調書判決の記載を引用することができる（民訴規231条2項・219条）。
3．少額異議判決において少額訴訟判決を認可する場合は，異議申立後の訴訟費用について，敗訴当事者に負担を命じる裁判をすればよい（民訴379条2項・363条）。

書式235 少額異議判決(3)
—— 認可判決（異議審で一部取下げがあった場合）

平成○○年○○月○○日判決言渡　同日原本交付　裁判所書記官　○○○○
平成○○年（少エ）第○○○○号○○請求事件
口頭弁論終結日　平成○○年○○月○○日

　　　　　　　　少　額　異　議　判　決

　○○市○○区1丁目2番3号
　　　　　原　告　　○　○　○　○
　○○市○○区3丁目2番1号
　　　　　被　告　　○　○　○　○

　　　　　　　　　主　　　文
1　原告と被告間の○○簡易裁判所平成○○年（少コ）第○○○○号○○請求事件について，同裁判所が平成○○年○○月○○日に言い渡した少額訴訟判決を，認可する。
2　異議申立後の訴訟費用は，被告の負担とする。
　　（上記少額訴訟判決主文第1項は，原告の訴えの一部取下げにより「被告は，原告に対し，○○万円……を支払え。」と減縮された。）
　　　　　　　　　事実及び理由
　本件の請求，事実及び判断は，いずれも上記少額訴訟判決記載のとおりであるから，これを引用する。

　　　　　　　　○○簡易裁判所
　　　　　　　　　　裁判官　　○　○　○　○　㊞

〔注〕
1．本判決は，異議後の訴訟において一部弁済による訴えの一部取下げ（請求の減縮）があった場合について，原告の請求を全部認容した少額訴訟判決を認可する場合である（司法研修所編・前掲書151頁）。
2．少額異議判決の事実及び理由の記載は，少額訴訟判決又は調書判決の記載を引用することができる（民訴規231条2項・219条）。
3．少額異議判決において少額訴訟判決を認可する場合は，異議申立後の訴訟費用について，敗訴当事者に負担を命じる裁判をすればよい（民訴379条2項・363条）。

書式 236 少額異議判決(4)──取消判決（請求認容の少額訴訟判決を取り消して，原告の請求を棄却する場合）

平成○○年○○月○○日判決言渡　同日原本交付　裁判所書記官　○○○○
平成○○年（少エ）第○○○○号○○請求事件
口頭弁論終結日　平成○○年○○月○○日

少 額 異 議 判 決

　　○○市○○区1丁目2番3号
　　　　　　　原　告　　○　○　○　○
　　○○市○○区3丁目2番1号
　　　　　　　被　告　　○　○　○　○

主　　文

1　原告と被告間の○○簡易裁判所平成○○年（少コ）第○○○○号○○請求事件について，同裁判所が平成○○年○○月○○日に言い渡した少額訴訟判決を，取り消す。
2　原告の請求を棄却する。
3　訴訟費用は原告の負担とする。

事実及び理由

1　請　求
　　本件の請求及び事実は，上記少額訴訟判決記載のとおりであるから，これを引用する。
2　判　断
　　証拠（念書）によれば，原告が被告に対して，本件貸金の債務を免除する旨の意思表示をしていたことを認めることができる。

　　　　　　　　　　　○○簡易裁判所
　　　　　　　　　　　　裁判官　　○　○　○　○　㊞

〔注〕
1．本判決は，原告の請求を全部認容した少額訴訟判決を取り消した上で，原告の請求を全部棄却する場合である（司法研修所編・前掲書225頁）。
2．少額異議判決の事実及び理由の記載は，少額訴訟判決又は調書判決の記載を引用することができる（民訴規231条2項・219条）。
3．少額訴訟判決の取消しをする場合は，訴訟費用については，少額訴訟，少額異議訴訟を通じた全部について，一般原則（民訴67条1項本文）に従って負担を命じる裁判をする。

第6節　異議手続と少額異議判決　〔2〕　各種少額異議判決の書式　【書式237】

書式 237　少額異議判決(5)――取消判決（請求棄却の少額訴訟判決を取り消して，原告の請求を認容する場合）

平成○○年○○月○○日判決言渡　同日原本交付　裁判所書記官　○○○○
平成○○年（少エ）第○○○○号○○請求事件
口頭弁論終結日　平成○○年○○月○○日

少 額 異 議 判 決

　　○○市○○区1丁目2番3号
　　　　　　原　告　　○　○　○　○
　　○○市○○区3丁目2番1号
　　　　　　被　告　　○　○　○　○

主　　文

1　原告と被告間の○○簡易裁判所平成○○年（少コ）第○○○○号○○請求事件について，同裁判所が平成○○年○○月○○日に言い渡した少額訴訟判決を，取り消す。
2　被告は，原告に対し，○○万円を支払え。
3　訴訟費用は被告の負担とする。

事実及び理由

1　請　　求
　　本件の請求及び事実は，上記少額訴訟判決記載のとおりであるから，これを引用する。
2　判　　断
　　異議審において取り調べた証拠（念書）によれば，原告の請求は理由がある。

　　　　　　　　　　　○○簡易裁判所
　　　　　　　　　　　　　裁判官　　○　○　○　○　㊞

〔注〕
　1．本判決は，原告の請求を棄却した少額訴訟判決を取り消して，原告の請求を認容する場合である（司法研修所編・前掲書225頁）。
　2．少額異議判決の事実及び理由の記載は，少額訴訟判決又は調書判決の記載を引用することができる（民訴規231条2項・219条）。
　3．少額訴訟判決の取消しをする場合は，訴訟費用については，少額訴訟，少額異議訴訟を通じた全部について，一般原則（民訴67条1項本文）に従って負担を命じる裁判

をする。
4．少額異議判決に対しては，確定遮断の効果がない特別上告を除き，不服を申し立てることができず（民訴380条・327条・116条），少額異議判決は言渡しと同時に確定するから，原告の請求を棄却した少額訴訟判決を取り消した上で，請求を認容する少額異議判決をする場合であっても，仮執行宣言をする必要はない。

第6節 異議手続と少額異議判決 〔2〕 各種少額異議判決の書式 【書式238】 553

書式238 少額異議判決(6)──変更判決（少額訴訟判決の一部が正当で，一部が失当な場合の少額訴訟判決）

平成〇〇年〇〇月〇〇日判決言渡 同日原本交付 裁判所書記官 〇〇〇〇
平成〇〇年（少エ）第〇〇〇〇号損害賠償請求事件
口頭弁論終結日 平成〇〇年〇〇月〇〇日

少 額 異 議 判 決

〇〇市〇〇区1丁目2番3号
　　　　　原　　告　〇　〇　〇　〇
〇〇市〇〇区3丁目2番1号
　　　　　被　　告　〇　〇　〇　〇

主　　　文
1　原告と被告間の〇〇簡易裁判所平成〇〇年（少コ）第〇〇〇〇号損害賠償請求事件について，同裁判所が平成〇〇年〇〇月〇〇日に言い渡した少額訴訟判決を，次のとおり変更する。
2　被告は，原告に対し，〇〇万円を支払え。
3　原告のその余の請求を棄却する。
4　訴訟費用はこれを10分し，その9を被告の，その余を原告の負担とする。

事実及び理由
1　請　求
　本件の請求及び事実は，上記少額訴訟判決記載のとおりであるから，これを引用する。
2　判　断
　本件についての判断は，次に付加するほかは，上記少額訴訟判決記載のとおりであるから，これを引用する。
　証人〇〇〇〇の証言によれば，原告にも左右の見とおしのきかない本件交差点において徐行しなかった過失を認めることができるので，この過失割合は10パーセントとするのが相当である。

　　　　　　　　　　　〇〇簡易裁判所
　　　　　　　　　　　　裁判官　〇　〇　〇　〇　㊞

〔注〕
1. 本判決は，異議審における審理の結果，少額訴訟判決の結論が一部についてのみ一致し，残部において一致しないとして，少額訴訟判決を変更した上で，原告の請求を一部認容する少額異議判決をする場合である（司法研修所編『少額訴訟の審理方法に関する研究－よりやさしい運営をめざして－』236頁）。
2. 少額異議判決の事実及び理由の記載は，少額訴訟判決又は調書判決の記載を引用することができる（民訴規231条2項・219条）。
3. 少額訴訟判決の変更をする場合は，訴訟費用については，少額訴訟，異議訴訟を通じた全部について，一般原則（民訴67条1項）に従って負担を命じる裁判をする。
4. 少額異議判決に対しては，確定遮断の効果がない特別上告を除き，不服を申し立てることができず（民訴380条・327条・116条），少額異議判決は言渡しと同時に確定するから，少額訴訟判決において原告の請求を認容する場合であっても，仮執行宣言をする必要はない。

第6節 異議手続と少額異議判決 〔2〕 各種少額異議判決の書式 【書式239】

書式 239　少額異議判決(7)——変更判決（分割払い等の少額訴訟判決について，即時の支払の少額異議判決をする場合）

平成〇〇年〇〇月〇〇日判決言渡　同日原本交付　裁判所書記官　〇〇〇〇
平成〇〇年（少エ）第〇〇〇〇号〇〇代金請求事件
口頭弁論終結日　平成〇〇年〇〇月〇〇日

　　　　　　　　　少　額　異　議　判　決

　〇〇市〇〇区1丁目2番3号
　　　　　　　　原　告　　〇　〇　〇　〇
　〇〇市〇〇区3丁目2番1号
　　　　　　　　被　告　　〇　〇　〇　〇

　　　　　　　　　　主　　文
1　原告と被告間の〇〇簡易裁判所平成〇〇年（少コ）第〇〇〇〇号〇〇請求事件について，同裁判所が平成〇〇年〇〇月〇〇日に言い渡した少額訴訟判決を，次のとおり変更する。
2　被告は，原告に対し，〇〇万円を支払え。
3　訴訟費用は被告の負担とする。
　　　　　　　　事実及び理由
　本件の請求，事実及び判断は，いずれも上記少額訴訟判決記載のとおりであるから，これを引用する。ただし，被告の資力その他の事情を考慮して，分割払い等の定めはしないこととする。

　　　　　　　　　〇〇簡易裁判所
　　　　　　　　　　裁判官　　〇　〇　〇　〇　㊞

〔注〕
1．本判決は，分割払い等の少額訴訟判決について，即時の支払の少額異議判決をする場合である。
2．民事訴訟法379条2項で準用される民事訴訟法362条1項の「符合するとき」とは，少額異議判決と少額訴訟判決の結論が，認容額だけではなく分割払い等の定めの内容も含めて，一致することであるから，この場合も，結論が一部（認容額）についてのみ一致し，残部（分割払い等の定めの内容）において一致しない場合にあたることになるから，分割払い等の定めをした少額訴訟判決を変更した上で，あらためて即時の支払の少額異議判決をすることになる。

3．少額異議判決の事実及び理由の記載は，少額訴訟判決又は調書判決の記載を引用することができる（民訴規231条 2 項・219条）。
4．少額訴訟判決の変更をする場合は，訴訟費用については，少額訴訟，少額異議訴訟を通じた全部について，一般原則（民訴67条 1 項）に従って負担を命じる裁判をする。
5．少額異議判決に対しては，確定遮断の効果がない特別上告を除き，不服を申し立てることができず（民訴380条・327条・116条），少額異議判決は言渡しと同時に確定するから，少額訴訟判決において原告の請求を認容する場合であっても，仮執行宣言をする必要はない。
6．請求を認容する判決をする場合に，分割払い等の定めをする必要性の認定及び具体的な分割払い等の定めの内容の判断については，分割払い等の定めをした理由を，少額訴訟判決に記載する必要はないが，具体的事件の内容に応じて，裁判所が特に必要であると判断した場合には，記載することもある（最高裁判所事務総局・前掲民事裁判資料223号89頁）。

書式240　少額異議判決(8)——変更判決（請求認容の少額訴訟判決について，分割払い等の定めをする場合）

平成○○年○○月○○日判決言渡　同日原本交付　裁判所書記官　○○○○
平成○○年（少エ）第○○○○号○○請求事件
口頭弁論終結日　平成○○年○○月○○日

　　　　　　　　　少　額　異　議　判　決

　　○○市○○区１丁目２番３号
　　　　　　　原　　告　　○　○　○　○
　　○○市○○区３丁目２番１号
　　　　　　　被　　告　　○　○　○　○

　　　　　　　　　主　　　　文
1　原告と被告間の○○簡易裁判所平成○○年（少コ）第○○○○号○○請求事件について，同裁判所が平成○○年○○月○○日に言い渡した少額訴訟判決を，次のとおり変更する。
　(1)　被告は，原告に対し，○○円及びこれに対する平成○○年○○月○○日から支払済みまで年○○パーセント割合による遅延損害金を支払う義務があることを確認する。
　(2)　被告は，原告に対し，前項の金員のうち，○○円及びこれに対する平成○○年○○月○○日から平成○○年○○月○○日までの遅延損害金○○円（合計○○円）を次のとおり分割して支払え。
　　ア　平成○○年○○月○○日から平成○○年○○月○○日まで毎月末日限り○○円
　　イ　平成○○年○○月○○日限り○○円
　(3)　被告が前項の分割金の支払を２回分以上怠ることなく完済したときは，その余の第(1)項の支払義務を免除する。
　(4)　被告が第(2)項の分割金の支払を２回分以上怠ったときは，被告は，原告に対し，第(1)項の金員（ただし第(2)項による既払金があるときは，それを控除した残金）を支払え。
2　訴訟費用は被告の負担とする。

事実及び理由

　本件の請求，事実及び判断は，いずれも上記少額訴訟判決記載のとおりであるから，これを引用する。なお，被告の資力その他の事情を考慮して，分割払及び訴え提起後の遅延損害金を免除する旨の定めをすることとする。

○○簡易裁判所
裁判官　　○　○　○　○　㊞

〔注〕
1．本判決は，原告の請求を認容した少額訴訟判決について，少額異議判決において分割払い等の定めをする場合である。
2．民事訴訟法379条2項で準用される民事訴訟法362条1項の「符合するとき」とは，少額異議判決と少額訴訟判決の結論が，認容額だけではなく分割払い等の定めの内容も含めて一致することであるから，この場合も，結論が一部（認容額）についてのみ一致し，残部（分割払い等の定めの内容）において一致しない場合にあたることになるから，少額訴訟判決を変更した上で，あらためて分割払い等の定めをした少額異議判決をすることになる。
3．少額異議判決の事実及び理由の記載は，少額訴訟判決又は調書判決の記載を引用することができる（民訴規231条2項・219条）。
4．少額訴訟判決の変更をする場合は，訴訟費用については，少額訴訟，異議訴訟を通じた全部について，一般原則（民訴67条1項）に従って負担を命じる裁判をする。
5．少額異議判決に対しては，確定遮断の効果がない特別上告を除き，不服を申し立てることができず（民訴380条・327条・116条），少額異議判決は言渡しと同時に確定するから，少額訴訟判決において原告の請求を認容する場合であっても，仮執行宣言をする必要はない。
6．請求を認容する判決をする場合に，分割払い等の定めをする必要性の認定及び具体的な分割払い等の定めの内容の判断については，分割払い等の定めをした理由を，少額訴訟判決に記載する必要はないが，具体的事件の内容に応じて，裁判所が特に必要であると判断した場合には，記載することもある（最高裁判所事務総局・前掲民事裁判資料223号89頁）。

書式 241　少額異議判決(9)——変更判決（分割払い等の少額訴訟判決について，分割払い等の定めの内容のみを変更する場合）

平成〇〇年〇〇月〇〇日判決言渡　同日原本交付　裁判所書記官　〇〇〇〇
平成〇〇年（少エ）第〇〇〇〇号〇〇請求事件
口頭弁論終結日　平成〇〇年〇〇月〇〇日

少 額 異 議 判 決

〇〇市〇〇区1丁目2番3号
　　　　　原　告　　〇　〇　〇　〇
〇〇市〇〇区3丁目2番1号
　　　　　被　告　　〇　〇　〇　〇

主　　文

1　原告と被告間の〇〇簡易裁判所平成〇〇年（少コ）第〇〇〇〇号〇〇請求事件について，同裁判所が平成〇〇年〇〇月〇〇日に言い渡した少額訴訟判決を，次のとおり変更する。
　(1)　被告は，原告に対し，〇〇円及びこれに対する平成〇〇年〇〇月〇〇日から支払済みまで年〇〇パーセントの割合による遅延損害金を支払う義務があることを確認する。
　(2)　被告は，原告に対し，前項の金員のうち，〇〇円及びこれに対する平成〇〇年〇〇月〇〇日から平成〇〇年〇〇月〇〇日までの遅延損害金〇〇円（合計〇〇円）を次のとおり分割して支払え。
　　ア　平成〇〇年〇〇月〇〇日から平成〇〇年〇〇月〇〇日まで毎月末日限り〇〇円
　　イ　平成〇〇年〇〇月〇〇日限り〇〇円
　(3)　被告が前項の分割金の支払を2回分以上怠ることなく完済したときは，その余の第(1)項の支払義務を免除する。
　(4)　被告が第(2)項の分割金の支払を2回分以上怠ったときは，被告は，原告に対し，第(1)項の金員（ただし第(2)項による既払金があるときは，それを控除した残金）を支払え。
2　訴訟費用は被告の負担とする。

>   事実及び理由
>   本件の請求、事実及び判断は、いずれも上記少額訴訟判決記載のとおりであるから、これを引用する。
>
>   ○○簡易裁判所
>   裁判官　○　○　○　○　㊞

〔注〕
1. 本判決は、分割払い等の定めをした少額訴訟判決について、少額異議判決において分割払い等の定めの内容のみを変更する場合である。
2. 民事訴訟法379条2項で準用される民事訴訟法362条1項の「符合するとき」とは、少額異議判決と少額訴訟判決の結論が、認容額だけではなく分割払い等の定めの内容も含めて一致することであるから、この場合も、結論が一部（認容額）についてのみ一致し、残部（分割払い等の定めの内容）において一致しない場合にあたることになるから、分割払い等の定めをした少額訴訟判決を変更した上で、あらためて分割払い等の定めをした少額異議判決をすることになる。
3. 少額異議判決の事実及び理由の記載は、少額訴訟判決又は調書判決の記載を引用することができる（民訴規231条2項・219条）。
4. 少額訴訟判決の変更をする場合は、訴訟費用については、少額訴訟、異議訴訟を通じた全部について、一般原則（民訴67条1項）に従って負担を命じる裁判をする。
5. 少額異議判決に対しては、確定遮断の効果がない特別上告を除き、不服を申し立てることができず（民訴380条・327条・116条）、少額異議判決は言渡しと同時に確定するから、少額訴訟判決において原告の請求を認容する場合であっても、仮執行宣言をする必要はない。
6. 請求を認容する判決をする場合に、分割払い等の定めをする必要性の認定及び具体的な分割払い等の定めの内容の判断については、分割払い等の定めをした理由を、少額訴訟判決に記載する必要はないが、具体的事件の内容に応じて、裁判所が特に必要であると判断した場合には、記載することもある（最高裁判所事務総局・前掲民事裁判資料223号89頁）。

第7節　少額訴訟と関連手続——少額訴訟債権執行手続

〔1〕　概　　説

(1)　意　　義

　少額訴訟債権執行制度は，少額訴訟手続で得られた債務名義により金銭債権に対する強制執行を少額訴訟の受訴裁判所である簡易裁判所において実施できることとしたものであり，平成17年4月1日から施行された制度である。

　少額訴訟は，法律知識に詳しくない一般市民自らが，少額の金銭債権につき金額に見合った手間とコストで迅速に紛争解決を図ることができるよう，一期日審理の原則（民訴370条）を柱に，手続を簡明にした特別の訴訟手続である。この制度は，平成10年の施行時より利用者から非常に好評をもって迎えられてきている。

　ところが，少額訴訟を利用して債務名義を取得し，それに基づいて強制執行を行うには，従前は，地方裁判所あるいは執行官に対して手続を求めることになっており，利用者にとって負担が大きく，結果的に少額金銭紛争の迅速解決が図れないことになっているとの指摘がなされていた。

　そこで，平成16年法律第152号「民事関係手続の改善のための民事訴訟法等の一部を改正する法律」により，民事執行法を改正し，少額訴訟に係る債務名義による金銭債権に対する強制執行を，少額訴訟の受訴裁判所である簡易裁判所においてできるようにし，その処理を裁判所書記官の権限とするとして，手続の簡易迅速化を図り，もって少額金銭紛争の迅速解決をよりいっそう図ることができるようにした。

(2)　手続の概要

　少額訴訟債権執行手続も金銭債権に対する強制執行であるから，その手続は，基本的には，地方裁判所の債権執行の手続と基本的に同じである。すなわち，裁判手続等により成立した債務名義（債務者が債権者に金銭等の給付すべ

きことを義務づける文書）を有している債権者のために，債務者が第三債務者に対して有している金銭債権を差し押さえ，換価し，債権の満足を得る（差押え，換価，満足）手続である。そこで，少額訴訟債権執行手続については，地方裁判所での債権執行の規定の多くが準用されている（民執167条の14）。以下，その概要について簡単に述べる。

(a) 対　象　　少額訴訟債権執行は，その目的となる差押債権は金銭債権に限られる。

(b) 少額訴訟債権執行手続を利用できる債務名義　　債務名義は，少額訴訟手続において成立した，以下のものに限られる（民執167条の2第1項）。また，その債務名義は，平成17年4月1日以降に成立したものに限られる（改正法附則10条1項）。なお，少額訴訟手続から通常手続に移行した後に作成された債務名義は含まれない。

① 少額訴訟における確定判決
② 仮執行の宣言を付した少額訴訟の判決
③ 少額訴訟における訴訟費用又は和解の費用の負担の額を定める裁判所書記官の処分
④ 少額訴訟における和解又は認諾の調書
⑤ 少額訴訟における民事訴訟法第275条の2第1項の規定による和解に代わる決定

(c) 申立先　　地方裁判所の債権執行においては，債務者の普通裁判籍所在地の地方裁判所の専属管轄とされるのに対し，少額訴訟債権執行では，債務名義が成立した簡易裁判所に所属する裁判所書記官に申立てをする（民執167条の2第3項）。

(d) 申立ての方式　　少額訴訟債権執行の申立ては，書面で行わなければならない（民執規1条）。

申立書には，債権者及び債務者並びにそれらの代理人の住所及び氏名（民執規21条1号），第三債務者の氏名又は名称及び住所（民執規150条・133条1項），債務名義（及びそれに表示されている請求債権）の表示（民執規21条2号），少額訴訟債権執行の目的とする財産（差し押さえるべき債権の種類及び額その他の債権を特定するに足りる事項）の表示（民執規150条・21条3号・133条2項），及び少額訴

訟債権執行を求める旨（民執規21条3号後段）を記載する。また，債権の一部を差し押さえる場合には，その範囲を明記する（民執規150条・133条2項）。

その上で，執行力のある債務名義を添付する。また，債務名義正本が債務者に送達されていることが執行開始要件になることから，債務名義正本の送達証明書も添付する。

債権者は，差し押さえた債権の存否や，存在するときはその種類及び額，差押債権に優先する権利を有する者の存否や権利の内容，競合の有無などの事項を把握し，差押えの実効性，自己への弁済などの予想等が判断できるように，第三債務者に対して被差押債権の内容等に関する陳述を催告するよう申し立てることができる（民執167条の14・147条1項）。

(e) 差押処分　少額訴訟債権執行は，裁判所書記官の差押処分により開始する（民執167条の2第2項）。地方裁判所における差押命令に相当する差押処分は，裁判所書記官の権限とされ，差押処分の内容及び効力は，地方裁判所の差押命令と同様であり，差押禁止債権の範囲についても同様である（民執167条の5等）。

裁判所書記官は，申立てがあれば申立書及び添付資料について審査を行う。一般的要件に加えて，執行実施要件（民執22条・23条・25条ないし27条等），執行開始要件（民執29条ないし31条）等の要件を具備しているか，申立ての方式に関する要件等を具備しているか，差し押さえるべき債権が差押禁止債権（民執167条の14・152条（給与債権等），国民年金法24条（年金給付），生活保護法58条（保護金品）など）に該当しないか等について確認する。その結果，申立てが不適法であるときには，差押処分申立ての却下処分（民執167条の5第3項）を行うことになる。

申立てが適法であれば，差押債権の存否や範囲，当該債権が債務者に帰属するか否か等についての実体的判断はせず，速やかに差押処分を発する。差押処分には，①申立てにかかる債権を差し押さえること，②債務者に対し，差し押さえられた債権について取立てその他の処分を禁止すること（処分禁止効），③第三債務者に対し，差し押さえられた債権について債務者への弁済を禁止すること（弁済禁止効）が記載される。

なお，これらの裁判所書記官が行う執行処分に対しては，執行裁判所に対

して執行異議を申し立てることができるが（民執167の4第2項），執行債権の存否等について，債務者は執行異議の方法で不服を申し立てることはできない。執行債権の存在や内容に異議があるときは，請求異議の訴え（民執35条）を提起することになる。

　差押処分の効力は，差押処分が第三債務者に送達されたときに生じるので（民執167条の5第2項・145条4項），まず第三債務者に対して差押処分正本の送達を実施し，第三債務者への送達が確認できた段階で，債務者に対し送達を実施する取扱いが実務上多い。また，債権者に対しては，差押処分が発せられた旨を告知するとともに，第三債務者及び債務者に対して差押処分が送達された旨及び送達年月日を通知しなければならない。

　(f)　換　　価　　少額訴訟債権執行では，裁判所書記官の権限は基本的に差押え（民執167条の5第1項）と弁済金交付手続（民執167条の11第3項）に限定されている。したがって，少額訴訟債権執行手続における換価方法としては，債権者による取立て（民執155条1項）のほか，第三債務者が債務を免れるためになした権利供託（民執156条1項）に対する弁済金交付手続に限定される。転付命令，配当その他の換価方法が必要な場合は，地方裁判所への手続移行が予定されている（民執167条の10第1項等）。

　債務者に対する差押処分正本送達日の翌日から1週間が経過したときは，債権者は被差押債権を取り立てることができる（取立権の発生，民執167条の14・155条1項）。債権者は，第三債務者が作成した陳述書の記載を参考にしながら，執行債権及び執行費用の合計額の限度で，直接第三債務者から被差押債権の取立てを行うことができる。

　これに対して，第三債務者が債務を免れるために権利供託をした場合，弁済金交付手続が実施される。第三債務者は権利供託をしたら事情届を作成し，供託書正本を添付して差押処分をした裁判所書記官宛に事情届を提出する。提出を受けた裁判所書記官は，弁済金交付日を指定し，債権者に対して，期日の通知を行うとともに債権計算書提出の提出を促し，提出された計算書を基に供託金の交付計算書を作成し，弁済金交付日を実施し，出頭した当事者に対し，交付計算書を交付することになる。

　(g)　事件の終了

申立てが不適法な場合の差押処分却下処分により事件が終了する場合を除き，差押処分により開始された少額訴訟債権執行は，次のような事情により終了する。

(イ) 取立て　債権者が，第三債務者から直接取り立てることができ，第三債務者から支払を受けた額は，弁済されたものとみなされる（民執167条の14・155条1項・2項）。債権者は，第三債務者から取り立てたときは，取立届を提出する（民執167条の14・155条3項，民執規150条・137条）。そして，債権者が請求債権（執行費用も含む）額全額の取立てが完了し，その旨が執行機関である裁判所書記官に届けられたときには，債権の満足という目的を達成できたことになり，事件は終了する。

(ロ) 弁済金交付　第三債務者が権利供託した場合，弁済金交付手続により債権者に供託金を交付する。これにより債権者が請求債権（執行費用も含む）額全額の交付を受けたときは，事件が終了する。

(ハ) 取下げ　少額訴訟債権執行の申立ては，取立てが完了するまで又は第三債務者が差押えに係る債権に相当する金額を供託するまでは，取下げをすることができる。

例えば，債務者あるいは第三債務者から任意弁済があった場合，第三債務者からの陳述書に，差押えに係る債権がない，あるいはごくわずかである旨の回答があり，手続を続行しても債権の満足が期待できない場合などは，事件全部を取り下げることになる。

また，差押えに係る債権額が請求債権額の一部しかなく，その一部を取り立て又は弁済金交付により支払を受けた場合，残余について手続を続行しても債権の満足が期待できないのであるから，この場合，残余部分については申立てを取り下げることになる。その際，取下書には，「既に取り立てた（弁済金として交付を受けた）部分を除く。」旨の記載が必要になる。

(ニ) 地方裁判所への移行　地方裁判所の債権執行への移行としては，転付命令等のための申立てに基づく移行（民執167条の10），配当等のための必要的移行（民執167条の11）及び裁量移行（民執167条の12）の3類型がある。

移行先は，当該少額訴訟債権執行の執行裁判所の所在地を管轄する地方裁判所である。移行決定は，それまでにされた執行処分に対する執行異議又は

執行抗告についての裁判確定までその効力を生ぜず，これに対して不服申立てはできない（民執167条の10第4項・167条の11第6項・167条の12第2項）。ただし，転付命令等のための移行を求める申立てを却下する決定に対しては，執行抗告をすることができる（民執167条の10第5項）。

なお，移行決定が効力を生じたときは，差押処分申立時に差押命令の申立てが，転付命令等のための移行申立時に転付命令等の申立てが，それぞれあったものとみなされ，執行処分その他の行為は地方裁判所の債権執行手続においてされた執行処分その他の行為とみなされる（民執167の10第6項・167条の11第7項・167条の12第3項）。いずれの場合であれ，地方裁判所への移行決定により，事件は終了する。

(ホ) 移送　差押処分をした債権について，さらに差押処分がされた場合において，差押処分をした裁判所書記官の所属する簡易裁判所が異なるときは，裁判所書記官は，事件を他の簡易裁判所書記官に移送することができる（民執167条の2第4項・144条3項）。これにより，移送されたときは，事件は終了する。

(ヘ) 執行取消し　少額訴訟債権執行手続を取り消す旨の決定がされたとき，又は少額訴訟債権執行手続を取り消す旨の処分をしたときには（民執167条の13・40条），事件は終了する。

〔2〕 少額訴訟債権執行手続の申立手続

少額訴訟債権執行の申立ては，少額訴訟に係る債務名義を作成した簡易裁判所の裁判所書記官に対し，書面により行う（【書式242】）。申立書には，〔1〕(2)(d)で述べた事項を記載するが，申立書本文，当事者目録，請求債権目録及び差押債権目録の4種類で構成されることが一般的である。

当事者目録には，債権者，債務者及び第三債務者の氏名又は名称及び住所並びに代理人がある場合には代理人の氏名及び住所を記載する。

請求債権目録には，債務名義を特定するとともに，債務名義に表示された元金及び附帯請求に加え，請求を求める執行費用（民執42条）の項目及び額についても記載する。通常予想される執行費用として，申立手数料（4000円

に申立権の数（債権者対債務者各1の数）を乗じた額），申立書作成及び提出費用（1000円），差押処分送達費用等，登記事項証明書交付手数料及び交付申請書提出・受領費用等の執行実施費用，執行文付与申請費用や送達証明書交付費用などの執行準備費用があげられよう。

差押債権目録には，差し押さえようとしている債権について，債権の種類，発生原因，発生年月日，弁済期，給付内容及び債権の金額等を記載して，特定することを要する。また，差押債権額については，差押債権の価格ではなく，請求債権の額と同額を表示する。

また，申立ての際には，執行力のある債務名義の正本を添付するとともに，執行開始要件を具備していることを証明するために債務名義正本の送達証明書等も添付する。さらに，当事者が法人の場合には，登記事項証明書（代表者事項証明書）を，弁護士や認定司法書士を代理人として申し立てる場合には委任状を添付する等，必要に応じた書類を提出することになる。

さらに，第三債務者に対し陳述書の催告を求める場合には，申立書にその旨記載するか，別途陳述催告申立書を作成して，申立書とともに提出することになる。

〔3〕 少額訴訟債権執行処分

少額訴訟債権執行申立書が提出され，申立書及び添付書類を審査した結果，申立てが適法であれば，速やかに差押処分をする。差押処分には，〔1〕(2)(e)で述べた事項を記載するが，処分の内容を特定するために記載される当事者，執行債権（請求債権），及び差し押さえるべき債権は，それぞれ当事者目録，請求債権目録及び差押債権目録に記載して（実務上は，申立書の目録と同じものを利用している），別紙引用する方式が実務上採られていることが多い（**【書式243】**）。

差押処分が発せられると，まず，第三債務者に対して差押処分正本を送達することになる。この際，債権者から陳述催告の申立てがなされている場合には，陳述催告書を作成し，陳述書のひな型とともに差押処分正本に同封される。この陳述書は，差押処分の送達を受けてから2週間以内に提出しなけ

ればならない（【書式244】）。

　第三債務者に対する差押処分正本の送達が完了すると，差押処分の効力が生じることになり，続いて債務者に対する送達を実施するのが一般的である。債務者に対する送達が完了したら，債権者に差押処分が発せられたこと並びに第三債務者及び債務者に対する送達年月日を通知することになるが，実務上は，債権者に対し，第三債務者及び債務者に対する送達年月日を付記した差押処分正本を送付する取扱いが多い。

　第三債務者に対する差押処分正本送達日から1週間が経過したときは，債権者は第三債務者から被差押債権を取り立てることができるようになる。債権者が取立てを行ったときは，裁判所書記官に対して，取立届を提出する（【書式245】）。

　第三債務者が債務の支払を免れるために権利供託を実施したときには，裁判所書記官は弁済金交付手続を行う。まず，弁済金交付日を指定し当事者に通知するとともに，債権者に対しては債権計算書の提出を求める。債権計算書が提出されたら，交付計算書を作成し，弁済金交付日に出頭した当事者に対してそれを交付することになる。

　差押処分に不服のある当事者は，執行異議を申し立てることができるが，債務者が執行債権の存否や内容に異議がある場合には請求異議の訴えを提起することになる（【書式246】）。また，民事執行法では，債務者の給料債権など差押禁止債権の種類とその範囲を定めているが，例えば差押禁止の範囲（給料債権では原則として4分の3が差押禁止になる）を考慮しても債務者の生活が困窮するような場合には債務者に，逆に債務者の生活に余裕があるような場合には債権者に，それぞれ差押禁止債権の範囲変更の申立てができることとした（民執167条の8第1項）。債務者からは差押禁止債権の範囲の拡張を，債権者からは同減縮を申し立てることになる（【書式247】）。

〔山下　知樹〕

書式 242　少額訴訟債権執行申立書

少額訴訟債権執行申立書

○○簡易裁判所　裁判所書記官　殿

　　　平成○○年○○月○○日

　　　　申 立 債 権 者　　○　○　○　○　㊞

　　　　連 絡 先 電 話　　○○－○○○○－○○○○（担当者○○○○）
　　　　同　　　F A X　　○○－○○○○－○○○○
　　　　当　　事　　者 ⎫
　　　　請　求　債　権 ⎬　別紙目録記載のとおり
　　　　差　押　債　権 ⎭

　債権者は，債務者に対し，別紙請求債権目録記載の少額訴訟に係る債務名義の正本に表示された請求債権を有しているが，債務者がその支払をしないので，債務者が第三債務者に対して有する別紙差押債権目録記載の債権の差押処分を求める。

（該当する場合，□に✓を入れる）
☑陳述催告を申し立てる。
　　本少額訴訟債権執行事件につき，第三債務者に対し，民事執行法第167条の14，同法第147条1項に規定する陳述の催告をされたく申し立てる。

　　　　　　　　　　　添付書類
　　1　少額訴訟に係る債務名義の正本　　　　1通
　　2　同送達証明書　　　　　　　　　　　　1通
　　3　資格証明書　　　　　　　　　　　　　1通
　　4

〔注〕
1．申立書は，本文，当事者目録，請求債権目録及び差押債権目録の順で編綴する。このほか，差押処分作成用に各目録を相当部数提出する。また，郵便切手は，各庁の実情にあわせて提出することになる。

当 事 者 目 録

(住　　所)　〒○○○−○○○○
　　　　　　○○市○○区○○○○丁目○番○号
債 権 者　○　○　○　○

(送達場所)　☑同上
　　　　　　□〒　　　−

(住　　所)　〒○○○−○○○○
　　　　　　○○県○○市○○町○番○号
債 務 者　○○○○株式会社　代表者代表取締役　○　○　○　○

(住　　所)　〒○○○−○○○○
　　　　　　○○市○○○区○○通○丁目○番○号
第三債務者　株式会社○○銀行　代表者代表取締役　○　○　○　○

(送達場所)　□同上
　　　　　　〒○○○−○○○○
　　　　　　○○市○○○区○○通○丁目○番○号
　　　　　　株式会社○○銀行○○支店内

〔注〕
　1．銀行の預金を差し押さえる場合には，差押えに係る債権が存在する支店の所在及び名称を特定して記載することになる。

請 求 債 権 目 録

○○簡易裁判所　平成＿○○＿年（少コ）第＿○○○○＿号事件の

☑仮執行宣言付少額訴訟判決
□少額訴訟における確定判決
□執行力のある少額訴訟における和解調書　｝正本に表示された
□執行力のある少額訴訟における和解に代わる決定
□
下記金員及び執行費用

(1)　元　　金　　金＿○○○,○○○＿円
　　☑主文第＿○＿項　の金員（□内金　□残金）
　　□和解条項第　　項　の金員（□内金　□残金）
　　□

(2)　損　害　金　　金＿＿○,○○○＿円
　　☑上記(1)に対する，平成○○年○○月○○日から平成○○年○○月○○日まで　年　○　％の割合による金員
　　□上記(1)の内金　　　　　　　　円に対する，平成　　年　　月　　日から平成　　年　　月　　日まで　年　　　　　の割合による金員
　　□

(3)　執行費用　　金＿＿○,○○○＿円
　　（内訳）本申立手数料　　　　　　　　　　　　　金　　　4,000円
　　　　　　本申立書作成及び提出費用　　　　　　　金　　　1,000円
　　　　　　差押処分正本送達費用及び通知費用　　　金　　○○○○円
　　　　　　送達証明申請手数料　　　　　　　　　　金　　　　150円
　　　　　　資格証明書交付手数料　　　　　　　　　金　　○○○○円

合　　　計　　金＿○○○,○○○＿円

□弁済期は，　平成　　年　　月　　日
□最終弁済期は，平成　　年　　月　　日
□債務者は，平成　　年　　月　　日に支払うべき分割金の支払を怠ったので，同日の経過により期限の利益を失った。

□債務者は，平成　年　月　日と平成　年　月　日に支払うべき分割金の支払を怠り，(□その額が　万円以上　□その遅滞が　回分以上)に達したので，平成　年　月　日の経過により期限の利益を失った。
(注) 該当する事項の□に✓を付する。

〔注〕
1．確定期限の到来が執行開始要件になっている場合(民執30条1項)には，請求債権目録でその旨を記載する。
2．遅延損害金については，第三債務者に計算の責任を負わせることのないよう，申立日までに限定して計算し，請求債権額を確定させるのが実務の取扱いである。
3．請求する執行費用については，申立書に記載する。

(預金債権(基本型))

差　押　債　権　目　録

金　〇〇〇，〇〇〇円

債務者が第三債務者株式会社〇〇〇銀行(〇〇支店扱い)に対して有する下記預金債権のうち，下記に記載する順序に従い，頭書金額にみつるまで。
記
1　差押えのない預金と差押えのある預金があるときは，次の順序による。
　(1)　先行の差押え，仮差押えのないもの
　(2)　先行の差押え，仮差押えのあるもの
2　円貨建預金と外貨建預金があるときは，次の順序による。
　(1)　円貨建預金
　(2)　外貨建預金(差押処分が第三債務者に送達された時点における第三債務者の電信買相場により換算した金額(外貨)。ただし，先物為替予約があるときは原則として予約された相場により換算する。)
3　数種の預金があるときは，次の順序による。
　(1)　定期預金
　(2)　定期積金※
　(3)　通知預金
　(4)　貯蓄預金
　(5)　納税準備預金

(6)　普通預金
　　(7)　別段預金
　　(8)　当座預金
　※ただし，定期積金については，本処分送達時における現在額を限度とする。
4　同種の預金が数口あるときは，口座番号の若い順序による。
　　なお，口座番号が同一の預金が数口あるときは，預金に付された番号の若い順序による。

〔注〕
1．預金債権の差押えの場合には，特定のため，差押債権目録に第三債務者である銀行の取扱支店名を記載する。「第1順位A支店　第2順位B支店」というような申立ては認められない。
　これに対して「複数の店舗に預金債権があるときは，本店，次いで別紙記載の支店の順位による」と指定した申立て（いわゆる支店順位方式の申立て）であっても，差押債権の特定がないとするのは相当ではないとした高裁決定もあるが（大阪高決平17・9・19金判1279号14頁），執行実務では現段階では，このような取扱いは未だ採用されていない（金法1767号26頁）。また，複数の金融機関や同一の金融機関であっても複数の本支店に同時に差押えを申し立てるのは，第三債務者が複数の場合にあたるため，超過差押えを防止するために割付を行うことになる。

（給料債権（民間一般））

差　押　債　権　目　録

金　〇〇〇,〇〇〇円

債務者が第三債務者から支給される
1　毎月の給料（基本給及び諸手当。ただし，通勤手当を除く。）から給与所得税，住民税，社会保険料等の法定控除額を差し引いた残額の4分の1
　　ただし，上記残額が月額44万円を超えるときは，その残額から33万円を控除した金額
2　各期の賞与から1と同じ法定控除額を差し引いた残額の4分の1
　　ただし，上記残額が44万円を超えるときは，その残額から33万円を控除した金額にして，本処分送達時に支払期にある分以降頭書金額にみつるまで
　　なお，上記1・2により頭書金額に達しないうちに退職したときは，
3　退職金から所得税・住民税等の法定控除額を差し引いた残額の4分の1にして，上記1・2と合わせて頭書金額にみつるまで

〔注〕
1. 給料債権あるいは後述の賃料債権のような継続的給付債権においては，将来発生すべき給付についても，執行債権及び執行費用の合計額の範囲まで差し押さえることができる（民執167条の14・151条）。
2. 給料債権，賞与，退職手当等については，債務者等の生計の維持あるいは生活の保護の観点から，法律で4分の3の範囲（月払給料の4分の3に相当する額が33万円に超える場合には33万円）について差押えが禁止されている（民執167条の14・152条）

（株式会社ゆうちょ銀行）

差 押 債 権 目 録

金　〇〇〇,〇〇〇円

　ただし，債務者が第三債務者に対して有する下記貯金債権及び同貯金に対する預入日から本命令送達時までに既に発生した利息債権（〇〇貯金センター扱い）のうち，下記に記載する順序に従い，頭書金額にみつるまで

記

1　差押えのない貯金と差押えのある貯金とがあるときは，次の順序による。
　(1)　先行の差押え・仮差押えのないもの
　(2)　先行の差押え・仮差押えのあるもの
2　担保権の設定されている貯金とされていない貯金があるときは，次の順序による。
　(1)　担保権の設定されていないもの
　(2)　担保権の設定されているもの
3　次の数種の貯金があるときは(1)から(5)の順序による。
　(1)　定期貯金
　(2)　定額貯金
　(3)　通常貯蓄貯金
　(4)　通常貯金
　(5)　振替貯金
4　同種の貯金が数口あるときは，記号番号の若い順序による。
　　なお，記号番号が同一の貯金が数口あるときは，貯金に付せられた番号の若い順序による。

〔注〕
1．民営化以前に日本郵政公社に預けられた郵便貯金は，民営化（平成19年10月１日）の際，次のとおり分離されて，株式会社ゆうちょ銀行及び独立行政法人郵便貯金・簡易生命保険管理機構に承継されることとなった（郵政民営化法６条２項・３項）。
　(1)　株式会社　ゆうちょ銀行
　　　通常郵便貯金等（通常郵便貯金，通常貯蓄貯金）
　(2)　独立行政法人郵便貯金・簡易生命保険管理機構
　　　定期性の郵便貯金（定期郵便貯金，定額郵便貯金，積立郵便貯金，住宅積立郵便貯金，教育積立郵便貯金（満期等が到来し，通常郵便貯金となったものを含む））
2．民営化以降は，すべて株式会社ゆうちょ銀行との契約になるとともに，そこで取り扱われる預金（貯金）の種類（民営化以前の日本郵政公社からの承継分も含む）は，定期貯金，定額貯金，通常貯蓄貯金，通常貯金，振替貯金となる。

（独立行政法人郵便貯金・簡易保健管理機構）

差　押　債　権　目　録

金　〇〇〇,〇〇〇円

　ただし，債務者が第三債務者に対して有する下記郵便貯金債権及び同貯金に対する預入日から本命令送達時までに既に発生した利息債権（株式会社ゆうちょ銀行〇〇貯金センター扱い）のうち，下記に記載する順序に従い，頭書金額にみつるまで

記

1　差押えのない郵便貯金と差押えのある郵便貯金とがあるときは，次の順序による。
　(1)　先行の差押え・仮差押えのないもの
　(2)　先行の差押え・仮差押えのあるもの
2　担保権の設定されている郵便貯金とされていない郵便貯金があるときは，次の順序による。
　(1)　担保権の設定されていないもの
　(2)　担保権の設定されているもの
3　数種の郵便貯金があるときは(1)から(6)の順序による。
　(1)　定期郵便貯金（預入期間が経過し，通常郵便貯金となったものを含む。）
　(2)　定額郵便貯金（預入の日から起算して10年が経過し，通常郵便貯金となったものを含む。）

(3) 積立郵便貯金（据置期間が経過し，通常郵便貯金となったものを含む。）
　　　(4) 教育積立郵便貯金（据置期間の経過後4年が経過し，通常郵便貯金となったものを含む。）
　　　(5) 住宅積立郵便貯金（据置期間の経過後2年が経過し，通常郵便貯金となったものを含む。）
　　　(6) 通常郵便貯金（(1)から(5)までの所定期間経過後の通常郵便貯金を除く。）
　　4　同種の郵便貯金が数口あるときは，証書番号の若い順序による。
　　　　なお，記号番号が同一の郵便貯金があるときは，郵便貯金に付された番号の若い順序による。

　　　　　　　　　　　　　　　　　　　　　　　　　　　　　　　　（賃料）

　　　　　　　　　　　　差　押　債　権　目　録

　　金　○○○,○○○円

　　債務者が第三債務者に対して有する下記物件の賃料債権（ただし，管理費，共益費相当分を除く。）にして，本処分送達日以降支払期の到来する分から，頭書金額に満つるまで。

　　　　　　　　　　　　　　　　　記
（物件の表示）
　　（所　　　　在）　大阪府○○市○○町○丁目○番○－○○○号
　　（建物の名称）　○○○○○
　　（賃 貸 部 分）　○階○○○号室

〔注〕
　1．これは，建物賃貸借に基づく賃料債権を差し押さえる場合の差押債権目録の記載例である。建物の所在，名称，賃貸部分などで賃貸借の目的物を特定することによって，対象となる賃料債権を特定することになる。
　2．賃料債権のような継続的給付債権においては，将来発生すべき給付についても，執行債権及び執行費用の合計額の範囲まで差し押さえることができる（民執167条の14・151条）。

書式243　差押処分

事件番号	平成〇〇年（少ル）第〇〇〇号

債権差押処分

　　　　　　　　　　　　　　当事者　別紙目録のとおり
　　　　　　　　　　　　　　請求債権　別紙目録のとおり

1　債権者の申立てにより，上記請求債権の弁済に充てるため，別紙請求債権目録記載の執行力のある債務名義の正本に基づき，債務者が第三債務者に対して有する別紙差押債権目録記載の債権をそれぞれ差し押さえる。
2　債務者は，前項により差し押さえられた債権について取立てその他の処分をしてはならない。
3　第三債務者は，第1項により差し押さえられた債権について債務者に対し弁済をしてはならない。

　　平成〇〇年〇〇月〇日

　　　　　　　　　　　　　〇〇簡易裁判所
　　　　　　　　　　　　　　裁判所書記官　〇　〇　〇　〇

　　　　　　　　　　　　　　（当事者目録以下省略）

〔注〕
1．差押処分の効力は，差押処分正本が第三債務者に送達された時に生じる。第三債務者に対しては，差し押さえられた債権の債務者への弁済が禁止される。弁済しても債権者に対抗できない。
2．給料債権のような継続的給付に係る債権に対する差押えの効力は，執行債権及び執行費用の範囲（請求債権目録記載の範囲）の限度で，差押えの後に発生すべき給付に及ぶ（民執167条の14・151条）。

書式244　陳述書

事件番号　平成○○年（少ル）第○○○○号

　　　　　　　　　陳　　述　　書

○○簡易裁判所（少額債権執行係）　御中
　　平成○○年○月○日
　　　　　　　　第三債務者　○○株式会社（＊1）
　　　　　　　　　　　代表者代表取締役　○　○　○　○　㊞

　下記のとおり陳述します。（該当する□に✓を付したうえ，お答えください。）
1　差押えに係る債権（＊2）が
　□ない→以下の記載は不要
　☑ある。内容は次項のとおりです
2　差し押さえられた債権の種類及び額〔普通預金
　　　　　　　　　　　　　　　　　　　金○○○，○○○円〕

3　差し押えられた債権について本件差押債権者に，
　イ　☑全額支払う。（供託も含む）
　ロ　□一部支払わない。
　　　□全額支払わない。
　　支払わない理由は下欄のとおりです

□差し押さえられた債権について，本件差押債権者に優先する権利者がいる。
優先する権利者の地位 □質権者　　□債権譲受人　　□相殺適状にある第三債務者 □その他（　　　　　　　　　　　　　　　　　　　）
その権利者の住所・氏名（第三債務者の場合は不要）
その権利の優先する範囲（額）
質権設定通知・債権譲渡通知を受けた日 平成　　年　　月　　日

第7節　少額訴訟と関連手続——少額訴訟債権執行手続　〔3〕少額訴訟債権執行処分　【書式244】　579

4　本件で差し押さえられた債権に対する他の差押え，仮差押え，仮処分（＊3）が，
☑ない。→以下の記載は不要
□ある。内容は次表のとおりです。

税務署・裁判所等 事件番号	債権者の住所 債権者の氏名	（仮）差押等を受け取った日	（仮）差押等された金額

5　陳述欄（上記以外に陳述したいことがある場合に記入してください。）

※（＊1）（＊2）（＊3）の部分の記載については，催告書の説明を参照してください。
※この陳述書に記入しきれないときは，適宜の用紙を使用して横書きで記入してください。

〔注〕
1．これは，預金債権を差し押さえた場合の陳述書の記載例である。
　実務上は，第三債務者に対し，陳述書を2通作成してもらい，1通は裁判所書記官に，1通は債権者に直送させる取扱いが多い。

書式 245　取立届

　　　　　　　　　　　　　　　　　　　平成○○年（少ル）第○○○○号

　　　　　　　　　　取　立　届

○○簡易裁判所裁判所書記官　殿

　平成○○年○○月○○日
　　　　　　　　　　　　　債　権　者　　○　○　○　○　㊞

　　　　　　　　　　　　　債　権　者　　○　○　○　○
　　　　　　　　　　　　　債　務　者　　○　○　○　○
　　　　　　　　　　　　　第三債務者　　○　○　株式会社

　上記当事者間の債権差押処分に基づき，債権者は第三債務者から次のとおり取り立てたので届けます。

　　　平成○○年○月○○日　　午前○○時　　金○○○○○円
　　　平成○○年○○月○日　　午前○○時　　金○○○○○円
　　　平成○○年○○月○日　　午前○○時　　金○○○○○円（取立完了）
　　　　　　　　　　　　　　　　合計金○○○○○○円

〔注〕
1．これは，給料債権等の継続的給付に係る債権を差し押さえ，数回にわたって取立てを行った場合の取立届の記載例である。
2．取立てが完了すれば事件が終了するので，取立てが完了した場合には，その旨を記載する。

書式 246　請求異議の訴状

訴　状

平成〇〇年〇〇月〇〇日

〇〇簡易裁判所　御中

当事者の表示　別紙当事者目録のとおり

請求の趣旨
1　被告より原告に対する〇〇簡易裁判所平成〇〇年（少コ）第〇〇〇〇号貸金請求事件の少額訴訟判決に基づく強制執行はこれを許さない。
2　訴訟費用は，被告の負担とする。
との判決を求める。

請求の原因
1　原告と被告の間には，請求の趣旨第1項記載のとおりの債務名義が存在し，その内容は，被告は，原告に対し，平成〇〇年〇月〇日60万円を弁済期同年〇〇月〇日として貸し渡したが，同弁済期を経過したから，原告は被告に対し，貸金60万円を支払え，というものである。
2　しかし，原告は，被告に対し，同判決確定後の平成〇〇年〇〇月〇日，上記判決により支払を命ぜられた金員を全額支払った。
3　よって，原告は，請求の趣旨記載のとおりの裁判を求める。

（当事者目録は省略）

〔注〕
1．請求異議の訴え（民執35条）は，債務者が債務名義に表示された請求権に関して，弁済や期限の猶予等によって生じた異議を主張し，その執行力の排除や一時的な阻止を求める訴えである。
2．確定判決についての異議事由は，事実審の口頭弁論終結後に生じた事由に限られる（民執35条2項）。
3．請求異議の訴えは，債務名義の執行力の排除又は一時的な阻止を目的とし，したがって，請求の趣旨は，一般的には，当該債務名義に基づく強制執行の不許を求めることになるが，実務上は，具体的執行行為の取消しを求めることも認められている。
4．請求異議の訴えを提起しただけでは，具体的な強制執行を停止させることはできず，執行停止あるいはすでになされた執行処分の取消しを命ずる裁判を申し立て，停止等を命ずる裁判の正本を執行機関に提出することを要する（民執36条）。
5．専属管轄の定めがある（民執35条3項・33条2項）。訴訟物の価格は，執行力の排除を求める場合は，債務名義の請求権の価格，一時的な阻止を求める場合は，その期間内の請求権の法定果実の価格になる。

書式 247　差押禁止債権の範囲変更申立書

差押禁止債権の範囲変更の申立書

○○簡易裁判所　御中

　　　　　　　　　　　　　　　　　　　　平成○○年○○月○○日

　　　　　　　　　　申立人（債務者）　○　○　○　○　㊞

　　　　　　　　　　債　権　者　　○　○　○　○
　　　　　　　　　　債　務　者　　○　○　○　○
　　　　　　　　　　第三債務者　　○　○　株式会社

申立ての趣旨

　上記当事者間の御庁平成○○年（少ル）第○○○○号事件につき，平成○○年○月○日にした差押処分の差押債権目録中，毎月の給料につき「4分の1」とあるのを「6分の1」と変更する，との裁判を求める。

申立ての理由

　申立人は，別添の家計収支明細書のとおり毎月平均○○万○○○○円の収入を得ているが，この収入で家族5人が生活しており，毎月の必要経費は前記明細書のとおり約○○万○○○○円である。したがって，これ以上家計を切りつめる余裕がなく，この中から毎月の給料の4分の1を差し押さえられると，申立人を含む家族5人はきわめて困窮することになる。
　詳細については，別添の陳述書において陳述する。
　よって，差押禁止債権の範囲変更を求めるため本申立てに及ぶ。

添付書類

1　家計収支明細書
2　陳述書

〔注〕
1. これは，給料債権の差押処分を受けた債務者から，民事執行法（152条）所定の4分の1を差し押えられると債務者及びその家族の生活が困窮することを理由に，差押禁止債権の範囲の拡張を求める場合の申立書の記載例である。
2. 申立手数料は不要である。
3. 差押禁止債権の範囲変更の申立てがあったときは，執行裁判所は，変更申立てに基づく裁判が確定するまでの間，担保を立てさせて又は立てさせないで，第三債務者に対して，支払等の禁止を命ずることができる（民執167条の8第3項・153条）。
4. 差押禁止債権の範囲変更申立てのうち，差押処分の取消しの申立てを却下する決定に対しては，債務者は執行抗告を申し立てることができる（民執167条の8第3項・153条4項）。

第2章

訴え提起前の和解（即決和解）手続

第1節　序　　説

(1)　意　　義

　訴え提起前の和解とは，訴訟を防止して民事に関する紛争を解決することを目的とする手続である（民訴275条）。実務では即決和解と呼ばれることが多い。

　訴え提起前の和解は，訴訟の係属を前提にせず民事上の争いだけを和解の対象にするため，訴訟法上の和解（民訴89条・267条）のように公法上の争いについては和解することができないという点が相違しているにすぎない。こうしたことから，訴え提起前の和解は，訴訟法上の和解とともに裁判上の和解の1つであると解されている。したがって，訴訟法上の和解の法的性質や和解に瑕疵がある場合についての処理方法は，そのまま，訴え提起前の和解においても妥当することになる。

(2)　手続の概要と適用規定

　訴え提起前の和解について規定する条文は，民事訴訟法275条1項ないし4項のみである。すなわち，①同条1項は，訴え提起前の和解は，相手方の普通裁判籍所在地の簡易裁判所に申し立てることにより開始されることを規定し，②同条2項は，和解が調わない場合には，当事者双方の申立てにより訴訟に移行し得るため，事件の終局が当事者双方の意思に左右されることを規定し，③同条3項は，和解不調の擬制について規定し，④同条4項は，和解条項案の書面による受諾の規定（民訴264条）と裁判所等が定める和解条項

の規定（民訴265条）が適用されないことを規定している。

なお，訴え提起前の和解について規定する民事訴訟法275条が，同法第2編「第1審の訴訟手続」第8章中に規定されていることから，同法第1編「総則」及び第2編「第1審の訴訟手続」の規定並びにこれらに関する民事訴訟規則の規定は，その性質に反しない限り，訴え提起前の和解の手続に適用されると解される。

(3) 性　質

前述したとおり，訴え提起前の和解も裁判上の和解の1つであるから，訴訟法上の和解と同様に訴訟法上の効果と私法上の効果が生じると解されている。ただし，訴訟上の和解であれば訴訟終了という効果が生じるが，これは訴え提起前の和解には生じない。なぜなら，訴え提起前の和解は，文字どおり訴えの前段階の手続であって，そもそも，訴訟の係属自体を観念し得ないからである。

第2節　訴え提起前の和解の要件と民事上の争い

(1) 当事者及び代理人についての要件

(a) 当事者　訴え提起前の和解における当事者は，民事訴訟法28条ないし37条に従った当事者能力や，訴訟能力を有する者でなければならない。

(b) 代理人　訴え提起前の和解における代理権は，民事訴訟法54条ないし60条に従った代理人でなければならない。

裁判所は，訴え提起前の和解期日が到来して初めて当事者双方と接触し，しかも，短時間のうちに手続が終了することから，白紙委任状による代理権の問題が生じるおそれがあり得る。つまり，申立人又はその代理人が相手方から事前に取得しておいた委任状を利用したうえで相手方の代理人を選任し，その代理人との間で訴え提起前の和解をする場合である。この点について，相手方がその了承済みに係る和解条項案により和解することに同意して，自らの代理人選任を依頼する趣旨で中立代理人に白紙委任状を交付したような場合であれば，弁護士法25条や民法108条（双方代理）の趣旨に反するもので

はないと解されている（東京地判昭52・9・2判時886号74頁）。しかし，訴え提起前の和解手続を潜脱するおそれがあることは否定できないであろう。そこで，実務では，相手方の知らない間に和解が成立することを防止するために，相手方委任状に当該和解条項案を添付させたり，相手方本人に和解申立書副本・期日呼出状を送付したりする扱いをしている。

(2) **目的物についての要件**

訴え提起前の和解では，「民事上の争い」がその目的物となる（民訴275条）。「争い」とは，当事者間に権利又は法律関係の存否・内容・範囲について主張の対立があることをいう。そうだとすれば，当事者間にすでに成立している示談について，これを目的物として和解の申立てをするような場合は，果たして「争い」があるといえるのか否かが問題になる。この点について，判例は，「権利関係の存否，内容又は範囲についての主張の対立に限られるのではなくて，もっと広く権利関係についての不確実や，権利実行の不安をも含むものと解するのが妥当である」と判示して積極に解しており（大阪高判昭24・11・25高民集2巻309頁。同旨判例として，名古屋高判昭35・1・29高民集13巻72頁，名古屋地決昭42・1・16下民集18巻1＝2号1頁），実務でも，これに沿った運用がされている。

なお，前述したとおり，訴え提起前の和解も裁判上の和解の1つであるから，原則として，当事者の処分可能な権利関係についてだけ和解することができる。したがって，株主総会決議無効確認を目的とするような和解の申立ては許されない。

(3) **裁判所についての要件**

(a) **管　轄**　管轄は，原則として，相手方の普通裁判籍の所在地を管轄する簡易裁判所である（民訴275条1項・4条）。したがって，常に簡易裁判所の職分管轄に属することになる。

(b) **主観的併合の許否**　数名の者を相手方とする訴え提起前の和解については，相手方の1人の普通裁判籍所在地の簡易裁判所にその申立てをすることができる（民訴7条但書・38条）。

(c) **合意管轄の許否**　管轄の合意は，事物管轄及び土地管轄についてなし得るのであって，職分管轄である訴え提起前の和解には合意管轄（民訴11

条）の適用はないとする見解もあるが，実務では，合意管轄を認めて事件処理がされている。

(d) 管轄違いの場合の移送 　訴え提起前の和解が管轄権のない簡易裁判所に申し立てられた場合は，その申立てを却下すべきか否かが問題になる。

この点について，①管轄裁判所に移送する方法，②和解期日の指定・呼出しをした上で応訴管轄が生じるかどうかを確認する方法がある（民訴16条1項・12条）が，①が妥当であり，②は消極に解すべきである。なぜなら，訴え提起前の和解は訴訟防止を目的としており，「応訴」を観念し得ないからである。

第3節　訴え提起前の和解の申立てと処理

〔1〕　概　　　説

(1) 申立書の表示内容

訴え提起前の和解の申立ては，書面又は口頭ですることができる（民訴規1条1項）。ただし，実務では，口頭でする申立てはほとんど見られない。

訴え提起前の和解の申立書には，①申立人・相手方の氏名又は名称（商号）及び住所並びに代理人の氏名及び住所，②事件の表示，③附属書類の表示，④申立年月日，⑤裁判所の表示の各事項を記載して，当事者又はその代理人が記名押印しなければならない（民訴規2条1項）。

ところで，訴状に要求される「原告又はその代理人の郵便番号及び電話番号（ファクシミリ番号を含む。）」（民訴規53条4項）の記載は，訴え提起前の和解の申立書には要求されていないが（民訴規80条3項参照），その記載をすべきであろう。なぜなら，和解が調わない場合において，当事者双方の訴訟移行申立てがあるときは訴えの提起が擬制されることから，訴え提起前の和解の申立書には訴状としての機能が兼ね備わっていると見ることができ，また，実務上，申立人に対する事務連絡や期日呼出状の送付の必要性があるからである。

(2) 申立手数料

申立手数料は，請求の価額に関係なく2000円である（民訴費3条1項別表第一の9項・8条）。

(3) 附属書類

(a) 申立書副本　　通常の訴訟手続では，訴状副本を被告に送達する必要があるが（民訴138条1項），訴え提起前の和解にはこのような規定がない。したがって，申立書副本の相手方に対する送達は不要であり，申立書副本の提出をしなくてもよいとする見解もある。しかし，前述したとおり，相手方の知らない間に和解がされてしまう弊害を防ぐためにも，相手方に対して事前に事件の内容を告知しておく必要性がある。このため，実務では，申立書副本を提出させているのが通例である。

(b) 資格証明書　　法人が当事者の場合は，商業登記簿謄・抄本を提出する必要があり，法人格のない社団・財団で代表者又は管理人の定めがあるものについては，これを証明する規約書，代表者選任決議書，総会議事録謄本等を提出しなければならない（民訴29条参照）。

(c) 代理人許可申請　　弁護士でない者を代理人とする場合は，代理人許可申請書を提出して，その許可を得なければならない（民訴54条1項但書）。その際，実務では，本人と代理人との関係を明らかにする書面（親族等については戸籍謄・抄本又は住民票，従業員については社員証明書）を添付させているのが通例である。

(d) 申立ての要件・方式に違背した場合　　訴え提起前の和解の申立てがその要件・方式に違背している場合は，裁判所は，決定により申立却下の裁判を行うのが原則である（支払督促申立ての却下の規定（民訴385条1項）を類推適用するとの見解もある）。ただし，実務では，管轄違いの申立てについては管轄裁判所に移送し，請求の趣旨及び原因や，争いの実情の記載に不備がある場合については受付段階で補正させる等，その違背の程度により異なった扱いをしている。したがって，申立ての方式違背という事態はあまり考えられない。ちなみに，同一の請求の趣旨の訴えがすでに提起されているにもかかわらず，これと競合して，訴え提起前の和解の申立てがされた場合が一応問題になるが，この点について，訴え提起前の和解の申立ては訴えではないこと

を強調して許されないものではないとする判例もある（東京高決昭25・6・22下民集1巻6号967頁）。

訴え提起前の和解の申立てがその要件・方式に違背していることを理由とする却下決定に対しては，抗告をすることができる（民訴328条1項）。この却下決定は，必ず書面でなされるとは限らず，和解期日において言渡しの方法によりなされることもあり得る。この場合，裁判所書記官は，その旨を調書に記載しなければならない（民訴規67条1項8号）。

〔2〕 訴え提起前の和解の「請求の原因及び争いの実情」と記載事項

(1) 請求の趣旨及び原因

訴え提起前の和解の申立書に請求の趣旨及び原因を記載するのは，どのような権利又は法律関係について和解を求めるのかを明確にするためであり，訴状の必要的記載事項（民訴133条2項2号）と同じ趣旨である。請求の趣旨には，求める和解についての結論部分を明らかにして記載する。例えば，「相手方は，申立人に対し，別紙目録記載の建物を明け渡し，かつ，平成〇〇年〇〇月〇〇日から明渡し済みまで1ヵ月〇万円の割合による金員を支払う旨の和解を申し立てる」というように，訴状と同様の記載がされるのが基本である。しかし，このような請求の趣旨が記載された申立書が提出されることは稀有であり，その多くは，「別紙和解条項案記載のとおりの和解を求める」とか，「別紙和解条項案の趣旨により当事者双方に対し，和解勧告を求める」とかの記載をして，和解条項案を別紙にする方法がとられている。実務でもこの記載方法が是認されている。この点について，判例は，「和解条項を同時に提出しており，かかる趣旨の和解を求めたものであるから，請求の目的は自ずから明白であり，特に請求の趣旨と表示してこれを掲げる必要はない」と判示して積極に解している（東京高決昭25・6・22下民集1巻6号967頁）。

なお，請求の原因については，訴状と同じように記載すればよい。

(2) 争いの実情

「争いの実情」（民訴275条1項）とは，紛争の契機になった事実や，相手方の主張を総称するものである。これに類似する訴訟法上の表現として「紛争の

要点」(民訴272条)があるが、これは、「争いの実情」と「請求の原因」を包含した幅広い内容をもつ概念と解されている。どちらかというと、「争いの実情」は、訴訟における抗弁・再抗弁事実等に関する補助事実や間接事実に近い概念であるといえる。

　訴訟の防止を目的とする訴え提起前の和解手続では、答弁書や準備書面による抗弁・再抗弁等の反論が予定されていないことから、裁判所としては、和解勧告に資するために当事者間の紛争内容を把握しておく必要性がある。こうしたことから、「争いの実情」の表示が要求されているのである。この趣旨からすると、「請求の原因」と「争いの実情」を明確に区別してその内容を記載するまでもなく、これらを一括して「請求の原因及び争いの実情」と表示しても差し支えないことになるであろう。実務では、この表示方法による訴え提起前の和解の申立書が圧倒的に多い。

　そこで、本書では、このような実務の現状を踏まえて、「請求の原因及び争いの実情」中に一体的に争いの実情に関する事実が記載された書式例を示すことにする。

　【書式248】は、動産の引渡しが内容となっている場合の書式例である。申立外人が申立人と相手方に対し、動産を二重に譲渡したため、当事者双方のいずれが先に対抗要件(民178条)を具備したのかが争いの実情になっている事案を想定している。

　【書式249】は、建物収去土地明渡しが内容となっている場合の書式例である。土地賃貸借契約における建物所有目的の合意の有無が争いの実情になっている事案を想定している。

　【書式250】は、建物所有権移転登記手続が内容となっている場合の書式例である。売買契約に基づく所有権移転登記手続請求において、相手方が抗弁として申立人の債務不履行による売買契約の解除(民541条)を主張したところ、申立人が再抗弁として弁済の提供(民492条・493条)を主張したため、これらが争いの実情になっている事案を想定している。

　【書式251】は、貸金請求が内容となっている場合の書式例である。金銭消費貸借契約における利息の利率及び弁済期の合意が争いの実情になっている事案を想定している。**【書式252】**は、不当利得金返還請求が内容となってい

る場合の書式例である。金銭の振込先を取り違え，その後の対応のまずさから，商取引者間の信頼関係が損なわれそうになった事案を想定している。

【書式253】は，保証人の求償権が内容となっている場合の書式例である。保証委託契約に基づく求償金請求において，保証料の額が争いの実情になっている事案を想定している。

【書式254】は，立替金請求（信販事件）が内容となっている場合の書式例である。割賦購入あっせん契約に基づく立替金請求において，販売店から購入した商品に瑕疵があるとして，支払拒絶の抗弁事由（割賦30条の4）の存否が争いの実情になっている事案を想定している。

【書式255】は，交通事故に基づく損害賠償請求が内容となっている場合の書式例である。交通事故による物損の損害賠償請求において，過失割合による相殺の抗弁が争いの実情になっている事案を想定している。

【書式256】は，売買代金請求が内容となっている場合の書式例である。売買の対象物を引き渡す際に，履行補助者の過失により，売買契約に付随する注意義務を怠って相手方に損害を与えたため，その損害賠償請求権を自働債権，売買代金請求権を受働債権とする，相手方の相殺（民505条・506条）の抗弁が争いの実情になっている事案を想定している。

【書式257】は，宿泊料請求が内容となっている場合の書式例である。宿泊料を支払わない宿泊客に対し，旅館に持ち込まれた手荷物について成立する先取特権（民311条2号・317条）が争いの実情になっている事案を想定している。付言すると，当該動産について成立する先取特権を行使して優先弁済を受けるためには，先取特権者が執行官に対し，当該動産を提出したとき又は動産の占有者が差押えを承諾することを証する文書を提出したときに限り，競売が開始される（民執190条1項1号・2号）。

【書式258】は，売掛代金請求が内容となっている場合の書式例である。相手方が抗弁として，売掛代金債権の短期消滅時効を援用したのに対して，申立人が再抗弁として債務承認を主張したため，これらが争いの実情になっている事案を想定している。

【書式259】は，通話料請求が内容となっている場合の書式例である。電話加入権者において，電話回線について再利用請求をしたか否かが争いの実情

になっている事案を想定している。

〔西村　博一〕

書式 248　訴え提起前の和解の「請求の原因及び争いの実情」の記載例(1)——動産の引渡しが内容となっている場合

第2　請求の原因及び争いの実情
1　申立人は，申立外丙野三郎（以下「丙野」という。）から，平成20年9月20日，同人所有のクラッシックギター（ホセ・ラミレス○○○○年製・番号○○。以下「本件ギター」という。）を代金85万円で買った。
2　丙野は，申立人に対し，新たに注文したギターができあがってくるまでの間，本件ギターで毎日の基礎練習を行いたいと懇願したため，申立人は，上記売買の日，丙野との間で，上記売買契約に基づいて，以後当分の間，丙野が申立人のために本件ギターを占有するとの合意をした。
3　ところが，その数ヵ月後，相手方は，申立人に対し，相手方が平成21年1月30日に丙野から本件ギターを80万円で買ったので，その所有権は相手方にある，と主張してきた。
4　そこで，申立人は，相手方に対し，占有改定による本件ギターの引渡しを平成20年9月20日に受けており，申立人が本件ギターの所有権を確定的に取得したのであるから，相手方への所有権移転が否定されることを上記売買契約書を示しながら説明した。
5　相手方は，当初，申立人の上記説明を納得しなかったものの，○○市主催の無料法律相談を受けてからは，申立人が先に対抗要件を具備したとの上記主張について理解を示すとともに譲歩の態度を見せ始めるようになった。
6　その後，相手方が丙野からその売買代金80万円の返還を受けたことから，申立人は，相手方と交渉を重ねた結果，別紙和解条項案のとおりの和解が成立する見込みがついたので，その和解勧告を求める。

（別紙和解条項案は省略）

書式 249　訴え提起前の和解の「請求の原因及び争いの実情」の記載例(2)——建物収去土地明渡しが内容となっている場合

第2　請求の原因及び争いの実情
1　申立人は，建築土木工事を業とする相手方との間で，平成○○年○○月○○日，別紙物件目録記載(1)の土地（以下「本件土地」という。）を賃貸期間を同日から平成○○年○○月○○日まで，賃料1ヵ月○万円，使用目的資材置場の約定で賃貸するとの合意をして，平成○○年○○月

○○日，相手方に対し，本件土地を引き渡した。
2 上記賃貸期間は経過したが，同賃貸期間の経過前までに，本件土地上に別紙物件目録(2)記載の倉庫（以下「本件建物」という。）が建築され，同賃貸期間経過のとき，本件土地上に本件建物が存在した。
3 申立人は，相手方に対し，上記賃貸借契約終了に基づいて，本件建物を収去して本件土地を明け渡すことを求めたところ，相手方は，上記賃貸借契約において本件建物所有を目的とすることを合意した，と主張して譲らなかった。しかし，上記賃貸借契約書中には，建物所有目的の合意条項は存在せず，相手方は，申立人に対し，野ざらし状態の資材の盗難を防止するために本件建物を建築するに至ったことを認めるようになった。
4 その後，申立人は，相手方と交渉を重ねた結果，本件建物を収去するための猶予期間を置くことを前提にして，別紙和解条項案のとおりの和解が成立する見込みがついたので，その和解勧告を求める。

（別紙物件目録，別紙和解条項案はいずれも省略）

書式 250　訴え提起前の和解の「請求の原因及び争いの実情」の記載例(3)——建物所有権移転登記手続が内容となっている場合

第2　請求の原因及び争いの実情
1 申立人は，相手方から，平成22年1月8日，別紙物件目録記載の建物（以下「本件建物」という。）を代金○○○万円で買った（以下「本件売買契約」という。）。
2 申立人は，相手方に対し，本件売買契約に基づいて，本件建物について，上記売買を原因とする所有権移転登記手続をすることを求めた。
3 ところが，相手方は，次のとおり主張して本件建物の所有権移転登記手続に応じない。
 (1) 相手方と申立人は，本件売買契約において，登記手続を平成22年3月21日に○○市○条○○丁目○番○号所在の甲野太郎司法書士事務所で行うとの合意をした。
 (2) 相手方は，同日，本件建物の所有権移転登記手続に必要な書類を用意して同司法書士事務所に赴き，申立人に対し，上記売買代金○○○万円の支払を催告した。
 (3) しかし，申立人が上記売買代金○○○万円の支払をしないまま相当期間が経過したため，相手方は，申立人に対し，同年4月2日，本件

売買契約を解除するとの意思表示をした。
 4 ところで，申立人は，平成22年3月26日，上記売買代金〇〇〇万円を持参して，〇〇市〇条〇〇丁目〇番〇号所在の相手方に赴き，相手方に対し，その受領を求めたのであるが，相手方は，「3月21日に持参しなかったのだから，今さら受け取る気持ちにはなれない」と感情を露わにして，申立人の弁済の提供を拒んだ。しかし，弁済提供の効果が生じていることは明らかである。
 5 その後も，相手方は，申立人に対し，上記売買代金〇〇〇万円の支払を催告してから相当期間が経過した，と主張して譲らなかったが，交渉を重ねた結果，相手方の感情も和らぎ，別紙和解条項案のとおりの和解が成立する見込みがついたので，その和解勧告を求める。

（別紙物件目録，別紙和解条項案はいずれも省略）

書式 251　訴え提起前の和解の「請求の原因及び争いの実情」の記載例(4)——貸金請求が内容となっている場合

第2　請求の原因及び争いの実情
 1 申立人は，相手方に対し，平成〇〇年〇〇月〇〇日，〇万円を弁済期平成〇〇年〇〇月〇〇日，利息年〇パーセントとの約定で貸し付けた。
 2 相手方は，上記貸金元金〇万円の貸付けを受けたことを争っているわけではないが，利息については利率の合意内容が違う，と否認し，弁済期についてはその定めがなかった，と主張している。
 3 ところで，相手方は，申立人に対し，上記貸金元金〇万円の弁済を一時にすることは困難であるが，申立人が分割弁済に応じてくれるのであれば，利息の利率と弁済期の約定についても申立人の主張を認める，と譲歩するようになった。
 4 そこで，申立人は，相手方と交渉を重ねた結果，別紙和解条項案のとおりの和解が成立する見込みがついたので，その和解勧告を求める。

（別紙和解条項案は省略）

書式 252　訴え提起前の和解の「請求の原因及び争いの実情」の記載例(5)——不当利得金返還請求が内容となっている場合

第2　請求の原因及び争いの実情
 1 申立人は，建築工事の請負及び設計施工管理等を目的とする株式会社，

相手方は，断熱工事の施工及び材料の販売等を目的とする株式会社であり，お互いに取引関係にある。
2　申立人は，平成○○年○○月○○日，申立外株式会社○○の預金口座に○○万円を振り込もうとしたところ，誤って同額を相手方の預金口座に振り込んでしまった。
3　上記誤振込みは，申立人の経理担当者が振込依頼書に記載するに際し，上から4段目の申立外株式会社○○欄に記載すべき振込金額を，5段目の相手方の欄に記載したことから起こったものである。
4　そこで，申立人は，上記誤振込みの後，相手方に電話をかけ，上記誤振込みについて説明すると共に誤って振り込んでしまった金員を直ちに返還するよう申し入れた。すると，相手方は，申立人に対し，「誤って振り込んだ方が悪いのに，直ちに返還しろとは何事だ」といきり立ち，今後，申立人との取引を一切しないとまで言い始めた。
5　確かに，上記誤振込みは申立人の不手際に尽きるものであって，相手方は申立人の大事な取引相手でもあることから，申立人は，相手方に対し，上記誤振込みの経緯を丁寧に説明したうえで交渉を重ねた結果，別紙和解条項案のとおりの和解が成立する見込みがついたので，その和解勧告を求める。

(別紙計算書，別紙和解条項案はいずれも省略)

書式253　訴え提起前の和解の「請求の原因及び争いの実情」の記載例(6)——保証人の求償権が内容となっている場合

第2　請求の原因及び争いの実情
1　相手方は，平成○○年○○月○○日，株式会社○○銀行（以下「金融機関」という。）から，○○○万円を次の約定で借り受けた。
　(1)　返済方法　平成○○年○○月○○日から平成○○年○○月○○日まで毎月○○日限り元金○万円ずつ（ただし，初回は○万円）を経過利息とともに支払う。
　(2)　利　　息　年　○○．○パーセント
　(3)　損害金　　年　○○．○パーセント
　(4)　特　　約　上記分割払を1回でも怠ったときは，期限の利益を失う。
2　申立人は，平成○○年○○月○○日，相手方から上記借受金債務について保証委託を受けたので，これを承諾し，金融機関に対し，その借受金債務を保証した（保証料○○万円）。
3　相手方は，申立人に対し，上記保証を委託するに当たり，申立人との間で，申立人が金融機関に相手方の上記借受金債務を代位弁済したときは，相手方において，申立人に対し，その代位弁済額及びこれに対する

代位弁済した日の翌日から支払済みまで年〇〇．〇パーセントの割合（年365日の日割計算）による遅延損害金を支払う旨約した。
4　相手方は，上記借受金債務についての支払を怠ったため，申立人は，金融機関に対し，平成〇〇年〇〇月〇〇日，上記保証債務の履行として元利合計〇〇〇万円を弁済した。
5　よって，申立人は，相手方に対し，上記契約に基づいて，求償金〇〇〇万円の支払を求めたところ，相手方は，上記保証委託契約のうち，保証料の額については申立人の主張と異なり〇万円の約定である，と主張している。
6　ところで，相手方は，上記求償金〇〇〇万円の弁済を一時にすることは困難であるが，申立人が分割弁済に応じてくれるのであれば，申立人主張の保証料の額を認める，と譲歩するに至っている。
7　その後，申立人は，相手方と交渉を重ねた結果，別紙和解条項案のとおりの和解が成立する見込みがついたので，その和解勧告を求める。

（別紙和解条項案は省略）

書式 254　訴え提起前の和解の「請求の原因及び争いの実情」の記載例(7)——立替金請求（信販事件）が内容となっている場合

第2　請求の原因及び争いの実情
1　申立人は，個別信用購入あっせんを業とする会社である。
2　相手方は，平成〇〇年〇〇月〇〇日，申立人との間で，次のとおりの立替払契約を締結した。
　(1)　申立人は，相手方が申立人の加盟店である〇〇宝石店から買い受けるネックレス（真珠）の代金〇〇万を立替払する。
　(2)　相手方は，上記代金に立替手数料〇万〇〇〇〇円を加えた合計〇〇万〇〇〇〇円を平成〇〇年〇〇月から平成〇〇年〇〇月まで，毎月〇〇日限り，〇万円ずつ分割して支払う（ただし，初回は〇万〇〇〇〇円）。
3　相手方は，平成〇〇年〇〇月〇〇日に支払うべき割賦金の支払をしない。
4　よって，申立人は，相手方に対し，平成〇〇年〇〇月〇〇日到達の書面で20日間以上の期間を定めて，その未払割賦金の支払を催告したところ，相手方は，申立人に対し，上記ネックレスの真珠の表面には引っ掻いたような傷が付いているので，未払割賦金を支払うつもりはない，と

主張する。
　5　こうしたことから，申立人の担当者が相手方宅まで出向き，上記ネックレスを点検して見ると，その真珠の表面には相手方が主張するような傷が付いていることが判明した。そこで，申立人は，○○宝石店を加えて相手方と交渉したところ，相手方は，申立人に対し，○○宝石店が誠意をもって傷のない同種のネックレスと交換してくれるのであれば，遅滞した割賦金の支払をする，と譲歩するようになり，結局は，傷のないネックレスと交換されることになった。
　6　その後，申立人は，相手方と交渉を重ねた結果，別紙和解条項案のとおりの和解が成立する見込みがついたので，その和解勧告を求める。

（別紙和解条項案は省略）

書式 255　訴え提起前の和解の「請求の原因及び争いの実情」の記載例(8)──交通事故に基づく損害賠償請求が内容となっている場合

第2　請求の原因及び争いの実情
　1　交通事故の発生（以下「本件事故」という。）
　　(1)　日　　時　平成○○年○○月○○日午後○時○○分ころ
　　(2)　場　　所　○○県○○市○条○丁目○番先路上（以下「本件道路」という。）
　　(3)　関係車両　相手方が運転する普通乗用自動車（登録番号×××××。以下「相手方車」という。）
　　　　　　　　　申立人が運転する同人所有の普通乗用自動車（登録番号×××××。以下「申立人車」という。）
　　(4)　事故態様　申立人が本件道路の第1車線を走行していたところ，第2車線を走行中の相手方車がスリップして申立人車の右側面に衝突した。
　2　責任原因
　　　相手方は，本件道路の路面が凍結してスリップしやすい状態であったのだから，その路面状態に適った制動操作をすべき注意義務があるのにこれを怠り，不適切な制動操作をした過失により，相手方車を第1車線方向にスリップさせ，同車線を走行していた申立人車に衝突させた。したがって，相手方には，申立人が被った損害について民法709条に基づく損害賠償責任がある。
　3　損害

申立人は，本件事故により申立人車を損傷され，その修理費〇〇万円相当の損害を受けた。
4　そこで，申立人は，相手方に対し，上記修理費相当額の支払を求めたところ，相手方は，申立人車が轍を避けるようとして第2車線内に多少割り込んだため，本件事故が発生したのだから，申立人にも15パーセントの過失がある，と主張して譲らない。
5　その後，申立人は，自己にも10パーセントの過失があることを認めたうえで，相手方と交渉を重ねた結果，別紙和解条項案のとおりの和解が成立する見込みがついたので，その和解勧告を求める。

（別紙和解条項案は省略）

書式256　訴え提起前の和解の「請求の原因及び争いの実情」の記載例(9) ── 売買代金請求が内容となっている場合

第2　請求の原因及び争いの実情
1　申立人は，相手方に対し，平成〇〇年〇〇月〇〇日，箪笥一竿を代金〇〇万円，支払期日平成〇〇年〇〇月〇〇日の約定で売るとの合意をした。
2　申立人は，相手方に対し，上記支払期日に上記箪笥を引き渡した後，上記売買契約に基づいて代金〇〇万円の支払を求めた。これに対し，相手方は，申立人の従業員が上記箪笥を申立人宅に搬入する際に居間の壁面を損傷したので，その修理代金〇万円相当の損害賠償請求権をもって相殺する，と主張している。
3　そこで，申立人は，従業員から事情を聴取したところ，相手方の主張どおり，申立人の従業員が上記箪笥搬入時の不手際により相手方宅の居間の壁面を損傷してしまったことが判明した。
4　その後，申立人は，相手方と交渉を重ねた結果，相手方が申立人に対し，上記売買代金から上記損傷壁面の修理費相当額〇万円を控除した残額を支払うことで本件を解決するとの話し合いが調ったので，別紙和解条項案のとおりの和解勧告を求める。

（別紙和解条項案は省略）

書式 257　訴え提起前の和解の「請求の原因及び争いの実情」の記載例(10)──宿泊料請求が内容となっている場合

第2　請求の原因及び争いの実情
　1　相手方は，申立人との間で，平成○○年○○月○○日，次のとおり，宿泊契約を締結し，その役務を提供した。
　　(1)　期　　　間　平成○○年○○月○○日から同月○○日まで（チェックインは午後2時以降，チェックアウトは午前11時まで）
　　(2)　内　　　容　1泊2日（朝食付き）
　　(3)　料　　　金　○万○○○○円
　　(4)　支払期日　チェックアウトの際に支払う。
　2　相手方は，申立人のフロント係に対し，宿泊をさらに2日延長したいと申し込んできたが，あいにく予約客で客室が満杯となっていたため，その申し込みを断った。ところが，相手方は，「フロント係の対応が悪い」と難癖をつけ，宿泊料を支払わないままチェックアウトしてしまった。
　3　そこで，数日後，申立人は，顧問弁護士とも相談した結果，相手方に電話をかけ，宿泊時の手荷物の差押えを承諾することを証する文書の提出を求めたところ，相手方は，宿泊料を支払わずにチェックアウトした非を認めて謝罪するに至った。
　　　その際，申立人と相手方との間に，相手方が申立人に対し，上記宿泊料に遅延損害金を付加して支払うことで本件を解決する旨話し合いが調ったので，申立人は，別紙和解条項案のとおりの和解勧告を求める。

（別紙和解条項案は省略）

書式 258　訴え提起前の和解の「請求の原因及び争いの実情」の記載例(11)──売掛代金請求が内容となっている場合

第2　請求の原因及び争いの実情
　1　申立人は，相手方に対し，支払日を平成20年4月10日と約して，平成20年3月1日から同月末日までの間，○○回にわたり，灯油○○○リットルを合計○○○○円で売り渡した。
　2　しかし，相手方は，平成22年4月10日の経過をもって，上記支払日の翌日から2年が経過したので短期消滅時効が完成した，と主張して上記売掛代金を支払わない。

3　その後，申立人は，従業員甲に対し，上記売掛代金の管理について報告を求めた。
  4　甲の報告によると，甲は，毎月，相手方に対し，請求書を送付したり電話をかけたりして支払を催告していたが，その支払がないので，平成21年10月1日，甲が相手方宅に赴き，上記売掛代金の支払を求めたところ，相手方は，「失職のため支払えないので猶予して欲しい」と懇請した，という事実が判明した。
　　　したがって，上記売掛代金債務の消滅時効は，平成21年10月1日，相手方の債務承認により中断したものである。
  5　その後，申立人は，相手方と交渉を重ねた結果，相手方は，申立人に対し，上記債務承認の事実を認め，一括支払は無理であるが分割支払であれば応じる，と譲歩するようになったので，別紙和解条項案のとおりの和解勧告を求める。

（別紙和解条項案は省略）

書式259　訴え提起前の和解の「請求の原因及び争いの実情」の記載例(12)――通話料請求が内容となっている場合

第2　請求の原因及び争いの実情
  1　相手方は，平成○○年○○月○○日，同人の代理人ないし使者である丙野花子（相手方の妹）を介して，申立人に対し，相手方の有する利用休止中の電話加入権の電話回線（新電話番号○○○－○○○－○○○○。以下「本件電話回線」という。）について再利用請求をし，相手方は，電話サービス契約約款により本件電話回線から行った通話について，契約者以外の者が行った通話を含め，通話料の支払義務を負うことになった。
    (1)　設　置　場　所　○○市○条○丁目○番○号　○○市営団地○号棟○号
    (2)　料金の支払方法　毎月○○日締切，翌月○○日支払
    (3)　遅　延　損　害　金　年14.5パーセント
    (4)　請求書送付先　○○市○条○丁目○番○号　○○市営団地○号棟○号　丙野花子方
  2　本件電話回線からの通話に係る料金及び遅延損害金は次のとおりである。
　　　　平成○○年○月○○日から平成○○年○月○○日まで
　　　　　　　　　　　　　　　　　　○○○○円（遅延損害金）

平成〇〇年〇月〇〇日から平成〇〇年〇月〇〇日まで
〇万〇〇〇〇円（料金）
平成〇〇年〇月〇〇日から平成〇〇年〇月〇〇日まで
〇万〇〇〇〇円（料金）
平成〇〇年〇月〇〇日から平成〇〇年〇月〇〇日まで
〇万〇〇〇〇円（料金）
合計〇万〇〇〇〇円

3　よって，申立人は，相手方に対し，上記契約に基づいて，通話料及び遅延損害金の合計〇万〇〇〇〇円の支払を求めたところ，相手方は，申立人に対し，本件電話回線を利用したのは丙野花子であり，相手方に料金の支払義務はない，と主張してその支払をしない。

4　そこで，申立人は，相手方に対し，丙野花子が申立人営業所に来訪し，契約者名と預り番号を申告して本件電話回線の再利用請求をしたので，申立人担当者において，その申告された内容が加入権履歴と一致することを確認したうえで，相手方の承諾の有無を尋ねたところ，丙野花子に同行していた同人の母が，「姉だから大丈夫。承諾を得ている」と回答したこと，電話サービス約款上，契約者は，電話回線から行った通話については，契約者以外の者が行ったものについても料金の支払義務を負うとされていること，電話加入権の譲渡は，申立人の承認を受けなければその効力を生じないとされていることなどを縷々説明した。

　　それでも，相手方は，申立人に対し，直接相手方に対する本件電話回線の再利用の意思確認がなかった，と苦情を述べていたが，その後，申立人は，相手方と交渉を重ねた結果，相手方は，申立人に対し，一括払いは無理であるが分割払であれば応じる，と譲歩するようになったので，別紙和解条項案のとおりの和解勧告を求める。

（別紙和解条項案は省略）

〔3〕 訴え提起前の和解と調書

(1) 和解成立と調書作成

　民事調停法16条は，「調停において当事者間に合意が成立し，これを調書に記載したときは，調停が成立したものとし，その記載は，裁判上の和解と同一の効力を有する」と規定している。これに対して，民事訴訟規則169条は，「訴え提起前の和解が調ったときは，裁判所書記官は，これを調書に記載しなければならない」と規定しているにすぎない。そこで，訴え提起前の和解についても，調停と同様に，調書の作成により和解の成立が認められるのか否かが問題になる。この点について，和解の成立そのものは，争いのある権利又は法律関係について当事者が相互に互譲をなし，一定の合意がなされることで成立すると見るべきであるから，その合意が調書に記載されることにより，和解の効力が発生するというべきである。

　ところで，訴訟法上の和解の本質は，当事者間の法律関係を確定することについての一定の合意にあり，その合意は，実体法上当事者が自由に処分することのできる事項についてされ，さらに合意の内容は，可能であって確定していること，公序良俗や強行法規に違反しないことを必要とする。この要件は，訴え提起前の和解においても必要になるため，当事者間の合意内容がこの要件に反している場合，裁判所は，その事件を不成立として終了させることになるであろう。

(2) 和解調書の記載事項

(a) 形式的記載事項　　訴え提起前の和解調書の形式的記載事項については，その性質に反しない限度で，民事訴訟規則66条1項・2項が準用される（なお，訴え提起前の和解は口頭弁論手続ではないから，同条1項6号が準用される余地はない）。その結果，①標題，②事件の表示，③期日，④場所，⑤裁判官及び書記官の氏名，⑥立ち会った司法委員の氏名，⑦出頭した当事者及び代理人等の氏名を記載する。

　①の標題は「和解調書」と記載し，②の事件の表示は「事件番号」で特定して記載し，③の期日は邦暦で記載し，④の場所は「○○簡易裁判所和解

室」と記載し，⑦の出頭した当事者及び代理人等の氏名は，その資格と氏名により，例えば「申立人　甲野太郎」，「相手方　乙野次郎」，「相手方代理人　丙野三郎」のように記載する。

なお，当事者以外の第三者が和解に参加した場合は，「利害関係人　丁野四郎」のように記載する。

(b)　実質的記載事項　　訴え提起前の和解調書の実質的記載事項については，その性質に反しない限度で，民事訴訟規則67条1項1号・6号・7号が準用される。

(イ)　和解成立の事実　　実務では，「当事者間に次のとおり和解成立」，あるいは，単に「和解成立」と記載している。その趣旨は，和解が成立した事実を宣言して公証することにある。

(ロ)　当事者の表示　　当事者の表示は，和解が誰と誰との間でなされたのか，和解の効力の及ぶ主観的範囲を明確にするために記載するものである（民訴115条1項）。

自然人の表示については，申立人又は相手方の氏名・住所を記載する。法人の表示については，商号・所在地，代表者である旨及び代表資格を記載する。利害関係人が加入して和解が成立した場合は，利害関係人の氏名及び住所を記載する。

なお，登記手続を求める訴え提起前の和解において，登記記録上に記載されている自然人の住所や法人の所在地が，その現住所や現所在地と異なっている場合は，実務では，登記記録上の住所や所在地を併記するのが通例である。なぜなら，登記記録上に記載されている当事者と和解調書に記載されている当事者の同一性を公証して，その後の登記手続に支障が生じないようにするためである。

(ハ)　請求の表示　　請求の表示は，和解がどのような権利又は法律関係についてされたのか，和解の効力の及ぶ客観的範囲を明確にするために記載するものである。実務では，和解の対象物である権利又は法律関係について，他の請求と区別できる程度に特定して記載するのが通例である。

(ニ)　和解条項　　和解条項とは，訴え提起前の和解期日における当事者間の一定の権利又は法律関係についての合意内容をいう。和解条項は，判決の

主文に相当し，和解調書の中核部分を構成するものである。

　(ホ)　和解調書　　上記(2)に基づいて記載された和解成立調書の書式例は，【書式260】のようになる。

　(c)　和解調書の効力　　訴え提起前の和解調書にも，判決が有する既判力が認められるか否かが問題になる。この点について，判例は，和解に瑕疵がなく有効である限り既判力があるとする制限的既判力説をとっている。なお，訴え提起前の和解調書中に和解の当事者及び利害関係人の具体的な給付義務を記載した条項があれば，その和解調書が執行力を有することについては，判例・学説ともに異論がない。

　(d)　和解不成立等　　裁判所が和解を勧告しても当事者間に合意が調わず，又は合意に達する見込みがないと判断するときは，事件は和解不成立として終局する。この場合は，和解期日調書の「手続の要領等」欄に「裁判官　本件和解を不成立とする」というような記載をする。

　和解期日に出頭した当事者間に和解が調わなかった場合において，当事者双方の申立てがあるときは，裁判所は，直ちに訴訟の弁論を命ずるため，訴え提起前の和解の申立てをしたときに，訴えを提起したものとみなされる（民訴275条2項）。

　そして，上記の申立ての際に，手形・小切手訴訟による審理及び裁判を求める旨の申述があった場合には，手形・小切手訴訟として訴えが提起されたものとみなされる（民訴365条・367条2項）。【書式261】は，このような事案を想定した書式例である。

　訴え提起前の和解が不成立となり弁論が命じられて訴訟に移行した場合，申立人は，訴額に対応する手数料を納めなければならないが，和解申立てについて納めた手数料を差し引いた額を納めれば足りる（民訴費3条2項1号）。

　申立人又は相手方が訴え提起前の和解期日に出頭しないときは，裁判所は，和解が調わないものとみなす（民訴275条3項）ことができる一方，休止として扱うこともできる。休止とした場合において，当事者が1ヵ月以内に期日指定の申立てをしないときは，訴え提起前の和解申立てを取り下げたものとみなされる（民訴263条）。

　なお，当事者の一方又は双方が和解期日に出頭しない場合であっても，当

事者間に合意が調う可能性があれば，和解期日を続行することは何ら差し支えない。

〔西村　博一〕

書式260　和解成立調書（金銭分割払いの基本型）

和　解　調　書

｜裁判官認印｜

　　事件の表示　　平成○○年(イ)第○○○○号
　　期　　日　　　平成○○年○○月○○日午後○時○○分
　　場　　所　　　○○簡易裁判所和解室
　　裁　判　官　　○　○　○　○
　　裁判所書記官　○　○　○　○
　　出頭した当事者等
　　　　申立人　　甲　野　太　郎
　　　　相手方　　乙　野　次　郎
　　　　　　　　　　手続の要領等
　　当事者間に次のとおり和解成立
第1　当事者の表示
　　○○県○○市○○町○丁目○番○号
　　　　　　　　　申立人　　甲　野　太　郎
　　○○県○○市○○町○丁目○番○号
　　　　　　　　　相手方　　乙　野　次　郎
第2　請求の表示
　　申立人が，平成○○年○○月○○日，相手方に対し，弁済期を平成○○年○○月○○日，利息年○パーセント，遅延損害金年○○パーセントと約して貸し付けた○○万円の残金○○万円及びこれに対する弁済期の翌日である平成○○年○○月○○日から支払済みまで年○○パーセントの割合による遅延損害金の支払についての和解
第3　和解条項
　1　相手方は，申立人に対し，本件貸金債務として○○万○○○○円（①貸金残金○○万円，②確定遅延損害金○○○○円）の支払義務があることを認める。
　2　相手方は，申立人に対し，前項の金員を次のとおり分割して，○○銀行○○支店の申立人名義の普通預金口座（口座番号×××××××）に振り込んで支払う。
　　(1)　平成○○年○○月から平成○○年○○日まで毎月末日限り○万円ずつ
　　(2)　平成○○年○○月末限り○○○○円
　3　相手方は，前項の分割金の支払を通算して2回怠ったときは当然に期限の利益を失い，申立人に対し，第1項の金員から既払額を控除した残金及び第1項①の残額に対する期限の利益を喪失した日の翌日から支払済みまで年○○パーセントの割合による遅延損害金を直ちに支払う。
　4　申立人は，その余の請求を放棄する。
　5　当事者双方は，申立人と相手方との間には，この条項に定めるもののほか他に債権債務がないことを相互に確認する。
　6　和解費用は，各自の負担とする。
　　　　　　　　　裁判所書記官　　○　○　○　○　㊞

書式 261　和解不成立調書の記載事項（手形訴訟の場合）

和解期日調書

|裁判官認印|

事件の表示　　　平成○○年(イ)第○○○○号
期　　　日　　　平成○○年○○月○○日午後○時○○分
場　　　所　　　○○簡易裁判所法廷で公開
裁　判　官　　　○　○　○　○
裁判所書記官　　○　○　○　○
出頭した当事者等
　　　申立人　　甲　野　太　郎
　　　相手方　　乙　野　次　郎

　　　　　　　手続の要領等
裁判官
　　本件和解を不成立とする。
当事者双方
　　訴訟移行の申立て
原　告（申立人）
　　本件訴訟について手形訴訟による審理及び裁判を求める。
裁判官
　　手形訴訟による弁論を命じる。
原　告（申立人）
　　請求の趣旨及び原因として訴え提起前の和解申立書陳述
被　告（相手方）
　　1　請求棄却申立て
　　2　請求原因事実はすべて否認する。
続　行
指定期日
　　平成○○年○○月○○日午後○時○○分
　　　　　　　　裁判所書記官　　○　○　○　○　㊞

第3章

和解に代わる決定手続

第1節 序　　説

　和解に代わる決定は，平成15年の民事訴訟法改正により簡易裁判所の特則として新たに設けられた制度で，簡易裁判所の金銭の支払を目的とする訴えについて，裁判所が被告の資力等を考慮して和解的な解決を図ることができるようにするために創設された制度である。

　裁判所は，金銭の支払の請求を目的とする訴えについて被告が口頭弁論で原告の主張事実を争わず，また，抗弁等の主張をしない場合には，被告の資力その他の事情を考慮して和解的な解決が相当と認められるときは，原告の意見を聴いて，5年以内の期限を猶予する定め又は分割弁済をする内容の和解に代わる決定をすることができる（民訴275条の2）。

　なお，当事者双方が和解に代わる決定の告知を受けた日から2週間以内に異議の申立てをしたときは，決定は効力を失う（民訴275条の2第3項・4項）。この期間内に異議の申立てがないときは，この決定は，裁判上の和解と同一の効力を有する（同条5項）。

〔牛坂　潤〕

第2節　和解に代わる決定の概要

〔1〕　要件，相当性の判断と効果

(1)　意義と根拠

　和解に代わる決定（民訴275条の2）は，平成15年の民事訴訟法改正により簡易裁判所の特則として新たに設けられた制度である。これは金銭請求事件で遠隔地に居住する被告から「裁判所に出頭することができない。請求原因事実に争いはなく，月額〇万円での分割弁済を希望する。」という趣旨の答弁書が提出される事例が多くある。このような場合，被告が不出頭のため和解を成立させることもできないし，平成8年の民事訴訟法改正により創設された和解条項案の書面による受諾の制度（受諾和解。民訴264条）を利用することも考えられるが，和解案を当事者双方に交付し，双方から和解を受諾する旨の書面の提出があり，これを裁判所が確認したうえで，当事者の一方が出頭した期日で和解を成立させるという手続のため簡易・迅速な裁判を目指す簡易裁判所ではこの手続が行われることは少なかった。そうした中にあって簡易裁判所では当該事件を職権により調停（手続）に付したうえで民事調停法17条に基づき分割弁済を命ずる決定をすることが実務として定着していた。平成15年の民事訴訟法改正では，簡易裁判所の金銭請求事件について和解的解決が相当と判断したときに調停に付することなく，一定の要件のもとで和解に代わる決定ができることとしたものである。

(2)　要件と実務の状況（含問題点）

(a)　金銭の支払の請求を目的とするものであること　　例えば自動車の引渡しや建物等の明渡し等の金銭以外の給付を求める給付訴訟や債務不存在確認等を求める確認訴訟では認められない。

(b)　被告が口頭弁論で，①原告の主張した事実を争わず，②その他何らの防御方法をも提出しないこと　　請求原因事実を自白した場合，あるいは抗弁を提出するなどして争うことを明らかにしないため擬制自白が成立した場

合（民訴159条）である。裁判所の裁量に基づく和解的な解決手段であるから，当事者間に事実の争いがないことを前提としたものと解される。

　受諾和解とは異なり，双方が期日に欠席した場合，あるいは双方が出席したが和解が調わない場合にも和解に代わる決定をすることができる。

　(c)　被告の資力その他の事情を考慮して相当と認められること　被告の収入や生活状況，原告の意見等を総合的に判断することになるであろう。実務で多く利用されているのは，信販関係事件の場合に被告が分割弁済の期限の利益を失っていて被告から具体的な返済額の希望があること（例えば毎月1万円での分割弁済希望等），原告が被告希望の額での分割弁済に基づく和解に代わる決定に異議がないか，又は分割弁済額については納得していない場合でも和解に代わる決定については異議がないという場合であろう。

　(d)　原告の意見を聴くこと　原告の意見を聴くとは，裁判所が原告に対して意見を述べる機会を与えれば足り，その意見等に裁判所が拘束されるということではない。実務では双方が欠席の場合には，原告から具体的な和解案が記載された和解に代わる決定の上申書等が提出される場合が多い。

　(e)　原告の請求に係る金銭について5年以内の範囲内で時期を定め若しくは分割払いの定めをすること

　(イ)　訴訟上の和解の場合には訴訟物以外の権利関係を加えて和解することがあるが，和解に代わる決定の対象は，原告の請求に係る金銭である。

　(ロ)　時期を定めるとは，5年以内の時期に一括で支払うことを定めた趣旨と考えられる。

　(ハ)　分割払いの定めとは，被告の事情に応じて支払可能と認められる分割額及び5年以内の支払期間を定めることである。

　(f)　期限の利益の喪失について定めること　分割払いによる期限の利益を与えたにもかかわらず，被告が任意の履行を怠ったときには，以後期限の利益を与え続ける必要はなく，当然に期限の利益を喪失する。実務上「2回支払を怠ったときには」期限の利益を失うと定める場合が多い。

　(g)　裁判所の裁量による遅延損害金の免除　裁判所は被告が猶予された支払時期の定めに従って支払をしたとき，若しくは期限の利益を失うことなく分割払いを終了したときには，訴え提起後の遅延損害金の支払義務を免除

することができる。実務では一般にこの免除を前提とした条項が作成されている。

(h) 問題点等

(イ) 和解に代わる決定ができるのは，一般に原告・被告双方が口頭弁論期日に出頭している場合又は，原告が口頭弁論期日に出頭していて被告が答弁書を提出している場合に原告から和解に代わる決定をすることに対する意見を直接聴くことを想定していると考えられるが，原告が不出頭で被告が出頭している場合においても訴状を擬制陳述させて，被告に対し決定についての説明をした上でこれに納得したときに，原告から口頭弁論期日前に和解に代わる決定を求める上申書の提出があった場合には決定をすることが相当であろう。

(ロ) 5年の期間を超える分割払いの定め（実務上の事例としては多くないと思われる），訴え提起前の利息及び遅延損害金の放棄あるいは元金の一部放棄等，民事訴訟法275条の2第1項に定める要件のうち，その内容が金銭等の支払の請求を目的とするものであるときには，上記に示したような場合，原告が同意するか異議のないときには実務では柔軟な運用がなされ和解に代わる決定を行っている。また，双方が口頭弁論期日に欠席し，被告が請求原因事実を認めて分割弁済を希望する答弁書を提出し，原告から和解に代わる決定の条項案を上申書として提出されている場合には，和解に代わる決定がされる場合が多いであろう。最終的に和解に代わる決定が難しいと判断した場合には，調停に代わる決定（民調17条）を選択することになろう。

〔2〕 和解に代わる決定と当事者の異議

和解に代わる決定の告知を受けた当事者は，告知を受けた日から2週間の不変期間内に異議の申立てをすることができる（民訴275条の2第3項）。異議の申立てがあると決定は効力を失い（同条4項），当然に決定前の訴訟状態に復する。異議の申立てがないときは，決定は裁判上の和解（確定判決）と同一の効力を有する（同条5項，民訴267条）。

〔牛坂　潤〕

書式262　和解に代わる決定

平成○○年（ハ）第○○○○号　貸金請求事件

　　　　　　　　　　　決　　　　　定

　　　　　○○県○○市○○町○○丁目○○番地
　　　　　　　　原　　　告　　　○○株式会社
　　　　　　　　代表者代表取締役　○　○　○　○
　　　　　　　　代　理　人　支　配　人　　○　○　○　○
　　　　□□県□□市□□町□□丁目□□番地
　　　　　　　　被　　　告　　　○　○　○　○

　　　　　　　　　　　主　　　　　文
1　被告は，原告に対し，本件貸金債務として，残元金○○万円及びこれに対する平成○○年○○月○○日から支払済みまで年○○パーセントの割合による遅延損害金の支払義務のあることを認める。
2　被告は，原告に対し，前項の金員のうち，残元金○○万円及びこれに対する平成○○年○○月○○日から平成○○年○○月○○日までの遅延損害金○○○○円との合計○○万○○○○円を次のとおり分割して，○○銀行○○支店の原告名義の普通預金口座（口座番号○○○○○○○）に振り込む方法により支払う。
　(1)　平成○○年○○月から平成○○年○○月まで毎月○○日限り，○万円ずつ
　(2)　平成○○年○○月○○日限り○○○○円
3　被告が前項の分割金の支払を合計2回怠ったときには，期限の利益を失い，被告は，原告に対し，第1項の金員から前項の既払額を控除した残額を直ちに支払う。
4　被告が期限の利益を失うことなく第2項の分割金の支払を完了したときには，原告は，被告に対し，第1項のその余の支払義務を免除する。
5　原告は，その余の請求を放棄する。
6　原告と被告は，本件に関し，本条項に定めるほか，他に何らの債権債務のないことを相互に確認する。
7　訴訟費用は，各自の負担とする。

請 求 の 表 示

別紙請求の趣旨及び請求の原因記載のとおり（別紙省略）

理　　　　由

　被告は口頭弁論において原告の主張した事実を争わず，その他何らの防御の方法をも提出しないので，被告の資力その他の事情を考慮して相当であると認め，原告の意見を聴いて，民事訴訟法275条の2に基づいて主文のとおり和解に代わる決定をする。

　　　　　　　平成〇〇年〇〇月〇〇日
　　　　　　　〇〇簡易裁判所
　　　　　　　　裁　判　官　　〇　　〇　　〇　　〇　　㊞

（注意事項）
　当事者双方は，この決定の告知を受けた日から2週間以内に当裁判所に異議の申立てをすることができる。適法な異議申立てがあったときは，この決定は効力を失う。適法な異議の申立てがないときには，この決定は裁判上の和解と同一の効力を有する。

〔注〕
1．参考文献は，加藤新太郎『簡裁民事事件の考え方と実務』〔第3版〕（民事法研究会），横田康祐ほか『新書式全書　簡裁民事手続Ⅰ』〔改訂版〕（酒井書店）。

第4章

督促手続と関連手続

第1節 序　　説

(1) 意　義

　督促手続とは，金銭その他の代替物又は有価証券の一定数量の給付を目的とする請求について，簡易裁判所の裁判所書記官が債権者の一方的申立てに基づき，債務者を審尋することなく，簡易迅速かつ経済的に債権者に債務名義を取得させる略式手続である（民訴382条）。なお，督促手続では，申立人を債権者，相手方を債務者という。

　「金銭」は，一定種類の通貨でもよいが，特定の通貨（封金，特定番号の通貨）とすることは特定物の給付を目的とするものであるから許されない。また，国内通貨はもちろん，外国の通貨でもよい。郵便切手や収入印紙も金銭と同視できる（裁判所書記官実務研究報告書『新民事訴訟法における書記官事務の研究(Ⅲ)』106頁）。代替物の請求である限り，その請求権の発生原因を問わないから，契約に基づくものでも，不法行為あるいは不当利得などに基づくものでもかまわない。その発生原因を問わないといっても，支払督促の申立てが，申立ての趣旨から請求に理由がないことが明らかなときは，却下される（民訴385条1項前段）。上記の例として，請求自体が公序良俗に反する場合とか，請求が利息制限法や割賦販売法等の強行法規に反する場合などが考えられる。また，申立ての趣旨及び原因に記載された債権者の主張自体から不合理であることが明白な場合も含まれると解される（裁判所職員総合研修所監修『民事訴訟法講義案』〔改訂補訂版〕376頁）。

しかし，金銭の給付を目的とするものであっても，例えば，村議会議員の村に対する報酬請求権などの国又は地方公共団体と私人間の公法上の権利関係に基づく請求は，その請求訴訟が簡易裁判所において取り扱うことができず（裁33条1項1号），督促手続においても証拠判断は行わないがその主張自体理由があるか否かの判断が行われるから，その判断が公法上の権利関係を対象とする以上，公法上の権利関係に基づく請求を督促手続の対象とすることは，公法上の権利関係に関する判断は特に慎重であることを要し，簡易裁判所では取り扱えないとした裁判所法の趣旨に添わないものといわなければならないから督促手続の対象にはならないとする見解が有力であり，実務でも一般的訴訟要件を欠くとして同様に解しているようである（菊井維大＝村松俊夫『全訂民事訴訟法〔Ⅲ〕』〔第2版全訂版〕419頁。訟廷執務資料第21号『督促手続に関する問題の研究』第五問10頁。裁判所書記官研修所実務研究報告書『支払命令における実務上の諸問題の研究』3頁。前掲『新民事訴訟法における書記官事務の研究(Ⅲ)』106頁。園部厚『書式支払督促の実務』〔全訂6版〕53頁）。

　もっとも，国や地方公共団体に対する請求であっても，賃料とか売買代金のような私法上の権利関係に基づく請求権であれば，督促手続によることができる（裁判所書記官研修所実務研究報告書『支払命令における実務上の諸問題の研究』3頁。前掲『新民事訴訟法における書記官事務の研究(Ⅲ)』106頁）。

　「その他の代替物」とは，金銭以外の物で，取引上その物の個性を問題とせず，種類，品質，数量の点で他の物に替わりうる動産をいう。

　「有価証券」とは，種類債権の目的となる有価証券をいい，例えば，無記名社債，無記名（持参人払式）小切手等一般の取引上その個性が問題とならない有価証券に限られ，手形，記名式・指図式小切手等特定の人に対する義務を内容とする有価証券の給付を目的とする請求は認められない。

　また，督促手続は，債務者の言い分を聴かずに，支払督促を発する手続であるから，存在，内容などの点につき真実に合致しない債権のために，強制執行が行われる危険もないではないので，誤って執行が行われたときの原状回復の容易さを考慮して，特定物の給付，建物の退去，意思表示その他の作為・不作為などは督促手続の対象としては認められない。

(2) 手続の概要

簡易裁判所の裁判所書記官は，債権者の一方的な申立てにより，債務者を審尋することなく，申立てが適法であり，申立書の記載により請求に理由があると認められるときは，支払督促を発付し（民訴382条・386条1項），債権者に対しては，支払督促が発付されたことを通知し，債務者に対しては，支払督促正本を送達し，同正本が債務者に送達された後2週間以内に，債務者から督促異議の申立てがない場合は，債権者の申立てによって，その支払督促に仮執行宣言を付する（民訴391条1項）。この仮執行宣言付支払督促（正本）は債権者及び債務者に送達され，債務者に対する送達後2週間以内に債務者から督促異議の申立てがない場合又は督促異議申立てがされてもそれを却下する決定が確定したとき，その仮執行宣言付支払督促は，確定判決と同一の効力を有する（民訴396条）ことになり，督促手続は終了する。他方，債務者から適法な督促異議の申立てがあれば，訴訟手続に移行する（民訴395条）（裁判所職員総合研修所監修『民事実務講義案Ⅲ』〔3訂版補正版〕80頁）。

支払督促の申立ては，書面（民訴133条）又は口頭（271条）による。支払督促申立書は，手数料を納付しなければならない申立てに係る書面であるから，ファクシミリによる申立ては認められない（民訴規3条1項1号）。

また，平成17年4月1日施行の平成16年法律第152号「民事関係手続の改善のための民事訴訟法等の一部を改正する法律」により，督促手続のオンライン化が可能になったことを受けて，東京簡易裁判所においては平成18年9月1日から督促手続オンラインシステムが運用を開始した。このシステムでは，支払督促の定型的な類型について，債権者は，インターネットを利用して支払督促申立てや仮執行宣言の申立てをすることができる。

なお，督促手続オンラインシステムの稼働により，大都市簡裁督促事件処理システム（いわゆるOCR（光学式文字読取装置）で読み取る方式の申立て。東京簡易裁判所及び大阪簡易裁判所に導入されていた）による申立ては，平成19年1月31日限り廃止された。

(3) 手続法規

督促手続は，民事訴訟法の特別手続として同法「第7編　督促手続」に規定されている。したがって，同編に特別の定めのある事項（例えば，民訴383条

の管轄規定等）を除いて，同法「第１編　総則」の規定が適用され，さらに，同法384条において訴えに関する規定を準用していることから，例えば，請求の併合（民訴136条），訴状審査と補正命令及び訴状却下命令（民訴137条），送達料の予納命令に応じない場合の訴え却下決定（民訴141条），二重起訴禁止（民訴142条）等の規定は，支払督促にも準用があると解される。また，督促手続の性質に反する事項（例えば，将来の給付請求についての民事訴訟法135条）を除いて，同法「第２編第１章　訴え」の規定及び民事訴訟法271条が準用される。ただし，遅延損害金を附帯請求として請求する場合には，将来の分についても認めることができると解されている（前掲・民事実務講義案Ⅲ81頁）。

　また，民事訴訟法271条の準用については，支払督促手続の書面審理主義という性質，申立てのほとんどが書面でなされている実情等からその準用を否定的に解する説もある（梶村太市＝石田賢一『支払督促の実務』〔初版〕25頁〔石田賢一〕）。

　なお，簡易裁判所に対する訴えの提起においては，請求の原因に代えて紛争の要点を明らかにすれば足りるが（民訴272条），督促手続の性質上，請求が特定されないままでは発付できないことは明らかであって，申立時に請求の原因が特定されていることを要する。したがって，民事訴訟法272条は，督促手続には性質上準用されないものと解される（前掲・民事訴訟法講義案375頁）。

(4)　支払督促申立てに関する手続上の問題

　督促手続は，民事訴訟法が定めた特別手続であるから，性質上訴訟手続になじむものとなじまないものがある。以下，下記の事項について検討する。

　(a)　申立ての併合　　申立ての併合とは，数個の請求が人的（主観的併合）又は物的（客観的併合）に結合された様態で申立てがなされた場合をいい，主観的併合とは，数人の債権者から（又は数人の債務者に対して）申し立てられる場合であり，客観的併合とは，１人の債務者に対し１つの申立てで数個の請求をする場合である。訴訟手続において訴えの主観的併合及び客観的併合が許されているのと同様に，督促手続においても申立ての主観的併合及び客観的併合が許される。ただし，主観的併合においては，共同訴訟の要件（民訴38条）を備えているだけでなく，各請求について申立先が共通である場合に

限り許される（最高裁判所事務総局民事局監修『新しい督促手続の基本的諸問題』〔第1版〕31頁）。

また，数個の請求を併合し，1つの申立てとしてなされる原始的併合は許されるが，各別に申し立てられた督促手続を併合して1つの支払督促を発付する後発的併合は，弁論の併合の規定（民訴152条）が督促手続の性質上準用されないことから，許されない（前掲・新しい督促手続の基本的諸問題31頁）。

(b) 請求の変更　民事訴訟法は，訴えにつき，「請求の基礎の同一性」及び「訴訟遅延のないこと」を要件として，請求又は請求の原因の変更を許しており（民訴143条1項），督促手続においても，その準用が認められることから，変更後の請求がその請求の基礎に同一性があり，かつ督促手続の要件に反しない限り，支払督促が発付されるまで（裁判所書記官が支払督促原本を作成するまで）は許される（梶村＝石田・前掲42頁〔石田〕）。

なお，適法な異議申立てによる訴訟手続に移行した後は，請求又は請求の原因の変更は，訴えの変更として，口頭弁論の終結に至るまで可能である（民訴395条・143条）（前掲・新しい督促手続の基本的諸問題32頁）。

(c) 当事者の変更　民事訴訟において当事者の変更が許されるのは，法律上認められる場合に限られるのであり，それ以外は許されない。したがって，督促手続においても訴えの場合と同様に解されるから，当事者の変更は許されない。

これに対し，単なる当事者の表示の誤記の場合は，当事者の同一性に変動がなく，当事者の変更にあたらないから，当事者の表示の訂正として許される（梶村＝石田・前掲43頁〔石田〕）。

したがって，当事者の同一性に変更がない単なる当事者の氏名の訂正にとどまらない場合には，債権者はいったん申立てを取り下げ，新たに申立てをする必要がある（前掲・新しい督促手続の基本的諸問題32頁）。

死者を債務者とする申立てについては，支払督促発付前に債権者から債務者をその相続人に訂正する旨の訂正申立書が提出されたときにおいては，当事者の氏名の訂正に準じて扱われる（前掲・民事実務講義案Ⅲ87頁，115頁）。

(d) 参　加　督促手続の性質上，独立当事者参加（民訴47条）や共同訴訟参加（民訴52条）の準用はないものと解される。ただし，支払督促に対する異

議申立てにより訴訟手続に移行した後の訴訟においては，これらの参加が認められる（梶村＝石田・前掲41頁〔石田〕）。

また，補助参加は，債務者のために督促異議申立てをすると同時に参加の申出をする場合に許される（民訴45条・43条2項）（前掲・民事実務講義案Ⅲ87頁）。

(5) 支払督促申立ての効力

支払督促の申立てが受理されると，訴訟法上及び実体法上の効力が生ずる。

(a) 訴訟法上の効力 支払督促申立書が受理・立件されると，二重起訴禁止の効力が生ずる（民訴142条）から，同一当事者間の同一請求につき，重ねて支払督促を申し立てることはもとより，訴えを提起することもできない。したがって，すでに支払督促の申し立てられている請求について重ねて支払督促を申し立てると，後者の申立てがなされたときに，二重申立てを生じる。また，すでに支払督促の申し立てられている請求について訴えの提起がなされると，訴状が被告に送達されたときに二重起訴を生じる（小室直人＝賀集唱＝松本博之＝加藤新太郎編『基本法コンメンタール新民事訴訟法3』〔第2版〕167頁〔梅本吉彦〕）。

(b) 実体法上の効力 支払督促申立書が受理・立件されると，裁判上の請求として時効中断の効力（民訴147条，民147条1号）が生じる。しかし，債権者が法定期間内に仮執行宣言の申立てをしなかったため，支払督促が失効した（民訴392条）ときは，時効中断の効力は生じなかったことになる（民150条）（前掲・民事実務講義案Ⅲ87頁）。

〔山納　雅美〕

第2節　支払督促の申立先

〔1〕　概　　説

　旧民事訴訟法は督促手続は簡易裁判所の裁判官が行うものとしていたが、現行民事訴訟法は裁判所書記官が行うものとしている。このように、督促手続が、裁判官が行う裁判から裁判所書記官が行う処分に変更されたことから、裁判権行使の分担を定める管轄という概念を用いることは正確ではなく、裁判所書記官の支払督促処分権能の分担の定めという意味で、申立先という概念を用いることとする。

〔2〕　支払督促の申立先

(1)　申立先一般

　支払督促の申立ては、請求の目的の価額にかかわらず、常に簡易裁判所の裁判所書記官に対して行う（民訴382条・383条。民訴395条参照）。申立先の標準時に関する規定は民事訴訟法「第7編　督促手続」内に存しないが、訴えに関する管轄の標準時に関する規定を類推し、支払督促申立時を申立先の標準時と解すべきである（民訴15条参照）。したがって、申立後の債務者の住所等の移転は申立先に影響を及ぼすことはない。

　申立てに関する審査は、通常申立書の記載のみから判断することになるが、疑義が生じた場合には債権者に住民票や商業登記簿謄本等の証明書類を提出させることもできると解する。裁判所が主体として行う管轄に関する証拠調べ（民訴14条）の規定は直接適用されないと考えられるが、申立先に関する事項は職権調査事項であるから、事実上資料の提出を求めることは、当然可能であろう。申立先が、民事訴訟法383条に反する場合には、申立てを却下しなければならない（民訴385条1項）。

(2) 原則的申立先

　原則的な申立先は，債務者の普通裁判籍（民訴4条）の所在地を管轄する簡易裁判所の裁判所書記官である（民訴383条1項）。

　人の普通裁判籍は第一次的には住所により，第二次的には居所により定まる。住所とは，その人の生活の本拠をいう（民22条）。住所の認定に関し，客観的な定住の事実のみを基準とする客観説と，それに加えて本人に生活の本拠とする意思が必要であるとする主観説が存するが，普通裁判籍を決定する基準としてできるだけ明確であることが望まれることから客観説が相当である。また，住所の個数についても，1人につき1個であるか，あるいは複数個認められるかについて説が存するが，現在の生活関係の多様化，複雑化などを考えると，1人につき複数個存在することがあり得ると考えるのが相当である（秋山幹男ほか『コンメンタール民事訴訟法Ⅰ』〔第2版〕100頁）。ただ，これを前提に複数個住所の認定ができる場合であっても，主となる住所がどちらであるかを検討し，そちらを住所として申立先を決定すべきである。居所は，日本国内に住所がないとき又は住所が知れないときに認められる二次的なものである。居所とは，生活の本拠ではないが，多少の時間継続して居住する場所である。居所は住所に代わる普通裁判籍発生の根拠として多少とも継続的な性質を有する必要がある（秋山ほか・前掲101頁）。居所該当性の問題として，長期入院の場合の病院があるが，肯定・否定両説ある。債務者の防御権の保障を考えると，個別の事案にもよるが，少なくとも数ヵ月程度の短期入院であれば居所該当性は否定するのが相当と解する。なお，日本に居所がないとき又は居所が知れないときは最後の住所により普通裁判籍が定まる旨の規定（民訴4条2項）は，支払督促の要件（民訴382条）との関係から適用されない。

　法人その他の社団又は財団の普通裁判籍は，主たる事務所又は営業所により，事務所又は営業所がないときは代表者その他の主たる業務担当者の住所により定まる。法人の事務所とは非営利法人がその業務を行う場所であり，営業所とは営利法人がその業務を行う場所である（秋山ほか・前掲103頁）。主たる事務所又は営業所が事実上のもので登記・公告されていない場合には，登記簿上の事務所又は営業所と事実上の事務所又は営業所のどちらを基準と

して申立先とすべきかは問題であるが，債務者に対する実質的防御権の保障の観点からは，事実上の事務所又は営業所が主たる事務所又は営業所であると解するのが相当である（川原精孝『支払命令における実務上の諸問題の研究』94頁）。人の場合と同様，主たる事務所又は営業所が複数存在することもあり得るが，事実上の事務所又は営業所のほかに登記簿上に表示された事務所又は営業所がある場合には，事実上の事務所又は営業所所在地に普通裁判籍を認める必要はなく，登記簿に表示された事務所又は営業所の所在地を管轄する簡易裁判所の裁判所書記官に申し立てればよい（川原・前掲94頁）。主たる事務所又は営業所とはいえない事務所又は営業所が存在する場合は，付加的申立先である民事訴訟法383条2項1号として認められるか否か検討されうるにすぎない（秋山ほか・前掲103頁）。主たる業務担当者の住所は二次的なものであるから，法人の主たる事務所又は営業所がないことが明らかにならないときは認められない。なお，申立書には，登記簿上の事務所と主たる業務担当者の住所を併記し，主たる業務担当者の住所以外に法人の事務所とみられるもの（登記簿上も事実上も）がない旨の記載が必要になると解する（川原・前掲95頁，96頁）。

(a) 債務者の住所又は居所の表示が，「〇〇会社内」などと記載されている場合には，債権者に当該場所が債務者の住所又は居所であるか就業場所であるかを確認してから申立先を決定すべきである。その結果，当該場所が就業場所であったときは申立先として認められない（川原・前掲92頁，裁判所職員総合研修所監修『民事実務講義案Ⅲ』〔3訂版〕82頁（注2））。

(b) 債務者が身柄を拘束されている場合の申立先については，①債務者が服役中であれば，収容先を住所又は居所として，②未決勾留の場合は，拘束される前の住所又は居所を住所又は居所として，それぞれの地を管轄する簡易裁判所の裁判所書記官が申立先になると解するのが相当である。①については，債務者がある程度定まった期間当該場所に拘束されることが考えられる一方，②については，一般に身柄の拘束期間が短く，またその間に身柄が移動することがあるため，拘束場所を住所又は居所として扱うことが相当でない場合が通常であると思われるからである（前掲・民事実務講義案Ⅲ82頁（注3））。②の場合は，身柄拘束前の住所又は居所により普通裁判籍を認定し，

送達場所は刑事施設の長にする（民訴102条3項）ことになる。

(3) 付加的申立先

　原則的申立先のほかに付加的申立先として，次の場所を管轄する簡易裁判所の裁判所書記官への申立てが認められる（民訴383条2項）。この付加的申立先は，特定の請求に関するものであり，債権者は原則的申立先と付加的申立先のどちらも自由に選択することができる。

　(a) 債務者の事務所又は営業所所在地　事務所又は営業所を有する債務者に対する，その事務所又は営業所における業務に関して生じた請求権に係る請求について認められる（民訴383条2項1号）。業務の中心となっている事務所又は営業所は，その業務に関しては住所に準じるものとみることができるし，債務者には業務拡大の利益に応じた負担を課すものにすぎず，公平を害しないと考えられることから認められる。事務所又は営業所は，主たるものである必要はないが，ある程度独立している業務又は営業をなし得るものでなければならない。支配人を置いている支店は本条による営業所に該当する。申立時に業務を行っていた事務所又は営業所が廃止されていれば，同所に本条の適用はないが，その事務を引き継いだ事務所又は営業所があれば，その事務所又は営業所の所在地を管轄する簡易裁判所の裁判所書記官への申立てが認められる（秋山ほか・前掲118頁参照）。業務に関する請求権とは，取引などのようにその本来の業務自体により生じた請求権のみならず，本来の業務遂行から派生する一切の権利に関する請求権，例えば，事務管理・不当利得・不法行為によって生じる権利に関する請求権も含まれる（秋山ほか・前掲120頁参照）。

　(b) 手形又は小切手の支払地　手形又は小切手による金銭の支払請求及びその附帯請求に限り認められる（民訴383条2項2号）。申立時に手形（又は小切手）訴訟による審理及び裁判を求める旨の申述（民訴366条1項・367条2項）をしているか否かにかかわらず認められる。

　手形又は小切手による金銭の請求とは，民事訴訟法350条1項と同一の範囲においてであり，手形又は小切手上の権利として手形又は小切手に化体されている金銭債権を指すものである。約束手形の振出人に対する手形金請求や利息請求などがこれにあたる。その附帯の請求とは，手形又は小切手によ

る請求そのものではないが、手形又は小切手による請求を発生原因とする請求であって、手形又は小切手に附帯して請求されるものをいう。支払呈示期間内に呈示がなかった場合の債務不履行による損害賠償（いわゆる遅延損害金）請求がこれにあたる。民事訴訟法382条に定める請求適格に適合する限り、いかなる請求・範囲・利率の附帯の請求であるかを問わない。これは、本条には、「附帯する法定利率による損害賠償の請求を目的とする」との限定が付されていないからである（石川明＝高橋宏志編『注釈民事訴訟法(9)』135頁、菊井維大＝村松俊夫『全訂民事訴訟法Ⅲ』423頁、424頁）。

〔3〕 申立先の専属性

支払督促が裁判所書記官権限になったことから、旧民事訴訟法下に存在していた専属管轄の規定（旧民訴431条）が現行民事訴訟法には存在しない。しかし、裁判所の裁判から裁判所書記官の処分に変更になったからといって別異に解する必要はなく、民事訴訟法383条、同385条の規定から、旧法下と同様に、民事訴訟法383条1項、同条2項1号、2号以外の申立先は認められず、その申立先は専属的であると解すべきである（最高裁判所事務総局民事局監修『新しい督促手続の基本的諸問題』23頁）。

〔4〕 主観的併合と申立先

債権者又は債務者を数名とする支払督促の申立ては、支払督促手続に反しない限度で認められると解される（民訴38条参照）。〔3〕に述べたとおり、支払督促の申立先は専属的であることから、民事訴訟法13条の規定を類推して、併合請求における管轄の規定である民事訴訟法7条の規定は適用されないと解すべきである（前掲・新しい督促手続の基本的諸問題23頁）。そうすると、例えば、主債務者Aと連帯保証人Bの債務者2名の併合申立ての場合、A・B両名に申立先が認められれば主観的併合による申立てが可能であるが、一方であるAのみに申立先が認められるが他方のBには認められない場合は、Bについて類推される民事訴訟法7条により申立先が認められない結果、主観的

併合による申立て自体も認められないと解される。

〔5〕 申立先違背の支払督促

　支払督促正本の送達後，申立ての時に債務者の住所等が支払督促を発付した裁判所書記官の所属する簡易裁判所の管轄区域外にあったことが判明した場合，申立先の問題も含めその処理方法について問題がある。この場合，そもそも，専属的である申立先に違背した支払督促の送達は無効であって，支払督促を取り消し，その申立てを却下すべきとの見解もあるが，専属管轄違背は上告理由（民訴312条2項3号）ではあるが，再審事由（民訴338条参照）ではないことを考えると，申立先に違背した支払督促も当然には無効ではないと解すべきである（前掲・新しい督促手続の基本的諸問題50頁）。したがって，債務者は専属的な申立先の違背を理由とする不服申立てはできず，督促異議の申立てをすることができるにとどまると解される。

　このような場合に債務者が督促異議の申立てをした場合には，①既に発付された支払督促への債権者の信頼があることや却下されることによる時効中断等に関する不利益を課すことができないと考えられること，②督促異議申立てによって通常訴訟に移行したことから，特別規定である督促手続の申立先の専属性による処理ではなく，通常訴訟手続の管轄及び移送の規定によるべきである（大判昭6・9・17民集10巻11号883頁，最判昭32・1・24民集11巻1号81頁）ことなどを理由として，督促異議後に専属的申立先の違背を理由として支払督促を取り消す余地はないと解すべきである（石川＝髙橋編・前掲130頁以下，菊井＝村松・前掲423頁）。

〔6〕 電子情報処理組織による支払督促の申立先

　電子情報処理組織を用いた支払督促の申立てについては，その電子情報処理組織を取り扱う簡易裁判所（「指定簡易裁判所」という）の裁判所書記官の取り扱うことができる地理的範囲が拡大され，申立先が拡張されることになった。

民事訴訟法132条の10第1項に規定される指定簡易裁判所は東京簡易裁判所とされ（民事訴訟法第132条の10第1項に規定する電子情報処理組織を用いて取り扱う督促手続に関する規則1条1項），東京簡易裁判所の裁判所書記官に対しては，民事訴訟法383条に規定する簡易裁判所が，同規則1条2項各号に掲げる東京高等裁判所の管轄区域内に所在する簡易裁判所（東京簡易裁判所を除く），大阪，名古屋，広島，福岡の各高等裁判所の管轄区域内に所在する簡易裁判所である場合においても支払督促の申立てをすることができる。

なお，「OCR方式」（光学的に読みとることのできる方式で記載された申立書を用いる方式）に基づく申立てについては，平成19年1月31日限りで廃止されている（民事訴訟法第132条の10第1項に規定する電子情報処理組織を用いて取り扱う督促手続に関する規則の一部を改正する規則（平成18年規則第14号）附則2条により民事訴訟法第402条第1項に規定する電子情報処理組織を用いて取り扱う督促手続に関する規則が廃止されたことによる）。

〔鈴木　正義〕

第3節　支払督促の要件

〔1〕　概　　説

　支払督促手続は，一定の種類の請求について債務者に争いがないことが予想される場合に，簡易迅速に，判決に代わる債務名義を得ることができる特別訴訟手続である。この手続は，債権者の申立てのみによって支払督促は発付され（民訴382条），債務者に対する審尋は行われない（民訴386条1項）。支払督促手続のこのような手続構造から，民事訴訟法は債務者に回復しがたい損害を被らせないように請求内容に一定の制約を付している。具体的には，仮に真実と一致しない形で強制執行が行われたとしても後で回復することが可能であるとして公正証書による場合（民執22条5号）と同様に，「金銭その他の代替物又は有価証券の一定の数量の給付を目的とする請求」と請求内容を限定したうえ，さらに，支払督促の送達が必ず債務者になされるようにすることにより債務者の異議申立ての機会を実質的に保障するために，「日本において公示送達によらないで送達することができる場合」に限定しているのである（民訴382条）。

〔2〕　支払督促の一般的要件

　支払督促は，民事訴訟手続の給付訴訟における特別訴訟手続であり，前提として訴訟手続に必要な訴訟要件が備えられている必要がある。この一般的訴訟要件は，通常訴訟手続から類推して（民訴384条）決定されるべきものである（斎藤秀夫ほか『注解民事訴訟法⑽』〔第2版〕379頁，最高裁判所事務総局民事局監修『新しい督促手続の基本的諸問題』19頁）。
　①　支払督促の申立てが適式で，かつ，有効になされていること　支払督促の申立ては，書面又は口頭によりすることができ（民訴384条・133条・271条），口頭申立ての場合には，裁判所書記官が口頭受理調書を作成すること

になる（民訴規1条2項）。ただ，実務上は，口頭による申立てはほとんど行われていない。定型用紙を作成したり，書式記載例を備え付けるなどの工夫がなされているようである。

② 当事者が実在し，かつ，当事者能力を有すること

③ 債務者が日本の裁判権に服すること

④ 請求が私法上の権利であること　支払督促は，民事訴訟手続の一種であって，私法上の権利義務関係に関する請求についての判断を行うものであるから，公法上の権利義務関係から生じる請求権は手続の対象とすることはできない（斎藤ほか・前掲380頁）。旧法下においては，簡易裁判所の管轄に属さないことを理由とする見解も存在したが（裁33条1項1号，菊井維大＝村松俊夫『全訂民事訴訟法Ⅲ』419頁，小室直人ほか編『基本法コンメンタール新民事訴訟法Ⅲ』158頁ほか），支払督促が裁判所書記官の処分となった現行法下においては直接の論拠にはならないとしても，裁判所書記官が裁判所の権能を超えて処分できるとは考えられないこと，債務者の督促異議申立てにより通常訴訟に移行する手続であることを考えれば，現行法の下でも同様に解することができるであろう。

⑤ 当該裁判所書記官に対する申立てが有効な申立先であること

⑥ 当該請求権について，他の訴訟の係属あるいは支払督促の申立てがないこと　訴訟手続と督促手続との関係においては，督促手続は督促異議の申立てがあれば訴訟手続に移行することから（民訴395条），支払督促が債務者に送達された後は，訴訟係属と同視してよいとするのが通説である（中野貞一郎＝松浦馨＝鈴木正裕編『新民事訴訟法講義』〔第2版補訂版〕161頁）。したがって，先に同一請求に関して訴訟が係属し，あるいは支払督促が債務者に送達された状態で，後の同一請求に係る支払督促の申立てがあれば，後の申立ては不適法であると解すべきである（民訴384条・142条）。

〔3〕 支払督促の特別要件

(1) 給付に関する要件

先に述べたとおり，支払督促手続は，債権者に簡易迅速に判決に代わる債

務名義を取得させる手続である。債務者から督促異議の申立てがない場合は，債権者の申立てにより支払督促に仮執行宣言が付され（民訴391条1項），債務者に仮執行宣言付支払督促正本が送達されることにより執行力が付与されることになる（民訴391条5項・388条2項）。そのため，請求内容として代替性と執行の容易性が要請され，直ちに執行することができない将来の請求（民訴135条）については支払督促を発付することはできないと解される。これから述べる要件や問題点についても，この代替性と執行の容易性を常に念頭において検討する必要がある。このことから，特定物の給付請求，建物明渡請求，意思表示その他作為又は不作為の請求などは支払督促手続によることはできない。なお，給付請求は，債権者に対するものだけでなく，第三者に対するものでもよいと解される（大判昭4・9・6民集8巻10号750頁，三ケ月章『民事訴訟法』〔第3版〕554頁）。

　(a)　金　銭　　金銭であれば，一定種類の通貨でもよいが，特定の通貨という場合には特定物の給付を目的とするものであるから認められない（民402条）。また，金銭は内国の通貨でも外国の通貨でもよい（民402条3項・403条）。手形・小切手による金銭請求も認められる。

　(b)　その他の代替物　　代替物とは，物の個性が重視されず，物の種類，品質，数量のみを指示することによって取引ができるものをいう。したがって，客観的には代替物であっても，当事者がその物の個性に着眼した特定債権及び制限種類債権の目的物は含まれない（石川明＝髙橋宏志編『注釈民事訴訟法(9)』120頁）。

　(c)　有価証券　　この場合の有価証券とは，代替性を有する有価証券のことであり，株券発行会社の発行する株券（会216条），無記名社債（会697条），持参人払式小切手（小5条1項3号）などが該当するが，特定の人に対する義務を内容とする，手形（手1条6号），記名式小切手（小14条1項），記名社債（会681条4号）などは該当しない。

　(2)　問題となる請求

　(a)　確定期限付請求　　この請求については，肯定説，否定説，部分的肯定説がある。肯定説は，民事訴訟法382条に該当する，旧々民事訴訟法382条2項が，「申請ノ旨趣ニ依レハ申請者反対給付ヲ為スニ非サレハ其請求ヲ主

張スルコトヲ得サルトキ」と制限していたものを，同様に現行民事訴訟法382条に該当する旧民事訴訟法430条但書が削除していることと，旧々民事訴訟法385条1項が，「現時理由ナキコトノ顕ハルルトキハ」申請を却下するものと規定していたのに対し，現行民事訴訟法385条1項に該当する旧民事訴訟法433条1項が単に「申立ノ趣旨ニ依リ請求ノ理由ナキコト明ナルトキハ」と改めたことの2点からみて，将来の給付を目的とする請求についても支払督促手続によることができるとする。否定説は，支払督促手続が債権者に簡易迅速に債務名義を取得させることを目的としていることから，直ちに執行のできない期限付請求に請求適格は認められないとする。部分的肯定説は，期限付請求は直ちに執行できないから，原則として支払督促を発することはできないが，期限が最初の督促異議申立期間（民訴391条1項）内に到来する場合には，支払督促を発することができるとする。これらの説のうちどの説が相当かを検討するに，まず将来請求を認めたと解する肯定説はとり得ない。この手続が簡易迅速な債務名義取得手続であることを重視すると部分的肯定説に傾くが，期間の始期の基準となる債務者に対する支払督促の送達の日が一定しないことやその程度の期間であれば期限の到来を待ってから申立てをすれば足りることなどから，否定説が相当であると解する（結論同旨，中野＝松浦＝鈴木編・前掲658頁，小室ほか編・前掲159頁）。

(b) 不確定期限付請求 不確定期限付請求とは，到来することは確実であるがその時期が不確定な期限が付された請求のことをいう。これについても上記の確定期限付請求と同様の説が考えられるが，時期が不確定な期限ということ自体直ちに執行することができないといえるので否定説が相当である。ただし，主たる請求に付随して執行時に必ず期限の到来する請求権，例えば，支払済みまでの利息債権や遅延損害金債権などについては請求適格が認められると解されている。

(c) 反対給付に係る請求 先に述べたとおり，旧々民事訴訟法382条2項が，「申請ノ旨趣ニ依レハ申請者反対給付ヲ為スニ非サレハ其請求ヲ主張スルコトヲ得サルトキ」と制限していたものを，同様に現行民事訴訟法382条に相当する旧民事訴訟法430条但書が削除しているし，このような反対給付に係る請求は，反対給付と引換えに支払を命ずればよいのであるから，請

求適格が認められると解することができ，通説である（中野＝松浦＝鈴木編・前掲658頁，菊井＝村松・前掲419頁，小室ほか・前掲159頁，石川＝高橋・前掲126頁，斎藤ほか・前掲391頁ほか）。また，この場合の債権者の反対給付の履行は執行開始要件（民執31条1項）であり，執行の容易性にも反しないと解される。

(d) 条件付請求　　条件付請求には，解除条件付請求と停止条件付請求があるが，解除条件付請求は，現時において直ちに執行することができる請求であるから支払督促を発することができる（石川＝高橋・前掲123頁，斎藤ほか・前掲390頁）。停止条件付請求については，条件はその性質上その成就が不確定であり，停止条件付請求は直ちに執行することができる請求でないと解されること，また，仮執行宣言付支払督促は，執行文の付与を要することなく強制執行をすることができ（民執25条但書），条件の成就について債務者に争う機会が与えられないことなどから，否定すべきものと解する（中野＝松浦＝鈴木編・前掲658頁，菊井＝村松・前掲419頁，小室ほか・前掲159頁，石川＝高橋・前掲123頁，斎藤ほか・前掲389頁，390頁ほか）。

(e) 有限留保のある請求　　この請求の例には，限定承認（民922条以下）をした相続人に対する請求がある。このような請求については，否定説と肯定説が存在する。否定説は，支払督促は給付の数量が現時において一定していることを要することから，限定承認をしたことが明らかな場合には認められないとする。肯定説は，限定承認がなされた場合，債務者は民法927条の債権申立期間内である旨を証明する書面を提出して，その期間満了までは執行手続を停止することができるので債務者の利益を害さないし，債権者の申立て自体からは請求内容も一定しており執行が不可能であるとはいえないこと，また実際的にも，債権者は債務者が限定承認していることは知り得ないことが多いし，裁判所書記官においても同事実を知り得ることが困難であるからチェック自体が困難であることなどから認められるとする。相続人が限定承認をした場合でも債務自体が減少するわけではなく相続債務の全額を承継していることから，債権者は相続人である債務者に対し全額訴求することができると解すべきであるし，債権者の申立て自体からは請求内容も一定しており，支払督促の給付命令には『相続財産の限度で』支払えと記載すればよいと考えられること（大判昭7・6・2民集11巻11号1099頁）から，請求適格は

認められると解される（川原・前掲74頁，結論同旨，中野＝松浦＝鈴木編・前掲658頁，菊井＝村松・前掲419頁，小室ほか・前掲159頁，石川＝高橋・前掲126頁，127頁，斎藤ほか・前掲392頁ほか）。

(3) 併合形態からみた問題となる請求

(a) 予備的請求 予備的併合とは，法律上両立し得ない複数の請求に順位を付し，先順位請求が認容されることを後順位請求の審判申立ての解除条件とした併合形態のことをいう（中野＝松浦＝鈴木編・前掲495頁）。先順位の請求を主位的請求，後順位の請求を予備的請求という。支払督促は，その申立てが民事訴訟法382条若しくは同383条に違反し，又は申立ての趣旨から請求に理由がないことが明らかなときは，支払督促の申立てを却下するとしている（民訴385条1項）。このことは，申立てが，一般的要件及び特別要件を満たし，その申立書から債権者の請求に理由がある場合は，債務者の審尋を要せずに，申立てどおりに支払督促を発付することを意味し，裁判所書記官は，その請求に理由があることを受訴裁判所のように実質的に判断することができないと考えられる。よって，予備的請求は，支払督促の手続構造から請求適格は認められないと解される（石川＝高橋・前掲124頁）。

(b) 代償請求 代償請求とは，本来の目的物の引渡しの請求に際し，執行不能の場合に備えて本来の給付に代わる填補賠償を併合請求することをいう。代償請求の請求適格に関しては，否定説と肯定説が存在する。否定説には，①代償請求を予備的請求とみることにより請求適格が認められないとする見解や，②代償請求としての填補賠償を書面審理のみによってなすのは不適当として予定賠償額の定めがある場合のほかは請求適格が認められないとする見解がある（石川＝高橋・前掲124頁，125頁）。肯定説は，本来の目的物の引渡しの請求と代償請求とは，現在の請求と将来の請求との単純併合と考える。肯定説の中でも，代償請求を，①現在の請求であるが，執行そのものに条件が付いていると解する見解，②将来の請求であるが，通常の将来の請求（特に停止条件付請求ないし不確定期限付請求）と異なり，執行につき不確定性を考慮する必要はなく，実質的には，選択的請求や反対給付に係る請求と同視しうるとして，請求適格を認める見解がある。本来の目的物の引渡請求と代償請求とは，現在の請求と将来の請求の単純併合であると解すべきであるが（中

野＝松浦＝鈴木編・前掲495頁ほか)，将来の請求である代償請求については，本来の目的物の引渡請求をしている以上，支払督促に基づいて強制執行するときには期限の到来又は条件の成就が確定していると解されるから，執行の容易性に反せず請求適格は認められると解する（菊井＝村松・前掲420頁，川原・前掲84頁，85頁，前掲・民事実務講義案Ⅲ81頁，82頁)。また，否定説の②の見解に関しては，支払督促は債務者を審尋しないで債権者の申立てのみによって発せられるものであるし，民事訴訟法382条但書が送達に関する要件を定めることにより実質的に不服申立ての機会を保障していることから，予定賠償額の定めの有無は債務者の督促異議の申立てに係らせることができるから，請求適格を認めることに問題はないと解される。

(c) 選択的請求　選択的請求とは，2つの請求がそれぞれ一方の請求について，他方の請求が認容されることを解除条件としてなされる請求で，「有価証券の一定数量の引渡しか，あるいは，○○万円の支払を求める」という請求である。このような請求の場合，それぞれの請求について支払督促の請求適格が認められるとすると，そのままの形で支払督促が発せられることになる。先にも述べたとおり，解除条件付請求は，現時において直ちに執行しうるものであるから請求適格が認められるし，また，執行レベルの問題としても，双方がともに執行されるということもなく，債務者に不利益になるということもない。この場合に，選択権がどちらにあるかということは，問題とならない（菊井＝村松・前掲420頁，石川＝高橋・前掲126頁，斎藤ほか・前掲391頁)。

(4) 送達に関する要件

支払督促を発付するには，日本において公示送達によらないでこれを送達することができる場合に限ることとされている（民訴382条但書)。具体的には，債務者が日本に住所又は居所（民訴4条2項)，主たる事務所又は営業所，主たる事務所又は営業所がない場合には主たる業務担当者の住所（同条4項)，民事訴訟法383条2項1号の事務所又は営業所を有していることが必要である。これは，債務者の実質的防御権の保障を確保する趣旨であり，外国送達（民訴108条）により送達された場合には短期間に異議申立てができなくなるおそれが，公示送達（民訴110条）により送達された場合にはほとんどその内容

を覚知することができないおそれがあり，債務者にとって実質的な不服申立ての機会が得られないと考えられるからである。しかし，支払督促の送達が適法になされた場合には，その後の仮執行宣言付支払督促の送達については公示送達によることはできると解する。この場合には，いったんは不服申立ての機会が与えられているからである。

〔鈴木　正義〕

第4節　支払督促申立書の記載事項

〔1〕　支払督促申立書の定型様式

(1)　一般的な申立て

　支払督促の申立てには，その性質に反しない限り，訴えに関する規定が準用される（民訴384条）。

　申立ては，書面（民訴133条）又は口頭（民訴271条）による。支払督促申立書は，手数料を納付しなければならない申立てに係る書面であるから，ファクシミリによる申立ては認められない（民訴規3条1項1号）。実務では，裁判所の手続相談に限界があること（法的判断に踏み込むことはできない），及び裁判所の受付の人的・物的態勢から，ほぼ例外なく，書面による申立てをお願いしており，また当事者からの口頭による申立てもほとんどなく，当事者から聴取した内容を整理して，裁判所備付けの用紙を手渡し，これに記入してもらう準口頭申立て方式が行われている。

　支払督促は，債権者に対し，簡易迅速に債務名義を付与する制度であるから，その申立書に記載する事項も一覧性が要求される。そこで，支払督促申立書の冒頭用紙部分には，誰が，誰に対して請求するのか，その請求はいかなる原因によるのか等につき，文章体で表現するとすれば一覧性の要請になじまないことから，Ａ列4判用紙（平成13年1月1日から，裁判所の事件に関する書類は，すべてＡ4判横書きとされた）に，申立ての全体像が明確になるよう，箇条書きで記載することになる（つまり申立内容を了知しようとする関係者は，その書面を見ただけで全体の内容が把握できる（梶村太市＝石田賢一『支払督促の実務』（以下「梶村＝石田・実務」という）77～78頁））。

　実務では，支払督促書の作成にあたり，申立書の当事者目録，請求の趣旨及び原因は別紙として，これを引用する取扱いが一般的である。

　支払督促申立書の基本型は，【書式263】のとおりである。

　支払督促申立書と当事者の表示，請求の趣旨及び原因の各ページには，契

印は不要である。ただし，各ページにはページ数を付する等，文書の連続性が容易に認識できるような措置をすることが相当である（平成11年2月3日付け，最高裁総三第5号，最高裁総三総務局長，民事局長，行政局長，家庭局長通知「民事事件，行政事件及び家事事件に関する文書の取扱いについて」（通知））。

また，支払督促申立書と当事者の表示，請求の趣旨及び原因の各ページの余白に捨印があると，誤字・脱字等の形式的かつ軽微なものについて，裁判所において，当事者に連絡の上，訂正できるので便宜である。

(2) 添付書類

(a) 前記(1)の支払督促を申立てをする際の添付書類は，次のとおりである。

(イ) 代理委任状　　委任による代理人申立てのときに，その代理権限を証するために提出する（民訴規23条1項）。

(ロ) 会社登記簿謄（抄）本又は登記事項証明書　　会社その他の法人が当事者のときに，代表権限を証するために提出する（民訴37条，民訴規15条）。

(ハ) 戸籍謄（抄）本　　当事者が未成年者のときに，法定代理権を証するために提出する（民訴規15条）。

(ニ) 登記事項証明書，審判書謄本等　　当事者が成年被後見人のときに，法定代理権を証するために提出する（民訴32条，後見登記4条）。

(ホ) 保佐人が申立人のときに，訴訟能力を証するために，保佐人の同意書と保佐人であることの証明書を，同様に，補助人の同意を得ることを要する旨の審判を受けている場合には，補助人の同意書と補助人であることの証明書を提出する（民訴32条1項，後見登記4条）。

(ヘ) 手形又は小切手の写し　　手形訴訟又は小切手訴訟による審理及び裁判を求める申述をしたときに提出する（民訴規220条1項・2項。裁判所職員総合研修所監修『民事実務講義案Ⅲ』〔3訂版〕（以下『実務講義案Ⅲ』という）86頁）。

(b) なお，実務上，裁判所において，大量の督促事件を処理することから，支払督促原本及び正本の作成の便宜のために，当事者目録，請求の趣旨及び原因を記載した書面の写しの提出をお願いしている（ただし，督促手続費用として請求することは，法律上の根拠がないためできない——後述）。

(3) 督促手続オンラインによる申立て

(a) 平成16年法律第152号による民事訴訟法等の改正（平成17年4月1日施

行)により,督促手続全体を,電子情報処理組織を用いて行うことができるとされ(民訴397条〜402条),督促手続のオンライン化を図り,インターネットを利用して行うことができるとされた。これに基づき,「民事訴訟法第132条の10第1項に規定する電子情報処理組織を用いて取り扱う督促手続に関する規則」(平成18年最高裁判所規則第10号,以下「督促規則」という)が平成18年7月12日制定され,同月26日に公布された。本督促規則は,平成18年9月1日から施行され,東京簡易裁判所に設置にされた「督促手続オンラインシステム」(以下,「督促オンラインシステム」という)が稼働を開始した。

(b) 督促オンラインシステムとは,債権者の使用するコンピュータと裁判所のコンピュータとをオンラインで接続することにより,債権者が,支払督促事件のうち,同システムでフォーム化されているもの(このシステムにより利用できる類型は,貸金,立替金,求償金,売買代金,通信料,リース料の6種類とこれらの複合型である)について,インターネットを利用して各種申立てや照会等を行うことができるシステムである。

(c) まず,支払督促を申し立てる者は,電子証明書の取得や督促オンラインシステムへの債権者情報登録といった事前準備を経た上で,インターネットを利用し,督促オンラインシステムのフォームに従い申立てをする。

申立てを受けた指定簡易裁判所(東京簡易裁判所)の書記官は,その内容を裁判所のシステムで把握し,審査を行う。支払督促を発付する場合には,支払督促の正本を印刷し,債務者に郵便で送達するが,債権者に対しては,発付の通知がオンラインで行われることとなる。債権者は,その後の仮執行宣言の申立てもインターネットを通じて行い,指定簡易裁判所の裁判所書記官が前記同様に審査を行って,仮執行宣言を付した場合には,仮執行宣言付支払督促の正本が印刷され,債権者と債務者にそれぞれ送達(債権者に対しては,その同意があれば送付)される。

このシステムを使うことにより,債権者は,会社や事務所にいながら定型フォームを利用して支払督促等を行うことができ,書面による申立て等が不要になるほか,オンラインでの照会が可能となる。

(d) オンラインによる督促手続を取り扱う簡易裁判所等の指定(督促規則1条)

(ｲ)　民事訴訟法132条の10第1項は，最高裁判所の定める裁判所については，電子情報処理組織を用いて申立て等をすることができる旨を定め，同法397条は，そのうち電子情報処理組織を用いて督促手続を取り扱う簡易裁判所（指定簡易裁判所）を最高裁判所規則で定めることとし，督促規則1条1項は，これらの条項の委任に基づき，指定簡易裁判所として東京簡易裁判所を定めたものである。

　(ﾛ)　指定簡易裁判所の裁判所書記官に対しては，民事訴訟法383条に規定する債務者の普通裁判籍等以外に，最高裁判所が別に最高裁判所規則で定める簡易裁判所である場合にもオンラインでの支払督促を申立てをすることができる（民訴397条）。現在では，督促規則1条2項により，東京高等裁判所，大阪高等裁判所，名古屋高等裁判所，広島高等裁判所及び福岡高等裁判所の各管轄区域内に所在する簡易裁判所に属する支払督促事件を処理できるようになっているが，今後もその範囲は拡大される予定である。

　(e)　オンライン申立ての範囲（督促規則2条）　本条は，具体的にオンライン化の対象とする申立て等の範囲を最高裁判所規則で定めるとした民事訴訟法132条の10第1項本文の委任を受けて，債権者がオンラインによりすることができる申立て等を，①支払督促（1号），仮執行宣言（2号）及び更正処分（3号）の各申立て並びにそれらの取下げ（4号），②送達場所及び送達受取人の届出（5号）及び送達不能時の新たな送達場所の届出（6号），③訴訟に関する事項の証明書の交付請求（7号）とした。

　(f)　オンライン申立て等の方式等（督促規則3条）

　(ｲ)　まず，オンラインの申立て等をする者は，督促オンラインシステムが提供する申立てのフォームの様式に従い，書面の記載事項と同様の事項を入力して申立て等をすべきこと（1項），申立て等をする者は，改ざん防止や本人確認のための措置として，申立て等に係る情報に電子署名を行い，併せてその電子署名が真正であることを証するための電子証明書を送信すべきことを定めている（2項）。

　(ﾛ)　民事訴訟規則15条，18条及び23条1項は，訴訟代理権等について書面で証明すべきことを定めているが，督促規則3条3項ではその特則を定め，①法人の代表者については，商業登記法に基づき発行される電子証明書を，

②委任による代理人の資格については，電子委任状の電子署名を行った者及びその作成者の電子証明書を，それぞれ申立てに係る情報と併せて送信する方法により証明すべきことを定めている。

　(ハ)　申立ての際に届け出るべきものとして定められているのは，電子メールアドレス（4項），督促異議の申立てによる訴えの移行先の裁判所の指定（5項），仮執行宣言付支払督促につき，債権者に対し送達に代えて送付をすることについての同意（6項）である。

　(ニ)　民訴費用法8条但書は，最高裁判所規則で定める場合には，現金による手数料納付を可能としているが，この委任を受けて，督促オンラインシステムでは，手数料を現金で納付することができることとし，その場合，歳入金電子納付システムから発行される納付情報を用いて納付する（7項）。実際の納付は，オンラインバンキング又はATMによることになる。

　なお，督促規則8条1項は，継続的かつ反復的に支払督促のオンライン申立て等をしようとする債権者（法人に限る）は，事前に指定簡易裁判所の登録を受けたときは，郵便物の料金等に充てるための費用を一括して予納することができると定めている。一括予納は現金でしなければならず（同条2項），一括予納金は，登録債権者から申立てがあった事件について，郵便料金等の支払の必要が生じたときに，当該郵便料金等に充てられる（同条3項。小林宏司「民事訴訟法132条の10第1項に規定する電子情報処理組織を用いて取り扱う督促手続に関する規則の解説」判タ1217号4～7頁）。

〔五十部　鋭利〕

第4節 支払督促申立書の記載事項 〔1〕 支払督促申立書の定型様式 【書式263】

書式263 支払督促申立書——基本型

支　払　督　促　申　立　書

　　　　　　　　　　　　　　　　　　　　　　　　収入印紙
　　　　　　　　　　　　　　　　　　　　　　　　(消印しない)

売買代金請求事件

　　当 事 者 の 表 示　　別紙当事者目録記載のとおり
　　請求の趣旨及び原因　　別紙請求の趣旨原因記載のとおり

　債務者らは，連帯して，債権者に対し，請求の趣旨記載の金額を支払え，との支払督促を求める。

　　申立手続費用　金6,140円
　　　内　訳
　　　　申立手数料　　　　　　　2,000円
　　　　督促正本送達費用　　　　2,100円
　　　　支払督促発付通知費用　　　80円
　　　　申立書作成及び提出費用　　800円
　　　　資格証明手数料　　　　　1,160円

　　　　　平成○○年○○月○○日
　　　　　　　申立人（債権者）　株式会社○○○○
　　　　　　　　代表者代表取締役　○　○　○　○　㊞

○○簡易裁判所
　　裁判所書記官　殿

　　請求価額　400,000円
　　貼用印紙　　2,000円
　　添付郵券　　1,130円

　　添付書類　資格証明書　1通

当　事　者　目　録

〒○○○－○○○○　東京都○○区○丁目○○番○○号
　　　　　　　　債　権　者　　○○○株式会社
　　　　　　　　　　　代表者代表取締役　○　○　○　○

(送達場所)
〒○○○-○○○○　東京都△△区△丁目△△番△△号
　　　　　　　　　　○○○株式会社△△支店　（担当△△）
　　　　　　　　　　電　話　○○-○○○○-○○○○
　　　　　　　　　　ＦＡＸ　○○-○○○○-○○○○

〒○○○-○○○○　東京都□□区□丁目□□番□□号
　　　　　　　　　　債　務　者　　□　□　□　□

〒○○○-○○○○　東京都××区×丁目××番××号
　　　　　　　　　　債　務　者　　×　×　×　×

請求の趣旨及び原因

請求の趣旨
1　金400,000円
2　上記金額　　　　　に対する　┬　□平成　　年　　月　　日
　　　　　　　　　　　　　　　 └　☑支払督促送達の日の翌日
　から完済まで年6パーセントの割合による遅延損害金
3　申立手続費用　　金6,140円

請求の原因
1(1)　契約の日　　　平成○○年○○月○○日
　(2)　契約の内容　　債権者が，┬　☑債務者　　□□□□
　　　　　　　　　　　　　　　 └　□申立外
　　　　　に売った下記商品代金を分割して支払う。
　(3)　連帯保証人　　□なし　　☑債務者　　××××

2

代金及び手数料	支払済みの額	残　額
1,200,000円 （うち手数料 　　○○,○○○円）	800,000円 （最後に支払った日 　　○, ○, ○）	400,000円

第4節　支払督促申立書の記載事項　〔1〕　支払督促申立書の定型様式　【書式263】

```
      ┌─ ☑支払を催促する書面が届いた日（期限の利益喪失の場合）
  3 ─┤                                    平成〇〇年〇〇月〇〇日
      └─ □最終支払期限（平成　　年　　月　　日）の経過

                      （注）該当する箇所の□に✓点を付す。
```

〔注〕
1．申立書は横書きであるから，算用数字を用いる。
2．金額を表示する場合は，その冒頭に「金」の文字を付する。これは，数字の改ざんを防止するためである。ただし，計算書等の表形式の場合は，「金」の文字は省略するのが一般的である。
3．年月日については，表形式の場合は，「20・1・1」とする等，「・」（中点又は中まる）を用いる（梶村＝石田・実務138頁）。
4．その他には，事件の表示（民訴規2条1項2号），年月日（同項4号），裁判所の表示（同項5号，申立先として「〇〇簡易裁判所　裁判所書記官」と記載するのが通例であると思われるが，「〇〇簡易裁判所」とのみ記載されていても，受理する扱いでよいと思われる）を記載し，債権者又は代理人の記名押印（民訴規2条1項本文）をする（裁判所書記官研修所監修『新民事訴訟法における書記官事務の研究Ⅲ』（以下「研究Ⅲ」という）112頁）。

〔2〕 当事者・代理人の記載

(1) 概　説

　当事者は，申立書の記載事項により確定されるので，申立書におけるその記載は，当事者を特定できるものでなければならない（民訴384条・133条2項1号）。したがって，当事者・代理人は下記(a)，(b)，(c)の要領で特定することになる。

　また，上記〔1〕で述べたように，申立てに係る一覧性の要請から，当事者の表示は「当事者目録」としてＡ４判の別紙を作成し，これを引用する方法が実務では用いられている。

　(a)　当事者（民訴133条2項1号，民訴規53条4項）　　当事者の住所（本店所在地，主たる事務所の所在地），氏名（商号，名称），債権者の郵便番号，電話番号（ファクシミリの番号を含む）及び送達場所の届出（民訴規41条1項・2項）をする。債務者の事務所・営業所の所在地を前提とする申立ての場合は，その事務所・営業所も併記する。

　債務者の住所（送達先）について，留意することを記しておく。①実務では，例外なく，債務者に対する住所（送達先）についても，郵便番号を記載する。これは，裁判所，当事者の迅速な手続進行に資することになるし，また，送達実施機関のより迅速かつ確実な送達の実施に資することになるからである。②債務者の住所の標記について，しばしば，申立書の記載の中に，債務者の住所のほかに，送達場所を記載してくることがある。しかし，債務者の送達場所については，これを記載しないようにするのが妥当である（同旨のことは，強制執行の段階でもいえる。最高裁判所事務総局編『民事書記官事務の手引（執行手続―債権編―）』42頁）。送達場所の届出は，債務者がするものであるし，裁判所が管轄を認定するのに疑義が生ずる可能性があるからである。

　(b)　法定代理人，代表者（民訴133条2項1号・37条，民訴規53条4項）　　その住所，資格（例えば，法定代理人親権者父・母，代表者代表取締役等と表示する），氏名，郵便番号，電話番号（ファクシミリの番号を含む）を記載する（実務講義案Ⅲ84頁，研究Ⅲ110頁）。

(c) 債権者代理人（民訴規2条1項1号・53条4項）　その住所，資格（例えば，代理人弁護士，代理人司法書士，代理人支配人等と表示する），氏名，郵便番号，電話番号（ファクシミリの番号を含む）を記載する（実務講義案Ⅲ84頁）。

(2) 各種当事者目録

(a) 当事者目録(1)——基本型

(イ) **自然人の場合**　住所等及び氏名によって特定する。住所・居所・現在地の表示は，行政区画や土地の名称に地番号を結合して記載する。住居表示に関する法律による住居表示を実施している市区町村に住居を有する者の住所表示は，地番号よる表示で記載することなく，街区方式又は道路方式で表示する。

住居表示の統一として，①東京都の場合は「東京都」を省略しない，②道府県名は，原則として省略しない。ただし，㋑政令指定都市の場合，㋺地方裁判所本庁所在地の場合，は省略してもよい（梶村＝石田・実務79〜80頁，司法研修所編『10訂民事判決起案の手引』（以下「手引」という）6頁）。

自然人による申立ての場合の当事者目録の記載例は，後掲の【書式264】〜【書式267】を参照。

(ロ) **法人の場合**　当事者が法人の場合は，主たる事務所（本店）の住所，それが登記記録上の住所と一致しないときは，これを括弧書きするなどし，そしてその事務所の名称（団体名や商号等）を記載するほか，その代表者を記載する。

法人による申立ての場合の当事者目録の記載例は，後掲の【書式268】〜【書式270】を参照。

(b) 当事者目録(2)——法定代理人型

(イ) **意　義**　民事訴訟上の代理人は，本人の意思によらずに選任される法定代理人（実体法上の法定代理人と訴訟法上の法定代理人）と本人の意思により選任される任意代理人（訴訟委任による訴訟代理人と法令による訴訟代理人）とに分類される（裁判所書記官研修所監修『民事訴訟法講義案』（以下「訴訟法講義案」という）33頁）。このうち，法定代理人は，当事者に代わって当事者のために自ら訴訟行為（訴えの提起等）をし，また相手方や裁判所の訴訟行為を受領する（例えば，訴状等の送達を受ける）者であって，その権限が法律によって与えら

れる者をいう（裁判所書記官研修所監修『民事訴訟法概説』〔7訂版〕12頁）。

　法定代理人には，①本人との身分関係上当然にその地位に就く者と，②官庁その他第三者の選任による者とがある。前者については，実体法上の法定代理人が主なものであって，未成年者に対する親権者（民824条），後見人（民859条），その他民法上の特別代理人（民826条・860条）等がこれに該当する。

　法定代理人は，当事者本人ではないから，支払督促の名宛人はあくまでも本人であり，裁判籍も当事者本人（債務者本人の住所）を基準として定められる。しかし，法定代理人は，本人が訴訟無能力又は不在等で自ら訴訟行為ができないのを全面的に代理するものであるから，当事者本人と同様に扱われることも少なくない。例えば，①支払督促正本等は，必ず法定代理人に対して送達し（民訴102条），②法定代理人の死亡又は代理権の消滅は，支払督促の中断事由となり（民訴124条1項3号），③支払督促申立書及び支払督促の必要的記載事項として当事者と同列に扱われる（民訴133条2項1号・253条1項5号。訴訟法講義案33～34頁）。

　㈣　代理権の範囲　　代理権の範囲は，訴訟法に特別の定めのない限り，民法その他の法令に従うが（民訴28条），本人保護又は訴訟手続の安定を確保するため，若干の訴訟法的修正を加えている（民訴32条・36条，民訴規17条）。（訴訟法講義案33頁）。例えば，被保佐人が訴訟行為をするには保佐人の同意が必要である（民13条1項4号）し，被補助人は原則として補助人の同意を得ないで，訴訟行為をすることができない（民17条1項参照）。また，後見人に後見監督人が選任されている場合には，その同意が必要である（民864条）。

　しかし，保佐人・補助人・後見監督人の同意を常に必要としては，被保佐人・被補助人・後見人は相手方の訴訟行為を受けることができないことを意味するから，相手方の訴え提起，上訴の提起を妨げる結果を導く。こうした相手方の裁判を受ける権利を保障することをねらいとして相手の提起した訴え，又は上訴について訴訟行為をするには，同意その他の授権を要しない（民訴32条1項）。支払督促の申立て（民訴382条）にも本項の準用がある。支払督促に対する異議申立てにより，訴え提起とみなされる場合（民訴395条）についても同様である（最判昭59・5・31民集38巻7号1021頁）（秋山幹男ほか『コンメンタール民事訴訟法Ⅰ』（以下「秋山ほか・Ⅰ」という）310～313頁）。

ただし，訴えの取下げ，和解，請求の放棄若しくは請求の認諾等，判決によらないで訴訟を終了させる行為等は，当事者に重大な結果を招来する行為であり，事前に予想されない行為であって同意の範囲に包含されているとは必ずしもいえないものについては，個別的に特別の授権を要する（民訴32条2項）。督促手続における支払督促，特に仮執行宣言付支払督促に対する債務者の異議申立ての取下げについても，民事訴訟法32条2項に準じて，特別の授権を要すると解すべきである（秋山ほか・Ⅰ314～315頁）。

法定代理人による申立ての場合の当事者目録の記載例は，後掲の【書式271】～【書式272】を参照。

(c) 当事者目録(3)――選定当事者型と選定者目録

(イ) 意　義　　選定当事者とは，共同の利益に関して共同して訴訟を担当しようとする多数の中から選ばれて，総員のためにこれに代わって当事者となる者をいう（民訴30条）。共同訴訟人が多数になると，審理の進行が不統一になったり，必要的共同訴訟の場合には，全訴訟の進行が阻害されるし，またそのような状態にならないまでも，弁論が複雑になり，送達事務も煩雑になる。そこで，この種の訴訟を単純化する方策の1つとして設けられているのが，選定当事者の制度である。すなわち，共同訴訟人となるべき多数者（選定者又は総員）の中から代表者（選定当事者）を選んで，訴訟追行権を付与し，この者が全員のために当事者として訴訟を追行しうることとして，訴訟の単純化・簡易化を図るものであり，明文で認められている任意的訴訟担当の1つである（新堂幸司『新民事訴訟法』684頁，訴訟法講義案258頁）。

(ロ) 要　件

(ⅰ) 債権者又は債務者となるべき者が多数存在すること　　これらの多数者が社団を構成する場合には，社団が当事者となるから理論上選定の余地はない。ただし，実際問題としては，社団として当事者能力が認められるかどうかに疑いがある場合（例：民法上の組合財産に関する訴訟を組合員が追行する場合），これを利用する実益がある。

(ⅱ) 多数者が共同の利益を有すること　　共同の利益とは，選定当事者の趣旨に照らし，訴訟資料が重要な部分で共通することにより訴訟の単純化が期待できることを意味し，判例（大判昭15・4・9民集19巻695頁）は，共同の

利益を有する多数者とは，互いに共同訴訟人となりうる関係を有し，かつ主要な攻撃防御方法を共通にする者を意味すると解している。なお，民事訴訟法30条3項は，係属中の訴訟の当事者と共同の利益を有する者で当事者でない者も，その当事者を自己のためにも当事者となるべき者として選定できると規定しているが，この規定は督促手続には適用されないと解される（廣瀬子之助監修＝園部厚著『書式　支払督促の実務』〔全訂6版〕（以下「廣瀬＝園部・書式」という）45頁）。

(ⅲ)　選定当事者は，共同の利益を有する者の中から選定されること
弁護士代理の原則（民訴54条1項本文）の潜脱を防止する趣旨である。

(ハ)　選定の方法　　選定は訴訟追行権の授与行為であり，各自が個別かつ無条件にすることが必要であり，訴訟係属の前後を問わない。

(ニ)　選定者の地位　　選定当事者は，選定者全員及び自己の訴訟について訴訟当事者として訴訟追行の資格を持つ。選定当事者の受けた支払督促の効力は，選定者全員に及ぶ（民訴115条1項2号）。支払督促に基づいて，選定者のために又は選定者に対して，強制執行することができる（民執23条1項2号）。

選定者は，いつでも選定の取消しができ（民訴30条4項前段），取消しと同時に他の者を選定すれば，選定当事者の変更となる（民訴30条4項後段）。支払督促中に，数人の選定当事者のうちの一部の者が死亡その他の事由より，その資格を喪失した者があるときは，他の選定当事者において全員のために訴訟行為をすることができる（民訴30条5項）。全員が資格を喪失したときは，選定者全員又は新選定当事者において手続を受継し，これらの者が受継するまで，手続は中断する（民訴124条1項6号）（新堂・前掲684～688頁，訴訟法講義案258～259頁）。

別紙として，選定者の氏名及び住所を記載した選定者目録を添付する（岡口基一『要件事実マニュアル（上巻）』〔第2版〕（以下「岡口・マニュアル上」という）11頁）。これは，選定者を明らかにするためのものであるが，債権者の任意的提出書面である（梶村＝石田・実務167頁）。

選定当事者による申立ての場合の当事者目録と選定者目録等の記載例は，後掲の【書式273】を参照。

(d) 当事者目録(4)——債権回収会社型

(イ) サービサーの意義　サービサー（債権回収）とは，債権管理回収業に関する特別措置法（以下「サービサー法」という）3条の法務大臣の許可を受けて債権管理回収業を営む株式会社をいう（同法2条3項）。債権管理回収業とは，委託又は譲渡を受けて，特定金銭債権の管理及び回収を行う営業をいう（同法2条2項）。特定金銭債権とは，同法2条1項に掲げられている債権を意味する。

サービサーがその業務を行うにあたっては，上記のとおり，委託を受けて行う場合（委託型）と，譲渡を受けて行う場合（譲渡型）があるが，譲渡型は当然のこととして，委託型の場合においても，サービサーは，自己の名をもって，委託を受けた債権の管理又は回収に関する一切の裁判上又は裁判外の行為を行う権限を有する（サービサー法11条1項）。もっとも，委託型又は譲渡型の双方とも，サービサー法11条2項各号に掲げられている裁判上の行為については，弁護士に追行させることが義務付けられている（山田俊雄「執行当事者」山﨑恒ほか編『新・裁判実務大系⑫民事執行法』3～4頁）。このうち，支払督促の申立ては，同条2項各号のいずれにも該当しないため，弁護士に依頼することなく，自らその申立てを行うことができる（法務省債権回収監督室編『Q&Aサービサー法』166頁）。

(ロ) 申立ての留意事項　サービサーが譲渡を受けて支払督促の申立てをする場合は，通常の申立てと異なることはなく，特有の問題は生じない。

サービサー法11条1項は，委託を受けたサービサーについて任意的訴訟担当を定めた規定と解されている（山田・前掲4頁）から，委託型の場合であっても，支払督促の申立債権者は，委託者ではなくサービサーである。

委託型のサービサーによる申立ての場合の当事者目録の記載例は，後掲の【書式274】を参照。

(e) 当事者目録(5)——弁護士委任型

(イ) 特定の事件についての訴訟遂行のため，当事者本人から包括的に代理権を与えられた者を「訴訟委任による訴訟代理人」という。このような訴訟代理人は，原則として弁護士でなければならない（民訴54条1項本文）。この場合の代理権の証明は委任状によるが，その様式は法定されているものでは

ないから適宜のものでよい（梶村＝石田・実務8頁）。しばしば，実務上みる委任状の中に，民事訴訟法55条2項に定める特別授権事項の記載がない委任状が添付されることがある。取下げ等のときに，すぐ処理ができないこともあるので，その点も注意したほうがよい。

(ロ)　簡易裁判所においては，事件が軽微であり，その手続は簡便であることから，弁護士でない者も裁判所の許可を得て訴訟代理人になることができる（民訴54条1項但書）。したがって，督促手続を追行する行為は弁護士でない者も訴訟代理人としてすることができる。実務では，代理人名義の支払督促の申立てと同時に代理人許可の申立てをしてくることが考えられるが，この許否の判断については，書記官ではなく，民事訴訟法54条1項但書の文言どおり，当該書記官所属の簡易裁判所が行うことになると考えられる（実務講義案Ⅲ85頁）。しかし，裁判所に対する代理人の許可申立ては，当該事件が係属して初めてすることができるのであり，代理人の許可がないうちに代理許可申立てと同時に，代理人名義で支払督促の申立てをすることは適切でないし（深沢利一著＝園部厚補訂『督促手続の実務』〔2訂版〕（以下「深沢＝園部・実務」という）46頁），債権者提出の書面による審理のみで他の訴訟行為を必要としない督促手続においては，本人（代表者等）名義で申立てをするのが迅速であり相当であろう。これに対して，執行手続においては，代理人許可申請と同時に，代理人名義で執行申立てをすることについて，この場合には，代理人となることが許可されることを条件としてされたものと解することにより，積極説の考え方に立つ（最高裁判所事務総局編『民事執行事件執務資料（二）』4頁）。執行実務においても，代理人による申立てがされている（阪本勁夫著＝東京地裁民事執行実務研究会補訂『不動産競売申立ての実務と記載例』〔全訂2版〕163頁，古島正彦＝園部厚『書式　債権・その他財産権・動産等執行の実務』〔全訂9版〕533頁）。

(ハ)　「司法書士法及び土地家屋調査士法の一部を改正する法律」（平成14年法律第33号）により，司法書士会の会員である司法書士は，所定の研修を修了し，法務大臣の認定を受けると，簡易裁判所において，請求額が140万円を超えない範囲内の民事訴訟，支払督促等の手続について，代理する業務を行うことができるようになった（司書3条6号）。

(f)　当事者の変更は，許されない。もっとも，当事者の氏名の訂正は，当

事者の同一性に変動がなく，当事者の変更にあたらないから，許される。債務者について，相続が発生していたときの申立てについては，当事者の氏名の訂正に準じて扱われる（実務講義案Ⅲ87頁，研究Ⅲ115頁，最高裁判所事務総局民事局監修『新しい督促手続の基本的諸問題』（民事裁判資料219号）（以下「基本的諸問題」という）32頁）。したがって，当事者の同一性に変更がない単なる当事者の氏名の訂正にとどまらない場合には，一度申立てを取り下げ，新たに申立てをする必要がある。

　弁護士による申立ての場合の当事者目録の記載例は，後掲の【書式275】を参照。

〔五十部　鋭利〕

書式264　当事者目録(1)——通常の場合

```
            当　事　者　目　録

    〒〇〇〇－〇〇〇〇
      東京都千代田区霞が関〇丁目〇番〇号
        債務者　東京　太郎
```

書式265　当事者目録(2)——住民票上の住所と現住所が異なる場合

```
            当　事　者　目　録

    〒〇〇〇－〇〇〇〇
      東京都中央区〇〇町〇丁目〇番〇号
      （住民票上の住所　東京都千代田区霞が関〇丁目〇番〇号）
        債務者　東京　次郎
```

〔注〕

1．債権者は，支払督促の申立てに際して，債務者の住民票抄本その他の書面を提出して管轄の存することを証明又は疎明する必要はないが（菊井維大＝村松俊夫『民事訴訟法Ⅱ』（法律学体系コンメンタール）801頁），債権者が債務者の住民票等を提出してくることがある。これにより，債権者は本事例のように，支払督促申立書の当事者目録の中に，「（住民票上の住所）……，（住所）……」等と記載してくることがある。これは，債権者が後日強制執行手続の申立てをするときの便宜のためである。

2．また，しばしば債権者において，債務者の住所の記載を同人の就業場所だと思われるような記載，例えば，「〇〇株式会社内」等と記載してきたときは，受付の段階で，任意補正の一環として，債権者に対し，申立書記載のものは債務者の住所か勤務先かを尋ねて，①勤務先である旨述べたときは，本来の住所を記載するよう任意の補正を促し，それに基づいて管轄権の有無を判断すべきであり，②住所である旨述べたときは，何ら疎明を要せずそのまま受理すべきである，とする文献がある（裁判所書記官研修所編『裁判所書記官実務研究報告書　支払命令における実務上の諸問題の研究』92～93頁〔川原精孝〕）。しかし，就業場所が住所である場合には，債権者に対し，債務者が当該勤務先を住所として届け出ていることを確認する意味でも，住民票等の提出を求めてもよいと考える。この場合，実務では，「（住所）……〇〇株式会社内（住込み）」等と記載している。

第4節　支払督促申立書の記載事項　〔2〕　当事者・代理人の記載　【書式266】

書式 266　当事者目録(3)——住所が不明の場合

```
　　　　　　　　　当　事　者　目　録

　　住所不明
　　居所　〒○○○－○○○○
　　　　　東京都八王子市○○町○丁目○番○号
　　　　　　　債務者　東京　三郎
```

〔注〕
1．住所が不明の場合には，居所が普通裁判籍となり支払督促申立ての管轄裁判所が定まる（民訴4条2項。深沢＝園部・実務50頁）。

書式 267　当事者目録(4)——債務者の事務所・営業所の所在地を申立先とする場合

```
　　　　　　　　　当　事　者　目　録

　　住所　埼玉県川口市大字○番地
　　　　（営業所所在地）
　　　　　〒○○○－○○○○
　　　　　東京都八王子市△△町△丁目△番△号
　　　　　　　債務者　割烹○○　こと　東京四郎
```

〔注〕
1．債務者の事務所又は営業所の業務に関して生じた請求権については，当該事務所又は営業所の所在地を管轄する簡易裁判所の裁判所書記官も申立先となる（民訴383条2項1号）。
2．民事訴訟法383条2項1号の申立先は，383条1項の申立先と競合するので，本事例では，八王子簡裁及び川口簡裁のいずれの裁判所書記官に対しても申立てが可能である（深沢＝園部・実務51頁）。
3．この場合には，請求原因の中に「債務者の経営する事務所又は営業所との取引である。」旨の記載が必要である。

書式 268　当事者目録(5)——会社の場合

　　　　　　　　　当　事　者　目　録

　〒〇〇〇－〇〇〇〇
　　　東京都千代田区霞が関〇丁目〇番〇号
　　　　　債務者　甲野商事株式会社
　　　　　　　　代表者代表取締役　甲野　一郎

〔注〕
1．民事訴訟法133条2項は，必要的記載事項として法定代理人を規定しているが，この規定は，法人代表者にも準用される（民訴37条）。したがって，法人の代表者の場合は，「代表者」という記載が必要である（手引7頁）。
　　株式会社（特例有限会社を含む）で，代表取締役が置かれた場合，その代表者は代表取締役である（会349条3項・4項・362条3項）から，「同代表者代表取締役」と記載する。代表取締役が置かれていない場合は，取締役が代表者である（会349条1項）から，「同代表者取締役」と記載する。ただし，委員会設置会社（会2条12号）については，代表取締役が置かれておらず，代表執行役が会社を代表する（会420条1項・3項・349条4項）から，「同代表者代表執行役」と記載する（手引7頁）。ただし，「同」は実務上付さない場合も多い（岡口・マニュアル上14頁）。支払督促申立書の記載も単に「代表者代表取締役」等とされる例が多い。
　　なお，会社を代表する者が複数ある場合でも，各自代表権があり，そのうち任意の1名が代表すれば足りるから，代表者全員を記載する必要はない（手引7頁）。
2．支払督促事件の進行中，法人等の代表者がその地位を喪失したが，他にも代表者が存在する場合に，督促手続が中断するかについては，①中断するとの説（兼子一『条解民事訴訟法（上）』558頁）と，②この場合は中断までさせる必要はないとする説（菊井維大＝村松俊夫編『民事訴訟法Ⅰ』（法律学体系コンメンタール）700頁）がある。他の代表者も当該訴訟等に関して当然責任を分担すべきことに鑑みれば，②説が相当である（秋山ほか・Ⅰ345頁）。判例は②説をとる（大判明45・2・29民録18輯155頁等）。

第4節　支払督促申立書の記載事項　〔2〕当事者・代理人の記載　【書式269】

書式 269　当事者目録(6)——会社の本店所在地と商業登記記録上の記載が異なる場合

```
　　　　　　　　　当　事　者　目　録

　〒○○○－○○○○
　　東京都千代田区霞が関○丁目○番○号
　　（登記記録上の住所　東京都千代田区霞が関△丁目△番△号）
　　　　債務者　乙野商事株式会社
　　　　　　　　代表者代表取締役　乙野　次郎
```

〔注〕
　1．会社の本店所在地が，商業登記記録上の記載と一致しないときは，登記記録上の表示を括弧書で記載する（廣瀬＝園部・書式101頁）。

書式 270　当事者目録(7)——商号が変更されている場合，法人の名称が変更されたのに，登記記録上変更されていない場合

```
　　　　　　　　　当　事　者　目　録

　〒○○○－○○○○
　　東京都千代田区霞が関○丁目○番○号
　　　　債権者　ABC商事株式会社
　　　（旧商号　丙野商事株式会社）
　　　　　　　　代表者代表取締役　丙野　次郎
```

〔注〕
　1．旧商号の記載は，必ずしも記載する必要はないが，権利義務の主体が同一であることを示すことにより，債務者に対し，無用の混乱を避ける意味もある（梶村＝石田・実務88頁）。なお，これを請求の原因中に，「債権者は，平成19年7月1日，丙野商事株式会社からABC商事株式会社へ商号を変更した。」等と記載することもある。法人の商号が変更された等の場合に，それが未登記である場合には，株主総会の決議（会466条）があったこと等を疎明することにより，商号変更等を明らかにする必要があろう。

書式271　当事者目録(8)——未成年者の場合

```
　　　　　　　　　　当　事　者　目　録

〒〇〇〇－〇〇〇〇
　　横浜市中区〇〇町〇丁目〇番〇号
　　　　　　債　　務　　者　　　　神奈川　太郎
〒〇〇〇－〇〇〇〇
　　同　　所
　　　　　　法定代理人親権者父　　神奈川　一郎
〒〇〇〇－〇〇〇〇
　　同　　所
　　　　　　同　　上　　母　　　　神奈川　花子
```

〔注〕

1. 未成年者は，法定代理人によって訴訟行為をなす（民訴31条）。通常は，親が未成年者の法定代理人であり，親権者として共同親権（民818条3項）を行使する。
2. 送達は，父母どちらか一方に行えば足りる（民訴102条2項）。法定代理人の住所も記載する（民訴規2条1項1号）。実際には，送達事務において必要となるからである（裁判所職員総合研修所監修『民事実務講義案Ⅰ』〔3訂版〕（以下「実務講義案Ⅰ」という）19頁）。
3. 督促手続の進行中に，債務者である未成年者が成年に達した場合又は成年に達したとみなされた場合（民753条）には，本人の能力の取得により，親権者の法定代理権は消滅するが，訴訟等の係属中に，法定代理権の消滅原因が発生しても，直ちに法定代理権は消滅せず，原則として相手方に通知をし，その通知が相手方に到達しなければ効力を生じない（民訴36条1項）。相手方当事者の知・不知は問題とならない。たとえ法定代理権消滅の事実を相手方が知っていても，その通知がない限り，消滅の効力は生じないとするのが判例（大判昭16・4・5民集20巻427頁）・通説である。したがって，法定代理権消滅の通知がない以上，実体上法定代理権の消滅した法定代理人も，適法な法定代理人として訴訟行為をすることができ，また相手方もその者に対して訴訟行為をすることができるし，その事実がないものとして訴訟手続も進行することになる（秋山ほか・Ⅰ339〜340頁）。

　支払督促においても，債務者が成年に達したにもかかわらず，親権消滅の通知がされていないことが実務上ままあり，注意が必要である。これらの場合には，親権消滅の事実を相手方に通知しない限り，親権がなお存続しているものとして取り扱われても，やむを得ない（秋山ほか・Ⅰ338頁）ことになるが，そのまま手続を進行させることは妥当ではない。

　成人に達する時期等は，裁判所に提出された戸籍謄本等により明らかであるから，事件を担当する裁判所書記官は，記録に表示しておく等の工夫を施し，成人に達した際，その旨の教示を行って通知を促すことが必要である（裁判所職員総合研修所監修

第4節 支払督促申立書の記載事項 〔2〕 当事者・代理人の記載 【書式272】

『裁判所書記官実務研究報告書 民事訴訟関係書類の送達実務の研究』〔新訂〕（以下「送達実務の研究」という）32頁）。

　法定代理人が訴訟代理人を選任せず，自ら訴訟を追行する場合，代理権消滅通知等に関する法律知識に乏しいことも予想される。このような場合，旧民事訴訟法下で行われていたように，通知書を2通裁判所に提出させ，そのうち1通を裁判所から相手方に通知することも考えられ，代理権消滅の通知があったとみることもできる（秋山ほか・Ⅰ339頁，送達実務の研究33頁）。

　しかし，それでも親権消滅の通知がなされない場合には，親権者に対して訴訟行為等を行わざるを得ない。判例は，通知以前に法定代理権の消滅した法定代理人に宛てて判決が送達された場合には，その送達の時から控訴期間が進行するとする（大判昭16・4・5民集20巻427頁）。したがって，支払督促においても，債務者が未成年者であり，例えば，支払督促発付後成人に達したが，債務者の法定代理人から代理権消滅の通知がされない限り，裁判所としては，債務者の法定代理人に対して，支払督促正本又は仮執行宣言付支払督促正本を送達し，その送達時から督促異議の申立期間も進行すると考える。

書式 272　当事者目録(9)──成年被後見人の場合（保佐人又は補助人について代理権付与があった場合も同様）

```
              当  事  者  目  録

    〒〇〇〇－〇〇〇〇
        川崎市川崎区〇〇町〇丁目〇番〇号
            債　権　者　神奈川　二郎
    〒〇〇〇－〇〇〇〇
        同　所
            法定代理人後見人　神奈川　三郎
```

〔注〕
1．家庭裁判所は，特定の法律行為について，審判により，保佐人に代理権を付与することができる（民876条の4第1項）。訴訟行為について代理権付与の審判があったときは，法定代理人として本人に代わって訴訟行為を行う。その場合の表示は，「法定代理人保佐人」となる（廣瀬＝園部・書式99頁）。
2．家庭裁判所は，特定の法律行為について，審判により，補助人に代理権を付与することができる（民876条の9第1項）。訴訟行為について代理権付与の審判があったときは，法定代理人として本人に代わって訴訟行為を行う。その場合の表示は，「法定代理人補助人」となる（廣瀬＝園部・書式99～100頁）。
3．後見人について，後見開始の審判が取り消され（民10条），保佐人について，保佐開始審判の審判が取り消され（民14条），あるいは，補助人について，補助開始の審

判が取り消された（民18条）場合に、法定代理権の消滅の通知が必要なことは、債務者が未成年者の場合と同様である。

　後見人についても、法定代理権消滅の通知がない以上、実体上法定代理権の消滅した法定代理人も、適法な法定代理人として訴訟行為をすることができるとした判例がある（大判昭8・5・30法学3巻1204頁，大判昭14・9・13法協9巻110頁）。

書式 273　当事者目録(10) ── 選定当事者型

```
                当 事 者 目 録

       〒〇〇〇－〇〇〇〇
          大阪市北区〇〇町〇丁目〇番〇号
              大 阪 一 郎
         （選定者は別紙選定者目録記載のとおり）
```

（別紙）選定者目録

```
                選 定 者 目 録

       〒〇〇〇－〇〇〇〇
           大阪府堺市〇〇町〇丁目〇番〇号
               選 定 者    堺   太 郎
       〒〇〇〇－〇〇〇〇
           京都市中京区〇〇町〇丁目〇番〇号
               選 定 者    京 都 次 郎
       〒〇〇〇－〇〇〇〇
           神戸市中央区〇〇町〇丁目〇番〇号
               選 定 者    神 戸 三 郎
       〒〇〇〇－〇〇〇〇
           大阪市北区〇〇町〇丁目〇番〇号
           上記3名選定当事者    大 阪 一 郎
```

〔注〕
　1．選定当事者の選定行為は、代理権授与に類する効果をもつものであり、選定行為には訴訟能力が必要とされる。方式の定めはないが、選定当事者はその資格を書面で証明しなければならないから、選定書の作成によるのが通常である（民訴規15条後段）

第4節　支払督促申立書の記載事項　〔2〕　当事者・代理人の記載　【書式273】

（新堂・前掲685頁）。
　2．選定書の作成者は，当事者を選定した者全員でなければならない。選定書には氏名だけなく，住所も併記する。行為無能力者があるときは，法定代理人を記載しなければならず，その場合は，その資格証明書を添付する必要がある（深沢＝園部・実務71頁）。
　　この書式は，次のとおりである。

（別紙）当事者選定書

```
                     当 事 者 選 定 書

    〒○○○－○○○○
      大阪市北区○丁目○番○号
        大　阪　一　郎

    下記の者は，債務者甲野一郎に対する支払督促申立事件につき，上記の者
    を債権者の選定当事者に選任する。

    平成20年5月1日
            〒○○○－○○○○
              大阪府堺市○○町○丁目○番○号
                 堺　　太　郎
            〒○○○－○○○○
              京都市中京区○○町○丁目○番○号
                 京　都　次　郎
            〒○○○－○○○○
              神戸市中央区○○町○丁目○番○号
                 神　戸　三　郎
```

〔注〕
　1．選定当事者が債権者の場合，選定当事者は選定者全員のために強制執行をすることができるから，「債務者は，債権者に対し，選定者甲に対する金○万円，選定者乙に対する金○万円……を支払え。」という主文になる（法曹会『民事第二審判決書について』158頁参照）。ここで選定者を記載するのは，選定者も承継執行文の付与を受けて，各自執行ができるからである。これに対し，選定当事者が債務者の場合，選定当事者は自ら執行を受けるわけではないから，「債権者に対し，選定者甲は金○万円，選定者乙は金○万円……を支払え。」という主文になる（法曹会・前掲158頁参照）。

書式 274 当事者目録(11)——サービサーによる申立て（委託型）の場合

　　　　　　　　　当　事　者　目　録

　　　　〒〇〇〇-〇〇〇〇
　　　　　東京都〇〇区〇〇二丁目〇番〇号
　　　（委託者）
　　　　　東京都〇〇区〇〇二丁目〇番〇号
　　　　　株式会社〇〇信販
　　　債権者　〇〇債権回収株式会社
　　　　　代表者代表取締役　〇　〇　〇　〇

〔注〕
1．この場合には，債権者の資格証明書として，サービサーの登記事項証明書等を添付するほか，委託者金融機関等からの委託の事実を確認するため，サービサー委託契約書又は委託者金融機関等が作成した委託契約を証する証明書及び委託者の登記事項証明書も提出する（廣瀬＝園部・書式275頁）。
2．譲渡型の場合にも，サービサーの商号中に債権回収という文字が入る（サービサー法13条1項）ほかは，【書式268】と同一である。
3．委託者が原告（債権者）となって，自らを権利者とする債務名義を取得した後に，この債務名義に係る権利について委託を受け強制執行を申し立てる場合はどうか。民事執行法23条1項3号にいう承継とは，権利・義務が移転した場合のみならず，権利・義務が移転したわけではないが，当事者たるべき地位の移転（当事者適格の移転）を生じた場合も含まれると解するのが通説的見解である。

　サービサー法11条1項は，委託を受けたサービサーについて，任意的訴訟担当を認めた規定と解されていることは前述（本文〔2〕(2)(d)㋺）のとおりであるから，委託により当事者適格の移転を受けたサービサーは，民事執行法23条1項3号の承継人として強制執行の申立てを行うに際し，承継執行文の付与を得ることが必要となる（山田・前掲6～7頁）。

書式275　当事者目録(12)──代理人弁護士による申立ての場合

　　　　　　　　　当　事　者　目　録

〒〇〇〇-〇〇〇〇
　〇〇県〇〇市〇〇町三丁目〇番〇号
　　　　　　債　権　者　　株式会社〇〇屋
　　　　　　代表者代表取締役　　甲　野　一　郎
〒〇〇〇-〇〇〇〇
　〇〇県〇〇市〇〇町一丁目〇番〇号
　　　　　　代　理　人　弁　護　士　　丙　川　三　郎
（TEL　〇〇〇-〇〇〇-〇〇〇〇　FAX　〇〇〇-〇〇〇-〇〇〇〇）

〔3〕 請求の趣旨と記載事項

(1) 意義と要件

(a) 請求の趣旨（民訴133条2項2号）とは，債権者が債務者に対し，当該請求の結論として，どのような支払督促を求めるのかを明らかにする申立てである。「支払督促」を求める旨を明示すること，及び督促手続費用を記載するほかは，訴状の「請求の趣旨」と同様である。すなわち，債権者が債務者に対し，当該支払督促において求める給付内容，給付命令文言（民訴387条1項1号）及び督促手続費用について，簡潔かつ確定的に記載する。給付の内容は，その目的物を特定し，又はその種類・数量を明確にした上，給付の方法を明らかにする（実務講義案Ⅰ19頁，実務講義案Ⅲ95頁，研究Ⅲ111頁）。

(b) 実務上，支払督促作成にあたり，前述の一覧性の要請及び事務の効率化の点から，請求の趣旨及び原因は別紙とする取扱いが一般的であり，請求の趣旨では，端的に，請求金額（主たる請求・附帯請求・申立手続費用）を記載し，また「請求の原因」のどこを見れば金額の算出根拠がわかるのかを括弧内に具体的に注記している（例えば，「金○○万円（下記請求の原因2の残額）」等。研究Ⅲ111頁）。

元本請求とともにする利息，損害金等の附帯請求（民訴9条2項）については，確定金額によれないときは，元本金額，起算日，利率，終期を明らかにして，その計算の根拠を示すべきである（実務講義案Ⅲ85頁，研究Ⅲ111頁）。

(c) 債権者又は債務者が複数の場合，各人の権利義務の範囲が不明確にならないように注意する。債権者が複数の場合，分割債権か連帯債権かを明示する。債務者が複数の申立ての場合は，各債務者に対し，分割支払，連帯支払，各自支払あるいは合同支払のいずれによるのかを明示する。債権者又は債務者が複数の場合に，これらが明示されていなければ，分割債権又は分割債務として扱われる（実務講義案Ⅲ95頁，研究Ⅲ111頁）。

(d) 支払督促を発付することができるのは，金銭その他の代替物又は有価証券の一定の数量の給付を目的とする請求に限られる（民訴382条）。また，支払督促は，債務者から督促異議の申立てがない限り，債権者の申立てによ

り仮執行宣言が発付され，直ちに執行力が付与されることが予定されている（民訴391条1項）ので，支払督促による請求は現在の給付請求でなければならず，直ちに執行ができない将来の給付請求（民訴135条）については原則として，支払督促を発付できないと考えられる（基本的諸問題19頁，深沢＝園部・実務53～54頁）。もっとも，遅延損害金を附帯請求として請求する場合には，将来の分についても認めることができる。この場合の附帯請求は将来の給付請求であっても，強制執行段階で履行期が到来している（この種の損害金は，毎日が履行期になる関係にある）からである（梶村＝石田・実務51頁）。

債権者が，元金，確定損害金とともに，支払済みまでの遅延損害金を債務者に対し請求するには，請求の趣旨を例えば次のように記載する。

請求の趣旨
1　金318,000円
2　上記1の内金300,000円に対する平成〇〇年〇〇月〇〇日から支払済みまで年6パーセントの割合による遅延損害金
3　金4,590円（申立手続費用）

これに関連して，条件付請求，期限付請求等に請求適格があるかが問題となる。①条件付請求とは，例えば，「債務者は，債権者から〇〇の建物の明渡しを受けたときは，金〇〇万円を支払え。」というような請求である。仮執行宣言付支払督促は，執行文の付与を受けることなく，強制執行をすることができるから（民執25条但書），条件付請求について適格性を認めると，条件の成就に関して，債務者に争う機会が与えられることなく，強制執行をすることができることになるから，支払督促を発付することはできないと解されている（実務講義案Ⅲ81頁，研究Ⅲ107頁）。

②期限付請求とは，例えば，「債務者は，債権者に対し，金100万円を平成〇〇年〇月〇日に支払え。」というものである。支払督促が債権者に簡易迅速に債務名義を取得させることを目的とすることから，これを利用することは許されないと解されている。もっとも期限到来の有無の判断の基準を，㋑支払督促申立時において期限が到来していることを要するとする説（法曹会決議昭7・4・20法曹会雑誌10巻7号84頁，梶村＝石田・実務51～52頁），㋺支払督促

の発付時に期限が到来していることを要するとする説，㊅最初の異議申立期間内に期限が到来していればよいとする説（裁判所書記官研修所編『裁判所書記官実務研究報告書　支払命令における実務上の諸問題の研究』82〜83頁〔川原精孝〕，深沢＝園部・実務54頁等），がある。

　これについては，実務上みられる例としては次のようなものがある。①債権者が業者等ではない個人であって法律知識に浅い場合，履行期の到来していない請求権を含めて支払督促の申立てをした場合，②債権者が貸金請求等をし，計算書に計算違いがあって補正をしたところ，計算書の期間の終期が支払督促申立後であった場合等である。

　請求が現在のものか，将来のものかを分ける基準時については，㊅説では，訴訟手続における口頭弁論終結時に対して，督促手続においては，最初の異議申立期間の最終日と解してよいと思われるので，期限が最初の異議申立期間内に到来するものについては，将来の請求として取り扱うことなく，現在の請求として何らの留保なく，支払命令を発することができると解する（川原・前掲83頁）とするが，督促手続は，支払督促発付と支払督促に対する仮執行宣言付与という二段階を経由するものであり，これを直ちに，訴訟手続における口頭弁論終結時と同一に論ずることができるか疑問が残るし，支払督促申立時に期限の到来していなかったものについても，仮執行宣言を付することになり不合理である。さらに，㊁説及び㊅説は，裁判所の事件処理数の違いや，職員の構成等により，裁判所又は事件ごとに申立てから裁判時までの期間が違うことから，支払督促発付の対象が異なることになる。債権者としては，履行期が到来した後の債務者の態度を確認してから支払督促の申立てをすれば足りるのであるから，支払督促手続においては，履行期未到来の請求（期限付請求）は認められないと解するべきである（梶村＝石田・実務51頁）。したがって，基準が明確な㋑説が妥当である。実務の大勢も，㋑説に従っている（下町和雄「督促手続の問題点」岡久幸治ほか編『新・裁判実務大系㉖簡易裁判所民事手続法』467頁）。

(2) 各種請求の趣旨

　前記(1)を前提に，各種請求の趣旨の記載例を，後掲の【書式276】〜【書式282】に示す。なお，各書式の上枠は，支払督促申立書の冒頭用紙の部分，

下枠は「請求の趣旨」欄の部分である。

　(a)　単純請求（基本型）　支払督促における「請求の趣旨」の基本的な記載例は，概ね後掲の【書式276】のとおりである。

　(b)　代償請求型

　(イ)　代償請求とは，本来の請求の執行が不能となる場合に備えて，あらかじめその塡補賠償の支払を求める請求をいう（実務講義案Ⅲ81～82頁，研究Ⅲ107頁）。例えば，「①債務者は，債権者に対し，別紙物件目録の自動車を引き渡せ。②前記引渡しの強制執行ができないときは，金〇〇万円を支払え。」といったものであり，この場合①を本来の請求，②を代償請求という。

　(ロ)　督促手続において，代償請求の申立てをすることは認められる。代償請求は，将来の請求ではあるが，本来の請求についての執行が功を奏しなかった場合には，直ちに強制執行をすることができるのであり，執行時にはその時点までの賠償請求権の期限は到来しており，督促手続の迅速性に反しないからである（実務講義案Ⅲ82頁，研究Ⅲ107頁，梶村＝石田・実務54頁）。

　この場合の記載例は，後掲の【書式277】を参照。

　(c)　引換給付請求型

　(イ)　引換給付請求とは，債権者の反対給付と引換えに，債務者に対して請求をするという場合である。例えば，「債務者は，債権者に対し，金〇〇万円の支払を受けるのと引換えに〇〇〇ビール中瓶〇〇〇〇本を引き渡せ。」というような請求である（梶村＝石田・実務54頁）。

　(ロ)　この債権者の反対給付又はその提供は，執行文付与の要件ではなく，執行開始要件である（民執31条1項）。したがって，債権者は，これを執行機関に証明して，直ちに執行することができる（現在の給付請求）から，督促手続の迅速性に反しないと考えられ，許される（実務講義案Ⅲ81頁，研究Ⅲ107頁，梶村＝石田・実務54頁）。同時履行の抗弁権が付着していることが支払督促申立書自体からわかる場合でも，債権者が請求の趣旨において，単純給付を求めている場合（前記(イ)のような場合）には，そのとおりの支払督促を発することができる。ただし，支払督促申立時において，双方の債務が履行期に達していること，及び反対給付が督促手続の目的物の要件に反していないことが必要である（深沢＝園部・実務55頁）。

この場合の記載例は，後掲の【書式278】を参照。
　(d)　債務者複数の請求(1)——分割債務の請求型
　(イ)　分割債務とは，1個の可分（分割的に実現可能）な給付について，数人の債務者がある場合に，その債務が数人の債務者間で分割される関係をいう。この場合，別段の意思表示がないときは，各債務者は，それぞれ平等の割合で義務を負う（民427条）。
　(ロ)　分割債務が生ずる場合としては，例えば，①数人が共同で物を買い入れ，代金債務を負担した場合（最判昭45・10・13判時614号46頁），②共同で金銭を借り入れて，消費貸借上の債務を負担した場合（我妻榮ほか『我妻・有泉コンメンタール民法―総則・物権・債権―』〔補訂版〕764頁），③可分の金銭債権が共同相続された場合（大判昭5・12・4民集9巻1118頁）等である。一般に判例は，可分給付の性質を有する金銭債務の債務者が複数人いる場合には，連帯特約がなければ，分割債務と解すべきであるとしている（最判昭32・6・7民集11巻6号948頁）。
　この場合の記載例は，後掲の【書式279】を参照。
　(e)　債務者複数の請求(2)——連帯債務等の請求型
　(イ)　連帯債務とは，同一内容の給付について複数の債務者があり，債権者は各債務者に対して給付の全部を請求する権利を持ち，1人の債務者が弁済するときは，その範囲において他の債務者の債務が消滅する関係にある多数債務者の債務をいう（民432条）。したがって，連帯債務における債権は，各債務者の資力によって担保されているので，弁済を受けることが債務者1人の場合より確実であり，このため保証債務と並んで人的担保の方法として多く利用されている。したがって，金銭消費貸借や売買等の際，契約によって連帯債務の特約が付されることが多い（法曹会『債権総論』〔改訂版〕166頁）。
　連帯債務は，1個の債務につき複数の債務者が存在するという関係ではなく，同一内容の給付を目的とする債務が債務者の数だけ存在するものと解されているが，これら複数の債務は，いずれも同一内容の給付を実現し，債権の満足を図るという1つの目的に供されている（法曹会・前掲債権総論166～167頁）。したがって，これを債務者側から見れば，各債務者の間には，協力して債務を弁済するという，主観的な結合関係があることが予定されている。

(ロ) これに対して，連帯保証とは，保証人が，主たる債務者と連帯して債務を負担する特約のある保証をいう（民454条）。連帯保証には補充性がなく，したがって，連帯保証人は催告・検索の抗弁権を有せず（民454条），債権者は主たる債務者の資力の有無にかかわらず，直ちに連帯保証人に対して強制執行ができる。また，連帯保証人が数人あっても，いわゆる分別の利益を持たないから，債権者は連帯保証人の誰に対してでも，主たる債務の全額を請求できる。

連帯保証は，連帯債務との類似点も多いが，連帯保証には，連帯債務にはない付従性があり，連帯債務で通常観念される負担部分がない点が異なっている。両者の債権の効力は実際にはほとんど変わらず，かえって連帯保証のほうが債権の維持が楽な点もある（例えば，連帯債務では債務者の1人に時効が完成すると，他の債務者にも効力が及ぶが，連帯保証は債務者の1人に時効が完成しても，主たる債務者の債務には影響しない。また債権者が，当該債権を第三者に譲渡する場合にも，連帯債務では債務者全員に通知するか又は全員の承諾をとらないと残りの債務者に対抗できないが，連帯保証では，主たる債務者に通知（承諾）すれば保証人にも対抗できる（野村豊弘ほか『民法Ⅲ債権総論』〔第3版〕143～146頁〔池田真朗〕））。また，連帯保証は，債権の担保的効力が大きいので，今日の取引社会では，事実上保証の原則形態となりつつといわれるほど，広く利用されている。

(ハ) 連帯債務と連帯保証は，両者とも，共同債務者間に連帯関係があるので，請求の趣旨は同一でよい（実務講義案Ⅲ96頁参照）。

　この場合の記載例は，後掲の【書式280】を参照。

(f) 債務者複数の請求(3)——合同債務の請求型

(イ) 手形法は，為替手形又は約束手形の振出人・引受人・裏書人・保証人は，所持人に対して「合同して」その責に任ずる旨を定めている（手47条1号・77条1項4号）。これを手形義務者の合同責任という。この合同責任は，遡求義務者のみならず，主たる債務者を含めた全手形署名者が，同一の金額（遡求金額）（手48条）について，その支払の責任を負うことを本質とする（服部栄三ほか編『基本法コンメンタール新版手形法・小切手法』92～93頁〔高窪利一〕）。換言すれば，振出人・引受人・裏書人らは，手形の正当な所持人に対し，それぞれ独立の債務として，合同して，無条件で支払うべき義務を負う。した

がって，手形所持人は，手形義務者の誰に対してでも直接に請求することができ，しかも同時に数人に対して請求してもよいし，また，1人に請求した後に他の者に請求してもよい。1人から手形金の一部の弁済しか受けられなかったときは，他の者に残余の部分を請求できる。所持人は，1人の債務者から全額の支払を受ければ，他の者に対して請求できないことは当然である（深沢＝園部・実務249頁）。

　㋺　手形法上の合同責任が，民法上の連帯債務（文献では，連帯責任と記載している。―引用者）と異なる点は，次のとおりである。

　①連帯債務では，連帯債務者の1人に対する履行請求は他の債務者に対しても当然に効力を生ずるが（請求の絶対的効力）（民434条），合同責任ではそのようなことはない。請求の効力は常に個別的である。もっとも，支払呈示期間中に主たる債務者に請求して支払拒絶になった場合には，全手形義務者に対して一律に，満期以後の遅延利息（手48条1項2号）を当然に請求することができる。②連帯債務では，発生の原因は共通であり，責任の範囲も同一であるが，合同責任では，主たる手形債務と遡求義務では発生原因が異なり，また責任の内容も違う。ことに，遡求義務はあくまでも二次的なものであって，主たる債務の不履行等の場合に救済的に生ずるものである。③連帯債務では，債務者の1人による弁済・供託・代物弁済・更改・相殺・混同等は，他の債務者にとって，常にいわゆる共同の免責の効果を生ずるのに対して，合同責任では，遡求義務者の1人の債務履行は，その者とその後者の債務を消滅させるに止まり，主たる債務者及び前者たる遡求義務者は免責されない。ただし，主たる債務者が弁済その他これと同視すべき行為をした場合だけ，全手形署名者について共同の免責を生ずる。④連帯債務では，債務者の1人について消滅時効が完成した場合，その者の負担部分について他の債務者も免責されるが（時効の絶対的効力）（民439条），合同責任では，各債務者についての時効の進行・中断・完成は，原則として独立であり（手71条・77条1項8号），他の債務に影響を与えない。もっとも，償還義務の二次性により，主たる債務が時効消滅したときは，遡求義務者もこれを援用して償還を拒むことができる（大判昭8・4・6民集12巻551頁，東京高判昭52・12・19金判549号32頁）。
⑤合同責任においては，連帯債務のような負担部分（民435条ないし439条）が

存せず，常に前者に対する再遡求の方法による（高窪・前掲93頁）。

　(ハ)　小切手の合同責任（小43条）の意味については，手形におけるのとまったく同様である（服部ほか・前掲194頁〔松波港三郎〕）。

　(ニ)　前記のように，手形法上の合同債務は，民法上の連帯債務と異なるから，「連帯して」との表現は適当でない（手引12頁，奥山・前掲51頁）。この場合は，「合同して」という文言を用いる（実務講義案Ⅲ96頁，研究Ⅲ127頁，廣瀬＝園部・書式112頁，深沢＝園部・実務279頁）。また，これまで，「各自〇〇円を支払え。」というような判決主文の記載もあったが，当事者の誤解を避ける観点から，「合同して〇〇円を支払え。」という記載のほうが相当である（手引13頁）。

　この場合の記載例は，後掲の【書式281】を参照。

(g)　債権者複数の場合──連帯債権等の請求型

　(イ)　連帯債権とは，連帯債務とは逆に，債権者が数人あり，各債権者が各々給付の全部を受領する権限を持ち，1人の債権者が弁済を受けるとその範囲で，他の債権者の債権が消滅する関係をいう。法律の規定上，連帯債権が生ずる場合は見当たらず，取引界でも，このような形の債権関係が利用されたことはない（法曹会・前掲債権総論167～168頁）。

　(ロ)　民法が規定する債権者が複数の場合の類型の1つに，不可分債権がある。不可分債権とは，不可分給付を目的とし，複数の債権者の各々が給付の全部を請求する債権を有することをいう（法曹会・前掲債権総論165頁）。不可分債権には，①性質上の不可分及び②意思表示による不可分があるが，②については，本来可分な給付を当事者の意思で不可分とした場合であるが，実際いかなる場合に不可分を認めるべきかは必ずしも明瞭ではなく，裁判例もあまりない（池田・前掲112頁）。①として，判例に現れたものとしては，㋑所有権に基づく共有物の引渡請求権（大判大10・3・18民録21輯106頁），㋺貸主が数人いる場合の使用貸借の終了を原因とする家屋の明渡請求権（最判昭42・8・25民集21巻7号1740頁）等がある。

　(ハ)　原告の権利が不可分債権や連帯債権等の場合に，権利相互の関係を表す表現については，議論されていない。「被告は，原告ら各自に対し，100万円を支払え。」等と表現するしかないであろう（奥山・前掲52頁）。実務もこの

記載によっている（実務講義案Ⅲ96頁，研究Ⅲ127頁，深沢＝園部・実務279頁，廣瀬＝園部・書式113頁）。

　この場合の記載例は，後掲の【書式282】を参照。

　(h)　申立手続費用について

　(イ)　手続費用額を，支払督促に付記することは法文上要求されていないが，仮執行宣言付支払督促には手続費用額を付記することを要する（民訴391条1項）。実務では，当初の支払督促にも手続費用額を付記している関係上，手続費用の種目及び額を申立書に記載している。手続費用額を支払督促に付記して仮執行宣言を付することにより，手続費用額確定手続を別途行う手間を省くことができる（廣瀬＝園部・書式115頁）。なお，督促手続費用については，支払命令の申立てが横書きに統一されたとき，「督促」という語句自体が，それほど馴染みのある表現とは思われないので，「申立手続費用」として，当該申立てにおける手続費用の意味であることを明確にする（最高裁判所事務総局民事局監修＝司法実務研究会編『新しい様式による支払命令手続の手引』11～12頁），とされたので，以下「申立手続費用」で統一する。

　(ロ)　支払督促に付記するのは，支払督促正本送達までに要する手続費用である。申立手続費用の種目として，次のようなものがある。

　　(i)　常に費用になるもの

　　①　申立手数料（印紙貼付の額）（民訴費2条1号）　民訴費用法3条1項別表第1の10により，訴えの提起についての手数料の2分の1の額

　　②　支払督促正本送達費用（民訴費2条2号・11条1項1号）　債務者に対しては，特別送達料金1050円を基本とし（支払督促正本に，注意書，定型異議申立書を同封しており，定型25ｇを超えることが通常であり，定型50ｇまでの料金を基本としている），重量がこれを超えるときは，順次特別書留料金（書留料420円，特別送達料540円）に，その重量等に応じた普通郵便料金を加算した額

　　③　支払督促発付通知費用（民訴費2条2号・11条1項1号）　裁判所書記官は，支払督促を発付したときは，その旨を債権者に通知しなければならない（民訴規234条2項）。通常，第一種郵便料金の最低料金＝80円が費用額になる。

　債権者が通知用にはがきを提出することがあるが，その場合は，はがきの

料金50円が費用額となる。

④　申立書作成及び提出費用（民訴費2条6号，民訴費規2条の2第1項・別表第2の2）　事件1件について800円。別個の事件の書類を同時に提出しても，この額が認められる一方，後日，仮執行宣言の申立書を提出しても，改めて仮執行宣言の申立書について作成及び提出費用は認められない。また，仮執行宣言が発付されなかったとしても，督促手続に関する申立書作成及び提出費用から減額されることはない。

(ii)　一定の場合のみ費用となるもの

①　戸籍謄（抄）本の交付に関する費用（民訴費2条7号，民訴費規2条の3）

当事者が未成年者の場合（民訴31条・28条，民訴規15条）に市町村役場に払う手数料（450円）＋第一種郵便物の最低料金（80円）×2＝610円（全国共通）

②　成年後見登記の登記事項証明書の交付に関する費用（民訴費2条7号，民訴費規2条の3，登記手数料令2条1項）　当事者が成年被後見人の場合，債権者が被保佐人の場合，債権者が被補助人で補助人に対し，訴訟行為の同意権を付与した場合，被保佐人又は被補助人に対し，訴訟代理権が付与された場合，訴訟行為の授権を受けた弁護士である任意後見人の場合

交付手数料（1000円）＋第一種郵便物の最低料金（80円）×2＝1,160円

③　法人等の団体その他の資格証明書の交付に関する費用（民訴費2条7号，民訴費規2条の3，登記手数料令2条1項）　当事者が会社その他の法人の場合（民訴規15条・18条）又は支配人等法令による任意代理人の場合（民訴規23条）

登記事項証明書の交付手数料（1000円）＋第一種郵便物の最低料金（80円）×2＝1,160円

ただし，1通の枚頁が10枚を超えるものについては，その超える枚数5枚ごとに200円ずつ加算する（登記手数料令2条）。

(ⅲ) 手続費用とはならないもの

① 当事者目録，請求の趣旨及び原因目録の写し　これは，裁判所が大量の督促事件を処理する上で，事務の迅速かつ効率化のため，債権者に協力を求めているものであり，民訴費用法等法律上の根拠がなく，提出が義務付けられているものではない。

② 申立先を証明する書類　債権者から提出される，債務者の住民票の写し等の土地管轄を証明する書類等。これも，①と同様の理由による。

③ 給付請求権を証明する書類　債権者から提出される，契約書等の写し等。これも，①と同様の理由による。

④ 支払督促正本の送達結果通知費用　これは，債権者が，債務者に対し，支払督促正本が送達になった場合には，債務者に対する仮執行宣言の申立てを法定期間内（民訴391条・392条）に行う準備のためであり，また，支払督促正本が不送達になった場合には，裁判所に対し，債務者に支払督促正本を再度送達するよう求める手続をとるためであり，債権者に対する裁判所のサービス的なものであり，手続費用とはならない（実務講義案Ⅲ96〜97頁，廣瀬＝園部・書式119〜120頁，深沢＝園部・実務62〜63頁）。

(ハ)　次に，申立手続費用額が，①申立書に記載されていない場合，②法定の額より過少である場合，③法定の額より過大である場合，に分けて説明する。

①申立手続費用が申立書に記載されていない場合であっても，債権者が費用の償還請求権を放棄する意思が認められない限り，裁判所書記官は，職権で費用額を計算して支払督促に記載すべきである（基本的諸問題39頁，実務講義案Ⅲ96頁，研究Ⅲ127頁，深沢＝園部・実務64頁）。支払督促は，当該申立てに対する終局的処分であり，民事訴訟法67条1項の規定により，職権をもって費用負担の処分をなすべきであり，さらに，具体的にその数額を明記してなすのが実務であり，それが妥当である。債務者が支払督促に応じて弁済をする際に，申立手続費用の記載がないと，その解決が後日に持ち越されることになって，妥当ではないからである（川原・前掲124頁）。もっとも，費用償還請求権についても，処分権主義の適用があると解されるから，申立書の記載や債権者への照会の結果，費用償還請求をしない趣旨であると認められる場合

には，記載を要しない（実務講義案Ⅲ96頁）。

　次に，②債権者の請求してきた申立手続費用が，法定の額より過少である場合については，次のような考え方がある。㋑訴訟費用確定手続においても，弁論主義（民訴246条）に支配されるから，督促手続における申立手続費用の処分においても，申立額が記載されている場合には，総費用額においても申立書以上の額を認めることはできないとする説（深沢＝園部・実務63～64頁，秋山幹男ほか『コンメンタール民事訴訟法Ⅱ』（以下「秋山ほか・Ⅱ」という）58頁等），㋺訴訟費用は職権で裁判すべきものであるから，申立額に拘束されないとする説（加藤正治『新訂申立民事訴訟法要論』561頁等）がある。㋺説を貫くと，債権者が請求しない申立手続費用まで認めることになり，当事者の意思に合致せず，また，債務者に対し，支払督促手続において申立額以上の手続費用額の支払を命ずることになり負担額も多くなる，という結果を生ずることになるから，基本的には㋑説が妥当である。債権者が請求可能な申立手続費用を失念して，法定額より過少に額を記載してくることもあるので，その場合には，裁判所書記官が債権者に対して，その意思を確認することも考えられる。

　最後に，③債権者の請求してきた申立手続費用が，法定の額より過大である場合については，前記㋑，㋺説いずれによっても，認めるべき申立手続費用は法定の額になるので，これを正当な額に訂正して，支払督促を発付すべきである。裁判所書記官は，債権者に対し，任意補正を求めることにより，債権者が補正に応じれば，支払督促に法定の額を付記して支払督促を発付すればよい。債権者が任意補正に応じない場合，前記㋑説に従えば，一部却下の処分をすることになる（深沢＝園部・実務63頁），との考え方もあるが，申立額のうち一部が認められない場合には，その一部を棄却（却下─引用者）する旨の処分はしない（秋山ほか・Ⅱ58頁）ことが実務上多い（川原・前掲127頁）。㋺説では，申立手続費用額は，裁判所書記官は申立額に拘束されずに，所定の数額の支払を命ずればよいことになる。なお，訴訟費用額確定処分に関して，前記処分権主義の適用の結果，債権者の申立額以上の数額が算出されても，申立額を超えて費用額を確定することはできないが，（計算の─引用者）総額が申立ての額を超えない限り，一方では不当な項目を削除又は減額し，他方では記録によって調査して，正当な項目を追加又は増額することは差し

支えない（秋山ほか・Ⅱ58頁，東京高決昭46・9・27判タ271頁327頁）との立場は，実務上参考になる。

　㈡　請求の趣旨に関するその他の問題点について

　　（ⅰ）　数個の請求を併合して申し立てる，いわゆる原始的併合は許される。この場合，各請求について，併合の要件を備えていなければならない。主観的併合においては，共同訴訟の要件（民訴38条）の要件を備えているだけでなく，さらに各請求について申立先が共通している場合に許される。これに対して，後発的併合は許されない。弁論の併合の規定（民訴152条）は，督促手続の性質上適用されないことから，格別に申し立てられた督促手続を併合して，1個の支払督促を発することはできない。

　　（ⅱ）　請求の変更（民訴143条）については，その請求の基礎に変更がなく，かつ，督促手続の要件に反しない限り，支払督促が発せられるまで（裁判所書記官が支払督促原本を作成するまで）は許される。なお，適法な督促異議の申立てにより，訴訟手続に移行した後は，訴えの変更として口頭弁論終結時に至るまで可能である（実務講義案Ⅲ87頁，研究Ⅲ115頁，深沢＝園部・実務298頁，廣瀬＝園部・書式295〜296頁，基本的諸問題31頁）。

〔五十部　鋭利〕

書式 276 「請求の趣旨」の記載例(1)——単純請求（基本型）

　　債務者は，債権者に対し，請求の趣旨記載の金額を支払え，との支払督促を求める。
　　申立手続費用　金8,090円
　　　内訳
　　　　申立手数料　　　　　　　　　金5,000円
　　　　支払督促正本送達費用　　　　金1,050円
　　　　支払督促発付通知費用　　　　金　80円
　　　　申立書作成及び提出費用　　　金　800円
　　　　資格証明交付手数料　　　　　金1,160円

　請求の趣旨
　　1　金1,000,000円（下記請求の原因○の残額）
　　2　上記金額に対する平成○○年○○月○○日から完済まで年○％の割合による遅延損害金
　　3　金8,090円（申立手続費用）

書式 277 「請求の趣旨」の記載例(2)——代償請求型

　　債務者は，債権者に対し，請求の趣旨1記載の物を引き渡し，同3記載の金額を支払え。上記引渡しの強制執行ができないときは，債務者は，債権者に対し，請求の趣旨2及び3の金額を支払え，との支払督促を求める。
　　申立手続費用　金△,△△△円
　　　内訳（以下省略）

　請求の趣旨
　　1　債務者は，債権者に対し，○○ビール350ミリリットル入缶20ダースを引き渡せ。
　　2　前記の引渡しの強制執行ができないときは，債務者は，債権者に対し，金○,○○○円を支払え。
　　3　金△,△△△円（申立手続費用）

〔注〕
　1．主たる請求と代償請求とがいずれも督促手続の要件に反しないときは，支払督促の申立ては許される。代償請求部分については，当事者間において，民法420条による

損害賠償の予定額として特約の存することが申立書に記載してあり，その額が不当に高価なものと認められない限り，支払督促を発付することができる（深沢＝園部・実務55頁）。
2．代償請求の場合には，強制執行は，債権者が，他の給付について強制執行の目的を達することができなかったことを証明したときに限り，開始することができる（民執31条2項）。代償請求権の強制執行の場合に，本来的請求が執行不能となったかどうかの判断は容易にできるものであることから，その執行不能を，執行開始要件とした（松丸伸一郎「強制執行開始の要件とその証明」近藤崇晴ほか編『民事執行の基礎と応用』〔補訂増補版〕47～48頁）。他の給付（本来的請求）の執行が不能であった事実を証する書面としては，例えば，執行官作成の執行調書謄本（民執規13条1項7号）等がある（最高裁判所事務総局編『民事書記官事務の手引（執行手続－債権編－）』38頁）。
3．代償請求にかかる遅延損害金は認められない（岡口・マニュアル上77頁，福岡高判平9・12・25判タ989号120頁・判時1635号91頁）とされるが，これを認めようとする提言がある。すなわち，代償請求権は，物の引渡しの強制執行が不能になったことを条件に発生する物の引渡しに代わる塡補賠償請求権であり，その法的性質からみて，同請求権の発生と同時に履行期が到来するものと観念できるから，遅くとも，同請求の日又は翌日（不法行為による損害賠償請求であるときはその日に当然に，債務不履行による損害賠償のときはその日以降に催告等のあった日の翌日）から遅滞に陥り，遅延損害金が発生すると考えることができる。代償請求権を認める訴訟経済上の理由を考えると，損害賠償本体を認めておいて，遅延損害金部分については，将来改めて別途請求すればよいと考えるのも迂遠であり，動産の引渡しとその不能に関して想定される紛争は一回的に解決すべきであるという考え方も成り立つであろうし，遅延損害金の発生やその金額等が不確定であるともいえない。遅延損害金発生の日の特定については，執行不能になった旨の執行不能調書（前述－引用者）その他これと同等以上の証拠価値を有する公文書を提出することが必要と解されるから，その書類によって証明された日とすれば足りるであろう（作原れい子「動産の引渡し，集合動産の譲渡担保権の確認を求める場合の請求の趣旨と判決主文」塚原朋一編『事例と解説　民事裁判の主文』119～120頁），とする。

書式 278　「請求の趣旨」の記載例(3)――引換給付請求型

　債務者は，債権者に対し，○○ビール○○○ミリリットル入り○○ダースの引渡しを受けるのと引換えに，請求の趣旨記載の金額を支払え，との支払督促を求める。
　申立手続費用　金△△△△円
　　内訳（以下省略）

請求の趣旨
　1　金○○○,○○○円（下記請求の原因○の残額）

第4節　支払督促申立書の記載事項　〔3〕　請求の趣旨と記載事項　【書式279】

```
　　2　金△,△△△円（申立手続費用）
```

〔注〕
1. 引換給付請求においては，給付命令とともに反対債務も主文に掲げられるが，これは強制執行開始要件（民執31条1項）として注意的に掲げているに止まり，訴訟物を構成しているものではない（訴訟法講義案233頁）。したがって，債権者が債務者になすべき反対給付については，確定した判決と同一の効力を有しない（民訴396条参照）。
2. 本事例で，例えば，「○○所在の債務者所有の倉庫内にある○○ビール350ミリリットル入缶20ダース」というように，代替物であっても，ある倉庫内に保管されている物の全部又は一部の給付を求めるような制限種類債権が目的物とされているときは，督促手続によることはできない（深沢＝園部・実務9頁）。

書式 279　「請求の趣旨」の記載例(4)——分割債務等の請求型

```
　債務者らは，債権者に対し，請求の趣旨記載の金額を支払え，との支払督
促を求める。
　　申立手続費用　金△,△△△円（以下省略）
　　内訳（以下省略）
```

```
請求の趣旨
　1　債務者甲は金500,000円，債務者乙，同丙は各金250,000円（下記請求
　　の原因○の残額）
　2　上記各元金に対する，それぞれ平成○○年○○月○○日から完済まで
　　年○％の割合による遅延損害金
　3　金△,△△△円（申立手続費用）
```

〔注〕
1. 各債務者に対する請求金額に差異があるような場合，本書式例のように，各債務者ごとに請求金額を記載する（実務講義案Ⅲ96頁，研究Ⅲ127頁）。
2. 本記載例のように，「債務者らは，債権者に対し，それぞれ請求の趣旨記載の金額を支払え。」と記載する例もある（研究Ⅲ127頁）。

書式 280　「請求の趣旨」の記載例(5)——連帯債務等の請求型

```
　債務者らは，連帯して，債権者に対し，請求の趣旨記載の金額を支払え，
との支払督促を求める。
　　申立手続費用　金△△△△円
```

> 内訳（以下省略）

> 請求の趣旨
>   1 金1,000,000円（下記請求の原因○の残額）
>   2 上記金額に対する平成○○年○○月○○日から完済まで年○％の割合による遅延損害金
>   3 金△，△△△円（申立手続費用）

〔注〕
1．「債務者らは，債権者に対し，各自請求の趣旨記載の金額を支払え，との支払督促を求める。」という記載の書き方がある。これは，共同訴訟の場合には，本来被告各自に対する請求を併合したもので，したがって，判決の主文も被告ごとに独立したものであり，他の被告との連帯関係は，理論上主文に表示する必要がないという見解によるものである。これに対し，本書式のような書き方は，当事者の誤解を避けるとともに，判決を執行し，弁済を受ける場合，判決の理由ばかりではなく，主文からも，連帯関係が明らかになっていたほうがよいという実際的な考慮によるものであり，両者いずれでも差し支えないが，当事者のための判決書であることを重視して，後者を相当とするのが最近の実務の考え方である（手引11〜12頁）。
2．上記の場合，「債務者らは，債権者に対し，（合計）金1,000,000円を支払え。」と記載すべきではない。この記載では，例えば，債務者が2名の場合，各債務者に50万円ずつ支払を命じたことになる（最判昭32・6・7民集11巻6号948頁）（手引11頁）。すなわち，民法427条の分割債務の規定を通じて，平等の割合で分割支払を命じた趣旨になると解されるからである（奥山豪「当事者が複数の場合」塚原・前掲50頁）。
3．複数の債務者に対して，金員の支払の請求をする場合において，債務の一部が連帯関係にあるときは，請求の趣旨として，

> 請求の趣旨
>   1 債務者Aは，債権者に対し，金200万円（ただし金100万円の限度で債務者Bと連帯して）を支払え。
>   2 債務者Bは，債権者に対し，債務者Aと連帯して金100万円を支払え。
>   との支払督促を求める。

と記載することが考えられる（手引13頁，奥山・前掲52頁）。
4．共同訴訟人は，平等の割合で訴訟費用を負担するのが原則である（民訴65条1項本文）が，判例は，訴訟の目的が連帯債務である場合は，訴訟費用も当然に連帯負担になるとしており（大判明36・2・12民録11輯657頁，大判明43・6・17民録16輯465頁），督促手続費用についても，債務者が複数の場合には，連帯負担と解し，実務では，本書式のように記載するのが，従来から一般的である（川原・前掲132〜133頁）。これに対して，訴訟の目的たる債務と訴訟費用の債務は別個のものであるから，たとえ訴訟の目的が連帯債務であっても，訴訟費用が当然に連帯になると解すべきではなく，連帯負担とするか又は平等の割合で負担するかは，別に主文で命ずるべきである，とする見解がある。支払督促の主文も，「①債務者らは，連帯して，債権者に対し請

求の趣旨記載の主たる請求及び附帯請求の金額を支払え。②債務者らは，連帯して債権者に対し，申立手続費用を支払え。（もし，平等負担させるのが相当である場合は，『債務者らは，債権者に対し，申立手続費用を支払え。』とする。）」と記載すべきである（深沢＝園部・実務274頁），とする。しかし，支払督促は口頭弁論を経て，訴訟費用を定めるわけではない。また，訴訟の場合も，連帯債務者が共同訴訟人である場合には，原則として，訴訟費用を連帯して負担させるのが適当である（秋山ほか・Ⅱ31頁）から，督促手続も同様に解して，現在の実務の方法でよいと解する。

ただし，連帯関係にある複数債務者に対して，仮執行宣言を付する場合には，支払督促のような給付文言がないため，仮執行宣言の手続費用も連帯負担であることを明確にする趣旨で，「前記金額及び本手続の費用金〇,〇〇〇円（連帯負担）につき，仮に執行することができる。」等と記載して発付するのが相当である（実務講義案Ⅲ110頁，研究Ⅲ145頁）。

書式281　「請求の趣旨」の記載例(6) ── 合同債務の請求型

　債務者らは，合同して，債権者に対し，請求の趣旨記載の金額を支払え，との支払督促を求める。
　　申立手続費用　金△△△△円
　　　内訳（以下省略）

請求の趣旨
　1　金1,000,000円（下記請求の原因〇の残額）
　2　上記金額に対する平成〇〇年〇〇月〇〇日から完済まで年6％の割合による遅延損害金
　3　金△,△△△円（申立手続費用）

〔注〕
1．裁判所は，訴訟費用を共同訴訟人の連帯負担とすることができる（民訴65条1項但書）。訴訟物である債務が連帯債務又はこれに準ずるような場合（合同債務，不真正連帯債務のような場合）で，その共同債務者である当事者に敗訴の判決をするようなときに行われ，「訴訟費用は被告らの連帯負担とする。」というように記載する（手引24頁）。仮執行宣言発付時の督促手続費用についても，連帯負担とする記載方法でよいと考える。

書式 282　「請求の趣旨」の記載例(7)──連帯債権等の請求型

　債務者は，債権者各自に対し，請求の趣旨記載の金額を支払え，との支払督促を求める。
　申立手続費用　金△,△△△円
　　内訳（以下省略）

　請求の趣旨
　1　金1,000,000円（下記請求の原因○の残額）
　2　上記金額に対する平成○○年○○月○○日から完済まで年6％の割合による遅延損害金
　3　金△,△△△円（申立手続費用）

〔4〕 請求の原因と記載事項

I 概　　説

(1) 請求の原因の意義

　請求の原因とは，訴訟上の請求として，原告の主張する権利又は法律関係の発生原因をなす事実をいう（深沢＝園部・実務64頁）。支払督促申立書に記載が要求される請求の原因については，①理由記載説＝原告の請求を理由づける事実のうち，原告が主張立証すべきものを全部記載すべきであるという説と，②識別説＝原告の請求がどのような権利又は法律関係についての主張であるかを他のものから識別させ，その同一性を明らかにすればよいとする説の対立があり，現在では，②識別説が通説となっている（深沢＝園部・実務64頁，廣瀬＝園部・書式121頁）。したがって，支払督促の申立書には，債権者の請求の同一性を明らかにする事実（権利主体（債権者・義務者）・権利内容・権利の発生原因事実）を記載すれば足りることになるが（民訴384条・133条2項），実務上は，支払督促が，債権者のみの主張によって請求に理由があることを判断しなければならないので，請求を特定する事実だけではなく，その記載自体によって債権者の請求に理由があることを明らかにする記載（例えば，債務の履行期の記載等），さらに，債務者が不服の有無を判断するのに必要とする重要な事実も平易・簡明に記載している（例えば，「支払済みの額」や「最後に支払った日」，請求権の承継の事実（例えば，債権譲渡の記載等。深沢＝園部・実務64～65頁，廣瀬＝園部・書式121～122頁，実務講義案Ⅲ85頁，研究Ⅲ111頁）。

(2) 支払督促申立ての記載事項

　なお，簡易裁判所の手続については，訴えの提起については，「請求の原因」に代えて「紛争の要点」を明らかにすれば足りるが（民訴272条），簡易迅速に債務名義を付与するという督促手続の性質上，申立時に請求が特定されないことを許容することができないことは明らかであり，同条の規定は，性質上，支払督促の申立てには準用されない（法務省民事局参事官室編『一問一答　新民事訴訟法』438頁）。

また，民事訴訟規則53条1項は，訴状には，請求の原因（請求を特定するのに必要な事実をいう）を記載するほか，請求を理由づける事実を具体的に記載しなければならない，と規定している。同規則232条により，53条1項の規定が準用されないかが問題となるが，支払督促の申立てにおいては，前記のとおり請求を特定するのに必要な事実を明らかにすれば足りると解されているし，立証の問題はないので，この規定は準用されない（最高裁判所事務総局『条解民事訴訟規則』（民事裁判資料213号）478～479頁）。

〔五十部　鋭利〕

Ⅱ 各種請求の原因

(1) 貸金請求型

(a) 金銭の借入れのように、当事者の一方が金銭その他の代替物の所有権を取得し、それを消費したうえで、後にこれと同種・同等・同量の物を返還する契約を消費貸借という（民587条）。現代社会において、金銭消費貸借は売買と並んで最も重要な契約となっている。このため、金銭消費貸借に関する特別法も多く制定されているが、この特別法は、貸主の暴利行為を禁止して借主を保護する側面から、あるいは、国の金融政策の側面から、金銭消費貸借契約に多くの必要な規制を加えている。「利息制限法」、「出資の受入れ、預り金及び金利等の取締りに関する法律」、「貸金業法」等がそれである（藤岡康宏ほか編『民法Ⅳ債権各論』〔第3版〕99〜100頁〔浦川道太郎〕）。

(b) 消費貸借は要物契約である（民587条）。したがって、金銭消費貸借契約は、相手方から金銭を受け取ることによって成立する。しかし、これを完全に貫くことは、現在の取引社会の実情とは必ずしも合致しない。判例は、現実に金銭の授受がなくても、授受があったのと同一の経済上の利益を与えたときは、消費貸借が成立する（大判大11・10・25民集1巻621頁）としており、その要物性を緩和している。そのため、現実に金銭を授受しなくても、例えば、借主に対する預金通帳と印鑑の授受（大判大11・10・25民集1巻621頁）、国債の授受（大判明44・11・9民録17輯648頁）、約束手形の振出し等によっても金銭消費貸借の成立が認められる（浦川・前掲101頁、石外克喜編『現代民法5 契約法』〔改訂版〕192頁〔髙橋眞〕）。また、金銭授受が証書作成前に行われなかったからといって、消費貸借の公正証書の効力を否定することはできない、とした判例（大決昭8・3・6民集12巻325頁、大判昭11・6・16民集15巻1125頁）や、後日成立する債権のための抵当権設定も可能であると解した判例（大判明38・12・6民録11輯1653頁）がある。

(c) 上記(a)において触れた金銭消費貸借に関する特別法については、「貸金業の規制等に関する法律等の一部を改正する法律」が平成18年12月13日成立し、同月20日に公布された（平成18年法律第115号、以下「平成18年改正法」という）。

この法律改正が，支払督促の実務に直接かかわる事項について，以下，解説を進めていくこととする。

(イ) 利息制限法

(i) 営業的金銭消費貸借の賠償額の予定の特則（利息7条1項）　従来，金銭消費貸借における損害金の利率の上限を利息制限法1条に規定する利率の1.46倍としていたが（利息4条）（ただし，平成12年6月1日以降に締結された金銭消費貸借契約について。同日より前の分については，その2倍が上限），営業的金銭消費貸借（債権者が業として行う金銭を目的とする消費貸借をいう（利息5条1号））における賠償額の予定については，その上限を年20％とする。したがって，前記法律施行後の各貸付元金に対する利率の上限は，次のとおりである。

元　　本	利　息	遅延損害金	
	年　利	年　利	営業的金銭消費借の場合
10万円未満	20％	29.2％	20％
10万円以上100万円未満	18％	26.28％	
100万円以上	15％	21.9％	

この法律改正に伴い，「出資の受入れ，預り金及び金利等の取締りに関する法律」（以下，「出資法」という）による上限金利も，金銭の貸付けを行う者が業として金銭の貸付けを行う場合には，年20％を超えてはならないとされた（出資5条2項）。

(ii) 元本額の特則（利息5条）　債権者が行う営業的金銭消費貸借について，同一の債権者・債務者間において，複数の営業的金銭消費貸借がある場合に，利息制限法1条において適用される元本額区分は，当該債務者が当該債権者に対して負担することとなるすべての営業的金銭消費貸借の元本額の合計額により決まることになる。すなわち，異なるときに複数の営業的金銭消費貸借がされる場合には，過去の営業的金銭消費貸借の残元本と新たにされる営業的金銭消費貸借の元本の額の合計額によって，新たにされる営業的金銭消費貸借に適用される元本額区分が決まり（同条1号），同時に複数の営業的金銭消費貸借がされる場合には，そのすべての元本の額の合計額によって，それぞれの営業的金銭消費貸借に適用される元本額区分が決まる

(同条2号。最高裁民事局監修『消費者関係法執務資料』〔改訂版〕（民事裁判資料247号）（以下「消費者関係法執務資料」という）175頁）。

　(iii)　保証料の制限等（利息8条）　借主が貸金業者から金銭を借り受ける際，貸金業者の要求により，別会社である保証業者と保証委託契約を締結し，利息とは別に「保証料」を支払っていることがある。支払方法は，貸金業者が貸し出す金銭から天引きする方法や借主があらかじめ保証業者へ振込等の方法で支払う方法等がある。現行利息制限法3条や現行出資法5条7項のみなし利息の規定が，明文上は保証料も規制の対象とするか明確な表現ではなかった（青山定聖「保証料・媒介手数料の規制」日本弁護士連合会上限金利引き下げ実現本部（以下「日弁連本部」という）編『Q＆A改正貸金業法・出資法・利息制限法解説』167頁），との指摘がされていた。判例は，信用保証会社の受ける保証料及び事務手数料は，利息制限法3条所定のみなし利息にあたる，との判断を示している（最判平15・7・18民集57巻7号895頁，最判平15・9・11判時1841号95頁，最判平15・9・16判時1841号95頁）。

　今回の法改正は，高額の保証料を取得することにより，利息の上限金利規制を実質的に潜脱する事例に対処するため，保証料自体に対する規制を創設したものである。利息制限法8条により，㋑同法1条及び5条の規定の例により，主たる債務の元本に係る法定上限額を計算し，㋺そこから当該主たる債務について支払うべき利息の額を減じて，保証料の最高限度額を算出することとしている。保証料がこの最高限度額を超えるときは，保証料の契約は，その超過部分について無効となる（利息8条1項，特則として同条2項1号・4項1号）。ただし，主たる債務の利息が変動利率で定められており，かつ，利率の上限の定めがない場合等は，法定上限額の2分の1の金額を保証料の最高限度額としている（利息8条2項2号・4項2号）。残りの2分の1の金額は，利息の最高限度額となる（利息9条2項2号・9条3項2号。消費者関係法執務資料178～180頁）。

　上記内容等について改正した利息制限法は，平成18年改正法の施行日（平成19年12月19日）から起算して2年6月を超えない範囲内において政令で定める日に施行される（平成18年改正法附則1条4号，以下，同号に掲げる規定の施行の日を「4号施行日」という。消費者関係法執務資料203頁）。前記出資法についても同

様である。両改正法は，平成22年6月18日に完全施行される予定である。

　4号施行日前に締結された利息の契約，賠償額の予定の契約及び保証料の規定の効力（平成18年改正法附則26条1項本文），みなし利息の範囲（同条2項）については，なお従前の例によることとされている。ただし，営業的金銭消費貸借の利息が4号施行日前に締結され，保証料の契約が4号施行日以後に締結された場合における利息の契約の効力については，改正後の規定（利息9条2項及び3項）が適用される（平成18年改正法附則26条1項但書。消費者関係法執務資料203頁）。

　㈣　みなし弁済制度の改正

　　(i)　平成18年改正法2条によって，貸金業の規制等に関する法律は貸金業法と題名が改正された。それとともに，書面交付に係る規定の整備（貸金16条の2・17条・18条），みなし弁済の要件の整備（貸金43条）について，これらが平成19年12月19日から施行された（平成18年改正法1条本文，貸金業の規制等に関する法律等の一部を改正する法律の施行期日を定める政令）。

　前記法律改正後の施行により，みなし弁済の適用を受けるための要件は，以下のとおりである。貸金業法17条1項の要件を満たすことが必要であるほか，第1に，保証契約がある場合には，契約の事前にも（貸金16条の2），契約締結時にも（貸金17条3項），各々の要件を満たす保証に関する書面を交付するとともに，借主に関する契約内容に関する書面要件を満たす書面（貸金17条4項・1項）も，すべて交付することを要する。第2に，極度方式の貸付けの主債務者の場合には，貸金業法17条1項・2項に規定するすべての書面を交付していることが必要である（極度方式の書面要件の緩和を定めた貸金17条6項は適用されない）。第3に，保証人の極度方式の場合には，事前書面（貸金16条の2），契約締結時書面（貸金17条3項），主債務者の契約内容を示す書面（同条4項），極度方式基本契約の内容を明らかにする書面（同条5項）のすべてを保証人に交付することを要する。なお，みなし利息（利息3条）については，貸金業法43条の適用はない（茆原洋子「みなし弁済制度の廃止」日弁連本部・前掲152～153頁）。

　貸金業法43条についての経過措置は，以下のとおりである。書面交付に係る規定の整備（貸金16条の2・17条・18条）は，施行日以後に締結する貸付けの

契約について適用し，施行日前に締結した貸付けの契約については，なお従前の例によることとされている（平成18年改正法附則2条）。みなし弁済の要件の整備は，施行日以後に締結する貸付けの契約（極度方式基本契約を除く）及び当該契約に係る保証契約に基づく支払について適用し，施行日前に締結した貸付けに係る契約（極度方式基本契約に相当する貸付けに係る契約を除く）及び当該契約に係る保証契約に基づく支払については，なお従前の例によることとされている（平成18年改正法附則15条。消費者関係法執務資料172頁）。

(ii) 平成18年改正法4条によって，このみなし弁済の規定は廃止されるが，この規定は，前記㋑の施行日（平成19年12月19日）から起算して2年6月を超えない範囲内において政令で定める日に施行される（平成18年改正法附則1条4号。消費者関係法執務資料172〜173頁）。この改正法は，平成22年6月18日に完全施行される予定である。

(d) 貸金請求においては，①貸金元本とともに，②利息，③遅延損害金が請求されることが多い。これらは同じ金員請求であるけれども，①は金銭消費貸借契約に基づく貸金返還請求権，②は利息契約に基づく利息請求権，③は履行遅滞に基づく損害賠償請求権であり，法的性質を異にするものであるから，それぞれ別個の訴訟である（司法研修所編『紛争類型別の要件事実—民事訴訟における攻撃防御の構造—』（以下「類型別」という）24頁）。以下，これらの場合に分けて，債権者が主張すべき請求原因事実について検討していくこととする。

(イ) 貸金元本の請求（類型別24〜25頁，加藤新太郎＝細野敦『要件事実の考え方と実務』190頁）

① 金銭返還の合意

② 金銭の交付

③ 弁済期の合意

④ 弁済期の到来

③についてみると，消費貸借契約は，いわゆる貸借型の契約であり，一定の価値をある期間借主に利用させることに特色があり，返還時期の合意は，単なる法律行為の付款ではなく，その契約にとって不可欠の要素である（類型別25頁）。したがって，消費貸借契約では，弁済期の合意は，契約の本質的

要素であり（いわゆる貸借型理論），契約成立の要件としては①ないし③が必要となり，さらに，消費貸借契約に基づき貸金の返還を請求するためには，①ないし③に加えて④も必要となる（類型別25頁）。すなわち，一定の期限が定められた場合には，貸主としては，「その期限（確定期限・不確定期限）の定めと，その到来」を主張する必要がある（加藤＝細野・前掲191頁）。

また，実務上，分割払いの合意とともに，「借主が分割金の支払を1回でも怠ったときは期限の利益（民136条1項）を失い，残額全部の弁済期が経過したものとする。」旨を約することが実務上よく行われており，これは「期限の利益喪失約款」と呼ばれている（加藤＝細野・前掲191〜192頁）。期限の利益喪失約款について，この約款に基づく期限の利益喪失の効果を主張する債権者に，この約款の存在だけではなく，「債務者が分割金の支払を怠ったこと」を主張する必要はなく，結局この約款を合理的に解釈すれば，「各分割金の弁済期が経過したときは，当然に，債務者はその後に到来すべき期限の利益を失い，残額全部の弁済期が到来したものとする。」という内容を有するものとみるのが相当である（司法研修所編『増補 民事訴訟における要件事実 第一巻』（以下「要件事実一」という）272〜273頁）が，実務では，貸金請求の場合に，債務者が異議の申立てをすることの判断を容易にするため，これを特に区別することなく，請求の原因の末尾に「分割金の支払を怠った日（期限の利益喪失日）」等と記載をしている。

民法591条1項は，「当事者が返還の時期を定めなかったときは，貸主は，相当の期間を定めて返還の催告をすることができる。」と定めている。この規定は，単純な催告によって履行期がくるとした同法412条3項の例外を認めたものである（我妻榮ほか『我妻・有泉コンメンタール民法―総則・物権・債権―』1065頁）とされるが，この「返還の時期を定めなかったとき」がどのような場合をいうかについては，2つの見解がある。

第1に，消費貸借であっても，常に弁済期の合意があるとは限らず，弁済期の合意がない場合（黙示的にも特定の弁済期があると解釈できない場合）は，合意が欠けているとの前提に立ち，前記規定を文字どおり合意が欠けている場合の補充規定である，とする見解である。この見解によれば，貸主は，前記③の「弁済期の合意」を主張する必要はない。第2の見解は，消費貸借にお

いて弁済期の合意が欠けていることを否定し，前記規定の「返還の時期を定めなかったとき」とは，弁済期を貸主が催告をした時とする合意がある，とする見解である。この見解によれば，「弁済期の合意」として，弁済期を貸主が催告した時とする合意があることの主張が必要となる（要件事実一278頁，古財英明「消費貸借・準消費貸借」牧野利秋ほか編『民事要件事実講座(3)〔民法Ⅰ〕債権総論・契約』289頁）。判例（大判昭5・6・4民集9巻595頁）は，「履行期の定めのない返還債務の履行期は常に到来しており，貸主はいつでも直ちに返還を請求することができ，借主は民法591条の抗弁権を行使しない限り遅滞の責めを負う。」として，期限の未到来又は催告のないことが抗弁になるとして第1の見解に立つ。しかし，実務では，第2の見解に立っている。消費貸借型契約のような貸借型の契約においては，返還時期の合意が欠くことを認めるのは，前記貸借型理論と整合せず，その本質に反するというべきであり（要件事実一278頁），当事者の合理的意思解釈として相当だからである（類型別25頁，古財・前掲289頁）。

④については，過去の日時の到来や経過については，実務では，当然のこととして，その記載を省略するのが通例である（手引4頁）。

㈡　利息請求　債権者が，債務者に対し，利息請求をする場合に，主張すべき請求原因事実は，次のとおりである（類型別27頁，加藤＝細野・前掲196頁）。

①　元本債権の発生原因事実
②　利息支払の合意
③　②の後の一定期間の経過

利息は，元本の存在を前提として，その利用の対価として支払われるものであり，元本債権に対して付従性を有するものであるから，まず①の主張が必要となる。また，消費貸借は原則として無利息であるから（民587条以下），債権者が利息を請求するためには，②の事実を主張する必要がある。なお，利息の支払の合意がなくても，商人間の金銭消費貸借においては，当然に法定利息を請求することができる（商513条1項）から，この場合には，②に代えて，「消費貸借契約当時，債権者と債務者がいずれも商人であること」を主張することになる。利息支払の合意があったとしても，約定利率の主張が

ない場合，利率は民法404条により年5分となるが，元本債権が商事債権であることを示す事実，すなわち，ⓐ債権者又は債務者のいずれかが商人であること（商503条），又は，ⓑ絶対的若しくは営業的商行為による債権であること（商501条・502条）を主張すると，商行為として商事法定利率である年6分の利息請求をすることができる（類型別28頁，加藤＝細野・前掲196～197頁）。

法定利率を超える約定利率による利息を請求する場合には，さらに，民法404条の「別段の意思表示」として，債権者と債務者が法定利率を超える利率の合意をしたこと，を主張することになる。ただし，利息制限法所定の制限利率を超える利息の約定は，その超過部分について無効となる（利息1条1項）から，同法の制限を超える利息（遅延損害金）が，債務者から支払われた形で請求の原因に記載されている場合（請求の原因に利息制限法の制限を超える利率の記載があり，利息制限法の制限内の利率で計算し直した計算書が添付されていない場合）には，制限を超える部分は，民法491条により元本に充当されたものとして，再計算するように債権者に促す必要がある（最判昭39・11・18民集18巻9号1868頁，最判昭43・11・13民集22巻12号2526頁参照。研究Ⅲ119頁）。

利息が生じる期間は，特約のない限り，消費貸借契約成立の日（最判昭33・6・6民集12巻9号1373頁）から元本の返還をすべき日までの元本使用期間であり，③の請求原因事実がこれにあたる。具体的には，一定期間の最終日の到来を摘示すれば足りる（類型別28頁，加藤＝細野・前掲197～198頁）。

(ハ) 遅延損害金請求　債権者が，債務者に対し，遅延損害金の請求をする場合に，主張すべき請求原因事実は，次のとおりである（手引98～99頁）。

① 元本債権の発生原因事実
② 弁済期が経過したこと
③ 損害の発生とその数額

①は，遅延損害金が元本債権の存在を前提とすることから必要となる。また，遅延損害金は，債務者の履行遅滞に基づくものであるから，②が必要となる。具体的には，確定期限の合意がある場合には，その期限の経過（民412条1項），不確定期限の合意がある場合には，その期限の到来及び債務者がこれを知ったこと（民412条2項），期限の定めのない場合には，催告及び相当期間の末日の経過（民591条1項）となる（類型別29頁）。③の損害の発生とその数

額については，金銭債務の不履行の場合，法定利率又は約定利率によって損害賠償の額が定められ，特約がなくとも，当然に法定利率年5分（民404条）の割合による遅延損害金を請求することができる（民419条1項本文）。

利息につき法定利率を超える利率の合意がされている場合（民419条1項但書），又は損害賠償額の予定（民420条1項）として遅延損害金の利率が合意されている場合，債権者がこれを請求するときには，ⓐ債権者と債務者が法定利率を超える利率の合意をしたこと，ⓑ債権者と債務者が遅延損害金の利率の合意をしたこと，を主張すべきである（類型別29頁）。

利息制限法所定の利率を超える利率の定めのある金銭消費貸借において，遅延損害金の利率について定めがない場合には，遅延損害金は，同法4条ではなく，1条1項により制限された約定利率に減縮されるというのが，判例（最〔大〕判昭43・7・17民集22巻7号1505頁）である。

なお，利息制限法4条1項は，金銭を目的とする消費貸借上の債務の不履行による賠償額の予定又は違約金については，元本の額に応じ，一定の額を超える部分を無効とするものであり，消費者契約法9条2号の規定と要件が抵触するが，利息制限法4条の規定は，金銭を目的とする消費貸借の特性を踏まえて設けられたものであり，この場合においては，この規定が優先して適用され，消費者契約法9条2号は適用されないことになる（内閣府国民生活局消費者契約課編『逐条解説　消費者契約法』〔新版〕217頁）。

遅延損害金の生じる期間については，元本の返還をすべき日の翌日から元本が完済された日までであり，その始期から終期までの時の経過が要件事実となるが，実務上，摘示を省略するのが通常である（類型別30頁）。

〔五十部　鋭利〕

書式 283　「請求の原因」の記載例(1)── 貸金請求型

請求の原因（該当する□に✓をする。）
1　貸付日　　平成21年10月1日（☑平成21年12月1日）

2　貸　主　　債権者

3　借　主　　┌─☑債務者
　　　　　　　└─□申立外

4　利　息　　┌─☑年18％
　　　　　　　└─□定めなし

5　遅延損害金　┌─☑年26.28％
　　　　　　　　└─□定めなし

6　連帯保証人　┌─☑なし
　　　　　　　　├─□債務者
　　　　　　　　└─□申立外

7

貸付金額	利息等合計額	支払済みの額	残　　額
1,200,000円	39,222円 （平成21年12月31日 までの分）	200,000円 最後に支払った日 （平成21年11月30日）	1,039,222円 （内訳） 残元金 1,025,797円 利　息　　13,425円 損害金　　　　0円

（☑明細は別紙計算書のとおり）

　　　□利息制限の制限利率で計算しなおした。

8　┌─□最終支払期限の到来（平成　年　月　日）の経過
　　├─□弁済期 定めなし ──┬─□催告あり
　　│　　　　　　　　　　　　└─□催告なし
　　└─☑分割金の支払を怠った日（期限の利益喪失日）
　　　　　　　　　　　　　平成21年12月31日

第4節　支払督促申立書の記載事項　〔4〕請求の原因と記載事項　【書式283】

(別紙)

計　算　書

年月日	貸付額	返済額	日数	利率	発生利息等	元金充当額	残元金
21.10.01	900,000	0	0	18	0	0	900,000
21.10.31	0	100,000	31	18	13,758	86,242	813,758
21.11.30	0	100,000	30	18	12,039	87,961	725,797
21.12.01	300,000	0	1	18	△　357	0	1,025,797
21.12.31	0	0	31	15	△13,425	0	1,025,797
(以下余白)							
合　計	1,200,000	200,000	93		39,222	174,203	1,025,797

(記載方法)
1　年月日欄は，例えば平成20年9月10日の場合には，20.9.10のように記載する。
2　貸付金額，返済額，発生利息等，元金充当額及び残元金の各欄の単位は円とする。
3　日数欄には，利息等の計算対象となる日数を記載する。
4　利率欄は，年利率（％）を記載する。
5　発生利息等欄の△印は，その時点までの未収利息等の合計額を記載する。

〔注〕
1．利息は，元本使用の対価として，その存続期間に応じ日割を以て計算される（民88条2項・89条1項）。その利率は，①年利，②月利，③日歩のいずれかにより定められることが多いが，年利又は月利の場合であっても，特段の意思表示のない限り，その利息は日割で計算される（大判明38・12・19民録11輯1790頁。小川英明編『貸金訴訟の実務』63頁〔中野哲弘〕）。
2．利息・遅延損害金の計算に関して，①年365日の日割計算の特約がある場合と，②年365日の日割計算の特約がない場合に，閏年の利息・損害金の計算をどのようにするかといった問題がある。
　①については，年365日の日割計算の特約は，貸金業者が，金銭消費貸借の際，閏年の日歩計算を簡便にするため，債務者との間でこの特約をすることが多い。利息制限法には，出資法5条2項のような閏年についての特則の規定（年29.2％，ただし，

2月29日を含む1年については年29.28％とし、1日当たりについては0.08％としていたが、平成18年改正法により、同項は、閏年に関係なく、業として金銭の貸付けを行う者は、一律年20％を超える割合による利息の契約をしてはならない、とされた）がないため、その計算方法が問題となる。また、金銭消費貸借においては、「利率等の表示の年利建て移行に関する法律」25条は、同法の適用がある債権については、閏年の日を含む期間についても365としての計算する旨の規定があるが、金銭消費貸借ないし準消費貸借については、同法の適用される余地はない（中野・前掲64～65頁）。

　裁判所の執行実務においても、債権執行の場合、年365日の日割計算については、年365日の日割り特約がある場合、これが債務名義に記載されていることを要し、これがあれば、年利を365日で除した全日数を乗じて計算している（東京地方裁判所民事執行センター編著『民事執行の実務－債権執行編（上）』〔第2版〕86頁）。支払督促の申立てをする債権者は、附帯請求に関して年365日の特約がある場合、請求の原因だけではなく、請求の趣旨の附帯請求にも、その末尾に「（年365日の日割計算）」の文言を記載する必要があることに留意すべきである。もっとも、多くの貸金業者も、365日の日割計算の特約を結んでいても、訴訟の場合においては、366日で除した計算で対応しているように思われる（江野栄「刑罰金利の上限引下げ、利息の制限額を超える契約等の禁止」日弁連本部・前掲『Q＆A改正貸金業法・出資法・利息制限法解説』159頁）。

　②について検討する。年365日の日割計算とする特約のない場合、その計算方法について、以下の3説が考えられる。㋑平年についても閏年についても、すべて年利の365分の1に日数を乗じる。㋺計算の対象となる期間のうち、平年については年利の365分の1として、閏年については年利の366分の1として、それぞれの日数を乗じる。㋩計算の起算日から数えて（1年以上の期間となるときは年単位の日数を差し引く）向う1年の間に閏年の2月29日が入るときは年利の366分の1として、入らないときは年利の365分の1として、それぞれの日数を乗じる。この点については、㋑説は、「利率等の表示の年利建て移行に関する法律」25条の適用がないのに、これを適用したと同様の結果になる点において、㋺説は、計算方法が割合と簡明で、多くの行政実例でとられているものの、民法143条の素直な解釈としては妥当かという点で、いずれも疑問があり、㋩説が妥当であると思われる（中野・前掲65頁）。

3．金銭債務における1円未満の端数計算については、「通貨の単位及び貨幣の発行等に関する法律」（以下「通貨単位法」という）と、「国等の債権債務等の金額の端数計算に関する法律」（以下「国の端数法」という）がある。

　国の端数法は、国、国民生活金融公庫、農業漁業金融公庫、中小企業金融公庫、公営企業金融公庫、沖縄振興開発金融公庫、日本政策投資銀行、国際協力銀行、地方公共団体及び政令で指定する公共組合の債権又は債務について適用があり（国の端数法1条1項）、他の法令中の端数計算が国の端数法に矛盾又は抵触するときは同法が優先する（国の端数法1条2項）から、貸金債権に関し、その貸主又は借主が前記のいずれかの団体であるときは同法が、それ以外の場合には通貨単位法が適用される。国の端数法が適用される場合には、同法2条1項の規定により、「国及び公庫等の債権で金銭の給付を目的とするもの……又は国及び公庫等の債務で金銭の給付を目的とするもの……の確定金額に1円未満の端数があるときは、その端数金額を切り捨てるも

のとする。」として、端数はすべて切り捨てられることになる。

　これに対して、支払督促を含む裁判実務の大多数においては、通貨単位法が適用される。通貨単位法3条1項は、「債務の弁済を現金の支払において行う場合において、その支払うべき金額（数個の債務の弁済を同時に現金の支払により行う場合においては、その支払うべき金額の合計額）に50銭未満の端数があるとき、又はその支払うべき金額の全額が50銭未満であるときは、その端数金額又はその支払うべき金額の全額を切り捨てて計算するものとし、その支払うべき金額に50銭以上1円未満の端数があるとき、又はその支払うべき金額の全額が50銭以上1円未満であるときは、その端数金額又は支払うべき金額の全額を1円として計算するものとする。ただし、特約がある場合には、この限りでない。」と規定しており、特約があるときはこれに従い、これがない場合には50銭を基準としていわゆる四捨五入されることになる（中野・前掲106頁）。もっとも、計算上円未満の端数が出た場合、円未満を切り捨てて記載するのが実務の扱いである（実務講義案Ⅲ95頁）。

4．民法142条は「期間の末日が日曜日、国民の祝日に関する法律（昭和23年法律第178号）に規定する休日その他の休日に当たるときは、その日に取引をしない慣習がある場合に限り、期間は、その翌日に満了する。」と規定している。期限のうち、この終期は期間と類似するが、期間は、その始期と終期の間の時間的隔たりであるのに対し、期限としての終期は、一定の時点に着目して作られた観念である（四宮和夫『民法総則』〔第4版〕218頁））。

　民法142条は、期間についてのみ適用され、期日については適用されるべきではない（鳩山秀夫『法律行為乃至時効』〔註釈民法全書第二巻〕577頁）との古い学説もあったが、期間の末日と期日との間において取扱いを別異にすべき理由はないし、むしろ本条の趣旨を期日においても、あてはめて処理するのが合理的である（川島武宜編『注釈民法(5)総則(5)』8頁〔野村好弘〕）。まして、貸金請求においては、利息・損害金の計算においては、ほとんど全部といってよいほど、期間計算がされている。近時、判例（最判平11・3・11民集53巻3号451頁）においても、元利金の分割払いの返済期日が「毎月X日」と定められた場合、X日が日曜日その他一般の休日にあたるときは、特段の事情のない限り、その翌日の営業日を返済期日とする旨の黙示の合意があったと推認され、正確にいえば期間の問題ではないが、本条を類推適用してよい（我妻ほか・前掲262頁）、とされた。

　古い判例（大決大3・1・15民録20輯2頁、大決大9・2・12民録26輯125頁）は、12月29日から翌年1月3日までは一般の休日にあたらないとしていたが、その後、「国民の祝日に関する法律」（昭和23年法律第178号）が施行され、判例も、旧民事訴訟法156条2項に規定する「一般の休日」に1月3日を含む（最〔大〕判昭33・6・2民集12巻9号1281頁）と判断して、いわゆる正月3が日は一般の休日にあたる、と解されるようになった。民事訴訟法95条3項は、この点について、「期間の末日が日曜日、土曜日、国民の祝日に関する法律……に規定する休日、1月2日、1月3日又は12月29日から12月31日までの日に当たるときは、期間は、その翌日に満了する。」と規定し、立法的解決を図った。しかし、民法等が適用される場合、この点をどのように考えるかが問題となるが、民法142条にいう「休日」というのはそれほど厳格な意味ではなく、すべての一般的な休日を指すものと解してよい。例えば、土曜日、12月29日から31日、1月2日、3日等もこれに入りうると考えてよい（我妻ほか・前掲

261頁)。また，取引をしない慣習が一方に存するときでも，民法142条の適用がある（大判明36・5・5民録9輯531頁）から，現在，土曜日は，貸金業者や金融機関の多くは休日であるから，原則として，本条の適用があると考える。

5．実務上，しばしば保証人（個人）を債務者として，貸金等の保証債務履行請求をする申立てがある。根保証とは，現在及び将来に発生する，特に増減変動する債務を保証するものを意味する。平成16年11月25日「民法の一部を改正する法律」（平成16年法律第147号（以下「平成16年改正法」という））が成立した。同法は同年12月1日に公布され，平成17年4月1日から施行された。民法上では，包括根保証契約，つまり一切の主債務を保証する旨の契約を成立させることも可能であるが，それは例外的なものとなる。前記の平成16年改正法により，民法465条の2が新設され，①根保証契約であり，②主たる債務の範囲に金銭の貸渡し又は手形の割引を受けることによって負担する債務が含まれ，③個人を保証人とする，貸金等の保証契約については，㋑極度額のない根保証契約を無効とし，貸金等根保証契約における保証人は，主たる債務のほか利息，損害金等の全部に係る極度額を限度として責任を負うものとし（民465条の2第1項・2項），㋺根保証期間における保証期間を制限する趣旨で，契約締結日から5年後の日よりも後の日を元本確定期日とする定めを無効とするとともに（民465条の3第1項），その定めがない場合には，契約締結日から3年後の日を元本確定期日とし（同条2項），㋩貸金等根保証契約をするには，書面又は電磁的記録によってしなければならない（民465条の2第3項・446条2項・3項）（吉田徹＝筒井健夫編著『改正民法［保証制度・現代語化］の解説』10～11頁，19頁）。

平成16年改正法が成立する前にも，通説・判例（最判昭62・7・9金法1171号32頁）によって，元本，利息，損害金を含めた一切の債務につき，極度額の範囲で保証人は責任を負うものとされてきたが（契約書によっては，「元本限度額」又は「保証限度額」等と記載されていることが多い），この平成16年改正法によって，この貸金等根保証契約については，元本極度額でなく，債権極度額を定めなければならないということで，従来の取扱いを明文化し解決した（吉田＝筒井編・前掲29頁）。この場合の支払督促の請求の趣旨としては，例えば，極度額が200万円と定められている場合には，

> 債務者は，債権者に対し，
> 　1　金2,000,000円の限度で，
> 　(1)　金1,500,000円
> 　(2)　上記(1)の金額に対する平成〇年〇月〇日から支払済みまで年21.9%の割合による遅延損害金
> 　2　金△,△△△円（申立手続費用）
> を支払え。

ということになる（岡口・マニュアル上359頁参照）。

6．基本契約によって，新たな貸付けがされると，新たに交付された現金額を従前の貸金残元金に加算して，新たな貸金残元金とする方法がとられる。いわゆる貸増し・借換えである。このような場合の法的性質について，
①　新旧2つの債務が併存する（最判平15・7・18判時1834号3頁）。
②　新規の貸金契約が成立し，旧債務は弁済部分について消滅する（東京高判平12・9・27金法1604号29頁）。

③　旧債務の残額と新規の貸金額を元本とする新しい契約が成立する（富山地判平4・10・15判時1463号144頁）といった考え方があるが，一般に旧債務が弁済されないうちに，新規の貸付けが行われた場合にも，請求は1本の計算書でされることから，③の考え方をとっており，妥当であると思われる（加藤新太郎編『簡裁民事事件の考え方と実務』〔第3版〕150頁〔伊藤正二〕，堀田隆「貸金請求訴訟」岡久幸治ほか編『新・裁判実務大系(29)簡易裁判所民事手続法』201頁）。この場合には，貸増しの記載がなくても，貸増しとして取り扱うのが相当である（最高裁事務総局民事局監修＝司法実務研究会編『新しい様式による支払命令手続の手引』（以下「最高裁・手引」という）111頁）。

　この点について近時の判例（最判平22・4・30裁時1506号7～8頁）は，基本契約に基づき金銭の借入れと弁済が繰り返されているとき，弁済が借入れ全体に対してされるときは，利息制限法1条1項にいう「元本」とは，従前の借入金残元本と新たな借入金との合計額をいい，一度有効に定まった同項の制限利率は，残元本が減少したとしても変更されることはない，とした。したがって，前記の場合，新たな貸付け等によって，貸付残高90万円のところに，新たに10万円を借り入れたときは，100万円の貸金契約が成立したものと考えられるから，現行利息制限法の利息・遅延損害金の利率の上限は，この時からそれぞれ15%，21.9%となる。この一度定まった制限利率は，一部弁済の結果，残存元本が減っても変わらない（研究Ⅲ119頁）。

7．借主において，金銭消費貸借の目的物のうち，その一部を返還した場合には貸主はその残額を請求することになるが，一部弁済の事実は貸主の主張・立証責任に属さず，借主が全部請求を受けた場合の抗弁事由となる。しかし，支払督促手続の簡易・迅速の要請から別紙計算書を添付した上で，請求の原因記載7の表に，利息・損害金の合計及び支払済みの額を記載し，その結果残額の関係を記載する。債務者としても，一部弁済の事実が記載されていれば納得して無用に督促異議を申し立てないであろうから，その意味でもこの点の記載は有用なものと考えられる（廣瀬＝園部・書式176～177頁）。

(2) 売買代金請求型

(a) 売買とは，当事者の一方（売主）がある財産権を相手方（買主）に移転することを約し，相手方がその者に財産権の代金を支払うことによって成立する（民555条）。売買は，当事者間に意思の合致がありさえすれば成立する諾成契約であり，また不要式契約であって，書面の作成等の方式を備えることも，その成立にとっては必要ではない。不動産を目的とした売買等では，書面を作成するのが普通であるが，それは合意の成否や内容についての争いが生じるのを防止し，争いが生じたときには有力な証拠として用いるためである（石外編・前掲149～150頁〔中山充〕）とされるが，実務界においては，不動産等の重要な財産権に係る売買では，目的物と代金等の合意だけでは，未だ完全な契約の成立を認めず，契約書の作成があって初めて売買契約が成立したと解する傾向にある（藤岡ほか編・前掲63頁〔浦川道太郎〕）。

前記のとおり売買は，成立すると当事者が相手方に対して債権を有するという効力が生ずる契約であり，債権契約である。両当事者が互いに行う物の引渡しと代金の支払という給付は，典型的には両方とも契約の成立後になされるが，他方の給付だけが後日になされる場合もある。むしろ日常的には，商店や自動販売機での現金払い商品持ち帰りのように，契約の成立と同時に双方の給付が直ちに完了してしまう「現実売買」を経験することが多い。この現実売買は，売主が担保責任を負い，不特定物を目的とする場合は，不完全な物に代えて完全な物を給付する義務を負い，普通の場合と異なることはない（中山・前掲150頁，浦川・前掲63頁）。

(b) 売買代金請求において，債権者が主張すべき請求原因事実は，次のとおりである。

(イ) 売買契約の締結　債権者が売買契約の内容として，何を主張すべきかが問題となる。このうち，①代金額については，具体的な金額を主張すべきか，それとも譲与契約又は交換契約と区別する意味で，単に対価として金銭を支払う合意がある旨を主張すれば足りるかについて争いがある。しかし，売買契約の成立を主張するためには，本来特定の具体的な内容をもった申込みと承諾の意思表示の存在を主張すべきであり，その場合，代金額は，附款等とは異なり，目的物と同様に申込みと承諾の意思表示の内容として欠くこ

とのできない本質的な要素であるから，具体的な金額を主張すべきである（要件事実一140頁，類型別2頁）。②代金支払時期について，民法573条は，「売買の目的物の引渡しについて期限があるときは，代金の支払についても同一の期限を付したものと推定する。」と規定している。しかし，売買契約は，代金支払債務の履行期限を契約の本質的要素（要件）とするものではないから，売買代金債務の履行についての合意であっても，債権者は，その期限の合意と期限の到来を請求原因で主張する必要はない（類型別3頁）。すなわち，売買契約に基づく代金支払債務は，原則として契約締結と同時に直ちに履行すべきであるが（民533条），当事者間で履行期について特別の定めをすれば，売主は，その履行期が到来するまで履行の請求をすることができなくなるから，履行期について合意がされていることは，代金請求に対する買主の権利阻止事由であり，履行の請求を拒む買主にその主張責任がある。したがって，売主の代金請求に対して，買主は，未到来の確定期限の合意があること又は不確定期限の合意があることを抗弁とし，売主は，不確定期限の抗弁に対する再抗弁として，この不確定期限が到来したことを主張することができる（要件事実一228頁）。③目的物の引渡し，所有については，売買代金支払請求権の発生要件ではないから，債権者が請求原因においてこれを主張する必要はなく，債務者から同時履行の抗弁が主張された場合に，これに対する再抗弁として主張すれば足りる（類型別4頁）。目的物の所有についても，他人の財産権の売買も有効であるから（民560条），債権者は，売買契約締結当時，目的物が債権者の所有であったことを主張する必要はない（要件事実一139頁，類型別4頁）。

(ロ) 附帯請求　実務上，債権者が債務者に対して，附帯請求として，目的物引渡後の利息相当分の金銭の請求をする場合がある。その法的性質については，民法575条2項本文の「利息」をどのように捉えるかにかかり，債権者が主張すべき請求原因事実が異なってくる。

(i) 遅延利息（遅延損害金）説　買主は，一般の金銭債務の債務者と同様，利息を支払うべき特約がある場合か，又は履行遅滞に陥った場合を除くほか，当然に利息を支払う義務はないから，民法575条にいう利息は，約定利息又は遅延利息（遅延損害金）と解すべきであって，これを特に，同条に

よってその発生が定められた法定利息と解すべき理由はない。そして，それが遅延利息を意味する場合には，同条2項は，買主の履行遅滞の責任を目的物引渡しまで発生させないこととする旨を定めたものである。したがって，売主が買主に対して代金の遅延利息を請求をする場合には，民法575条2項の要件と買主の履行遅滞の双方を主張することが必要となる（要件事実一235頁）。具体的には，債権者が債務者に対し，代金の遅延利息（遅延損害金）を請求する場合，債権者は，請求原因として，売買契約の成立その他代金債務の履行遅滞に基づく損害金請求の請求原因事実に加えて，債権者が債務者に対して売買契約に基づき売買の目的物を引き渡したこと，及びその時期を主張する必要がある。したがって，債権者は，請求原因において，次の事実を主張する必要がある（類型別4頁）。

① 売買契約の締結
② ①の売買契約に基づき目的物を引き渡したこと
③ 代金の支払を求める催告の事実
④ 損害の発生とその数額

①については，履行遅滞に基づく損害賠償請求をするためには，債務が存在することが前提となるから，これによって売買代金支払債務の発生を主張し，その存在を基礎づける必要がある。

②については，民法575条2項本文により，引渡しの事実が必要とされる。この引渡しは占有を移転することであり，目的物が不動産の場合，買主への移転登記はこれにあたらない（大判昭12・2・26民集16巻176頁）。

また，売買契約は，双務契約であり，原則として，代金支払債務と目的物引渡債務は同時履行の関係にある（民533条）から，請求原因事実①の主張によって，代金支払債務に同時履行の抗弁権が付着していることが基礎づけられている。同時履行の抗弁権の存在は，履行遅滞の違法性阻却事由にあたると解されているので，代金支払債務に付着する同時履行の抗弁権の存在効果を消滅させるため，目的物の引渡し（又はその提供）が必要となるが，②の事実の中にそれも含まれている（類型別5頁）。

遅延利息は，目的物の引渡時期と代金債務の履行遅滞が生じた時期が同一であればその時期から，この両時期が異なれば，そのうちより遅い時期から

発生することになる。履行遅滞が生じた時期が引渡時期より遅い場合には，引渡しが履行遅滞の生じた時期に先立ってされたことを主張すれば足りる（要件事実―236頁）。

③については，履行が遅れたことを基礎づけるためには，弁済期が経過したことを主張する必要があり，期限の定めのない場合を前提とすると，この催告が要件となる（類型別5頁）。

(ii) 法定利息説　民法575条1項により，目的物の引渡しがあったときから果実は買主に属するのであるから，同条2項は，買主の履行遅滞の有無にかかわらず，引渡しがあった時から買主に代金の利息支払義務を負わせたものである。したがって，売主は買主に対し，同条2項により代金の利息を請求する場合，買主の履行遅滞はその要件ではないことになる（要件事実―235～236頁）。判例（大判昭6・5・13民集10巻252頁）は，この立場に立つものがある。この見解によれば，債権者は，請求原因において，次の事実を主張する必要がある（類型別5頁）。

① 　売買契約の締結
② 　①の売買契約に基づき目的物を引き渡したこと
③ 　②の引渡しの時期及びその時期以降の期間の経過

ただし，過去の日時の到来や経過については，実務では，当然のこととして，その記載を省略するのが通例である（手引4頁）。

この見解を前提とすると，民法575条2項本文の利息請求と遅延損害金請求との関係については，法条競合とする見解と請求権競合とする見解が考えられる。前者によれば，同項の利息請求以外に遅延損害金請求を一切認めないことになるのに対し，後者によれば，遅延損害金請求の場合には同項の趣旨に照らし，売主の目的物の引渡しをその要件に加える見解と，両者は要件を異にする別個の権利であるから，これを不要とする見解とがさらに考えられる（類型別5頁）。

(i), (ii)両説による結論を表にすると，**図表1**のとおりである。

図表 1　民法575条 2 項と両説の相違点

代金の支払期限の到来→引渡し	民法575条 2 項本文により，引渡しにより利息支払義務が発生（(i)，(ii)説とも）起算日は引渡しの日
引渡し→代金の支払期限の到来	(i)支払期限到来時に利息支払義務発生（付遅滞になり，起算日は期限到来日の翌日） (ii)民法575条 2 項但書により，支払期限到来時に利息支払義務発生
代金の支払期限なし	(i)催告と引渡しが両方ともなされた段階で利息支払義務発生（引渡しが先行している場合，起算日は催告の日の翌日） (ii)引渡時から利息支払義務発生（起算日は引渡しの日，催告不要）

〔参考〕　岡口・マニュアル上470〜471頁。

〔五十部　鋭利〕

書式284 「請求の原因」の記載例(2)――売買代金請求型

請求の原因（該当する□に✓をする。）
1 債権者は，債務者に対し，
　├─□次のとおり商品を売った。
　　　(1) 契約日　平成　　年　　月　　日
　　　(2) 商　品
　　　(3) 単　価　金　　　　円
　　　(4) 個　数　　　　　　個
　　　(5) 代　金　金　　　　円
　　　(6) 支払期日　平成　　年　　月　　日
　　　(7) 商品引渡日　平成　　年　　月　　日
　├─☑別紙売買契約一覧表記載のとおり，商品を売った。
　└─□次の基本売買契約に基づき，継続的に商品を売った。
　　　(1) 基本契約年月日　平成　　年　　月　　日
　　　(2) 代金支払日　毎月　　日締め，　　月　　日支払
　　　(3) 個別の売買契約の契約日，商品，代金，完成引渡日及び商品引渡日は，別紙売買契約一覧表記載のとおり

2

売買代金額	支払済みの額	残　　額
270,000円	0円	270,000円

（別紙）売買契約一覧表

契約日	商　品	単　価	個数	代　金	支払期日	商品引渡日
21. 1.10	○○社製薄型デジタルテレビ18－550式	150,000	1	150,000	21. 1.31	21. 1.10

21．2．15	△△社製ノートパソコン PC07－100式	100,000	1	100,000	21．2．25	21．2．15
21．2．15	□□社製パソコンプリンター PP07－200式	20,000	1	20,000	21．2．25	21．2．15
	（以下余白）					

売買代金合計　270,000円

(記載方法)

　契約日欄，支払期日及び商品引渡日及び支払期日欄は，例えば平成21年1月1日の場合には，21.1.1のように記載する。

　商品欄は，商品名，製造者名，年式等により，他のものと区別できる程度に特定して記載する。

　単価欄，代金欄の単位は円とする。

〔注〕

1．遅延利息（遅延損害金）について約定のない場合には，民事上の売買は年5％（民419条1項・404条）を，商行為による売買は年6％（商514条）の割合による遅延利息（遅延損害金）を請求することができる。後者について，商法514条に規定する「商行為によって生じた債務」とは，単に債務者にとって商行為たる行為によって生じた債務に限らず，債権者にとって商行為たる行為によって生じた債権をも含む，とするのが判例（昭30・9・8民集9巻10号1222頁等）である。債権者は，売買代金債権が商行為によるものであるときは，そのことを主張する必要があり，債権者が会社であること（会5条），営利目的の売買であること（商503条）等を主張する必要がある（加藤編・前掲224～225頁〔石堂和清〕）。遅延利息（遅延損害金）について約定があり，この利率が法定利率を超えるときは約定利率による（民419条1項但書）。ただし，債権者と債務者間の契約が消費者契約に該当する場合，利率の上限は年14.6％に制限される（消契9条2号）。

(3) 売掛代金請求型

(a) 売掛代金という文言は，法律上の用語として条文上に出てこないが，一般に売掛も，売買と基本的な性格は同じであるが，その態様は，例えば「毎月20日締切翌月5日払い」として反復的に売り渡され，代金は後日一定期間分をまとめて支払うことを約するものである（菊地博『民事訴訟の実務』67頁）。

(b) 支払命令当時の文献であるが，「昭和55年1月から同年10月まで，代金支払日は毎月末日締切りで，翌月10日限りの約定で商品を売り渡し，その代金総額は，昭和55年10月末日で金10万円となっている。よって，これが代金と最終支払日の翌日である昭和55年11月11日から支払済みまで年5分の割合による損害金の支払を求める。」という事案において，通常，契約に基づく金銭の訴えにおいては，一定日時の1個の債権が請求（訴訟物）を特定するための基本的な単位と考えられている。したがって，継続的売買の場合も，少なくとも履行期（設問では毎月10日）ごとに1個の請求と考えるほかない。そうだとすると，各履行期ごとの債権が特定されなければ，請求が特定されていないことになるが，実務上は原告主張の期間における同一基本契約に基づく全債権が訴訟物になっているものと解して，一応請求は特定されているものと取り扱っているようである。もっとも，訴訟において，被告が特定の履行期の残債権額を争う等，原・被告間の攻撃，防御，防御のために履行期ごとの債権の特定が必要となれば，このような記載では不十分といわざるを得ない。しかし，設問のような支払命令の申立てがあった場合，①本請求は，各月ごとに1個の請求であるから，この点を明確にするよう補正の指導をする，②支払命令に対する異議申立てがあって訴訟に移行したとき釈明にて明確にさせる，といった処理のうち，②の処理方法が妥当である，とした協議結果を記載した文献（最高裁判所事務総局編『督促手続に関する執務資料』民事裁判資料139号135～136頁）がある。

(c) しかし，売掛代金請求について，前記(b)を前提とすると，契約の時期については，ある程度包括的な記載も可能と解するが，継続的売買では，次のような点が争点になることが多いので，これらの点について，できるだけ明確に主張することが重要である。すなわち，①目的物の特定等＝各売買の

日付，各売買の目的物（商品名，メーカー名，形式等により特定），数量，代金額，代金額の算定（単価及び総額等）を明確にすること，②支払条件＝一定の日に締めて特定の日に支払う約定であることが多いが，この場合には，各月の締め日，支払期日を明確にすること，③商品の引渡し＝商品を引き渡した事実を引渡しの時期，場所，方法等により明確にすること，④弁済充当＝長期にわたり，売買と弁済が繰り返されている場合は，弁済の充当関係を明らかにして，どの範囲の代金債権がいくら残存しているのかを明確にすること，が必要であるとする（石堂・前掲224頁）。

(d) 上記を前提にして，売掛代金請求において，債権者が主張すべき請求原因事実は，次のとおりである。

① 基本（売掛）契約の締結
② 売掛の事実（目的物の特定・代金後払いの合意・引渡し等）
③ 履行期の到来

①については，債権者と債務者の間で，取引が開始する契機となった基本契約日を記載する。これによって，売掛代金の請求権の前提が明らかになる。

②については，前記(c)①から③に記載した内容を明らかにする。すなわち，売掛代金を請求するための前提として，(i)目的物の特定，(ii)商品の引渡しを主張する必要がある。

代金後払いの合意については，当事者間で履行期について特別の合意をすれば，売主である債権者は，その履行期が到来するまで履行の請求をすることができなくなるから，本来履行期について合意がされていることは，売主の代金請求に対する買主の阻止事由であり，履行の請求を拒む買主に主張責任がある。したがって，当事者が目的物の引渡しと代金の支払について，これと異なる期限の合意をしたときは，債務者が未到来の確定期限の合意があることを抗弁として主張し，これに対して，債権者は，再抗弁として，代金の支払について，目的物の引渡しとは異なる，既到来の確定期限の合意があることを主張することになる（要件事実―228～229頁）。しかし，支払督促においては，請求の原因の記載のみで，債権者の請求に理由があるか否かを判断する必要があり，売掛代金請求のように，代金の支払請求権が，目的物の引渡しよりも後に発生することを本質とする場合には，代金支払債務に付着す

る同時履行の抗弁権の存在効果を消滅させるため，この再抗弁まで請求原因事実の中で主張することが必要であると解する。

　また，代金の支払時期が，目的物の引渡しよりも後に定められているときは，物の引渡しがあっても，代金支払債務は遅滞にならないのであって，支払期日に代金の支払をしないときは，その時以後，買主は遅延損害金を支払う義務があることになる（民575条2項但書）（深沢＝園部・実務102頁）。債務者に対し，この履行期の到来（代金の支払時期）を主張することは，多数説である遅延利息説によれば，遅延損害金を請求する場合の起算日（代金支払期日の翌日）を明らかにするための請求原因事実ともなる。

〔五十部　鋭利〕

書式 285　「請求の原因」の記載例(3)——売掛代金請求型

請求の原因
　1(1)　契約の日　　平成○○年○○月○○日
　　(2)　契約の内容　債務者は，債権者から購入した下記商品の代金について，毎月10日限り，前月分を支払う。
　　　　　　　　　　　　　　　　　記
　　　　　　　　　　供給日，商品名，単価，個数，引渡日は，代金明細記載のとおり
　　(3)　連帯保証人　申立外　○○○○

　2　債権者は，債務者に対し，上記商品を引き渡した。

　3

代　　金	支払済みの額	残　　額
△△△，△△△円 （明細は別表）	△△△，△△△円 （最後に支払った日 　平成○○.○○.○○）	△△△，△△△円

（代金明細）

供給日	商品	単　価	個数	引渡日	合　計
○○.○○.○○	○○○	△，△△△円	○○個	○○.○○.○○	△△△，△△△円
○○.○○.○○	○○○	△，△△△円	○○個	○○.○○.○○	△△△，△△△円

〔注〕
1．物を引き渡し，代金はある一定の時期に支払うという約定である場合には，その代金の支払を求める債権者は，請求の原因として，売り渡した物を特定して記載し（○○ほか何点とか，何月何日までに取引した何品の代金という記載では，物を特定したことにならないので注意を要する。継続的な取引の代金の場合には，毎取引の日付，品名，代金，履行期を具体的に請求が特定されるように記載した目録を作成して添付するのが望ましい），いつ引き渡したのかを明らかにすべきである（深沢＝園部・実務102頁）。もっとも，本文(3)(b)のように，これを緩やかに解する見解もある。
2．代金の支払場所については，当事者間に特約がないときは，売主の現在の住所で行う（民484条）。

(4) 請負代金請求型

(a) 請負とは，当事者の一方（請負人）が仕事を完成することを約し，相手方（注文者）が仕事の結果に対して報酬を与えることを約することで成立する（民632条）。

請負は，当事者の合意のみで成立する諾成契約であり（民632条），書面等の作成を必要としない。建設業法は，建設工事請負に関する契約条件を書面で明らかにするよう定めているが（建設業法19条），これは紛争防止のためであって，契約の成立要件ではない（浦川・前掲165頁）。

請負契約が成立すると，請負人は仕事を完成する義務を負い（民632条），注文者に対して担保責任を負う（民634条以下）。一方，注文者は請負人に対し，報酬を支払う義務を負う（民632条）。報酬の支払時期は，特約のない限り，仕事の目的物の引渡しと同時，目的物の引渡しを必要としないときは，仕事終了時である（民633条・624条1項）。つまり，注文者の報酬支払に対して，請負人の仕事完成義務は先履行の関係に立つが，目的物引渡しは同時履行の関係にある（浦川・前掲173～174頁）。

(b) 支払督促の申立てをする際，他の労務契約，すなわち，雇用・委任との区別が大切であるが，この区別が難しいことがある。そこで，ここでは，これらの区別について検討する。

まず，雇用との違いであるが，雇用では，労働が従属性を持つのに対して，請負には労働の独立性があり，仕事の完成を目的として労働が行われる。したがって，雇用の場合には，労働力を提供さえすれば，労務の成果に関係なく報酬を受け取ることができるが，請負では，仕事が完成しないと報酬を受け取ることができない。さらに，雇用と請負では，その効果に違いがある。すなわち，①雇用であれば，労働基準法等の規定が準用される，②雇用であれば，不法行為法上，被用者の不法行為には民法715条が適用されるが，請負では民法716条により注文者の責任が限定される（ただし，建設請負における元請・下請の関係では，民法715条が問題となる場合がある（山口康夫『判例にみる請負契約の法律実務』13～14頁，17頁）。

次に，委任との違いについてである。委任とは，当事者の一方（委任者）が契約等の法律行為をすることを相手方（受任者）に委託して，相手方がこ

れを承諾することによって成立する諾成契約である（民643条）。委任には，法律行為をすることによって他人の事務を処理する以外の事務受託（準委任事務）が含まれる（民656条）。委任は，仕事の完成を目的とする請負とは違い，委託された目的のもとに事務を処理することそのものが契約の目的となる。また，委任は一定の事務の処理という統一した労務を目的とし，受任者は一定の範囲で自由裁量が認められるが，請負とは異なり，仕事の完成に関係なく，仕事の処理に対して費用と報酬が請求できる（山口・前掲20頁）。委任者と受任者の契約書に，一定の成果に対し報酬を支払う旨の記載があれば請負となり，そうでなければ委任となる。例えば，法人と税理士が「年間を通じて帳簿・計算書類をみてもらう」という契約をした場合には，仕事の処理に対して報酬が支払われるので委任契約であるが，「みてもらったうえで，確定申告書を作成してもらう」という契約であれば，確定申告書作成という「成果」に対して報酬を支払う契約であるから請負になる（山口・前掲18頁）。

(c) また，近年の労働関係の多様化，規制緩和の流れに乗って，労働者派遣事業が急速に拡大している。労働者派遣事業とは，派遣元が自分の雇用する労働者を，派遣先の指揮命令を受けて，この派遣先のために労働に従事させることをいう（労派遣2条1号）。これに対して，請負では，注文者と労働者との間に指揮命令関係は生ずることはなく，請負業者が労働者に指揮命令をする点が異なる（山口・前掲24頁）。

請負契約と労働者派遣事業を区分することは，労働者の安全衛生の確保，労働時間管理等に関して，雇用主（派遣元事業主，請負事業者），派遣先，注文者の負担する責任が違ってくることから，業務の遂行という実務的な側面からだけではなく，法的な区別を明確にして紛争の予防・解決を図るという側面からも重要になっている（山口・前掲23頁）。この点について，旧労働省が「労働者派遣事業と請負により行われる事業との区分に関する基準」（昭61労告37号）を定めている。この区分基準によれば，次のいずれかを満たす場合を除き，労働者派遣事業者であるとしている。①労働力を自ら直接利用すること（その内容として，(i)当該労働者に対する業務の遂行方法に関する指示，管理を当該事業主が行うこと，(ii)労働時間の管理を自ら行うこと，(iii)企業秩序の維持確保等のための指揮監督を自ら行うこと，をあげている），及び，②当該業務を自己の業務とし

て相手方から独立して処理すること，である（詳細は，厚生労働省労働基準局編『労働基準法解釈総覧』〔第12版〕694～695頁参照）。

(d) 請負代金請求において，債権者が主張すべき請求原因事実は，次のとおりである（岡口・マニュアル上570～571頁）。

① 請負契約の成立
② 仕事の完成
　　附帯請求
③ 請求している報酬が相当であること（①で報酬額を定めなかった場合）
④ 目的物を引き渡したこと（引渡しを要する場合）
　　又は
　　履行遅滞の要件事実（引渡しを要しない場合）
⑤ 損害の発生及び額

①については，契約年月日，仕事の内容，報酬で特定することになるが，報酬額に定めがないことは，請負契約成立の妨げにならないと解される。実際には，概算の金額や計算の基準，金額変更の可能性と方法等を定めるにとどめる（「概算請負」という）ことが多い（我妻ほか・前掲1127頁）。この場合においては，請求している「報酬額が相当であること」を主張することが必要となる。この場合の報酬額は，当事者の意思，現実に要した費用，業界の慣行や基準，仕事の規模，内容，程度等の諸般の事情から決定される（岡口・マニュアル上571頁）。

②の「仕事の完成」については，原則的には，仕事が注文者の注文に従った内容を有している場合，完成しているといえる（山口・前掲65頁）。裁判例では，予定されていたすべての工程を終了したことが仕事の完成とみるものが多い（大阪高判昭61・12・9判タ640号176頁等）。請負報酬請求権は，(i)契約成立時とする説と，(ii)仕事完成時とする説があるが，通説・判例（大判昭5・10・28民集9巻12号1055頁）は，(i)説に立っている。この立場に立つと，民法633条は，報酬の支払と目的物引渡しを同時履行とし，その前提として，仕事の完成が先履行となる（大判大13・6・6民集3巻265頁）から，①の請負契約の成立を主張すると，この先履行義務（仕事の完成）があることが現れることになる。そこで，仕事の完成をしたことを，請求原因事実の中で（せり上が

り）主張することが必要となる（岡口・マニュアル上572頁）。

　なお，民法633条は任意規定であり，報酬前払いないし中間払いの特約は有効である（我妻ほか・前掲1128頁）。例えば，報酬の前払特約があり，これに基づいて代金を請求する場合，②に代えて，「報酬の全部又は一部の前払特約の成立」及び「同特約の内容となっている事実の存在（例えば，期日の到来，仕事の一部完成）」を主張する必要がある。これに対して，仕事の完成後（目的物の引渡し後），一定期間経過後に報酬の全部又は一部を支払う旨の合意がある場合には，この特約は，債権者の報酬の支払請求に対する期限の抗弁となる（加藤＝細野・前掲223頁）から，債権者の主張は，上記請求原因事実のとおりでよい。

　③については，請負契約においては，代金請求権は目的物の引渡しと同時に遅滞になると解することができるので，引渡日の翌日が遅延損害金の起算日となる（加藤＝細野・前掲222頁）。したがって，遅延損害金を請求する場合には，③を請求原因の段階から主張する必要がある（加藤＝細野・前掲223〜224頁）。一方，引渡しを要しない請負契約の場合，仕事が完成すると，報酬の請求が可能となる（民633条但書・624条1項）。この場合，法定の支払時期の定めがないことから，履行遅滞の請求原因事実が必要となる（岡口・マニュアル上573頁）。

　⑤については，㋑遅延損害金の利率の根拠事実，及び，㋺遅延損害金の始期から終期までの期間の経過を主張するが，㋺については，実務上，摘示を省略するのが通例である（岡口・マニュアル上573頁）。

〔五十部　鋭利〕

第4節　支払督促申立書の記載事項　〔4〕　請求の原因と記載事項　【書式286】

書式286　「請求の原因」の記載例(4)――請負代金請求型

請求の原因（該当する□に✓をする。）
1　債権者は，債務者との間で，
　┬□次のとおり請負契約を締結した。
　│　　(1)　契　約　日　平成　　年　　　月　　　日
　│　　(2)　内　　　容
　│　　(3)　代　　　金
　│　　(4)　工　期　等　平成　年　　月　　日～平成　年　月　日
　│　　(5)　完成引渡日　平成　　年　　　月　　　日
　│　　(6)　代金支払日　平成　　年　　　月　　　日
　├☑別紙請負契約一覧表記載のとおり，請負契約を締結した。
　└□次の基本請負契約に基づき，継続的に個別の請負契約を締結した。
　　　　(1)　基本契約年月日　平成　年　　　月　　　日
　　　　(2)　代金支払日　　　毎月　　日締め，　月　日支払
　　　　(3)　個別の請負契約の契約日，内容，代金，完成引渡日及び代金
　　　　　　支払日は，別紙請負契約一覧表記載のとおり
2

請負代金額	支払済みの額	残　　額
1,050,000円	0円	1,050,000円

（別紙）請負契約一覧表

契約日	内　容（工事名，工期等）	代　金	完成引渡日	支払期日
H21. 8. 1	○○マンション101号室，配水管工事	300,000円	H21. 8.25	H21. 8.31
H21. 9.11	横浜市△△区△△町1番□□邸内装リフォーム工事	750,000円	H21. 9.25	H21. 9.30
	（以下余白）			
			請負代金合計	1,050,000円

（記載方法）
　　契約日欄，完成引渡日及び支払期日欄は，例えば平成18年1月1日の場合には，18.1.1のように記載する。
　　内容欄は，工事名，業務内容，工期等を，他のものと区別できる程度に特定して記載する。例えば，「○○マンション○○○号室，壁修繕工事」，「横浜市○○区○○町1番地△△邸××取替工事」のように記載する。

〔注〕
1．請負は，仕事の完成（と通常は引渡し）と報酬の支払とが対価関係に立ち，類型としては，1回的契約に属すると考えられる。しかし，請負人が仕事の完成のため行う労務は継続的なものであるので，継続的な給付ないし債務という側面を有する。実際に行われる請負契約においては，契約締結に始まり，仕事完成に至るまでの相互の権利関係を定め，継続的契約関係といってよい内容が多い（我妻ほか・前掲1125～1126頁）。
2．実務では，建設工事請負において，下請会社が工事代金を支払わないことから，孫請会社（債権者）が元請会社を債務者として支払督促を申し立てることがあるが，この場合には，孫請会社と下請会社の間の法律関係を確かめた上で申立てをするのが相当である（深沢＝園部・実務84頁）。
　　この点について，孫請負人が元請負人に対して，直接に未払の請負代金を請求した事案において，これを否定した裁判例（東京高判昭51・5・27金判510号33頁）がある。この事案においては，「一括下請負人が建設業法3条の許可のない業者であり，また，元請負人と一括下請負人の契約は，同法22条の一括下請負禁止規定に反し無効であり，さらにこれを前提とした一括下請負と孫請負人間の孫請負契約も無効であるから，元請負人は工事の完成引渡しを受ける権利を有しない。したがって，元請負人は悪意の不当利得者として，孫請負人に対し，工事代金相当額の利益を返還する義務がある」と主張した。これに対し，前記裁判例は，「建設業法3条の許可の規定は，無許可業者に対する刑罰規定とあいまって，建設業を無許可で行われること自体を行政的立場から取り締まることを直接の目的とする，いわゆる取締規定であり，同法7条は，その基準にすぎない。また，一括下請負を禁止する規定も，上記同様に取締規定にすぎないから，これらの各法条に反する工事請負契約であっても，それゆえに，私法上の効力まで否定されるものと解すべきではない」とした（山口・前掲302～303頁）。
　　建設業法22条に定める一括下請負に該当する場合としては，①請け負った建設工事の全部，又はその主たる部分を一括して他の業者に下請負させ，付帯工事のみを自ら（又は他の下請負人）が施工する場合や，本体工事の大部分を一業者に下請負させ，本体工事のうち主要でない部分を自ら（又は他の下請負人）が施工する場合，②請け負った工事の一部であって，他の部分から独立してその機能を発揮する工作物の工事を一括して他の業者に請け負わせる場合，等がある。これに対して，一括下請負に該当しない場合としては，元請負人がその下請負契約の施工に実質的に関与していると認められるようなときである。実質的に関与しているとは，元請負人が自ら総合的に企画，調整，指導を行っているような場合をいう（山口・前掲304～305頁）。

(5) 賃料請求型

(a) 当事者の一方（賃貸人）が相手方（賃借人）に物を使用・収益させることを約し，相手方がこれに対価（賃料）の支払を約束する契約を賃貸借という（民601条）。賃貸借は，有償・双務・諾成契約である。賃貸借は，価格の高い土地・建物から，使用料を得て，自動車やビデオテープをはじめ，各種の動産類を貸す「レンタル」業まで多様に発展しているが，後者は賃貸借を業として行うものである（浦川・前掲113頁）。

(b) 賃料請求において，債権者が主張すべき請求原因事実は，次のとおりである（司法研修所編『民事訴訟における要件事実（第二巻）』（以下「要件事実二」という）6頁，100頁，岡口基一『要件事実マニュアル（下）』〔第2版〕（以下「岡口・マニュアル下」という）99頁）。

① 賃貸借契約の成立
② ①に基づく引渡し
③ 一定期間の経過
④ 民法614条所定の支払期限の到来

①については，賃貸人と賃借人間の2つの合意がその成立要件となる。すなわち，(i)目的物を賃借人にある期間使用・収益させ，期間終了の時に目的物を返還する合意（使用収益返還約束），及び，(ii)その対価として賃料（額）を支払う合意（賃料支払約束）の2つである。(i)の合意は，賃貸型の性質上当然に，期間終了の時に目的物を返還する合意を含んだものでなければならない。民法616条は同597条1項を準用するが，民法597条1項は使用借主の借用物返還の時期を定めただけであり，賃借人の返還義務は賃貸借契約の本質に由来するものであって，このような準用規定を根拠として，はじめて認められるものではない。(ii)については，有償契約の本質上当然に，賃料額（又は額が一義的に決定される基準）の決定を含んだ内容のものでなければならない（山本和敏「賃貸借」牧野利秋ほか編『民事要件事実講座』第3巻343頁）。

②，③の主張が必要となるのは，賃貸借契約における賃料が，目的物を一定期間賃借人の使用・収益が可能な状態に置いたことに対する対価として発生するものだからである。すなわち，賃料請求のためには，その性質上，目的物を一定期間賃借人の使用・収益が可能な状態に置いたことが先履行の関

係となるからである（大判大4・12・11民録21輯2058頁，大判大14・7・10民集4巻629頁，最判昭36・7・21民集15巻7号1952頁）。したがって，賃貸人としては，目的物を使用可能な状態に置けば，賃借人が現実にこれを使用しなくても，賃料の請求をすることができる（大判明37・9・29民録10輯1196頁。要件事実二6頁）。

　④については，①の事実を具体的に主張する中で，目的物の性質が明らかになり（少なくとも，動産，建物，土地のいずれかであることは明らかとなる），それに伴って，民法614条所定の支払時期の定めが現れることになるので，債権者は，この支払時期が到来したことも併せて主張する必要がある（要件事実二6頁，100頁）。

　民法614条は，「賃料後払の原則」を定めるが，もとよりこれは任意規定であって，特約によって支払期につき別段の定めをすることは自由である。実際にも，前払いとされる場合が多い（我妻ほか・前掲1099頁）。もっとも，民法614条所定の支払期限が到来している場合，その経過を主張すればよいから，賃料前払いの特約を主張する実益はない（要件事実二101頁）が，同条所定の支払期限が到来していない場合，③，④に代えて，当該特約の成立及び支払期限の到来を主張する実益がある（岡口・マニュアル下100頁）。

〔五十部　鋭利〕

第4節　支払督促申立書の記載事項　〔4〕　請求の原因と記載事項　【書式287】

書式 287　「請求の原因」の記載例(5)——賃料請求型

```
請求の原因（該当する□に✔をする。）
  1　債権者は，┌─☑債務者──────────────┐に対し，
              └─□申立外──────────────┘
    下記のとおり物件を賃貸した。
    (1) 契約年月日　　平成○○年○○月○○日
    (2) 物件の所在　　○○市○○町○丁目○番○号
    (3) 物件の名称　　○○マンション○○○号室
    (4) 賃料月額　　　金△△万円（レ 共益費3,000円を含む。）
    (5) 支払期日　　　毎月末日限り，翌月分を支払う。
                    ┌─□債務者
    (6) 連帯保証人　─┼─☑申立外　○○○○
                    └─□な　し
                    ┌─☑年○％
    (7) 遅延損害金　─┤
                    └─□定めなし

  2
```

発生賃料額	支払済みの額	残　　額
△△△,△△△円 （平成○○年○月 〜平成○○年○月分）	△,△△△円 （平成○○年○月○日 までに支払った分）	△△,△△△円

〔注〕
1．賃料請求において，①賃借人が複数（共同賃借人）の場合と，②賃貸人が複数（共同賃貸人）の場合がある。①について，判例は，各債務者が不可分的に享受する利益の対価とみられる給付については，これを性質上の不可分であると解し，共同賃借人の賃料債務を不可分債務であるとしている（大判大11・11・24民集1巻670頁）。②については，①の法理を，債権者多数の場合にも敷衍し，不可分的な利益供与の対価たる給付もまた不可分であるべきとの理由づけのもとに，共同賃貸人の賃料債権を不可分債権と解するものが多い。賃借物の使用・収益の不可分性と賃料支払の対応関係に注目するならば，賃貸人が複数いる場合にも，賃貸人に対する用益の提供は，共同不

可分的になされているものとみられるから（換言すれば，共同賃貸人は，給付すなわち目的物の引渡し及び使用・収益を許す行為を共同して実行しているのであるから），その対価として発生する賃料債権も不可分債権とみなければならない，とも考えられるからである。いくつかの下級審における裁判例にもこのような考え方が採り入れられるようになった（東京地判昭45・7・16判時613号69頁，大阪高判平元・8・29判タ709号208頁等）（遠藤浩ほか編『民法(4)債権総論』〔第4版増補版〕137〜138頁〔品川孝次〕）。実務上，共同賃貸人の賃料債権は，不可分債権である，とする文献（茗茄政信＝近藤基『書式　和解・調停の実務』〔全訂6版〕334頁）もある。

　賃料債務が不可分債務である場合，債権者は，各債務者に対して，同時に又は順次に，債務の全部又は一部の履行を請求することができる（民430条・432条）。賃料債権が不可分債権であるときは，各債権者は，総債権者のために履行を請求することができる（民428条）。したがって，債権者は，単独で債権全部を請求でき，その場合，債権者の請求は債権者全員のために効力を生ずる（民428条）（野村豊弘ほか『民法Ⅲ債権総論』〔第3版〕113頁〔池田真朗〕）。

2. 賃料請求における遅延損害金は，原則として，民事法定利率の年5％又は商事法定利率の年6％によるが，これより高い利率を賃貸借契約の中で定めることがある。督促事件においても，賃貸人が不動産業者等の「事業者」（消契2条2項）であり，賃借人が「消費者」というケースで，申立てをされることが多い。平成13年4月1日施行の消費者契約法により，当該賃貸借契約が前同日以降に締結され，それが消費者契約（同法2条3項）に該当する場合，遅延損害金の利率の上限が年14.6％に制限される（同法9条2号）。

　いくつかの下級審裁判例において，賃貸借契約の個人賃貸人の事業者性が問題となった事例がある。賃貸人が個人でも，アパート経営を行っている場合は，反復継続性が認められ，事業者になると考えられる（京都地判平16・3・16裁判所ホームページ下級裁判所判例集，大阪高判平16・12・17判時1894号14頁）。間貸しや1軒だけ借家を持っている場合も，結局賃貸を繰り返すことになるので事業者といえる（野々山宏「消費者契約法－契約締結過程と契約内容の適正化」日本弁護士会連合会編『消費者法講義』〔第2版〕87頁）。また，これらの裁判例では，消費者契約法施行以前に締結された建物賃貸借契約について，同法施行後に締結された合意更新により，あらためて建物賃貸借契約が成立したとして，更新後の賃貸借契約に消費者契約法の適用があるとした（野々山・前掲107頁）。

3. 不動産の賃借権者は，民法177条の登記がなければ対抗できない第三者である。賃貸中の不動産を譲り受けた者が，賃借権者に対して賃料を請求する場合にも，登記を必要とするのが判例（大判昭8・5・9民集12巻1123頁，最判昭49・3・19民集28巻2号325頁）である。

(6) 敷金返還請求型

(a) 敷金とは，賃貸借契約において，賃借人の負担する債務を担保する目的で，賃貸人と敷金提供者（通常は賃借人であるが，第三者であっても差し支えない）との間の合意に基づき賃貸人に交付される金銭であって，賃貸借契約終了の際，賃借人に債務不履行があるときは当然にその債務に充当され，債務不履行がなければ賃借人に返還されるという停止条件付き金銭所有権の移転であるとするのが通説・判例（大判大15・7・12民集5巻616頁，最判昭48・2・2民集27巻1号80頁）である（停止条件説）（要件事実二163頁）。

(b) 敷金返還請求権の発生時期については，明渡時説と終了時説があるが，明渡時説が通説・判例（大判昭2・4・23新聞2717号15頁，前掲最判昭48・2・2，最判昭49・9・2民集28巻6号1152頁）である。これによれば，敷金返還請求権は，賃貸借契約の終了後，目的物の返還（明渡し）完了時に発生し，明渡時までの未払賃料及び損害金（賃料相当損害金，賃借人の保管義務違反による損害賠償金等）が控除され，その残額についてのみ発生し，明渡しと敷金返還の同時履行は否定される（要件事実二163〜164頁）。

(c) 敷金返還請求において，債権者が主張すべき請求原因事実は，次のとおりである（要件事実二164頁，加藤＝細野・前掲186頁）。

① 賃貸借契約の成立
② ①に基づく引渡し
③ 敷金授受の合意と，これに基づく敷金の交付
④ 賃貸借契約の終了
⑤ ①の目的物を返還したこと
⑥ ②から④までの期間の賃料及び④から⑤までの期間の賃料を支払ったこと

敷金契約は，賃貸借契約とは別個の契約であるが，従たる契約と解されており（最判昭53・12・22民集32巻9号1768頁），①が要件となる。また，敷金契約は，敷金という担保を設定する契約であるから，金銭の交付を要素とする要物契約である。よって，③がその要件となる。⑤は，敷金返還請求権の発生時期について，明渡時説をとることの帰結である。①，②，④，⑤によって，②から④までの期間の賃料債権及び④から⑤までの期間の賃料相当損害金の

発生が明らかになるから，⑥の主張が必要となる（要件事実二164～165頁）。

〔五十部　鋭利〕

書式 288　「請求の原因」の記載例(6)──敷金返還請求型

```
請求の原因
 1(1)　賃貸借契約の日　平成○○年○○月○○日
  (2)　目　的　物　件　所在　○○市○○町○丁目○番○号
                      名称　○○○アパート○○○号室
  (3)　預　入　敷　金　額　△△△,△△△円

 2
```

敷金預入額	返還済みの額	控除すべき金額	残　　額
△△△,△△△円	0円	△△,△△△円 (……)	△△△,△△△円

```
 3(1)　賃貸借終了の日　平成○○年○○月○○日
  (2)　物件明渡日　　　平成○○年○○月○○日
```

〔注〕
1.　附帯請求については，敷金返還請求権は，不確定期限付債権として敷金交付の時に成立するが，その金額は賃貸借の終了によって，賃貸物件の明渡しの時点に確定すると解されるから，賃借人は，明渡しの日の翌日から遅滞に陥るものと解される（東京地判昭45・6・4判時612号64頁）（藤岡謙三「敷金返還請求訴訟」加藤新太郎編『簡裁民事事件の考え方と実務』〔第3版〕239頁）。
2.　敷金授受の合意は，賃貸借契約と同時に行われる必要はない（稲葉威雄ほか編『新・借地借家法講座(3)借家編』26頁〔月岡利男〕）。したがって，敷金が賃貸人に対して，賃貸借契約の日とは別に交付された場合には，その日付も記載しておいたほうがよい。
3.　敷金関係は，①賃借人が交代した場合，特段の事情がない限り，新賃借人に承継されるものではない（最判昭53・12・22民集32巻9号1768頁）。一方，②賃貸人が交代した場合には，旧賃貸人に差し入れられた敷金は，実際にそれが新賃貸人に引き継がれているか否かを問わず，敷金返還債務は当然に承継される（最判昭44・7・17民集23巻8号1610頁）。このうち，②については，判例は，競落の場合（大判昭5・7・9民集9巻839頁）も，任意譲渡の場合（前掲最判昭44・7・17）にも，それぞれ新賃貸人に対する敷金の返還請求権の当然承継を認めていたが，平成15年法律第134号として，「担保物権及び民事執行制度のための民法等の一部を改正する法律」（以下，「平成15年改正法」という）が同年8月1日公布され，平成16年4月1日施行された。この改正に伴い，不動産登記法も改正され（さらに，その後の同法の改正により，平成15年改正法附則7条に規定する敷金については，改正後の不動産登記法（平成16年法律第123号）附則10条により，同法132条1項とあるのを81条4号と読み替えるものとされ），敷金が賃借権の登記等の登記事項とされた。前述のとおり，従前の敷金

は買受人（新賃貸人）に当然対抗できたが，登記事項とされたことにより，登記をしなければ，買受人（新賃貸人）に抵抗できなくなった。その限りでは，②の判例法理は変更されたものと思われる。ただ，未登記賃借権については，まだ従前のルールが生きているとみられ，元々抵当権設定前に引渡しによって対抗力を持っていた賃借権の場合は，登記なくして買受人に敷金関係が承継されるものと解される（遠藤功ほか編著『〔新版〕平成16年4月1日施行Q&A担保・執行法の要点』165頁〔二宮照興〕）。

4．請求の原因記載2の表のうち，「控除すべき金額」を記載する欄があるが，これは，債務者が未払賃料又は賃料相当損害金を支払ったこと等を記載し，請求の趣旨記載の金額の算出根拠を示すためのものである。これ以外の「未払賃料及び賃料相当損害金債務以外の敷金から控除されるべき賃借人の債務の発生原因事実」についても，訴訟においては，賃貸人は抗弁として主張立証することができる（要件事実二165頁）が，実務において，最も多いのは原状回復費用の控除である（岡口・マニュアル下113頁）。

(7) マンション管理費等請求型

(a) 区分所有建物であるマンションでは，①通常の建物維持管理，②区分所有者の団体（通常は「管理組合」（建物の区分所有等に関する法律（以下「区分所有法」という）3条）の運営，③建物の大規模（特別）修繕に要する費用を，集会の決議（区所18条1項）又は規約（同条2項）をもって管理費，組合費，修繕積立金等（以下「管理費等」という）として，毎月一定額を徴収しているのが通例である。

(b) マンションの管理費等は，区分所有者が負担すべきものとされ（区所19条1項），その支払請求権者は区分所有者の団体（通常は「管理組合」）である。管理組合が法人である場合には管理組合法人（区所47条1項）に，権利能力なき社団としての性格を有する場合（区所3条）には権利能力なき社団としての管理組合が，それぞれ管理費等の請求権者となる。

区分所有者は，規約に別段の定めがない限り，集会の決議によって管理者を選任することができる（区所25条1項）。管理者は，共用部分の保存，集会の決議の実行，規約で定めた行為をすること，及びその執行のため訴訟当事者となることができる（区所26条）（今岡毅「マンションの管理費請求訴訟」岡久幸治ほか編『新・裁判実務大系㉖簡易裁判所民事手続法』420頁）。管理者は，通常，管理規約で，理事長と定められることが多いが，他の者（法人も可能）を管理者と定めることもできる。その場合には，管理者に訴訟追行権があるので，管理者名で支払督促の申立てをすることができる（深沢＝園部・実務219頁）。実務的には，管理組合から管理委託を受けた管理会社が，管理者となることが多い。

(c) 管理費等の負担割合は，各区分所有者の専有部分の床面積の割合による（区所14条1項）のが原則であるが，規約に定めがない場合や規約で負担割合のみを定めている場合は，区分所有者及び議決権のそれぞれ過半数（普通決議）で決することができる（区所39条1項）。管理費等の額を，規約で設定又は変更する場合は，区分所有者及び議決権のそれぞれ4分の3以上による集会の決議が必要となる（区所31条1項）（廣瀬＝園部・書式227頁）。

(d) 管理費等の不払いが，区分所有法6条1項に規定する「共同の利益に反する行為」に該当するかが問題となる。①これを肯定する見解は，(i)不払

いがあるときは，直ちに先取特権を実行すれば足りるとも考えられるが，無益執行の場合もあること，(ii)先取特権が昭和58年の法改正によって，先取特権の被担保債権の拡大が図られたが，順位の繰上げ，区分所有権や建物に備え付けられた動産の競売等の措置が実現していないので，先取特権にはあまり期待できないこと，(iii)管理費の支払義務は，建物等に関する最も基本的な義務であること，(iv)外国の立法例では不払いを含めていること，等をその理由としている（水本浩ほか編『基本法コンメンタールマンション法』〔第3版〕24頁〔大西泰博〕）。これに対して，②「共同の利益に反する行為」とは，共同利益に反する行為の禁止・停止・予防請求を予定していると解して，支払遅滞を含まないと解する（今岡・前掲423頁），とする。①説によれば，訴えを提起する管理組合法人，管理者，集会において指定された区分所有者は，集会の決議により訴えを提起することになる（区所57条2項）。この「訴え」の中に，支払督促が含まれるかの問題はあるが，①説によれば，請求の原因中に，集会の決議があったことを主張する必要があることになり，②説によれば，格別問題はないことになる。しかし，管理費については，区分所有法6条1項の文言からは，管理費の不払いを含めることは直接出てこないが，管理費は，円満な共同生活の維持には欠かせない基盤となるので，その不払いは違反行為となる（大西・前掲24頁），と解するのが妥当であると考える。

(e) 管理費等請求において，債権者が主張すべき請求原因事実は，次のとおりである（今岡・前掲421〜422頁）。

① 債権者が当該マンションの管理組合（法人）又は管理者であること
② 債務者が①のマンションの区分所有者であること
③ 管理費等の支払義務に関する管理規約又は集会の決議の存在
④ 債務者が負担すべき管理費等の月額，支払時期
⑤ 管理費等請求をするときの集会の決議（前記(d)の①説の見解に立つ場合))
⑥ 管理費等の基本債権の存在)
⑦ 約定遅延損害金がある場合は，当該管理規約又は集会の決議の存在
⑧ 損害の発生とその額)

⑤は，前記(d)①説の見解に立つ場合に必要な請求原因事実となるが，実務では，②説により処理をしていることも多いと思われる。⑥は，遅延損害金

の請求原因事実であるが，基本債権の存在は，既に④で主張されているので，改めて記載をする必要はない。⑧については，損害の発生とその額は，民法419条により，金銭債権については，その損害発生の証明を要しないので，約定利率又は法定利率によることになり，請求の原因に，この利率が記載されていれば，その主張はあるものと解している（今岡・前掲424頁）。

〔五十部　鋭利〕

書式 289　「請求の原因」の記載例(7)——マンション管理費等請求型

請求の原因（該当する□に✓をする。）

1　債権者は，下記建物の区分所有者全員で組織する管理組合である。

記

（建物の所在）　東京都○○区△△町一丁目△番□号
（建物の名称）　○○マンション

2　債務者は，1記載の建物の区分所有者である（○○○号室）。

3　債務者は，債権者に対し，管理規約○○条に基づき，次の費用の支払義務がある。

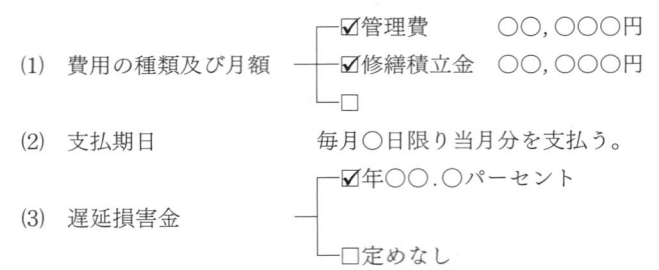

(1)　費用の種類及び月額
- ☑管理費　　　○○,○○○円
- ☑修繕積立金　○○,○○○円
- □

(2)　支払期日　　毎月○日限り当月分を支払う。

(3)　遅延損害金
- ☑年○○.○パーセント
- □定めなし

4

管理費等総額	支払済みの額	残　　額
○○○,○○○円	○○,○○○円	○○,○○○円
（平成○年○月分～平成○○年○月分）	（平成○○年○月○○日までに支払った分）	（内訳） 管理費　　　○○,○○○円 修繕積立金○○,○○○円

第4節　支払督促申立書の記載事項　〔4〕　請求の原因と記載事項　【書式289】

〔注〕
1．数人が区分所有権を共有する場合（マンションの1室が夫婦の共有である場合等）のような，共有者の共有物管理費用債務について，判例（大判昭7・6・8大審院裁判例6巻民事判例179頁）は，不可分債務であるとしている。不可分債務の場合には「連帯して」の表現は適当ではないから，請求の趣旨には，「債務者らは，債権者に対し，各自金○○万円を支払え。」と，連帯債務とは区別して記載すべきである（奥山豪「当事者が複数の場合」塚原朋一編著『事例と解説　民事裁判の主文』51頁）。
2．規約又は集会の決議によって定められた管理費，組合費，修繕積立金等の管理経費債権は，区分所有法7条の先取特権により担保される（水本ほか編・前掲26頁〔内田勝一〕）。すなわち，管理組合法人が有する管理経費の支払請求権は，「管理組合法人がその職務又は業務を行うにつき区分所有者に対して有する債権」（区所7条1項後段）として，権利能力なき社団としての管理組合の有する管理経費の支払請求権は，「区分所有者が規約若しくは集会の決議に基づき他の区分所有者に対して有する債権」（区所7条1項前段）として，それぞれ担保される。

　区分所有法7条の先取特権の優先権の順位及び効力については，共益費用の先取特権とみなされる（区所7条2項）。したがって，その優先権の順位及び効力については，一般の先取特権の規定に従い次のようになる。①区分所有法7条の先取特権は登記をしていることはほとんどないので，その場合には，登記をした抵当権者に対抗することができず（民336条但書），執行手続における配当の順位は，登記をした抵当権者に後れることとなる（区分所有法7条の先取特権が登記を経由した場合には，登記をした抵当権者との間の配当の順位は，登記の先後により決する）。②登記を経由していない区分所有法7条の先取特権は，租税債権に対抗することができず，配当の順位は，租税債権に後れることとなる（区分所有法7条の先取特権が登記を経由した場合には，租税債権との順位は，登記と法定納期限等先後により決する（国徴20条1項，地税14条の14第1項））。③区分所有法7条の先取特権は，登記を経由しなくとも，一般債権者に対抗することができる（民336条本文）から，区分所有法7条の先取特権者は，登記の有無にかかわらず，一般債権者に優先する（森義之「マンションの管理経費についての配当要求」東京地裁配当等手続研究会編著『不動産配当の諸問題』273〜274頁）。

　しかし，仮執行宣言付支払督促を得た区分所有法7条の先取特権者は，当該債務名義に基づいて執行手続の中で，他の一般債権者に対し，優先権を主張することはできない。具体的には，区分所有法7条の当該先取特権者が仮執行宣言付支払督促に基づき，債権差押命令を得た後，他の一般債権者と差押えが競合し，第三債務者が被差押債権を民事執行法156条2項により供託し，配当手続が行われる中で，先取特権者としての優先権を主張することが考えられるが，(i)民事執行手続においては，申立ての段階で優先権があることの主張をし，その時点で審査を受け，その存在が認められたときに債権差押命令が発令されることが予定されており，配当の時点で優先権を認めてしまうと，当該審査を省略したことになる，(ii)競合する債権者がいる場合，当該債権者は，債権差押命令を見て，優先する債権者ではないと把握するのが通例であり，その債権者を害する（近藤基編『実務　債権配当の諸問題』161頁），というのがその理由である。判例も，実体上給料の先取特権等の優先権を有する債権者が，債務名義を取得した上，これに基づき債権差押命令を受けた場合，配当手続において優先権を

主張することは許されない（最判昭62・4・2判タ645号162頁），とした。執行実務も同様の方法によっている。
3．未払いの管理費等は，区分所有者の特定承継人に対しても請求することができる（区所8条）。すなわち，区分所有権の譲渡等（売買・贈与・競売による取得）があったときは，特定承継人は，その承継前に生じた区分所有法7条に規定する債権についても，債務を承継する（東京地判平9・6・26判時1634号94頁は，根抵当権実行としての競売による買受人の事例である）。債務の存在を譲渡人が説明していたか，特定承継人がその事実を知っていたかどうかを問わない。区分所有法8条は，修繕費・管理費・修繕積立金等の管理経費債務の不履行をしていた債務者たる区分所有者の特定承継人に対しても，管理組合が債権を行使できる点に，最も実益がある。しかし，区分所有権の譲渡があっても，譲渡人たる区分所有者の債務は消滅するものではなく，特定承継人は譲渡人の債務と同一債務を重畳的に引き受けたものと解すべきであり，両者は不真正連帯債務の関係にある（内田・前掲27頁）。

特定承継人に対して管理費等を請求する場合には，未払期間の特定は，旧所有者分と特定承継人（債務者）分を分けて記載するのが相当である（深沢＝園部・実務221頁）。
4．債権者の資格証明書として，①管理組合法人のときは登記事項証明書を，②非法人の管理組合のときは，㋐管理組合の規約の写し（理事長が組合を代表する等の定めの有無を確認する）及び㋑管理組合総会の議事録の写しを提出する。
5．判例は，管理費等の債権は，管理規約の規定に基づいて，区分所有者に対して発生し，その具体的な額は総会の決議によって確定し，月ごとに支払われるものであり，民法169条所定の債権にあたる（最判平16・4・23民集58巻4号959頁）として，従前から議論されていた管理費等の消滅時効について，一般債権説（10年説）と定期金債権説（5年説）について，後者の立場に立つことを明らかにした。

(8) 労務賃金請求型

(a) 民法は，労務の提供を目的とする契約として，①請負，②委任，③雇用の3類型を定めている。このうち，雇用とは，当事者の一方が相手方に対して労務に服することを約し，相手方がこれに対して報酬を与えることを約する契約である（民623条）。すなわち，労務に服する者（労働者）は労務に服する義務を負い，相手方（使用者）は，これに対して賃金支払義務を負うところの有償・双務・諾成契約である。また，継続的債権債務関係でもある。

この民法の雇用に関する規定は，雇用契約の当事者（労働者・使用者）を対等なものと考え，当事者は相互に自由な意思に基づいて雇用契約を締結するという前提に立っていた。しかし，資本主義経済社会における雇用契約において，生産手段を有する使用者（資本家）と自己の労働力しか有しない労務者（労働者）とでは，決してその立場は平等・対等なものではなく，事実上の支配・服従関係にあった。この実質的不平等に対して，実質的平等の実現を目的として，一連のいわゆる労働立法が制定された。労働基準法，労働組合法，労働関係調整法その他の労働法がこれである。これらの労働法においては，労働者保護のために，強行規定として，民法の雇用契約の諸規定の適用が制限され，結果として，民法の規定を修正したものが少なくない。したがって，民法における雇用の規定は，わずかに，家事使用人に適用されるほかは，労働法の補充的なものでしかない（石外編・前掲259～261頁〔三好登〕）。

(b) 前記のとおり，使用者は労働者に対し，契約で定められた報酬を支払う義務を負う。報酬支払時期は，特約がなければ労務終了後であるが，日給や月給のように期間を定めた賃金の場合には，労務の終了前であっても，その期間経過後に支払わなければならない（民624条）。

これに対して，労働基準法では，賃金は，毎月1回以上，一定の期日を定め，原則として，通貨で，直接その全額を支払わなければならないとされている（労基24条2項）。さらに，賃金の最低基準も定められている（最低賃金法）。

なお，労働基準法上の賃金とは，賃金，給料，手当，賞与その他名称の如何を問わず，労働の対象として使用者が労働者に支払うすべてのものをいう（労基11条）。すなわち，労働基準法上の賃金というための要件としては，①使用者が労働者に対して支払うものであること，②労働の対償であること，

③名称の如何を問わないこと，の3つである。したがって，給与規定等において，支給が明記されている基本給，精皆勤手当，住宅手当，あるいは賞与等がこれに該当することは問題ない。これに対して，使用者が任意的・恩恵的に支払うものは賃金とは解されない。例えば，結婚祝金，死亡弔慰金等は，一般的には，労働基準法上の賃金ではない。ただし，これらの給付も，労働協約あるいは就業規則等による明確な支給条件に基づくものであれば，同法の定める賃金にあたる（昭22・9・13発基17号）（安枝英訷＝西村健一郎『労働法』〔第9版〕109～110頁）。

(c) ここで，退職金について検討する。退職金とは，「雇用契約の終了に際し，又はその終了後に，使用者から労働者に支払われる一時金又は年金」をいう（梶村＝石田・実務333頁）。退職金は，その支払が法律によって強制されたものではなく，使用者がまったく任意に支払うものであれば，賃金とはいえない。しかし，退職金は，通常，就業規則又はその一部をなす退職金規程等によってその支給要件が定められ，その金額は，退職時の基本給に勤続年数や支給率を乗じて算出されることが多い（金子征史＝西谷敏編『基本法コンメンタール労働基準法』〔第5版〕44頁〔盛誠吾〕）。このように，退職金が就業規則や労働協約によって，その支給要件や支給基準が定められ，使用者にその支払義務がある場合は，それは労働基準法上の賃金と認められ，24条の賃金に関する規制の対象となる（最判昭43・3・12民集22巻3号562頁，最判昭43・5・28判時519号89頁）。行政解釈も，労働協約，就業規則，労働契約等によって，あらかじめ支給条件が明確である場合の退職手当は，労働基準法11条の賃金であり，同法24条2項の「臨時の賃金等」にあたる（昭22・9・13基発17号1（三）），としている。手続的にも，使用者が労働条件の1つとして，退職金について定めをする場合には，必ず就業規則に，適用される労働者の範囲，退職手当の決定，計算及び支払の方法並びに退職手当の支払の時期に関する事項を記載しなければならない（労基89条3の2号）との規定がある。その限りでは，退職金は労働者の退職という事実を条件として，退職時に支払われる賃金であり，在職中の労働に対する「賃金の後払い」としての性質を有している（盛・前掲44頁）。

(d) 労務賃金請求において，債権者が主張すべき請求原因事実は，次のと

おりである（岡口・マニュアル上546頁）。

〔主請求〕
　①　雇用契約の成立
　②　請求に対応する期間の労務の終了
　③　請求に対応する期間の賃金額，賃金の締日，支払日の定め
〔附帯請求〕
　④　雇主が商人であること（年6分の請求をする場合）
　⑤　賃金支払日からの一定期間の経過

　賃金額の定めは，①の要素であるが，雇用当初の賃金額の主張は，なされないことも多い。

　②については，前述した賃金後払いの原則（民624条）があるためであるが，実務上省略されることが多い。

　③については，①，②のみで請求権が発生し，賃金支払日の定めがあることが期限の定めの抗弁となり，その到来が再抗弁となるが，実務では，これらをすべて請求原因で主張させている。

　④の附帯請求である遅延損害金の請求については，商人に雇用された従業員であるときは，年6分の商事法定利率による遅延損害金を請求することができる（最判昭30・9・29民集9巻10号1484頁，最判昭51・7・9判時819号91頁）。もとより，会社は営利法人であるから商人であり（会5条，商4条1項），当事者の表示から債務者が会社であることが明らかなときは，実務では，あえてこの主張は記載していない。

　宗教法人，学校法人，医療法人等の非営利法人（民33条2項），国，地方公共団体等の公法人は商人ではないから，これに対する賃金債権も商事債権ではなく，民事債権である。したがって，遅延損害金の割合は，民事法定利率の年5分（民404条）である（深沢＝園部・実務173頁）。

　⑤については，実務上記載を省略するのが通例である（岡口・マニュアル上546頁）。

〔五十部　鋭利〕

書式 290　「請求の原因」の記載例(8)──労務賃金請求型

請求の原因（該当する□に✓をする。）
1　債権者は，債務者との間で，次のとおり雇用契約を締結し，その従業員として勤務した。
　(1)　契　約　日　　平成21年4月1日
　(2)　賃　　　金　┬─☑月給　金300,000円
　　　　　　　　　　├─□日給　金　　　　円
　　　　　　　　　　├─□時給　金　　　　円
　　　　　　　　　　└─☑上記の他に，諸手当は別紙のとおり
　(3)　支　払　日　　毎月末日締め，翌月25日支払
　(4)　勤 務 期 間　　平成21年4月1日～平成21年10月31日

2　債務者は，債権者に対し，次の賃金の支払いをしない。
　(1)　未 払 期 間　　平成21年9月1日～平成21年10月31日までの
　　　　　　　　　┬─☑2月分
　　　　　　　　　├─□　日分
　　　　　　　　　├─□　時間分
　　　　　　　　　└─□
　(2)　未払賃金等　　金650,000円
3　┬─☑平成21年11月30日，債権者は，債務者から退職した。
　　└─□債権者は，現在も債務者において勤務している。

（別紙）

通勤手当	月額15,000円
家族手当	月額10,000円

〔注〕
　1．未成年者の雇用契約締結について，民法上は親権者・後見人は未成年者の同意があれば，未成年者を代理して契約を締結し，賃金を受領することができることになっている（民824条但書・859条2項）。しかし，これを認めたため，親権者等が未成年者を食い物にするという弊害をもたらしたばかりではなく，労働による未成年者の健康への悪影響をもたらした。そこで，労働基準法58条1項は，こうした弊害を除去するために，親権者等が未成年者に代わって労働契約を締結することを禁止した（金子＝西谷編・前掲261頁〔大場敏彦〕）。この趣旨を生かすために設けられたもう1つの規定が，労働基準法59条である。同条は，未成年者は独立して賃金を請求できる，と規

第4節　支払督促申立書の記載事項　〔4〕　請求の原因と記載事項　【書式290】

定しているが，この規定が，民事訴訟法31条但書が規定する「未成年者が独立して法律行為をすることができる場合」にあたると解釈できるかどうかが問題となる（大場・前掲263頁）。この点については，①民法6条を根拠に，労働契約から生じるすべての訴訟を提起できるとするもの，②労働基準法58条及び59条を根拠に，労働契約から生じるすべての訴訟を提起できるとするもの，③賃金に限定して訴訟能力を認めるものと，その見解は分かれる。裁判例も②の見解をとるもの（名古屋高判昭38・6・19労民集14巻5号110頁）と，③の見解をとるもの（名古屋地決昭35・10・10労民集11巻5号1113頁）がある。行政側の見解は，親権者等の許可を得て（民823条・857条）労働者となった未成年者は，「営業を許された者」（民6条1項）として，この「営業」を他人に雇われて，労働に従事する場合を含むと解することには問題があったので，労働基準法59条は，この点について疑義を生じさせないよう，未成年労働者の独立の賃金請求権を明文化したものであり，未成年者が独立して賃金請求訴訟を提起できることを定めたものと解すべきである（厚生労働省労働基準局（以下「基準局」という）編『改訂新版　労働基準法下－労働法コンメンタール3－』（以下「労基下」という）654～655頁）と，③の見解に立っている。未成年者の賃金請求について，訴訟能力を否定する見解（名古屋高判昭38・7・30労民集14巻4号968頁等）もあるが，今日の通説は，労働基準法58条，59条の趣旨に照らし，あるいは民法6条が準用されるとして，労働契約から生じる権利を独立して行使する争いについて，未成年者の訴訟能力を肯定する（秋山ほか・Ⅰ308頁）。

2．賃金は，前述のとおり，名称の如何を問わないから，家族手当，物価手当等，一見労働とは関係ないような名称であっても，労働の対償として使用者が労働者に支払うものである以上は，すべて労働基準法11条にいう賃金である（基準局編『改訂新版　労働基準法上－労働法コンメンタール3－』（以下，『労基上』という）160頁）。通勤手当や営業手当，超過勤務手当，扶養手当等が基本給とは別に支給されている場合には，請求原因の余白か別紙を利用して記入する（深沢＝園部・書式73頁）。諸手当が別途支給されている場合で，債権者が申立ての際，賃金総額しかわからない場合には，例えば，次のように記載することでもよい。

> ☑　月給　金200,000円（諸手当を含む。）

3．使用者は，労働者が退職した場合，その請求があれば，7日以内に賃金を支払わなければならず（労基23条1項），事業主は，退職日に支払期日が到来している場合は退職日の翌日から，退職日に支払期日が到来していない場合は支払期日の翌日から，未払賃金の額に年14.6%を乗じた遅延利息を当該労働者に支払わなければならない（賃確6条1項，賃確令1条）。

　　したがって，労働者が使用者に対し，この利率による遅延利息を請求する場合には，請求の原因中に退職した日を記載することが必要である。

4．賃金請求の場合，所得税相当額を減縮すべきではないかという問題が生ずる。しかし，判決で使用者に対して賃金の支払を命ずる場合は，賃金額から諸社会保険料及び源泉徴収額を控除する必要はないとされている（高松高判昭44・9・4判夕241号247頁。大山涼一郎「未払賃金・解雇予告手当等請求訴訟」岡久ほか編・前掲345頁）。実務においても，訴状等では，税金，社会保険料等を控除した賃金額を記載するのではなく，これらを含めた賃金額を記載している。ただし，使用者は，労働者に対して，

所得税等を控除して渡せばよい（大山・前掲345頁）。
5．退職金請求の場合，債権者が主張すべき請求原因事実は，①雇用契約の締結，②退職金規定等の存在，③②に対応する退職金算定の基礎となる事実，④退職の事実，⑤退職事由（債権者に有利な減額を主張する場合）である。
　遅延損害金について，その起算日は，就業規則に特別の定めがあればそれに従い，就業規則に定めがなければ，期限の定めのない債務となり，催告の日の翌日からとなる。利率は，会社その他の商人に対する請求では年6分，公益法人等に対する請求では年5分となる。なお，賃金の支払の確保等に関する法律6条の適用はない（多見谷寿郎著＝土田昭彦補訂「退職金請求事件」山口幸雄ほか編『労働事件審理ノート』117頁）。

(9) リース料請求型

(a) リース契約とは，機械・設備その他の物件を利用しようとする企業等（ユーザー）が，その物件をメーカー等の供給者（サプライヤー）から調達する場合に，リース会社がそれをユーザーに代わってサプライヤーから購入し，リース会社とユーザーの契約により，一定期間にわたって賃貸借するという形式（賃貸人がリース会社で，賃借人がユーザー）で行われる取引である（廣瀬＝園部・書式202〜203頁）。

(b) リース契約においては，リース会社とユーザーとの間で対象物件のリース契約が，サプライヤーとリース会社との間で対象物件の売買契約が，それぞれ締結される（それに加えて，ユーザーとサプライヤーとの間で対象物件の保守契約を締結するのが通常である）。具体的には，物の代金をリース会社がサプライヤーに支払い，ユーザーはサプライヤーから物を受け取り，かつ，使用料をリース会社に支払っていく，といった形態となる（中山・前掲149頁）。これが，一般的に「ファイナンス・リース」といわれるものである。

判例は，このファイナンス・リースの性質について，賃貸借と実質金融の両側面を有するとしている（最判昭57・10・19民集36巻10号2130頁等）。すなわち，形式的には，リース会社が物件をユーザーに利用させるという内容を有するが，一方，ユーザーがリース会社から対象物件の売買代金相当額について融資を受けることにあり，実質的には金融（金銭消費貸借）である（廣瀬＝園部・書式202頁）。

ファイナンス・リース契約は，契約当初にすべての経費を折り込んでリース料を設定する（投下資本を全額回収することを予定している）ために，残リース料や約定損害金を支払わなければ，ユーザー側から契約を中途解約することはできない，といった特徴がある（伊藤正二「リース料金請求訴訟」加藤編・前掲192〜193頁）。

実務上は，①リース契約によるリース料の残代金請求，②リース契約解除による損害賠償請求の２つの類型がほとんどである（研究Ⅲ15頁）。

(c) 一方，ファイナンス・リース以外のリースを総称して，オペレーティング・リースというが，これは，通常，物件の所有者等が稼働率の高い汎用機種（自動車・複写機等）を不特定多数の者に賃貸するものであり，レンタル

もこの形態の中に含まれるとされている。経済的には，サービス提供的機能が強く，金融的機能は少ないか，ほとんどないといわれている（研究Ⅲ14頁）。

ここでは，紙数の関係上，リース料請求の大部分を占めるファイナンス・リースについて述べるにとどめ，オペレーティング・リースについては省略する。

(d) 債権者が，リース料請求において，主張すべき請求原因事実は，次のとおりである（滝澤孝臣『消費者取引関係訴訟の実務』324頁）。

① リース契約の締結
② ユーザーがリース業者に借受証を発行したこと及びその日
③ ②の後，リース業者がサプライヤーに売買代金を支払ったこと
④㋑ ①の契約における期限の利益の喪失約款の存在（(b)①の場合）
　　又は
　㋺ ①の契約における特約の存在（確定損害金を含む）（(b)②の場合）
⑤㋑ ユーザーの④の特約違反（(b)①の場合）
　　又は
　㋺ ①の契約の解除（(b)②の場合）

②は，ユーザーが物件の引渡しを受けたこと及びその物件に瑕疵がなかったことをリース業者に通知する観念の通知である。また，リース期間の始期となるため，その日も要件事実となる。

③は，要物性の要件であり，②は③がユーザーの指図に基づくことの主張である。

実務では，前記②，③については，債権者が主張しない（支払督促申立書の請求の原因に記載しない）ことが多い。これは，借受証の交付や売買代金の支払が，物件の引渡し以前に当然になされているものと思われるからである（伊藤・前掲194頁）。なお，ユーザーがリース物件の引渡しを受けたことは，契約の成立要件ではない（梶村太市＝深澤利一＝石田賢一編『リース契約法』80頁）。

また，リース料とは対価関係にない（最判平5・11・25裁判集民事170号553頁）から，リース料請求の要件事実ではない（岡口・マニュアル下406頁）が，実務では，リース物件を被告（債務者）に引き渡した旨の主張がされる例が多い（伊藤・前掲194頁）。

〔五十部　鋭利〕

書式291　「請求の原因」の記載例(9)──リース料請求型

```
請求の原因
 1 (1)　契約の日　　平成18年6月10日
   (2)　契約の内容　申立外株式会社○○○○に対する下記物件のリース
                   契約
                   （物件）ファクシミリ
   (3)　連帯保証人　債務者

 2
```

リース料	支払済みの額	物件返還による清算額	残　　額
330,000円	203,500円 （最後に支払った日 21．8．28）	0円	126,500円

```
 3 ─┬─□契約解除の日　平成　　年　　月　　日
    │
    ├─☑リース料の支払を怠った日（期限の利益喪失）　平成21年8月28日
    │
    └─□リース料の最終支払期限（平成　　年　　月　　日）の経過
```

〔注〕
1. 本書式は，本文(b)①，②のいずれの型にも対応できるようになっている。
2. 請求の原因1の(1)の契約日には，基本契約の締結日を記載する。
3. 請求の原因1の(2)の契約の内容欄には，リース契約がなされたことと，リースの対象となる物件を記載する。
4. 請求の原因2の表には，リースの総額と支払済みの額を記載する。
5. リース解約がユーザーの債務不履行等で途中解約され，リース物件をリース会社が回収し，ユーザーに対し，リース料（若しくは，相当額の損害金）を請求する場合には，「その原因が債務者の不履行にあるときであっても，特段の事情のない限り，返還によって取得した利益を利用者に返戻し又はリース料債権の支払に充当する等してこれを清算する必要がある。」（前掲最判昭57・10・19）とされているので，物件返還による清算額を記載する。
6. 請求の原因3の「契約解除の日」は，解除による相当損害金を請求する場合に記載し，「リース料の支払を怠った日」は，期限の利益を喪失させて残リース料の弁済を求める場合，「リース料の最終支払期限の経過」は，リース料の最終の支払日まで，期限の利益を喪失することなく経過させ，その後残額についてリース料を請求する場合に，それぞれ記載する（最高裁・手引80～81頁）。
7. リース契約のユーザーが消費者であり，リース契約が消費者契約法2条3項に定め

る消費者契約であれば、同法施行（平成13年4月1日）後に締結された契約については、同法9条2号の適用によって（附則），遅延損害金の利率は年14.6%に制限される（廣瀬＝園部・書式203〜204頁）。
8．リース契約については、利息制限法（東京高判昭61・1・29判時1185号104頁等）や割賦販売法（最判昭57・10・19金法1011号44頁）は適用されないから、これらの法律に基づく抗弁（例えば、リース料が利息制限法違反であること等）は主張できない（岡口・マニュアル下408頁）。
9．ファイナンス・リース契約においては、リース物件の使用ができないからといって、リース料金の支払義務を免れることはできない、とした判例（最判平5・11・25金法1395号43頁）がある（研究Ⅲ15頁）。

(10) 譲受債権請求型

(a) 金銭支払請求の中には，他人から指名債権（債権者の特定した債権，証券的債権でない一般的債権）を譲り受けたことを理由として，その債務の履行を求める訴訟類型があり，これを譲受債権請求訴訟という。ここでは，このような譲受債権請求訴訟の類型について，債権者が譲渡人と債務者との間の金銭消費貸借契約に基づく貸金債権を譲渡人から弁済期到来後に買ったと主張して，債務者に対し貸金の返還を請求する場合を例として解説する。

(b) 譲受債権は，一般的に債権譲渡によって生ずる。債権譲渡とは，債権の同一性を変えることなく，契約によって債権を移転することをいう。債権譲渡は，債権者が債権そのものを1個の財貨として他人に譲り渡すことであって，これにより譲渡人たる旧債権者は債権関係から脱落し，譲受人が新債権者として債務者に対し，債務の履行を求めることになる（法曹会編『債権総論』〔改訂版〕249頁）。

設例では，債権者主張の請求権の実体法上の性質は，譲渡人と債務者間の消費貸借契約に基づく貸金返還請求権であり，債権者はその帰属主体であるにすぎない。したがって，この場合の訴訟物は，譲渡人と債務者間の消費貸借契約に基づく貸金返還請求権であり，債権者が債権の帰属主体となった経路，原因は，訴訟物を特定するための要素とはならない（類型別124～125頁）。

(c) 債権の譲受人が債務者に対して，その債務の履行を請求するためには，請求原因事実として，
① 譲受債権の発生原因事実
② ①の債権の取得原因事実
を主張する必要がある。

上記設例において，債権者が債務者に対して，貸金の返還を請求するためには，債権者は，次の請求原因事実を主張する必要がある（類型別125頁）。
(ⅰ) 譲渡人が債務者との間で金銭の返還の合意をしたこと
(ⅱ) 譲渡人が債務者に対し，金銭を交付したこと
(ⅲ) 譲渡人が債務者との間で弁済期の合意をしたこと
(ⅳ) 弁済期が到来したこと
(ⅴ) 債権者が譲渡人との間で，その貸金債権の売買契約を締結したこと

消費貸借は，貸借型の契約であるから，弁済期の合意は，単なる法律行為の附款ではなく，契約の本質的要素であり，契約成立の要件としては，(i)ないし(iii)が必要である。さらに，譲渡人と債務者間の消費貸借契約に基づき貸金の返還を請求するためには，(i)ないし(iii)に加えて(iv)も必要となる（類型別123頁）。

(v)については，債権移転のために，その原因行為である売買契約等とは別個に，債権の移転自体を目的とする準物権行為としての処分行為の主張が必要となるかが問題となる。判例（最判昭43・8・2民集22巻8号1558頁）は，物権変動における物権行為の独自性と同様に，このような独自性は否定すべきである，とする。終局的に債権移転を目的として締結される売買贈与等の契約の中には，その効果意思として，単に債権を移転すべき債務の発生をも目的とする意思だけではなく，債権移転の効果をも発生させる意思を含んでいるとみるのが取引の実状に合致し，したがって売買贈与等の契約がされたとき，この契約の効力として債権移転の効果が生ずると考えてよく，この契約のほかに特に準物権行為が別個に存在するとみる必要はないからである（法曹会・前掲265頁）。したがって，債権者は，譲渡人からの債権の取得事実として，売買契約等の事実を主張すれば足りる（原因行為説）。しかし，実務では，この旨の主張の記載を省略することが多い。債権譲渡の原因行為まで主張・立証しなければならないとするのは，実務的でないこと，判例（最判昭41・9・22民集20巻7号1392頁）も，主要事実は債権譲渡であって，原因行為は単なる間接事実である，としていること等の理由が考えられる（岡口・マニュアル上372頁）。

(d) 指名債権の譲渡について，これを債権者に対抗するためには，譲渡人から債務者に対し，債権譲渡の通知をするか（譲受人が譲渡人に代位して（民423条）通知をすることはできない）（大判昭5・10・10民集9巻948頁），あるいは，債務者が譲渡人か譲受人に対し，その承諾をすることが必要とされる（民467条1項）。債権譲渡の通知は，代理の規定が適用され，譲渡人の代理人によって通知をすることができる（最判昭46・3・25判時628号44頁）（林良平ほか『債権総論』〔改訂版〕（現代法律学全集）446頁〔髙木多喜男〕）。また，譲渡人には通知義務がある（大判大8・6・24民録25輯1178頁）が，実際，通知をすることに利害関

係をもつのは、譲渡人ではなく譲受人である。早急な通知をするために、現実には、譲受人が使者として、譲渡人の名による通知を行うケースが多いようである（野村ほか・前掲165頁〔池田真朗〕）。

　多数の債務者がある場合については、次のとおりである。①連帯債務者の1人に対する通知は、他の債務者に対して効力が及ばない（民440条、大判大8・12・15民録25輯2303頁）。債権の譲渡人が連帯債務者全員に対抗するためには、全員に対して通知をしなければならない。②保証債務については、その随伴性によって、主たる債権の移転に伴い保証債権も移転するときは、主たる債務者に通知すれば、保証人への通知がなくとも保証人に対抗することができる（大判大6・7・2民録23輯1265頁）。逆に、主たる債務者に通知しないで、保証人に通知しただけでは、主たる債務者に対してはもちろん、その保証人に対しても譲渡を対抗できない（大判昭9・3・29民集13巻328頁）。

　また、債権譲渡を債務者以外の第三者に対抗するためには、確定日付ある証書によって通知をし、又は債務者が承諾をしなければならない（民467条2項）。

　債権譲渡の債務者対抗要件の主張立証責任については、権利抗弁説（例えば、民法177条等における対抗要件に関する要件事実、主張立証責任については、第三者の側で対抗要件の欠缺を主張し得る正当な利益を有する第三者であることを主張立証し、かつ、対抗要件の有無を問題として指摘し、これを争うとの権利主張をすることを要すると解すべきであるとする説）が相当であり、債務者の権利主張があったときに、再抗弁として債務者対抗要件の具備（通知又は承諾）を主張すれば足り、請求原因でこれを主張する必要はない。債権譲渡における債務者に対する対抗要件に関する要件事実、主張立証責任についてもこれと同様に解することができる（最判昭56・10・13裁判集民事134号97頁）（手引「事実摘示記載例集」7頁、類型別128頁）。

〔五十部　鋭利〕

書式 292　「請求の原因」の記載例(10)——譲受債権請求型

請求の原因
1(1) 契約の日　平成21年2月10日
　(2) 契約の内容　申立外甲野一郎（以下，「申立外人」という。）が債務者に対し貸し渡した下記債権のうち，残元金400,000円及びこれに対する遅延損害金全部につき，債権者は，申立外人から譲り受けた。

　　貸　付　日　平成19年2月10日
　　債　権　額　金500,000円
　　遅延損害金　年26.28%
　　最終支払期限　平成20年1月31日

2

譲渡貸付金	支払済の額	残　　額
508,024円 残元金及び平成20年2月1日から 平成21年2月10日までの遅延損害金	0円	508,024円 内訳 　残元金　400,000円 　損害金　108,024円

〔注〕
1．将来発生する債権の譲渡も認められる（最判平11・1・29民集53巻1号151頁等）。
2．通知は，債権譲渡と同時でなく後でもよいが，譲渡をする前に通知をしても，譲渡されるかどうか不明確であり対抗要件にならない，というのが通説である。これに対して，承諾は，譲渡の前後を問わない（最判昭28・5・29民集7巻5号608頁）。また，承諾は，譲渡人又は譲受人いずれかに対してすればよい（最判昭49・7・5裁判集民事112号177頁等）（岡口・マニュアル上373頁，池田・前掲165～166頁）。

(11) 解雇予告手当請求型

(a) 期間の定めのない雇用契約の解約について、民法627条1項は、解約申入れから、原則として、2週間が経過するまで効力を生じないとしている。しかし、雇用終了まで2週間しか猶予がないとすれば、労働者が別の就職先を見つけるのに十分ではないと考えられる。そこで、労働基準法20条は、期間の定めのない雇用契約との関係では、その予告期間（雇用契約終了までの猶予期間）を30日まで延長した。ただ、労働者が予告によって得ることができる余裕は、その期間に対して受け取る賃金額以上のものではないとの観点から、30日分の平均賃金を支払えば即時に解雇してもよいとし、またその日数の一部につき1日分の平均賃金を支払えば、残りの日数を予告期間とすることができるとした（金子＝西谷編・前掲113頁〔小宮文人〕）。

(b) 解雇予告手当は、労働基準法によって創設されたものであり、賃金ではない（昭23・8・18基収2520号）。しかし、解雇予告手当は、次の就職まで労働者の生活を支えるものであるから、労働基準法24条（賃金の支払）に準じて、通貨で労働者に直接支払うべきであり（昭23・8・18基収2520号）、解雇の申渡しと同時に支払うべきものである（昭23・3・17基発464号）。

(c) 労働基準法20条1項但書は、①天災事変その他やむを得ない事由のために事業の継続が不可能となった場合、②労働者の責に帰すべき事由に基づいて解雇する場合には、使用者は例外的に、予告手当を支払わずに労働者を即時解雇できる旨を定めている。①の「やむを得ない事由」とは、経営者が「社会通念上採るべき措置をとっても通常いかんともなしがたいような状況」をいい、「事業の継続が不可能」になるとは、事業の主たる部分を保持して継続しうる場合や近く再開復旧の見込みがある場合は含まない（昭63・3・14基発150号）、とされている。②の「労働者の責に帰すべき事由」とは、労働者の故意過失又はこれと同視すべき事由であるが、その事由が本条（労基20条―引用者）の保護を与える必要がないほど重大又は悪質で予告されることがその事由と均衡を逸するものに限られる（昭31・3・1基発111号）、としている（小宮・前掲114頁）。

なお、解雇予告除外事由の存在については、使用者による恣意的判断を排除するため行政官庁（所轄労働基準監督署長）の認定を受けなければならない

（労基20条3項・19条2項）。使用者が解雇予告除外事由が存在するにもかかわらず，行政官庁の除外認定を受けずに行った即時解雇の効力について，学説は，除外事由の有無を確認する確認処分であり，解雇の有効要件ではないから，除外認定は認定事由に該当する事実が客観的に存在すれば，解雇予告又は予告手当の支払のない解雇も有効であるとする説が多数を占め，裁判例もこの立場に立つものが圧倒的に多い（東京高決昭26・8・22労民集2巻4号455頁等）（安枝英訷＝西村健一郎『労働法』〔第9版〕232頁）。

(d) (c)で述べた解雇予告除外事由がないにもかかわらず，使用者が解雇の予告をせず，また予告手当も支払わないで労働者を解雇し，労働基準法20条に違反した解雇の効力について，次の4つの見解がある。①30日以上の予告期間を設けず，また30日分以上の予告手当も支払わないで解雇を通告した場合でも，単に使用者は刑事上の責任があり，かつ，予告手当の支払債務を負担するにすぎず，解雇そのものは有効である，とする見解（解雇有効説），②30日以上の予告期間を設けず，また，30日分以上の予告手当も支払わないで行った解雇は無効であり，いつまでも有効とはならない，とする見解（絶対的無効説），③予告期間をおかず，また予告手当の支払もしないで，労働者に解雇の通知をした場合には，使用者が即時解雇を固執する趣旨でない限り，㋑通知後30日の期間を経過するか，又は，㋺通知後本条の解雇予告手当の支払をしたとき，のいずれか早いときから解雇の効力が生ずる（最判昭35・3・11民集14巻3号403頁），とする見解（相対的無効説），④使用者が30日以上の予告期間を設けず，また30日分以上の予告手当も支払わないで解雇を通告したときは，労働者は解雇無効の主張と，解雇有効を前提とした上での予告手当の請求のいずれかを選択できる，とする見解（選択権説），がある。行政解釈も，③の説が妥当であるとの立場から，「法定の予告期間を設けず，また法定の予告に代わる平均賃金を支払わないで行った即時解雇の通知は即時解雇としては無効であるが，使用者が解雇する意思があり，かつ，解雇が必ずしも即時解雇であることを要件としていない場合には，その解雇は法定の最短期間である30日経過後において解雇する旨の予告として効力を有するものである。」（昭24・5・13基収1483号），としている（労基上313頁）。この立場の帰結として，解雇予告手当は，解雇通告後に労働者が取得する債権としての性格を

有するものではなく，即時解雇をするための要件として，法律が定めた特殊な手当としての性格を有すると解されることになる。すなわち，使用者が即時解雇に固執する場合には，解雇は無効であり，労働者に予告手当を請求する権利が発生すると解する余地はないし，逆に，使用者が即時解雇に固執しない場合には，民事的には，30日経過後又は所定の予告手当を支払った時点のいずれか早い時点で本条に基づく解雇の効力が生ずると解されるので，これとは別に，労働者に予告手当の請求権が生ずると解する余地はない（労基上292～293頁），ということになる。

(e) 解雇予告手当請求において，債権者が主張すべき請求原因事実は，次のとおりである（加藤・前掲251頁〔藤岡謙三〕）。

① 債権者と債務者との間で，労働契約が締結されたこと
② 債務者が債権者に対し，即時に解雇する旨の意思表示をしたこと
③ 債権者の30日分の平均賃金の額

③の平均賃金の計算方法について検討する。平均賃金とは，「算定すべき事由の発生した日以前3ヵ月間にその労働者に対し支払われた賃金の総額を，その期間内の総日数で除した金額」である（労基12条1項本文）。すなわち，計算式を示すと，

$$平均賃金 = \frac{事由発生日以前3ヵ月間に支払われた賃金の総額}{事由発生日以前3ヵ月間の総日数（暦日数）}$$

となる。

(イ) 算定すべき事由の発生した日　解雇予告手当を算定するときの平均賃金については，「労働者に解雇の通告をした日」である。解雇を予告した後に，当該労働者の同意を得て解雇日を変更した場合においても，当初の解雇を予告した日をいう（昭39・6・12基収2316号）（労基上166～167頁）。

(ロ) 事由発生日以前3ヵ月間　これは，事由の発生した日の前日から遡って3ヵ月ということである。事由の発生した日は含まれないものと解される。また，3ヵ月とは，90日ではなく，暦日による3ヵ月である。例えば，5月10日に算定事由が発生した場合には，5月9日から2月10日まで（89日，閏年で90日），10月15日に算定事由が発生した場合には，10月14日から7月15

日まで（92日）である（労基上166〜167頁）。

　(ハ)　その労働者に支払われた賃金の総額　「支払われた」とは，現実に既に支払われている賃金だけではなく，実際に支払われていないものであっても，事由発生日において，既に債権として確定している賃金をも含むと解すべきである。例えば，賃金不払いがあったような場合には，未払の賃金部分も含まれる（労基上167頁）。

　賃金の総額には，原則として，労働基準法11条に規定する賃金がすべて含まれる。例えば，通勤手当（昭22・12・26基発573号），年次有給休暇の賃金（昭22・11・5基発231号），通勤定期券代及び昼食料補助（昭26・12・27基収6126号）等は，労働基準法11条の賃金であり，したがって，「賃金の総額」に含めなければならない（労基上167頁）。これに対して，臨時に払われた賃金（臨時的・突発的事由に基づいて支払われたもの，及び支給条件は予め確定されているが，支給事由の発生が不確定であり，かつ非常に稀に発生するものをいう（昭22・9・13基発17号）。例えば，退職金のほか，結婚手当等がその例である），並びに，3ヵ月を超える期間ごとに支払われる賃金（年2回支払われる賞与等がこれに該当し，賃金総額から控除されるが，同じ賞与であっても，各4半期ごとに支給される賞与は，賃金総額に算入される）は，賃金総額から控除される（労基12条4項）（盛・前掲48頁）。

　(ニ)　その期間の総日数　平均賃金の算定期間となる3ヵ月間である（労働基準法12条3項の各号の一に該当する期間がある場合にはその期間を控除した期間，雇入後3ヵ月に満たない者については雇入後の期間等であって，その期間中の労働日数だけではない（労基上168頁））。具体的には，**図表1**のとおりである。

　(ホ)　「賃金の総額」を「その期間の総日数」で除して得た金額に，銭位未満の端数が生じた場合には，その端数は切り捨てる（昭22・11・5基発232号）。なお，こうして計算した平均賃金を基礎として，実際に，解雇予告手当を支払う場合には，通貨の単位及び貨幣の発行等に関する法律3条により，特約がある場合はその特約により端数が整理され，特約がない場合は1円未満の端数が四捨五入されて支払われることとなる（労基上168頁）。

　附帯請求の請求原因事実も，上記①〜③で足りる（岡口・マニュアル上558頁）。

〔五十部　鋭利〕

図表 1　総日数の算定方法

雇用 3 ヵ月以上	賃金締切日なし	解雇予告あり　解雇予告の前日までの 3 ヵ月（労基12条 1 項本文）
		解雇予告なし　解雇の前日までの 3 ヵ月（労基12条 1 項本文）
雇用 3 ヵ月以上	賃金締切日あり	直前の賃金締切日当日までの 3 ヵ月（労基12条 2 項）
雇用 3 ヵ月未満		雇入後の期間（労基12条 6 項）（※注 1）
日給・時給等の場合		賃金の総額を算定期間中に労働した日数で除した金額の100分の60を下ってはならない（労基12条 1 項 1 号本文）との制限あり
日日雇い入れられる者		厚生労働大臣の定める金額（労基12条 7 項）（※注 2）

（※注 1 ）この点について，裁判例は，賃金締切日の有無にかかわらず，解雇予告がない場合は解雇前日までの，解雇予告があった場合は解雇予告の前日までの全期間を算定する（大阪高判昭29・5・31高刑集 7 巻 5 号735頁），とするものがある。これに対して，労働基準局の見解では，雇入後 3 ヵ月であっても 1 ヵ月以上の場合は，直前の賃金締切日当日までの全期間を算定する（昭23・4・22基収1065号，昭27・4・21基収1371号），としている。

（※注 2 ）「日日雇い入れられる者」とは， 1 日の契約期間で雇い入れられ，その日限りでその労働関係が終了する労働者であって，その契約が日日更新されたとしても，当然に，日日雇い入れられる者としての性格を変えるものではない（昭29・9・15基収4025号参照）（労基上177頁）。

　厚生労働大臣の定める金額としては，「平均賃金を算定すべき理由の発生した日以前 1 ヵ月間に当該日雇労働者が当該事業場において使用された期間がある場合には，その期間中に当該日雇労働者に支払われた賃金の総額をその期間中に当該労働者が当該事業場において労働した日数で除した金額の100分の73」と定められている（昭38・10・11労告52号）（大山涼一郎「未払賃金・解雇予告手当等請求訴訟」岡久ほか編・前掲353頁）。

書式293　「請求の原因」の記載例(11)——解雇予告手当請求型

請求の原因（該当する□に✓をする。）
1(1) 労働契約の日　平成〇〇年〇〇月〇〇日
 (2) 賃　　　金　─☑月給　〇〇〇,〇〇〇円
　　　　　　　　└□　給　　　　　　円
 (3) 支　払　日　─☑毎月　　日締め，
　　　　　　　　└☑当月　□翌月　　日支給

2(1) 解 雇 予 告　─☑なし
　　　　　　　　└□平成　　年　　月　　日
 (2) 解雇された日　平成〇〇年〇〇月〇〇日
　　　　　　（予告の日の翌日から解雇の日まで〇日間）………ⓐ

3　解雇予告手当の計算
 (1) 平成〇〇年〇〇月〇〇日〜平成〇〇年〇〇月〇〇日（〇日間）
　　　　　　　　　　　　　　　　　　　　　　………………ⓑ
　　　期間内の賃金総額　△△△,△△△円 ……………………ⓒ
 (2) 解雇予告手当の計算

$$\frac{ⓒ△△△,△△△円}{ⓑ　　〇　　日} × (30日 − ⓐ〇日間)〔1円未満切り捨て〕$$

　　＝□□□,□□□円　〔1円未満四捨五入〕

〔注〕
1. 解雇予告手当は，解雇の意思表示と同時に履行期に達する。したがって，附帯請求として，解雇の日の翌日から損害金の請求ができる（細川二朗〔渡辺弘＝鈴木昭洋補訂〕「解雇予告手当請求事件（付加金を含む）」山口ほか編・前掲93〜94頁）。また，解雇予告手当は，雇用契約に基づき当然に発生するものではなく，法律が特に認めたものであり，商行為性があるとはいえないから，遅延損害金の利率は，民事法定利率の年5％である（細川・前掲94頁，深沢＝園部・実務178頁，廣瀬＝園部・書式231頁）。
2. 使用者が，労働基準法20条に違反して，解雇予告手当を労働者に支払わなかった場合，裁判所は，労働者の請求により，使用者に対し，未払金と同額の付加金の支払を命ずることができる（労基114条）。しかし，付加金は，使用者が所定の義務を履行しない場合に，労働者の請求により，裁判所が支払を命じることによって，初めて発生するものであるから，督促手続においては認められないと解されている（研究Ⅲ120頁）。
3. 一方，期間の定めのある雇用契約については，その雇用期間中は，解約の申入れができないのが原則である（労契17条）が，あまり長期の期間は労働者の自由を奪うこ

とにもなりかねないので，例外として，雇用期間が5年を経過し，又は，当事者の一方若しくは第三者の終身の間継続すべきときは，当事者の一方は，5年を経過後はいつでも雇用契約を解除することができる（民626条1項本文）。ただし，商工業見習を目的とする雇用については，この期間が10年とされている（民626条1項但書）（石外編・前掲266頁〔三好登〕）。

労働基準法では，原則として3年（又は5年）を超える期間を定める労働契約の締結を禁止している（労基14条）。もっとも，技能者養成について，職業能力開発促進法に特別の規定がある（同法13条以下，労基70条）。

期間の定めのある雇用契約が更新される場合でも，労働者は将来においても継続して雇用されることを期待をもつに至るのであり，その労働契約を終了させるためには，期間の定めのない労働契約の場合と同様，解雇予告手続を要求するのが妥当な場合もある。すなわち，①日日雇い入れられる者が1ヵ月を超えて引き続き使用されるに至った場合，②2ヵ月以内の期間を定めて使用される者，③季節的業務に4ヵ月以内の期間を定めて使用される者が所定の期間を超えて引き続き使用されるに至った場合，④試の使用期間中の者が14日を超えて引き続き使用されるに至った場合について解雇予告の適用を認めている（労基21条但書）（安枝＝西村・前掲233頁）。

(12) 飲食代金請求型

(a) 飲食の提供は，本質的には民法上の売買にあたる（深沢＝園部・実務200頁）。したがって，原則的には，誰の，誰に対する，いつの，何の飲食の，いくらの提供か，といった要素で特定する。

飲食代金債権のような取引内容がある程度継続的である場合に，例えば，「平成20年1月1日から同年3月31日まで，合計代金，150,000円」という包括的な記載をすることができるかが，実務上よく問題となる。債権者が債務者の飲食した内容を逐一把握することは，かなり困難である。取引内容が継続的供給の性質を有するときは，個々の取引ごとに個別化して表示することは困難でもあり，相手方にとっても取引期間や取引内容に識別可能な場合であれば，その期間中の取引を一括して請求することも可能であるというべきであり，債務者が債権者の「請求の原因」に記載した内容について，それだけで納得できる場合には，そこでの包括的記載も許されると解すべきであろう（梶村＝石田・実務260〜261頁）。

(b) 飲食の提供が，売買と同様の性質を有すると考えれば，その代金支払義務は，原則として，直ちに履行すべきである（要件事実―228頁）から，債権者は，特別の事情のない限り，契約成立後，自己の給付と引換えに，債務者に対し，飲食代金の履行を請求し得るし，債務者は，一般に行われている飲食の代金支払義務を，飲食（供給）終了後，債権者に対し，原則として，直ちに履行すべきことになる。

(c) 判例によれば，一般来客に対して飲食遊興させる料理店営業は，商法502条7号（「客の来集を目的とする場屋における取引」）の商行為である（大判昭10・12・5法協5巻652頁）とされていることから，債権者が飲食店営業者であることを請求の原因の中で主張すれば，年6分の遅延損害金を債務者に対し請求することができる。

〔五十部　鋭利〕

書式 294　「請求の原因」の記載例(12)——飲食代金請求型

請求の原因
1　債権者が，同人経営の飲食店〇〇〇〇において，債務者に対し，飲食させた代金
　①　内容　酒，肴，乾物の提供
　②　期間　（契約の日）
　　　　　　平成21年4月1日から同年6月30日まで
　③　代金　月末締切り，翌月10日払い

2

飲食代金総額	支払済みの額	残　　額
150,000円	100,000円 最後に支払った日 （平成21.5.10）	50,000円

3　最終支払期限（平成21年7月10日）の経過

〔注〕
1．請求の原因記載3の最終支払期限の記載は，遅延損害金の起算日を理由付けるための請求原因事実である。本来，確定期限のある債務について，その債務自体の履行を求める場合の債権者は，期限の定め及び不履行の各事実につき主張立証責任はなく，それらは債務者の抗弁事実であり，もし債権者が，債務者の遅滞を主張する（その多くは遅延損害金の請求になる）のであれば，そのときに，初めて履行時期及び不履行の事実（期限の到来）につき主張立証責任を負うことになる。すなわち，最終支払日等の記載は，飲食代金の請求自体との関係で要件事実とされるものではなく，附帯請求（履行遅滞の起算日を明確にする意味）との関係で要件事実とされるものである（梶村＝石田・実務261頁）。
2．飲食代金請求権は，1年の短期消滅時効にかかる債権であるが（民174条4号），支払督促が確定したときは，その確定したときから10年経過するまで消滅時効の進行が延長される（民174条の2第1項，最判昭53・1・23民集32巻1頁は，かつての支払命令時の判例である）。

(13) 宿泊代金請求型

(a) ホテル・旅館等の宿泊施設とその顧客との間で締結される宿泊のための契約を宿泊契約という。この契約の内容は，宿泊施設の構造等により客観的に規定されるとともに，通常は，宿泊約款によって具体的に定められる。したがって，この宿泊約款の検討によって，初めてその契約の内容が明らかになる（石外編・前掲353頁〔中田邦博〕）。

(b) ホテル・旅館等の宿泊施設は，この宿泊契約において，中心的には，客室を提供し，寝具等を使用させ，宿泊させるという主たる債務を負う。さらに，これに客室の掃除，ベット・メイキング等のサービスを提供する債務が付随する（従たる債務）。また，宿泊客に食事やそれに付随するサービスを提供する債務を負う場合がある。その他にも，客室以外の施設（食堂，喫茶室，ラウンジ，温泉，プール，テニスコート等）を利用させたり，携帯品，貴重品保管，テレホン・サービス，ランドリー・サービス等の役務を提供する債務を負うことが多い。顧客は，こうしたホテル・旅館等のなす給付の対価を宿泊料，サービス料として支払う債務を負う（中田・前掲353頁）。

(c) 宿泊料及びサービス料の支払は，前述のとおり，顧客の基本的な債務である。サービス料については，単なる祝儀と解されるのか，サービスという労務の提供の対価なのかについて，これを宿泊顧客上の顧客の債務とした裁判例（大阪地判昭11・11・19判評26民75頁）があるが，現在では，ほぼ例外なく，これを宿泊料とともに支払う旨の宿泊契約を締結している。宿泊料及びサービス料の支払方法は，通常1日単位であり，後払いが原則とされる。なお，現実に宿泊していなくても，客室を明け渡していない限り，実際に利用したかどうかを問わずに，顧客には支払義務が生じる（中田・前掲354頁）。

(d) こうした宿泊契約の法的性質をどう見るかにつき，①客室の提供は，民法上の一時的な賃貸借（民601条以下）であり，これに食事・酒肴等の提供を伴う場合は売買契約（民555条以下）も包含された混合契約とみる見解（梶村＝石田・前掲256頁），②民法典がまったく適用されない狭義の無名契約であるとする見解（稲本洋之助ほか『民法講義5 契約』332頁〔伊藤進〕），③宿泊契約のもとでの具体的な事実に即して適切な法規範を適用すべきであるとする見解（栗栖三郎『契約法』（法律学全集）741頁）等がある。

(e) 宿泊契約の成立時期について，顧客がホテル・旅館等に宿泊する場合，通常は，①顧客から直接，あるいは旅行代理店を通じて間接に予約申込みをし，②これにつき，ホテル・旅館等の請書（承諾の通知）の送達，③顧客のフロント等での宿泊名簿への記帳（旅館では慣行として，まず部屋に案内した後に，記帳という場合が普通）により宿泊というプロセスを辿ることになる。もっとも，予約なしに，宿泊を申し込む場合は，③の時点から始まる。①から③までのいつの時点で，宿泊（本）契約が成立したとみるのかが問題となる。④説は，顧客がクーポンを購入する等の特別の事情がない限り，③の時点で初めて契約の成立を認める。ホテルでは，名簿への記載により宿泊契約が成立したとし，旅館ではその直前に，部屋に案内した時点で宿泊契約が成立したとみる。それまでは，一方の予約であるとし，これには売買における一方の予約が準用される，とする。回説は，ホテル，旅館を問わず，④説より早い時点で，すなわち，②の段階で宿泊契約の成立を認める。この段階で宿泊契約の成立を認めても，後に合理的な理由による宿泊拒絶ができるのであり，特にホテル・旅館の利益を害することはない，とする。消費者としての顧客保護の要請という観点からは，いわゆる業界用語として使用されている「予約」を「当事者の一方の予約」（民556条）と解しておくと，原則として，いわゆる取消料をとられることもなく，この予約を自由に破棄しうるが，ホテル・旅館等は，顧客の予約完結権の行使に応じなければならないとすることができるから，④説が妥当である（中田・前掲355～356頁），とする。しかし，ホテル・旅館等にとっては，これが例えば，顧客の都合により，契約取消しの意思表示を受けた場合には，本来可能であった宿泊施設やサービスの提供が不可能になったのであるから，④説の立場を採ったとしても，一定の期間経過後は「キャンセル料」等の名目の取消料を，他の顧客の宿泊可能性等との関係で，合理的な範囲で請求することは可能であると考える。

(f) 債権契約においては，①権利者（債権者），②義務者（債務者），③権利類型と給付内容に加え，④権利の発生原因事実が請求原因の特定要素となる（実務講義案Ⅰ21頁）。支払督促申立書の「請求の原因」も，この観点から，各請求原因事実を記載することになる。第1に，債権者の商行為として営業行為がなされた場合には，その旨の記載をすることになる。当事者が会社等の

場合には商行為の主体とされるし（会5条，商4条1項），個人の場合でも商行為となることがある（商502条7号）。近時の実務では，支払督促申立書の当事者目録から商行為性を判断するよりも，「請求の趣旨」の附帯請求欄に，「商事法定利率の6％の割合による」等と記載することが簡明であるとしているようであり，それで十分である（梶村＝石田・実務257頁）。第2に，債権者と債務者間の宿泊契約締結の事実を記載する。宿泊契約の内容は，契約主体（債権者と債務者），契約の日及びその内容によって特定されることになるが，宿泊代金のみの請求であれば，【書式295】記載のように，「請求の原因」1の(1)及び(2)（①から⑤まで）程度に記載すれば十分である。宿泊代金のほか，遊戯機具等の有料貸与をしたとすれば，「請求の原因」1の(2)④にその旨の記載をすることになろう（梶村＝石田・実務257頁）。

〔五十部　鋭利〕

第4節 支払督促申立書の記載事項 〔4〕請求の原因と記載事項 【書式295】

書式 295　「請求の原因」の記載例(13)——宿泊代金請求型

請求の原因
1(1)　契約の日　　平成〇〇年〇月〇〇日
 (2)　契約の内容
　　①　宿 泊 期 間　平成〇〇年〇月〇〇日から同月△△日まで
　　②　宿 泊 客 数　2名
　　③　宿 泊 内 容　1泊2食（朝食，夕食付き）
　　④　宿 泊 代 金　1人12,000円（消費税込み），奉仕税・料飲税は20％
　　⑤　宿泊代金支払日　平成〇〇年〇月△△日
 (3)　連帯保証人　　　——

2

宿泊代金総額	支払済みの額	残　　額
24,000円	0円	24,000円

〔注〕
1．宿泊代金支払日の記載は，宿泊代金の請求の請求原因事実ではなく，遅延損害金の起算日を理由付けるための請求原因事実である。
2．宿泊代金請求権も，1年の短期消滅時効にかかる債権であり（民174条4号），支払督促が確定したときは，その確定したときから10年経過するまで消滅時効の進行が延長される（民174条の2のことは，飲食代金請求の前記【書式294】〔注〕2と同様である）。

⒁　約束手形金請求型

(a)　約束手形は，振出人が受取人（及びその指図人）に対して，一定の金額の支払を約束する証券である。証券上の法律関係の最小限の当事者としては振出人と受取人のみが予定され，振出人は，振出しにより受取人（及びその指図人）に対して確定的な約束手形金支払義務を負う。受取人は，約束手形と引換えに振出人に対して手形金の支払を求めることができるが，裏書によって約束手形（正確には約束手形に表章された約束手形金支払請求権）を第三者に譲渡することもできる。そして，譲渡を受けた者は，さらに第三者に譲渡することもできるから，約束手形は，第三者間を転々と流通する。

　約束手形の正当な所持人は，満期に振出人に対して約束手形と引換えに支払を求めることができるが，振出人が支払わない場合には，その手形のすべての裏書人（無担保裏書・取立委任裏書・期限後裏書の裏書人を除く）に対して，手形金その他一定の金額の支払を求めることができる（手77条1項1号・15条1項・43条前段・48条1項）（これを「償還請求権」又は「遡求権」いう）。この支払に応じて手形を受け戻した裏書人は，自己以前の裏書人（これを「前者」という）に対して同じように償還請求権を行使でき（これを「再遡求」という），約束手形は，権利移転の経路を逆流して，第1の裏書人である受取人に至る。受取人は，自己以前の裏書人を持たないから最終の償還義務者であるが，なお振出人に対して支払を求めることができるのに対し，振出人は，最終の支払責任負担者である。

　このように，約束手形では，振出人が最終の支払義務者であり，主たる債務者と呼ばれる。この主たる債務者の責任は，約束手形の振出しと同時に確定的に発生し，権利の一般的消滅事由によらなければ，これを免れることができない。これに対し，償還義務者の責任は，振出人の支払拒絶があったとき初めて現実化し，しかも，この責任追求のためには，手形所持人が一定の期間内に支払のための呈示をし，かつ，支払拒絶証書の作成を受ける等の手続を遵守しなければならない（手77条1項4号・53条）点で，主たる債務者の責任と異なる（書研監修『手形法小切手法講義案』〔6訂版〕（以下『手形法小切手法講義案』という）21～22頁）。

(b)　約束手形金請求の支払督促においては，手形所持人が債権者となり，

振出人・裏書人が債務者となる。以下では、①手形所持人の振出人に対する請求と、②手形所持人の裏書人に対する請求に分けて考察していく。

(c) 手形所持人の振出人に対する約束手形金請求において、債権者（手形所持人）が主張すべき請求原因事実は、次のとおりである（岡口・マニュアル下317頁）。

① 債務者が手形用紙の振出人欄に署名（又は記名押印）したこと
② ①の手形に手形要件の記載があること
③ 債権者が、受取人から債権者まで形式的に連続する裏書の記載のある①の手形を所持していること

（附帯請求―手形法上の利息請求）

④ 手形を支払呈示期間（満期又はこれに次ぐ2取引日、手38条1項）内に支払のため支払場所に呈示したこと

（附帯請求―遅延損害金請求）

④ 手形の呈示又は支払督促の送達

①、②は、債務者の手形債務負担の請求原因事実である。判例は、「流通におく意思で手形に署名又は記名押印したこと」を手形債務発生の要件とし（最判昭46・11・16民集25巻8号1173頁）、また、手形用紙に一定の手形要件を記入して、これに振出人として署名した者は、特段の事情のない限り、流通におく意思で手形を作成したと解すべきである（最判昭47・4・6民集26巻3号455頁）とするので、請求原因事実としては、①の記載で足り、「流通におく意思の不存在」がこれに対する抗弁になる（岡口・マニュアル下317頁）。

③は、債権者が、手形法16条1項により、適法な権利者と推定されるための要件である。

ところで、約束手形金請求訴訟においては、「約束手形金元本の全部又は一部」のほか、これに対する「満期日から支払済みまで年6分の割合による手形利息」（手78条1項・28条2項・48条・49条）又は「支払呈示の翌日から支払済みまで年6分の割合による遅延損害金」（商514条・517条）の支払を求めるのが通例である（中野哲弘「約束手形金請求の訴状」東京地裁手形実務研究会編『手形訴訟の実務』75～76頁）が、④のうち、法定利息の請求原因事実は、手形法78条1項、28条2項の「支払なき場合においては」の部分に該当する。この

「支払なき場合」とは，「支払呈示期間内に適法な呈示をしたのに支払がない場合」という意味であり，「支払呈示期間内に適法に呈示したこと」が要件事実となる（最判昭55・3・27判時970号169頁）。なお，呈示したが，「支払がなかったこと」は，要件事実ではなく，支払がなされたことが抗弁となる（岡口・マニュアル下321頁）また，④のうち，遅延損害金の請求については，判例（最判昭30・2・1民集9巻2号139頁）が，「裁判上手形金の請求をする場合は，手形の呈示を伴わないでも，支払命令（当時—引用者）の送達により，債務者を遅滞に付する効力を生ずる。」としており，手形の呈示又は支払督促の送達が請求原因事実となる。

　この書式は，【書式296】のとおりである。
　(d)　手形所持人の裏書人に対する約束手形金請求において，債権者（手形所持人）が主張すべき請求原因事実は，次のとおりである（岡口・マニュアル下321頁）。
　①　債務者が手形用紙の裏書人欄に署名（又は記名押印）したこと
　②　①の手形に手形要件の記載があること
　③　債権者が，受取人から債権者まで形式的に連続する裏書の記載のある①の手形を所持していること
　④　債権者が支払拒絶証書を所持していること（同証書が作成された場合）
　⑤㋑(i)　手形を呈示期間内に支払のため支払場所に呈示したこと
　　　(ii)　支払拒絶証書作成期間内に支払拒絶証書が作成されたこと
　　　(iii)　(i)のとき，債権者が受取人から債権者まで形式的に連続する裏書の記載のある①の手形を所持していること
　又は
　　㋺　債務者が支払拒絶証書作成を免除したこと

①から③については，前記(c)の①から③までと同様である。ただし，②については，裏書人は，振出人が支払わない場合の二次的義務者であるから，手形法43条，44条の定める実質的要件，形式的遡求要件が満たされたことが必要である。この場合，手形要件の一部（振出日，受取人のことが多い）が白地のときは，そのままでは完成手形としての効力はなく，遡求の要件としての適法な呈示となることはないから（大阪高判昭39・2・20判時378号31頁），裏書

人に対し遡求するためには，完全な完成手形で支払呈示することが必要であることに特に留意すべきである（中野・前掲79頁）。

④については，受戻証券性（証券と引換えでなければ，債務の弁済をしなくてもよい性質）から必要とされる。支払拒絶証書の作成がされた場合は，⑤(i)ロが④の代替事実となる（岡口・マニュアル下322頁）。

⑤については，遡求条件具備についての請求原因事実である。遡求条件具備の実体要件は，支払がなかったこと（手77条1項4号・4項）と，支払拒絶証書を作成したことである（手77条1項4号・43条）。「支払がなかったこと」とは，「支払呈示期間内（満期又はこれに次ぐ2取引日）（手38条1項）に適法な呈示をしたのに支払がなかった」という意味であり，「支払呈示期間内に適法呈示したこと」が請求原因事実となること，なお，呈示したが，「支払がなかったこと」は，請求原因事実ではなく，支払がなされたことが抗弁となる（岡口・マニュアル下322頁）ことは，前記(c)と同様である。

手形法48条1項2号に定める利息の請求原因事実としては，⑤で遡求条件を具備したことの主張がされているから，これで足りる（岡口・マニュアル下323頁）。

この書式は，【書式297】のとおりである。

〔五十部　鋭利〕

書式 296　「請求の原因」の記載例(14)——約束手形金請求型①（振出人に対する請求）

請求の原因
1　債務者は，別紙目録記載の約束手形（以下，「本件手形」という。）1通を振り出した。
2　本件手形の裏書の連続は，別紙手形目録記載のとおりである。
3　債権者は，本件手形を満期日に支払場所に呈示した。
4　債権者は，本件手形を所持している。

（別紙）

　　　　　　　　　　手　形　目　録

　　　約束手形
　　　　　金　　　額　　　2,000,000円
　　　　　満　　　期　　　平成19年3月31日
　　　　　支　払　地　　　東京都文京区
　　　　　支　払　場　所　○○銀行△△支店
　　　　　振　出　人　　　Y_1
　　　　　受　取　人　　　申立外　甲野太郎
　　　　　振　出　日　　　平成19年2月1日
　　　　　振　出　地　　　東京都千代田区
　　　　　第1裏書人　　　Y_2
　　　　　第1被裏書人　　A
　　　　　第2裏書人　　　A
　　　　　第2被裏書人　　X

〔注〕
1．振出人に対する手形金請求の請求原因事実は，1，2，4項であり，利息の請求原因事実は，1，2，3，4項である。なお，支払拒絶は要件ではない。
2．手形法上の利息（手78条・28条2項・48条1項2号・77条1項4号・48条1項2号）は，呈示期間内に適法な呈示があった以上，満期日から発生する法定利息であるといわれている。呈示期間内の呈示がない場合には，振出人は無条件に手形金の支払義務を負うが，手形法上の利息の支払義務は負わず，期間後の手形の呈示の日又はこれに代わるべき訴状等の送達の日の翌日から年6分の割合による遅延損害金（商法514条・501条4号）の支払義務を負う（手引「事実摘示記載例集8」8頁）。

第4節　支払督促申立書の記載事項　〔4〕　請求の原因と記載事項　【書式296】

3．手形目録に記載する事項は，原則として，手形法75条に定められた事項であるが，目録には請求原因を特定する機能があり，裏書関係も目録に記載した上，「別紙約束手形目録記載の手形を所持している。」と記載することにより，手形の所持のほか，裏書の連続も主張したことになる。また，手形が数通あり，記載事項が共通する場合は「同上」と記載して差し支えないし，金額と満期のみが異なっていて，残りの部分の記載事項が共通する場合は，金額と満期のみを記載し，「その他の記載は……と同じ」と記載して差し支えない。すべての記載事項が同じである手形が数通ある場合は，手形を特定するために，手形番号を記載する必要がある。しかし，それ以外では，手形番号を記載する必要はない。以下，手形目録に記載する事項について，さらに留意点を以下に述べていく。

① 約束手形の場合，手形目録の冒頭に「約束手形」と記載する（手75条1号）。
② 金額は，支払うべき一定の金額（手75条2号）である。
③ 満期の表示（手75条3号）。
④ 支払地の記載（手75条4号）は，最小の独立行政区画の記載が必要であり，かつ，それで足りる（最判昭37・2・20民集16巻2号341頁）。したがって，東京都の場合は，「東京都〇〇区」までの記載が必要となる。逆に，手形面上にさらに詳しい表示があったとしても，「〇〇区」まで記載すれば足りることになる。横浜市や大阪市等の政令指定都市にも区があるが，これらは地方自治法281条以下にいう特別区ではなく，独立した行政区画ではないので，区の記載はしない。
⑤ 振出地の記載（手75条6号）についても，支払地の場合と同様のことがいえるが，振出地の記載が欠けていても，最小独立行政区画の記載があれば，これが振出地の記載とみなされる（手76条4号）。
⑥ 支払場所の記載は，法律上の記載要件ではないが，記載があれば満期における支払のための呈示は，支払場所においてしなければならないという効力を有するので，手形目録にも必ず記載する。
⑦ 振出日の記載は，必要的記載事項である（手75条6号）。
⑧ そのほか，振出人（手75条7号），受取人（同条5号）を記載し，裏書人（手77条1項1号・16条）があれば，これも記載する。訴訟においては，手形目録には原告，被告といった肩書を付けず，手形の記載どおりの法人名又は個人名を記載する。これは，請求原因における裏書連続の主張（手16条）等に利用するからである，としている。支払督促も裏書の連続の主張がある場合には，同様の取扱いでよいと考える。
⑨ 支払拒絶証書の作成が免除されている場合は（統一手形用紙には，裏書欄に「拒絶証書不要」の記載が不動文字として印刷されている），手形所持人は，支払拒絶の事実を証明しないでも，免除をした裏書人に対して遡求権を行使することができる（手77条1項4号・46条2項）。したがって，債権者としては，支払拒絶証書の作成が免除されている場合には，そのことを必ず主張する必要があり，手形目録に「支払拒絶証書作成免除」としておけば，裏書人が多数いる場合等，申立書の請求の原因欄には，「裏書人は別紙約束手形目録記載のとおり手形行為をした。」と記載すればよく，簡便でもある。

（岸治男「手形・小切手目録の記載方法」東京地裁手形実務研究会・前掲153～156頁）

4．手形によって請求できる権利の時効は，一般の債権に比して時効期間が短いので注

意を要する。手形債務者が何人かいる場合は，債務者によって時効期間が異なる。すなわち，①約束手形の振出人に対する権利については，満期の日から3年（手77条1項8号・70条1項），②手形所持人の前者に対する遡求権は，拒絶証書作成の日付から，又はその作成が免除されているときは，満期の日から1年（手77条1項8号・70条2項），③償還をした裏書人が，その前者に再遡求する場合には，その再遡求権は手形を受け戻した日又は訴えを受けた日から6ヵ月（手77条1項8号・70条3項）で，消滅する。この期間の計算は，初日を算入せず，その翌日を起算日とし，応当日の前日の終了をもって期間の満了とする（手77条1項9号・73条，民143条）（深沢＝園部・実務251～252頁）。

　なお，約束手形の振出人（主たる債務者ー引用者）の義務が時効によって消滅したときは，所持人は前者に対して償還請求をすることができない，とした判例（大判昭8・4・6民集12巻551頁）がある。
5．約束手形金請求の支払督促の申立ては，①手形訴訟による審理及び裁判による方法と，②通常の申立てによる方法があり，いずれを選択するかは債権者の自由である。①の方法による場合には，支払督促の申立書に「手形訴訟による審理及び裁判を求める」旨を記載する（民訴366条1項）。同時に，手形の写し2通（債務者の数が2以上であるときは，その数に1を加えた数）を提出する（民訴規220条1項）。この手形の写しは，債務者に送達する支払督促に添付される（同条2項）。

　この申立ては，支払督促申立ての際にしなければならず（民訴366条1項），後に申述が補充されたり，通常訴訟の第1回口頭弁論期日で申述がなされても無効である。また，手形の写しが提出されなくとも，これは支払督促申立てや申述の効力要件ではない（小室直人ほか編『基本法コンメンタール新民事訴訟法(3)』〔第2版〕144頁〔坂田宏〕）から，裁判所はその提出を待つべきではなく，債務者に対して写しを添付しないまま支払督促を送達するほかない（深沢＝園部・実務253頁）。①の場合，債務者から，仮執行の宣言をする前に，督促異議の申立てがあったときは手形訴訟へ移行し，仮執行の宣言をした後であれば，手形訴訟による審理及び裁判を求める旨の申述はなかったものとみなされる（民訴366条2項）ので，通常訴訟に移行する。
6．債権者は，債務者の住所地等を管轄する簡易裁判所の裁判所書記官に対して（民訴383条1項）だけでなく，手形の支払地を管轄する簡易裁判所の裁判所書記官に対しても，支払督促の申立てをすることができる（同条2項2号）。

書式 297　「請求の原因」の記載例(15)── 約束手形金請求型②（裏書人に対する請求）

請求の原因
　1　債務者は，申立外 Y_1 名義の署名のある別紙目録記載の約束手形（以下，「本件手形」という。）に，拒絶証書作成を免除して，裏書をした。
　2　本件手形の裏書の連続は，別紙手形目録記載のとおりである。
　3　債権者は，本件手形を所持している。

　　　　　　～（別紙）約束手形目録　省略～

〔注〕
1．裏書人に対する手形金請求の請求原因事実は，前記のとおりであり（振出人の振出しが真正であることは，要件ではない），利息の請求原因事実も同一である。拒絶証書作成が免除された場合，満期の支払呈示については，手形法77条1項4号，46条2項の解釈上，債権者に主張立証責任がなく，不呈示が裏書人（債務者）の抗弁になると考えるのが相当である（手引「事実摘示記載例集8」8頁）。
2．その他については，前記【書式296】〔注〕3と同様である。

(15) 満期前約束手形金請求型

(a) 約束手形の満期が到来しない場合でも，一定の事由があれば遡求が可能である。これには2つの場合がある。第1に，いわゆる「将来の給付の訴え」（民訴135条）として，手形満期時における手形金及び満期後の利息及び損害金をあらかじめ請求する，「満期前将来請求」といわれるものである。将来の給付の訴えの請求であるから，「あらかじめその請求をする必要がある場合に限り」認められる。しかし，前述したように，支払督促の申立てにおいては，「請求の現在性」が必要とされるから，この場合においては，支払督促手続によることはできないと解される（梶村＝石田・前掲417頁）。第2に，手形の主たる債務者（振出人）の資力不確実のため，満期に支払を拒絶する蓋然性が認められる場合である。すなわち，振出人について，①破産手続開始決定（破30条），民事再生手続開始決定（民再33条），会社更生手続開始決定（会更41条），特別清算開始命令（会514条）等があったとき，②支払停止の場合，③その財産に対する強制執行が効を奏しなかったときである。実務上，もっとも多いのが②の支払停止である。支払停止とは，判例（最判昭60・2・14判時1149号159頁）によれば，「債務者の資力欠乏のため，債務の支払をできないと考えて，その旨を明示的又は黙示的に外部に表示する行為」をいう。この支払停止は，破産法15条2項を基準に判断される。約束手形の振出人が，手形不渡りにより取引停止処分を受けたときは，これに該当すると解される（鈴木正美＝福永弘子「満期前現在請求の訴状」東京地裁手形実務研究会・前掲112頁）。③の強制執行は何人によるものでもよいが，振出後に行われたものに限られる。①，②の場合は，手形の振出前に生じたものでも，振出後まで継続する限り請求原因となる（鈴木＝福永・前掲112頁）。

なお，手形法77条1項4号は，「支払拒絶による遡求」に関してのみ，為替手形の規定を準用しているが，為替手形との均衡上，約束手形の場合も手形法43条2号の場合に準じて，前記の場合にも満期前の遡求を認めるべきであるとするのが判例（最判昭57・11・25判時1065号182頁）・通説である。

なお，満期前約束手形金請求における形式的要件として，②，③の場合には，満期前であっても支払のための呈示と拒絶証書の作成を必要とする（手44条5項）。拒絶証書の作成が免除されているときは呈示のみで足りる。この

場合の呈示は，満期前になされるものなので，支払場所の記載があるときでも，主たる債務者の営業所又は住所でなされるべきである（最判昭57・11・25判時1065号182頁）。呈示をしておかないと，満期日以後の法定利息（手77条1項4号・48条1項2号）又は遅延損害金の請求権は発生しない。

(b) 満期前の約束手形金請求において，債権者（手形所持人）が債務者（振出人，裏書人等）に対し，主張すべき請求原因事実は，次のとおりである。

【振出人に対する請求】（岡口・マニュアル下342頁）
① 債務者が手形用紙の振出人欄に署名（又は記名押印）したこと
② ①の手形に手形要件の記載があること
③ 債権者が，受取人から債権者まで形式的に連続する裏書の記載のある①の手形を所持していること

（附帯請求—手形法上の利息請求）
④ 手形を支払呈示期間（満期又はこれに次ぐ2取引日，手38条1項）内に支払のため支払場所に呈示したこと

（附帯請求—遅延損害金請求）
④ 手形の呈示又は支払督促の送達
⑤ 債務者が，破産手続開始決定等を受けたこと又は支払停止若しくは強制執行不奏功の事実

【裏書人に対する請求】（岡口・マニュアル下342頁）
① 債務者が手形用紙の裏書人欄に署名（又は記名押印）したこと
② ①の手形に手形要件の記載があること
③ 債権者が，受取人から債権者まで形式的に連続する裏書の記載のある①の手形を所持していること
④ 債権者が支払拒絶証書を所持していること（同証書が作成された場合）
⑤㋑(i) 手形を呈示期間内に支払のため支払場所に呈示したこと
　　(ii) 支払拒絶証書作成期間内に支払拒絶証書が作成されたこと
　　(iii) (i)のとき，債権者が受取人から債権者まで形式的に連続する裏書の記載のある①の手形を所持していること
　又は
　㋺ 債務者が支払拒絶証書作成を免除したこと

⑥　振出人が，破産手続開始決定等を受けたこと又は支払停止若しくは強制執行不奏功の事実

　満期前約束手形金請求における請求原因事実としては，通常の手形金の請求原因事実に，満期前現在請求の要件を定めた手形法43条後段各号所定の事実である破産等，支払停止，強制執行不奏効が加わる。

　なお，手形金請求のうち，「呈示」や「支払拒絶証書の作成（又はその免除）」については，支払停止又は強制執行不奏効を理由とする場合，満期前であっても，これが請求原因事実となるが，破産を理由とする場合，これらは不要である（手77条1項4号・44条4項）（岡口・マニュアル下342頁）。

〔五十部　鋭利〕

第4節　支払督促申立書の記載事項　〔4〕　請求の原因と記載事項　【書式298】

書式 298　「請求の原因」の記載例(16)——満期前約束手形金請求型
（振出人・裏書人に対する請求）

請求の原因
1　債権者は，別紙手形目録記載のとおり裏書の連続する約束手形（以下，「本件手形」という。）1通を所持している。
2　債務者乙山工業株式会社は，本件手形を振り出した。
3　債務者丙川三郎は，拒絶証書作成義務を免除して本件手形に裏書をした。
4　債務者乙山工業株式会社は，本件手形の満期前に支払停止の状態にある。
5　債権者は，本件手形を債務者乙山工業株式会社の営業所（又は「住所」）において支払のため呈示した。

～（別紙）手形目録　省略～

〔注〕
1．振出人に対する請求原因事実は，第1, 2, 4, 5項（利息請求）である。裏書人に対する請求原因事実は，第1, 3, 4, 5項（利息又は遅延損害金請求）である。振出人に対する関係及び裏書人が拒絶証書の作成を免除している場合には，支払拒絶は要件ではない（鈴木＝福永・前掲117頁）。
2．約束手形の所持人は，満期前遡求においては，手形の券面額をそのまま手形債務者に対して請求することはできない。すなわち，手形法48条2項は，満期前に遡求権を行使するときは，所持人の住所地における遡求の日の公定割引率（銀行率）により計算した額を減額して計算すべきことを定めている。この公定割引率とは，日本銀行法33条1項1号，15条1項1号に規定する基準となる割引率をいう（深沢＝園部・実務262頁）。この場合の公定割引率による減額の計算の方法について，実務では，執行裁判所に金額の特定を任せることになる等の難点があるため，手形金額から日本銀行の公定割引率による中間利息（手形金額×公定歩合率×日数／365）を控除し，金額を特定する方法（金額特定説）により行い，訴訟においては，中間利息の控除を，訴え提起日の翌日から満期日の前日までとしている（鈴木＝福永・前掲110～111頁）。支払督促においては，その発付日はわからないので，やむを得ず債権者の申立てどおり（支払督促の申立ての日から満期日までの公定割引率による金額を差し引いた額として）認容して支払督促を発付しているのが実務の取扱いである。請求の趣旨の表記の例としては，以下のような記載をしている。このようにして支払督促を発付した場合，現実に支払がなされる際に（債務者による任意の支払はもとより，強制執行による配当を受ける場合にも），中間利息の控除につき再計算することが許されなければなら

ない。請求後，支払が満期到来後になったときは，債務者は手形金額をそのまま支払うべきであり，中間利息を控除する必要はないことになる（深沢＝園部・実務262～263頁）。この場合の記載例は，次のとおりである。

> 請求の趣旨
>   1　金○○○,○○○円
>   （ただし手形金額より支払督促申立ての日から本件手形満期日までの公定割引率年○％の割合による金員を差し引いた金額）
>   2　上記金額に対する支払督促送達の日の翌日から完済に至るまで年6％の割合による金員
>   3　金△,△△△円（申立手続費用）

3．その他については，【書式296】〔注〕4ないし6を参照。

(16) **為替手形金請求型**

(a) 為替手形とは，振出人が支払人にあてて受取人（及びその指図人）に対して一定の金額の支払を委託する証券のことである。証券上の法律関係の最小限の当事者としては，振出人・受取人・支払人の三者が予定されている。約束手形にない支払人が必要なのは，約束手形では振出人が自ら支払を約束するのに対し，為替手形では支払人に支払を委託する形式をとるからである。振出人は，為替手形の振出しによって受取人（及びその指図人）に対し，振出人の計算において手形金を受領し保持できる権限を授与するとともに，支払人より引受拒絶又は支払拒絶がされた場合の償還義務を負担するが，手形金支払義務を負担するわけではなく，支払人も為替手形に支払人と表示されただけでは，何らの債務も負担しない（手形法小切手法講義案23頁）。

為替手形が裏書によって転々流通することは，約束手形と同様である。支払人が手形金を支払うかどうかを確かめたい手形所持人は，支払人に対して引受けのための呈示をすることができ（手21条），その際，引受けがされると支払人に確定的な為替手形金の支払義務が生ずる（手28条，引受後の支払人を引受人という）（手形法小切手法講義案23頁）。

手形所持人は，引受けの有無にかかわらず，満期に支払人に対して支払のため呈示をすることができるが，支払を拒絶されると，約束手形の場合と同様に，自己の前者に対して遡求できる。為替手形における遡求は，①支払拒絶のほかに引受拒絶やその他一定の事由によっても生ずること（手43条），②振出人も償還義務を負うこと（手9条1項）が約束手形の場合と異なる。約束手形の振出人は主たる債務者であり，手形金支払の最終的責任を負うが，為替手形の振出人は最終の償還義務者であるにすぎず，償還に応じて手形を受け戻した振出人は，主たる債務者である引受人に対して手形金の支払を請求できる（手28条2項）（手形法小切手法講義案23頁）。

したがって，為替手形金請求の支払督促において，債務者となるのは，支払人兼引受人，振出人，又は裏書人である（約束手形金請求において債務者となるのは，振出人又は裏書人である）。

為替手形金の請求についても，約束手形金の請求と同様に，為替手形金の全部又は一部の請求と，これに対する利息又は遅延損害金の支払を請求する

ことができる（酒井桂子「為替手形金請求の訴状」東京地裁手形実務研究会・前掲85～86頁）。

　(b)　手形所持人の為替手形金請求において，債権者が主張すべき請求原因事実は，次のとおりである。

【引受人に対する請求】
　①　振出人が手形用紙の振出人欄に署名（又は記名押印）したこと
　②　①の手形に手形要件の記載があること
　③　引受人が①の手形を引き受けたこと
　④　債権者が，受取人から債権者まで形式的に連続する裏書の記載のある①の手形を所持していること

（附帯請求―手形法上の利息請求）
　⑤　手形を支払呈示期間（満期又はこれに次ぐ2取引日，手38条1項）内に支払のため支払場所に呈示したこと

（附帯請求―遅延損害金請求）
　⑤　手形の呈示又は支払督促の送達

　引受人に対する請求は，「引受け」が請求原因事実となるほか，約束手形金の振出人に対する請求と同一である（岡口・マニュアル下317頁，347頁）。

【振出人に対する請求】
　①　債務者が手形用紙の振出人欄に署名（又は記名押印）したこと
　②　①の手形に手形要件の記載があること
　③　債権者が，受取人から債権者まで形式的に連続する裏書の記載のある①の手形を所持していること
　④　債権者が支払拒絶証書を所持していること（同証書が作成された場合）
　⑤㋑(i)　手形を呈示期間内に支払のため支払場所に呈示したこと
　　　(ii)　支払拒絶証書作成期間内に支払拒絶証書が作成されたこと
　　　(iii)　㋑のとき，債権者が受取人から債権者まで形式的に連続する裏書の記載のある①の手形を所持していること
　　又は
　　　㋺　裏書人が支払拒絶証書作成を免除したこと

　振出人に対する請求は，「振出し」が請求原因事実となるほか，約束手形

金の裏書人に対する請求と同様であり，裏書人に対する請求は，約束手形金の裏書人に対する請求と同様である（岡口・マニュアル下321頁，348頁）。

【裏書人に対する請求】
① 債務者が手形用紙の裏書人欄に署名（又は記名押印）したこと
② ①の手形に手形要件の記載があること
③ 債権者が，受取人から債権者まで形式的に連続する裏書の記載のある①の手形を所持していること
④ 債権者が支払拒絶証書を所持していること（同証書が作成された場合）
⑤㋑(i) 手形を呈示期間内に支払のため支払場所に呈示したこと
　　(ii) 支払拒絶証書作成期間内に支払拒絶証書が作成されたこと
　　(iii) ㋑のとき，債権者が受取人から債権者まで形式的に連続する裏書の記載のある①の手形を所持していること

　又は
　㋺ 債務者が支払拒絶証書作成を免除したこと

裏書人に対する請求は，約束手形の裏書人に対する請求と同様である（岡口・マニュアル下321頁，348頁）。

〔五十部　鋭利〕

書式 299　「請求の原因」の記載例(17)——為替手形金請求型（支払人兼引受人，振出人及び裏書人に対する請求）

請求の原因
1　債権者は，別紙為替目録記載の為替手形（以下，「本件手形」という。）1通を所持している。
2　債務者Aは，本件手形を拒絶証書作成を免除して振り出し，債務者Bは同手形を引き受けた。
3　債務者Cは，拒絶証書作成を免除のうえ，本件手形に裏書をした。
4　本件手形の裏書の連続は，別紙為替目録記載のとおりである。
5　債権者は，本件手形を支払期間内に支払場所に呈示した。

（別紙）

手　形　目　録

為替手形
　　金　　　　額　　　〇〇〇,〇〇〇円
　　満　　　　期　　　平成〇〇年〇月〇日
　　支　払　　地　　　東京都千代田区
　　支　払　場　所　　〇〇銀行△△支店
　　支払人兼引受人　　B
　　振　　出　　人　　A
　　受　　取　　人　　債権者
　　振　　出　　日　　平成〇〇年〇月△日
　　振　　出　　地　　東京都渋谷区
　　第 1 裏 書 人　　　C
　　第 1 被裏書人　　　D
　　第 2 裏 書 人　　　同　上
　　第 2 被裏書人　　　債権者

第4節　支払督促申立書の記載事項　〔4〕　請求の原因と記載事項　【書式299】

〔注〕
1. 振出人に対する請求原因事実は，請求の原因記載の第1，2（前段）4，5項であり，裏書人に対する請求原因事実は，同じく第1 3，4，5項であり，引受人に対する請求原因事実は，同じく第1，2（後段），4，5項である。5項は，年6分の法定利息を請求する場合に必要となる。
2. 為替手形の引受けは，手形の表面又は裏面に「引受け」その他これと同一の意義を有する文字を記載して署名することによって成立する手形行為であり（手25条1項前段），これを正式引受けというが，支払人が単に手形の表面に署名するだけでも引受けとみなされ（手25条1項後段），これを略式引受けという（酒井・前掲89頁）。
3. 手形目録に記載する事項は，原則として，手形法1条に定められているが，約束手形との主な違いは，「支払人兼引受人」の記載（手25条1項）が加わる点である。為替手形における振出人は，遡求義務者にすぎない（手9条1項）ので，拒絶証書の作成義務が免除されている場合は，振出人欄にもその旨の記載を忘れないようにすべきである（手46条）（岸・前掲157〜158頁）。
4. 為替手形の，①引受人に対する債権は，満期の日から3年（手70条1項），②手形所持人の前者に対する遡求権は，拒絶証書作成の日付から，又はその作成が免除されているときは，満期の日から1年（手70条2項），③償還をした裏書人，保証人がその前者に再遡求する場合のその再遡求権は，手形を受け戻した日又は訴えを受けた日から6ヵ月（手70条3項）である。
5. その他は，【書式296】〔注〕5，6を参照。

(17) 小切手金請求型

(a) 小切手は，振出人が支払人にあてて，小切手の正当な所持人に対する一定の金額の支払を委託する証券である。権利者の指定方法としては，①記名式（又は指図式），②記名式持参人払，③持参人払式（又は無記名式）がある（小5条1項）。①，②については，小切手上に受取人が表示されるが，③では表示されない。小切手は支払証券であるが，信用証券化することを防止するため，引受けが禁止されている（小4条）。裏書をすること（小15条3項）や小切手保証をすることもできない（小25条2項）。もっとも，支払人は，引受けの代わりに支払保証をすることができる（小53条1項）から，これによって，小切手支払の確実性が担保される（書研・前掲『手形法小切手法講義案』24頁）。

①の記名式小切手は裏書によって，②，③の小切手は譲渡の合意と小切手の交付によって譲渡でき，手形と同様に転々と流通する。小切手の所持人は，振出日から10日以内に支払のため小切手を呈示しなければならず（小29条1項），これを怠ると，振出人及び裏書人に対する償還請求権を失うほか（小39条），支払保証人に対する小切手金支払請求権を失う（小55条1項）。

呈示期間内に呈示がなされたのに支払が拒絶されると，所持人は，支払拒絶宣言（小39条）を得た上で振出人及び裏書人に遡求できるが，償還に応じて小切手を受け戻した振出人は，さらに，支払保証人に対して小切手金の支払を求めることができる。すなわち，小切手の振出人は，支払人によって支払が拒絶されたときに初めて，遡求義務者として小切手金の支払義務を負担することになる（小12条・39条）。また支払人は，小切手の支払を委託されただけであり，小切手上の支払義務を負担するものではないから，小切手には主たる債務者は存在しない（ただし，支払人が支払保証をしたときは，小切手金の支払債務を負担することになる）。このように，支払保証人は，小切手の最終支払責任を負う点で為替手形の引受人に類似するが，支払呈示期間内に呈示されたことを条件とする点で，引受人の責任とは異なる。そのため，支払保証人は，小切手の最終の償還義務者といわれる（手形法小切手法講義案24頁，酒井桂子「小切手金請求の訴状」東京地裁手形実務研究会・前掲90〜91頁）。

小切手金請求の支払督促において，債権者は小切手の所持人であり，債務者は，振出人・裏書人又は支払保証人となるのが通例である。小切手金の請

求についても，約束手形金の請求と同様に，小切手金額の全部又は一部の請求と，これに対する利息又は遅延損害金の支払を請求することができる（酒井・前掲91頁）。

 (b) 小切手金請求の支払督促において，債権者が主張すべき請求原因事実は，次のとおりである（岡口・マニュアル下352頁，酒井・前掲92頁）。

① 債務者が小切手上の振出人（又は裏書人ある保証人）欄に（署名又は記名押印）したこと
② ①の手形に小切手要件の記載があること
③ 債権者が，裏書の連続する①の小切手を所持していること
④ 支払呈示期間（振出日から10日以内（小29条1項））内に支払のため支払場所に呈示したこと（⑤(i)の場合又は利息請求をする場合）
⑤(i) 支払人が小切手に呈示の日を表示して，支払拒絶する旨の宣言を記載したこと（又は支払拒絶証書を作成したこと）
　又は
(ii) 債務者が支払拒絶証書作成を免除したこと

振出人・裏書人・支払保証人は，前述したように，遡求義務者であるから，同人らに対する請求原因事実は，約束手形金の裏書人に対する請求原因事実と基本的に同一である。

④の呈示に対し，「支払が拒絶されたこと」は，請求原因にならないが，これを記載する例も多い（岡口・マニュアル下353頁）。

支払拒絶証書の作成が免除された場合，主請求との関係では④は不要であるが，小切手金の附帯請求である利息請求をする場合，その起算日が小切手の呈示日となることから，その日の特定が必要になる。利息請求の要件事実は，④，⑤で小切手法上の遡求の要件がすべて主張されているから，これで足りる（岡口・マニュアル下353頁）。

〔五十部　鋭利〕

書式 300 「請求の原因」の記載例(18) —— 小切手金請求型（振出人・裏書人に対する請求）

請求の原因
1　債権者は，別紙小切手目録記載の小切手（以下，「本件小切手」という。）1通を所持している。
2　債務者Aは，本件小切手を振り出した。
3　債権者は，本件小切手を別紙小切手目録記載の日に支払のため呈示したが支払を拒絶されたので，支払人をして本件小切手に同日付をもって支払拒絶宣言の記載をさせた。
4　債務者Bは，本件小切手に裏書をした。

（別紙）

小　切　手　目　録

小切手
　　金　　額　　〇〇万円
　　支　払　地　　東京都千代田区
　　振　出　地　　同　上
　　支　払　人　　株式会社〇〇銀行〇〇支店
　　振　出　日　　平成〇〇年〇月〇日
　　振　出　人　　株式会社□□商事
　　　　　　　　　持参人払式
　　呈示の日　　　平成〇〇年〇月△日

〔注〕
1．小切手の支払人が支払保証をし，その支払保証人に小切手金を請求する場合には，請求の原因2は，「債務者は，本件小切手につき支払保証をした。」となる以外は，1，3が請求原因事実となる（廣瀬＝園部・書式250頁）。
2．小切手金請求の支払督促の申立ても，①小切手訴訟による審理及び裁判による方法と，②通常の申立てによる方法があり，いずれを選択するかは債権者の自由である。①の方法による場合には，支払督促の申立書に「小切手訴訟による審理及び裁判を求める」旨を記載する（民訴367条2項・366条1項）。同時に，小切手の写し2通（債務者の数が2以上であるときは，その数に1を加えた数）を提出し（民訴規221条・220条1項），この小切手の写しは，債務者に送達する支払督促に添付される（民訴規221条・220条2項）。①の場合，債務者から，仮執行の宣言をする前に，督促異議の

第4節　支払督促申立書の記載事項　〔4〕請求の原因と記載事項　【書式300】

　　申立てがあったときは小切手訴訟へ移行し，仮執行の宣言をした後であれば，小切手訴訟による審理及び裁判を求める旨の申述はなかったものとみなされる（民訴367条2項・366条2項）ので，通常訴訟に移行する。
3．請求の原因記載3については，振出人・裏書人を債務者とする小切手元金と利息の請求要件である。小切手目録に「拒絶証書作成不要」と記載されていれば，「本件小切手は，平成何年何月何日呈示された」だけでよい（酒井・前掲94頁）。
4．小切手目録に記載する事項は，原則として，小切手法1条に記載されている。ただし，もっとも一般的な小切手である持参人払式小切手（無記名式及び選択式無記名式小切手を含む）の場合，持参人払式であること，及び呈示の日を目録に記載する必要がある。また，持参人払式小切手の場合，裏書には担保的効力（裏書人が遡求義務を負うこと）しかないので（小20条），「第1」裏書人等と小切手目録に記載しないよう注意すべきである（岸・前掲158～159頁）。
5．小切手の場合は，所持人の振出人，裏書人に対する遡求権及び償還をした者のそのまた前者に対する再遡求権の時効期間は，いずれも6ヵ月（手51条），支払保証をした支払人の権利の時効期間は呈示期間経過後1年（小58条）で消滅する（深沢＝園部・実務252頁）。

(18) 交通事故に基づく損害賠償金請求型（物損型）

(a) 交通事故による損害は，**図表1**のように，その被侵害利益に応じて，人的損害（人損）と物的損害（物損）に大別される。そして，人的損害は，財産的損害と非財産的損害（精神的損害）とに分けられ，さらに，財産的損害は，積極的損害（治療費等，事故により支出を余儀なくされたことによる損害）と消極的損害（休業損害等，事故がなければ得ることができたであろう利益を得ることができなくなった損害）とに区分される（二本松利忠「不法行為5—交通事故」藤原弘道ほか編『民事要件事実講座4』310頁）。

図表1　損害の分類（二本松・前掲310頁参照）

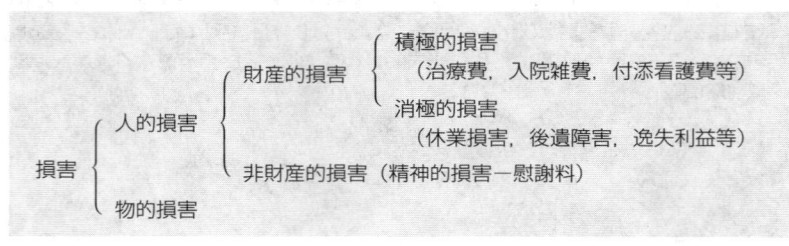

```
                    ┌ 財産的損害 ┌ 積極的損害
              ┌ 人的損害 ┤          │   （治療費，入院雑費，付添看護費等）
              │         │          └ 消極的損害
損害 ┤         │              （休業損害，後遺障害，逸失利益等）
              │         └ 非財産的損害（精神的損害—慰謝料）
              └ 物的損害
```

(b) 損害の態様については，前記(a)のとおり分類できるが，交通事故の大半を占める物損のみを対象とする請求事件が，人損事故に比べて，損害額が低額で140万円を超えない場合（簡裁の事物管轄，裁33条1項1号）が多く，簡易裁判所で扱うのは，物損のみの事案が大半であること（加藤編・前掲260頁〔藤岡謙三〕），また督促手続は，債務者に争いがないことを条件として，迅速に債務名義を得させようとするものであり，給付の目的物が金銭その他の代替物の請求であれば，その発生原因は問わないので，不法行為に基づく請求が督促手続によれないとする何らの理由もないが，不法行為に基づく損害賠償請求の場合，その発生原因，責任，損害額，過失相殺等について，当事者間に争いのあることが少なからず予想され，損害額の算定も非常に困難である（書研編『支払命令における実務上の諸問題の研究』58〜59頁〔川原精孝〕）こと等から，ここでは，交通事故の物損事故に限って，解説を進めていくこととする。

(c) 交通事故に基づく損害賠償請求（物損）において，債権者が主張すべき請求原因事実は，次のとおりである（加藤＝細野・前掲231頁）。

① 債権者が一定の権利あるいは保護法益を有すること
② ①の権利（保護法益）に対する債務者の加害行為
③ ②について債務者に故意があること，又は②について債務者の過失があることを基礎づける事実
④ 債権者に損害が発生したこと及びその数額
⑤ ②の加害行為と④の損害に因果関係があること

　①について。①の権利（保護法益）は，②の加害行為の時点で債権者に帰属していたことが必要である。また，債務者は，不法行為者としての責任を問われているのであるから，債権者が①の財産権について対抗要件を備えている必要はない。したがって，対抗要件具備は，①の要件事実とはならない（二本松・前掲306～307頁，加藤＝細野・前掲231頁）。

　②について。加害行為の客体は，「他人の権利又は法律上保護される利益」である。不法行為に基づく損害賠償請求について「違法性」が積極的成立要件となるか争いがあるが，交通事故によって侵害される利益は，自動車等の財産権であり，これに対する侵害（加害行為）は，それだけで違法性が基礎づけられるから，違法性が独立の要件かを論ずる実益はない。物的損害については，債権者は事故により，自己所有の自動車が破損したこと等を主張すればよいことになる（二本松・前掲306頁）。債務者が債権者の自動車を毀損させたというような場合，債務者の毀損行為を日時，場所を特定して主張する必要がある（加藤＝細野・前掲231頁）。

　③について。故意とは，加害者において，加害行為を認識し，かつ容認したことをいう。通常は，単に，「故意」とだけ表現することによって，この要件事実はすべて主張されたものと扱われる（二本松・前掲307頁，加藤＝細野・前掲232頁）。

　過失とは，一定の結果の発生を予見し，回避することが可能であったにもかかわらず，その結果の発生を回避すべき措置をとらなかったことをいう（加藤＝細野・前掲232頁）。民法709条の過失という規範的評価が成立がするためには，その成立を根拠づける具体的事実が必要である。このような事実を評価根拠事実と呼ぶ（要件事実一30頁）。この評価根拠事実については，㋑「過失」等の規範的評価それ自体が主要事実であり，評価根拠事実自体は間接事

実であるとする説（間接事実説）と，㋺「過失」等の規範的評価自体は，具体的事実が当該規範的要件に当てはまるという法的判断であり，評価根拠事実が主要事実であるという説（主要事実説）があり，かつては㋑説が通説であったが，現在では㋺説が通説になっている（二本松・前掲308頁）。書面審理のみで発付される支払督促において，その判断の対象となるのは，前方不注視とかスピード違反といった過失と評価しうる具体的事実であり，また，督促異議によって訴訟に移行した場合に，原告（債権者）の主張しない具体的事実につき，これを裁判所が認定することは，当事者にとって不意打ちとなるから，㋺説が妥当である。

　④について。通説・判例（最判昭39・1・28民集18巻1号136頁）によれば，民法709条にいう「損害」とは，権利又は法的保護に値する利益を侵害されたことによる不利益であり，それは，当該不法行為がなければ，被害者が現在有しているであろう仮定的利益状態と，不法行為がなされたために被害者が現在有している現実の利益状態との間の「差額」であるとされる（差額説）。このようなことから，損害賠償請求権の存在を主張する者は，「損害の発生とその数額」を主張することが必要とされている（二本松・前掲309頁）。

　⑤について。通説・判例（大連判大15・5・22民集5巻38号6頁）は，民法416条の規定を不法行為にも類推適用して，賠償の範囲を，通常生ずべき範囲の損害の全部及び特別事情によって生じた損害のうち，加害者が加害行為の際に発生を予見できた範囲の損害に限定している（加藤＝細野・前掲233頁）。

　因果関係の存在は，②の加害行為によって④の損害が発生したと主張すれば足りる場合が多いが，その場合でも，厳密にいえば，事実的因果関係（「あれがなければ，これなし」の関係）の存在及び④の損害が②の行為と相当性の範囲にあることの2点が合わせて主張されていることになる（二本松・前掲313頁，加藤＝細野・前掲233頁）。

　(d)　物損事故における損害賠償請求において，どのような損害を請求できるか。以下，この点につき検討する。

　㋑　修理費について。修理費は，車両損害における最も基本的な損害であるといわれる。前記差額説からは，本来被害車両の事故前の価値と事故後の価値の差額が損害ということになる。基本的には，自動車を修理することに

よって事故前の現状に回復できる場合には，その修理費相当額が損害ということになる（田島純藏「車両損害」塩崎勤ほか編『新・裁判実務大系(5)交通損害訴訟法』241頁）。

　修理費を請求する場合は，車両が当該事故によって損傷した事実と修理若しくは修理予定の事実，修理費の額若しくは見込額の主張が必要である。その修理は，必要かつ相当なものであることを要するが，その必要性又は相当性に争いがあるときは，修理費の合計額を主張するのみでは足りず，修理内容を具体的に（交換部品の価格，工賃等）主張すべきである（東京地裁民事交通訴訟研究会編『民事交通訴訟における過失相殺率の認定基準』〔全訂4版〕（別冊判例タイムズ16）17頁）。

　①修理内容の適正の有無に関して，バンパーの補修で足りるか，部品交換が必要かについて争われた事案について，フロントバンパーの損傷の程度によれば補修することが相当であるとして，その補修費用相当額の限度で損害を認めた裁判例（大阪地判平12・7・17交民集33巻4号1194頁）等がある。②修理代金の適正の有無に関して，金メッキを施したバンパーが損傷したときは，その取替費用は事故と相当因果関係にあるとしながらも，バンパーに金メッキを施すことは無用に損害を拡大させるものであるとして，金メッキの修理代の半額を減額した裁判例（東京高判平2・8・27判時1387号68頁）がある（上杉・前掲360〜361頁）。

　修理未了車両については，現実に車両が修理されておらず，被害者が修理代金を支出していないことから，損害賠償を債務者に損害賠償として請求できるかが問題となるが，現実に損傷を受けている以上，損害は既に発生しており，修理によって事故前の状況が回復されるなら，信義則上修理費が損害額とされるのであるから，修理をしない場合であっても修理費相当額を損害として請求することは可能であると解すべきである（田島・前掲246頁，上杉・前掲361頁）。

　なお，被害車両が事故により修理不能な状態になり，その機能を失った場合，被害者に対して買替差額（事故当時の被害車両の価格と売却価格・スクラップ価格との差額）が損害として認められるのは，以下の場合である。すなわち，被害車両が事故によって，①物理的に修理不能となったとき（いわゆるスク

ラップ状態)，②経済的に修理不能となったとき（修理のために見込まれる費用が事故前の被害車両の価格より高額であるとき），③フレームやクロスメンバー等の車体の本質的構造部分が事故によって重大な損傷を生じたことが客観的に認められ，被害車両の所有者がその買替えをすることが社会通念上相当と認められる場合である（最判昭49・4・15民集28巻3号385頁）（田島・前掲243頁，上杉・前掲361～362頁）。この場合の登録手続関係費用については，被害車両と同種同等の中古自動車を購入するときに生ずる消費税，自動車取得税，被害車両の自動車検査証有効期間の未経過部分に相当する自動車取得税，登録手続費用及びその手続代行費用，廃車費用，納車費用等の買替諸費用については損害として認められるが，車検証有効期間内の未経過部分に対応する自動車税，自賠責保険料等は還付請求をすることができるから，損害とはならない（上杉・前掲362頁）。

　なお，修理費の場合は，単に所有権に対する損害という側面だけではなく，利用権（占有権）に対する損害という側面も有しており，所有者以外の使用者が，その利用権に対する侵害として修理費の請求をすることができる場合があるので，この場合は，被侵害利益の主張と具体的に請求者が負担した（若しくは負担する）事実の主張が必要である。近時は，いわゆるオートローン等で所有権が留保されていることが多く，物的損害の請求権者及び請求原因については十分な検討が必要である（東京地裁民事交通訴訟研究会・前掲17頁）。

　(ロ)　代車料について。代車料とは，事故により損傷した車両を買い替え，あるいは修理する期間中，同車両を使用できないため，その代車を使用したことに伴う支出をした場合のその費用のことをいう。代車料を請求する場合には，代車を使用したこと，代車を使用した期間及びこれが相当な期間であったこと，代車料として支払った金額を主張すべきである（東京地裁民事交通訴訟研究会・前掲18頁）。

　事故と相当因果関係があるものは，事故の損害と認められる。代車料の発生には，2つの形態があり，1つはレンタカー会社や知人等から被害車両の代車として車両を賃借する形態であり，もう1つは，事故車を使えないことによりタクシーやハイヤーを利用する形態である。前者の代車の程度については，営業用車両でも国産高級車の範囲で代車料を認めるものが多い（裁判

例として，東京地判平11・9・13交民集32巻5号1378頁等）（田島・前掲257〜258頁）。しかし，代車料は，自動車の利用権の侵害に対して，当該利用状況を回復するものであり，比較的短期間の代替手段であること等から，通常は被害車両と同一の車種である必要はなく，被害車両と相応する車種の代車料でよいと考えられている。したがって，使用した代車の車種及びそれが相当な車種であったことの主張も必要である（東京地裁民事交通訴訟研究会・前掲18頁）。

代車期間の相当性については，現実に買替え又は修理を終えるまでに要した期間ではなく，客観的に買替え又は修理に必要な期間である（上杉・前掲367頁）。一般的にその期間は，①買替えが認められる場合には，買替えの要否，購入車両の選択及び諸手続の上，納車されるまでの期間を考慮して1ヵ月程度，②修理すべき場合は，10日ないし2週間くらいといわれている（上杉・前掲367頁）。後者については，タクシーやハイヤーを利用した場合には，ガソリン代等の経費の出費を免れた分は，タクシー代等から控除したものが損害となる。タクシーを利用した場合でも，電車，バス等の他の交通機関が利用できる場合には，その必要性，相当性の判断は微妙なものとなる（宮川博史「物損の損害賠償額」塩崎勤編『交通賠償の諸問題』433頁）。

代車を使用しなかった場合や自己所有の他の自動車を使用した場合等，代車料を支出しなかった場合には，いわゆる仮定的代車料を損害として認めることはしていない（東京地裁民事交通訴訟研究会・前掲18頁）。

(ハ) 評価損について。自動車が事故によって破損し，修理しても技術上の限界等から回復できない場合（例えば，外観が損なわれた場合，耐用年数が低下した場合等）には，修理のみによっては損害が回復したとはいえないので，修理費のほかに，減価分を評価損として認められる場合がある（いわゆる技術上の評価損）。また，中古車市場では，事故歴があるという理由でいわゆる事故落ち損として売買価格が下落する場合がある（取引上の評価損）。これを肯定する見解と否定する見解があること，事故落ち損を認める場合は，事故の内容，程度及び予想される交換価値の下落を主張する必要がある（東京地裁民事交通訴訟研究会・前掲18頁），ことを紹介するにとどめる。

(ニ) 休車損について。運送会社の貨物自動車，タクシー等，営業車が事故により損傷し，営業できなかったため損害が生じた場合は，いわゆる休車損

として，相当な修理期間又は買替期間の範囲内で損害として認められる。休車損の請求には，相当な修理期間又は買替期間，被害車両によって1日当たり得られる利得額の主張が必要である。予備車両（遊休車）があるときは，休車は発生しないので，代替車両を保有していない事実も主張すべきである（東京地裁民事交通訴訟研究会・前掲18頁）。

　㈹　慰謝料について。交通事故による物損事故の場合には，通常，財産上の損害が賠償されれば，精神的損害の賠償も一応回復されるとみることができるので，物損による損害としては慰謝料は発生しないとするのが通説であり，裁判例もこれを否定しているようである（名古屋地判平12・2・28交民集33巻1号363頁，東京地判平15・8・4交民集36巻4号1028頁等）（田島・前掲265頁，上杉・前掲372頁）。

〔五十部　鋭利〕

書式301　「請求の原因」の記載例(19)——交通事故に基づく損害賠償請求型（物損型）

請求の原因（該当する□に✓をする。）
　債権者は，表1記載の交通事故により，表2記載の損害を受けた。
表1

(1)	事故発生日時	平成〇〇年〇〇月〇〇日 午前・後〇〇時〇〇分ころ
(2)	事故発生場所	〇〇市〇〇町〇〇丁目〇番〇号先路上
(3)	加害車両	普通乗用自動車（〇〇た〇〇〇〇号） 　運転者　☑債務者　□申立外 　所有者　☑債務者　□申立外
(4)	加害車両運転者と債務者の関係	☑本人　　□使用者 □業務中　□
(5)	被害車両	普通乗用自動車（〇〇ち〇〇〇〇号） 　運転者　☑債権者　□申立外 　所有者　☑債権者　□申立外
(6)	事故の態様，過失態様等	□信号無視　☑前方不注視 □

表2

損害の内容	損害額（円）	支払済みの額	残　額（円）
前左部バンパー破損	35,000	0	35,000
前右部バックミラー破損	10,000	0	10,000
合　計　額	45,000	0	45,000

〔注〕
1．不法行為による損害賠償債務は，催告を待たないで不法行為時（損害賠償債務発生時）から当然に遅滞に陥り，遅延損害金の発生時期もその時点であるとされる（最判昭37・9・4民集16巻9号1834頁等）。弁護士費用についても，不法行為時に発生し，遅滞に陥るとするのが判例（最判昭58・9・6民集37巻7号901頁）である。
2．本書式の表1(4)に「□業務中」という欄があるが，これは民法715条の使用者責任を問う場合である。その場合に，債権者が主張すべき請求原因事実は，次のとおりである（加藤＝細野・前掲238頁，二本松・前掲319頁）。
　①　被用者の不法行為（本文(c)①ないし⑤の事実）
　②　被用者による加害行為以前に，被用者と使用者間の使用・被用関係（指揮監督関係）が成立したこと
　③　被用者の加害行為が使用者の事業執行についてされたこと
3．物損事故の場合には，自動車損害賠償保障法の適用がない（深沢＝園部・実務224頁，廣瀬＝園部・書式236頁）。

(19) 債権者代位権に基づく貸金請求型

(a) 債権者代位訴訟とは，債権者が自己の債権を保全するために債務者に属する権利（ただし，一身専属権的権利を除く）を当該債務者に代位して行使する訴訟形態をいい（民423条1項），法定訴訟担当の1つである。これにより，法律上，債務者の財産管理処分権能における権利義務の帰属主体たる地位が奪われ，第三者に付与されていることに基づき，当該第三者が訴訟追行権を有することになる。すなわち，権利義務の帰属主体の利益保護ではなく，訴訟担当者又はこれと同等の地位にある者の利益保護を目的とするものである（裁判所書記官研修所監修『民事訴訟法講義案』58頁）。この結果，債権者代位訴訟の係属中に，債務者が同一の権利について別訴を提起することは許されなくなる（大判昭14・5・16民集18巻557頁）。訴訟担当者が受けた判決の効力は，当事者である担当者のみならず（民訴115条1項1号），本来の帰属主体にも及ぶ（同項2号）。

(b) 債権者代位権に基づく貸金請求において，債権者が主張すべき請求原因事実は，次のとおりである（石井宏治「債権者代位訴訟」小川英明編『貸金訴訟の実務』〔5訂版〕347頁，梶村＝石田・実務390～391頁，岡口・マニュアル上332頁）。

① 被保全債権（債権者の債務者に対する請求債権）の発生原因事実　被保全債権が代位される権利よりも，先に成立している必要はない（岡口・マニュアル上332頁）。

② 被保全債権の債務者（以下，支払督促における債務者と区別するため，「申立外人」という）の無資力　判例は，金銭債権保全の場合は，申立外人の無資力を要件としており（最判昭49・11・29民集28巻8号1670頁等），原告（債権者）が主張すべき請求原因事実としている（最判昭40・10・12民集19巻7号1777頁）。申立外人に十分な資力があるならば，債権者の債権は，十分に弁済されうるからである。

③ 代位される債権の発生原因事実　申立外人の支払督促における債務者（以下，単に「債務者」という）に対する債権について，履行期が到来していることを債権者が主張すべきかが問題となるが，債権者は申立外人の債権について確定的な事実を知らない場合が多いであろうし，民法423条2項については債務者側が期限の定めを抗弁として主張すべきであり，債権者側が再

抗弁として「期限の到来」を主張すべきであると解するのが相当である（梶村＝石田・実務391頁）。

④　附帯請求の請求原因（債権者の債権に履行期の定めがあるときは，履行期の到来）

〔五十部　鋭利〕

書式 302 「請求の原因」の記載例(20)——債権者代位権に基づく貸金請求型

請求の原因
 1(1) 債権者の債権
   ① 契約の日   平成〇〇年〇月〇〇日
   ② 契約の内容 売買契約
     ㋑ 売 主 債権者
     ㋺ 買 主 申立外甲
     ㋩ 物 件 〇〇社製△△　1台
     ㋥ 代 金 金50万円
     ㋭ 支払期日   平成〇〇年〇月〇〇日
 (2) 代位されるべき債権
   ① 契約の日   平成〇〇年〇月〇〇日
   ② 契約の内容
     ㋑ 貸 主 申立外甲
     ㋺ 借 主 債務者
     ㋩ 金 額 金20万円
     ㋥ 利息・損害金 年1割
     ㋭ 弁済期   平成〇〇年〇〇月〇〇日

 2 申立外甲は，平成〇〇年〇月〇日ころから，資金繰りがつかず，事実上倒産状態にある。

 3

貸付金額	支払済の額	残　　額
200,000円	0円	200,000円

〔注〕
 1．代位権行使の効果は，直接，債務者に帰属する（大判昭7・6・21民集11巻1198頁）ことから，代位権行使の結果として，判例は，「債権者は，第三債務者の債務者に対する給付として，自己に給付をなさしめることができる。」（大判昭10・3・12民

集14巻482頁）としているが，これは債権者の債権額の範囲内においてのみ許される（最判昭44・6・24民集23巻7号1079頁）。したがって，被保全債権が常に申立外人の債務者に対する債権より上回ることがある場合を除いて（例えば，被保全債権が，代位行使される債権と比して，その元本は大きいが，遅延損害金の割合は小さい場合，取立訴訟の口頭弁論終結時は代位行使される債権を上回るものの，その後，これを下回る場合がある），その主文にその範囲を明確にしておく必要がある。その記載例としては，「債務者は，債権者に対し，△△万円及びこれに対する平成△△年△月△日から支払済みまで年△分の割合による金員を，債権者の申立外甲に対する××万円及びこれに対する平成××年×月×日から支払済みまで年×分の割合による金員の限度で，支払え。」とすることが考えられる（光吉恵子「責任等限定型の給付判決　金銭債権を債権者代位権に基づき代位行使する場合における被保全債権の主文中の表示」塚原編・前掲135〜136頁）。
2．債権者代位訴訟における訴訟の目的の価額は，代位行使される債務者（申立外人）の権利関係の価額による。代位債権者の権利（被保全権利）の価額によるものではないが，代位行使される債務者（申立外人）の権利関係の価額が代位債権者の権利（被保全権利）の価額を超える場合は，被保全権利の価額を限度とする（実務講義案Ⅰ47頁）。したがって，これに対する民訴費用法3条別表第一の10項による額の手数料（収入印紙）を申立書に貼付すべきである。
3．債権者代位権を行使して支払督促の申立てをする場合は，その資格を証明すべきであるから，債権者の申立外人に対する債権の存在を証明するため契約書等の謄本を添付する（廣瀬＝園部・書式252頁，281頁，285頁）。
4．債権者代位に基づく場合，債権者の申立外人に対する債権の期限が未到来のときに，自己の債権につき，期限前に権利行使をしなければ，債権を保全することができないか，又はこれを保全することが困難になるおそれがあるときは，裁判上の代位の許可を得て，支払督促の申立てをする（民423条2項，非訟72条〜79条）。この場合には，裁判所の代位許可の裁判書の謄本を添付する（廣瀬＝園部・書式281頁）。しかし，実務上あまり例はない。

⒇　取立金請求型①──一般債権の場合

(a)　金銭債権の支払を目的とする債権を差し押さえた執行債権者の取立ての請求に対し，第三債務者が任意に被差押債権の支払に応じないときは，差押債権者は，取立権に基づき，自己の名において，第三債務者を相手方として，被差押債権の支払を求めることができる（民執157条）。

　債権者の競合がないときは，訴訟の代わりに管轄裁判所（第三債務者の普通裁判籍の所在地を管轄する簡易裁判所（通常は第三債務者の住所地）（民訴383条）に，支払督促の申立てをすることができる。債権者の競合があるときは，主文が供託命令になるので，支払督促によることはできない（古島正彦＝園部厚『書式　債権・その他財産権・動産等執行の実務』〔全訂9版〕329頁）。

(b)　取立訴訟の法的性質については，①差押債権者が，執行債務者に代わって，その債権（差押えないし取立権の発生によっても，依然として執行債務者に債権が帰属することには変わりがない）について，訴訟を提起しているとする法定訴訟担当説（浦野雄幸編『基本法コンメンタール民事執行法』〔第4版〕398頁〔上原敏夫〕）と，②差押債権者が差押えにより固有の実体的権利を取得し，その行使として給付訴訟を提起するものであるとする固有適格説（中野貞一郎『民事執行法』（現代法律学全集）〔第2版〕547～548頁）があるが，①説が通説であり，実務においても，これによる扱いが多い（原啓一郎「取立訴訟の審理と判決」近藤崇晴ほか編『民事執行の基礎と応用』（法律知識ライブラリー）〔補訂増補版〕315～316頁）。

(c)　債権者が，取立金請求において主張すべき請求原因事実は，次のとおりである。

①　差押命令が発令されたこと
②　債務者（執行手続上の第三債務者）に対し，差押命令が送達されたこと
③　執行債務者に対し，差押命令が送達されたこと
④　③から1週間が経過したこと
⑤　被差押債権の発生原因事実

　①から④は，取立権発生原因事実である。取立権は，法定訴訟担当説によれば訴訟要件となり，固有適格説によれば実体要件になる（岡口・マニュアル下381頁）。

(d) 執行手続上，差押債権者が第三債務者に対し，取立権を行使できる範囲は，差押債権者の請求債権及び執行費用額を限度とする（民執155条1項但書）から，支払督促等によって請求する場合には，債務者は，請求債権や執行費用の現在の額を支払督促申立書等に記載し，その限度で請求するのが相当である（淺生重機「取立訴訟」東京地裁債権執行等手続研究会編著『債権執行の諸問題』146頁）。

〔五十部　鋭利〕

書式 303 「請求の原因」の記載例(21)——取立金請求型①（一般債権の場合）

請求の原因
1 債権者は，申立外○○○○（以下，「申立外人」という。）に対する○○簡易裁判所平成○○年（ロ）第○○○○号事件の仮執行宣言付支払督促に基づき，申立外人の債務者に対する別紙目録記載の債権を被差押債権とする債権差押命令を申し立て，平成○○年○○月○○日，○○地方裁判所において差押命令（同裁判所平成○○年（ル）第○○○○号）を得た。

2 上記差押命令は，申立外人に対し平成○○年○○月○○日，本件債務者に対し平成○○年○○月○○日，それぞれ送達された。よって，債権者は，平成○○年○○月○○日の経過によって，上記1の債権につき，取立権を取得した。

3

差押債権額	支払済みの額	残　　額
△△△,△△△円	0円	△△△,△△△円

（別紙）

差　押　債　権　目　録

金△△△,△△△円

ただし，債務者（申立外○○○○）が第三債務者（本件債務者）に，平成○○年○○月○○日売り渡した△△△△について，債務者が第三債務者に対して有する売買代金債権にして，頭書金額に満つるまで。

〔注〕
1. 被差押債権が1回性の債権（貸金，特定物の売買代金債権等）で，被差押債権について，差押えの限度額が記載されていない場合には，被差押債権の額が執行債権及び執行費用の合計額を超えるときでも，その被差押債権が1個である限り，その債権全額に差押えの効力が及ぶものと解することができる（民執146条）。そして，差押え後に発生する利息や遅延損害金は，元本債権を主物とすると，その従物という関係にある。主物に対する差押えの効力は，従物に及ぶという一般原則から，被差押債権の元本のみを表示して差押命令が発せられたとしても，その効力発生後に発生する利息・損害金にも差押えの効力が及ぶものと解するのが一般的であるから，取立訴訟で差押え後完済までの遅延損害金も請求するときの請求の趣旨は，元本のほか，遅延損害金の請求を表す「及びこれに対する〇〇日から支払済みまで年6分の金銭を支払え。」との記載をすることになる（淺生・前掲141頁）。
2. しかし，執行実務では，差押債権の額を執行債権額の額と同額にして，「頭書金額に満つるまで」とする申立てが多い。これは，差押債権者が執行債権額を超過して差押えをしても，弁済を受けることができるのは，執行債権及び執行費用の額を超えることはできない（民執155条1項但書）から，あらかじめその範囲を限定した申立てをすること，また，被差押債権の額自体を債権者がわからない場合に，このような記載をしている（深沢利一著＝園部厚補訂『民事執行の実務（中）』〔新版〕455頁）。したがって，実務的には，差押えの限度額が記載されることが多い。
3. 取立金請求の場合における訴訟物の価額は，請求の目的である取立金であるから，これに対する民訴費用法3条別表第一の10項による額の手数料（収入印紙）を申立書に貼付する。すなわち，申立手数料の算定においては，債権者が執行債務者（申立外人）に対して有する債権額を基準とするのではなく，執行債務者（申立外人）が第三債務者（支払督促上の債務者）に対して有する債権額を基準とする。ただし，債権者の執行債務者（申立外人）に対する権利関係の価額が，執行債務者（申立外人）が第三債務者（支払督促上の債務者）に対して有する権利関係の価額を超える場合には，前者の価額を限度とする（実務講義案Ⅰ47頁）。

(21) **取立金請求型②——給料債権等の場合**

(a) 取立金請求の意義，法的性質，請求原因事実については，上記(20)「取立金請求型①——一般債権の場合」で述べたとおりである。ここでは，被差押債権が給与債権等の場合に生ずる特有の問題について解説する。

(b) 債権者が支払督促の申立てに際し，主張すべき請求原因事実のうち，被差押債権の発生原因事実については，困難な問題が生ずる。すなわち，取立金請求の場合には，被差押債権の発生原因事実を直接経験しない債権者が，これを主張しなければならない。とりわけ，被差押債権が給与その他の継続的給付に係る債権である場合には，雇用契約等の当事者でない債権者が，被差押債権の発生原因事実や，どの期間の給与債権まで取立権が発生しているかを正確に認識することは極めて困難なことである。しかし，債権者の主張する請求原因が不特定であると，第三債務者や執行債務者に思わぬ損害を与えかねないから，債権者は最低限，取立権を得たとする被差押債権の範囲を明確にする義務があり，この点が不明確な支払督促の申立ては不適法である。したがって，取立金請求の債権者としては，取立権を得たとする被差押債権を明確にする必要がある（淺生・前掲149頁）。

そこで，債権者は，取立金請求において，ある程度包括的・抽象的な主張をすることも，前記の理由により，許されるものと解すべきである（最高裁判所事務総局編『簡易裁判所民事事件執務資料』（民事裁判資料177号）44頁）。

(c) したがって，被差押債権が給与債権等の場合に，債権者としては，執行債務者が第三債務者から受ける給料や賞与の手取額を主張し，そのうちのどの期間の，いくらの金額が差し押さえられているかを主張することとなるが，雇用契約の当事者でない債権者としては，給料や賞与の手取額については，外形的事実として確実と認められる最低限の金額を主張すれば足りる（淺生・前掲149頁）。

例えば，給料が月単位で支払われる場合の特定の月の給料請求の場合，その発生原因事実は，次のようになる。

① 雇用契約の締結
　　給料の額及び支払時期に関する約定
② 当月における労務の提供

当月分の給料の支払期の到来

　当月分の給料の具体的数額（月によって変動する場合）

　①について，雇用契約締結時期が不明の場合は，現在継続して勤務しているという主張（雇用契約に基づく契約関係の存在の主張）でよい。②について，月収額は，おおよその金額を主張させ，差押えにかかる債権額が請求債権に達したか否かの目安にする（最高裁判所事務総局編・前掲45頁）。

〔五十部　鋭利〕

書式 304　「請求の原因」の記載例⑵ーー取立金請求型②（給料債権等の場合）

請求の原因
1　申立外〇〇〇〇（以下「申立外人」という。）は，債務者に雇用され勤務しており，少なくとも手取りで50万円の月給（基本給と通勤手当を除く諸手当の合計額から，給与所得税，住民税，社会保険料を控除した額）を得ている。

2　債権者は，申立外人の債務者に対する給料債権のうち，別紙差押債権記載の部分について，平成〇〇年〇月〇日，債権差押命令（〇〇地方裁判所平成〇〇年（ル）第〇〇〇〇号）を得て，同命令は，同事件の債務者である申立外人に対して平成〇〇年〇〇月〇〇日，同事件の第三債務者である本件債務者に対して平成〇〇年〇〇月〇〇日，それぞれ送達され，債権者は，平成〇〇年〇〇月〇〇日の経過により，別紙差押債権目録記載の債権について取立権を取得した。

3　上記差押命令による差押額は，次のとおりである。
　(1)　平成〇〇年〇月分給料中の金〇万円
　(2)　平成〇〇年〇月分給料中の金〇万円
　(3)　平成〇〇年〇月分給料中の金〇万円
　(4)　平成〇〇年〇月分給料中の金〇万円
　(5)　平成〇〇年〇月分給料中の金〇万円
　　合計〇〇万円

4

差押債権額	支払済みの額	残　額
〇〇〇,〇〇〇円	0円	〇〇〇,〇〇〇円

（別紙）

差　押　債　権　目　録

　金〇〇〇,〇〇〇円

　ただし，債務者（申立外人）が第三債務者（本件債務者）に対して有する，本命令送達日以降支払期の到来する，

第4節　支払督促申立書の記載事項　〔4〕　請求の原因と記載事項　【書式304】

> 1　給料債権（基本給及び諸手当，ただし，通勤手当を除く。）から所得税，住民税，社会保険料を控除した残額の4分の1（ただし，上記残額が月額44万円を超えるときは，その残額から33万円を控除した金額）
>
> 2　賞与債権から1と同じ税金等を控除した残額の4分の1（ただし，上記残額が44万円を超えるときは，その残額から33万円を控除した金額）
> にして，頭書金額に満つるまで。
> なお，1，2により弁済しないうちに退職したときは，退職金から所得税，住民税を控除した残額の4分の1にして，頭書金額に満つるまで。

〔注〕

1. (i) 債権者が取立金を請求する場合，申立書の請求の趣旨の附帯請求欄に，「上記金額に対する平成○○年○○月○○日から支払済みまで年5パーセントの割合による遅延損害金」，又は「上記金額に対する支払督促送達の日の翌日から支払済みまで年5パーセントの割合による遅延損害金」等と記載し，遅延損害金を請求してくることがある。

 (ii) しかし，執行実務では，一般的に，附帯請求の終期を差押命令の申立日までに限定した扱いをしている。これは，附帯請求が差押債権額に連動する場合，第三債務者は，債権者と債務者の紛争に無関係であるにもかかわらず，取立ての都度，附帯請求に関する複雑な計算を強いられ，計算を誤ったときには，二重払い等の危険も負担することを理由とする（福岡高宮崎支決平8・4・19判時1609号117頁，福岡高決平9・6・26判時1609号117頁。東京地方裁判所民事執行センター実務研究会・前掲86頁）。これに対して，附帯請求の終期を執行手続申立時までに限定する必要はないとする説は，以下をその理由とする。①利息，損害金は差押命令申立後も元金の支払を受けるまでは当然に発生すること，②被差押債権が継続的給付である場合は，申立てから執行が終了するまでに長期間にわたることが多く，損害金が多額になること，③残債権について，何度も差押命令の申立てをすることは執行経済に反する，ことをその理由とする（今井隆一「差押命令の申立て・発令の要件」近藤ほか編・前掲289頁，白井千浪「差押命令の申立てにおける付帯請求の問題点」東京地裁債権執行等手続研究会・前掲33頁）。この見解に立つ裁判例としては，福岡高岡山支決昭63・1・14判時1264号66頁がある。

 (iii) たしかに，理論的には，附帯請求が法令又は約定により当然に発生し，債務者に対して請求することができるものである以上，差押命令申立てにおいて，附帯請求を執行手続申立時までに当然のように限定するのは，理論的に困難である。しかし，執行手続における第三債務者の負担は考えられている以上に大きく，元々請求債権に何らの関係がなく，差押命令の送達を受けただけでも相当の負担を強いられる第三債務者にさらなる負担を強いるのは，できるだけ避けるべきである。本件のように，被差押債権が継続的給付である場合に，第三債務者の責任において，毎月の差押えの都度，利息，損害金の額を算出し，これに充当をし残額を計算していくことは，さらに負担を重くするものであり，事実上不可能である。

 (iv) 以上のような理由から，執行実務においては，附帯請求を差押命令申立日まで

に限定している。差押債権者が取立てをすることができる金額は，差押債権命令の請求債権目録表示の金額であり，これを超えて取り立てることはできない（民執155条1項但書）から，元本及び申立時までを終期とする附帯請求のみが取立金請求の対象となる。したがって，さらに，これに年5分の損害金を請求することは，損害金の二重請求となり妥当ではない。前記(ii)記載の裁判例（福岡高決平9・6・26判時1609号117頁）も，被差押債権が給料その他継続的給付である場合，差押命令発令日より後の遅延損害金は，差押えの対象にならないと解すべきである，としている。

　(v)　前記(ii)について，判例（最判平21・7・14判タ1315号96頁，判時2065号45頁）は，以下のように判示した。①債権執行手続において，債務者に対し，被差押債権の弁済を禁じられた第三債務者が差押債権の計算を自らしなければならないのを避けるために，遅延損害金の終期を差押命令申立日までとする本件取扱いには合理性がある。②元金とこれに対する支払済みまでの遅延損害金の支払を内容とする債務名義を有する債権者は，本来，債務名義と同一の内容で債権差押命令を求めることができ，①の取扱いに従って差押命令の申立てをした債権者は，第三債務者の負担について配慮をする限度で，請求債権中の遅延損害金を申立日までの確定金額とすることを受け入れたものと解される。③しかし，差押えが競合し，第三債務者が差押債権額全額に相当する金銭を供託し（民執156条2項），配当が実施される場合（民執166条1項1号）には，もはや第三債務者の負担に配慮する必要はないから，通常は，債務名義の金額を受ける意思を有している，とした。

　結論として，同判例は，「本件取扱いに従って債権差押命令の申立てをした債権者については，計算書で請求債権中の遅延損害金を申立日までの確定金額として配当を受けることを求める意思を明らかにした等の特段の事情のない限り，配当手続において，債務名義の金額に基づく配当を求める意思を有するものとして取り扱われるべきであり，計算書提出の有無を問わず，債務名義の金額に基づく配当を受けることができるというべきである。」とした。今後，実務上，債権配当手続においては，この判例による取扱いが定着していくものと思われる。

2．差押禁止債権の範囲を定めた民事執行法152条1項の「支払期に受けるべき給付」とは，給与等の名目額ではなく，源泉徴収される所得税，住民税，社会保険料を控除した残額，つまり手取額と解するのが通説であり実務の取扱いである（廣瀬＝園部・前掲261頁）。

⑵ 転付命令に基づく転付金請求型

(a) 転付命令とは，差押債権者の申立てに基づいて，被差押債権（金銭債権に限られる）を，支払に代えて券面額で当該差押債権者に移転する（民執159条1項）ことによって，券面額で同人の執行債権及び執行費用が弁済されたものとして扱う（民執160条）制度である（上原・前掲400頁）。

債権者が執行債務者の第三債務者に対する債権を差押え，転付命令を得たが，第三債務者が債権者に対し，その支払をしないときは，第三債務者を相手方として，その転付金を支払督促等の方法により請求することが必要となる。

(b) 転付命令に基づく転付金請求の請求原因事実は，次のとおりである（廣瀬＝園部・書式263頁）。

① 差押債権者が，執行債務者（以下「申立外人」という）に対する債権についての債務名義を有すること
② 申立外人が第三債務者（以下「本件債務者」という）に対して被転付債権を有すること
③ 被転付債権につき，差押命令及び転付命令を得て，同命令が申立外人及び本件債務者に送達され，同命令が確定したこと

〔五十部　鋭利〕

書式 305　「請求の原因」の記載例(23)――転付命令に基づく転付金請求型

請求の原因
1　債権者は，申立外○○○○（以下，「申立外人」という。）に対する貸金債権についての○○地方裁判所の執行力ある判決正本（平成○○年（ワ）第○○○○号）に基づき，同裁判所に対し，別紙差押債権目録記載の債権について差押え及び転付命令の申立てをし，同命令（平成○○年（ル）第○○○○号，同年（ヲ）第○○○号）を得た。

2　上記差押え及び転付命令は，申立外人に対し平成○○年○○月○○日，本件債務者に対し平成○○年○○月○○日，それぞれ送達され，同命令は，平成○○年○○月○○日確定した。

3

転付債権額	支払済みの額	残　　額
△△△,△△△円	0円	△△△,△△△円

（別紙）

　　　　　　　　　差　押　債　権　目　録

　金△△△,△△△円

　ただし，債務者（申立外人）が第三債務者（本件債務者）に，平成○○年○○月○○日売り渡した△△△△について，債務者が第三債務者に対して有する売買代金債権。

〔注〕
1. 転付命令が申立外人（執行債務者）等から執行抗告がなく確定したときは、被転付債権が存在する限り、転付命令が第三債務者に送達された時に、債権者に対する債権は弁済されたものとみなされ（民執160条）、被転付債権は申立外人から債権者に当然に移転し、移転後は債権者は、裁判上又は裁判外の請求はもちろん、その債権に基づくすべての行為をすることができる（深沢＝園部・実務238～239頁、廣瀬＝園部・書式263頁）。
2. 転付命令に対し、執行抗告の申立てをしその確定を遮断しても、転付債権者は差押えの効力として取立権を有しているので、取立権を行使することができる（民執155条1項）。取立が完了してしまうと執行手続は終了し、転付命令に対する執行抗告の実質的意義は消滅し、転付命令も移付するものがなく、実質的に無効になる。したがって、執行債務者等は、何らかの形で差押命令に対し、執行停止決定を得て、取立てを阻止しておく必要がある（生田治郎「転付命令未確定の間の効力」近藤ほか編・前掲329頁）。
3. 本事例においては、訴訟物の価額は、請求の目的である転付金であるから、これに対する民訴費用法3条別表第一の10項による額の手数料（収入印紙）を申立書に貼付する（深沢＝園部・実務239頁）。

⑵ 個別割賦販売代金請求型

(a) 個別割賦販売とは，販売業者が購入者又は役務受領者から販売契約の対価を2ヵ月以上の期間にわたり，かつ，3回以上に分割して受領することを条件として，指定商品（割賦令1条1項別表第一）若しくは指定権利（割賦令1条2項別表第一の2）を購入し，又は指定役務（割賦令1条3項別表第一の3）を提供するものをいう（割賦2条1項1号）。これは，平成20年法律第74号により，割賦販売法の改正（以下「平成20年法改正」という）が行われる前は，「個品割賦販売」といわれていたものである。したがって，この取引における代金又は役務の対価の支払方法が一定の期間を定めた一括払いであったり，又は2回払であった場合には割賦販売法の適用はないし，また仮に4回に分割して支払うとの約束がされていたとしても，それが2ヵ月に満たない期間内に支払うとするもの（例えば，20万円の代金等を10日ごとに5万円ずつ支払うとする取引等）にあっては，割賦販売法は適用されない（深沢＝園部・実務108〜109頁）。

(b) (イ) 割賦販売法が適用される場合，債務者の期限の利益を喪失させるためには，20日以上の期間を定めて，その支払を書面で催告することが必要である（割賦5条1項）。この規定は強行規定であり，これに反する特約は無効である（割賦5条2項）。信販会社等は，この書面による催告を後日の証拠とするため，ほぼ例外なく，配達証明付内容証明郵便によって行っているようである。この20日間の計算は，催告書が債務者に到達した日の翌日を第1日目として計算する。20日に満たない期間をもって催告した場合でも，20日以上の相当な期間を経過すれば，催告の効力は生ずると解してよい（深沢＝園部・実務109〜110頁）。

債務者に連帯保証人がある場合には，割賦販売法5条1項の書面による催告の相手方は，購入者本人に限る趣旨と解されるから，連帯保証人に対して催告しても，購入者の期限の利益を失わせることはできないというべきである（垣内邦俊＝石田賢一「個品割賦販売業者の連帯保証人に対する請求」梶村太市ほか編『割賦販売法』〔全訂版〕233頁）。

(ロ) 購入者又は役務受領者（以下「購入者等」という）が賦払金の支払を怠った場合（契約解除（割賦6条1項）の場合を除く）において，割賦販売業者の購入者等に対する請求は，商品又は権利の割賦販売価格又は役務の割賦提供価格

に相当する額から既に支払われた賦払金の額を控除した額とこれに対する商事法定利率による遅延損害金（年6分，商514条）とを加算した額に制限される（割賦6条2項）。

以後，信用取引関係に関するものについて，以下の表を示す。

① 20日以上の相当な期間を定めた書面による催告	○（割賦5条1項）
② 契約の解除等に伴う損害賠償等の額（遅延損害金年6パーセント）の制限	○（割賦6条）

（○は適用あり）

(c) 債権者が主張すべき請求原因事実は，次のとおりである（深沢＝園部・実務111頁）。

① 債権者が割賦販売業者であること
② 指定商品・指定権利又は指定役務について，割賦販売契約をした事実，当該指定商品等を債務者に引き渡した事実
③ 割賦販売又は割賦販売提供価格，賦払金額及びその支払期，支払方法
④ 未払賦払金の催告の事実（期限の利益喪失の場合）又は最終支払期限の経過

①については，【書式306】の契約内容で明らかになる。②，③については，債権者と債務者の間の取引年月日や購入商品等，発生債権の総額，代金等の支払済みの額，残額等は，請求の原因1，2の記載で判明する。④については，請求の原因3の「支払を催促する書面が届いた日」の記載によって明らかであり，この記載によって期限の利益の喪失により，年6分の損害金の始期と催告の到達日との間に20日間以上の猶予期間があることがわかる。

平成20年改正後の割賦販売法（以下「新法」という）5条及び6条の規定は，この法律の施行後に締結した契約で，新指定商品若しくは新指定権利を販売し，又は新指定役務を提供するものについて適用される。この法律の施行前に締結された契約で，旧指定商品若しくは旧指定権利を販売し，又は旧指定役務を提供するものについては，平成20年改正前の割賦販売法（以下「旧法」という）が適用される（特定商取引に関する法律及び割賦販売法の一部を改正する法律5条4項・5項）。

新指定商品，新指定権利及び新指定役務とは，新法2条1項に規定する割賦販売の方法により販売され又は提供される，それぞれ同条5項に規定する指定商品，指定権利及び指定商品をいい，旧指定商品，旧指定権利及び旧指定役務とは，旧法2条1項に規定する割賦販売の方法により販売され又は提供される，それぞれ同条5項に規定する指定商品，指定権利及び指定商品をいう（特定商取引に関する法律及び割賦販売法の一部を改正する法律5条1項）。

(d) なお，次の取引については，割賦販売法の適用が除外される。①外国にある者に対する取引，②国又は地方公共団体が行う取引，③労働組合等の団体が構成員に対して行う取引，④事業者が従業員に対して行う取引，さらに割賦販売においては，⑤指定商品若しくは指定権利を販売する契約又は指定役務を提供する契約であって，営業のために若しくは営業として契約締結する取引（ただし，連鎖販売個人契約，業務取引誘引販売個人契約を除く），⑥無尽業法1条に規定する無尽（「一定の口数と給付金額とを定め定期に掛金を払込ましめ一口毎に抽籤，入札その他，類似の方法により掛金者に対し金銭以外の財産の給付を為す」）に該当する割賦販売の適用が除外される（割賦8条。日本司法書士会連合会編『ここがポイント！ 改正特商法・割販法』123頁）。

〔五十部　鋭利〕

第4節 支払督促申立書の記載事項 〔4〕請求の原因と記載事項 【書式306】

書式 306 「請求の原因」の記載例(24) —— 個別割賦販売代金請求型

請求の原因

1 (1) 契約の日　　平成〇〇年10月31日
　(2) 契約の内容　債務者は，債権者から購入した下記商品の代金を分割して支払う。
　　　　　　　　　（商品）着物
　(3) 連帯保証人　──

2

代金及び手数料	支払済みの額	残　　額
1,206,190円 （うち手数料 △△,△△△円）	804,190円 （最後に支払った日 〇〇.11.14）	402,000円

3 ─☑支払を催促する書面が届いた日（期限の利益喪失の場合）
　　　　　　　　　　　　　　　　平成〇〇年4月2日
　└□分割金の最終支払期限（平成　　年　　月　　日）の経過

〔注〕
1. 契約の日　請求を特定するのに必要な事実である。
2. 契約の内容　箇条書き形式にとらわれず，契約の当事者関係がわかるように割賦販売の内容を平易に記載する。これも，割賦販売代金残額を特定するのに必要な事実である。
3. 商品名　個別割賦販売は，単独の商品・権利又は役務を契約対象としており，その対象は契約の特定において重要な役割を果たしていると考えられるので，商品欄には具体的な商品・権利又は役務名を記載する。
4. 表には，発生債権の総額，支払済みの額及び残額を記載し，等式関係が成り立つようにして計算関係を明らかにする。また，支払済みの額の欄には「最後に支払った日」の項目を設け，本表の支払済みの額は，いつまでの支払分を意味しているのかを明示する。
5. 割賦販売契約では，債権者の請求金額は商品若しくは権利又は役務の対価に手数料を加算したものであるから，原則として手数料額も注記しておく。
6. 割賦販売法5条1項の関係で，期限の利益の喪失により請求する場合には，遅延損害金の始期と催告の到達日との間に20日以上の期間があることがわかるように，「支払を催促する書面が届いた日」として，その日を記載する。

期限の利益を喪失することなく，最終の弁済期の経過を待って，残債権全額を請求する場合も考えられるので，このような類型に対処するため，「分割金の最終支払期限（平成　年　月　日）の経過」という欄を設けている。この場合には，当然書面による催告は必要ではない。
7．割賦販売法の適用がなく，商事法定利率を超える損害金を請求する場合には，「契約の内容」の欄に「1回で支払う」等と記載して同法が適用されないことを明示する必要がある。

　しかし，割賦販売法6条2項が適用されない場合であっても，消費者契約法が適用されることがある。消費者（事業として又は事業のために契約の当事者となる場合を除く個人，消契2条1項）と事業者（消契2条2項）との間に締結される契約（＝消費者契約，消契2条3項）の場合には，消費者契約法が施行（平成13年4月1日）された日以降に締結された契約は，同法（附則）により，遅延損害金の利率は年14.6％の割合に制限される（消契9条2号）。

⑭ 包括割賦販売代金請求型

(a) 包括割賦販売とは、販売業者が顧客との間に会員契約その他の基本となる契約を締結したうえ、当該顧客に対してカード等を交付し、又は付与し、当該カード等の提示若しくは通知を受けて又はそれと引換えに、当該顧客に対し、指定商品や指定権利を販売し、又は指定役務を提供し、後日その対価について割賦払い（2ヵ月以上、かつ3回以上）を受けることをいう（割賦2条1項2号。右崎大輔『改正割賦販売法の要点解説Q&A』12〜13頁）。割賦販売法2条1項1号に定める類型の1つであり、平成20年法改正以前には、「総合割賦販売」と呼ばれていたものである。

カード等の交付等が包括割賦販売の要件であり、このカードは販売業者等自身が発行するもので、販売業者等でない信販会社が発行する包括購入割賦あっせんとは異なる形態である。この取引は、あらかじめ割賦販売業者と利用者との間で「会員契約」がなされており、購入又は提供の申込みがその証票等を提示する等によってなされる点に特徴があるだけで、その他は個別割賦販売と同様の手続によって契約が締結される。しかし、販売業者は個別割賦販売の場合のように、販売の都度個々に信用調査等を行う負担を免れることができる利点がある（垣内邦俊＝石田賢一「総合割賦販売業者からの請求」梶村ほか編・前掲239頁）。

(b) 契約解除等の制限及び損害賠償等の額の制限は、次のとおりである。

① 20日以上の相当な期間を定めた書面による催告	○（割賦5条1項）
② 契約解除等に伴う損害賠償等の額（遅延損害金年6パーセント）の制限	○（割賦6条）

（○は適用あり）

平成20年改正後と同改正前の割賦販売法における各条の適用及び指定商品等の意義については、前述⑳(b)の解説を参照。

(c) 債権者が主張すべき請求原因事実は、次のとおりである。
① 債権者が割賦販売業者であること
② 指定商品・指定権利又は指定役務について割賦販売契約（会員契約＝カード利用契約）を締結し、債務者にカード等を交付したこと

③　債務者が②のカード等を使用して，当該指定商品若しくは権利を購入し，若しくは指定役務の提供を受けたこと
④　割賦販売又は割賦販売提供価格及びその支払時期，支払方法
⑤　未払賦払金の催告の事実（期限の利益喪失の場合）又は最終支払期限の経過

　債権者が主張すべき請求原因事実は，基本的に⑳「個別割賦販売代金請求型」と同一であるが，この類型は，会員契約に基づき債務者にカードの交付等をしたことがその要件となるから，②の主張が必要となる。

〔五十部　鋭利〕

書式 307　「請求の原因」の記載例⑵5 —— 包括割賦販売代金請求型

請求の原因
1(1)　契約の日　　　平成○○年5月16日
　(2)　契約の内容　　債務者は，カードを利用して債権者から購入した商品の代金に手数料を加えた金額を1回払い又は分割払いで支払う。
　(3)　連帯保証人　　――

2

代金及び手数料	損害金	支払済みの金額	残　額
79,880円 （うち手数料461円） （明細は別表）	3,698円 （○○.3.3まで）	19,880円 （最後に支払った日 ○○.2.6）	63,698円 （内訳） 代　金　59,683円 手数料　　317円 損害金　3,698円

3　┌□支払を催促する書面が届いた日（期限の利益喪失の場合）
　　│　　　　　　　　　　　平成　　年　　月　　日
　　└☑分割金の最終支払期限（平成○○年5月7日）の経過

（別表）利用明細
〔1回払分〕

年月日	商　品	代　金
○○.11.29	石鹸・洗剤	19,881
○○.11.29	ビール・食品	9,096
○○.12.10	カメラ付属品	5,552
○○.12.17	食事	3,633
○○.12.28	シャツ	9,893
○○.12.28	紳士肌着	6,057
合　　計		54,112

〔分割払分〕

年月日	商　品	代　金	手数料
○○.12.17	乳幼児用品	10,872	173
○○.12.28	化粧品	14,435	288
合　　計		25,307	461

〔注〕
1. この類型は，取引が複数回にわたることから，契約の日には，基本契約を締結した日を記載する。
2. 「契約の内容」欄には，割賦販売契約の内容を平易に記載する。固有の名称が付されたカード利用の契約では，その名称を注記すると，債務者がどの契約により請求されているのかを判断するのに役立つ。
3. 本事例のように，確定損害金の請求をしている場合には，表に確定損害金の額を記載するとともに，債務者に請求の趣旨記載の損害金と重複しているのではないかとの誤解を与えないように，同欄にいつまでの損害金を計算したものかを注記する。
4. 利用状況については，明細を付し，取引年月日や商品名等を記載する。
　総合割賦販売契約は，当初から複数の取引が予想され，個品割賦販売ほどには個々の商品の持つ意味は大きくないが，支払督促の効力の範囲を明確にするために，取引年月日や商品名によって利用状況を特定する。
5. このほかに，割賦販売の方式には，リボルビング方式割賦販売と呼ばれるものがある。これは，販売業者が顧客に対してカード等を交付又は付与し，当該カード等の提示若しくは通知を受けて，又は当該カードと引換えに，当該顧客に対し，指定商品や指定権利を販売又は指定役務を提供し，当該顧客が「あらかじめ定められた時期ごとに」「当該利用者に販売した商品若しくは権利の代金又は当該利用者に提供する役務の対価の合計額を基礎として，あらかじめ定められた方法により算定して得た金額」を販売業者に支払うことをいう（割賦2条1項2号）。この方式には，①毎期の取引締切日における残代金額にかかわらず一定額を支払う定額式，②残代金額に一定率を乗じて算出した額を支払う定率式，③残代金額のランクに応じて支払額を定めておく定額スライド方式等が存在する（右崎・前掲13〜14頁）。
　このリボルビング方式割賦販売には，①20日以上の相当な期間を定めた書面による催告（割賦5条1項）の適用はあるが，②契約の解除等に伴う損害賠償等の額（年6分）の制限（割賦6条2項）は適用されない。

⑵ **立替金請求型①──個別信用購入あっせんの場合**
(a) 個別信用購入あっせんは、信販会社が主として行っているクレジット取引のことで、利用者（購入者又は役務受領者）が販売業者又は役務提供事業者に対して、個々の指定商品若しくは指定権利の購入又は指定役務の提供の申込みをすると、信販会社が紹介され、その信販会社は利用者の委託に基づき、商品若しくは権利又は役務の提供を受けた消費者に代わって販売業者又は役務提供事業者に対して商品若しくは権利又は役務の対価に相当する額を一括払い（立替払い）し、その後利用者はその立替金に一定の手数料を加算した金額を分割払いするという約束（立替払等契約）がなされるという取引形態である（割賦2条4項）。この場合、販売業者又は役務提供事業者と信販会社との間には加盟店契約が締結され、利用者と販売業者又は役務提供事業者との間には売買契約が成立する（深沢＝園部・実務120頁）。平成20年法改正前においては、「個品割賦購入あっせん」と呼ばれていたものである（旧割賦2条3項2号）。この法改正により、①割賦要件が変更され2ヵ月を超えた与信であれば、一括払いを含めて割賦販売法の適用があり（法改正前は「2ヵ月以上かつ3回以上払い」という適用要件があった）、②指定商品、指定役務制が廃止され、すべての商品・役務について割賦販売法が適用される（指定権利は残存している）（右崎・前掲30頁、日本司法書士会連合会編・前掲120頁）。

(b) 割賦販売法2条4項は、この個別信用購入あっせんを次のように規定（定義）している。

① 利用者は、取引にあたって、カード等を利用しないこと
② 特定の販売業者が行う購入者への商品若しくは指定権利の販売又は特定の役務提供事業者が行う役務の提供を受ける者への役務の提供を条件とすること
③ 信用購入あっせん業者は、その代金又は対価の全部又は一部に相当する金額を当該販売業者又は当該役務提供事業者に交付すること（当該販売業者又は当該役務提供事業者以外の者を通じた当該販売業者又は当該役務受領者への交付の場合を含む）
④ 信用購入あっせん業者は、当該購入者又は当該指定役務の提供を受ける者から2ヵ月を超えて当該金額を受領すること

(c) 契約解除等の制限及び損害賠償等の額の制限は，次のとおりである。

① 20日以上の相当な期間を定めた書面による催告	○（割賦35条の3の17第1項）
② 契約解除等に伴う損害賠償等の額（遅延損害金年6パーセント）の制限	○（割賦35条の3の18）

（○は適用あり）

　平成20年改正後の割賦販売法（以下「新法」という）35条の3の17及び35条の3の18の規定は，この法律の施行後に締結した契約で，個別信用購入あっせんに係る購入又は受領の方法により購入される商品若しくは指定権利の代金又は受領される役務の対価に相当する額の受領に係る契約（個別信用購入あっせん関係受領契約）に適用される。新法施行前に締結した契約で，同改正前の割賦販売法（以下「旧法」という）2条3項に規定する割賦購入あっせんに係る購入又は受領の方法により購入された旧指定商品若しくは旧指定権利の代金又は受領された旧指定役務については，旧法が適用される（割賦附則5条11項・12項）。

　①については，強行規定であり，これに反する特約は無効である（割賦35条の3の17第2項）。

　②については，期限の利益を喪失した場合だけではなく，各回の賦払金の支払を遅滞している場合にも適用され，この場合，信用購入あっせん業者は，支払期の到来している賦払金に対する約定損害金が賦払金残額に法定利率（年6分。信用購入あっせん業者が商人であるときは，商人の営業のための行為は，商法503条1項により商行為とされる）を乗じた額を超えるときは，その超過部分の請求はできない。したがって，信用購入あっせん業者が各回の賦払金について遅延損害金を請求する場合には，遅延損害金と割賦販売法35条の3の18に基づく法定の制限損害額をそれぞれ計算し，両者を比較して請求しうる金額を算出しなければならない。

　もっとも，信用購入あっせん業者は，従来から期限の利益喪失日又は最終割賦弁済期日の翌日以降の遅延損害金のみを請求し，それ以前に支払期の到来した各回の賦払金について生じた遅延損害金の請求をしないことが多い（山崎治「個品割賦購入あっせん業者からの訴状（立替払型）」梶村ほか編・前掲279〜280

(d) 債権者が主張すべき請求原因事実は，次のとおりである（深沢＝園部・実務234〜235頁）。

① 債権者が信用購入あっせん業者であること　信用購入あっせん業者には，契約の解除等の制限の方式に関し割賦販売法35条の3の17第1項，信用購入あっせん業者が行う信用購入あっせんには，同法35条の3の18が適用され，残額とこれに対する法定利率による遅延損害金の合計額を超える額の金銭の支払を購入者に請求することができないので，各条の適用要件として信用購入あっせん業者であることが必要であるが，個別信用購入あっせん業者であることまで記載する必要はない。また，【書式308】の「請求の原因」1(2)の記載により，債権者の業務内容が明らかであり，これで十分である。

② 個別信用購入あっせん業者と購入者（債務者）が立替払契約を締結したこと　立替払契約の内容は，前記(b)で述べたとおりである。

③ 立替払いの事実　立替払いの法的性質については，商品代金の弁済という準委任契約説が契約の実態に適合した素直な解釈と思われ妥当である。この立場では，信販会社の請求は，委任事務処理費用及び報酬の請求と解されるので，受任者は，原則として，委任事務を処理した後でなければ，報酬や費用の請求はできない（民648条・650条）。したがって，委任事務の履行，すなわち，販売店に対する商品代金の立替払いの事実が請求原因事実となる（最高裁民事局監修『消費者信用関係事件に関する執務資料（その二）』（民事裁判資料171号）（以下「執務資料（その二）」という）44頁）。

④ 購入者に対する賦払金支払催告の事実　購入者に対し，支払期未到来の賦払金の支払を求めるに際し期限の利益を喪失させるために，20日以上の相当な期間を定めた書面による催告が必要なことは，前述(c)で述べたとおりである。

最終期限到来後に遅滞に係る賦払金とこれに対する最終期限到来以後の遅延損害金を請求する場合は，催告の特約も，その特約に基づく催告の事実も請求原因として掲げる必要はない。

⑤ 債務者の既払額　割賦弁済が長期にわたるとき，購入者（債務者）は返済額を正確に把握していないことが多く，既払額を掲げることにより請

求金額を特定することは，債務者の理解を容易なものにすることができる。ただし，債務者の既払額のみが請求の原因の中に記載され，請求元本（手数料を含めた）に充当されている場合は，債権者の請求を特定する意味を持つが，遅延損害金に充当されている場合は，請求の特定にはならない。その場合は，既払額について弁済額について弁済ごとに，当該弁済額がいつの賦払金に，いつからいつまでの遅延損害金に充当したのか明示されていると，請求を特定することになり，この場合は，債務者の抗弁事実に対する先行自白になるとみることができる（山崎・前掲276～279頁）。

(e) なお，以下の場合には，個別信用購入あっせんに関する割賦販売法の規制は適用されない（割賦35条の3の60第2項各号）（右崎・前掲30～31頁）。

① 営業のために若しくは営業として締結する場合（同1号）
② 国外の者を対象とする場合（同2号）
③ 国又は地方公共団体が行う場合（同3号）
④ 一定の組合，連合会，公務員団体，労働組合等がその構成員に対して行う場合（同4号）
⑤ 事業者がその従業者に対して行う場合（同5号）
⑥ 不動産の販売に係る契約の場合（同6号）

(f) なお，平成20年法改正により，個別信用購入あっせんに関し，クーリング・オフ規定が設けられ，一定期間は，消費者を契約の拘束力から無条件に解放することにより消費者の保護が図られることになった。これにより，消費者は，一定の要件の下に個別クレジット契約を解除すると，販売契約も連動してクーリング・オフされることになった（割賦35の3の10第5項本文・35条の3の11第7項本文。小山綾子『図解でわかる改正割賦販売法の実務』142～143頁）。

〔五十部　鋭利〕

第4節 支払督促申立書の記載事項 〔4〕請求の原因と記載事項 【書式308】

書式 308 「請求の原因」の記載例(26)──立替金請求型①（個別信用購入あっせんの場合）

```
請求の原因
 1(1) 契約の日     平成〇〇年8月25日
  (2) 契約の内容   債権者は，債務者の下記の購入代金を立替払いする。
                債務者は，債権者に対し，立替払金に手数料を加え
                た金額を分割して支払う。
                ①　売主　　〇〇株式会社
                ②　商品　　△△
  (3) 連帯保証人　　──

 2  債権者が立替払いをした日　　平成〇〇年9月9日

 3
```

代金及び手数料	支払済みの額	残　額
210,000円	146,474円	63,526円
（うち手数料 73,636円）	（最後に支払った日 〇〇.7.13）	

```
 4 ─☑支払を催促する書面が届いた日（期限の利益喪失の場合）
   │                    平成〇〇年6月20日
   └□分割金の最終支払期限（平成　年　月　日）の経過
```

〔注〕
1. 契約の内容欄には，立替払契約であることを簡明に記載する。割賦購入あっせん契約のように販売業者又は役務提供事業者名を記載する。
2. 立替払いの事実については，立替払いの日を記載する。
3. 信販関係事件については，請求の原因の中に，期限の利益喪失による請求か，最終支払期限の経過による請求かを明らかにするために，記載例「請求の原因4」のように選択式の記載をしている。

⒇　立替金請求型②──包括信用購入あっせんの場合

(a)　包括信用購入あっせんとは，①信販会社がカード会員契約等を締結した利用者にカード等を交付又は付与し，②利用者が，そのカード等と引換えに，又はそれらを提示若しくは通知して，販売業者又は役務提供事業者から商品若しくは権利を購入し，又は役務の提供を受けると，③信販会社が，その商品又は権利の代金若しくは役務の対価の相当額を販売業者又は役務提供事業者に支払い，④その後利用者からその商品又は権利の代金若しくは役務の対価に相当する額を，②に係る契約を締結したときから2ヵ月を超えた期間にわたり，あらかじめ定められた時期に受領する取引形態である（割賦2条3項1号。右崎・前掲25～26頁）。カード発行会社が販売業者又は役務提供事業者と異なる点において，販売業者又は役務提供事業者自身がカードを発行する包括割賦販売（割賦2条1項2号）や総合ローン提携販売（割賦2条2項1号）と形態を異にする。

　この類型は，平成20年法改正前においては，「総合割賦購入あっせん」と呼ばれていたものである。この改正前においては，商品・権利・役務について指定制が採用されていたが，この改正により，商品・役務についての指定制が廃止された。また，これまで指定制が維持されていた書面交付義務，契約解除等に伴う損害賠償額等の額の制限，抗弁権の接続については，商品・役務について指定制が廃止された。また，「2ヵ月以上かつ3回以上払い」という割賦要件は，個別信用購入あっせんと同様に「2ヵ月を超える場合」と改められ，回数制限は撤廃された（日本司法書士連合会編・前掲118～119頁）。したがって，販売契約の対象が商品又は役務である場合には原則として割賦販売法の適用対象となり，権利については，政令で指定された権利に係る販売契約の場合に限り，割賦販売法が適用される（右崎・前掲28頁）。

(b)　契約解除等の制限及び損害賠償等の額の制限は，次のとおりである。

①　20日以上の相当な期間を定めた書面による催告	○（割賦30条の2の4第1項）
②　契約解除等に伴う損害賠償等の額（遅延損害金年6パーセント）の制限	○（割賦30条の3）

（○は適用あり）

平成20年改正後の割賦販売法（以下「新法」という）30条の2の4及び30条の3の規定は，この法律の施行後に締結した包括信用購入あっせん関係受領契約に適用される。新法施行前に締結した契約で，同改正前の割賦販売法（以下「旧法」という）2条3項に規定する割賦購入あっせんに係る購入又は受領の方法により購入された旧指定商品若しくは旧指定権利の代金又は受領された旧指定役務の対価に関するものについては，旧法が適用される（割賦附則5条11項・12項）。

(c) 債権者が主張すべき請求原因事実は，次のとおりである（山崎治「総合割賦購入あっせん業者からの訴状」梶村ほか編・前掲269〜272頁）。

① 債権者が信用購入あっせん業者であること　契約解除等の制限（割賦30条の2の4第1項），契約の解除等に伴う損害賠償等の額の制限（割賦30条の3）が適用されることを明らかにするために記載する。債権者は信用購入あっせん業者であることを記載すれば足り，包括信用購入あっせん業者であることまで表示する必要はない。

② 会員契約締結の事実

㈠　信用購入あっせん業者と利用者との間でカード会員契約（利用契約）等が締結され，これに基づいて，立替払いの合意，分割弁済（及び期限の利益喪失の合意）が成立すると考えられるから，会員契約締結事実を債権者は主張すべきである。

㈡　カードの交付等は，包括信用購入あっせんの第1の要件であり，かつ，個品信用購入あっせんとの区別を示す点である（執務資料（その二）68頁）。

平成20年法改正により，旧法の「証票その他の物」という文言は，「カードその他の物又は番号，記号その他の符号」（これを「カード等」という）という文言に改められた（割賦2条1項2号）。ここでいう「番号，記号その他の符号」とは，いわゆるID番号やパスワード等，電子的手段を用いて商品を購入する際に消費者に対して付与される与信資格を証する番号等を指す（小山・前掲22頁）から，これらが会員契約の内容となる。

③ 連帯保証契約締結の事実　カード会員契約等を締結するとき，その契約から発生する信販会社に対する会員の債務を連帯保証する場合に必要となる。

④　個々の取引契約締結の事実　包括信用購入あっせんにおいては，個々の取引ごとに支払条件が定められ，リボルビング方式に比べて各取引の個別性が強く，できるだけ個別の取引の内容（特に，支払回数や手数料額）を明らかにする必要がある。

⑤　立替払いの事実　カード会員契約において，信販会社が代金を立替払いするという法形式をとった場合は，会員の加盟店に対する個々の取引契約に基づく代金債務を立替払いした事実が請求原因事実となる。

⑥　支払期日の到来（催告の事実）　期限の利益を喪失した場合には，支払を催告する書面が債務者に到達してから20日以上を経過したこと，最終支払期限を経過した場合は，最終支払期限の日，及びその日が経過したことを記載したことを記載する必要がある。

⑦　債務者の既払額　これだけでは，弁済の抗弁に対する先行自白にはあたらない（執務資料（その二）70頁）が，割賦返済が長期にわたるとき，購入者は返済額を正確に把握していない場合が多く，既払額を掲げることにより請求金額を特定することは，購入者の理解を容易にすることができる。

(d)　次の場合には，包括信用購入あっせんに係る規制は適用されず，支払停止の抗弁の適用もない（割賦35条の3の60第1項各号）（右崎・前掲28〜29頁）。

① 　営業のために若しくは営業として締結する場合（1号）　ただし，連鎖販売個人契約又は業務提供取引個人契約に該当する場合は，支払停止の抗弁の適用がある。

② 　国外の者を対象とする場合（2号）

③ 　国又は地方公共団体が行う場合（3号）

④ 　一定の組合，連合会，公務員団体，労働組合等がその構成員に対して行う場合（4号）

⑤ 　事業者がその従業員に対して行う場合（5号）

⑥ 　不動産の販売に係る契約の場合（6号）

また，利用者がカード等利用から一定の期間経過後に立替金及び手数料を一括払いするマンスリークリアカードの場合は，平成20年法改正後も引き続き，割賦販売法の規制となっていない。

〔五十部　鋭利〕

書式309 「請求の原因」の記載例(27)──立替金請求型②(包括信用購入あっせん型①〔期限の利益喪失型〕)

請求の原因
1(1) 契約の日　　平成○○年3月12日
 (2) 契約の内容　債権者は、債務者がカード(○○○○カード)を利用して加盟店から購入した商品の代金を立替払いする。債務者は、債権者に対し、立替払金に手数料を加えた金額を分割して支払う。
 (3) 連帯保証人　──
2　債権者は別表記載の代金を立替払いした。
3

代金及び手数料	支払済みの額	残　額
769,370円	423,158円	346,212円
(うち手数料 106,120円)(明細は別表)	(最後に支払った日 ○○.7.27)	

4　☑支払を催促する書面が届いた日(期限の利益喪失の場合)
　　　　　　　　　　　　　　　　　平成○○年10月30日
　　□分割金の最終支払期限(平成　　年　　月　　日)の経過

(別表)

年月日	加盟店	商品	代　金	手数料
○○.6.19	○○○○ディスカウントショップ	ビデオ	300,600	48,060
○○.6.21	○○○○ショッパーズ	ゴルフ用品	362,650	58,060
合　　　計			663,250	106,120

〔注〕
1. 取引回数が多くなると、どの加盟店で買ったどの商品若しくは権利の代金又は役務の対価であるかの認識も困難となるから、利用明細において商品、権利又は役務名、加盟店名等を記載する。
2. 包括信用購入あっせん型においても、個別信用購入あっせん型と同様、立替払いの事実を示すが、日時をもって特定するほどの意味はないと思われるので、「債権者は別表記載の代金(対価)を立替払いした。」とのみ記載する。

書式 310 「請求の原因」の記載例(28)——立替金請求型②（購入あっせん型②〔商品の代金を1回で支払うものと分割して支払うものがある場合〕）

請求の原因
 1(1) 契 約 の 日 平成○○年4月1日
  (2) 契約の内容 債権者は，債務者日比谷一郎がカード（○○○○カード）を利用して加盟店から購入した商品の代金を立替払いする。債務者日比谷一郎は，債権者に対し，立替払金に手数料を加えた金額を1回払い又は分割払いで支払う。
  (3) 連帯保証人 債務者　千代田二郎

 2 債権者は別表記載の代金を立替払いした。

 3

代金及び手数料	支払済みの額	残　　額
769,370円	423,158円	346,212円
（うち手数料 　65,120円） （明細は別表）	（最後に支払った日 　○○.8.31）	（内訳） 1回払分 　312,650円 分割払分 　33,562円

 4 1回払いによる支払について
   最終支払期限（平成○○年7月30日）の経過
  分割払いによる支払について
   支払を催促する書面が届いた日（期限の利益喪失の場合）
            平成○○年11月5日

（別表）利用明細
 〔1回払分〕

年月日	加　盟　店	商　品	代　金
○○. 4.1	○○○○ディスカウント	釣　竿	50,000
○○. 5.21	○○○○ショップ	ゴルフ用品	262,650
合　　　計			312,650

第4節 支払督促申立書の記載事項 〔4〕請求の原因と記載事項 【書式310】

〔分割払分〕

年月日	加盟店	商品	代金	手数料
○○. 6.19	○○○○ディスカウントショップ	ビデオ	200,600	38,060
○○. 6.21	○○○○ショッパーズ	ゴルフ用品	191,000	27,060
合　　計			391,600	65,120

〔注〕
1. 本記載例は，同じ包括信用購入あっせん契約の中に，商品の代金を1回で支払うものと，分割して支払うものが混在している場合の記載例である。
　　割賦販売法は，商品若しくは権利の代金又は役務の対価に対する与信期間によって同法の適用の有無を区別しているので，同じ包括信用購入あっせん契約であっても，遅延損害金の利率や支払催告の方法が異なることがある。このような場合，請求の趣旨記載の金額と請求の原因の各記載との関係がより明確になるように，利用明細だけではなく，表の残額の「内訳」の欄も分けて記載する。
2. この記載例は，主たる債務者と連帯保証人の両者に請求している事例である。この場合には，連帯保証人の欄に「債務者○○○○」と記載する。
　　包括信用購入あっせんにおいて，主たる債務者（購入者）と連帯保証人がある場合には，割賦販売法30条の2の4第1項が同法5条の場合と同じ内容を規定していることから，書面による履行の催告は，購入者にしなければならず，連帯保証人に対して催告を行っても期限の利益喪失の効果を生じない（執務資料（その二）47頁）。

(27) **立替金請求型③ —— リボルビング式包括信用購入あっせんの場合**

(a) 包括信用購入あっせんのうち，リボルビング式による方法とは，以下の要件を満たす取引をいう（割賦2条3項2号）。①カード等を利用者に交付し又は付与すること，②当該利用者が，そのカード等を提示し若しくは通知して，又はそれと引換えに特定の販売業者から商品若しくは権利を購入し，又は特定の役務提供事業者から役務の提供を受けること，③包括信用購入あっせん業者が当該販売業者又は当該役務提供事業者に当該商品若しくは当該権利の代金又は当該役務の対価に相当する額の交付をすること（当該販売業者又は当該役務提供事業者以外の者を通じた当該販売業者又は当該役務提供事業者への交付の場合を含む），④包括信用購入あっせん業者が②に係る契約をしたときから2ヵ月を超えた期間にわたり，当該利用者からあらかじめ定められた時期ごとに当該商品若しくは当該権利の代金又は当該役務の対価の合計額を基礎としてあらかじめ算定して得た金額を受領すること，である（右崎・前掲26～27頁）。

平成20年法改正以前は「リボルビング式総合購入あっせん」と呼ばれ，クレジット代金の支払が2ヵ月以上，かつ，3回以上の分割払いの場合に限り，割賦販売法の適用があるとされてきたが，この改正により，㋑2ヵ月を超えた与信であれば，一括払いを含めて割賦販売法の適用を受ける（前記④の要件），㋺指定商品制，指定役務制が廃止された（これに対して，権利については，指定制がなお維持されており，政令で指定された権利に係る販売契約の場合に限り，割賦販売法が適用される）（右崎・前掲28頁）。

(b) リボルビング取引の法的性質については，①各取引契約から発生する債務の支払方法に関する合意であり，個々の債権債務関係は存続するという考え方（個別債権債務残存説），②一種の金融取引であり，各支払日（又は締切日）ごとに残債務額について一括して準消費貸借とする旨の合意がなされ，個々の債権はこの合意により消滅するという考え方（準消費貸借説），③証票交付時の契約を債権発生の根拠（基本契約）とし，個々のクレジット取引は，基本契約の履行として捉える考え方（無名契約説），の3通りの見解が考えられる。②説は，充当関係は簡明であるが，月ごとに準消費貸借の合意をしているとするのはあまりに擬制的すぎ，当事者の意思に沿わない。また，準消

費貸借とすると，個々のクレジット取引の不存在が購入者の主張立証すべき事実となり，合理的でない。③説は，リボルビング式クレジットを１個の基本契約とする点で簡明であるが，個々の取引について個性のあるものを，このように捉えることができるか疑問がある上，このように捉えても直ちに個々の具体的法律問題の結論が導き出せるか不明であるといえる。①説は，リボルビング式クレジットを，期限・支払方法について特別の合意が付加されたクレジット契約であると捉えるものであって，リボルビング式クレジットを割賦払いの一態様として捉えた場合，最も素直な考え方であり，当事者の意思に沿うものと思われる。したがって，①説の考え方が相当である（執務資料（その二）124～125頁），とする。

(c) リボルビング式包括信用購入あっせん取引には，以下の種類のものがある（廣瀬＝園部・書式149頁）。

① 定率リボルビング方式　　毎月の締切日における債務残高に約定による一定率の割合を乗じて算出された額の弁済金を支払う方式。

② 定額リボルビング方式　　毎月の締切日における債務残高にかかわらず，約定による一定額の弁済金を支払う方式。

③ 残高スライドリボルビング方式　　予め債務残高をいくつかのランクに分け，各ランクごとに一定の支払額を定めておき，毎月の締切日における債務残高に応じたランクに対応する額の弁済金を支払う方式。

(d) 契約解除等の制限及び損害賠償等の額の制限は，次のとおりである。

① 20日以上の相当な期間を定めた書面による催告	○（割賦30条の２の４第１項）
② 契約解除等に伴う損害賠償等の額（遅延損害金年６パーセント）の制限	×（ただし，消費者契約法９条２号の制限あり）

（○は適用あり。×は適用なし）

　平成20年改正後の割賦販売法（以下「新法」という）30条の２の４の規定は，この法律の施行後に締結した包括信用購入あっせん関係受領契約に適用される。新法施行前に締結した契約で，同改正前の割賦販売法（以下「旧法」という）２条３項に規定する割賦購入あっせんに係る購入又は受領の方法により購入された旧指定商品若しくは旧指定権利の代金又は受領された旧指定役務

については，旧法が適用される（割賦附則5条11項）。

　②についてみると，リボルビング式包括信用購入あっせんにおいては，遅延損害金の利率が年6パーセントに制限されることはない。ただし，消費者（事業として又は事業のために契約の当事者となる場合を除く個人（消契2条1項））と，事業者（法人その他の団体及び事業として又は事業のために契約の当事者となる場合における個人（消契2条2項）との間で締結される契約（＝消費者契約（消契2条3項））の場合は，消費者契約法が施行（平成13年4月1日以降）された後に締結された契約については，遅延損害金の利率が年14.6パーセントに制限に制限される（消契9条2号）。これは，リボルビング式の取引の場合は，個々の取引と弁済金との対応関係が希薄であり，リボルビング式の手数料が通常残債月利方式によっているからである（深沢＝園部・実務131頁，135頁）。

　(e)　債権者が主張すべき請求原因事実は，次のとおりである（山崎治「リボルビング方式利用業者からの訴状」梶村ほか編・前掲301～303頁）。

　①　債権者が信用購入あっせん業者であること　　契約の解除等の制限（割賦30条の2の4）が適用されることを明らかにするために記載する。

　②　会員契約締結の事実
　　　㋑　包括信用購入あっせんでは，包括信用購入あっせん業者との間で，会員契約を締結する。会員契約は，会員である利用者に対し，カード等を交付する場合と，与信資格を証明する番号，記号，その他の符号を付与する場合がある。
　　　㋺　包括信用購入あっせんでは，包括信用購入あっせん業者から販売業者等に利用代金が立替払いされる。
　　　㋩　割賦販売法30条の2の4と同じ内容の期限の利益喪失の特約があるときは，これを記載する。
　　　㋥　遅延損害金の特約があるときは，これを記載する。

　③　個々の利用契約締結の事実　　リボルビング方式の取引の法的性質を(b)で述べたように考えると，この場合も，個々の取引内容を，例えば，一覧表の形式で表示するのが原則であるが，その取引の個別性は稀薄であるので，「平成〇年〇月〇日から平成〇年〇月〇日」という包括的な記載も許されると解される。

④　催告の事実　　包括信用あっせん業者から割賦販売法30条の2の4の規定に基づく書面による催告の事実を記載する。

⑤　債務者の既払額

(f)　リボルビング式包括信用購入あっせんにおいて，包括信用購入あっせんに関する規制の適用が除外されるのは，(26)(d)の場合と同様である。

〔五十部　鋭利〕

書式 311　「請求の原因」の記載例⑵⑼ ── 立替金請求型③（残高スライドリボルビング方式の場合）

請求の原因
1(1)　契約の日　　平成〇〇年6月16日
　(2)　契約の内容　債権者は，債務者がカードを利用して加盟店から購入した商品の代金を立替払いする。債務者は，債権者に対し，立替金に手数料を加えた金額を1回払又はリボルビング払い（毎月の締切日の残高に対応して支払額が決まる方式：限度額100万円）で支払う。

　(3)　連帯保証人　　──
2　債権者は別表記載の代金を立替払いした。
3

代金及び手数料	支払済みの額	残　　額
581,885円	377,000円	204,885円
（うち手数料 59,825円）（明細は別表）	（最後に支払った日 〇〇.11.4）	（内訳） 代　金　191,487円 手数料　13,398円

4　┬─ ☑支払を催促する書面が届いた日（期限の利益喪失の場合）
　　│　　　　　　　　　　　　　　　　平成〇〇年5月20日
　　└─ □分割金の最終支払期限（平成　年　　月　　日）の経過

（別表）利用明細

年月日（期間）	代　金	手数料
〇〇. 7.11～〇〇. 8.10	173,800	―
〇〇. 9.11～〇〇.10.10	61,300	―
〇〇.12.11～〇〇. 1.10	53,640	―
〇〇. 4.11～〇〇. 5.10	4,600	―
〇〇. 8.11～〇〇. 9.10	94,200	―
〇〇.11.11～〇〇.12.10	31,700	―
〇〇.12.11～〇〇. 1.10	79,020	―
〇〇. 4.11～〇〇. 5.10	23,800	―
合　　　計	552,060	59,825

〔注〕
1. 前述のとおり，リボルビング方式の場合には，契約が長期にわたること，代金と個々の商品等の関連が稀薄であることからすると，本書式のように，期間と回数等により契約を特定することも許される場合がある（この場合，債務者から督促異議の申立てにより，特定の取引について争った場合には，さらに詳細な主張が必要となることが考えられる）。
2. リボルビング式包括信用購入あっせんでは，利用限度額（極度額）が契約の内容としてあり，実務上これを請求の原因中に記載する例もみられる。限度額（極度額）は，債務者の抗弁事由（債権者の請求がこれを上回っていると主張すること）とも考えられるが，これを記載することは，契約内容をより明確にする意味がある。

㉘　求償金請求型①——個別ローン提携販売の場合

(a)　平成20年法改正前の旧割賦販売法において，個品ローン提携販売とは，購入者又は役務受領者が販売業者・役務提供事業者の保証のもとに金融機関から金銭を借り受け，これを指定商品若しくは指定権利の購入代金又は指定役務の対価として一括して販売業者・役務提供事業者等に支払って指定商品若しくは指定権利を買い受け，又は指定役務の提供を受け，購入者又は役務受領者は金融機関にその借入金を分割して返済するという取引形態であると規定されていた（旧割賦2条2項1号）（深沢＝園部・実務18頁）。個品ローン提携販売は，購入者に対し証票等を交付することなく，商品等を販売したり役務の提供を行う。商品の販売ならその都度，現金販売価格，借入金及びその利息，保証料その他の手数料並びに返還期間と回数等が定められる（垣内邦俊＝石田賢一「個品ローン提携販売業者からの訴状」梶村ほか編・前掲248頁）。借入金の返済が2月以上の期間にわたり，かつ，3回以上の分割によること及び指定商品若しくは指定権利の購入代金又は指定役務の提供に係ることがその要件とされていた（旧割賦2条2項1号）。

(b)　平成20年法改正において，この規定は，割賦販売法のローン提携販売の定義規定から削除された。①個別式のローン提携販売は，ローン提供業者と販売業者との間に保証があるという点を除いては，個別信用購入あっせんと同じ形態の取引であり，②従来からある抗弁権の接続（旧割賦29条の4第2項・30条の4第1項）以外に特段の規定がなく，実質は個別信用購入あっせんでありながら，これをローン提携販売とするならば，保証契約を形式的に締結し，個別式のローン提携販売の外形を作出することによって，今回の法改正に係る個別信用購入あっせんに対する規制を潜脱することになる（小山・前掲23頁）等の理由から，この取引形態を個別信用購入あっせん（割賦2条4項）の定義の中に含めることとした（同項では，条文中に，「当該販売業者又は当該役務提供事業者以外の者を通じた当該販売業者又は当該役務提供事業者の交付を含む。」という文言を加えた）。したがって，平成20年の法改正による個別信用購入あっせんに係る一連の規定が適用される。そして，①購入者等がカードを利用していないこと，②商品又は指定権利の代金，役務の対価を特定の販売業者等に交付したこと，③借入金の支払が2ヵ月を超えて行われることがその

要件となる。また，①特定商取引5類型（通信販売を除く，㋑訪問販売，㋺電話勧誘販売，㋩連鎖販売取引，㋥特定商取引，㋭特定継続的役務提供等契約及び業務提供誘引販売取引）に係る与信契約を締結する場合の個別信用購入あっせん業者に対する一定の調査義務（割賦35条の3の5），②①の調査の結果，販売業者の販売行為に割賦販売法35条の7各号所定の事由があるときの与信を行うことの禁止，③①の取引の販売契約に際して，販売業者の不実告知等が行われた場合の購入者等の取消権の創設（割賦35条の3の13ないし16）等の規制が課されることになる（右崎・前掲5～6頁）。ただし，これらの規定は，平成20年法改正施行前にされた申込等で，個別信用購入あっせん関係販売契約等に相当する契約等に係るものについては適用されない（割賦附則25条）。

　(c)　契約の解除等の制限及び損害賠償等の額の制限は，次のとおりである。

①　20日以上の相当な期間を定めた書面による催告	○（割賦35条の3の17第1項）
②　契約解除等に伴う損害賠償等の額（遅延損害金年6パーセント）の制限	○（割賦35条の3の18）

（○は適用あり）

　(d)　債権者が主張すべき請求原因事実は，次のとおりである（岡口・マニュアル下421～422頁）。
　①　債務者と金融機関の間で消費貸借契約の成立
　②　①につき，割賦払い（及び期限の利益喪失）の約定
　③　債権者が債務者から保証の委託を受けたこと
　④　③に基づき，①の債務につき，債権者と①の金融機関との間で（書面等による）保証契約が成立したこと
　⑤　支払期日の経過
　⑥　債権者が④の保証債務を弁済したこと
　⑦　債権者が商人であること（附帯請求につき年6分の請求をする場合）
　②について，分割払いの最終の期限が到来している場合，期限の利益喪失約款の主張は不要である。
　④について，民法446条は，平成17年4月1日以降に成立した保証契約は，書面又は電磁的記録によることを要求している（同条2項・3項，改正法附則3

条）(以下「書面等による契約」という)。主たる債務が商行為によって生じたとき，又は，保証が商行為によって生じたときは，商法511条2項の規定により，その保証は連帯保証となる。

　⑤について，債務者が不払いであった賦払金の支払期日の経過の主張である。

　⑦について，これは，年6分の附帯請求をする場合に必要となるが，支払督促申立書の当事者目録の記載又は請求の趣旨から明らかであるときは，本来この主張は不要である。実務でも，これを請求の原因中に記載することは省略している。

　(e)　割賦販売法35条の3の60第2項の適用除外については，本文(25)(e)と同様である。

〔五十部　鋭利〕

書式312　「請求の原因」の記載例(30)――求償金請求型①（個別ローン提携販売の場合）

請求の原因
1(1)　契約の日　　平成○○年9月27日
 (2)　契約の内容　債務者は下記のとおり債権者から商品を購入する資金として貸主から金銭を借り入れ，これを貸主に分割して支払う。この支払について債務者は債権者に連帯保証を委託し，債権者は上記同日貸主との間で連帯保証契約を締結した（書面による契約）。
　　① 貸　　　　主　株式会社○○○銀行
　　② 買主（借主）　債務者
　　③ 商　　　　品　地上デジタルテレビ
　　　　　　　　　　（○○○○社製△△△）1台
　　④ 販売取扱店　株式会社○○○電器
　　⑤ 貸付金の利息　利率　年10.9％
　　　　　　　　　　（アドオン方式　年6％）
　　　　貸付金の遅延損害金　利率　年14.6％
 (3)　債権者に対する支払（求償債務）についての連帯保証人　――
 (4)

貸付金	利息・損害金の合計額	支払済みの額	残額
137,000円	8,220円	133,120円	12,100円

 (5)　分割金の支払を怠った日（期限の利益喪失）
　　　　　　　　平成○○年10月7日

2　債権者による保証債務の履行
 (1)　最後に支払った日　　平成○○年10月31日
 (2)　支払総額　　金12,100円（上記1(4)の残額）

〔注〕
1．請求の原因の1(1)の契約の日は，債権者と債務者との間の保証委託契約の日を記載する。この記載と次の1の(2)の契約の内容の記載によって，保証委託契約による求償権の存在が明らかになる。
2．この取引は，商品若しくは指定権利の購入代金又は役務の対価の消費貸借関係と，これについての連帯保証とに分析できる。したがって，契約の内容（商品若しくは権利の購入又は役務の対価の資金），貸主及び購入者又は役務受領者（借主）を記載す

る。実際の販売又は提供取扱店と契約上の売主又は提供者が異なっている場合もあるので，そのような場合には，本記載例のように販売又は提供取扱店も記載する。
3．貸付金については，利息制限法の適用があるので，利率は実質年利を記載する。貸付利息が利息制限法所定の利率を超えている場合には，債務を履行した保証人が債務者に対して求償する場合にも，利息制限法の制限超過部分についての請求は認められないとされている（最判昭43・10・29民集22巻10号2257頁）ので，その場合には，利息制限法に基づいて再計算した旨を記載し，その計算書を添付する。
4．本記載例は，連帯保証人がない事案であるが，事例によっては，同一人が借入債務自体と求償債務の両方の連帯保証人となっていることがある。そこで，求償債務についての保証に基づき請求する旨を明確にするために，連帯保証人の欄には，「債権者に対する支払（求償債務）についての連帯保証人」として，その氏名を記載する。
5．表には，貸付金額と利息・損害金の合計額，支払済みの金額を記載し，その残額を明らかにし，請求の趣旨欄記載の金額と合致するようにする。
　本記載例は，債務者が保証債務を履行した保証人から事後求償を受けた場合のものであるから，貸付金についての支払済みの額の欄には「最後に支払った日」を記載する必要はない。
　表中の残額欄にその内訳を記載していないのは，本記載の債権が貸金債権から直接発生するのではなく，保証債務の履行により発生するものであり，債権者に貸付元金と利息とを区別させ，充当関係を明示するのは通常困難だからである。
6．「債権者による保証債務の履行」の欄は，本契約における請求権発生のための基本的な根拠となるもので，保証債務を履行した日（支払った日，保証債務の履行が数度に分けられて行われた場合には，最後に支払った日を記載する）及び支払った額を記載する。
　支払先は，当然貸主であるから記載する必要はない。
7．事例によっては，債権者が貸主に保証債務を履行した後に，債務者が債権者に求償金額の一部を支払うことがある。この場合には，貸付金と同様の表を作成し，その支払額を記載する。この債権者に対する支払については，いつまでの支払が考慮されているかを明示する必要があるので，最後に支払った日を記載する。

⑵⑼　求償金請求型②——総合ローン提携販売の場合

(a)　ローン提携販売とは，顧客が，①販売業者の保証を得て，金融機関から金銭の借入れを行い，②これを販売契約の対価の支払に充てて，商品や権利の購入，役務の提供を受け，③金融機関に対し，借入金を2ヵ月以上の期間にわたり，かつ，3回以上に分割して返還するものをいう。

包括ローン提携販売とは，そのローン提携販売のうち，販売業者がカード等を利用者（カード等により商品若しくは権利を購入しようとする者又は役務の提供を受けようとする者をいう）に交付又は付与し，当該利用者がそのカード等を提示し若しくは通知して，又はそれと引換えに，当該利用者に対し，指定商品や指定権利を販売し，又は指定役務の提供をすることをいう（割賦2条2項1号）。

この取引形態においては，①顧客と販売業者等の間で会員契約と売買契約が，②消費者と金融機関との間に金銭消費貸借契約が，③金融機関と販売業者等との間に保証契約がそれぞれ締結される（右崎・前掲20～21頁）。

(b)　ローン提携販売の場合は，購入者等は，金融機関から金銭を借り入れて即時代金を支払うのであるから，販売業者等には代金債権担保のために商品の所有権を留保したり，権利の移転時期を特約する必要はない（役務取引については，所有権留保の概念は該当しない）。割賦販売における所有権留保の推定規定（割賦7条）と同旨の規定又はこれを準用する規定は，ローン提携販売においてはおかれていない（もっとも，実務上多くの場合には，購入者等に対し，目的物についての譲渡・質入れ・賃貸等の処分を禁じ，これに違反すれば，販売業者等に契約の解除を発生させたり，残代金全額について期限の利益を喪失させる旨の特約が付されている）。

しかし，ローン提携販売においては，購入者等が金融機関に対する貸金の弁済を怠ると，販売業者等は金融機関に対し保証債務を履行せざるを得ない。この結果，販売業者等が購入者等に対して求償権を行使する関係は，通常の売買契約において売主が買主に対して代金請求をするのと実質的には同じであるから，販売業者等としては，求償債権の担保のために，割賦販売の場合と同様に，商品の場合の所有権留保をする必要がある（垣内邦俊＝石田賢一「総合ローン提携販売業者からの事前求償」梶村ほか編・前掲254頁）。

(c) 契約解除等の制限及び損害賠償等の額の制限は，次のとおりである。

① 20日以上の相当な期間を定めた書面による催告	×
② 契約の解除等に伴う損害賠償等の額（遅延損害金年6パーセント）の制限	○（割賦6条の類推適用あり）

（○は適用あり。×は適用なし）

　ローン提携販売においては，割賦販売における契約解除等の制限の規定や契約の解除等に伴う損害賠償等の額の制限に関する規定が存在しないため，平成20年法改正前においても，次のような議論がされていた。

　①については，㋑購入者等の金融機関に対する金銭消費貸借契約に基づく賦払金債務の履行が遅滞した場合に期限の利益を喪失させる場合，また，㋺販売業者等が金融機関に代位弁済をして購入者等に求償する場合，それぞれ割賦販売法5条1項に基づく（20日以上の相当期間を定めた支払）催告が必要かについては，第1説は，㋑，㋺いずれにも適用がある，第2説は，㋑，㋺いずれにも適用がない，第3説は，㋑についてのみ類推適用がされる，第4説は，㋺についてのみ類推適用がされる，とする。第3説は，金融機関と購入者等の金銭消費貸借関係に，割賦販売法5条1項の類推適用を認めることは，割賦販売法に消費者信用取引全体を包括的に規制する効力を与えて，金融機関の業務を直接規制することになる。しかし，割賦販売法は，経済産業省所管の販売信用を規制する法律であって，銀行・買主・売主の法律関係を規制するものではないため，経済産業省としては，旧通商産業省以来，同法5条1項の類推適用を否定する見解をとっている（西村博一「ローン提携販売業者の未払弁済金の全額請求」梶村ほか編・前掲361頁が，竹内昭夫著『改正割賦販売法』123頁を引用）。つまり，金融機関の貸付けに関しては，銀行法・利息制限法・貸金業法等の規制をすれば足りるという考えに立脚している。第4説は，購入者等が金融機関に割賦返済しないときに，当該金融機関の請求に応じて，保証債務を履行した販売業者等が購入者等に対して求償する場合，これは購入者等と販売業者等の関係に還元されるから，販売業者等は20日以上の相当の期間を定めて催告したうえでなければ，期限の利益を喪失させることはできないと考える（西村・前掲362頁が，竹内・前掲136頁を引用）。後述するように，

判例（最判昭51・11・4民集30巻10号915頁）が，自動車の販売業者がローン提携販売における指定商品購入者の債務を代位弁済した後の求償債務の遅延損害金に関して，割賦販売法6条（昭和59年法律第49号による改正前のものをいう。契約が解除された場合の遅延損害金の利率は商事法定利率6分による旨の規定）を類推適用すべきであるとしたことから，この判例とパラレルに考えれば，割賦販売法5条1項も当然類推適用されるべきであるとする。しかし，その後の法改正においても，同条の改正はされなかったこともあり，立法担当者も割賦販売法5条1項の適用には否定的であり，実務の大勢は，類推適用がないものとして運用されている（西村・前掲361～362頁，垣内邦俊＝石田賢一「個品ローン提携販売業者からの事後求償」梶村ほか編・前掲250頁）。

　保証人は，主たる債務の履行期が到来した場合に，これを履行する義務を負い（民446条1項），保証人が当該債務を履行した以上，債務者が保証人に対して負う求償債務も直ちに履行しなければならないのだから，割賦販売法に基づく制限を受け得ないものと解され，第2説が妥当である（西村・前掲362頁）。

　②については，ローン提携販売において，㋑販売業者と購入者等との関係，及び㋺金融機関と購入者等の関係で，割賦販売法6条を類推適用することができるか，という問題がある。

　㋑についてみると，前掲判例（最判昭51・11・4民集30巻10号915頁）は，「割賦販売法2条のローン提携販売において，買主が代金支払のための売主の保証のもとに金融機関から割賦払いの約で借り受けた金員を代位弁済した売主に対する求償債務の支払を遅滞し，売主が留保所有権を行使して商品を取り戻した場合において，買主が右求償債務を一時に支払うべきときは，右求償債務に対する遅延損害金について同法6条が類推適用される。」とした（この判例は，昭和59年法律第49号による改正前のものであり，旧割賦販売法6条が契約解除の場合のみ規定していたため，「解除された場合と同視し得る」という限定をした上で類推適用されたが，この改正により，6条2項が新設され，期限の利益喪失の場合についても，損害賠償等の額の制限がされるようになった）。立法担当者も，この判例の見解を前提にして，ローン提携販売について制限規定を設けなかったものであり，改正後もこの法理は生きているというべきである（執務資料（その二）93

頁)。

　また，実質的に考えても，ローン提携販売の場合には，販売業者等が購入者等に求償権を行使する場合，金融機関に対する支払を怠った購入者等は，販売業者等に対してその代位弁済額（ⓐ金融機関からの借入れである商品代金や役務の対価相当額と，ⓑその利息，ⓒ販売業者等の保証委託手数料の合計額）のほか，さらに遅延損害金を支払うことになるのであるから，ローン提携販売の際，既に多額の保証手数料を得て，割賦販売を行ったと同様の利得をしている販売業者等に対する求償金の遅延損害金の利率が解釈上年6分の制限を受けるのは，割賦販売の場合に販売業者等が多額の手数料をとった上，さらに高率の遅延損害金を請求することは，消費者保護に欠けるとされて旧割賦販売法6条の制限がなされた趣旨からして，やむを得ないというべきである。

　また，ⓓ金融機関が購入者等に対し貸金請求をする場合の法律関係については，利息制限法によって元本を基準として利息・損害金の利率の上限が定められるから，この点では，手数料額を制限していない割賦販売法以上の強い規制がなされている。また，金融機関は，購入者が貸金債務の履行を怠ったときは直ちに販売業者等に保証債務の履行を求めるのが通例であり，結局，販売業者と購入者の関係に集約される。したがって，理論的にも，実際的にも，販売業者等と購入者等の間について，割賦販売法6条の類推適用を図れば十分であるといえる（垣内＝石田・前掲249～250頁，執務資料（その二）93～94頁）。

　以上のとおり，ローン提携販売における求償債務の遅延損害金の利率については，割賦販売法6条が類推適用され，年6分の商事法定利率によることになる。

　(d)　債権者が主張すべき請求原因事実は，次のとおりである。

①　債務者と債権者（販売業者等）との間でカード会員契約が締結されたこと

②　債務者と金融機関の間で消費貸借契約が成立したこと

③　②につき，割賦払い（及び期限の利益喪失）の約定

④　債権者が債務者から保証の委託を受けたこと

⑤　④に基づき，②の債務につき，債権者と②の金融機関との間で保証契約が成立したこと（書面等による契約）

⑥　支払期日の経過
⑦　債権者が⑤の保証債務の弁済をしたこと
⑧　債権者が商人であること（附帯請求につき年6分の請求をする場合）

　③について，分割払いの最終の期限が到来している場合，期限の利益喪失約款の主張は不要である。

　⑤について，平成17年4月1日以降に締結された保証契約は，書面等による契約が必要である（民446条2項・3項，改正法附則3条）ことは，前述のとおりである。

　⑥について，債務者が不払いであった賦払金の支払期日の経過の主張である。

　⑧について，これが，年6分の附帯請求をする場合に必要となるが，支払督促申立書の当事者目録の記載から明らかであり，本来この主張が不要であり，実務でも，これを請求の原因中に記載するのを省略していることは，前述のとおりである。

　(e)　ローン提携販売については，信用購入あっせんにみられるようなトラブルの実態はないことから，平成20年法改正においても，商品，役務，権利のいずれについても，従来の指定制が維持された（右崎・前掲28頁，小山・前掲24頁）。

　なお，割賦販売法の適用除外については，本文(23)(d)で述べたところと同様である（割賦29条の4・8条）。

〔五十部　鋭利〕

書式 313 「請求の原因」の記載例(31)——求償金請求型②(総合ローン提携販売の場合)

請求の原因
1(1) 契約の日　　平成○○年9月27日
 (2) 契約の内容　債務者は，下記のとおり債権者とカード会員契約を締結した。債務者は，債権者の本支店・営業所において，同カードを提示して限度額の範囲内で物品を購入し，又はサービスを受けることができる。
 　　　　　　　　貸主は，債務者の同カード利用による購入代金について，所定の条件で債務者に貸し付ける。債務者は，借入金を貸主に分割して支払う。この支払について債務者は債権者に連帯保証を委託し，債権者は，前記同日貸主に対する債務者の下記債務につき連帯保証をした（書面による契約）。
 　　① 貸　主　○○生命保険相互会社
 　　② 借　主　債務者
 　　③ 契約名　○○○カードローン
 　　④ 限度額　500,000円
 　　⑤ 利　息　利率　年10.9％
 　　　　　　　（アドオン方式年6％）
 　　　　　　　遅延損害金　利率　年14.6％
 (3) 債権者に対する支払（求償債務）についての連帯保証人　──
2 債務者は，別表のとおりカードを利用して商品を購入し，貸主は，債務者に対し，その代金相当額を貸し付けた。
 (1)

貸付金合計額	利息・損害金の合計額	支払済みの額	残　額
137,000円	8,220円	133,120円	12,100円

 (2) 分割金の支払を怠った日（期限の利益喪失）
 　　　　　　　　平成○○年10月7日
3 債権者による保証債務の履行
 (1) 支払った日　平成○○年10月31日
 (2) 支払総額　　金12,100円（前記2(1)の残額）

購入(貸付)年月日	商　品　名	購入(貸付)額	手数料	合　　計	支払回収
○○．○○．○○	○○○○○○	○○,○○○円	○,○○○円	○○,○○○円	○回
△△．△△．△△	△△△△△△	△△,△△△円	△,△△△円	△△,△△△円	○回
合　　　計　　137,000円					

〔注〕
1．総合ローン提携販売の場合には，前述のとおり，取引当事者間で「会員契約」が締結されているので，これを「契約名」として記載する。
2．アドオン方式とは，当初の「借入元金」に「アドオン利率」と「期間」とを乗じ，全信用供与期間に対する「利息額」を算出し，次に，計算された「利息額」と「元本」とを加算し，その合計額を支払回数で除し，１回当たりの均等な支払額を計算する方法である（換言すると，「元金と利息の合計額の均等額返済を前提とした貸出し」であるといえる）。その特徴は，①元金の減少を完済まで０とし，②元金×アドオン利率＝利息とし，③（元金額＋利息額）÷支払回数＝１回ごとの支払額（ただし，端数が出た場合は，初回の分割払いの際に支払う）という算出方法による（梶村＝石田編・前掲233～234頁）。しかし，「アドオン利率」は，均等な支払額を算出するためのものにすぎず，これに基づいて算出された「利息額」も真の意味における利息，すなわち，元本の利用としての利息額を示すものではない。したがって，アドオン方式においても，貸金業法施行規則11条３項に定める方法により算出された実質利率が，利息制限法の制限利率を超える場合には，残元本に同法所定の制限利率及び弁済日までの日数を乗じた額を算出し，これを控除した残額は元本に充当される。次回までの弁済額の充当計算は，この元本充当後の残元本額を基礎にして同様に行う。なお，実質年率が利息制限法所定利率以下の場合は，実質利率を基礎として充当計算を行うことになる。

(30) 求償金請求型③——委託保証ローン提携販売の場合

(a) 委託保証ローン提携販売とは，ローン提携販売のうち，販売業者又は役務提供事業者（以下「販売業者等」という）が購入者又は役務の提供を受ける者（以下「購入者等」という）から保証委託を受けるにもかかわらず自らは保証をせず，これを保証会社（通常は信販会社）に委託し，保証会社が金融機関に対して購入者等の借入金債務の保証をする四者型の取引形態をいう（割賦2条2項1号・2号括弧書）。

したがって，ここでは，①購入者等と販売業者等の間に売買契約と会員契約（カードの発行等）が，②購入者等と金融機関との間に金銭消費貸借契約が，③販売会社等と保証会社との間に保証委託契約が，④金融機関と保証会社との間に保証契約が，それぞれ締結されることになる（右崎・前掲21頁）。購入者等が金融機関に対する借入金債務の履行を怠れば，まず保証会社が金融機関に対する保証債務を履行し，次いで保証会社は，販売業者等の保証委託に基づいて販売業者等に対して求償する。そして，販売業者等が，購入者等の保証委託に基づいて購入者等に求償することによって最終的な債権回収を図るのが，委託保証ローン提携販売の本来の構造であり，手続の流れである。このような取引形態のもとにおいては，金融機関と販売業者等間の保証関係，購入者等と保証会社間の保証委託関係はない（垣内邦俊＝石田賢一「委託保証ローン提携販売業者等からの事後求償」梶村ほか編・前掲259～260頁）。

(b) 契約解除等の制限及び損害賠償等の額の制限は，次のとおりである。

① 20日以上の相当な期間を定めた書面による催告	×
② 契約の解除等に伴う損害賠償等の額（遅延損害金年6パーセント）の制限	○（割賦6条の類推適用あり）

（○は適用あり。×は適用なし）

委託保証ローン提携販売においては，前記(a)のとおり，購入者等が負担する債務として，㋑金融機関に対する借入金債務，及び㋺保証会社（信販会社）に対する求償債務がある。販売業者等は，購入者等の借入金債務の保証をしていないので，購入者等は販売業者等に対する求償債務を負担しない。この㋺の法律関係についてみると，割賦販売法5条については特別な制約を必要

としないが，同法6条については，販売業者等は実質的には手数料等を含んだ販売代金の請求をする者であり，保証会社は購入者等から一定の保証手数料を得ることにより，すでに割賦販売業者と同様の利得をしているといえるから，割賦販売法6条の遅延損害金の上限が年6分の制約を受けるのはやむを得ない。実務もそのように運用されている（ちなみに，④については，金銭消費貸借の関係であり，割賦販売法5条について特別な制約を必要としないし，同法6条については利息制限法の規制によれば足りるから，いずれも準用されないと解すべきであろう）（垣内＝石田・前掲259～260頁）。

(c) 保証会社は，購入者等から保証委託を受けてはいないが，保証人は，保証債務の弁済につき正当の利益を有する者であるから，金融機関に対する弁済により，その承認を要することなく，当然に金融機関に代位する（法定代位，民500条）。また，保証会社は購入者等の委託を受けない保証人の保証債務の弁済をすると，購入者等に対して求償権を有する（民462条1項）。つまり，保証会社は購入者等に対して金融機関から移転した貸金返還請求権を行使することもできるし，自ら保証人として取得した求償権を行使することもできる（垣内＝石田・前掲265～266頁）。ここでは，後者の場合について検討する。

債権者が主張すべき請求原因事実は，次のとおりである。

① 販売業者等と債務者（購入者等）との間で会員契約及び売買契約が成立したこと
② 債務者と金融機関の間で消費貸借契約が成立したこと
③ ②につき，割賦払い（及び期限の利益喪失）の約定　分割払いの最終支払期限が到来している場合，期限の利益喪失約款の主張は不要であることは，前述のとおりである。
④ 販売業者等が，債務者から保証の委託を受け，債権者（保証会社）に対しその保証委託をし，債権者と販売業者等との間で保証委託契約が成立したこと
⑤ ④に基づき，②の債務につき，債権者と②の金融機関との間で保証契約が成立したこと（書面等による契約）　平成17年4月1日以降に成立した保証契約は，書面等によらなければその効力を生じない（民446条2項・3項，改正法附則3条）。

⑥ 支払期日の経過　債務者が②の債務につき不払いであった賦払金の支払期日の経過の主張である。

⑦ 債権者が②の金融機関に保証債務の履行（代位弁済）をしたこと

⑧ 債権者が商人であること　これは，年6分の附帯請求をする場合に必要となるが，支払督促申立書の当事者目録の記載から明らかであり，本来この主張は不要である。実務でも，これを請求の原因中に記載を省略していることは，前述のとおりである。

〔五十部　鋭利〕

書式 314 「請求の原因」の記載例(32)——求償金請求型③（委託保証ローン提携販売の場合）

請求の原因
1 (1) 契約の日　平成○○年12月17日
　(2) 契約の内容　債務者は，下記のとおり，○○○自動車株式会社（以下「販売会社」という。）との○○○○カード会員契約に基づき，販売会社から自動車（ワゴン）を購入するための資金として，平成○○年12月17日，貸主から金銭を借り入れ，これを貸主に分割して支払う。
　　　① 貸　　　主　株式会社○○○銀行
　　　　　　　　　　（以下「金融機関」という。）
　　　② 借　　　主　債務者
　　　③ 借受金額　1,000,000円
　　　④ 利　　　息　年10.9％
　　　⑤ 損害金　年14.6％
2 (1) 販売会社は，債務者から前項の債務の保証委託を受け，債権者に対しその保証を委託し，債権者は同日金融機関に対し前項の債務につき連帯保証した（書面による契約）。
　(2) 債権者が保証債務を履行したときは，債務者はその求償に応じ，債務者は債権者に対し，その金額を弁済する。
　(3) 債権者に対する支払（求償債務）についての連帯保証人　——
　(4)

借受金残金	利息及び損害金の合計額	支払済みの額	残　額
527,700円	98,412円	81,900円	544,212円

　(5) 分割金の支払を怠った日（期限の利益喪失）
　　　　　　平成○○年1月31日
3 　債権者の金融機関に対する保証債務の履行
　(1) 代位弁済をした日　平成○○年4月1日
　(2) 支払総額　544,212円（上記2(4)の残額）

〔注〕
1．販売業者等は，債務者から金融機関に対する借入金債務について保証委託を受けたが，保証会社にさらに保証委託をして，自らは保証をしていない。このように，金融機関に対し保証債務を負担していない債権者は，債務者からの最終的な債権回収義務者として事実上の利害関係を有するにすぎないから，判例（最判昭39・4・21民集18

巻4号565頁）にいう「利害の関係」を有する者，すなわち「弁済をすることに法律上の利害関係を有する第三者」に該当せず，民法474条2項にいう「利害関係を有しない第三者」である。しかし，債権者は，債務者の意思に反することがなければ弁済をすることができる（民474条2項）（垣内＝石田・前掲263頁）。判例は，第三者の弁済が債務者の意思に反していたかどうかについては，意思に反したことを主張する者に立証責任があるとする（大判大9・1・26民録26輯19頁）。

2．この取引と名称及び法形式の似た取引として，保証委託型クレジットがある。両者の違いは，保証委託関係にある。すなわち，保証委託型クレジットにおいては，購入者等が信販会社に保証を委託するのであり，購入者等が金融機関に対する弁済を怠った場合，最終的な債権回収は，保証委託を履行した信販会社から購入者等に対する求償の形で行われる（執務資料（その二）116頁）。この点については，後記(31)を参照。

(31) 求償金・委託保証料請求型 —— 保証委託型クレジットの場合
(a) 保証委託型クレジットとは，次のような取引形態をいう。

購入者又は役務受領者（以下「購入者等」という）が販売業者又は役務提供事業者（以下「販売業者等」という）から商品若しくは権利の代金又は役務の提供を受けるに際し，その商品若しくは指定権利の代金又は役務の対価の分割払いを希望すると，購入者等は信販会社を紹介され，信販会社のあっせんにより，購入者等と信販会社の提携金融機関（生命保険会社等）との間に，商品若しくは権利の代金又は役務の対価に相当する額についての金銭消費貸借契約が締結される。信販会社は，購入者等の委託に基づき保証委託手数料を得て，この金銭消費貸借契約について購入者等のために保証する（深沢＝園部・実務143〜144頁）。

信販会社は，金融機関から前記代金又は対価相当額の貸付金を受領し，これを販売業者等に支払い，その後，購入者等は，この借受金を信販会社を経由して，金融機関に分割弁済する。購入者等がこの分割金の弁済を怠ると，信販会社は，金融機関に対し保証債務を履行し，その求償金を購入者等に一括請求する（横田忠「保証委託型クレジットと個品割賦購入あっせん契約の類推適用」梶村ほか編・前掲417頁）。

この形態は，前記(30)の【書式314】〔注〕2で述べたとおり，委託保証ローン提携販売（割賦2条2項1号括弧書・2号括弧書）に類似するが，保証委託型クレジットでは購入者等が信販会社に保証委託するのに対して，委託保証ローン提携販売では販売業者等が保証会社に保証委託するという違いがある（執行資料（その二）116頁）。

この保証委託型クレジットが，割賦販売法のどの規定に該当するかが問題となる。旧法時の裁判例の中には，金融機関が割賦販売法2条3項2号（平成20年法改正前のもの—引用者）に規定する割賦購入あっせん業者（現行：信用購入あっせん業者—引用者）に該当し，信販会社はこれに該当しないとする裁判例（東京高判昭63・3・30判時1280号78頁）もあるが，その理由は，購入者が販売業者から購入した商品代金は，信販会社が立替払いをしたのではなく，金融機関が購入者に融資する貸付金を販売業者等に交付するという仕組みで支払われており，信販会社の役割は，この融資の関係において，購入者から委託された連帯保証人である，とする（横田・前掲419頁）。しかし，保証委託型

クレジットにおいては，信販会社が単に保証するだけでなく，代金又は対価相当額の貸付金を受領し，これを販売業者等に交付し，その後信販会社は，金融機関からの委託を受けて購入者等の商品代金の分割弁済金を受領しており，信販会社が実質的かつ終局的な信用取引に関与しているので，個品割賦購入あっせん（旧割賦2条3項2号）に該当するものといえる（執務資料（その二）115頁），と説明された。

なお，平成20年法改正により，個品割賦購入あっせんは，個別信用購入あっせんとして定義規定が整理されたので，割賦販売法2条4項が，この保証委託型クレジットに適用されることになる（この点につき後記(e)参照）。

(b) この保証委託型クレジットには，①保証委託手数料相当分を含めて金融機関から借り入れさせた上でこれを一括受領する方法と，②購入者等が商品若しくは指定権利の代金又は役務の対価に相当する額を信販会社経由で分割弁済するとともに，信販会社に対して保証委託手数料を分割払いする方法がある（廣瀬＝園部・書式160頁）。実務上の多くは①の場合であるが，次に，この法律関係を説明する。

(イ) 保証委託手数料込みの場合　個別信用購入あっせん（割賦2条4項）の規定が適用される結果，割賦販売法35条の17第1項が適用され，信販会社は，同項所定の手続（20日間以上の相当な期間を定めた書面による催告）を履行しなければ，購入者等に対して求償権を行使することができない。

債務者が支払を怠った場合，債権者は，支払総額（立替金及び手数料）から既払金を控除した残額とこれに対する法定利率による遅延損害金の合計額を，債務者に対して請求することができる（割賦35条の18第2項）。

(i) 支払総額は，代位弁済額，すなわち，代位弁済時における借入金債務残額（元本・利息・損害金）である。

(ii) 前記の書面による催告を行って，催告期間が満了後に金融機関に対し，保証債務の履行として代位弁済をした場合，遅延損害金の起算日は，代位弁済日の翌日である。

これに対し，信販会社が催告期間満了前に代位弁済した場合は，催告期間を経過しないと求償権を行使できないので，催告期間満了日の翌日が起算日になると解される（執務資料（その二）54頁）。

(ロ) 保証委託手数料別の場合　これは，基本的に前記(イ)の保証委託手数料込みの場合と同じであるが，次のような違いがある。

(i) 購入者又は役務受領者が，金融機関から借り入れるのは，商品若しくは指定権利又は役務の対価に相当する額のみ（保証委託手数料分を含まない）であり，信販会社は，上記借入金を金融機関から受領して，販売業者等に全額交付する。

(ii) 借入金の弁済とは別に，購入者等は，信販会社に対して，保証委託手数料の分割払いをする。

(iii) 保証委託手数料は，立替払契約における手数料と同様，購入者等から信販会社に支払われる信用供与の対価である。したがって，購入者等が保証委託手数料の支払を怠った場合において，期限未到来の保証委託手数料を請求するには，割賦販売法35条の3の17第1項の規定により，書面による催告を要する。

(iv) 購入者等が支払を怠った場合に，信販会社が請求しうる額は，代位弁済額及び未払保証委託手数料，並びに，これらに対する法定利率の割合による遅延損害金の合計額である。代位弁済金の遅延損害金の起算日は，前記(イ)(ii)と同じである。保証委託手数料については，催告期間満了日の翌日と考えられる。そうすると，信販会社が催告期間満了後しばらくしてから代位弁済を行った場合には，両者の遅延損害金の起算日が異なる結果となる（執務資料（その二）57〜58頁）。

以上述べたことを前提に，平成20年法改正以後の契約解除等の制限及び契約の解除等に伴う損害賠償等の額の制限を表にすると，次のとおりである。

① 20日以上の相当な期間を定めた書面による催告	○（割賦35条の3の17第1項）
② 契約解除等に伴う損害賠償等の額（遅延損害金年6パーセント）の制限	○（割賦35条の3の18）

（○は適用あり）

平成20年改正後の割賦販売法（以下「新法」という）35条の3の17及び35条の3の18の規定は，この法律の施行後に締結した契約で，個別信用購入あっせんに係る購入又は受領の方法により購入される商品若しくは指定権利の代金又は受領される役務の対価に相当する額の受領に係る契約（個別信用購入

あっせん関係受領契約）に適用される。新法施行前に締結した契約で，平成20年改正前の割賦販売法（以下「旧法」という）2条3項に規定する割賦購入あっせんに係る購入又は受領の方法により購入された旧指定商品若しくは旧指定権利の代金又は受領された旧指定役務については，旧法が適用される（割賦附則5条11項・12項）。

なお，債務者と申立外金融機関との間の金銭消費貸借については，①の催告は不要である（旧割賦販売法5条の適用がない）。

したがって，購入者等が賦払金の支払を怠ると，金融機関との関係では，直ちに期限の利益を失い，残債務全額の支払義務を負うことになる（購入者等と金融機関の間の金銭消費貸借契約においては，1回でも支払を怠ると直ちに期限の利益を喪失するという約定が一般的である（執務資料（その二）53頁）。

(c) 債権者が主張すべき請求原因事実は，次のとおりであるが，実務では，期限の利益の喪失の主張をする場合，これらのすべてを請求原因として主張するのが通例である（岡口・マニュアル下429～430頁）。

① 債務者と金融機関の間で，債務者が金銭の交付を受け，これを返還すること及びその返還時期（割賦払い）の合意をしたこと
(② ①において，期限の利益喪失の約定があったこと)
③ 債権者と債務者との間で，①の貸金債務についての保証の委託（手数料支払*）の合意，及び①の借受金を債権者が代理受領し，これ（から手数料を控除した金額*）を販売業者等に支払うとの合意をしたこと
④ 債権者と金融機関との間で保証契約が成立したこと（書面等による契約）
⑤ ①の借受金を債権者が代理受領し，これ（から手数料を控除した金額*）を販売業者等に支払ったこと
⑥ 支払期日の経過
⑦ 債権者が④の保証債務の弁済をしたこと
⑧ 債権者が商人であること（附帯請求につき年6分の請求をする場合）

〔抗弁〕（期限の利益の主張に対し）
⑨ 債権者が信用購入あっせん業者であること
⑩ ①が，債務者が販売業者等から商品等を購入する資金として金融機関から金員を借り受けたものであること

〔再抗弁〕

⑪㋑(i)　20日以上の期間を定めた催告
　　(ii)　(i)の期間の経過
　又は
　　㋺　㋑の除外事由（割賦35条の3の60第2項）

　③の後半及び⑤は，要物性の要件として必要である。なお，括弧内＊印の部分は，上記(c)㋺（保証委託手数料別）の場合である。

　②について，割賦払いのすべての期限が経過している場合には，当然不要である。

　④については，平成17年4月1日以降に締結された保証契約は，書面等による契約が必要である（民446条2項・3項，改正法附則3条）。

　⑨から⑪について，信用購入あっせん業者による保証委託型クレジットの場合，⑪㋑の催告及び催告期間の経過後でなければ，残代金の支払請求ができない（割賦35条の3の17第1項）。この規定は強行規定とされ，これに反する特約は無効である（同条2項）から，当該保証委託契約が保証委託クレジットであることの主張として，⑩及び割賦販売法35条の3の17第1項の主体の要件である⑨が抗弁となり，⑪が再抗弁となる。なお，個別信用購入あっせんであるためには，与信期間が2ヵ月を超えることが要件である（割賦2条4項）が，これらは，①の分割払いの回数，期間の中で現れる。また，当該商品の購入等が債務者にとって営業のため等一定の場合には，割賦販売法35条の3の17第1項は適用されない（割賦35条の3の60第2項各号）から，⑪㋑に代えて⑪㋺の主張をすることもできる。

　(e)　この契約では，平成20年法改正によって，購入者等は，①原則としてすべての商品，役務及び指定権利に関する販売契約について，②与信契約に基づくクレジット代金の支払が2ヵ月を超えて支払が行われる場合であれば，購入者等は，販売業者等に対する販売契約上の事由をもって，信販会社からの支払請求に対抗できる（支払停止の抗弁，割賦35条の3の19）。ただし，クレジット代金の支払総額が4万円に満たない場合には，支払停止の抗弁の適用はない（割賦35条の3の19第4項，割賦令24条）（右崎・前掲139〜141頁）。

〔五十部　鋭利〕

書式 315　「請求の原因」の記載例(33)──求償金・委託保証料請求型①（保証委託手数料込みの場合）

請求の原因
1(1)　契約の日　　平成〇〇年7月14日
　(2)　契約の内容　債務者は下記のとおり商品の購入代金（下記の保証料を含む）を貸主から借り，借入金は債権者を通じて売主に支払われる。債務者は債権者を通じて借入金を分割して支払う。この支払について債務者は債権者に連帯保証を委託し，債権者は上記同日貸主と連帯保証契約を締結した（書面による契約）。債務者は債権者が保証債務の履行として支払った金額を債権者に支払う。
　　　① 貸　　　　主　〇〇〇生命保険相互会社
　　　② 売　　　　主　〇〇〇ガス
　　　③ 買主（借主）　債務者
　　　④ 商　　　　品　エアコン
　　　⑤ 貸付金の利息　利率　年6.25％
　　　　　　　　　　　（アドオン方式年3.75％）
　　　　　貸付金の遅延損害金　利率　年14.6％
　(3)　債権者に対する支払（求償債務）についての連帯保証人　──
　(4)

貸付金額	利息・損害金の合計額	保証料	支払済みの額	残　額
750,000円 （うち保証料 112,725円）	73,575円	―	676,220円	147,355円 （内訳） 元金・利息 　129,642円 保証料 　17,713円

　(5)　分割金の支払を怠った日（期限の利益喪失）
　　　　　　　平成〇〇年9月27日
2　債権者による保証債務の履行
　(1)　支払った日　平成〇〇年10月27日
　(2)　支　払　額　金147,355円（上記1(4)の残額）
3　┌─☑支払を催促する書面が届いた日　　平成〇〇年1月10日
　　└─□分割金の最終支払期限（平成　　年　　月　　日）の経過

第4節　支払督促申立書の記載事項　〔4〕　請求の原因と記載事項　【書式315】

〔注〕
1. 買主（債務者）は，信販会社（債権者）に保証委託手数料を支払うことになるが，債務者の念頭にあるのは，商品代金等であると思われるので，手数料（保証料）額についても明示する。
2. 本書式は，手数料分も含めて金融機関から借り入れる場合であるが，この場合には，契約の内容欄に，「債務者は下記のとおり商品の購入代金（下記の保証料を含む）を貸主から借り，借入金は債権者を通じて売主に支払われる。債務者は債権者を通じて借入金を分割して支払う。この支払について債務者は債権者に連帯保証を委託し，保証料を分割して債権者に支払う。債務者は債権者が保証債務の履行として支払った金額を債権者に支払う。」とし，表には保証料の欄を設けないか，該当欄に－を記入するとともに，貸付金額欄に（うち保証料〇〇円）と注記する。
3. 事例によっては，同一人が金銭消費貸借と求償債務の両方の連帯保証人となっている場合がある。そこで，求償債務についての保証に基づく請求であることを明確にするために，連帯保証人の欄は，「債権者に対する支払（求償債務）についての連帯保証人」とする。
4. 事例によっては，債権者が貸主に保証債務を履行した後に，債務者が，債権者に対し，求償債務の一部を支払うことがある。この場合は，貸付金と同様の表を作成し，その支払額を記載する（最高裁・手引56頁，52頁）。
5. 貸付金についての上記1(4)の表は，債務者と貸主（金融機関）の間の貸借及びその支払関係を記載したものであって，代位弁済当時における債権者（信販会社）の残存保証債務の限度を表すものにすぎない（深沢＝園部・実務145頁）。したがって，「支払済みの額」欄には，「最後に支払った日」を記載する必要はない。

書式 316 「請求の原因」の記載例(34)——求償金・委託保証料請求型②（保証委託手数料別の場合）

請求の原因
 1(1) 契 約 の 日 平成〇〇年7月14日
  (2) 契約の内容 債務者は下記のとおり商品の購入代金を貸主から借り，借入金は債権者を通じて売主に支払われる。債務者は債権者を通じて借入金を分割して支払う。この支払について債務者は債権者に連帯保証を委託し，債権者は上記同日貸主と連帯保証契約を締結した（書面による契約）。債務者は，保証料を分割して債権者に支払う。債務者は債権者が保証債務の履行として支払った金額を債権者に支払う。
    ① 貸　　　　主　〇〇〇生命保険相互会社
    ② 売　　　　主　〇〇〇ガス
    ③ 買主（借主）　債務者
    ④ 商　　　　品　エアコン
    ⑤ 貸付金の利息　利率　年6.25％
       （アドオン方式年3.75％）
    　　貸付金の遅延損害金　利率　年14.6％
 (3) 債権者に対する支払（求償債務）についての連帯保証人　──
 (4)

貸付金額	利息・損害金の合計額	保証料	支払済みの額	残　　額
750,000円	73,575円	112,725円	676,220円	260,080円 （内訳） 元金・利息 　228,770円 保証料 　31,310円

 (5) 分割金の支払を怠った日（期限の利益喪失）
      平成〇〇年9月27日
 2 債権者による保証債務の履行
  (1) 支払った日 平成〇〇年10月27日
  (2) 支　払　額 金228,770円（上記1(4)の残額）
 3 ☑支払を催促する書面が届いた日　　平成〇〇年1月10日
   □分割金の最終支払期限（平成　　年　　月　　日）の経過

〔注〕
 1．本記載例は，債務者が債権者である信販会社に対して，貸主である金融機関からの借入金とは別に保証料を支払う場合であるから，上記1(4)の表には「保証料」欄を設け，その金額を記載する。なお，「支払済みの額」の欄に「最後に支払った日」を記載する必要はない。
 2．その他の点については，【書式315】〔注〕1ないし5と同様である。

(32) 貸金請求型──貸金型クレジットの場合

(a) 貸金型クレジットは，購入者又は役務受領者（以下「購入者等」という）が販売業者又は役務提供事業者（以下「販売業者等」という）から商品若しくは指定権利を購入し又は役務を受領するに際し，信販会社が商品若しくは指定権利の代金又は役務の対価に相当する額を購入者等に貸し付ける形態のクレジット取引である。貸付金は，信販会社から販売業者等に直接交付され，購入者等は，信販会社に対して貸付金及び利息を分割弁済する（廣瀬＝園部・書式166頁）。

(b) 平成20年法改正前においては，貸金型クレジットにおける信用供与の実態や金銭の流れは，個品割賦購入あっせんの典型である立替払型と何ら変わるところはなく，信販会社と購入者等の間の契約方式が立替払契約から消費貸借契約になったにすぎない。したがって，取引の実態の面からも，（旧）割賦販売法2条3項2号の定義規定の面からも個品割賦購入あっせんに該当し，同法の適用を受けるものと解され，一方，信販会社と購入者等の間の契約は消費貸借契約であり，信販会社の請求は貸金請求であるから，利息制限法等の消費貸借としての規制も受けると解される（執務資料（その二）59頁），と説明されていた。

個品割賦購入あっせんが，平成20年法改正により，個別信用購入あっせん（割賦2条4項）と定義されたことは前述のとおりであり，すべての商品の購入，役務の受領及び指定権利の購入等（権利については，指定制が維持されている）について，その支払条件が2ヵ月を超える場合は，割賦販売法の規制の対象となる。

(c) 前記(b)を前提とすると，貸金型クレジット取引における法規制は，次のようになる。

① 20日以上の相当な期間を定めた書面による催告	○（割賦35条の3の17第1項）
② 契約の解除等に伴う損害賠償等の額（遅延損害金年6パーセント）の制限	×（ただし，利息制限法の制限あり）

（○は適用あり。×は適用なし）

平成20年法改正後の割賦販売法（以下「新法」という）35条の3の17の規定

は，平成21年12月１日以降に締結された同法35条の３の３第１項に規定する個別信用購入あっせん関係受領契約について適用し，平成20年法改正前の割賦販売法（以下「旧法」という）２条３項に規定する旧指定商品若しくは旧指定権利の代金又は旧指定役務の対価の受領に関するものについては，旧法30条の２の４の規定が適用される（割賦附則５条11項）。

②については，割賦販売法35条の18によって，法定利率に制限されることはないが，消費貸借契約という法形式に従い，以下のような制限がある（執務資料（その二）59頁）。

- イ 信販会社が購入者等から受け取る元本以外の金銭は，その性質・名目のいかんを問わず，利息制限法３条により利息とみなされ，同法１条の規制を受ける（利息とは別に手数料を支払う旨の合意をしても，同法１条の限度を超える金員を受領することはできない）。
- ロ 未経過利息の請求をすることはできない。
- ハ 遅延損害金の請求は，貸金残元金についてのみ認められる。
- ニ 遅延損害金の率は，利息制限法４条の規制を受ける（旧法時においては，同法30条の３によって年６分に制限されることはない，とされていた）。

(d) 債権者が主張すべき請求原因事実は，次のとおりであるが，実務では，期限の利益の喪失の主張をする場合，これらのすべてを請求原因として主張するのが通例である（岡口・マニュアル下433～435頁）。

- ① 債権者と債務者との間で，債務者が金銭の交付を受け，これを返還すること，金員の交付は販売業者等にすること，及びその返還時期（割賦払い）の合意をしたこと
- ② ①につき，期限の利益喪失の約定
- ③ 債権者が①の金員を販売業者等に交付したこと
- ④ 支払期日の経過
- ⑤ 債権者が商人であること（附帯請求につき年６分の請求をする場合）

〔抗弁〕（期限の利益の主張に対し）

- ⑥ 債権者が信用購入あっせん業者であること
- ⑦ ①が，債務者が販売業者等から商品等を購入する資金として金員を借り受けたものであること

〔再抗弁〕

⑧㋑(i) 20日以上の期間を定めた催告
　　(ii) (i)の期間の経過

又は

㋺ ㋑の除外事由（割賦35条の３の60第２項）

　①，③について。①の販売業者への交付の合意及び③は，消費貸借の要物性の主張として必要である。信販会社が借主である購入者との合意に基づいて，金銭を第三者である販売店に交付することも要物性を満たすとする判例（大判昭11・6・16民集15巻13号1125頁）がある。

　②について，割賦払いのすべての期限が経過している場合には，不要である。

　④について，割賦金の支払期日が経過した（が支払がなかった）ことの主張である。

　⑤について，通常，支払督促申立書の当事者目録から債権者が商人であること（会５条１項，商４条１項）がわかる。債権者（信販会社）と債務者の間の金銭消費貸借の利息，遅延損害金においては，年６分（商514条）より高い利率が約定されることが多く，その場合には，これらの利率の定めを請求原因事実として主張する必要がある。

　⑥から⑧について，貸金債務については，１回でも支払が遅滞すると期限の利益を喪失させる特約があるのが一般的であるが，信用購入あっせん業者による貸金型クレジットの場合，⑧(i)の催告及び(ii)の催告期間の経過後でなければ，残代金の支払請求ができない（割賦35条の３の17第１項）。これに反する特約は無効である（同条２項）。したがって，当該消費貸借契約が貸金型クレジットであることの主張として，⑦及び割賦販売法35条の３の17第１項の主体の要件である⑥が抗弁となり，⑧が再抗弁となる。割賦販売法35条の３の17第１項は，当該商品の購入等が債務者のために商行為である等，一定の場合には，適用されない（割賦35条の３の60第２項１号ないし６号）。

〔五十部　鋭利〕

書式 317　「請求の原因」の記載例(35)——貸金請求型（貸金型クレジットの場合）

請求の原因
1 (1)　契約の日　平成〇〇年11月1日
　(2)　契約の内容　①　債務者は，〇〇〇株式会社から買い受けた商品代金を債権者から借り，債務者は借入金を分割して支払う。
　　　　　　　　　②　利　　息　利率　年18%
　　　　　　　　　　　遅延損害金　利率　年20%
　(3)　連帯保証人　――

2

貸付金の合計額	利息・損害金の合計額	支払済みの額	残　　額
900,000円	172,877円 （〇〇.1.31まで）	445,328円 （最後に支払った日　〇〇.1.31）	627,549円 （内訳） 残元金 　　600,000円 利息 　　18,344円 損害金 　　9,205円

3　☑支払を催促する書面が届いた日（期限の利益喪失の場合）
　　　　　　　　平成〇〇年1月10日
　　□分割金の最終支払期限（平成　　年　　月　　日）の経過

〔注〕
1．割賦販売法35条の3の19により，購入者等は商品売買契約等に関する抗弁を信販会社に対抗できる（支払停止の抗弁）。これについては本文(31)(e)参照。
2．貸金型クレジットも消費貸借として，利息制限法等の規制を受けることは本文解説で述べたとおりであり，この点は通常の貸金請求と同様である。したがって，一部弁済があった場合には，弁済充当の計算表を添付するのが妥当である。
3．期限の利益喪失日までの利息・遅延損害金も請求できる。期限の利益喪失後に一部弁済があった場合には，当該弁済日までに生じた利息，遅延損害金から一部弁済があった金額を控除し，その残額を請求できる。この場合，貸金残元金に対する遅延損害金の起算日は，当該弁済日の翌日となる（執務資料（その二）63頁）。

⑶ 譲受債権請求型——カード会員契約の場合

(a) この取引形態は，販売業者又は役務提供事業者と信販会社との間で加盟店契約が締結され，商品若しくは指定権利の購入者又は役務受領者である消費者と信販会社との間ではカード利用契約の締結とカードが発行される。信販会社により契約内容は異なるが，信販会社が発行したカードを加盟店に提示すると，商品や役務が提供され，代金は信販会社に支払われるという関係は同じである。その法律的構成としては，①信販会社が，加盟店の会員に対する債権を譲り受けるものと考える「債権譲渡型」と，②信販会社が，会員の加盟店に対する債務を立替払いしているものと考える「立替払型」がある。

平成20年法改正以前においては，カード会員契約の場合には，この立替払型・債権譲渡型いずれの法形式でも総合割賦購入あっせん（旧割賦2条3項1号）に該当する（執務資料（その二）69頁），と説明されていた。

平成20年法改正においては，総合割賦購入あっせんは，包括信用購入あっせんと定義された（割賦2条3項）。したがって，すべての商品の購入と役務の受領，指定権利の購入（権利については，指定制が維持されている）について，その支払条件が2ヵ月を超えるものについて，割賦販売法の規制の対象となる。

(b) この商品若しくは権利の購入又は役務の提供の代金債権を譲り受けるという法形式は，カード契約においては比較的多いので，ここでは前記**(a)**①債権譲渡型のカード会員契約について検討する。

債権譲渡型の法律的構成では，加盟店の会員（債務者）に対する代金債権を信販会社が譲り受ける対価として，加盟店に対してその代金（譲渡代金）を支払い，信販会社は会員（債務者）に対して，その譲り受けた代金債権を請求することになる（山口康夫『カード利用関係法の解説』9頁）。

(c) 前記**(a)**を前提にすると，契約解除等の制限及び損害賠償等の額の制限は，次のとおりである。

① 20日以上の相当な期間を定めた書面による催告	○（割賦30条の2の4第1項）
② 契約の解除等に伴う損害賠償等の額（遅延損害金年6パーセント）の制限	△（割賦30条の3。ただし，リボルビング方式を除く）

（○は適用あり，△は一部適用あり）

平成20年法改正後の割賦販売法（以下「新法」という）30条の2の4及び30条の3の規定は，平成21年12月1日以降締結された契約について適用される。これ以前に締結された同改正前の割賦販売法（以下「旧法」という）の旧指定商品若しくは旧指定権利の代金又は旧指定役務の代価に関するものについては，旧法30条の2の4及び30条の3が適用される（割賦附則5条11項・12項）。

(d) 債権者が主張すべき請求原因事実は，次のとおりである（岡口・マニュアル下438～439頁）。

請求原因，抗弁，再抗弁は，以下のとおりであるが，実務では期限の利益の喪失の主張をする場合，これらのすべてを請求原因として主張するのが通例である。

〔主請求〕

① 債権者・債務者間でカード契約（債権譲渡の事前承諾，分割弁済方法の合意（及び期限の利益喪失の合意））の成立　　分割払いの最終の期限が到来している場合，期限の利益喪失の主張は不要である。

② ①のカードにより商品の購入等がされ，債権者がその売買代金債権を譲り受けたこと　　リボルビング式クレジットの場合，通常長期にわたる契約であることから，「平成〇〇年〇〇月〇〇日から平成△△年△△月△△日までのX回の取引の合計代金Y円」といった包括的な主張でも許容し，相手方が特定の取引について，抗弁の対抗を主張する等争う場合には，さらに詳細な主張を求めるのが相当である（執務資料（その二）70頁，126頁）。これに対して，リボルビングでないものについては，個々の取引ごとに支払条件が定められ，各取引の個性が強い。したがって，個々の取引の内容（特に支払回数や手数料額）を明らかにする必要性がある（執務資料（その二）70頁）。

〔附帯請求〕

③ 支払期日の経過　　債務者の不払いであった割賦金の支払期日の経過の主張である。

④ 債権者が商人であること（年6分の請求をする場合）

〔抗弁〕（期限の利益喪失の主張に対し）

⑤ 債権者が信用購入あっせん業者であること

〔再抗弁〕
　⑥㋑(i)　20日以上の期間を定めた催告
　　(ii)　(i)の期間の経過
　又は
　　㋺　㋑の除外事由（割賦35条の3の60第1項）

　これは，カード会員契約について，包括信用購入あっせん（割賦2条3項）の適用があり，残代金の支払請求をするには，⑥㋑(i)記載の書面による催告と(ii)の期間の経過後でなければならず（割賦30条の2の4第1項），その主体としての要件である⑤が抗弁となり，⑥が再抗弁となる。

〔五十部　鋭利〕

書式 318 「請求の原因」の記載例(36)——譲受債権請求型（カード会員契約の場合）

請求の原因
1(1) 契約の日　平成〇〇年2月13日
　　　　　　　（③について平成〇〇年10月5日）
　(2) 契約の内容　（〇〇〇クレジット）
　　① 債権者は，加盟店からカードを利用して購入した商品の代金債権を譲り受ける。債務者は，債権者に対し，上記代金を分割払い又は1回払いで支払う。
　　　　遅延損害金　年6％
　　　　（ただし，利用額を翌月〇日に支払う場合は，年14.6％）
　　② 債務者は，カードを利用して繰り返し金銭の借入れができる。
　　　　手数料　利率　貸金10万円未満の場合　年20％
　　　　　　　　　　　貸金10万円以上100万円未満の場合　年18％
　　　　遅延損害金　利率　年20％
　　③ 債務者は，債権者から限度額の範囲内で繰り返し金銭の借入れができる（〇〇〇メンバーズローン）。
　　　　限　度　額　金50万円
　　　　利　　　息　利率　年18％（平成〇〇年4月16日以後に発生する利息については，年16.2％）
　　　　遅延損害金　利率　年20％
　(3) 連帯保証人　――
2　債権者は加盟店から別表1記載の代金債権を譲り受けた。
3(1)

利用金額	利息・損害金の合計額	支払済みの額	残　額
契約の内容① 　　625,350円 （明細は別表1）	274,704円 （内訳） 契約の内容②③ 　利息　23,468円 契約の内容①②③ 　（〇〇.1.10まで） 　　　251,236円	236,000円 （最後に支払った日 〇〇.10.19）	1,124,054円 （内訳） 契約の内容① 　代金　499,350円 契約の内容② 　元金　260,000円 　利息　　5,243円 契約の内容③ 　元金　105,462円 　利息　　2,763円 契約の内容①②③ 　損害金 　　　251,236円
契約の内容② 　　260,000円 （明細は別表2）			
契約の内容③ 　　200,000円 （明細は別表3）			
合計　1,085,350円			

(2) 契約の内容①②
　　　　最終の支払期限（平成○○年8月10日）の経過
　　契約の内容③
　　　　分割金の支払を怠った日（期限の利益喪失）
　　　　　　　　　　　　平成○○年7月11日

（別表1）利用明細

年月日	加盟店	商品	代金
○○.5.13	○○○○フクテン	―	5,400
○○.5.22	○○○○フクテン	―	50,500
○○.5.22	○○○○フクテン	―	67,200
○○.6.4	○○○○スシホンテン	―	18,700
○○.6.5	○○○○クレジット	―	5,502
○○.6.7	○○○○セキユ	―	5,875
○○.6.10	○○○○ホンテン	―	230,000
○○.6.10	○○○○ブッサン	―	5,593
○○.6.16	○○○○カーリース	―	33,880
○○.6.16	○○○○カーリース	―	26,900
○○.6.16	○○○○マキシム	―	110,000
○○.6.30	○○○○クツテン	―	10,400
○○.5.13	○○○○ゴフクテン	―	15,600
○○.7.3	○○○○マエ	―	10,300
○○.7.3	○○○○マエ	―	29,500
合　　計			625,350

（別表2）利用明細

年月日	貸金
○○.3.22	50,000
○○.5.13	50,000
○○.6.4	30,000
○○.6.5	30,000
○○.6.10	100,000
合　計	260,000

（別表3）利用明細

年月日	貸金
○○.10.9	200,000

〔注〕
1．本契約類型は，カード会員契約のうち，1つのクレジットカード利用契約によって，カード利用契約によるクレジットサービス，カード利用による継続的貸金，極度額内継続的貸金の3つの契約類型を示したものである。このうち，本文で解説したものは，請求の原因欄1(2)①に記載したものである。平成20年法改正後の割賦販売法は，分割払いの要件を廃止し，2ヵ月を超える期間にわたる与信であれば，1回払いも含めて同法の規制がされることとした（割賦2条3項）。
2．一方，割賦販売法の適用を受けないマンスリー・クリアー方式と呼ばれる翌月払方式による場合は，1(2)契約の内容欄に「当月利用金額を翌月○日に支払う」と記載をする等して，割賦販売法の適用の対象外であることを示す必要がある。割賦販売法の適用を受けないのであるから，本文(c)の契約解除等の制限及び損害賠償等の額の制限についても，その制限の対象とはならない。ただし，請求の原因記載1(2)①の契約については，消費者契約法2条3項に定める消費者契約であれば，同法9条2号の適用によって，遅延損害金の利率は年14.6％に制限される。
3．この書式のうち，別表のカード利用によるクレジットについては，商品又は権利名等による特定ができず，取引年月日と加盟店により取引状況を示している。カード契約においては，利用者が複数の支払条件（支払回数及び手数料率）を定め，カード利用者が，利用の際にその中から指定すると定めていることが多い（執務資料（その二）69頁）。したがって，債権者において，商品又は権利名等を特定することが極めて困難な例であり，請求の内容に問題がなければ，このような記載でもやむを得ない場合もある。
4．割賦金について，期限の利益を喪失させることなく，各回の支払日が経過するごとに支払遅滞になった部分について，遅延損害金を計算し，弁済金をその都度その遅延損害金に充当していくような事例については，計算書を添付する等してその充当関係を明らかにしておく必要がある。
5．カード会員契約が立替払いの法形式をとった場合には，会員の依頼により，カード会社が会員の加盟店に対する代金債務について立替払いを行い，カード会社は，会員に対して，その立替払いをした金額の支払を請求する（求償権）ことになる（山口・前掲9頁）。この場合のカード契約の内容は，「債務者がカードを利用したときは，債権者は利用代金を加盟店に立替払いする。」と記載することになる（執務資料（その二）69頁）。

(34) **求償金請求型 ―― 連帯保証人から主たる債務者に対する請求の場合**

(a) この解説の最後に，実務上しばしば申立てのある事例として，民法上の連帯保証人が，主たる債務者の委託を受けて保証をし，主たる債務者が債務を履行しないために，連帯保証人が主たる債務者に代わって弁済をし，その支出した金額を主たる債務者に請求する場合につき検討する。

(b) 保証人は，主たる債務者が負う債務の最終的な負担者ではない（言い換えれば，主たる債務者と保証人との内部関係では，保証人の負担部分はゼロである）から，委託を受けた保証人が主たる債務者に代わって債権者に弁済したときは，主たる債務者に対して弁済額全部につき求償できる（民459条1項）。この求償権の本質は，受任者の事務処理費用償還請求権（民650条）又は事務管理費用償還請求権（民702条）であるが，主たる債務者の委託を受けて連帯保証人となった債権者は，さらに，これに対する法定利息や，避けられなかった費用その他の損害の賠償も請求できる（民459条2項・442条2項）（縣俊介「保証契約」牧野ほか編・前掲178～179頁）。

(c) 連帯保証人から主たる債務者に対して求償金を請求する場合に，債権者が主張すべき請求原因事実は，次のとおりである（岡口・マニュアル上363頁）。
　① 主たる債務の発生原因事実
　② 書面等による連帯保証契約が成立したこと
　③ 保証債務の弁済その他の債務消滅行為
　④ 保証の委託を受けたこと
　⑤ 不可避的な費用その他の損害の発生及び額（これらの請求をする場合）

②については，平成17年4月1日以降に成立した保証契約については，書面又は電磁的記録によらなければ，その効力を生じないので（民446条2項・3項，同改正法附則3条），この主張が必要となる。

④については，委託を受けた保証人の求償権は，保証委託契約に基づいて発生するものであるから，この主張が必要となる（縣・前掲180頁）。これに対して，委託を受けない保証の場合には，「委託がなかったこと」の主張は不要である（岡口・マニュアル上364頁）。

なお，連帯保証人は，催告・検索の抗弁権を有しないので（民454条），主たる債務者が弁済等をしないことの主張は不要である。

連帯保証人が弁済等をしたのに，その旨を通知しなかったため，主たる債務者も弁済等をした場合，主たる債務者は自己の弁済等を有効とみなすことができる（民463条1項・443条2項）。債務者は，督促異議訴訟において，①債務者（主たる債務者）が申立外人（主たる債務の債権者）に弁済等をしたこと，②債権者（連帯保証人）の弁済等につき，債務者がこれを知らなかったこと，③債務者が自己の弁済等を有効とみなす旨の意思表示をしたこと，を抗弁として主張することになる。

　これに対して，債権者は，①債権者が債務者の弁済等につきこれを知らなかったこと，②債権者が債務者に対し事前の通知をしたこと，③債権者が自己の弁済等を有効とみなす旨の意思表示をしたこと，を再抗弁として主張することになる（岡口・マニュアル上365～366頁）。

〔五十部　鋭利〕

書式 319 「請求の原因」の記載例(37) —— 求償金請求型（連帯保証人から主たる債務者に対する請求の場合）

請求の原因
1(1) 契約の日　　平成○○年3月1日
 (2) 契約の内容　債権者は，債務者からの委託を受け，債務者の貸主に対する下記貸金債務につき，連帯保証をした（書面による契約）。

記
① 貸　　主　申立外○○○○
② 借　　主　債務者
③ 利　　息　年10%
④ 遅延損害金　定めなし
⑤ 支払方法　毎月末日限り，50,000円ずつ分割して支払う。
　　　　　　（初回支払日　平成○○年4月30日）

 (3)

貸付金額	利息等合計額	支払済みの額	残　額
500,000円	12,602円	0円	512,602円
	（平成○○年5月31日までの分）		

 (4) 分割金の支払を怠った日（期限の利益喪失日）
　　　　　　　平成○○年5月31日
 (5) 代位弁済金に対する遅延損害金の定め　年14.6%
 (6) 債権者に対する支払（求償債務）についての連帯保証人　なし

2 債権者による保証債務の履行（代位弁済）
 (1) 代位弁済の日　平成○○年6月1日
 (2)

代位弁済金	支払済みの額	残　額
512,602円	0円	512,602円

〔注〕
1．保証債務は，その内容や態様において主たる債務より軽いことは差し支えないが，主たる債務より重いことは許されない。重い場合は，主たる債務の限度に減縮される（民448条）。しかし，保証人が，特にその保証債務について違約金や損害賠償の額を

予定することは妨げない（民447条２項）。この場合には，保証債務の目的や態様が主たる債務より重くなっているのではなく，保証債務の履行を確実にすることが意図されているにすぎないからである（池田・前掲131頁）。判例も，民法459条２項によって準用される442条２項の規定は任意規定であるから，法定利率に代えて約定利率により代位弁済の日の翌日以後の遅延損害金を支払う旨の保証人と主たる債務者の特約は有効である（最判昭59・５・29民集38巻７号885頁），とする。もっとも，保証債務の履行をした保証人が支払った利息や遅延損害金が，利息制限法所定の制限利率を超えている場合には，原則として，債務者に対して求償する場合には，利息制限法の制限を超える部分についての請求は認められない（最判昭43・10・29民集22巻10号2257頁）。

また，債務者が消費者（消契２条１項）で，求償をする保証人が事業者（消契２条２項）であるときは，消費者契約（消契２条３項）に該当し，消費者契約法施行（平成13年４月１日）後に締結されたものについては，遅延損害金が年14.6％の割合までに制限される（消契９条２号）（廣瀬＝園部・書式208頁）。

２．金銭消費貸借契約の連帯保証をした場合には，代位弁済金のほか，これに対する代位弁済日の翌日から支払済みまでの損害金を請求できる（工藤純一「求償金請求訴訟」岡久ほか編・前掲244頁），とする。これに対しては，免責日以後の法定利息について，利息の計算は免責の当日から行うとした判例（大判昭11・２・25新聞3959号12頁）がある。初日不算入の原則（民140条）から反対する見解もある（西村信雄『注釈民法(11)債権(2)』122頁〔椿寿夫〕）。実務においても，求償金に対する遅延損害金の起算日を代位弁済の翌日とする申立てが多いが，代位弁済当日を起算日として遅延損害金の請求をする申立てもある。民法459条２項によって準用される同法442条２項が「弁済その他免責があった日以後」と規定していることから，代位弁済当日からの遅延損害金の請求もできると解する。

なお，民法442条２項の法文上は，「利息」となっているが，金銭債務の不履行に伴う実質的な損害賠償であり固有の利息ではないが，債権者が元本を使用できないという意味において，一種の利息とみることができる。

３．請求の原因記載１(4)の「期限の利益喪失日」の記載は求償債務の履行期の到来を示すものである。この場合，主たる債務の弁済期の到来を請求原因事実の中で主張する必要があるかが問題となる。

保証人が，主たる債務の弁済期前に弁済しても求償権は発生するが，主たる債務者の利益は害し得ないから，期限前の弁済につき主たる債務者の承諾がある場合を除き，求償権の行使は主たる債務の弁済期後でなければならない（大判大３・６・15民録20輯476頁）。したがって，債権者は，その求償権を行使するためには，主たる債務の履行期が到来（期限の利益喪失又は最終支払期限の到来）していることを主張すべきである。なお，民法442条に関してであるが，求償権の行使には催告を要しないとする判例（大判大４・７・26民録21輯1233頁）がある。

４．一部の弁済でも，その額について求償権が発生する（遠藤浩編『基本法コンメンタール債権総論』〔第４版〕129頁〔石川利夫＝山田創一〕）。

第5節　支払督促申立てに対する措置

〔1〕　補正手続

　支払督促の申立てにあたりその審査の対象となるのは支払督促申立書のみであり，債務者を審尋することはできない（民訴386条1項）。支払督促の申立てにはその性質に反しない限り，訴えに関する規定が準用されるため（民訴384条），申立書に当事者，法定代理人，代表者，請求の趣旨，請求の原因等，必要的記載事項が記載されていないとき，又はその記載が不明確で当事者あるいは訴訟物を特定できないとき（民訴133条2項）及び申立手数料として適正額の収入印紙が申立書に貼付されていないとき（民訴137条1項，民訴費3条1項別表第一の10項）には，裁判所書記官は債権者に対し，期間を定めて補正を命じる処分をしなければならない（民訴137条1項）。

　支払督促申立書に不備がある場合には，期間を定めて補正を命ずる処分を行い，この期間内に債権者が補正を行わないときには，裁判所書記官は支払督促申立ての却下処分を行う。この補正に関する書記官の行為の法的性質は，支払督促を発付するという書記官権限に基づく「処分」である。実務の運用としては，補正が可能である場合には債権者に対し任意の補正を促し，これに応じないときに補正処分を行うことが一般的である。補正を命じる処分は，債権者に対して相当と認める方法で告知すれば足り，送達による必要はない。

〔2〕　補正事項

　補正の対象となる事項は，①当事者又はその住所が特定できないとき，②訴訟能力，法定代理権，代表権及び訴訟代理権について債権者又はその代理人等がこれらの権限を示す書類を提出しなかったとき，③申立手数料として適正額の収入印紙が貼付されていないとき，④請求の趣旨及び請求の原因が特定されていないとき（例えば利息制限法所定の利率に基づく引直し計算がされてい

るかが明らかでないとき，割賦販売法が適用される事案で催告がなされているかが明らかでないとき，一部弁済がされているが充当計算の方法に誤りがある場合等）には任意補正を促し，これに応じない場合には補正処分を行うこととなる。

〔牛坂　潤〕

書式320　補正処分（基本型）

平成○○年（ロ）第○○○○号

　　　　　　　　補　　正　　処　　分

　　　　　　　　　　　　債権者　甲　野　太　郎
　　　　　　　　　　　　債務者　乙　野　次　郎

　債権者は，この書面を受領したときから2週間以内に下記事項について補正せよ。

　　　　　　　　　　　　記
申立手数料として収入印紙○，○○○円を納付すること。

　　　　　平成○○年○○月○○日
　　　　　　○○簡易裁判所
　　　　　　　　裁判所書記官　○　○　○　○　㊞

書式321　補　正　書

平成○○年（ロ）第○○○○号

　　　　　　　　　補　　正　　書

　　　　　　　　　　　　債権者　甲　野　太　郎
　　　　　　　　　　　　債務者　乙　野　次　郎

　債権者は，支払督促申立書の請求の原因に第5項を追加します。
「5　債務者に催告書が到達した日　平成○○年○○月○○日　」

　　　　　　平成○○年○○月○○日
　　　　　　　　債権者　甲　野　太　郎　㊞

○○簡易裁判所　御中

〔3〕 支払督促申立却下処分

(1) 概　　説

　支払督促申立書に当事者，法定代理人，代表者，請求の趣旨，請求の原因等，必要的記載事項が記載されていないとき，又はその記載が不明確で当事者あるいは訴訟物を特定できないとき及び申立手数料が納付されていないときは，裁判所書記官は債権者に対し，期間を定めて補正処分を行い，債権者がこれに応じないときは，支払督促申立ての却下処分を行う。このほか請求が金銭その他の代替物又は有価証券等一定の数量の給付を目的とするものでないとき，債務者の普通裁判籍，事務所又は営業所の所在地等の管轄のない簡易裁判所に支払督促が申立てがされた場合には，直ちに裁判所書記官は申立ての却下処分をする。

　債権者は，支払督促の申立ての却下処分に対して，裁判所書記官の所属する簡易裁判所に1週間の不変期間内に異議の申立てをすることができる（民訴385条3項）。裁判所は決定で裁判をするが，これに対しては不服申立てをすることができない（同条4項）。

(2) 却下処分と不服申立て

(a)　意義と根拠　　支払督促の申立てにはその性質に反しない限り，訴えに関する規定が準用されるため（民訴384条），申立書に当事者，法定代理人，代表者，請求の趣旨，請求の原因等，必要的記載事項が記載されていないとき，又はその記載が不明確で当事者あるいは訴訟物を特定できないとき（民訴133条2項）及び申立手数料として適正額の収入印紙が申立書に貼付されていないとき（民訴137条1項，民訴費3条1項別表第一の10項）には，裁判所書記官は債権者に対し，期間を定めて補正を命じる処分をしなければならない（民訴137条1項）。この補正に関する裁判所書記官の行為の法的性質は，支払督促を発付するという裁判所書記官権限に基づく「処分」である。

　このほか請求が金銭その他の代替物又は有価証券等一定の数量の給付を目的とするものでない場合（民訴382条），民事訴訟法383条に定める債務者の普通裁判籍，事務所又は営業所の所在地及び手形又は小切手の支払地と異なる

簡易裁判所に対して申立てがされた場合（民訴385条1項）に裁判所書記官は申立ての却下処分をする。

(b) 要件と実務の状況（含問題点）

（イ）補正処分後の却下処分　支払督促申立書に以下の事由がある場合，裁判所書記官は任意の補正を促したうえこれに応じないときには，期間を定めて補正を命じる処分（補正処分。民訴137条1項）をしなければならず，これに応じないときには却下処分を行う（同条2項）。

（ⅰ）支払督促申立書に当事者，法定代理人，代表者，請求の趣旨，請求の原因等，必要的記載事項が記載されていないとき，又はその記載があったとしても，不明確なため当事者や訴訟物を特定できないとき（民訴133条2項）

（ⅱ）申立手数料として適正額の収入印紙が申立書に添付されていないとき（民訴137条1項，民訴費3条1項別表第一の10項）

（ロ）補正処分を経ない却下処分　支払督促の申立てが不適法な場合又は申立ての趣旨から請求に理由がないことが明らかな場合は，裁判所書記官は直ちに支払督促申立ての却下処分を行う（民訴385条）。

（ⅰ）支払督促の申立てが不適法な場合　当事者能力の欠缺が申立書自体により明らかな場合，すでに係属している訴訟事件や支払督促事件がある場合（二重申立て）及び管轄違いの場合には直ちに支払督促申立ての却下処分を行う。訴訟能力，法定代理権，訴訟代理権等について権限を証明する書面の提出がないような場合には，補正処分を行ったうえで補正をしないときに却下処分を行う。

（ⅱ）督促手続の特別要件（民訴382条・385条1項）を欠く場合　次の事由がある場合には直ちに支払督促申立ての却下処分を行う。

　○　給付の目的物に関する制限
　　　金銭その他の代替物又は有価証券以外のものを対象とすることが申立書自体から明らかなとき
　○　将来の給付請求
　　　期限付請求又は停止条件付請求であることが申立書自体から明らかなとき
　○　送達に関する制限

債務者に対する送達の場所が日本国内に存在しないか又は公示送達以外の方法では送達できないことが申立書自体から明らかなとき
○ 申立ての趣旨からみて請求に理由がないことが明らかなとき
請求自体が公序良俗に反する場合等で請求の趣旨から請求に理由がないことが明らかな場合及び利息制限法所定の制限利率を超える利息，遅延損害金の請求であるなど（ただし，この場合には任意補正が可能なときには任意補正を促してこれに応じないとき），請求の原因の主張自体から請求に理由のないことが明らかなとき

(ⅲ) 不服申立て　　却下処分に対して，債権者は，告知を受けた日から1週間の不変期間内に異議の申立てをすることができる（民訴385条3項）。異議申立てに対しては，却下処分をした裁判所書記官所属の簡易裁判所が決定で裁判をする（民訴121条）。この異議申立てに対する裁判に対しては，不服申立てができない（民訴385条4項）。債権者から異議の申立てがされることなく，異議申立期間が経過すると督促手続は却下処分の確定により終了する。異議申立てが適法であり，かつ，異議に理由があると認める場合，裁判所は支払督促申立ての却下処分を取り消したうえで，裁判所書記官に対し，支払督促を発付するよう命じることになる。この場合，裁判所書記官は直ちに支払督促を発付し，支払督促正本を債務者に送達しなければならない。異議申立てが不適法であるか，又は異議に理由がないと認められる場合，異議申立てを決定で却下する。異議申立ての一部につき理由のないことが明らかなときは，一部を却下する。実務ではこの場合，警告文言の前に「本件申立てのうち，○○の請求部分は理由がないので却下する。」と付記する。

〔牛坂　　潤〕

第5節 支払督促申立てに対する措置 〔3〕支払督促申立却下処分 【書式322】

書式322　支払督促申立却下処分（基本型）

平成〇〇年（ロ）第〇〇〇〇号

　　　　　　　　却　　下　　処　　分

　　　　　　　　　　　　債権者　甲　野　太　郎
　　　　　　　　　　　　債務者　乙　野　次　郎

　上記当事者間の支払督促申立事件について，債権者に対し補正を命じたが，債権者が補正期間内に収入印紙の納付をしないので，本件支払督促の申立てを却下する。

　　　　　平成〇〇年〇〇月〇〇日
　　　　　〇〇簡易裁判所
　　　　　　　裁判所書記官　〇　〇　〇　〇　㊞

書式323　支払督促申立却下処分に対する異議申立書

平成〇〇年（ロ）第〇〇〇〇号

　　　　　　　　異　議　申　立　書

　　　　　　　　　　　　債権者　甲　野　太　郎
　　　　　　　　　　　　債務者　乙　野　次　郎

　債権者は，〇〇簡易裁判所裁判所書記官がした支払督促申立てに対する却下処分に対し異議を申し立てる。
　理由
　　　……………………………………。

　　　　　平成〇〇年〇〇月〇〇日
　　　　　　債権者　甲　野　太　郎　㊞

〇〇簡易裁判所　御中

書式324　支払督促申立却下処分に対する異議申立却下決定

平成〇〇年（ロ）第〇〇〇〇号

　　　　　　　決　　　　　定

　　　　　　　　　　　債権者　甲　野　太　郎
　　　　　　　　　　　債務者　乙　野　次　郎

　当裁判所の上記支払督促申立事件について平成〇〇年〇〇月〇〇日に裁判所書記官がした却下処分に対し，債権者から適式な異議申立てがあったので民事訴訟法121条に基づき次のとおり決定する。

　　　　　　　　　主　　　　文
　本件異議申立てを却下する。

　　　　　　　　　理　　　　由
　……………………………………。

　　　　平成〇〇年〇〇月〇〇日
　　　　〇〇簡易裁判所
　　　　　　裁　判　官　〇　〇　〇　〇　㊞

書式325 支払督促申立却下処分に対する異議申立認容決定

平成○○年（ロ）第○○○○号

決　　　　　定

　　　　　　　　　　　債権者　甲　野　太　郎
　　　　　　　　　　　債務者　乙　野　次　郎

　当裁判所の上記支払督促申立事件について同裁判所裁判所書記官が平成○○年○○月○○日にした却下処分に対し，債権者から適式な異議申立てがあったので民事訴訟法121条に基づき次のとおり決定する。
主　　　　　文
1　○○簡易裁判所裁判所書記官が平成○○年○○月○○日にした支払督促申立却下処分を取り消す。
2　○○簡易裁判所裁判所書記官に対し，本件支払督促のを発付を命ずる。
理　　　　　由
……………………………………。
……………………………………………。

　　　　　平成○○年○○月○○日
　　　　　○○簡易裁判所
　　　　　　裁　判　官　○　○　○　○　㊞

〔注〕
1．参考文献は，裁判所職員総合研修所『民事実務講義案Ⅲ』〔3訂版〕（司法協会），園部厚『書式支払督促の実務』〔全訂7版〕（民事法研究会），加藤新太郎ほか編『基本法コンメンタール民事訴訟法3』〔第3版〕（日本評論社）。

第6節　支払督促の発付

〔1〕　支払督促の定型書式

(1)　意義と根拠

　支払督促の申立てが適法であり，かつ，申立書の記載により請求に理由があると認められるとき，裁判所書記官は，債権者の申立てを認容して支払督促を発付する。

　支払督促には，「支払督促」という表題，事件番号，作成年月日，裁判所の表示のほか当事者の表示，請求の趣旨，請求の原因及び給付命令，警告文言を記載し裁判所書記官が記名押印する（民訴387条，民訴規233条）。

(2)　要件と実務の状況（含問題点）

(a)　当事者の表示（民訴387条3号）

　(イ)　当事者の住所，氏名　　申立書に基づいて債権者，債務者の住所，氏名を記載する。会社の場合は，本店所在地，商号，その他の法人の場合は主たる事務所の所在地，名称を記載する。また，自然人，法人を問わず，事務所・営業所の所在地を管轄とする申立て（民訴383条2項1号）の場合は，その所在地（支店，従たる事務所等）も併記する。

　(ロ)　法定代理人，代表者，訴訟代理人の資格，氏名　　申立書及び資格証明書（戸籍謄本，登記事項証明書，登記簿謄本及び訴訟委任状等）に基づいて記載する。当事者が未成年者又は成年被後見人の場合は，法定代理人の資格（例えば，親権者父・母，後見人）及び氏名を記載する。法人の場合は，代表者の資格（例えば，代表取締役，理事等）及び氏名を記載する。以上，いずれの場合でもその住所を記載する必要はない。

(b)　請求の趣旨及び請求の原因（民訴387条2項）

　(イ)　請求の趣旨　　申立書に基づいて，請求金額（主たる請求，附帯請求，申立手続費用）を記載する。附帯請求について確定金額によれないときは，計算上の元本金額，起算日，利率，終期を明記する。申立手続費用に該当するも

のは次のとおりである。
- 申立手数料（民訴費2条1号）
- 支払督促正本送達費用（民訴費2条2号）
- 申立書の作成及び提出費用（民訴費2条6号，民訴費規2条の2第1項）　800円
- 戸籍謄本，登記事項証明書及び商業登記簿謄本等の受交付費用（民訴費2条7号）

(ロ)　請求の原因　申立書に基づき，他の請求から識別，特定するために最低限度必要な事実を記載する（民訴規53条1項参照）。実務では，これに加えて債務者が不服の有無を判断するために必要とする重要な事実も簡潔に記載している（例えば，「支払済みの額」，「最後に」支払った日」等）。

(c)　給付命令（民訴387条2項）　給付判決の主文に相当するものである。給付命令は，請求の趣旨及び申立手続費用額を引用して記載する。債権者又は債務者が複数の場合，各人の権利義務の範囲が不明確にならないように注意する。債務者又は債権者が2人以上のときの記載例は次のとおりである。

(イ)　分割債務の場合（民427条）

「債務者らは，債権者に対し，請求の趣旨記載の金額を支払え。」。

各債権者に対する請求金額に差異がある場合には，「債務者甲は金30万円，債務者乙，債務者丙は各金15万円」というように債務者ごとに金額を記載する。

(ロ)　債務者間に連帯関係があるとき（民432条・454条など）

「債務者らは，債権者に対し，連帯して，請求の趣旨記載の金額を支払え。」。

(ハ)　主債務者と単純保証人（民446条）又は不真正連帯債務の関係（民445条・709条・715条など）にあるとき

「債務者らは，債権者に対し，各自請求の趣旨記載の金額を支払え。」。

(ニ)　合同債務（手47条・77条1項4号，小43条）のとき

「債務者らは，債権者に対し，合同して，請求の趣旨記載の金額を支払え。」

(ホ)　債権者が2人以上のとき

分割債権の場合は,「債務者は,債権者らに対し,請求の趣旨記載の金額を支払え。」。

連帯債権・不可分債権(民428条)の場合は,「債務者は,債権者各自に対し,請求の趣旨記載の金額を支払え。」。

(d) 警告文言　支払督促には,「債務者がこの支払督促の送達を受けた日から2週間以内に督促異議の申立てをしないときは,債権者の申立てによって仮執行の宣言をする。」という文言を付記しなければならない(民訴387条)。

(e) 手形訴訟(又は小切手訴訟)による審理及び裁判を求める旨の申述がある場合　この申述(民訴395条1項・398条1項・366条1項・367条2項)があったときには警告文言の次に,「この支払督促の申立てに際し,債権者から,手形訴訟(又は小切手訴訟)による審理及び裁判を求める申述があったので,この支払督促に対し,仮執行宣言をする前に督促異議の申立てをすると,手形訴訟(又は小切手訴訟)によって審理及び裁判がされることになる。」という文言を付記する(民訴規220条3項・221条)。

〔牛坂　潤〕

第6節　支払督促の発付　〔1〕　支払督促の定型書式　【書式326】

書式 326　支払督促(1)——表題部

```
平成○○年（ロ）第○○○○号

　　　　　　　　支　　払　　督　　促

　当事者の表示並びに請求の趣旨及び原因は，別紙記載のとおり
　　債務者は，債権者に対し，請求の趣旨記載の金員を支払え。
　　債務者がこの支払督促の送達を受けた日から2週間以内に督促異議の申
立てをしないときは，債権者の申立てによって仮執行の宣言をする。

　　　　　　　平成○○年○○月○○日
　　　　　　　　○○簡易裁判所
　　　　　　　　　　裁判所書記官　　○　○　○　○　㊞
```

書式 327　支払督促(2)——手形等訴訟型

```
平成○○年（ロ）第○○○○号

　　　　　　　　支　　払　　督　　促

　当事者の表示並びに請求の趣旨及び原因は，別紙記載のとおり
　　債務者は，債権者に対し，請求の趣旨記載の金員を支払え。
　　債務者がこの支払督促の送達を受けた日から2週間以内に督促異議の申
立てをしないときは，債権者の申立てによって仮執行の宣言をする。
　　この支払督促の申立てに際し，債権者から，手形訴訟による審理及び裁
判を求める旨の申述があったので，この支払督促に対し，仮執行の宣言をす
る前に督促異議の申立てをすると，手形訴訟によって審理及び裁判がされる
ことになる。

　　　　　　　平成○○年○○月○○日
　　　　　　　　○○簡易裁判所
　　　　　　　　　　裁判所書記官　　○　○　○　○　㊞
```

書式 328　支払督促に関する「注意書」

注　意　書

1　この支払督促は，債権者（申立人）が提出した申立書だけを審査し，債務者（あなたのこと）の言い分は聞かないでされたものです。
　　あなたへの請求金額は「請求の趣旨」というところに，債権者の言い分は「請求の原因」というところに書いてあります。
2　この支払督促について，あなたに言い分がないときには，直接，債権者に「請求の趣旨」というところに書いてある金額を支払う必要があります。
3　この支払督促について，あなたに言い分があるときには，「督促異議申立書」という書面を当裁判所〇〇係に持参するか郵送するかして，督促異議の申立てをすることができます。督促異議の申立ては，例えば，このような契約はしていない，自分の支払った額はこれとは違うなどという場合のほか，計算関係に疑問があるという場合にもすることができます。請求金額は間違いないが分割払いにしてほしいなど支払方法について債権者と話合いがしたいという場合も同様です。
4　督促異議申立書は同封の用紙を使用することもできます。その際，裁判所から送る書類の受取りをあなたが希望する場所（送達場所）とその場所がどのような場所であるかということ（住所か勤務先か）を明らかにしてください。届出をしない場合や届出をしても引っ越しや転勤などに際して新しい住所や勤務先を改めて届け出ないなどの場合は，あなたが知らない間に裁判の手続が進行してしまうこともあります。
　　また，裁判所から送る書類をあなた以外の人が代わって受け取ることを希望するという場合は，その名前も届け出てください。
　　なお，督促異議の申立てをするときは，事務の都合上必要ですので，郵便切手〇，〇〇〇円（過不足のないよう）を同封してください。
5　あなたがこの支払督促正本の送達を受けた日の翌日から数えて2週間以内（必着）に当裁判所に対し督促異議の申立てをしないときは，債権者の申立てによって仮執行の宣言が付され強制執行を受けることがありますので注意してください。
6　督促異議の申立てをすると，通常の裁判手続で審理されることになり，管轄の裁判所から期日呼出状及び答弁書催告状という書面が送達されます。指定された期日に裁判所に来ないと，あなたの言い分を直接聴くことができませんし，たとえ分割支払を希望していても話合いもできません。結果として，債権者の言い分どおりの判決が出され，強制執行を受けることもありますので注意してください。
7　督促異議の申立ての手続などに不明な点がある場合の照会先は下記のとおりです。当裁判所の窓口に来られる場合には，この支払督促正本と印鑑を持参してください。

（照会先）

〔2〕 支払督促の更正処分

(1) 意義と根拠

支払督促に計算違い，誤記その他これらに類する明白な誤りがあるとき，裁判所書記官は申立て又は職権によりいつでもその処分を更正することができる（民訴389条1項・74条1項）。「誤り」は支払督促のいかなる部分（当事者の表示，請求の趣旨及び原因，給付命令等）にあるかを問わない。また，明白な誤りがあるかどうかは支払督促自体から直ちに認識されるものに限らず，督促記録全体から判断してよい。

(2) 要件と実務の状況（含問題点）

更正処分は，当事者双方に対し，相当と認める方法により告知することで効力を生じる（民訴389条1項・74条2項・71条3項）が，強制執行に際し更正処分の送達証明が必要になることも考えられ，更正処分正本を送達することが相当である。なお，仮執行宣言前に適法な督促異議の申立てがあったときは，支払督促はその督促異議の限度で効力を失うので（民訴390条），その更正処分も効力を失うことになる。

更正処分に対しては，告知を受けた日から1週間の不変期間内に，その処分をした裁判所書記官の所属する簡易裁判所に対し，異議の申立てをすることができる（民訴389条1項・74条2項・71条4項）。この異議の申立ては執行停止の効力を有する（民訴389条1項・74条2項・71条5項）。ただし，仮執行宣言後に適式な督促異議の申立てがあったときは，更正処分に対し異議を申し立てることはできず（民訴389条2項），支払督促の更正処分に不服のある当事者は，督促異議後の訴訟手続においてその旨を主張することになる。

異議の申立てについての決定に対しては，即時抗告することができる（民訴389条1項・74条2項・71条7項）。

〔牛坂　潤〕

書式 329　支払督促更正処分(1)──明白な誤記等の場合

```
平成○○年（サ）第○○○○号

                更　正　処　分

                        債権者　甲　野　太　郎
                        債務者　乙　野　次　郎

　上記当事者間の当庁平成○○年（ロ）第○○○○号事件につき，債権者の申立てにより支払督促中明白な誤りを発見したので次のとおり処分する。
                主　　　文
　本件について平成○○年○○月○○日発した支払督促中，「債務者乙野二郎」とあるのを「債務者乙野次郎」と更正する。

　　　　平成○○年○○月○○日
　　　　　　○○簡易裁判所
　　　　　　　裁判所書記官　○　○　○　○　㊞
```

書式 330　支払督促更正処分(2)──当事者の死亡による場合

```
平成○○年（サ）第○○○○号

                更　正　処　分

                        債権者　甲　野　太　郎
                        債務者　乙　野　次　郎

　上記当事者間の当庁平成○○年（ロ）第○○○○号事件につき，債権者の申立てにより支払督促中明白な誤りを発見したので次のとおり処分する。
                主　　　文
　本件について平成○○年○○月○○日発した支払督促中，「債務者乙野次夫」とあるのを「債務者乙野次郎」と更正する。

　　　　平成○○年○○月○○日
　　　　　　○○簡易裁判所
　　　　　　　裁判所書記官　○　○　○　○　㊞
```

書式331 支払督促更正処分に対する異議申立書

```
平成○○年（ロ）第○○○○号


                異 議 申 立 書

                        債権者 甲 野 太 郎
                        債務者 乙 野 次 郎


 債権者は，平成○○年○○月○○日，○○簡易裁判所裁判所書記官がした
支払督促更正処分に対して異議を申し立てる。

            理      由
 ……………………………………。


         平成○○年○○月○○日
            債務者 甲 野 太 郎 ㊞

○○簡易裁判所 御中
```

〔3〕 支払督促の告知

(1) 概　　説

　裁判所書記官が支払督促を発付したときは，その旨を債権者に通知しなければならない（民訴規234条2項）。旧法のもとでも法文上は送達が必要とされていたにもかかわらず（旧民訴436条），実務上は普通郵便で送付したり，請書によって処理する運用が行われてきたことから，新法では債権者に対する告知を通知で足りるとしたものである。

　一方，債務者に対しては支払督促正本を送達しなければならない（民訴388条1項，民訴規234条1項）が，公示送達することはできない（民訴382条但書）。

(2) 支払督促の告知と送達

　債権者に対する支払督促の発付通知（民訴規234条2項）は相当と認める方法で行われる（民訴規4条1項）。電話による通知が一般的であるが，まとめて通知する場合は普通郵便やファックスによる場合もある。債権者に対し通知したときは，支払督促原本の欄外等に通知した者，通知の相手方，通知の年月日及び通知の方法を記載する（民訴規4条2項）。支払督促においては，債権者はあらかじめ処分の内容を了知しており，支払督促が発付されたことの通知を受ければ足りると考えられたものである。

　債務者に対しては，支払督促正本を送達しなければならない（民訴388条1項，民訴規234条1項）。これは仮執行宣言前の督促異議申立ての期間（民訴391条1項・392条）を明らかにし，仮執行宣言の申立てが法定期間内であるか否かを確定するために重要な意味をもっているからである。債務者に対して公示送達をすることはできないが（民訴382条但書），それ以外のいかなる送達方法によってもよい。債務者への送達に際し，実務上，債務者が督促異議申立書を容易に，かつ，適式に作成できるようにとの配慮から，「注意書」及び「督促異議申立書」用紙を同封して送達している。また，支払督促申立てに際して，債権者から手形訴訟（又は小切手訴訟）による審理及び裁判を求める旨の申述があったときは，手形（又は小切手）の写しも同封する（民訴規220条2項・221条）。

支払督促の効力は，債務者に送達されたときに生じる（民訴388条2項）。支払督促正本の送達後2週間以内に債務者が督促異議の申立てをしなければ，債権者は仮執行宣言の申立てをすることができる（民訴391条）。また，債権者が仮執行宣言の申立てができるときから30日以内にその申立てをしないときは，支払督促は失効する（民訴392条）。

また，支払督促正本の送達により債務者に送達場所の届出義務が発生する（民訴104条1項）。なお，送達報告書により，債務者に対する支払督促正本の送達がその裁判所書記官が所属する簡易裁判所の管轄区域外でされたことが認められる場合であっても，そのことだけで直ちに，申立先の標準時である支払督促申立時以前に債務者の住所等が管轄区域外にあったと認められるわけではない。さらに，債務者の住所等が支払督促申立時以前から管轄区域外にあった場合でも，このような支払督促手続が当然に無効であるとはいえないことから考えると，そのまま手続を進めるべきである。ただし，債務者の住所等と思って書留郵便に付する送達を行ったところ，債務者がすでに別の場所に転居していた場合のように送達自体が有効であるといえないときには，債権者に住所等を補正させたうえあらためて支払督促正本を送達しなければならない。

〔牛坂　潤〕

書式 332　支払督促発付の通知書

```
平成○○年（ロ）第○○○○号

　　　　　　　　　支払督促発付通知書

　　　　　　　　　　　　　　　債権者　○　○　○　○
　　　　　　　　　　　　　　　債務者　○　○　○　○

　上記当事者間の支払督促事件について，平成○○年○○月○○日，支払督促が債務者に対し発付されました。

　　　　　　平成○○年○○月○○日
　　　　　　　○○簡易裁判所
　　　　　　　　裁判所書記官　○　○　○　○
```

書式 333　債務者に対する送達場所の届出書

```
平成○○年（ロ）第○○○○号
○○簡易裁判所　御中
　　　　債権者　○　○　○　○
　　　　債務者　○　○　○　○
　　　　　　　　　　　平成○○年○○月○○日
　　　　　　　　　債権者　○　○　○　○　㊞

　　　　　　　　送達場所の届出書

　上記当事者間の支払督促申立事件について，申立書記載の債務者住所にあてて行った特別送達郵便が転居先不明により送達できませんでしたが，債務者の新たな住所が判明したので，住所を更正のうえ（更正決定申立書を提出済み），支払督促正本等を判明した下記住所に再送達されたく申請します。
　　　　　　　　　　　　　記
　債務者の新住所
　　○○県○○市○○町○○丁目○○番地
　　添付書類　住民票　　1通
　　貼付郵券　1,050円　1組
　　　　　　　　80円　 1枚
```

書式334 債務者の就業場所への送達申請

平成○○年（ロ）第○○○○号
○○簡易裁判所　御中
　　　債権者　○　○　○　○
　　　債務者　○　○　○　○
　　　　　　　　　　　平成○○年○○月○○日
　　　　　　　　　　　　債権者　○　○　○　○　㊞

　　　　　　　再送達申請書（就業場所）

　上記当事者間の支払督促申立事件について，債務者に対し，支払督促正本を判明した下記就業場所に再送達されたく申請します。

　　　　　　　　　　　記

　送達先（就業場所）
　○○県○○市○○町1丁目1番地
　　　○○株式会社○○支店
　貼付郵券　1,050円　1組
　　　　　　 80円　1枚

書式 335　所在場所等調査報告書

平成○○年（ロ）第○○○○号
○○簡易裁判所　御中
　　　債権者　○　○　○　○
　　　債務者　○　○　○　○
　　　　　　　　　　平成○○年○○月○○日
　　　　　　　　　　債権者　○　○　○　○　㊞

所在等調査報告書

　上記当事者間の支払督促申立事件について，債務者の所在等を調査した結果を次のとおり報告します。
1　□就業場所は，ない。（□主婦　□自宅で自営　□学生　□　　　　　）
　　□就業場所は，不明である。
　　□契約時の就業場所は，□ない。
　　　　　　　　　　　　□退職した（平成　年　月　日）。
　　　　　　　　　　　　□倒産した（□平成　年　月ころ　□時期不明）
　　　　　　　　　　　　□
　　調査日時　平成　　年　　月　　日午前・午後　　時　　分ころ
　　（調査担当者　　　　　　　　　　）
　　調査をした相手方等及び方法
2　調査の結果，債務者が下記の住所等に居住していることを確認できました。
　　債務者は，□支払督促記載の住所に居住している。
　　　　　　　□住所
　　　　　　　　　　　　　　　　　　　　　　　　　に居住している。
　　調査日時　平成　　年　　月　　日午前・午後　　時　　分ころ
　　（調査担当者　　　　　　　　　　）
　　調査をした場所
　　調査をした相手方　□債務者本人　□債務者の家族（　　　　　　　）
　　　　　　　　　　　□近隣の住人（　　　　　　　）
　　　　　　　　　　　□管理人（　　　　　　）□管理会社（　　　　　）
　　　　　　　　　　　□大　家（　　　　　　）□
　　調査内容

　　債務者の住所における外観状況等
　　　表札は，　　　□ある（　　　　　　　　）　□ない
　　　郵便物等は，　□取り込まれている　□たまっている　□郵便受けがない。
　　　電気メーターは，□動いている　　□止まっている
　　　その他（　　　　　　　　　　　　　　　　　　　　　　　　　）
　　添付書類　住民票　1通

書式336　債務者に対する執行官送達申請書

平成〇〇年（ロ）第〇〇〇〇号
〇〇簡易裁判所　御中
　　債権者　〇　〇　〇　〇
　　債務者　〇　〇　〇　〇

　　　　　　　　　　平成〇〇年〇〇月〇〇日
　　　　　　　　　　　債権者　〇　〇　〇　〇　㊞

執行官送達申請書

　上記当事者間の支払督促申立事件について，債務者に対する支払督促正本の特別送達郵便が不在で還付され，その後配達日（休日）指定の特別送達郵便も不在で還付されました。先に提出した所在等調査報告書に記載したとおり債務者には就業場所がなく，債務者は平日及び休日も日中は不在がちで平日の帰宅は午後〇時ころであるため，債務者の下記住所に執行官送達されたく申請します。
　なお，執行官送達に必要な費用は直ちに予納します。
　添付書類　　住宅地図写し　1通

記

　債務者住所　〇〇県〇〇市〇〇町〇〇丁目〇〇番地

書式 337　債務者に対する付郵便送達申請書

平成〇〇年（ロ）第〇〇〇〇号
〇〇簡易裁判所　御中
　　　債権者　〇　〇　〇　〇
　　　債務者　〇　〇　〇　〇
　　　　　　　　　平成〇〇年〇〇月〇〇日
　　　　　　　　　　債権者　〇　〇　〇　〇　㊞

　　　　　　　　書留郵便に付する送達申請書

　上記当事者間の支払督促申立事件について，債務者に対する支払督促正本の特別送達郵便が不在で還付され，その後，□休日の再度の特別郵便送達（□休日□夜間　の執行官送達）も不在で送達できませんでした。また，所在等調査報告書に記載したとおり債務者には就業場所がないので，書留郵便に付する送達をされたく申請します。
　なお，書留郵便が不在で返送された場合には，債務者に対し支払督促正本を普通郵便で送付されるよう上申します。

　　貼付郵券　　440円　　1組
　　　　　　　　 80円　　1枚
　　　　　　　　 90円　　1枚

書式 338　書留郵便に付する送達通知書

平成〇〇年（ロ）第〇〇〇〇号
債務者　〇　〇　〇　〇　殿

　　　　　　　　平成〇〇年〇〇月〇〇日
　　　　　　　　〇〇簡易裁判所
　　　　　　　　　　裁判所書記官　〇　〇　〇　〇
　　　　　　　　　　電　話　〇〇〇－〇〇〇－〇〇〇〇

　　債権者　〇　〇　〇　〇
　　債務者　〇　〇　〇　〇

　　　　　　　　通　　　知　　　書

　上記当事者間の支払督促事件について，先にあなたに対し支払督促正本を特別送達郵便により発送しましたが，あなたが受け取らなかった（配達時不在で郵便局に7日間留め置かれていましたがこの間に受け取らなかった）ため，民事訴訟法107条に基づき，この支払督促正本を，本日，書留郵便に付して発送しました。
　この発送により，あなたがこの書留郵便を受け取らない場合でも，法律上あなたに対して支払督促正本が送達されたものとみなされ，手続はそのまま進行し不利益を受けることがあります。
　つきましては，郵便配達時に不在などの理由で受け取ることができなかった場合には，至急郵便局に出向くなどして書類を受け取ってください。郵便局で受け取ることができなかったときには裁判所に連絡してください。
　なお，支払督促手続については同封の説明書をよく読んでください。

書式 339　支払督促不送達通知書

平成○○年（ロ）第○○○○号

支払督促不送達通知書

　　　　　　　　　　　　　　　債権者　○　○　○　○
　　　　　　　　　　　　　　　債務者　○　○　○　○

　上記当事者間の支払督促事件について，下記の事由により債務者に対する支払督促正本の送達ができませんでしたので，申し出にかかる場所以外の送達すべき場所を申し出てください。
　なお，この通知書受領後２ヵ月以内に申し出がないときには，民事訴訟法388条3項により本件支払督促の申立てを取り下げたものとみなします。

記

□　転居先不明
□　あて所に尋ねあたらず
□

　　　　　平成○○年○○月○○日
　　　　　　○○簡易裁判所
　　　　　　　裁判所書記官　○　○　○　○

〔注〕
1．参考文献は，裁判所職員総合研修所『民事実務講義案Ⅲ』〔3訂版〕（司法協会），園部厚『書式支払督促の実務』〔全訂7版〕（民事法研究会），加藤新太郎ほか編『基本法コンメンタール民事訴訟法3』〔第3版〕（日本評論社）。

第7節　督促異議申立手続（仮執行宣言前）

〔1〕　支払督促に対する督促異議の概説

(1)　意　　義

　督促異議の申立ては，債務者が支払督促に対してとりうる唯一の不服申立方法である（民訴386条2項）。支払督促は，債権者の申立てがあれば債務者を審尋しないで発するため（同条1項），支払督促に不服のある債務者に防御の機会を与える必要がある。そこで，法は，督促異議申立権を債務者に与え，督促異議があれば督促手続を排除して訴訟手続に移行させることにより，被告の防御の機会を確保することとした。

　督促異議は，仮執行宣言が付される前後で，仮執行宣言前の督促異議（民訴390条）と，仮執行宣言後の督促異議（民訴393条）に区別される。本節では，仮執行宣言前の督促異議について解説を進める。

(2)　申立時期

　仮執行宣言前の督促異議は，債務者に支払督促正本が送達された時点から，支払督促が失効（民訴392条）するまでの期間内又はそれより前に仮執行宣言が発付されたときはその期間内に申し立てることができる。したがって，支払督促失効後になされた督促異議申立ては，不適法なものとして後述したように却下されることになる。また，債務者への支払督促正本送達前になされた督促異議申立ても不適法なものとして却下すべきであるが，却下決定を行う前に支払督促の送達がなされた場合には，その瑕疵が治癒され，適法な督促異議申立てとなると解される。

(3)　申立ての方式及び申立書の記載内容

(a)　申立ての方式　　申立ては，書面又は口頭により，支払督促を発した裁判所書記官の属する簡易裁判所に対して行う（民訴386条2項，民訴規1条）。はがきや電報でもかまわない。これに対して，電話やファクシミリによる申立ては認められない。電話による申立ては裁判所書記官の面前における口頭

の申立てとはいえないし，ファクシミリによる申立ては，督促異議申立書が実質的にみて，「訴訟手続を開始させる書面」（民訴規3条1項2号）に該当すると考えられるからである。

　(b)　申立書の記載事項　　督促異議申立書には，事件番号，当事者名，年月日，裁判所名等を記載するとともに（民訴規2条），当該事件について発せられた支払督促に異議がある旨を記載しなければならない。また，送達を受けるべき場所の届出及び送達受取人の届出も記載する（民訴規41条2項）。その上で，申立人又は代理人が署名又は記名押印する。

　なお，異議の理由を記載することは必要なく，また，異議がある旨の文言が記載されていなくても，支払督促に不服がある旨が窺い得る事実が記載されている場合には，異議申立てとして取り扱う。また，督促異議申立書に，支払督促の請求の趣旨及び原因に対する答弁や認否若しくは抗弁事実等の防御方法が記載されているような場合には，その申立書は準備書面（民訴161条）としての性質も兼ね備えるものといえる。

　(c)　督促異議の範囲　　督促異議申立ては，支払督促に記載された請求の全部に対して申し立てることも，併合された数個の請求のうち1つに対して申し立てることも，1つの請求のうちの一部分について申し立てることも，いずれも許される。このような場合，督促異議申立書にその範囲を明記しなければならない。範囲が明記されていない申立ての場合には，支払督促に記載された請求全部についての督促異議申立てとして取り扱う。

　一部についてなされた督促異議は，その異議部分についてのみ，督促異議の効果，すなわち支払督促失効（仮執行宣言前の督促異議）及び訴訟移行の効果が生じることになる。

　また，複数の債務者のうちの一部の債務者が申し立てた督促異議については，その債務者に対する請求についてのみ，上記督促異議の効果が生じることになる。

　(4)　**督促異議申立ての適法性の審査**

　支払督促に対する適法な督促異議申立てがあれば，仮執行宣言の先後を問わず，支払督促申立時に遡って，目的物の価額に応じて支払督促を発した裁判所書記官の所属する簡易裁判所，又はその所在地を管轄する地方裁判所に

訴えの提起があったものとみなされるから（民訴395条），督促異議申立てが適法かどうかが訴訟上重要な効果を生じさせることになる。

　そこで，法は，請求が地方裁判所又は簡易裁判所のいずれの事物管轄に属するものであるかを問わず，支払督促を発した裁判所書記官の所属する簡易裁判所に，督促異議の適法性の審査を行わせることとした（民訴394条）。

　適法性の審査は，督促異議申立てが，訴訟行為の一般的要件を具備しているか，あるいは申立時期や申立ての方式の要件を具備しているか，について行う。

　(a)　不適法な督促異議申立て　　督促異議申立てが，訴訟行為の一般的要件を欠くとき（例：当事者能力，訴訟代理権の欠缺等）あるいは，申立時期や申立ての方式の要件を欠くとき（例えば債務者に対する支払督促送達前になされた督促異議申立て，支払督促失効後になされた督促異議申立て等，あるいはファクシミリにより督促異議申立て）には，不適法な督促異議申立てになる。

　その不適法な督促異議申立ての場合，その不備が補正できるかどうかで次のとおり取り扱うことになる。

　(イ)　不備が補正できる事項である場合　　例えば，無権代理人による督促異議申立てのように，不備が補正・追完できる場合には，督促異議の申立人本人に対して，期間を定めて当該不備の補正を命じ（民訴384条・137条1項），それにもかかわらず補正しない場合には，決定で督促異議申立てを却下する（民訴394条1項）。

　(ロ)　不備が補正できない事項である場合　　例えば，支払督促失効（民訴392条）後になされた督促異議申立てのように，不備が補正できない場合には，直ちに決定で督促異議申立てを却下する。

　督促異議申立却下決定の告知は，相当と認める方法で督促異議の申立人に対して行えば足りるが（民訴119条），実務上は，抗告期間を明確に把握するため送達の方法による例が多い。

　この却下決定に対しては，督促異議の申立人は，即時抗告を申し立てることができる（民訴394条2項）。

　督促異議却下決定が確定したときは，訴訟移行の効力は生じない。この場合，督促異議申立期間が残存している場合には，債務者は，再度の督促異議

申立てが可能である。

　(b)　適法な督促異議申立て　　督促異議申立てが，訴訟行為の一般的要件を具備し，申立期間及び申立ての方式の要件を具備しているときには，適法な督促異議申立てである。

　適法な異議申立てであったときには，債権者の請求は，督促手続から訴訟手続に当然に移行することになる（民訴395条）。

　(5)　**訴訟手続への移行と管轄裁判所の振分け，事件記録の送付**

　適法な督促異議申立てにより，債権者の請求は，次のとおり督促手続から訴訟手続に当然に移行し（民訴395条），これに伴い，仮執行宣言前の督促異議の場合には，支払督促は失効する。これに対して，仮執行宣言後の督促異議の場合には，仮執行宣言付支払督促の確定が遮断されるだけであり，執行力は当然には停止しない。

　(a)　原　　則　　目的物の価額が140万円以下の場合には，支払督促を発した裁判所書記官の所属する簡易裁判所に，140万円を超える場合には，その簡易裁判所の所在地を管轄する地方裁判所に，それぞれ訴えの提起があったものとみなされる。

　その結果，事件は，原則として通常訴訟手続により審理及び裁判がなされることになる。

　ただし，手形金又は小切手金等の請求で，支払督促申立書に，督促異議後の訴訟手続について手形訴訟（小切手訴訟）による審理及び裁判を求める旨の申述の記載がなされているときには，仮執行宣言前の督促異議により，当該事件は手形訴訟（小切手訴訟）に移行する。

　(b)　電子情報処理組織による督促手続における支払督促に対し督促異議申立てがあった場合の管轄裁判所に関する特則　　電子情報処理組織（通称「督促オンラインシステム」）を用いて取り扱う督促手続における支払督促に対して適法な督促異議申立てがあったときには，支払督促申立時に遡って，目的物の価額に応じて，本来の申立先となる簡易裁判所，指定簡易裁判所又はその所在地を管轄する地方裁判所に訴えの提起があったものとみなされる（民訴398条1項）。

　また，本来の申立先となる裁判所が2以上あるときは，目的物の価額に

従って、債務者の普通裁判籍の所在地（民訴383条1項）を管轄する簡易裁判所又はその所在地を管轄する地方裁判所がある場合にはその裁判所に、その裁判所がない場合は、事務所又は営業所を有する者に対する請求でその事務所又は営業所における業務に関するものについては、当該事務所又営業所の所在地（同条2項1号）を管轄する簡易裁判所又はその所在地の地方裁判所に訴えの提起はあったものとみなされる（民訴398条2項）。

(6) 督促異議申立権の放棄、督促異議申立ての取下げ

(a) 督促異議申立権の放棄　明文上の規定はないが、督促異議申立権の放棄も処分に対する不服申立権という点で上訴権放棄と同様であり、上訴権の放棄（民訴284条・313条・331条）に準じて、督促異議申立権の放棄は認められる。ただし、督促異議申立権の放棄の実務例は少ない。

督促異議申立権の放棄は、控訴権放棄（民訴規173条）を類推し、督促異議申立前であれば、支払督促を発した裁判所書記官の所属する簡易裁判所に、申立後であれば、事件記録の存在する裁判所に対して、督促異議申立ての取下げとともに、それぞれ放棄書を提出するか、口頭申述をする方式によって行う。放棄があれば、債権者に対し、通知を行うことになる（同条3項）。

仮執行宣言前の督促異議の申立権の放棄がなされれば、債務者に対する支払督促正本送達後2週間前であっても、債権者は直ちに仮執行宣言の申立てを行うことができる。この場合、仮執行申立期間（民訴392条）は、放棄の申述があった旨が債権者に通知された日の翌日から起算する。

なお、仮執行宣言前の督促異議の申立権の放棄がなされても、債務者は、仮執行宣言が発付された後、改めて仮執行宣言後の督促異議申立てをすることができる。

仮執行宣言後の督促異議の申立権の放棄がなされれば、債務者に対する仮執行宣言付支払督促正本送達後2週間が経過していなくても、直ちに仮執行宣言付支払督促は確定する。

(b) 督促異議申立ての取下げ　督促異議申立ての取下げは、仮執行宣言の前後を問わず、第1審の終局判決があるまでは、控訴の取下げに準じて許される。

督促異議申立ての取下げは、訴えがあったとみなされる裁判所に対して、

督促異議申立ての取下書を提出するか（民訴261条3項本文），口頭弁論，弁論準備手続又は和解の期日において口頭申述によって行う（同号但書）。この際，債権者の同意は必要ないが，債権者に不要の準備をさせないため，債権者に対しては，督促異議申立ての取下げがなされた旨を通知する（民訴規162条2項）。

督促異議申立ての取下げがなされれば，当該訴訟手続は終了する。

仮執行宣言前の督促異議が取り下げられた場合には，督促手続が復活する。その結果，債権者は，債務者に対する支払督促正本送達後2週間が経過していれば，仮執行宣言の申立てを行い，爾後の手続を進めることができる。債務者も，仮執行宣言発付前であれば，再度の督促異議申立てができる。

仮執行宣言後の督促異議申立てが取り下げられた場合には，仮執行宣言付支払督促の確定遮断の効力が生じなかったことになる。債務者に対する仮執行宣言付支払督促正本送達後2週間が経過していれば，その期間経過日に遡って確定し，2週間経過前であれば，その経過により確定する。なお，その確定前であれば，債務者は，再度の督促異議申立てができる。

〔2〕 支払督促に対する督促異議の申立てと関連手続

上述したように，督促異議申立ては，支払督促に対する債務者の唯一の不服申立方法であるから，その申立ての機会を確保するとともに，必要な記載事項について欠落がないようにするため，実務上，債務者に対する支払督促正本を送達する際に定型の督促異議申立書（【書式340】，【書式341】）及び債務者に対する注意書（【書式342】）を同封しており，それを利用して申立てをされる例が多い。

督促異議申立てがなされたら，支払督促を発した裁判所の書記官の所属する裁判所は，督促異議申立ての適法性を審査し，不適法な申立てであれば，督促異議申立てを決定で却下する。督促異議却下決定は，【書式343】のとおりである。

これに対して，適法な督促異議申立てであれば，支払督促申立時に遡って訴えの提起があったとみなされ，督促手続から訴訟手続に移行し審理及び裁

判がなされる。

　督促異議の申立権は放棄できるものと解されている。督促異議申立権放棄書は【書式344】のとおりである。また，督促異議の申立ては，第一審の終局判決が出るまでは，取り下げることができる。督促異議申立ての取下げがあれば，訴訟手続が終了し，仮執行宣言前の異議であれば，債権者は，仮執行宣言の申立てを行うことができるようになる。督促異議申立ての取下書は【書式345】のとおりである。

〔山下　知樹〕

書式 340　督促異議申立書(1)──定型

督促異議申立書

　　簡易裁判所　裁判所書記官　殿
　下記支払督促事件について発せられた支払督促に対して，督促異議の申立てをします。

①事件番号	平成　年(ロ)第　　号	①支払督促の冒頭左上にある番号です。
②作成年月日	平成　年　　月　　日	②この書類の作成日です。
③債権者		③債権者名は支払督促の「当事者の表示」というところに書いてあります。
④あなたの氏名（債務者） あなたの住所 電話番号	印 〒 （　　　）　－	④あなたの氏名（会社の場合には商号及び代表者名），住所，電話番号などを記入し，あなたの名前の後ろに<u>押印してください</u>。 使用する印鑑は認印でかまいません。
⑤裁判所からの郵便物を受け取りたい場所（送達場所）	□上の住所でよい。 □勤務先 　名称 　住所 　電話番号（　　）　－ □その他の場合 　住所 　（あなたとの関係　　　　　）	⑤裁判所からの郵便物の受け取りにつき，希望する場所について，いずれか1つの□に✓印を付け，必要な事項を記入してください。

──────── 注　意 ────────

　<u>太線で囲われた①から⑤の事項についてもれなく記入してください</u>。また，話合いによる解決を希望するのであれば，同封の注意書をよく読んだ上で，下欄にあなたの希望を書いてください。なお，督促異議申立の理由などを具体的に書きたいときは，別の用紙を添付して，④で使った印鑑でこの申立書と割印をしてください。

□話合いによる解決を希望します。 　　□分割払を希望します。 □	受付印 予納郵便切手　　　　円

〔注〕
1．申立手数料は不要である。
2．実務上，督促異議申立ての際に，債権者に対する手数料追徴命令（補正命令）の送達のため，便宜的に債務者より送達費用に相当する郵便切手（1040円）を予納する取扱いを求めている例が多い。
3．督促異議申立てができるのは，債務者のみである。
4．訴訟手続で和解による解決を希望する債務者のために，話合いによる解決及び分割払いを希望する旨を記載できるようにしている。

書式 341 督促異議申立書(2)――電子情報処理組織（通称督促オンラインシステム）を用いて取り扱う督促手続における督促異議申立書

東京簡易裁判所民事第7室　御中

　　　　　　　　督　促　異　議　申　立　書

平成　　年（ロ）第　　　号
債権者　　債権者〇〇〇〇株式会社
債務者　　債務者●●●●株式会社
　私は，督促異議の申立てをします。

1　本日の日付　平成　　年　　月　　日
2　住所　〒　　－

　　――――――――――――――――――――――――
　　氏名　　　　　　　　　　　　　　　　　　　　　印
　　（会社の場合は，会社名と代表者名を記載し，押印してください。）

　　電話番号

3　送達場所の届出（次のいずれかにレ印又は記載してください。）
　　今後私あての書類は，
　　□上記2記載の住所に送達してください。
　　□下記の場所あてに送達してください。
　　　〒　　－

　　　電話番号
　　　この場所は私の
　　　□勤務先（会社名　　　　　　　　　　　　　　）
　　　□その他（　　　　　　　　　　　　　　　　　）です。
　　　□送達受取人（封筒の宛名に記載する人）

4　私の言い分（該当する場合はレ印を付けてください。）
　　□申立人の言い分は認めない。
　　□分割払いを希望します。（毎月　　　　　　円くらいずつ）
　　□その他（　　　　　　　　　　　　　　　　　）

書式 342　債務者用注意書（仮執行宣言前）

注　意　書

1　この「支払督促」は，債権者（申立人のこと）が提出した申立書だけを審査し，債務者（あなたのこと）の言い分は聴かないで出されたものです。あなたが督促異議を申し立てると，双方の言い分を聴いて裁判をすることになります。

2　「請求の趣旨」とは，あなたへの請求金額です。
　「請求の原因」とは，債権者の言い分です。

3　この支払督促について，あなたに言い分がないときは，直接，債権者に「請求の趣旨」記載の金額を支払うようにしてください。あなたに言い分があるとき（契約をしていない，支払った金額が間違っているなどの場合のほか，分割して支払いたいので債権者と話し合いたいという場合も同じです。）は，督促異議を申し立てることができます。

4　督促異議の申立ては，「督促異議申立書」を<u>下記の裁判所に持参するか郵送して</u>行います。督促異議申立書は，同封した用紙の空欄に必要事項を書き込めば作成できます。

5　あなたがこの支払督促を<u>受け取った日の翌日から数えて２週間以内（必着）</u>に督促異議を申し立てないと，支払督促に仮執行宣言が付けられて，あなたに対する強制執行が可能となります。

6　あなたが督促異議を申し立てると，訴訟が行われる裁判所から，改めてあなたに対して「期日呼出状・答弁書催告状」が届けられるので，これに従ってください。

7　督促異議を申し立てるときは，事務の都合上必要ですので，<u>郵便切手1040円</u>を（過不足なく）添付してください。

8　督促異議の申立ての手続などについての照会先は下記のとおりです。窓口に来られたときは，この支払督促と印鑑を持参してください。

（照会先）郵便番号
　　　　　　　簡易裁判所　督促（支払督促）係
　　　　　電話　（〇〇〇）〇〇〇-〇〇〇〇
　　　　　　　内線

〔注〕
1．この注意書は，債務者に対する支払督促正本の送達の際に同封しているものであり，支払督促の意味，不服がない場合の対処方法，督促異議申立権の意味及び申立方法，督促異議申立てを怠った場合の不利益，督促異議申立後の手続の流れなどが簡潔に記載されている。

書式 343　督促異議申立却下決定

平成○○年（ハ）第○○○○号

　　　　　　　　　決　　　　　定

　　　　　　　　　　　原　告（債権者）　○　○　○　○
　　　　　　　　　　　被　告（債務者）　○　○　○　○

　上記当事者間の当庁平成○○年（ロ）第○○○○○号支払督促申立事件について，被告（債務者）から平成○○年○○月○○日督促異議の申立てがあったので，当裁判所は次のとおり決定する。

　　　　　　　　　主　　　　　文
　本件支払督促に対する督促異議申立てを却下する。
　　　　　　　　　理　　　　　由
　本件記録によれば，支払督促は，平成○○年○○月○○日の経過により失効していることが認められる。
　よって，上記督促異議申立ては不適法なので，民事訴訟法394条１項により却下する。

　平成○○年○○月○○日
　　　　　　　　　　　○○簡易裁判所民事○○係
　　　　　　　　　　　　裁　判　官　　○　○　○　○

〔注〕
1．これは，督促異議の申立てが，支払督促が失効（民訴392条）した後になされたものであり不適法であるとして，却下した場合の決定書の記載例である。
2．決定の告知は，相当と認める方法で足りるとされているが（民訴119条），申立人に対しては却下決定に対する即時抗告権が認められているため（民訴394条２項），実務上は却下決定謄本の送達を行うことが多い。
3．仮執行宣言前の督促異議申立ての却下については，仮執行宣言申立期間の始期について注意喚起を促すため，実務上は，債権者に対しても告知する取扱いが実務上なされている。

書式 344　督促異議申立権放棄書

督促異議申立権放棄書

債権者　〇　〇　〇　〇
債務者　〇　〇　〇　〇

　上記当事者間の〇〇簡易裁判所平成〇〇年（ロ）第〇〇〇〇〇号支払督促申立事件について，平成〇〇年〇〇月〇〇日支払督促正本の送達を受けましたが，債務者は，この支払督促に対して督促異議申立てをする権利を放棄します。

　平成〇〇年〇〇月〇〇日

　　　　　　　　　　　　　　　債　務　者　〇　〇　〇　〇　㊞

　〇〇簡易裁判所　御　中

〔注〕
1．督促異議申立権の放棄が認められるのは，債務者に対し，支払督促正本が送達されその効力が生じ，督促異議申立権が発生してからであるので，あらかじめこれを放棄することは認められない。

書式 345　督促異議申立取下書

督促異議申立取下書

原　告　〇　〇　〇　〇
被　告　〇　〇　〇　〇

　上記当事者間の〇〇簡易裁判所平成〇〇年（ハ）第〇〇〇〇〇号貸金返還請求事件について，被告は，督促異議の申立てを取り下げます。

　平成〇〇年〇〇月〇〇日

　　　　　　　　　　　　　　　被　告　〇　〇　〇　〇　㊞

　〇〇簡易裁判所　御　中

〔3〕 支払督促に対する督促異議申立後の事務

(1) 概　説

適法な督促異議申立てにより，督促手続は訴訟手続に移行し（民訴395条），第一審の訴訟手続によって審理及び裁判がなされることになる。

(a) 受付，立件　　簡易裁判所の事物管轄に属する事件については，督促異議申立書により事件簿に搭載され事件符号（ハ）（手形訴訟，小切手訴訟は事件符号（手ハ））で立件される。また，地方裁判所の事物管轄に属する事件については，督促事件記録が所定の管轄裁判所に送付され，管轄裁判所で記録送付書により事件簿に搭載され事件符号（ワ）（手形訴訟，小切手訴訟は事件符号（手ワ））で立件される。

なお，電子情報処理組織を用いて取り扱う方式による督促手続において，支払督促を発した裁判所書記官の所属する簡易裁判所とは異なる簡易裁判所又は地方裁判所に訴えの提起があったとみなされる場合においても，督促事件記録が所定の管轄裁判所に送付され，当該管轄裁判所で記録送付書により事件簿に搭載されることになる。

(b) 手数料の追納　　適法な督促異議申立てにより督促手続から訴訟手続に移行したときは，原告（債権者）に手数料の納付（追納）義務が生じる（民訴費3条2項1号）。

(ｲ) 追納額　　訴え提起手数料相当額から支払督促申立時に納付した手数料額を控除した残額を追納することになる。支払督促申立手数料は訴え提起手数料の半額であるから，原則として，追納額は，支払督促申立手数料と同額になる。

支払督促の一部につき，督促異議が申し立てられた場合，訴えの提起があったとみなされるのは督促異議申立てがあった部分のみであるから，追納額は，督促異議申立てがあった部分の請求額に対応した訴え提起手数料の額から督促異議部分に対応する支払督促申立手数料の額を控除した額とする取扱いが多い。

また，支払督促において主観的併合請求がなされ各請求相互間に経済的利

益が共通している場合（主債務者と連帯保証人に対する連帯支払請求，約束手形の振出人と裏書人に対する手形金請求等），債務者から各別に督促異議申立てがなされた場合には，最初になされた督促異議申立てについて追納額全額を納付させ，後になされた督促異議申立てによっては追納させない取扱いが実務上多い。

　(ロ)　補正命令　　追納額の算定が終了したら，原告に対し，その手数料追納の補正命令が発せられる。補正命令では，追納額及びその納付期限が明示されるとともに，以後の訴訟手続を進めるのに必要な郵便切手の予納も命じられる。

　また，補正命令と同時に口頭弁論期日の指定がなされ，補正期限を口頭弁論期日までとした上で，補正命令の告知とともに原告に対する期日の呼出しがなされる場合もある。

　さらに，督促異議手続から訴訟に移行した場合，訴状が存在しないことから，請求の趣旨及び原因を記載した準備書面（訴状に代わる準備書面）の提出を催告する取扱いもあり，そのような取扱いを行う場合には，補正命令によってこの訴状に代わる準備書面の提出を催告することもある。

　(ハ)　追納されなかった場合の措置　　原告が補正期限内に手数料を追納しなかった場合，①判決言渡しのための期日を指定した上で，裁判所の判決により訴えを却下する（民訴140条。なお，仮執行宣言後の督促異議申立ての場合には仮執行宣言付支払督促の取消しもなされることもある）との考え方と，②裁判長（官）の命令により支払督促申立書を却下する（民訴137条2項の準用）との考え方がある。

　支払督促が債務者に送達されていることから被告との間に訴訟係属が生じていると考えられるため，民事訴訟法137条2項を適用する余地がなく，したがって，口頭弁論を開かずに判決で訴えの却下すべきだという①の考え方が相当であるとされているが，実務上は，簡易裁判所を中心に②の考え方に基づいて処理をしている例が多い。

　(c)　口頭弁論の準備　　手数料及び郵便切手が追納されれば，裁判所は，口頭弁論期日を指定し，原告及び被告に対し，期日の呼出しを行う（民訴139条）。期日の呼出しは，相当と認める方法によって行えば足りるが，呼出状を送達する方式によらなければ期日の不遵守による不利益を当事者に課すことができないため，通常，口頭弁論期日呼出状を送達する方式による（民訴

94条1項・2項本文)。

　また，口頭弁論期日の指定とともに答弁書提出期限が定められることになる（民訴規79条）。この場合，提出期限は口頭弁論期日呼出状に記載されるのが通例である。

　さらに，督促異議申立書に原告の請求に対する答弁や認否，抗弁事実等の防御方法が記載されている場合には，同申立書は準備書面（民訴161条）としての性質も兼ね備えているのであるから，本来的には，被告（債務者）は同副本を原告（債権者）に直送する必要がある。しかし，支払督促手続における債務者は法律知識に不案内であり直送を求めるのは適当でないことも多い。そこで，このような場合，被告（債務者）に対して督促異議申立書副本の提出を促し，その提出により，民事訴訟規則47条の送達又は送付の申出があったものとして，裁判所書記官が原告に対し，同副本を送達又は送付する取扱いも考えられる。さらに，実務上は，副本の提出がない場合には，裁判所書記官が督促異議申立書の謄本を作成して送達又は送付する取扱いも多い。

　支払督促から訴訟手続に移行した事件の場合，支払督促申立書には請求の趣旨及び原因が記載されており，それに基づいて支払督促が発付され，同正本が債務者に送達されるので，口頭弁論では，支払督促申立書を陳述することができる。しかし，上述したように，原告に対して，訴状に代わる準備書面の提出を催告する取扱いもある。

(2) 手数料の追納と関連手続

　適法な督促異議申立てにより督促手続から訴訟手続に移行したら，手数料の追納及び郵便切手の納付について補正命令（【書式346】）を発する。実務上は，補正命令を発する前に，電話や事務連絡の送付により手数料及び郵便切手を納付するよう任意補正が促される例も多い。補正期限内に手数料の追納がなされなかった場合には，支払督促申立書却下命令（【書式347】）が発せられるか，訴え却下判決（【書式348】）がなされ，訴訟手続が終了する。

　手数料の追納は収入印紙を提出して行うが，散逸防止のため印紙納付書（【書式349】）に貼付されてくる例が多い。補正命令を送達する際に，印紙納付書を同封する取扱いもある。

〔山下　知樹〕

書式 346　補正命令

平成〇〇年（ワ）第〇〇〇〇号〇〇請求事件

補　正　命　令

原　告　〇　〇　〇　〇
被　告　〇　〇　〇　〇

　上記当事者間の頭書事件（〇〇簡易裁判所平成〇〇年（ロ）第〇〇〇〇〇号事件の支払督促に対し，債務者からの督促異議申立てにより通常訴訟に移行）について，原告は，本命令告知の日から〇〇日以内に手数料として，収入印紙〇〇〇〇円を納付し，かつ郵便切手〇〇〇〇円（内訳　〇〇〇円切手〇枚，〇〇〇円切手〇枚，〇〇〇円切手〇枚，〇〇円切手〇枚，〇〇円切手〇枚）を予納することを命じる。

　平成〇〇年〇月〇〇日

〇〇地方裁判所
裁　判　官　〇　〇　〇　〇

〔注〕
1. 補正命令の告知は，補正期間の始期を明確にするため，被告（債務者）から督促異議申立ての際に提出される郵便切手を利用して，補正命令謄本を送達する方式による例が多い。

書式 347　訴状（支払督促申立書）却下命令

```
平成○○年（ハ）第○○○○○号○○請求事件
（平成○○年（ロ）第○○○○○号督促事件）


                  命　　　　令

                         原　告　　甲　山　太　郎
                         被　告　　乙　山　次　郎

               主　　　　文
  本件支払督促申立書を却下する。
               理　　　　由
  下記事項の補正を命じた命令が平成○○年○月○○日原告に告知された
のに，原告は補正期間内に補正しない。
  よって，民事訴訟法137条により主文のとおり命令する。


               記
  手数料として，収入印紙○○○○円を納付すること

  平成○○年○月○○日
               ○○簡易裁判所
                 裁　判　官　　○　○　○　○　㊞
```

〔注〕
1．これは，民事訴訟法137条を準用して裁判長（官）の命令により支払督促申立書を却下する場合の命令書の記載例である。
2．却下命令の告知は，即時抗告期間の始期を明確にするため，原告に対し，謄本を送達する実務例が多い。
3．被告に不要の準備をさせないため，被告に対しても，適宜の方法で却下命令がされたことを知らせるのが相当である。

書式348　訴え却下判決

平成○○年○月○日判決言渡　同日原本交付　裁判所書記官
平成○○年（ワ）第○○○○号貸金請求事件

　　　　　　　　　　判　　　　決

　　　　　　　　○○県○○市○○○町○丁目○番○号
　　　　　　　　　　　　　原　告　　○　○　○　○
　　　　　　　　大阪市○○区○○○丁目○番○－○○○号
　　　　　　　　　　　　　被　告　　○○株式会社
　　　　　　　　上記代表者代表取締役　　○　○　○　○

　　　　　　　　　主　　　　文

　1　本件訴えを却下する。
　2　訴訟費用は原告の負担とする。

　　　　　　　　事　実　及　び　理　由

　原告は，被告に対し，原告の被告に対する平成○○年○月○○日付け金銭消費貸借契約に基づく貸金150万円の返還を求めるために，平成○○年○月○○日○○簡易裁判所の裁判所書記官に対して支払督促を申し立て，同月○○日支払督促が発せられた（平成○○年（ロ）第○○○○号）。
　ところが，被告から同月○○日適法な督促異議申立てがあり，当裁判所に訴訟が係属するに至ったので，当裁判所は，原告に対し，平成○○年○月○○日原告に告知された補正命令により，民事訴訟費用等に関する法律3条2項所定の手数料として収入印紙○○○○円を同日から14日以内に納付することを命じたが，原告は上記期間にその納付をしなかった。
　よって，民事訴訟法140条，61条，67条を適用して，主文のとおり判決する。

　平成○○年○月○○日
　　　　　　　　　　○○地方裁判所
　　　　　　　　　　　裁　判　官　　○　○　○　○　印

〔注〕
　1．これは，訴状に代わる書面としての支払督促正本が被告に送達されていることから，被告との間で訴訟係属が生じており，したがって民事訴訟法137条2項の適用の余地はないとして，手数料を追納しない場合に，口頭弁論期日を開くことなく訴え却下の判決を言い渡した場合の判決の記載例である。
　2．仮執行宣言付支払督促が発せられている場合には，判決主文に，その取消しもあげるのが相当である（最判昭36・6・16民集15巻6号1584頁）。

書式 349　印紙納付書

収入印紙	円	確認印
予納郵券	円	

納　付　書

事件番号　平成　　年（　　）第　　　号

当事者　原　告

　　　　　被　告

印紙貼付欄

○○簡易裁判所　御中

平成　年　月　日

納付者　原告・被告

(3) 口頭弁論の準備

　原告が手数料を追納し必要な郵便切手を予納したときは，裁判所は，口頭弁論期日を指定し，口頭弁論期日呼出状（**【書式350】**，**【書式351】**）を作成して両当事者に対して送達する。実務上は，原告に対しては，口頭弁論期日呼出状に代えて期日請書（**【書式352】**）（民訴94条2項但書）を提出させる例が多い。また，答弁書の提出期限が定められると，提出期限は口頭弁論期日呼出状に記載される。さらに，答弁書のひな形や答弁書の作成方法の説明を記載した注意書（**【書式353】**）が作成され，口頭弁論期日呼出状とともに被告に送達されることも実務上多い。

〔山下　知樹〕

書式 350 口頭弁論期日呼出状(1)——原告用

事件番号　平成○○年（ハ）第○○○○号
　　　　　貸金請求事件

原　告　○　○　○　○
被　告　○　○　○　○

　　　　　　　　　　口頭弁論期日呼出状

　　　　　　　　　　　　　　　　　　　　　平成○○年○月○日

原　告　○　○　○　○　殿

　　　　　　　　　　○○簡易裁判所民事○係
　　　　　　　　　　　裁判所書記官　○　○　○　○
　　　　　　　　　　　代表電話○○○（○○○）○○○○　内線（○○○○）
　　　　　　　　　　　FAX番号○○○（○○○）○○○○

　頭書の事件について，当裁判所に出頭する期日及び場所は下記のとおり定められましたから，出頭してください。

　　　　　　　　　　　　　　　記
　期　日　　　平成○○年○○月○日（月）　午前10時00分
　場　所　　　当裁判所第○○号法廷（○階）

（注意事項）
1　この事件について提出する書面には，必ず，係名（民事○係），事件番号，事件名，当事者名を書いてください。
2　当日は，印鑑（認め印）及びご本人と確認できるもの（免許証等）をお持ちください。
3　出頭されたらすぐ，この呼出状を上記法廷内に職員に示してください。

〔注〕
1．これは，原告に対する口頭弁論期日呼出状の書式例である。実務上は，原告に対しては，電話等で期日の打ち合わせを行った上で，請書（【書式352】）を提出してもらう取扱いが多い。

書式 351　口頭弁論期日呼出状(2) ── 被告用

```
事件番号　平成○○年（ハ）第○○○○号
　　　　　譲受債権請求事件

原　告　　○○○○株式会社
被　告　　○　○　○　○
```

　　　　　　　　口頭弁論期日呼出状及び答弁書催告状

　　　　　　　　　　　　　　　　　　　　　　　　平成○○年○月○日

被　告　○　○　○　○　殿

　　　　　　　　○○簡易裁判所民事○係
　　　　　　　　　裁判所書記官　　○　○　○　○
　　　　　　　　　代表電話○○○（○○○）○○○○　内線（○○○○）
　　　　　　　　　FAX番号○○○（○○○）○○○○

　頭書の事件について，原告から訴状が提出されました。当裁判所に出頭する期日及び場所は下記のとおり定められましたから，同期日に出頭してください。
　なお，訴状を送達しますから，答弁書を作成し，期日の１週間前までに２部（１部はコピーでかまいません。ただし２部とも押印してください。）提出してください。

　　　　　　　　　　　　　　　記
　期　　日　　平成○○年○○月○日（月）　午前10時00分
　場　　所　　当裁判所第○○号法廷（○階）

（注意事項）
１　答弁書の提出方法は，郵送，持参，ファックス送信のいずれでもかまいません。あなたが，答弁書を提出せず，期日に出頭しない場合，原告の請求どおりの判決が出て，あなたの給料等の財産が差し押さえられることがあります。
２　この事件について提出する答弁書その他の書面には，必ず，係名（民事○係），事件番号，事件名，当事者名を書いてください。答弁書については，同封の用紙を利用していただいて結構です。
３　当日は，印鑑（認め印）及びご本人と確認できるもの（免許証等）をお持ちください。
４　出頭されたらすぐ，この呼出状を上記法廷内に職員に示してください。

〔注〕
　１．これは，被告に対する口頭弁論期日呼出状に，答弁書提出期限が記載されている場合の書式例である。

書式352　期日請書

期　日　請　書	
下記期日をお請け致します。 　　　　　　平成〇〇年〇〇月〇〇日 　　　　　　　　株式会社〇〇〇〇 　　　　　　　　　代表者代表取締役　〇　〇　〇　〇　㊞ 〇〇簡易裁判所民事　　係御中	
記	
事件の表示	事件番号　平成〇〇年（ハ）第〇〇〇〇号
	原　　告　株式会社〇〇〇〇
	被　　告　〇　〇　〇　〇
期　日　等	平成〇〇年〇〇月〇日　午前10時00分　　　口頭弁論期日 〇〇簡易裁判所〇〇号法廷

〔注〕
1. これは、民事訴訟法94条2項但書にいう「期日の呼出しを受けた旨を記載した書面」に該当するものである。当事者がこの期日請書を提出したときには、期日に出頭しない場合に、法律上の制裁その他期日の不遵守による不利益を帰することができる。
2. 実務上は、債権者に対し、手数料追納及び予納郵便切手提出につき、電話等で任意補正を促し、その際に、口頭弁論期日についても打ち合わせを行った上で、期日指定を行い、この期日請書を提出させる取扱いが非常に多い。

書式353　注意書（答弁書の書き方）

答 弁 書 の 書 き 方

最初に

　この答弁書は，相手方（原告）の請求について，裁判までにあなたの言い分をあらかじめお伺いすることにより，早期に紛争を解決するための書面です。まず初めに，住所，氏名を記載の上，押印してください。

1　送達場所の届出

　送達場所とは，今後，裁判所から書類をお送りする際に，あなたが書類の受け取りを希望する場所のことです。①その場所が上記の住所地の場合は上の□に✓を，②住所地以外での受け取りを希望する場合は下の□に✓をした上で，その場所をお書きください。さらに，その場所とあなたとの関係も示してください。（勤務先，営業所なら所定の□に✓，それ以外なら「□その他」に✓してください。）

2　送達受取人

　1で，「□その他」に✓をした方で，ご自身以外に受け取りを希望する方がいれば，その方のお名前を書いてください。その方との関係は「□その他」の欄にお書き下さい。

3　請求に対する答弁

① 相手方（原告）の請求に争わない場合は，「□認めます」に✓をしてください。

② 相手方の言い分を争いたいときは「□間違っている部分があります」に✓をして，その下の【　】にどの点がどう食い違うかをお書きください。書ききれない場合は，【　】に「別紙のとおり」と記載の上，別紙（Ａ４の用紙に横書きにして，左側を３センチほど空けてください）を利用してください。

③ 相手方の言い分に覚えがない場合は「□知らない部分があります」に✓をして，【　】に該当する部分を書いてください。書ききれない場合は，争う場合と同じで別紙を利用してください。

| 4　私の言い分 |

① 訴状に書かれていないことで，あなたが裁判所に知ってもらいたい事情があれば，「☐私の言い分は次のとおりです」の欄にお書きください。その際，次の点に留意してください。

※あなたの感情（許せない）や評価（悪い）を書くのではなく，あなたが直接見聞きした事実だけを書いてください。

※古いことから新しいことへ順番に書いてください。

※「いつ，どこで，誰と誰との間で，何が，どうした」を明確にしてください。

② 相手方の言い分を争わない場合でも，相手方の了解があれば分割払いによる解決が可能です。分割や，その他の案を希望される場合は「☐話し合いによる解決（和解）を希望します」に✓の上，その下に具体的な条件をお書きください。

書式354　答弁書

○○簡易裁判所民事　　係　御中
事件番号　平成　　年（ハ）第　　号　口頭弁論期日
事件名
原　告
被　告

　　　　　　　　　答　　弁　　書

　　　　　　　　　　　　　　　　　平成　　年　　月　　日

住所　〒

　　　_____
氏名（会社の場合は，会社名と代表者名まで記入してください。）
　　　　　　　　　　　　　　　　　　　　　　　　　　㊞

　　　電話番号（　　）　－　　　FAX（　　）　－

1　書類の送達場所の届出（□に✓点を付けてください。）
　　私に対する書類は，次の場所宛に送ってください。
　　　□　上記の場所（アパートやマンションの場合は，棟・号室まで記入のこと）
　　　□　上記の場所以外の下記場所（勤務先の場合は，会社名も記入のこと）
住所　〒

　　　_____
　　　電話番号（　　）　－　　　FAX（　　）　－
　　　この場所は，□勤務先，□営業所，
　　　　　　　□その他（私との関係は　　　　　）です。

2　送達受取人の届出（希望者のみ）
　　私に対する書類は，（氏名）　　　　　　　宛に送ってください。

3 請求に対する答弁（□に✓点を付けてください。）
　訴状（支払督促申立書）の請求の原因（紛争の要点）に書かれた事実について，
　　□　認めます。
　　□　間違っている部分があります。

```
┌─────────────────────────────────────┐
│                                     │
│                                     │
│                                     │
│                                     │
└─────────────────────────────────────┘
```

　　□　知らない部分があります。

```
┌─────────────────────────────────────┐
│                                     │
│                                     │
│                                     │
│                                     │
└─────────────────────────────────────┘
```

4 私の言い分（□に✓点を付けてください。）
　　□　私の言い分は次のとおりです。

```
┌─────────────────────────────────────┐
│                                     │
│                                     │
│                                     │
│                                     │
└─────────────────────────────────────┘
```

　　□　話し合いによる解決（和解）を希望します。
　　　□　分割払いを希望します。
　　　　　平成　　年　　月から，毎月　　日までに金　　　　円ずつ支払う。
　　　□　その他の案

```
┌─────────────────────────────────────┐
│                                     │
│                                     │
│                                     │
│                                     │
└─────────────────────────────────────┘
```

（※枠内に納まらない場合は，別の用紙を利用し，この用紙に添付してください。）

〔4〕 口頭弁論手続

(1) 審判の対象

督促異議申立てにより訴訟手続に移行した場合，審判の対象は，督促異議の申立てが仮執行宣言の前後を問わず，通常の新訴の提起と同様，督促異議の対象となった給付請求の当否であるが，仮執行宣言後の督促異議においては，すでに債務名義である仮執行宣言付支払督促が存在しており，この効力を維持して支払督促と同一の請求に関して債務名義が重複することを避けるのが訴訟経済及び当事者保護に適い，相当である。そこで，原告の請求の当否の審判の結果が支払督促と符合し，かつ仮執行宣言を付して執行力を維持させるのが相当な場合には，仮執行宣言付支払督促を認可して維持する旨の判決を言い渡し，支払督促と符合しないときには，その限度で全部又は一部を取り消し，変更することになる（最判昭36・6・16民集15巻6号1584頁）。

(2) 口頭弁論

口頭弁論ではまず最初に原告の本案に関する申立て及び請求原因の陳述が行われる。仮執行宣言前の督促異議の場合には，通常，支払督促申立書を陳述することで足りるが，訴状に代わる準備書面が提出されている場合には，この準備書面を陳述することになる。これに対して，被告は，原告の請求に対する答弁，認否，抗弁等について陳述を行う。督促異議申立書にこれらの事由が記載されている場合には，督促異議申立書に基づいて陳述できる。

一方，仮執行宣言後の督促異議の場合には，請求の当否が審判の対象であるが，仮執行宣言付支払督促の効力を維持するのが相当であるから，原告は，本案に関する申立てとしてまず仮執行宣言付支払督促の認可を求める旨の申立てを行うことになる。請求の原因の陳述は，支払督促申立書に基づいて行うことができる。

(3) 督促異議訴訟における判決

審理が進み，訴訟が裁判をするのに熟したときは，裁判所は終局判決をすることになる。仮執行宣言前の督促異議申立てにより訴訟手続に移行した場合には，通常の給付訴訟と同様である（**書式355**，**書式356**）。

仮執行宣言後の督促異議の場合には，原告の請求に理由のあるときは，仮執行宣言付支払督促を認可する旨の判決を言い渡し，請求に理由がないときは同支払督促を取り消し，請求を棄却することになる。詳しくは，第9節を参考にされたい。

〔山下　知樹〕

第7節　督促異議申立手続（仮執行宣言前）　〔4〕口頭弁論手続　【書式355】

書式 355　請求認容判決——一般の金銭請求型

平成○○年○月○○日判決言渡　同日原本交付　裁判所書記官　㊞
平成○○年（ワ）第○○○○号貸金請求事件
口頭弁論終結日　平成○○年○月○日

判　　　決

　　○○府○○市○○○町○丁目○番○号
　　　　　　　　　　　　原　告　　○　○　○　○
　　大阪市○○区○○○丁目○番○－○○○号
　　　　　　　　　　　　被　告　　○　○　○　○

主　　文
1　被告は，原告に対し，金150万円及びこれに対する平成○○年○月○○日から支払済みまで年5パーセントの割合による金員を支払え。
2　訴訟費用は被告の負担とする。
3　この判決は仮に執行することができる。

事 実 及 び 理 由

第1　請求
　　主文と同旨。
第2　事案の概要
　1　争いのない事実等
　　原告は，被告に対し，平成○○年○月○日，金150万円を交付し，被告はこれを受領した。
　2　争点
　　原・被告間に，被告の原告に対する上記金銭の返還の合意があったか。
　（原告の主張）
　　上記の日に，被告は原告に対し，弁済期を平成○○年○月○○日として返還を約束した。
　（被告の主張　贈与）
　　返還合意はなかった。上記金銭は，原告から贈与を受けたものである。
第3　争点に対する判断
　1　被告は，原告に対し，平成○○年○月○日，「喫茶△△」で原告から150万円を受け取る際に，「この金は，平成○○年○月○○日までにきっちり返すから。」と述べており（甲1号証，原告本人尋問），同内容の返還合意があったと認められる。
　2　結論
　　以上によれば，原告の請求は理由がある。
　　（以下省略）

書式 356　請求棄却判決——抗弁認容型

平成○○年○月○○日判決言渡　同日原本交付　裁判所書記官　㊞
平成○○年（ハ）第○○○○号貸金請求事件
口頭弁論終結日　平成○○年○月○日

判　　　　決

　大阪市○○区○○○町○丁目○番○号
　　　　　　　　　　　　原　告　　○　○　○　○
　大阪市○○区○○○丁目○番○−○○○号
　　　　　　　　　　　　被　告　　○　○　○　○

主　　　文

1　原告の請求を棄却する。
2　訴訟費用は原告の負担とする。

事 実 及 び 理 由

第1　請求
　　別紙請求の趣旨1，2項記載のとおり
第2　事案の概要
　1　請求原因の要旨
　　別紙請求の原因記載のとおり
　　　ただし，債権者とあるのを原告に，債務者とあるのを被告にそれぞれ訂正する。
　2　争点
　　原告は，平成○○年○月○日に被告の貸金債務を免除したか。
第3　争点に対する判断
　　証拠によれば，原告と被告が平成○○年○月○日に会った際，被告が原告に対し，生活が困窮しており本件貸金の返済は困難であることを述べたところ，原告は，被告に対し，「それならばもう返してもらわんでいいわ。」と言ったことが認められ，これは，被告の本件債務を免除する旨の意思表示と評価できる。

　　　　　　　　　○○簡易裁判所
　　　　　　　　　　裁　判　官　　　○　○　○　○　㊞

(別紙)

請求の趣旨及び原因

請求の趣旨
1　金　〇〇〇,〇〇〇円（下記請求の原因3の残額）
2　上記金額に対する平成〇〇年〇〇月〇〇日から完済まで年5％の割合による遅延損害金
3　金〇〇〇〇円（申立手続費用）

請求の原因
1(1)　契約の日　　平成〇〇年〇月〇日
 (2)　契約の内容　被告　　　　に対する貸金契約
　　　　　　　　　遅延損害金　特約なし

2

貸付金額	利息・損害金	支払済みの額	残　　額
〇〇,〇〇〇円	0円 （　．．　まで）	0円 （最後に支払った日 　．．　まで）	〇〇〇,〇〇〇円

3　☑（最終）支払期限（平成〇〇年〇〇月〇〇日）の経過
　　☐

〔注〕
1．これは、原告の貸金返還請求につき、被告は、請求原因事実は認めた上で、抗弁として原告は本件貸金債務を免除する旨の意思表示をした旨主張立証し、その抗弁が容認された結果、原告の請求が棄却された判決の書式例である。
2．督促異議により通常訴訟に移行した事件について、支払督促申立書における請求の原因の記載が簡潔にまとまっているときには、その写しを判決書に添付して、請求の原因の記載を引用することが簡易裁判所の実務では多い。

第8節　仮執行宣言手続と関連処分

〔1〕　概　　説

(1)　意　　義

　支払督促が発付されて支払督促正本が債務者に送達され，債務者がこれに応じてその義務をすべて履行したときは，債権者の目的は達成できたのであり，以後の手続を進める必要がない。しかし，支払督促の送達により警告を受けたにもかかわらず債務者がその義務の履行しない場合には，債権者は，支払督促に仮執行宣言を付すよう申し立てることができる。仮執行宣言とは，すでに発せられている支払督促に執行力を付与する旨の宣言する書記官の処分であり（民訴391条），支払督促に仮執行宣言が付されると，以後この仮執行宣言付支払督促は債務名義として執行力を有することになる。

(2)　申立時期

　仮執行宣言の申立てをすることができる期間は，債務者に対し支払督促正本が送達された日の翌日から起算して2週間の最終日（民訴391条1項。この日が民訴95条3項に定める日にあたる場合には，その翌日が最終日に延長される）の翌日を起算日として，その日から30日目の日（民訴392条。最終日の延長については前記と同様になる）までになる。複数の債務者がいるときには，各債務者の支払督促正本送達日を基準にして，債務者毎に申立期間が各別に進行する。

　督促異議申立てが却下された場合には，上記の期間は，原則として却下決定の確定日の翌日から起算することになるが，同確定日が支払督促正本送達日の翌日から2週間が経過していない場合には，2週間の最終日の翌日から起算される。

　また，債務者が督促異議申立てを取り下げたときには，上記の期間は，同申立ての取下げがあったことを債権者が知った日の翌日，具体的には，督促異議申立てを取り下げた旨の通知を債権者が受け取った日の翌日から起算するが，取下げがあったことを知った日が支払督促正本送達日の翌日から2週

間が経過していない場合には，2週間の最終日の翌日から起算される。

　さらに，債務者が督促異議申立権の放棄をしたときは，債権者が放棄したことを知った日（放棄した旨の通知を債権者が受け取った日）の翌日から起算される。

(3) 申立て方式及び申立書の記載内容

　(a)　申立ての方式　　申立ては，書面又は口頭により，支払督促を発した裁判所書記官に対して行う（民訴391条1項，民訴規1条）。これに対して，ファクシミリによる申立ては，仮執行宣言の申立てが，失効（民訴392条）とも関連すること，申立ての際には仮執行宣言付支払督促正本の送達費用の予納も要すること等から考えて，「訴訟手続を開始させる書面」（民訴規3条1項2号）に準ずるものとして，認められないものと解されている。

　(b)　申立書の記載事項　　申立書には，事件番号，当事者名，年月日，裁判所名等を記載するとともに（民訴規2条），当該事件について発せられた支払督促に対し，仮執行の宣言を求める旨を記載しなければならない。また，仮執行宣言の手続費用を記載する（民訴規235条1項）。その上で，申立人又は代理人が署名又は記名押印する。

　なお，数個の請求のうち一部又は1個の請求のうち一部について仮執行宣言を申し立てることもでき，その場合には，申立てをする範囲を申立書に明示する。

(4) 仮執行宣言の審査及び発付

　仮執行宣言の審査は，訴訟行為の一般的要件を具備しているか，あるいは申立時期や申立ての方式の要件を具備しているかについて行う。

　(a)　申立却下の処分　　仮執行宣言の申立てが，訴訟行為の一般的要件を欠くとき（例　当事者能力，訴訟代理権の欠缺等）あるいは，申立時期や申立ての方式の要件を欠くとき（例えば督促異議申立てがあった後の仮執行宣言申立て，支払督促失効後の仮執行宣言申立て，あるいはファクシミリによる仮執行宣言申立て等）は，不適法な申立てとなる。

　その上で，例えば，無権代理人による仮執行宣言の申立てのように，不備が補正・追完できる場合には，債権者本人に対して，期間を定めて当該不備の補正を命じ，それにもかかわらず補正しない場合には，裁判所書記官は，

仮執行宣言の申立てを却下する旨の処分をする（民訴391条1項）。

　また，支払督促失効（民訴392条）後になされた仮執行宣言の申立てのように，不備が補正できない場合には，直ちに裁判所書記官は，仮執行宣言の申立てを却下する旨の処分をする（民訴391条1項）。

　却下処分の告知は，相当と認める方法で行えば足りるが（民訴119条），実務上は，異議期間を明確に把握するため送達の方法による例が多い。

　この却下処分に対しては，その告知を受けた日から1週間の不変期間内に，却下処分をした裁判所書記官の所属する簡易裁判所に対し，異議の申立てを行うことができる（民訴391条3項・385条3項・121条）。

　この場合，異議申立てが適法であり，かつ異議に理由がある場合には，裁判所は，決定で，仮執行宣言申立ての却下処分を取り消した上で，裁判所書記官に対し，仮執行宣言を付するよう命じることになる。一方異議申立てが不適法であるか，異議に理由がない場合には，裁判所は異議申立てを決定で却下する。

　いずれの場合も，この決定の告知は，相当と認める方法で行えば足りる（民訴119条），この決定に対しては，即時抗告を申し立てることができる（民訴391条4項）。

　(b)　仮執行宣言の発付　仮執行宣言の申立てが，一般的要件を具備しており，かつ事件記録を審査した上で，申立時期や申立ての方式の要件を具備していると認められる場合，裁判所書記官は，直ちに仮執行宣言を発付する（民訴391条1項）。

(5)　仮執行宣言付支払督促の送達

　仮執行宣言が発付されると，裁判所書記官は，仮執行宣言付支払督促正本を作成し，直ちに当事者双方に送達することになる（民訴391条2項）。

　債務者は，すでに支払督促正本の送達を受けていることから，送達場所の届出義務があり（民訴104条1項前段），送達場所の届出がなされている場合にはその場所に送達を実施し，不奏功の場合，直ちに送達場所に宛てて書留郵便等に付する送達を実施することになる（民訴107条1項2号）。

　届出がなされていない場合には，支払督促正本を送達した場所が送達場所に固定されるからその場所に送達を実施する。不奏功の場合には，支払督促

正本が住所等で送達された場合にはその場所に宛てて，就業場所で送達された場合には督促事件記録に表れた債務者の住所等に宛てて，直ちに書留郵便等に付する送達を実施することになる（民訴107条1項3号）。督促事件記録からは債務者の住所等が不明である場合には，債権者の申立てにより公示送達を実施することになる。

なお，仮執行宣言付支払督促正本の送達が不奏功の場合，民事訴訟法391条5項では388条3項を準用していないから，支払督促が送達不能の場合の取下擬制制度の適用は認められない。

(6) 仮執行宣言の効力

仮執行宣言は，仮執行宣言付支払督促正本が債務者に送達されたときに効力が生じ（民訴391条5項・388条2項），これが債務名義となる（民執22条4号）。債務者に対する仮執行宣言付支払督促正本が送達された後2週間以内に債務者からの督促異議申立てがなかったとき，又は督促異議申立て却下決定が確定したときは，支払督促は確定し，確定判決と同一の効力を有することになる（民訴396条）。

なお，支払督促では，実体的審理及び判断が行われないことから，既判力は生じないとされている。

〔2〕 支払督促に対する仮執行宣言申立手続

仮執行宣言の申立ては，原則として，債務者に対する支払督促正本送達日の翌日から2週間が経過した日より30日以内に行わなければならない。申立ては口頭でも行えるが，実務上は，書面による例がほとんどである。申立書には，民事訴訟規則2条所定の事項を記載するとともに，当該事件の支払督促に対して仮執行の宣言を求める旨を記載する。また，仮執行宣言申立てに係る手続費用（仮執行宣言付支払督促正本の送達費用等）も申立書に記載することになる（**【書式357】**）。仮執行宣言の申立ては，数個の請求のうち一部又は1個の請求のうち一部について仮執行宣言を申し立てることもでき，その場合には，申立てをする範囲を申立書に明示する。実務上，債務者から一部入金があり，そのため請求を減縮する目的で，請求の一部についてのみ仮執行宣

言の申立てがなされる例が多い（【書式358】）。

　仮執行宣言の申立てがあると，訴訟の一般的要件や申立期間，申立方式について審査を行い，これらの要件を具備していれば，裁判所書記官は，仮執行宣言を発付し，仮執行宣言付支払督促正本を当事者に送達する。支払督促正本が債務者にすでに送達されており，債務者には送達場所の届出義務が生じているから，仮執行宣言付支払督促正本は，届出がなされていればその場所に，届出がない場合には支払督促正本が送達された場所に向けて送達を実施し，不奏功の場合には，民事訴訟法107条1項2号又は3号により書留郵便等に付する送達を実施することになる。

　一方，支払督促正本が就業場所で送達されたが債務者が送達場所の届出をしない場合，仮執行宣言付支払督促正本をまず就業場所に宛てて送達を実施し，同送達が不奏功に終われば督促事件記録に現れている住所等に宛てて同条3号による書留郵便等に付する送達を実施することになるが，その住所等が不明であれば，債権者の申立てにより公示送達を実施することになる（【書式359】）。

〔山下　知樹〕

書式 357　支払督促に対する仮執行宣言申立書(1)——定型

仮執行宣言の申立て

　　　　　　　　　　　　　　　債権者　〇　〇　〇　〇
　　　　　　　　　　　　　　　債務者　〇　〇　〇　〇

　上記当事者間の平成〇〇年（ロ）第〇〇〇〇〇号支払督促申立事件について，債務者は，平成〇〇年〇月〇〇日支払督促の送達を受けながら，法定期間内に督促異議の申立てをせず，また，
☑債務の支払をしない。
□申立後に別紙のとおり支払があったので，別紙のとおり充当したが，残額の支払をしない。
　そこで，下記の金員1及び2につき仮執行宣言を求める。

記
1　☑支払督促の請求の趣旨記載金額
　　□支払督促の請求の趣旨記載金額の内金　　　　円及び金　　　　円に対する平成　年　月　日から完済まで年　　％の割合による金員並びに督促費用
2　仮執行宣言の手続費用　　　　　　金〇,〇〇〇円
　　（内訳）
　　　仮執行宣言付支払督促正本送達費用　　金〇,〇〇〇円

平成〇〇年〇月〇〇日
　　　　　　　　　　　　債　権　者　〇　〇　〇　〇　㊞
〇〇簡易裁判所　裁判所書記官　殿

※項目を選択する場合には，□欄に「✓」を付してください。

〔注〕
　1．これは，定型の仮執行宣言申立書である。なお，貼用印紙は不要である。

書式 358　支払督促に対する仮執行宣言申立書(2)——一部入金型

仮 執 行 宣 言 の 申 立 て

　　　　　　　　　　　　　　　債権者　○　○　○　○
　　　　　　　　　　　　　　　債務者　○　○　○　○

　上記当事者間の平成○○年（ロ）第○○○○○号支払督促申立事件について，債務者は，平成○○年○月○○日支払督促の送達を受けながら，法定期間内に督促異議の申立てをせず，また，申立後に別紙のとおり支払があったので，別紙のとおり充当したが，残額の支払をしない。
　そこで，下記の金員1及び2につき仮執行宣言を求める。

記

1　金○○○，○○○円
　　上記金額のうち金○○○，○○○円に対する平成○○年○○月○○日から完済まで年14.6％の割合による金員
2　仮執行宣言の手続費用　　　　　金○，○○○円
　　（内訳）
　　　仮執行宣言付支払督促正本送達費用　　金○，○○○円

　平成○○年○月○○日
　　　　　　　　　　　　　債 権 者　　○　○　○　○　㊞
　　○○簡易裁判所　裁判所書記官　殿

※項目を選択する場合には，□欄に「✓」を付してください。

（別紙省略）

〔注〕
1．これは，債務者から一部入金があった場合の仮執行宣言申立書の記載例である。入金による充当関係等について別紙で計算書を添付するなどして，仮執行宣言を求める範囲を明確にしなければならない。

書式359 仮執行宣言付支払督促の公示送達申立書

公 示 送 達 申 立 書

債権者　○　○　○　○
債務者　○　○　○　○

　上記当事者間の平成○○年（ロ）第○○○○○号支払督促申立事件について，債務者の住所，居所その他送達をなすべき場所が知れないため，通常の手続によっては仮執行宣言付支払督促正本を債務者に送達できないので，公示送達によって送達されたく申立てをします。

添付書類
　1　住民票写し　　　　　1通
　2　居住調査等報告書　　1通

平成○○年○月○○日
　　　　　　　　　　　　　債　権　者　○　○　○　○　㊞
○○簡易裁判所　裁判所書記官　殿

〔注〕
1．仮執行宣言付支払督促を公示送達の方法により送達を行う場合，債権者が，民事訴訟法107条1項の規定により送達することができない場合であることを証明しなければならない。すなわち，民事訴訟法103条1項の住所等が不明であることにつき，債権者の側で居住調査報告を行い，公示送達申立書に添付して住民票写しや居住調査報告書を提出することを要する。

〔3〕 仮執行宣言手続中における手続の受継

　支払督促が発付される前に当事者が死亡した場合においては、支払督促発付前に判明した場合には、相続人を当事者とする旨の支払督促申立書の訂正申立てを債権者が行い、裁判所書記官は訂正申立ての内容に従って支払督促を発付する。支払督促発付後に判明した場合には、支払督促の更正処分申立てを債権者が行い、裁判所書記官は更正処分申立ての内容に従って更正処分を行うことになる。なお、いずれの場合も当事者の表示のみならず請求の原因についても訂正・更正を要することになる（被相続人が死亡したこと及びその年月日並びに相続人として当事者となるべき者が被相続人との関係で法定相続人となるべき身分関係を有していることを請求原因事実として追加主張することになる）。また、相続人が複数存在する場合には、請求の趣旨も各相続人の相続割合に応じた金額に訂正・更正を要することになる。
　これに対して、支払督促が発付された後に当事者が死亡した場合には、督促手続の中断・受継が問題となる。
　督促手続においても、訴訟手続の中断・受継の規定が準用されるから（民訴384条・124条）、督促手続係属中に当事者若しくはその法定代理人が死亡した場合あるいは法人が合併により消滅した場合、手続は中断し、期間の進行が停止する（民訴132条2項）。なお、これらの者に訴訟代理人がいる場合には、中断しない（民訴124条2項）。
　督促手続においては手続の中断は常に支払督促発付後に生じるから、中断が生じた場合、当事者からの受継申立て又は職権（続行処分。民訴384条・129条）により、裁判所書記官は受継処分（民訴128条2項）を行い、当事者及び相続人（承継人）に対し、告知する。中断は、受継処分を相続人に告知することにより解消され、改めて期間の進行が開始する（民訴132条2項）。なお、相続人は、相続放棄をすることができる期間（熟慮期間。民915条ないし917条）は、手続の受継をすることはできない（民訴124条3項）。

〔山下　知樹〕

第8節　仮執行宣言手続と関連処分　〔3〕　仮執行宣言手続中における手続の受継　【書式360】

書式 360　債権者死亡による手続受継申立書

　　　　　　　　　　　受　継　申　立　書

　　　　　　　　　大阪市○○区○○町○丁目○番○号
　　　　　　　　　　　　債権者（亡）　○　○　○　○
　　　　　　　　　大阪市○○区○○通○丁目○○番○号
　　　　　　　　　　　　申立人（債権者相続人）　○　○　○　○
　　　　　　　　　大阪市○区○○筋○丁目○○番○－○○号
　　　　　　　　　　　　申立人（債権者相続人）　○　○　○　○
　　　　　　　　　○○県○○市○○○丁目○○番○号町
　　　　　　　　　　　　債務者　○　○　○　○

　　上記当事者間の事件番号平成○○年（ロ）第○○○○号支払督促申立事件について，債権者○○○○は平成○○年○月○○日死亡したため，支払督促手続が中断したが，申立人○○○○（債権者の妻）及び同○○○○（債権者の実子）が債権者の財産につき各2分の1の割合で相続したので，上記支払督促手続を受継するため申立てをします。

　添付書類
　　1　戸籍謄本　　　　　2通
　　2　除籍謄本　　　　　1通

　平成○○年○月○○日
　　　　　　　　　　　　　　　申立人　○　○　○　○　㊞
　　　　　　　　　　　　　　　同　　　○　○　○　○　㊞

　○○簡易裁判所　裁判所書記官　殿

〔注〕
　1．これは，債権者が死亡し，その妻及び実子が各2分の1の割合で相続したため，両名が申立人となって，督促手続の受継を申し立てる場合の受継申立書の記載例である。
　　　受継申立書には，債権者である被相続人の死亡の事実とその年月日，手続の受継を求める申立人が法定相続人となるべき身分関係を有していること等を記載する。
　　　申立手数料は不要である。

書式 361　債務者死亡による手続受継申立書

受　継　申　立　書

東京都○○区○○町○丁目○番○号
　　　申立人（債権者）　　○　○　○　○
東京都○○区○○通○丁目○○番○号
　　　債務者（亡）　　　　○　○　○　○
東京都○区○○筋○丁目○○番○－○○号
　　　被申立人（債務者相続人）　○　○　○　○

　上記当事者間の事件番号平成○○年（ロ）第○○○○号支払督促申立事件について，債務者○○○○は平成○○年○月○○日死亡したため，支払督促手続が中断したが，被申立人○○○○（債務者の妻）が債務者を相続したので，上記支払督促手続を受継させるため申立てをします。

添付書類
　1　戸籍謄本　　　　　　　1通

平成○○年○月○○日
　　　　　　申立人（債権者）　　○　○　○　○　㊞

○○簡易裁判所　裁判所書記官　殿

〔注〕
1．これは，債務者が死亡し，その妻が単独相続したため，債権者が申立人となって，その妻に手続を受継するよう申し立てる場合の受継申立書の記載例である。
　　受継申立書には，債務者である被相続人の死亡の事実とその年月日，手続を引き継ぐ被申立人が法定相続人となるべき身分関係を有していること等を記載する。
　　申立手数料は不要である。

書式 362　受継処分

```
平成○○年（サ）第○○○○号（平成○○年（ロ）第○○○○号）


              受　継　処　分


                    大阪市○○区○○町○丁目○番○号
                        債権者（亡）　○　○　○　○
                    大阪市○○区○○通○丁目○○番○号
                        申立人（債権者相続人）　○　○　○　○
                    大阪市○区○○筋○丁目○○番○－○○号
                        同　　　　　　　　　　○　○　○　○
                    ○○県○○市○○○丁目○○番○号町
                        債務者　　　　　　　　○　○　○　○

  申立人両名（各2分の1の額）が本件督促手続を受継することを認める。

平成○○年○月○○日
              ○○簡易裁判所
                裁判所書記官　　○　○　○　○
```

〔注〕
1. これは，債権者が死亡し，その妻及び実子が各2分の1の割合で相続したため，両名が申立人となって，督促手続の受継を申し立ててきた場合における受継処分の記載例である。

書式 363　受継申立却下処分

```
平成○○年（サ）第○○○○号（平成○○年（ロ）第○○○○号）
```

　　　　　　　　　　　処　　　　　分

　　　　　　　　東京都○○区○○町○丁目○番○号
　　　　　　　　　　申立人（債権者）　　○　○　○　○
　　　　　　　　東京都○○区○○通○丁目○○番○号
　　　　　　　　　　債務者（亡）　　　　○　○　○　○
　　　　　　　　東京都○区○○筋○丁目○○番○－○○号
　　　　　　　　　　被申立人（債務者相続人）　○　○　○　○

　上記当事者間の頭書事件につき，申立人の受継申立てについて次のとおり処分する。

　　　　　　　　　　　主　　　　文
　本件申立てを却下する。
　　　　　　　　　　　理　　　　由
　債務者○○○○は平成○○年○月○○日死亡したが，一件記録によると被申立人○○○○（債務者の妻）は，平成○○年○月○○日相続放棄した事実が認められる。
　よって，主文のとおり処分する。

　平成○○年○月○○日
　　　　　　　　　　○○簡易裁判所
　　　　　　　　　　　裁判所書記官　　○　○　○　○

〔注〕
1．これは，債務者が死亡し，その妻が単独相続したとして債権者が申立人となって，その妻に手続を受継するよう申し立てたが，債務者の妻より相続放棄を行ったとして，相続放棄申述受理証明書を提出してきたため，同人への受継を認めない旨の却下処分を行う場合の記載例である。

〔4〕 仮執行宣言文言

　仮執行宣言の申立てが，一般的要件を具備し，かつ申立期間や方式の要件を具備している場合，裁判所書記官は直ちに仮執行宣言を発付する。仮執行宣言は，支払督促の原本に手続の費用額を付記して，仮執行の宣言文を記載し，付記した書記官が記名押印を行うことになる。

〔山下　知樹〕

書式364　仮執行宣言文言(1)──定型

```
　　前記金額及び本手続の費用金〇,〇〇〇円につき，仮に執行することができる。
　　　平成〇〇年〇〇月〇日
　　　　　　　　　　〇〇簡易裁判所
　　　　　　　　　　裁判所書記官　　〇　〇　〇　〇　㊞
```

〔注〕
　1．これは，支払督促の全部に仮執行宣言をする場合の記載例である。

書式365　仮執行宣言文言(2)──一部入金型

```
　　前記支払督促に記載した金額のうち金〇〇〇,〇〇〇円及びこれに対する平成〇〇年〇〇月〇〇日から支払済みまで年〇〇％の割合による金員並びに本手続の費用金〇,〇〇〇円につき，仮に執行することができる。
　　　平成〇〇年〇〇月〇日
　　　　　　　　　　〇〇簡易裁判所
　　　　　　　　　　裁判所書記官　　〇　〇　〇　〇　㊞
```

〔注〕
　1．これは，債務者から一部弁済があり，その弁済金が法定充当（民491条）により督促手続費用，利息，弁済日までの遅延損害金及び元金の一部に充当されたとして，残元金，弁済日の翌日からの遅延損害金及び仮執行宣言申立手続費用について申立てがあった場合の記載例である。

書式 366　仮執行宣言文言(3)——連帯債務の一部型

　　前記支払督促に記載した金額のうち，金〇〇〇,〇〇〇円及びこれに対する平成〇〇年〇〇月〇〇日から支払済みまで年〇〇％の割合による金員，並びに本手続の費用金〇,〇〇〇円につき，債務者〇〇〇〇に対し仮に執行することができる。

　　平成〇〇年〇〇月〇日

　　　　　　　　　　〇〇簡易裁判所
　　　　　　　　　　裁判所書記官　　〇　〇　〇　〇　㊞

〔注〕
 1．これは，債務者Ｘ（主たる債務者）と債務者Ｙ（連帯保証人）がいる場合に，一部弁済があり，法定充当がなされた残余及び仮執行宣言費用について債務者Ｙに対して仮執行宣言をする場合の記載例である。

書式 367　仮執行宣言文言(4)——各別債務の一部型

　　前記支払督促に記載した金額のうち金〇〇〇,〇〇〇円とこれに対する平成〇〇年〇月〇日から支払済みまで年〇％の割合による金員及び申立手続費用金〇,〇〇〇円並びに本手続の費用金〇,〇〇〇円につき，債務者〇〇〇〇に対し仮に執行することができる。

　　平成〇〇年〇〇月〇日

　　　　　　　　　　〇〇簡易裁判所
　　　　　　　　　　裁判所書記官　　〇　〇　〇　〇　㊞

〔注〕
 1．これは，債務者Ａ及びＢの各別の債務について請求の主観的併合があり１通の支払督促が発付されていた場合に，債務者Ｂより一部弁済があり，利息，弁済日までの遅延損害金及び元金の順序で充当の指定があったときの，充当がなされた残余及び仮執行宣言費用について債務者Ｂに対して仮執行宣言をする場合の記載例である。

第8節 仮執行宣言手続と関連処分 〔4〕 仮執行宣言文言 【書式368】

書式368 仮執行宣言文言(5)――附帯請求起算日の確定型

　前記金額（支払督促送達日の翌日は平成○○年○月○日）及び本手続の費用金○,○○○円につき，仮に執行することができる。

　平成○○年○○月○日
　　　　　　　　　　○○簡易裁判所
　　　　　　　　　　　裁判所書記官　　○　○　○　○　㊞

〔注〕
1．これは，附帯請求の起算日が「支払督促送達日の翌日から」とされている場合の記載例である。このような場合，事件記録の送達報告書によって支払督促送達日が調査され，その翌日を附帯請求の起算日として記載する。
2．複数の債務者に対し，支払督促送達日の翌日を起算日として附帯請求を求めている場合には，各債務者ごとに記載することを要する。

書式369 仮執行宣言文言(6)――債権者一般承継型

　債権者の承継人○○○○は，前記金額中請求の趣旨記載のうち金○○○,○○○円及びこれに対する平成○○年○月○日から支払済みまで年○％の割合による金員，申立手続費用のうち金○,○○○円並びに本手続の費用金○,○○○円，同○○○○は，前記金額中請求の趣旨記載のうち金○○○,○○○円及びこれに対する平成○○年○月○日から支払済みまで年○％の割合による金員，申立手続費用金○,○○○円並びに本手続の費用金○,○○○円につき，それぞれ仮に執行することができる。

　平成○○年○○月○日
　　　　　　　　　　○○簡易裁判所
　　　　　　　　　　　裁判所書記官　　○　○　○　○　㊞

〔注〕
1．これは，債権者の一般承継（共同相続）人からの申立てにより，仮執行宣言をする場合の記載例である。
2．督促手続の受継があった場合に，請求の趣旨記載の主たる請求，附帯請求，申立手続費用は，各相続分に従って按分される。仮執行宣言手続費用は，原則として，債権者の頭数に応じて按分されるが，納付額が異なる場合には，各債権者がそれぞれの納付額について債務者に償還を求めることになる。債権者に代理人があり中断しない場合でも，同様である。

書式370　仮執行宣言文言(7)——債務者一般承継型

　　債務者の承継人〇〇〇〇に対し前記金額中請求の趣旨記載のうち金〇〇〇〇,〇〇〇円及びこれに対する平成〇〇年〇月〇日から支払済みまで年〇％の割合による金員，申立手続費用のうち金〇,〇〇〇円並びに本手続の費用金〇,〇〇〇円，同〇〇〇〇に対し前記金額中請求の趣旨記載のうち金〇〇〇,〇〇〇円及びこれに対する平成〇〇年〇月〇日から支払済みまで年〇％の割合による金員，申立手続費用金〇,〇〇〇円並びに本手続の費用金〇,〇〇〇円につき，それぞれ仮に執行することができる。

　　平成〇〇年〇〇月〇日
　　　　　　　　　　　〇〇簡易裁判所
　　　　　　　　　　　　裁判所書記官　　〇　〇　〇　〇　㊞

〔注〕
1．これは，債務者の一般承継（共同相続）人に対して，仮執行宣言をする場合の記載例である。

〔5〕 仮執行宣言付支払督促と執行準備手続

　債権者が督促手続を利用して仮執行宣言付支払督促を得たにもかかわらず，債務者が任意の履行を行わない場合，債権者は，執行機関に対して強制執行を申し立て，強制執行を実施してもらい，それにより債権の満足を得るしかない。

　強制執行を実施するには，執行文の付された債務名義の正本に基づくことを要するが，支払督促に仮執行宣言が付され，仮執行宣言付支払督促正本が債務者に送達されると，直ちに執行力が生じ（民訴391条5項・388条2項），債務名義となる。かつ，支払督促に表示された当事者に対し，又はその者のためにする強制執行には，原則として執行文の付与は必要ない，とされている（民執25条但書）。すなわち，仮執行宣言付支払督促正本が執行力のある債務名義の正本となる。

　これに対して，仮執行宣言発付後に当事者に相続や合併などの一般承継や，債権譲渡などの特定承継があった場合には，承継執行文の付与が必要になる（民執25条・27条2項）。

　承継執行文は，債権者の申立てにより，裁判所書記官が債務名義正本の末尾に付記する方式により付与する（民執26条2項）。申立ては書面によってしなければならず，申立書には民事執行規則16条1項1号ないし3号所定の事項を記載しなければならない。また，承継の事実が事件記録上裁判所書記官に明白である場合を除いて，承継の事実を証明する文書を提出することを要する（民執27条2項）。さらに，債務名義正本を添付する。

　また，1つの強制執行では債権の完全な満足を得られないときには，複数の強制執行を同時に行う必要がある場合もあり，また，仮執行宣言付支払督促正本を紛失してしまったような場合もある。このような場合には，仮執行宣言付支払督促正本の再度又は数通の交付が必要になる。このような場合，債権者は，仮執行宣言付支払督促正本の再度・数通交付を申し立てることになる（民執28条）。

〔山下　知樹〕

書式 371　仮執行宣言付支払督促正本の再度・数通付与申立書

仮執行宣言付支払督促正本再度（数通）交付申請

債権者　○　○　○　○
債務者　○　○　○　○

　上記当事者間の平成○○年（ロ）第○○○○号支払督促申立事件について，下記の事由により仮執行宣言付支払督促正本を再度（　　通）交付されたく申請します。

記

事　由
　　………………………………………………………………………………………
　　………………………。

添付書類
　1　………………
　2　………………

　平成○○年○月○○日

　　　　　　　　　　　　　　債権者　○　○　○　○　㊞

　○○簡易裁判所　御　中

〔注〕
1．正本交付手数料として，用紙1枚につき150円の印紙を納付することを要する（民訴費7条別表第二の2項）。
2．申請書には，債権の完全な弁済を得るため正本が数通必要であること，又は正本が滅失したことを疎明する書類を添付する（民執28条）。
3．正本を再度（数通）交付した旨の通知を行う必要があるので（民執規19条2項），通知用の郵便切手を添付する。

書式372 承継執行文式(1)——単純承継型

債務名義の事件番号　平成○○年（ロ）第○○○○号	
執　行　文 債権者は，債務者に対し，この債務名義により強制執行をすることができる。 平成○○年○○月○日 　　　　　　　　　　　　　○○簡易裁判所 　　　　　　　　　　　　　　裁判所書記官　○　○　○　○	
債　権　者 〔債　権　者〕	株式会社○○○○
債　務　者 〔債務者○○ 　○○承継人〕	○○府○○市○○町○丁目○番○号 　　○　○　○　○
債務名義に係る請求権の一部について強制執行をすることができる範囲	
付与の事由	
ア　証明すべき事実の到来を証する文書を提出 イ　承継などの事実が明白（民事執行法規則17条2項） ウ　承継などを証する文書を提出 エ　付与を命ずる判決 （該当する符号を右の欄に記載する）	ウ
再 度 付 与	

（注）該当する事項がない場合には，斜線を引く。

〔注〕
1．これは，債務者側に承継が生じた場合の書式例である。
2．承継人等を執行文に表示するにあたっては，その者を特定するためにその住所等を併記するのが望ましい。
3．債務者側に承継が生じ，その承継人に対する承継執行文を付与したときは，承継人である債務者は，債務名義の謄本等の送達を受けていない場合がほとんどであるから，債権者に申請させ，その場合には執行文付きの債務名義謄本を証明文書とともに送達する。その際，債権者は，債務名義謄本交付手数料（1枚につき150円）を納めなければならない。

書式 373　承継執行文式(2)——共同相続型

債務名義の事件番号	平成○○年（ロ）第○○○○号		
	執　行　文		
債権者は，債務者に対し，この債務名義により強制執行をすることができる。 平成○○年○○月○日 ○○簡易裁判所 裁判所書記官　○　○　○　○			
債　権　者 〔債　権　者〕	○　○　○　○		
債　務　者 〔債務者○○ ○○承継人〕	○○県○○市○○町○丁目○番○号 ○　○　○　○ ○○県○○市○○通○丁目○番○－○○○号 ○　○　○　○		
債務名義に係る請求権の一部について強制執行をすることができる範囲			
債務者○○○○に対し2分の1の額 債務者○○○○に対し2分の1の額			
付与の事由			
ア　証明すべき事実の到来を証する文書を提出 イ　承継などの事実が明白（民事執行法規則17条2項） ウ　承継などを証する文書を提出 エ　付与を命ずる判決 　（該当する符号を右の欄に記載する）			ウ
再　度　付　与			

（注）該当する事項がない場合には，斜線を引く。

〔注〕
1．これは，債務者側に共同相続による承継が生じた場合の書式例である。
2．債務者側に承継が生じ，その承継人に対する承継執行文を付与したときは，承継人である債務者は，債務名義の謄本等の送達を受けていない場合がほとんどであるから，債権者に申請させ，その場合には執行文付きの債務名義謄本を証明文書とともに送達する。その際，債権者は，債務名義謄本交付手数料（1枚につき150円）を納めなければならない。

書式374　承継執行文式(3)──限定承認型

債務名義の事件番号　　平成○○年（ロ）第○○○○号	
執　　行　　文　　　　　　　　　　　　　　　　　　　　　　　　　　　　　　　　債権者は，債務者に対し，この債務名義により強制執行をすることができる。　　平成○○年○○月○日　　　　　　　　　　　　　　　　　　○○簡易裁判所　　　　　　　　　　　　　　　　　　　　裁判所書記官　　○　○　○　○	
債　権　者〔債　権　者〕	○　○　○　○
債　務　者〔債務者○○○○承継人〕	○○県○○市○○町○丁目○番○号　　○　○　○　○
債務名義に係る請求権の一部について強制執行をすることができる範囲	
被相続人○○○○の相続財産の限度	
付与の事由	
ア　証明すべき事実の到来を証する文書を提出　イ　承継などの事実が明白（民事執行法規則17条2項）　ウ　承継などを証する文書を提出　エ　付与を命ずる判決　　（該当する符号を右の欄に記載する）	ウ
再 度 付 与	

（注）該当する事項がない場合には，斜線を引く。

〔注〕
1．これは，債務者側に相続による承継が生じたが，相続人が限定承認をしていることが裁判所書記官に判明している場合の書式例である。
2．限定承認とは，相続した債務について，被相続人が承継する相続財産の限度で責任を負うとの留保を付しての承認をいう（民922条）。
3．債務者とされた相続人が限定承認しているかどうかについては，職権で探知する必要はなく，事件記録や債権者の申立てにより限定承認の事実が判明した場合にのみ本書式のような形式で執行文を付与すればよい。

書式375 承継執行文式(4)——訴訟担当型

債務名義の事件番号	平成○○年（ロ）第○○○○号

執　行　文

債権者は，債務者に対し，この債務名義により強制執行をすることができる。

平成○○年○○月○日

　　　　　　　　　　　　　　○○簡易裁判所
　　　　　　　　　　　　　　　裁判所書記官　　○　○　○　○

債　権　者 〔民事執行法23条1項2号による債権者○○○の他人〕	○○県○○市○○町○丁目○番○○号 　　○　○　○　○
債　務　者 〔債　務　者〕	○　○　○　○
債務名義に係る請求権の一部について強制執行をすることができる範囲	

付与の事由	
ア　証明すべき事実の到来を証する文書を提出 イ　承継などの事実が明白（民事執行法規則17条2項） ウ　承継などを証する文書を提出 エ　付与を命ずる判決 （該当する符号を右の欄に記載する）	ウ
再　度　付　与	

（注）該当する事項がない場合には，斜線を引く。

〔注〕
1．ある者（訴訟担当者）が他人（被担当者）のために当事者となって仮執行宣言付支払督促を得た場合において，権利主体はこの他人（被担当者）であり，訴訟担当者のみならずこの他人にも債務名義の執行力は及ぶ（民執23条1項2号）が，この他人が債権者となって強制執行を行うには，その者に対する承継執行文の付与を要する（民執27条2項）。
2．訴訟担当とは，紛争権利関係の主体ではない者が，訴訟等の当事者として他人の権利関係について訴訟追行することが認められる場合をいう。法律の規定により当然に第三者が訴訟追行権を有する場合（例えば，破産管財人）と本来の権利帰属（利益享受）主体の意思により第三者が訴訟追行権を有する場合が認められる。

〔6〕 仮執行宣言付支払督促に対する督促異議の概要

(1) 概　説

　督促異議の申立ては，債務者が支払督促に対してとりうる唯一の不服申立方法であることは，第7節で述べたとおりである。仮執行宣言後の督促異議（民訴390条）は，仮執行宣言が発付された後になされた督促異議をいう。

　仮執行宣言後の督促異議は，仮執行宣言が発付された後，債務者に対する仮執行宣言付支払督促正本の送達日の翌日から2週間が経過するまでの期間内に申し立てられた督促異議をいう。したがって，同期間経過後に申し立てられた督促異議申立ては，不適法なものとして却下されることになる（民訴393条）。

　申立ては，書面又は口頭により，支払督促を発した裁判所書記官の属する簡易裁判所に対して行う。督促異議申立書には，事件番号，当事者名，年月日，裁判所名等を記載するとともに（民訴規2条），当該事件について発せられた支払督促に異議がある旨を記載する。詳しくは，第7節を参考にされたい。

　督促異議の申立てがあると，支払督促を発した裁判所書記官の所属する簡易裁判所は，訴訟行為の一般的要件を具備しているか，あるいは申立時期や申立ての方式の要件を具備しているか，についての督促異議の適法性の審査を行い，不適法な督促異議であれば，その不備が補正できる事項である場合には，督促異議の申立人本人に対して，期間を定めて当該不備の補正を命じ（民訴384条・137条1項），それにもかかわらず補正しない場合には，決定で督促異議申立てを却下する（民訴394条1項）。また，不備が補正できない場合には，直ちに決定で督促異議申立てを却下する。

　督促異議申立てが，訴訟行為の一般的要件を具備し，申立期間及び申立ての方式の要件を具備しているときには，適法な督促異議申立てであり，債権者の請求は，督促手続から訴訟手続に当然に移行することになる（民訴395条）。目的物の価額が140万円以下の場合には，支払督促を発した裁判所書記官の所属する簡易裁判所に，140万円を超える場合には，その簡易裁判所の

所在地を管轄する地方裁判所に，それぞれ訴えの提起があったものとみなされる。

なお，仮執行宣言前の督促異議とは異なり，仮執行宣言後の督促異議の場合には，仮執行宣言付支払督促の確定が遮断されるだけであり，執行力は当然には停止しない。

そこで，強制執行を避けるためには，債務者は，執行停止の申立てを行い，執行停止の裁判を得なければならない（民訴403条1項）。この執行停止の裁判の申立ては，①支払督促を発付した裁判所書記官の所属する簡易裁判所に訴えの提起があったとみなされる場合には当該簡易裁判所に，②前記簡易裁判所所在地を管轄する地方裁判所に訴えの提起があったとみなされる場合には，事件記録が簡易裁判所にある場合には簡易裁判所に，事件記録が地方裁判所に送付されていればその地方裁判所に，行うことになる。

適法な督促異議申立てにより督促手続から訴訟手続に移行したときは，原告（債権者）に手数料の納付（追納）義務が生じる（民訴費3条2項1号）。この場合，訴え提起手数料相当額から支払督促申立時に納付した手数料額を控除した残額を追納することになる。支払督促申立手数料は訴え提起手数料の半額であるから，原則として，追納額は，支払督促申立手数料と同額になる。この点についても第7節〔3〕(1)(b)を参考にされたい。

追納額の算定が終了したら，原告に対し，その手数料追納の補正命令が発せられる。原告が補正期限内に手数料を追納しなかった場合，裁判所の判決により，仮執行宣言付支払督促を取り消した上で訴えが却下されるか，支払督促申立書が却下される（民訴137条2項の準用）。

手数料等が追納されれば，裁判所は，口頭弁論期日を指定し，原告及び被告に対し，期日の呼出しを行う（民訴139条）。

口頭弁論期日では，口頭弁論ではまず最初に原告の本案に関する申立て及び請求の原因の陳述が行われるが，仮執行宣言後の督促異議から訴訟に移行した場合には，請求の当否が審判の対象であるが，仮執行宣言付支払督促の効力を維持するのが相当であるから，原告は，本案に関する申立てとしてまず仮執行宣言付支払督促の認可を求める旨の申立てを行うことになる。請求の原因の陳述は，支払督促申立書に基づいて行うことができる。

(2) 仮執行宣言後の督促異議

　実務上は，仮執行宣言付支払督促正本を送達する際に定型の督促異議申立書（【書式376】）及び債務者に対する注意書（【書式377】）を同封しており，それを利用して申立てをされる例が多い。

〔山下　知樹〕

書式376　督促異議申立書（定型）

督　促　異　議　申　立　書

　　簡易裁判所　裁判所書記官　殿
　　下記支払督促事件について発せられた支払督促に対して，督促異議の申立てをします。

①事件番号	平成　年(ロ)第　　号	①支払督促の冒頭左上にある番号です。
②作成年月日	平成　　年　　月　　日	②この書類の作成日です。
③債　権　者		③債権者名は支払督促の「当事者の表示」というところに書いてあります。
④あなたの氏名（債務者） あなたの住所 電話番号	印 〒 （　　　）　－	④あなたの氏名（会社の場合には商号及び代表者名），住所，電話番号などを記入し，あなたの名前の後ろに<u>押印してください</u>。 使用する印鑑は認印でかまいません。
⑤裁判所からの郵便物を受け取りたい場所（送達場所）	□上の住所でよい。 □勤務先 　名称 　住所 　電話番号（　　）　－ □その他の場合 　住所 　（あなたとの関係　　　　　）	⑤裁判所からの郵便物の受け取りにつき，希望する場所について，いずれか１つの□に✓印を付け，必要な事項を記入してください。

========= 注　　意 =========

　<u>太線で囲われた①から⑤の事項についてもれなく記入してください</u>。また，話合いによる解決を希望するのであれば，同封の注意書をよく読んだ上で，下欄にあなたの希望を書いてください。なお，督促異議申立の理由などを具体的に書きたいときは，別の用紙を添付して，④で使った印鑑でこの申立書と割印をしてください。

□話合いによる解決を希望します。 　　□分割払を希望します。 □	受付印
	予納郵便切手　　　　　円

〔注〕
　1.【書式340】の〔注〕を参考にされたい。

第8節 仮執行宣言手続と関連処分 〔6〕仮執行宣言付支払督促に対する督促異議の概要 【書式377】

書式377　債務者用注意書（仮執行宣言後）

注　意　書（仮宣用）

1　この「仮執行宣言付支払督促」は，あなたが既に受け取った「支払督促」について，債権者の申立てにより，仮に執行できることを宣言したものです。債権者は，これにより，直ちに強制執行ができることになります。
2　この支払督促について，あなたに言い分がないときは，直接，債権者に「請求の趣旨」記載の金額を支払ってください。
3　この支払督促について，あなたに言い分があるとき（契約をしていない，支払った金額が間違っているなどの場合のほか，分割して支払いたいので債権者と話し合いたいという場合も同じです。）は，督促異議を申し立てることができます。
4　督促異議の申立ては，「督促異議申立書」を下記の裁判所に持参するか郵送して行います。督促異議申立書は，同封した用紙の空欄に必要事項を書き込めば作成できます。
5　督促異議を申し立てるだけでは，強制執行を止めることはできません。強制執行を止めるには，さらに，あなたの方から執行停止の裁判を求める手続をすることが必要です。
6　あなたがこの仮執行宣言付支払督促を受け取った日の翌日から数えて2週間以内（必着）に督促異議を申し立てないと，仮執行宣言付支払督促は確定し，督促異議の申立てはできなくなります。
7　あなたが督促異議を申し立てると，双方の言い分を聴いて裁判をすることになり，訴訟が行われる裁判所から，改めてあなたに対して「期日呼出状・答弁書催告状」が届けられるので，これに従ってください。
8　督促異議を申し立てるときは，事務の都合上必要ですので，郵便切手1040円を（過不足なく）添付してください。
9　督促異議の申立ての手続などについての照会先は下記のとおりです。窓口に来られたときは，この支払督促と印鑑を持参してください。

（照会先）郵便番号
　　　　　　　北区　　　丁目1番10号
　　　　　　　　　簡易裁判所　督促（支払督促）係
　　　　　　電話
　　　　　　　　　内線

〔注〕
1．この注意書は，債務者に対する仮執行宣言付支払督促正本の送達の際に同封しているものであり，仮執行宣言付支払督促の意味，不服がない場合の対処方法，督促異議申立権の意味及び申立方法，督促異議申立てを怠った場合の不利益，督促異議申立後の手続の流れなどが簡潔に記載されている。

書式 378　強制執行停止申立書

強制執行停止申立書

○○簡易裁判所　御中
　　当事者の表示　別紙当事者目録記載のとおり

申　立　て　の　趣　旨
　上記当事者間の○○簡易裁判所平成○○年（ロ）第○○○○号支払督促申立事件の仮執行宣言付支払督促に基づく強制執行は，本案判決があるまでこれを停止するとの裁判を求める。

申　立　て　の　理　由
1　申立人は，相手方から申立人に対する○○簡易裁判所平成○○年（ロ）第○○○○号支払督促申立事件の仮執行宣言付支払督促に対し，平成○○年○月○○日督促異議の申立てをした。
2　しかし，被申立人はいつでも申立人に対して強制執行をなし得る状況にある。
3　よって，申立ての趣旨記載の裁判を求めるため，この申立てをする。

添付書類
　　1　仮執行宣言付支払督促正本
　　2　○○○○（疎明資料となるもの）
　　3　…………………

平成○○年○月○○日
　　　　　　　　　申立人（債務者）　○　○　○　○　㊞

（当事者目録は省略）

〔注〕
1．申立ては，書面でしなければならない（民訴規238条）。申立手数料は500円である。
2．申立人は，①支払督促の取消し又は変更の原因となるべき事情がないとはいえないこと，②強制執行により著しい損害を生じるおそれがあること，のいずれかの事情を疎明しなければならない（民訴403条1項3号）。
3．実務上は，強制執行停止決定を行う際に担保を立てさせる事例が多い。

書式 379　強制執行停止決定

```
平成〇〇年（サ）第〇〇〇〇号


　　　　　　　強 制 執 行 停 止 決 定


　　　当事者の表示　別紙当事者目録記載のとおり

　申立人は，相手方から申立人に対する〇〇簡易裁判所平成〇〇年（ロ）第
〇〇〇〇号支払督促申立事件の仮執行宣言付支払督促に対し，適法な督促異
議の申立てをし，かつ，上記支払督促に基づく強制執行の停止を申し立てた。
当裁判所は，その申立てを理由あるものと認め，申立人に〇〇〇〇〇円の担
保を立てさせて，次のとおり決定する。


　　　　　　　　　　　主　　　　　文
　上記支払督促に基づく強制執行は，本案判決があるまで，停止する。


　平成〇〇年〇月〇〇日
　　　　　　　　　　　　〇〇簡易裁判所
　　　　　　　　　　　　　裁　判　官　　〇　〇　〇　〇


（当事者目録省略）
```

〔注〕
1．強制執行を停止するためには，執行機関に対し，この強制執行停止決定正本を提出しなければならない（民執39条1項7号）。そのため，この決定正本を当事者双方に送達することになる。
2．強制執行停止の裁判に対しては，不服を申し立てることができない（民訴403条2項）。

第9節　仮執行宣言付支払督促に対する督促異議後の判決

〔1〕　概　　説

　督促手続は，金銭その他の代替物又は有価証券の一定の数量の給付を目的とする請求について，簡易裁判所の裁判所書記官の権限により，債務者を審尋することなく発せられる簡易迅速な債務名義取得手続である。債務者は，支払督促に異議があるときは，これを発した裁判所書記官の所属する簡易裁判所に督促異議の申立てをすることができる（民訴386条）。債務者には，仮執行宣言が発付される前と後の2回にわたって，督促異議の申立ての機会が与えられている（民訴390条・393条）。いずれも，債権者の一方的申立てに基づき債務者を審尋しないで進められる督促手続を，訴訟手続に移行させて，債務者に裁判官による正式な裁判手続を保障することを目的としている（法曹会『例題解説新民事訴訟法（下）』56頁）。

　適法な督促異議の申立てがあったときは，それが仮執行宣言の前にされたものであるか後にされたものであるかを問わず，督促異議に係る請求については，その目的の価額に従い，支払督促の申立ての時に，支払督促を発した裁判所書記官の所属する簡易裁判所又はその所在地を管轄する地方裁判所に訴えの提起があったものとみなされる。この場合においては，督促手続の費用は，訴訟費用の一部とされる（民訴395条）。

　仮執行の宣言前に適法な督促異議の申立てがあったときは，支払督促はその督促異議の限度で効力を失う（民訴390条）。この場合の審判の対象が原告の請求の当否であることについては争いはない。

　これに対し，仮執行宣言後の適法な異議申立てにより訴訟手続に移行した場合の審判の対象については争いがあり，次のように見解が分かれている。
　①　仮執行宣言前の異議申立てと同様，原告の請求の当否が審判の対象となる。判決主文は，仮執行宣言前の異議申立ての場合と同様である。
　②　仮執行宣言付支払督促は異議申立てによって失効しないので（民訴390

条の反対解釈），審判の対象は，上訴と同様，仮執行宣言付支払督促の取消しを求める督促異議の当否である。
③　審判の対象は，あくまでも原告の請求の当否であるが，請求に理由があるときは，仮執行宣言付支払督促を維持し，理由がないときは，仮執行宣言付支払督促を取り消し，請求を棄却すべきである。

判例は，仮執行宣言前の督促異議と同様，原告の請求の当否が審判の対象であるとして③の見解をとっており（最判昭36・6・16民集15巻6号1584頁），現行実務の取扱いもこの見解に従っている。原告は，仮執行宣言前の督促異議の場合と同様，その後の訴訟手続において，訴えの変更（拡張），請求減縮等の申立てをすることができる。

〔2〕　各種判決

仮執行宣言前の督促異議申立てにより訴訟に移行した場合，審判の対象は原告の請求の当否であり，かつ，督促異議申立てにより支払督促はすでにその効力を失っていることから，判決の主文は通常の金銭給付訴訟と同様になると考えられる。すなわち，原告の請求が認容された場合の主文は，「被告は，原告に対し，金〇〇円を支払え。」となり，請求が棄却された場合の主文は，「原告の請求を棄却する。」である。

ところが，支払督促に対し仮執行宣言の申立てがあり，これが発付された場合，仮執行宣言付支払督促はその確定を待たずに執行力を生じ，債務名義となる（民執22条4号）。すなわち，債務者から仮執行宣言付支払督促に対し督促異議申立てがされても，支払督促の確定は阻止されるが，仮執行宣言の執行力は当然には失効しない。したがって，仮執行宣言後の督促異議申立てにより訴訟に移行した場合の判決の主文は，その性質上，仮執行宣言前の督促異議の場合と異なるものとなる。

仮執行宣言付支払督促に対する督促異議においては，上記のとおり，一応の債務名義が成立していることから，原告の請求を認容するときでも給付判決をするのではなく，2個の債務名義が重複して存在することを防ぐために，仮執行宣言付支払督促を認可し，その効力を維持する旨の宣言をすることに

なる。この場合，債務名義となるのは仮執行宣言付支払督促であり，認可判決が債務名義とはなるのではない。また，請求に理由がないときは，債務名義としての効力を失わせるために仮執行宣言付支払督促を取り消す旨の宣言をした上，請求を棄却することになる。前掲判例も，判決主文においては，仮執行宣言付支払督促の取消し，変更又は認可を宣言するのが相当であるとしている。

　また，訴訟手続移行後に請求減縮の申立てがされた場合の審判の対象は減縮後の請求の当否となるが，これを認容するときの判決主文は，「○○事件の仮執行宣言付支払督促は，金○万円を支払えとの限度において認可する。」とする。すでに債務名義としての効力を有している仮執行宣言付支払督促を取り消し，その上で新たに減縮後の請求の給付を命ずることはしない。新たな給付判決は，同一訴訟物で給付額の異なる2個の債務名義を作ることになるからである。請求が拡張された場合は，すでに債務名義として成立している仮執行宣言付支払督促を維持しつつ，拡張部分について新たな給付を命ずることになる。

　訴訟費用については，請求全部認容の認可判決をする場合，仮執行宣言付支払督促で認められた手続費用（訴訟費用となる）はすでに認可されているので，異議後の訴訟費用についてのみ裁判をすれば足りる。

〔廣瀬　信義〕

書式380　認可判決(1)──定型

平成○○年○○月○○日判決言渡　同日原本領収　裁判所書記官
平成19年（ハ）第○○○○号　請負代金請求事件
口頭弁論終結の日　平成○○年○○月○○日

　　　　　　　　　判　　　　　決

　　　○○市○○町○丁目○番○号
　　　　　　　　　原　告　　○　○　○　○
　　　○○市○○町○○番地
　　　　　　　　　被　告　　有　限　会　社　○　○　○　○
　　　　　　　　　同代表者取締役　　○　○　○　○

　　　　　　　　　主　　　　　文

1　本件につき○○簡易裁判所平成19年（ロ）第○○○○号仮執行宣言付支払督促を認可する。
2　異議申立後の訴訟費用は，被告の負担とする。

　　　　　　　　　事　実　及　び　理　由

第1　請求
　　被告は，原告に対し，金○万円及びこれに対する平成○年○月○日から支払済みまで年6パーセントの割合による金員を支払え。
第2　事案の概要
　　本件は，原告が，被告に対し，被告から請け負った工事代金とこれに対する訴状送達の日の翌日から支払済みまでの遅延損害金の支払を求めた事案である。
1　争いのない事実
　(1)　原告は，防水工事の請負を業としている。
　(2)　原告は，平成○年○月ころ，被告から，○○○○邸新築工事のうちベランダ防水工事（以下「本件工事」という）を○万円で請け負った。
　(3)　原告は，平成○年○月○日までに本件工事を完成し，これを被告に引き渡した。
2　争点
　　被告は本件工事の瑕疵を理由に代金の支払を拒むことができるか
　　（被告の主張）
　　本件工事には，被告が指示した以外の箇所に壁穴が開けられており，その修補費用として○万円を要する。被告は，原告がこの修補費用を被告に支払うまで本件工事代金の支払を拒否する。
　　（原告の主張）
　　瑕疵の程度は軽微なものであり，被告は瑕疵を理由として工事代金の

支払を拒むことはできない。
第3　争点に対する判断
　　証拠によれば，原告が壁穴を開ける一連の工事をした際，工事の監理者として被告従業員乙野太郎（以下「乙野」という）が現場に立ち会っており，原告が瑕疵として指摘されている壁穴を開けた際，乙野は「後で塞げばよい」と発言している事実が認められる。
　　乙野の上記発言は，本件工事の瑕疵の修補が容易であることを示すものであり，原告が本件工事代金を請求するまで被告は工事の瑕疵を何ら指摘していないことに照らしても，その瑕疵の程度は軽微なものであり，被告において原告の過失を容認していたことが推認できる。
　　そうすると，被告が本件工事の瑕疵を理由として代金の支払を拒むことは信義則上許されないものといわなければならない。

　　　　　　　　　　○○簡易裁判所
　　　　　　　　　　　裁　判　官　　○　○　○　○

〔注〕
1．仮執行宣言付支払督促に対する督促異議申立てにより訴訟手続に移行した場合の審判の対象は，原告の給付請求の当否である（判例・実務）。
2．このように解した場合，判決主文は，通常の訴訟と同様，「被告は，原告に対し，金○○円を支払え。」若しくは「原告の請求を棄却する。」となるが，このような判決主文では，すでに債務名義として有効に成立している仮執行宣言付支払督促と重複する債務名義ができたり，これと矛盾する事態が生じることになる。
3．そこで，判例・実務では，仮執行宣言付支払督促の督促異議後の訴訟における請求認容判決の主文は，本例のとおり，仮執行宣言付支払督促を認可し，訴訟費用についての判断も，督促異議申立て後のものに限ることになる。すなわち，認可された仮執行宣言付支払督促は，債務名義として存続し，確定判決自体は債務名義とはならない。
4．また，仮執行宣言付支払督促の督促異議後の訴訟で請求に理由がない場合の判決主文は，
　　「1　○○簡易裁判所平成○年（ロ）第○○○○号事件の仮執行宣言付支払督促を取り消す。
　　　2　原告の請求を棄却する。
　　　3　訴訟費用は原告の負担とする。」
　となる。
5．請負契約において，仕事の目的物に瑕疵があるときは，注文者は，請負人に対し，相当の期間を定めて，その瑕疵の修補を請求することができる（民634条1項本文）。この場合，注文者は，瑕疵の修補に代えて損害賠償の請求をすることができる。代金の支払と損害賠償の請求は同時履行の関係にある（同条2項参照）。したがって，被告は，原告が瑕疵による損害賠償の支払をするまで代金の支払を拒むことができる。本事例では，被告の原告に対する損害賠償請求権の有無が争いになったところ，裁判所は，被告の損害賠償請求権は発生しないと認定した。

書式381 認可判決(2)──請求拡張型

```
平成○○年○月○日判決言渡　同日原本領収　裁判所書記官
平成○○年（ハ）第○○○○号　賃料請求事件
口頭弁論終結の日　平成○○年○月○日

                    判　　　　決

        ○○市○○町○丁目○番○号
                原　告　　株式会社○○○○
              同代表者代表取締役　○○○○
                同訴訟代理人　　　○○○○
        ○○市○○町○○番地
                被　告　　　　　　○○○○

                    主　　　文
 1　本件につき○○簡易裁判所平成○○年（ロ）第○○○○号仮執行宣言
   付支払督促を認可する。
 2　被告は，原告に対し，前項の認可に係る金額のほか，14万円を支払え。
 3　督促異議申立後の訴訟費用は，被告の負担とする。
 4　この判決は，仮に執行することができる。
                  事　実　及　び　理　由
第1　請求
     被告は，原告に対し，金49万円を支払え。
第2　請求の原因
 1　原告は，被告に対し，次のとおり，○○市○○町○番○号所在○○マ
   ンション○号室を賃貸した。
   (1)　契約日　　平成17年○月○日
   (2)　賃　料　　1ヵ月7万円
   (3)　支払方法　毎月末日までに翌月分を支払う
 2　よって，原告は，被告に対し，平成19年3月から同年9月分までの未
   払賃料49万円の支払を求める。
第3　理由
 1　請求原因事実は，当事者間に争いはない。
 2　この事実によると，原告の本件請求は理由がある。

                      ○○簡易裁判所
                          裁　判　官　　○○○○
```

〔注〕
1. 本事例は，旧請求（支払督促申立てに係るもの）を維持しつつ，新請求を追加した追加的変更に当たる事案についてのものである。旧請求についてはすでに仮執行宣言が付されており，この部分は債務者の異議申立てによっても失効せず，すでに債務名義として有効に成立しているので（民執22条4号），これを全部認容するときは，終局判決において，その仮執行宣言付支払督促の認可を宣言する。
2. 原告が，元金等を増額するなどして請求の拡張をする場合は，上記主文に対応する申立てをした上，拡張後の請求の原因を陳述することになる。本事例では，拡張前の請求額は35万円，拡張に係る請求額は14万円とそれぞれ設定した。
3. 主文第2項は，新請求として追加された拡張部分について，これを認容した事例である。本来，「被告は，原告に対し，49万円を支払え。」と記載すれば足りるが，このように記載した場合，主文第1項との関連について明らかでなく，誤解を与えるおそれもあるので，わかりやすく「前項の認可に係る金額のほか」としたものである（塚原・前掲187頁参照）。これに対し，判決書に掲げる「請求」は，「請求の原因」と相まって既判力の範囲（審判の対象）を記載するものであるから，主文の場合とは異なり，拡張後のもののみを記載すれば足りる。
4. 主文第4項の仮執行宣言は，拡張部分の第2項及び訴訟費用の負担を命じた第3項に懸かるものである。第1項の認可部分については，それ自体に仮執行宣言が付与されているので，特にその部分を除くことを明らかにする必要はない。
5. 債務名義になるのは，旧請求部分については認可に係る仮執行宣言付支払督促，拡張部分については本判決である（主文第2項の給付条項に執行文が付される）。

書式382　認可判決(3)──請求減縮型

平成〇〇年〇〇月〇〇日判決言渡　同日原本領収　裁判所書記官
平成19年（ハ）第〇〇〇〇号　求償金請求事件
口頭弁論終結の日　平成〇〇年〇〇月〇〇日

判　　　決

〇〇市〇〇町〇丁目〇番〇号
　　　　　原　告　　株　式　会　社　〇〇〇〇
　　　同代表者代表取締役　〇　〇　〇　〇
　　　　同訴訟代理人　　　〇　〇　〇　〇
〇〇市〇〇町〇〇番地
　　　　　被　告　　　〇　〇　〇　〇

主　　　文

1　〇〇簡易裁判所平成19年（ロ）第〇〇〇〇号事件の仮執行宣言付支払督促は，48万〇〇〇〇円及びこれに対する平成19年7月6日から支払済みまで年14.6％の割合による金員を支払えとの限度において認可する。
2　異議申立後の訴訟費用は，被告の負担とする。

事　実　及　び　理　由

第1　請求
　　被告は，原告に対し，金〇〇万〇〇〇〇円及びこれに対する平成〇年〇月〇日から支払済みまで年14.6％の割合による金員を支払え。
第2　請求の原因
1　原告は，被告と訴外株式会社〇〇銀行（以下「貸主」という）との間の当座貸越契約（利息年率11.8％，遅延損害金年率15.0％などとするカードローン取引契約）に基づく被告の借入金債務について，被告の委託に基づき，平成5年〇月〇日，貸主に対し連帯保証した。
2　被告は，前記当座貸越契約に基づき，貸主から合計金〇〇〇万〇〇〇〇円を借り受けたが，平成19年6月〇〇日分割金の支払を怠ったため，

約定により期限の利益を喪失した。
　3　原告は，貸主に対し，平成19年7月5日，保証債務の履行として金48万○○○○円（内訳元金47万○○○○円，利息○○○○円，預金相殺○○円）を支払った。
　4　よって，原告は，被告に対し，求償金元本48万○○○○円及びこれに対する代位弁済日の翌日である平成19年7月6日から支払済みまで約定の年14.6％の割合による遅延損害金の支払を求める。
第3　理由
　　被告は，請求原因事実を争うことを明らかにしないのでこれを自白したものとみなす。なお，被告は，返済経過などについては「知らない」と述べるが，弁済の事実は被告の主張・立証に係るものであり，これを明らかにしない不利益は被告が負うべきである。
　　以上の事実によると原告の本件請求は理由がある。

　　　　　　　　　　　　　　　　○○簡易裁判所
　　　　　　　　　　　　　　　　裁　判　官　○　○　○　○

〔注〕
1．仮執行宣言付支払督促が発付された後に，請求の減縮がされた事例である。請求の減縮は，訴えの一部取下げとみられる（判例・通説）。したがって，被告欠席の口頭弁論期日において，減縮申立てが書面でなされた場合はこの書面を，口頭でなされた場合はそのことを記載した口頭弁論調書の謄本を被告に送達しなければならない。即日結審する場合は，判決正本とともに被告に送達するのが実務の取扱いである。
2．請求の減縮がされると，その部分について訴訟の係属がなくなり，審判の対象から外れるので，減縮後の請求を全部認容するときは，その余の部分を棄却するとの主文を掲げる必要はない。また，訴訟費用は，督促異議申立後のもので，かつ，減縮後のものについて判断すれば足りる（塚原・前掲186頁）。

書式383　請求棄却判決──仮執行宣言取消型

平成○○年○○月○○日判決言渡　同日原本領収　裁判所書記官
平成19年（ハ）第○○○○号　保証債務金請求事件
口頭弁論終結の日　平成○○年○○月○○日

判　　　決

　　○○市○○町○丁目○番○号
　　　　　　　　原告　　株式会社○○○○
　　　　同代表者代表取締役　　○○○○
　　　　　　同訴訟代理人　　○○○○
　　○○市○○町○○番地
　　　　　　　　被告　　○○○○

主　　　文

1　○○簡易裁判所平成19年（ロ）第○○○○号事件の仮執行宣言付支払督促を取り消す。
2　原告の請求を棄却する。
3　訴訟費用は原告の負担とする。

事　実　及　び　理　由

第1　請求
　　被告は，原告に対し，金○○万○○○○円及びこれに対する平成○年○月○日から支払済みまで年26.28％の割合による金員を支払え。
第2　事案の概要
　1　請求の原因
　　(1)　原告は，訴外○○に対し，平成○年○月○日，利息・遅延損害金は年率29.2％，支払方法は毎月○日の分割払いなどとする約定で，○○万円を貸付けた。
　　(2)　被告は，原告に対し，前同日，訴外○○の前項の債務について連帯保証した。
　　(3)　訴外○○は，平成○年○月○日の分割金の支払を怠り，同日の経過により期限の利益を喪失した。
　　(4)　よって，原告は，被告に対し，利息制限法の制限利率の範囲内で，保証債務金○○万○○○○円及びこれに対する期限の利益喪失日の翌日である平成○年○月○日から支払済みまで年26.28％の割合による

遅延損害金の支払を求める。
2　争点
連帯保証契約の成否
（被告の主張）
請求の原因(2)の事実は否認する。
第3　争点に対する判断
　　　甲第1号証の連帯保証人欄には被告の署名押印がある。このうち押印について被告は自己の印章によるものであることを認めているが，署名については被告の自署によるものであることを否認している。
　　　甲第1号証によると，被告の自署部分のうち被告の名の部分が主債務者である訴外○○のものとなっていたのが二線で訂正抹消されており，その筆跡が同号証の主債務者欄に記載されている訴外○○の筆跡と酷似している。
　　　そもそも署名者本人が自分の氏名を間違えて記載するのは不自然であることや，訴外○○が単独で原告の営業所を訪れその場で契約書の作成がなされたことなどの事情に照らすと，連帯保証人欄は被告の意思に基づき真正に作成されたものと推定することはできない。その他本件連帯保証契約の成立を認めるに足りる証拠がない。

　　　　　　　　　　○○簡易裁判所
　　　　　　　　　　　裁　判　官　　○　○　○　○

〔注〕
1．仮執行宣言付支払督促に適法な異議が申し立てられた場合において，支払督促の結論と異議訴訟の審理の結論とが相違するとき，すなわち原告の請求が理由がないときは，仮執行宣言付支払督促を取り消すとともに，原告の請求を棄却することになる。
2．請求の一部を認容する場合は，仮執行宣言付支払督促を一部認可した上，認可しなかった部分についての原告の請求を棄却しなければならない。この場合の判決主文は，次のとおりとなる（塚原・前掲185頁）。訴訟費用は，異議申立ての前後のものについて負担割合を決めることになる。

> 1　○○簡易裁判所平成○年（ロ）第○○○○号事件の仮執行宣言付支払督促は，○○万円及びこれに対する平成○年○月○日から支払済みまで年○％の割合による金員を支払えとの限度において認可する。
> 2　原告のその余の請求を棄却する。
> 3　訴訟費用は，これを○分し，その○を原告の負担とし，その余を被告の負担とする。

3．仮執行宣言付支払督促を取り消す旨の判決がなされたときは，仮執行宣言付支払督促は失効することになる。仮執行宣言付支払督促を取り消した確定判決の正本は，執行取消文書となる（民執39条1項1号）。

書式索引

い

異議申立書〔書式230〕·································· *533*
異議申立てに伴う強制執行停止決定〔書式232〕·································· *536*
異議申立てに伴う強制執行停止申立書〔書式231〕·································· *535*
移送決定（裁量移送の場合）〔書式35〕·································· *100*
移送決定に対する即時抗告申立書〔書式36〕·································· *101*
印紙納付書〔書式349〕·································· *912*

う

訴え却下判決〔書式348〕·································· *911*
訴え提起前の和解の一般的申立書（貸金請求事件）〔書式3〕·································· *38*
訴え提起前の和解の「請求の原因及び争いの実情」の記載例(1)——動産の引渡しが内容となっている場合〔書式248〕·································· *593*
訴え提起前の和解の「請求の原因及び争いの実情」の記載例(2)——建物収去土地明渡しが内容となっている場合〔書式249〕·································· *593*
訴え提起前の和解の「請求の原因及び争いの実情」の記載例(3)——建物所有権移転登記手続が内容となっている場合〔書式250〕·································· *594*
訴え提起前の和解の「請求の原因及び争いの実情」の記載例(4)——貸金請求が内容となっている場合〔書式251〕·································· *595*
訴え提起前の和解の「請求の原因及び争いの実情」の記載例(5)——不当利得金返還請求が内容となっている場合〔書式252〕·································· *595*
訴え提起前の和解の「請求の原因及び争いの実情」の記載例(6)——保証人の求償権が内容となっている場合〔書式253〕·································· *596*
訴え提起前の和解の「請求の原因及び争いの実情」の記載例(7)——立替金請求（信販事件）が内容となっている場合〔書式254〕·································· *597*
訴え提起前の和解の「請求の原因及び争いの実情」の記載例(8)——交通事故に基づく損害賠償請求が内容となっている場合〔書式255〕·································· *598*
訴え提起前の和解の「請求の原因及び争いの実情」の記載例(9)——売買代金請求が内容となっている場合〔書式256〕·································· *599*
訴え提起前の和解の「請求の原因及び争いの実情」の記載例(10)——宿泊料請求が内容となっている場合〔書式257〕·································· *600*

訴え提起前の和解の「請求の原因及び争いの実情」の記載例(11)——売掛代金請求
　が内容となっている場合〔書式258〕……………………………………………… *600*
訴え提起前の和解の「請求の原因及び争いの実情」の記載例(12)——通話料請求が
　内容となっている場合〔書式259〕……………………………………………… *601*
訴えの取下書〔書式50〕…………………………………………………………… *128*
訴えの変更申立書〔書式89〕……………………………………………………… *212*

え

越権代理を理由とする抗弁例〔書式151〕………………………………………… *367*

か

書留郵便等に付する上申書〔書式42〕……………………………………………… *118*
書留郵便に付する送達通知書〔書式338〕………………………………………… *891*
確定証明の申請書〔書式48〕……………………………………………………… *126*
隠れたる取立委任裏書を理由とする抗弁例〔書式164〕………………………… *371*
仮執行宣言付支払督促正本の再度・数通付与申立書〔書式371〕……………… *944*
仮執行宣言付支払督促の公示送達申立書〔書式359〕…………………………… *933*
仮執行宣言文言(1)——定型〔書式364〕…………………………………………… *939*
仮執行宣言文言(2)——一部入金型〔書式365〕…………………………………… *939*
仮執行宣言文言(3)——連帯債務の一部型〔書式366〕…………………………… *940*
仮執行宣言文言(4)——各別債務の一部型〔書式367〕…………………………… *940*
仮執行宣言文言(5)——附帯請求起算日の確定型〔書式368〕…………………… *941*
仮執行宣言文言(6)——債権者一般承継型〔書式369〕…………………………… *941*
仮執行宣言文言(7)——債務者一般承継型〔書式370〕…………………………… *942*
仮執行免脱宣言判決〔書式189〕…………………………………………………… *404*
簡易裁判所における訴訟代理人許可申請書，委任状及び従業員証明書〔書式30〕……… *84*
簡易裁判所の裁量移送申立書〔書式34〕……………………………………………… *99*
簡易裁判所の証拠調べ等における録音テープ等の複製の申出書〔書式57〕……… *140*
管轄合意書〔書式31〕…………………………………………………………………… *93*
管轄違いによる移送申立書〔書式32〕………………………………………………… *96*
鑑定申出書〔書式96〕………………………………………………………………… *229*

き

期間内呈示（権利保全手続）欠缺を理由とする抗弁例〔書式153〕……………… *367*
期限後裏書を理由とする抗弁例〔書式174〕……………………………………… *374*
期日請書〔書式352〕………………………………………………………………… *916*
期日呼出状及び答弁書催告状（被告用）〔書式216〕……………………………… *486*
偽造の抗弁に対する原告の追認の再抗弁例（〔書式148〕に対する場合）〔書式149〕…… *365*
偽造の抗弁例（約束手形の振出に偽造がある場合）〔書式148〕……………… *365*
義務承継人の引受承継申立書〔書式20〕………………………………………… *72*
狭義の無権代理を理由とする抗弁例〔書式150〕………………………………… *366*
強制執行停止決定〔書式379〕……………………………………………………… *955*
強制執行停止決定(1)——原裁判所の決定〔書式123〕…………………………… *299*
強制執行停止決定(2)——控訴裁判所の決定〔書式124〕………………………… *300*
強制執行停止申立書〔書式122〕…………………………………………………… *298*
強制執行停止申立書〔書式378〕…………………………………………………… *954*
金銭の支払を命ずる判決(1)——契約の成否〔書式101〕………………………… *243*
金銭の支払を命ずる判決(2)——不当利得返還〔書式102〕……………………… *245*

け

形式的形成訴訟判決（土地境界確定）〔書式114〕……………………………… *279*
形式不備の抗弁例(1)——確定日払手形の振出日の記載を欠く場合〔書式146〕…… *364*
形式不備の抗弁例(2)——振出人の記名はあるが押印を欠く場合〔書式147〕…… *364*
原因関係消滅を理由とする抗弁例〔書式162〕…………………………………… *370*
原告からの控訴状(1)——原告一部敗訴〔書式119〕……………………………… *291*
原告からの控訴状(2)——原告全部敗訴〔書式120〕……………………………… *293*
原告事情聴取カード〔書式214〕…………………………………………………… *482*
原告本人尋問申出書〔書式183〕…………………………………………………… *389*
検証申出書〔書式97〕……………………………………………………………… *230*
権利承継人の承継参加申立書〔書式19〕………………………………………… *70*

こ

公示送達の申立書〔書式46〕……………………………………………………… *124*
控訴却下決定（原裁判所の却下決定）〔書式125〕……………………………… *301*
控訴権放棄申述書〔書式127〕……………………………………………………… *303*

口頭起訴調書〔書式1〕·· 32
口頭弁論期日指定申立書〔書式51〕··· 131
口頭弁論期日変更申立書〔書式52〕··· 132
口頭弁論期日呼出状(1)——原告用〔書式350〕······························ 914
口頭弁論期日呼出状(2)——被告用〔書式351〕······························ 915
口頭弁論再開の申立書〔書式53〕·· 133
口頭弁論調書（記録）閲覧・謄写申請書〔書式56〕························· 138

さ

債権者死亡による手続受継申立書〔書式360〕································ 935
再抗弁例(1)——制限能力者による詐術の場合〔書式177〕················ 381
再抗弁例(2)——未成年者の営業許可の場合〔書式178〕··················· 381
再抗弁例(3)——消滅時効中断の場合〔書式179〕···························· 381
再抗弁例(4)——消滅時効の利益放棄を理由とする場合〔書式180〕···· 382
再抗弁例(5)——無権利者に対する支払の場合〔書式181〕················ 382
再審開始決定〔書式136〕··· 320
再審事由欠缺による棄却決定〔書式135〕······································ 319
再審訴状〔書式133〕·· 316
再審の訴え不適法却下決定〔書式134〕··· 318
再送達上申書〔書式44〕·· 121
裁判官の忌避決定〔書式39〕·· 111
裁判官の忌避申立書〔書式38〕··· 110
裁判官の除斥申立書〔書式37〕··· 106
債務者死亡による手続受継申立書〔書式361〕································ 936
債務者に対する執行官送達申請書〔書式336〕································ 889
債務者に対する送達場所の届出書〔書式333〕································ 886
債務者に対する付郵便送達申請書〔書式337〕································ 890
債務者の就業場所への送達申請〔書式334〕··································· 887
債務者用注意書（仮執行宣言後）〔書式377〕································· 953
債務者用注意書（仮執行宣言前）〔書式342〕································· 903
債務不存在確認判決〔書式113〕·· 274
債務名義の送達申請書〔書式49〕·· 127
詐害行為取消判決〔書式116〕··· 284
詐欺による取消しを理由とする抗弁例〔書式170〕··························· 373
差押禁止債権の範囲変更申立書〔書式247〕··································· 582

差押処分〔書式243〕·· *577*

し

事情説明書（乙）（被告用）〔書式222〕·· *500*
事情説明書（甲）（原告用）〔書式215〕·· *484*
執行官送達の申請書〔書式45〕··· *122*
支払督促(1)──表題部〔書式326〕·· *879*
支払督促(2)──手形等訴訟型〔書式327〕·· *879*
支払督促更正処分(1)──明白な誤記等の場合〔書式329〕························· *882*
支払督促更正処分(2)──当事者の死亡による場合〔書式330〕················· *882*
支払督促更正処分に対する異議申立書〔書式331〕···································· *883*
支払督促に関する「注意書」〔書式328〕·· *880*
支払督促に対する仮執行宣言申立書(1)──定型〔書式357〕····················· *931*
支払督促に対する仮執行宣言申立書(2)──一部入金型〔書式358〕········· *932*
支払督促の定型申立書（一般事件）〔書式4〕··· *42*
支払督促発付の通知書〔書式332〕·· *886*
支払督促不送達通知書〔書式339〕·· *892*
支払督促申立却下処分（基本型）〔書式322〕··· *873*
支払督促申立却下処分に対する異議申立却下決定〔書式324〕················ *874*
支払督促申立却下処分に対する異議申立書〔書式323〕···························· *873*
支払督促申立却下処分に対する異議申立認容決定〔書式325〕················ *875*
支払督促申立書──基本型〔書式263〕·· *641*
支払場所での呈示を欠いたことを理由とする抗弁例〔書式156〕············ *368*
支払猶予を理由とする抗弁例〔書式172〕·· *374*
受継処分〔書式362〕·· *937*
受継の裁判(1)──承継人申立てに対する認容決定〔書式15〕··················· *65*
受継の裁判(2)──相手方申立てに対する認容決定〔書式16〕··················· *66*
受継申立却下処分〔書式363〕··· *938*
準備書面(1)──被告分（抗弁型）〔書式92〕·· *222*
準備書面(2)──原告分（再抗弁型）〔書式93〕·· *223*
少額異議判決(1)──認可判決（請求認容の少額訴訟判決を認可する場合）〔書式233〕··· *547*
少額異議判決(2)──認可判決（請求棄却の少額訴訟判決を認可する場合）〔書式234〕··· *548*
少額異議判決(3)──認可判決（異議審で一部取下げがあった場合）〔書式235〕············ *549*
少額異議判決(4)──取消判決（請求認容の少額訴訟判決を取り消して，原告の請
　求を棄却する場合）〔書式236〕··· *550*

少額異議判決(5)——取消判決（請求棄却の少額訴訟判決を取り消して，原告の請求を認容する場合）〔書式237〕…… 551
少額異議判決(6)——変更判決（少額訴訟判決の一部が正当で，一部が失当な場合の少額訴訟判決）〔書式238〕…… 553
少額異議判決(7)——変更判決（分割払い等の少額訴訟判決について，即時の支払の少額異議判決をする場合）〔書式239〕…… 555
少額異議判決(8)——変更判決（請求認容の少額訴訟判決について，分割払い等の定めをする場合）〔書式240〕…… 557
少額異議判決(9)——変更判決（分割払い等の少額訴訟判決について，分割払い等の定めの内容のみを変更する場合）〔書式241〕…… 559
少額訴訟債権執行申立書〔書式242〕…… 569
少額訴訟手続説明書（原告用）〔書式194〕…… 431
少額訴訟手続説明書（原告用）（大阪簡易裁判所用）〔書式213〕…… 480
少額訴訟手続説明書（被告用）〔書式195〕…… 433
少額訴訟手続説明書（被告用）（大阪簡易裁判所用）〔書式217〕…… 488
少額訴訟の定型訴状（一般事件）〔書式2〕…… 35
少額訴訟判決(1)——支払期限及び遅延損害金の免除の定め〔書式228〕…… 529
少額訴訟判決(2)——分割払い，期限の利益喪失及び遅延損害金の免除の定め〔書式229〕
…… 531
承継執行文式(1)——単純承継型〔書式372〕…… 945
承継執行文式(2)——共同相続型〔書式373〕…… 946
承継執行文式(3)——限定承認型〔書式374〕…… 947
承継執行文式(4)——訴訟担当型〔書式375〕…… 948
証券上に記載を欠く支払・相殺・免除等を理由とする抗弁例〔書式169〕…… 373
上告却下決定——原裁判所の決定〔書式131〕…… 309
上告状（民訴法311条2項の場合）〔書式129〕…… 307
上告理由書〔書式130〕…… 308
証拠説明書〔書式99〕…… 232
証拠の申出書（証人申請）〔書式94〕…… 226
証拠保全申立書〔書式100〕…… 233
将来給付判決〔書式106〕…… 254
所在調査報告書〔書式43〕…… 119
所在場所等調査報告書〔書式335〕…… 888
書証申出書〔書式182〕…… 388
所有権移転仮登記設定登記手続を命ずる判決〔書式111〕…… 268
所有権移転登記手続を命ずる判決〔書式107〕…… 257

所有権移転登記抹消登記手続を命ずる判決〔書式108〕……………………… 260
白地補充権濫用を理由とする抗弁例〔書式175〕……………………………… 375

せ

請求異議訴訟判決〔書式115〕…………………………………………………… 282
請求異議の訴状〔書式246〕……………………………………………………… 581
請求棄却判決〔書式188〕………………………………………………………… 403
請求棄却判決──仮執行宣言取消型〔書式383〕……………………………… 965
請求棄却判決──抗弁認容型〔書式356〕……………………………………… 924
請求認容判決〔書式187〕………………………………………………………… 401
請求認容判決──一般の金銭請求型〔書式355〕……………………………… 923
「請求の原因」の記載例(1)──貸金請求型〔書式283〕……………………… 692
「請求の原因」の記載例(2)──売買代金請求型〔書式284〕………………… 703
「請求の原因」の記載例(3)──売掛代金請求型〔書式285〕………………… 708
「請求の原因」の記載例(4)──請負代金請求型〔書式286〕………………… 713
「請求の原因」の記載例(5)──賃料請求型〔書式287〕……………………… 717
「請求の原因」の記載例(6)──敷金返還請求型〔書式288〕………………… 721
「請求の原因」の記載例(7)──マンション管理費等請求型〔書式289〕…… 726
「請求の原因」の記載例(8)──労務賃金請求型〔書式290〕………………… 732
「請求の原因」の記載例(9)──リース料請求型〔書式291〕………………… 737
「請求の原因」の記載例(10)──譲受債権請求型〔書式292〕………………… 742
「請求の原因」の記載例(11)──解雇予告手当請求型〔書式293〕…………… 748
「請求の原因」の記載例(12)──飲食代金請求型〔書式294〕………………… 751
「請求の原因」の記載例(13)──宿泊代金請求型〔書式295〕………………… 755
「請求の原因」の記載例(14)──約束手形金請求型①(振出人に対する請求)〔書式296〕… 760
「請求の原因」の記載例(15)──約束手形金請求型②(裏書人に対する請求)〔書式297〕… 762
「請求の原因」の記載例(16)──満期前約束手形金請求型(振出人・裏書人に対する請求)〔書式298〕……………………………………………………………… 767
「請求の原因」の記載例(17)──為替手形金請求型(支払人兼引受人,振出人及び裏書人に対する請求)〔書式299〕…………………………………………… 772
「請求の原因」の記載例(18)──小切手金請求型(振出人・裏書人に対する請求)〔書式300〕
…………………………………………………………………………………… 776
「請求の原因」の記載例(19)──交通事故に基づく損害賠償請求型(物損型)〔書式301〕… 785
「請求の原因」の記載例(20)──債権者代位権に基づく貸金請求型〔書式302〕…………… 788
「請求の原因」の記載例(21)──取立金請求型①(一般債権の場合)〔書式303〕………… 792

「請求の原因」の記載例(22)——取立金請求型②（給料債権等の場合）〔書式304〕 ········· 796
「請求の原因」の記載例(23)——転付命令に基づく転付金請求型〔書式305〕················ 800
「請求の原因」の記載例(24)——個別割賦販売代金請求型〔書式306〕······················ 805
「請求の原因」の記載例(25)——包括割賦販売代金請求型〔書式307〕······················ 809
「請求の原因」の記載例(26)——立替金請求型①（個別信用購入あっせんの場合）〔書式308〕
　 ··· 815
「請求の原因」の記載例(27)——立替金請求型②（包括信用購入あっせん型1〔期
　限の利益喪失型〕）〔書式309〕·· 819
「請求の原因」の記載例(28)——立替金請求型②（購入あっせん型2〔商品の代金
　を1回で支払うものと分割して支払うものがある場合〕）〔書式310〕··················· 820
「請求の原因」の記載例(29)——立替金請求型③（残高スライドリボルビング方式
　の場合）〔書式311〕·· 826
「請求の原因」の記載例(30)——求償金請求型①（個別ローン提携販売の場合）〔書式312〕
　 ··· 831
「請求の原因」の記載例(31)——求償金請求型②（総合ローン提携販売の場合）〔書式313〕
　 ··· 838
「請求の原因」の記載例(32)——求償金請求型③（委託保証ローン提携販売の場合）
　〔書式314〕·· 843
「請求の原因」の記載例(33)——求償金・委託保証料請求型①（保証委託手数料込
　みの場合）〔書式315〕·· 850
「請求の原因」の記載例(34)——求償金・委託保証料請求型②（保証委託手数料別
　の場合）〔書式316〕··· 852
「請求の原因」の記載例(35)——貸金請求型（貸金型クレジットの場合）〔書式317〕······· 856
「請求の原因」の記載例(36)——譲受債権請求型（カード会員契約の場合）〔書式318〕···· 860
「請求の原因」の記載例(37)——求償金請求型（連帯保証人から主たる債務者に対
　する請求の場合）〔書式319〕·· 865
請求の趣旨及び原因（支払督促申立書用）〔書式6〕·· 45
「請求の趣旨」の記載例(1)——単純請求（基本型）〔書式276〕························· 675
「請求の趣旨」の記載例(2)——代償請求型〔書式277〕···································· 675
「請求の趣旨」の記載例(3)——引換給付請求型〔書式278〕······························ 676
「請求の趣旨」の記載例(4)——分割債務等の請求型〔書式279〕························ 677
「請求の趣旨」の記載例(5)——連帯債務等の請求型〔書式280〕························ 677
「請求の趣旨」の記載例(6)——合同債務の請求型〔書式281〕··························· 679
「請求の趣旨」の記載例(7)——連帯債権等の請求型〔書式282〕························ 680

そ

送達証明の申請書〔書式47〕………………………………………………… *125*
送達場所届出書〔書式41〕…………………………………………………… *117*
即時抗告状（原裁判所の却下決定に対するもの）〔書式126〕…………… *302*
即時抗告申立て（再審開始決定に対するもの）〔書式137〕……………… *322*
即時抗告申立書〔書式40〕…………………………………………………… *112*
即時抗告申立書（原裁判所の却下決定に対するもの）〔書式132〕……… *310*
訴状(1)──基本型〔書式68〕……………………………………………… *165*
訴状(2)──貸金〔書式69〕………………………………………………… *167*
訴状(3)──信販事件＝個別割賦販売〔書式70〕………………………… *169*
訴状(4)──信販事件＝包括割賦販売〔書式71〕………………………… *171)*
訴状(5)──信販事件＝総合ローン提携の事前求償〔書式72〕………… *173*
訴状(6)──信販事件＝包括信用購入あっせん〔書式73〕……………… *175*
訴状(7)──信販事件＝個別信用購入あっせん〔書式74〕……………… *178*
訴状(8)──信販事件＝貸金クレジット〔書式75〕……………………… *180*
訴状(9)──信販事件＝保証委託クレジット〔書式76〕………………… *182*
訴状(10)──信販事件＝リボルビング取引（残高スライド定額方式による信用購入
　あっせんの場合）〔書式77〕……………………………………………… *184*
訴状(11)──売掛代金〔書式78〕…………………………………………… *187*
訴状(12)──請負代金〔書式79〕…………………………………………… *189*
訴状(13)──賃金〔書式80〕………………………………………………… *191*
訴状(14)──退職手当金〔書式81〕………………………………………… *194*
訴状(15)──取立権に基づく取立金〔書式82〕…………………………… *196*
訴状(16)──不当利得金〔書式83〕………………………………………… *198*
訴状(17)──交通事故に基づく損害賠償金〔書式84〕…………………… *200*
訴状(18)──約束手形金（一般の場合）〔書式85〕……………………… *202*
訴状(19)──土地所有権移転登記手続〔書式86〕………………………… *204*
訴状(20)──建物明渡し〔書式87〕………………………………………… *206*
訴状(21)──動産引渡し〔書式88〕………………………………………… *208*
〔手形・小切手訴訟用訴状〕
　訴状(1)──約束手形の振出人に対するもの〔書式138〕……………… *329*
　訴状(2)──約束手形の裏書人に対するもの〔書式139〕……………… *332*
　訴状(3)──為替手形の引受人に対するもの〔書式140〕……………… *334*
　訴状(4)──為替手形の振出人及び裏書人に対するもの〔書式141〕… *336*
　訴状(5)──小切手の振出人及び裏書人に対するもの〔書式142〕…… *338*

訴状(6)——手形上の保証人に対するもの〔書式143〕……………………………… 341
訴状(7)——満期未到来の約束手形の振出人に対するもの＝将来給付の訴え〔書
　　式144〕……………………………………………………………………………… 343
訴状(8)——満期未到来の約束手形の振出人に対するもの＝満期前の現在給付の
　　訴え（満期前遡求）〔書式145〕………………………………………………… 345
訴訟委任状(1)——弁護士法人に所属しない弁護士が受任する場合〔書式24〕……… 77
訴訟委任状(2)——弁護士法人が受任する場合〔書式25〕……………………………… 78
訴訟委任状(3)——弁護士法人所属の弁護士が個人で受任する場合〔書式26〕……… 79
訴訟委任状(4)——司法書士法人に所属しない司法書士が受任する場合〔書式27〕… 80
訴訟委任状(5)——司法書士法人が受任する場合〔書式28〕…………………………… 82
訴訟委任状(6)——司法書士法人所属の司法書士が個人で受任する場合〔書式29〕… 83
訴状却下命令〔書式10〕……………………………………………………………………… 52
訴訟救助取消申立書〔書式60〕…………………………………………………………… 146
訴訟救助付与申立書〔書式58〕…………………………………………………………… 144
訴訟告知書〔書式23〕……………………………………………………………………… 76
訴状（支払督促申立書）却下命令〔書式347〕………………………………………… 910
訴訟上の救助決定〔書式59〕……………………………………………………………… 145
訴訟脱退届（承諾書一体型）〔書式18〕…………………………………………………… 69
訴訟手続受継の申立書(1)——承継人申立て〔書式13〕………………………………… 63
訴訟手続受継の申立書(2)——相手方申立て〔書式14〕………………………………… 64
訴訟手続中止の申立書〔書式54〕………………………………………………………… 134
訴訟費用額確定処分〔書式66〕…………………………………………………………… 157
訴訟費用額確定処分の更正処分〔書式67〕……………………………………………… 159
訴訟費用額確定処分の申立書〔書式65〕………………………………………………… 156
訴訟費用担保提供申立書〔書式61〕……………………………………………………… 149
訴訟費用担保取消申立書〔書式62〕……………………………………………………… 150
訴訟費用担保物変換決定〔書式64〕……………………………………………………… 153
訴訟費用担保物変換申立書〔書式63〕…………………………………………………… 152

た

第1回口頭弁論調書兼少額訴訟判決（調書判決）〔書式227〕………………………… 526
建物収去土地明渡しを命ずる判決〔書式104〕………………………………………… 250

ち

遅滞を避ける等のための移送申立書〔書式33〕………………………………… 97
注意書（答弁書の書き方）〔書式353〕………………………………………… 917
調査嘱託申出書〔書式95〕………………………………………………………… 228
調書の記載に対する異議申立書〔書式55〕…………………………………… 137
陳述書〔書式244〕………………………………………………………………… 578
陳述書，準備書面〔書式223〕…………………………………………………… 502

つ

通常訴訟手続への移行申述書(1)——基本型〔書式184〕…………………… 395
通常訴訟手続への移行申述書(2)——主観的併合事件型〔書式185〕……… 396
通常訴訟手続への移行申述書(3)——客観的併合事件型〔書式186〕……… 397
通常手続移行決定〔書式225〕…………………………………………………… 516
通常手続移行申述書〔書式224〕………………………………………………… 515
通知書〔書式226〕………………………………………………………………… 517

て

定型訴状(1)——金銭支払（一般）請求事件の「請求の趣旨等」欄の記載例〔書式198〕… 450
定型訴状(2)——貸金請求事件の「請求の趣旨等」欄の記載例〔書式199〕……… 452
定型訴状(3)——売買代金請求事件の「請求の趣旨等」欄の記載例〔書式200〕…… 454
定型訴状(4)——給料支払請求事件の「請求の趣旨等」欄の記載例〔書式201〕…… 456
定型訴状(5)——損害賠償（交通・物損）請求事件の「請求の趣旨等」欄の記載例
　〔書式202〕……………………………………………………………………… 458
定型訴状(6)——敷金返還請求事件の「請求の趣旨等」欄の記載例〔書式203〕…… 460
〔大阪簡易裁判所用定型訴状〕
　定型訴状（大阪簡易裁判所用）(1)——貸金請求事件の「請求の趣旨及び原因」
　　の記載例〔書式205〕……………………………………………………… 463
　定型訴状（大阪簡易裁判所用）(2)——売買代金請求事件の「請求の趣旨及び原
　　因」の記載例〔書式206〕………………………………………………… 464
　定型訴状（大阪簡易裁判所用）(3)——給料（賃金）支払請求事件の「請求の趣
　　旨及び原因」の記載例〔書式207〕……………………………………… 465
　定型訴状（大阪簡易裁判所用）(4)——損害賠償（交通・物損）請求事件の「請
　　求の趣旨及び原因」の記載例〔書式208〕……………………………… 467

定型訴状（大阪簡易裁判所用）(5)——敷金（保証金）返還請求事件の「請求の趣旨及び原因」の記載例〔書式209〕·················· 470
定型訴状（大阪簡易裁判所用）(6)——請負代金請求事件の「請求の趣旨及び原因」の記載例〔書式210〕······························ 472
定型訴状（大阪簡易裁判所用）(7)——解雇予告手当請求事件の「請求の趣旨及び原因」の記載例〔書式211〕······························ 474
定型訴状（大阪簡易裁判所用）(8)——賃料請求事件の「請求の趣旨及び原因」の記載例〔書式212〕······························ 478
定型訴状（大阪簡易裁判所用）における「当事者の表示等」欄〔書式204〕············ 462
定型訴状における「当事者の表示等」欄〔書式196〕························ 447
定型訴状における「当事者の表示等」欄の記載例〔書式197〕···················· 449
定型答弁書〔書式218〕·· 491
抵当権設定登記抹消登記手続を命ずる判決〔書式109〕······················· 262
手形が賭博の賭金支払手段として振り出されたことを理由とする抗弁例〔書式161〕···· 370
手形金の供託により手形債務が消滅したことを理由とする抗弁例〔書式159〕········ 369
手形上の一部支払の記載を理由とした全部請求に対する抗弁例〔書式157〕·········· 368
手形の悪意取得を理由とする抗弁例〔書式176〕····························· 375
手形の除権決定を理由とする抗弁例〔書式160〕····························· 369
手形の遡求権が消滅時効の完成により消滅したことを理由とする抗弁例〔書式158〕···· 369
手形の盗難を理由とする抗弁例〔書式173〕································· 374
手形判決異議訴訟における証拠申出書〔書式193〕··························· 414
手形判決異議に伴う強制執行停止決定〔書式192〕··························· 413
手形判決異議に伴う強制執行停止決定申立書〔書式191〕····················· 411
手形判決に対する異議申立書〔書式190〕··································· 410
手形割引金未交付を理由とする抗弁例〔書式163〕··························· 370

と

動産引渡しを命ずる判決〔書式103〕·· 248
当事者目録(1)——通常の場合〔書式264〕·································· 652
当事者目録(2)——住民票上の住所と現住所が異なる場合〔書式265〕··········· 652
当事者目録(3)——住所が不明の場合〔書式266〕···························· 653
当事者目録(4)——債務者の事務所・営業所の所在地を申立先とする場合〔書式267〕···· 653
当事者目録(5)——会社の場合〔書式268〕·································· 654
当事者目録(6)——会社の本店所在地と商業登記記録上の記載が異なる場合〔書式269〕···· 655
当事者目録(7)——商号が変更されている場合，法人の名称が変更されたのに，登

記記録上変更されていない場合〔書式270〕·············· 655
当事者目録(8)──未成年者の場合〔書式271〕·············· 656
当事者目録(9)──成年被後見人の場合（保佐人又は補助人について代理権付与があった場合も同様）〔書式272〕·············· 657
当事者目録(10)──選定当事者型〔書式273〕·············· 658
当事者目録(11)──サービサーによる申立て（委託型）の場合〔書式274〕·············· 660
当事者目録(12)──代理人弁護士による申立ての場合〔書式275〕·············· 661
当事者目録（支払督促申立書用）〔書式5〕·············· 44
答弁書〔書式354〕·············· 919
答弁書（共通）〔書式91〕·············· 220
答弁書の書き方について〔書式221〕·············· 498
答弁書の記載例(1)──最高裁判所用〔書式219〕·············· 494
答弁書の記載例(2)──大阪簡易裁判所用〔書式220〕·············· 496
督促異議申立却下決定〔書式343〕·············· 904
督促異議申立権放棄書〔書式344〕·············· 905
督促異議申立書(1)──定型〔書式340〕·············· 900
督促異議申立書(2)──電子情報処理組織（通称督促オンラインシステム）を用いて取り扱う督促手続における督促異議申立書〔書式341〕·············· 902
督促異議申立書（定型）〔書式376〕·············· 952
督促異議申立取下書〔書式345〕·············· 905
特定調停の定型申立書〔書式8〕·············· 49
特別代理人選任申立書〔書式11〕·············· 60
独立当事者参加申出書〔書式17〕·············· 67
土地所有権確認判決〔書式112〕·············· 272
取立届〔書式245〕·············· 580

に

認可判決(1)──定型〔書式380〕·············· 959
認可判決(2)──請求拡張型〔書式381〕·············· 961
認可判決(3)──請求減縮型〔書式382〕·············· 963

ね

根抵当権設定登記手続を命ずる判決〔書式110〕·············· 265

は

反訴状〔書式90〕·· *214*

ひ

引替給付判決〔書式105〕··· *252*
被告からの控訴状(1)——被告一部敗訴〔書式117〕································· *289*
被告からの控訴状(2)——被告全部敗訴〔書式118〕································· *290*
被保佐人の手形裏書の取消しを理由とする抗弁例〔書式152〕···················· *367*

ふ

不控訴の合意書〔書式128〕·· *304*
附帯控訴状〔書式121〕·· *294*
文書提出命令申立書〔書式98〕··· *231*

ほ

補佐人許可申請書〔書式12〕··· *62*
補助参加に対する異議申立書〔書式22〕··· *75*
補助参加申出書〔書式21〕·· *74*
補正書〔書式321〕··· *869*
補正処分（基本型）〔書式320〕·· *869*
補正命令〔書式9〕··· *52*
補正命令〔書式346〕·· *909*

ま

満期後譲渡の融通手形を理由とする抗弁例〔書式165〕······························· *371*
満期未到来を理由とする抗弁例〔書式154〕·· *368*

み

見返り手形を理由とする抗弁例〔書式167〕·· *372*
見せ手形を理由とする抗弁例〔書式168〕··· *372*

民事一般調停の定型申立書（売掛代金請求事件）〔書式7〕·· 47

む

無権利を理由とする抗弁例〔書式171〕··· 373
無担保裏書を理由とする抗弁例〔書式155〕··· 368

も

目的達成後の融通手形再譲渡を理由とする抗弁例〔書式166〕····························· 372

わ

和解成立調書（金銭分割払いの基本型）〔書式260〕·· 607
和解に代わる決定〔書式262〕··· 613
和解不成立調書の記載事項（手形訴訟の場合）〔書式261〕··································· 608

編集者

梶村　太市（かじむら　たいち）
　　　　　桐蔭横浜大学法科大学院客員教授，弁護士

石田　賢一（いしだ　けんいち）
　　　　　元小樽簡易裁判所判事・法律事務所特別顧問

検印廃止

簡裁民事書式体系

2010年6月18日　初版第1刷印刷
2010年6月30日　初版第1刷発行

編集者　梶　村　太　市
　　　　石　田　賢　一
発行者　逸　見　慎　一

発行所　東京都文京区　株式会社　青林書院
　　　　本郷6丁目4－7

振替口座　00110-9-16920／電話03(3815)5897～8／郵便番号113-0033
ホームページ☞ http://www.seirin.co.jp

印刷／藤原印刷　落丁・乱丁本はお取り替え致します。
©2010 梶村・石田
Printed in Japan

ISBN978-4-417-01511-6